FACHBUCHREIHE
für wirtschaftliche Bildung

Betriebswirtschaftliches Handeln

Wirtschaftsgymnasium Jahrgangsstufen 1 und 2
Profil Wirtschaft

9. Auflage

von
Theo Feist, Viktor Lüpertz

unter Mitarbeit von
Stefan Bader, Heidi Mössner, Dieter Nietmann, Elena Rätzke und Anne Trache

VERLAG EUROPA-LEHRMITTEL
Nourney, Vollmer GmbH & Co. KG
Düsselberger Straße 23
42781 Haan-Gruiten

Europa-Nr.: 94152

Verfasser:

Theo Feist	Prof. a. D., Dipl. Kfm.
Viktor Lüpertz	Prof. a. D., Dr. Dipl.-Volksw.

unter Mitarbeit von	Stefan Bader, Dipl.-Hdl.
	Heidi Mössner, Dipl.-Hdl.
	Dieter Nietmann, Dipl.-Hdl., Dipl.-Kfm.
	Elena Rätzke, Dipl.-Kffr., M.Sc.
	Anne Trache, Dipl.-Hdl.

Lektorat:

Dr. Viktor Lüpertz

Falls für dieses Buch **Aktualisierungen** oder **Korrekturen** nötig werden sollten, finden Sie diese unter dem Auswahlpunkt **Aktualisierungen/Korrekturen** auf http://www.europa-lehrmittel.de/94152.

9. Auflage 2022, korrigierter Nachdruck 2023

Druck 5 4 3 2

Alle Drucke derselben Auflage sind parallel einsetzbar, da sie bis auf die Korrektur von Druckfehlern identisch sind.

ISBN 978-3-7585-9222-5

© 2022 by Verlag Europa-Lehrmittel, Nourney, Vollmer GmbH & Co. KG, 42781 Haan-Gruiten
www.europa-lehrmittel.de

Gestaltung, Umschlag und Satz: Punkt für Punkt GmbH · Mediendesign, 40549 Düsseldorf
Umschlagmotiv: Bildcollage braunwerbeagentur, 42477 Radevormwald,
unter Verwendung von Bildern von © Hansanaki –; © Julien Eichinger – stock.adobe.com
Umschlagkonzept: tiff.any GmbH, 10999 Berlin
Druck: Himmer GmbH, 86167 Augsburg

Verwendete Symbole

 Verweis am Seitenrand der Sachdarstellung auf die Nummer einer thematisch zugehörigen Aufgabe am Ende des jeweiligen Kapitels

 Bei diesen Erarbeitungsaufgaben handelt es sich um einführende Aufgaben mit didaktisch gestuften Problemsituationen, die sich für die systematische Erschließung von Unterrichtsinhalten eignen.

BGB § 21 Hinweis am Seitenrand auf gesetzliche Grundlagen. Alle angeführten Paragraphen sind in der Textsammlung „Wirtschaftsgesetze", Verlag Europa Lehrmittel (Best. Nr. 94810) enthalten.

 Hinweis am Seitenrand bei einzelnen Aufgaben. Für diese Aufgaben liegen Arbeitsblätter vor, auf die mittels eines QR-Codes zugegriffen werden kann. Zusätzlich enthält das digitale Zusatzmaterial zum Lehrerhandbuch Dateien mit Kopiervorlagen für die Arbeitsblätter.

 Hinweis am Seitenrand bei einzelnen Aufgaben. Für die Lösung dieser Aufgaben stehen entweder entsprechende Excel-Tabellen zur Verfügung oder die Aufgabe kann von den Lernenden mittels eines Tabellenkalkulationsprogramms gelöst werden.

 Für diese Aufgaben steht bei Bedarf eine Hilfestellung zur Verfügung, auf die mittels eines QR-Codes zugegriffen werden kann.

 Die Aufgaben zur Wiederholung des Grundwissens können alternativ zu den abgedruckten Fragen in ähnlicher Form auch Online im Rahmen von *Prüfungsdoc* bearbeitet werden.

 Für alle Kapitel stehen *Ich-kann-Listen* zur Verfügung, auf die mittels eines QR-Codes zugegriffen werden kann. Die Lernenden können damit ihren individuellen Kompetenzerwerb einschätzen und dokumentieren.

 Hinweis am Seitenrand auf ein Video, auf das mittels eines QR-Codes zugegriffen werden kann.

vel.plus/ Anstelle der QR-Codes kann jeweils auch der angegebene Kurzlink vel.plus/Kurzbezeichnung verwendet werden.

www Hinweis am Seitenrand bei einzelnen Aufgaben. Für die Lösung dieser Aufgaben ist eine Internetrecherche nötig.

 Hinweis am Seitenrand bei einzelnen Aufgaben. Für die Lösung dieser Aufgaben bietet sich eine Gruppenarbeit an.

 Hinweis am Seitenrand bei einzelnen Aufgaben. Diese Aufgaben eignen sich für Referate und Präsentationen.

 Hinweis am Seitenrand bei einzelnen Aufgaben. Diese Aufgaben können in Projektform bearbeitet werden.

Stand der Gesetzgebung: 01. Januar 2022

Bis eine gendergerechte Darstellung allgemein eingeführt werden kann, wird auch in diesem Buch nur ein grammatisches Geschlecht bei Berufs- und Gruppenbezeichnungen eingesetzt. Dieses generische Maskulinum umfasst sprachlich alle Menschen dieser Berufe und Gruppen, unabhängig vom biologischen Geschlecht.

Vorwort zur 9. Auflage

Informationen zu diesem Buch

Weitere Informationen zu diesem Buch erhalten Sie durch ein Video, wenn Sie den rechts stehenden QR-Code mit Ihrem Smartphone oder Tablet scannen.

Inhalt

Das vorliegende Lehr- und Arbeitsbuch orientiert sich an dem ab 2021/2022 gültigen Bildungsplan des Faches „Volks- und Betriebswirtschaftslehre Oberstufe für das 3-jährige Berufliche Gymnasium" in Baden-Württemberg. Es umfasst alle Lerninhalte der Jahrgangsstufen 1 und 2.

Gliederung des Buches

Den Lehrplanvorgaben entsprechend ist das Buch in sieben Lernbereiche[1] eingeteilt, die farblich voneinander abgehoben sind. Innerhalb dieser Abschnitte sind die Kapitel wie folgt gegliedert:

■ **Kompetenzerwartungen und Gliederung**

Eine Strukturübersicht gibt einen ersten inhaltlichen Überblick und zeigt die Zusammenhänge mit dem im Bildungsplan ausgewiesenen Kompetenzerwartungen.

■ **Sachdarstellung**

Die Sachdarstellung wird durch zahlreiche Grafiken, Schaubilder, Übersichten und Tabellen ergänzt und veranschaulicht. Wichtige Definitionen und Merksätze sind besonders hervorgehoben und farbig gedruckt.

■ **Zusammenfassende Übersichten**

Die Übersichten am Ende eines jeden Kapitels dienen der Veranschaulichung der Strukturzusammenhänge. Sie können sowohl am Anfang als auch während oder am Ende der Unterrichtseinheit eingesetzt werden.

■ **Erarbeitungsaufgaben**

Viele Abschnitte enthalten Erarbeitungsaufgaben. Die didaktisch gestuften Problemsituationen eignen sich zur systematischen Erschließung von neuen Unterrichtsinhalten.

■ **Wiederholung des Grundwissens**

Zu jedem Kapitel gehört eine umfangreiche Aufgabensammlung zur Kontrolle und Wiederholung des Grundwissens. Die Lösung der Aufgaben ergibt sich unmittelbar aus der jeweils vorangehenden Sachdarstellung.

■ **Anwendungs- und Übungsaufgaben**

Die zahlreichen realitätsbezogenen Problemstellungen decken unterschiedliche Schwierigkeitsgrade und Anforderungsbereiche ab. Neben der Anwendung und Erschließung von thematischem Wissen ermöglichen sie auch die Einübung unterschiedlicher Arbeitstechniken und Lösungsverfahren sowie die Förderung von Sozial- und Methodenkompetenz.

---

1   Das für den Unterricht nach der schriftlichen Abiturprüfung vorgesehene Thema Unternehmensführung wird als achter Lernbereich beim digitalen Begleitmaterial zum Download angeboten.

- **Formelsammlung/Finanzmathematische Tabellen**

Am Ende des Buches befinden sich eine Zusammenfassung aller im Buch verwendeten Formeln sowie finanzmathematische Tabellen (Auf- und Abzinsungsfaktoren, Annuitätenfaktoren).

Digitale Elemente (fakultativ)[1]

- **Wiederholung des Grundwissens mit Prüfungsdoc**

Alle Wiederholungsaufgaben sind digital umgesetzt – abwechslungsreich mit verschiedenen Aufgabentypen und mit Feedback zur eingegebenen Lösung. Ein QR-Code führt kostenlos dorthin. Prüfungsdoc ist optimiert für Tablet und Notebook/PC.

- **Arbeitsblätter**

Arbeitsblätter müssen nicht mehr von der Lehrkraft kopiert werden, sondern können von den Lernenden mithilfe des QR-Codes bei der Aufgabe heruntergeladen und digital bearbeitet oder ausgedruckt werden.

- **Hilfen zu Anwendungs- und Übungsaufgaben**

Wer Schwierigkeiten bei der Bearbeitung von Aufgaben hat, kann mittels eines QR-Codes didaktisch gestufte Hilfestellungen herunterladen – je nach individuellem Bedarf.

- **Ich-kann-Listen**

Ich-kann-Listen stehen für jedes Kapitel als Download zur Verfügung. Die Lernenden können damit ihren individuellen Kompetenzerwerb einschätzen und digital oder analog dokumentieren.

- **Digitales Buch**

Eine separat erwerbbare digitale Version dieses Lehrbuchs bietet neben den obigen Möglichkeiten mit einem Klick eine Volltextsuche, klickbare Verweise sowie Notiz- und Markierungsfunktionen.

Lehrerhandbuch

Ergänzend zu diesem Lehr- und Arbeitsbuch liegt ein Lehrerhandbuch (Europa-Nr. 94223) mit ausführlichen Lösungen zu den Aufgaben, Hintergrund- und Zusatzinformationen vor. Außerdem wird für Lehrkräfte digitales Zusatzmaterial zur Verfügung gestellt (u. a. mit Kopiervorlagen für Arbeitsblätter zur Aufgabenlösung, zusätzlichen Materialien zu einzelnen Aufgaben und zusammenfassenden Übersichten zu den Kapiteln des Buches, zusammenfassenden Aufgaben zur Vorbereitung auf Klassenarbeiten und die Abiturprüfung sowie dem für den Unterricht nach der schriftlichen Abiturprüfung vorgesehenen Kapitel Unternehmensführung).

Verfasser und Verlag sind für Verbesserungsvorschläge dankbar. Senden Sie diese gerne per E-Mail an lektorat@europa-lehrmittel.de.

Freiburg, Frühjahr 2022   Die Verfasser

---

1   Das Buch kann auch problemlos in herkömmlicher Weise ohne die digitalten Elemente genutzt werden.

Inhaltsverzeichnis

Lernbereich A
Beschaffung und Lagerhaltung

Lernbereich B

Kosten- und Leistungsrechnung

Lernbereich C

Marketing

Lernbereich D

Investitionsentscheidungen

Lernbereich E

Rechtsformunabhängige Finanzierungsentscheidungen

Lernbereich F

Aktiengesellschaft und deren Eigenfinanzierung

Lernbereich G
Jahresabschluss der Aktiengesellschaft

Wahlthema Lernbereich H[1]

Unternehmensführung

---

1   Das Wahlthema für den Unterricht nach der schriftlichen Abiturprüfung wird im Rahmen des Digitalen Zusatzmaterials zum Download zur Verfügung gestellt.

Lernbereich A

Beschaffung und Lagerhaltung

---

1 Rolle der Beschaffung im betrieblichen Leistungsprozess – Beschaffungsstrategien

Kompetenzen:

- *Beitrag des Einkaufs zum Unternehmenserfolg herausarbeiten*
- *Zielbeziehungen innerhalb der Beschaffung diskutieren*
- *erkennen, dass bei Beschaffungsprozessen neben ökonomischen Faktoren auch soziale und ökologische Aspekte zu berücksichtigen sind*

- *ausgewählte Sourcing-Strategien im Rahmen der Beschaffungsvorbereitung beurteilen*

> **1.1 Merkmale von Beschaffungsprozessen**

> **1.2 Beschaffungsstrategien (Sourcing-Strategien)**

1.1 Merkmale von Beschaffungsprozessen

1.1.1 Aufgaben und Ziele von Beschaffungsprozessen – Zielkonflikte

Im vorliegenden Kapitel wird der Begriff Beschaffung wie folgt verwendet:

> **!** Unter Beschaffung wird der Einkauf der für die Leistungserstellung benötigten Materialien (z. B. Roh-, Hilfs- und Betriebsstoffe) verstanden.

Die **Aufgabe der Beschaffung** besteht darin, die benötigten Materialien

- in der benötigten Menge,
- zum richtigen Zeitpunkt,
- in ausreichender Qualität,
- am richtigen betrieblichen Ort

bereitzustellen.

Zur Erfüllung dieser Aufgabe sind u. a. folgende Tätigkeiten nötig:

Zur Beschaffung gehörende Tätigkeiten

- Ermittlung des Materialbedarfs
- Festlegung der Beschaffungsmenge und des Beschaffungszeitpunktes
- Beschaffungsmarktforschung
- Anbahnung und Pflege von Lieferbeziehungen
- Liefererauswahl
- Abschluss und Erfüllung von Kaufverträgen
- Steuerung und Überwachung des Materialtransports vom Lieferer zum Materiallager (Beschaffungslogistik)

Aufg. 1
S. 22

Die Beschaffung muss ihre Aufgaben so erfüllen, dass dabei möglichst geringe Kosten entstehen. Dies ist für das Betriebsergebnis von entscheidender Bedeutung. In den meisten Industriebetrieben machen die Materialkosten mehr als die Hälfte der Gesamtkosten aus.

Ausgangssituation		Materialkostensenkung um 5 %	
Umsatz	100,0 Mio. EUR	Umsatz	100,0 Mio. EUR
– Materialkosten	50,0 Mio. EUR	– Materialkosten	47,5 Mio. EUR
– sonstige Kosten	45,0 Mio. EUR	– sonstige Kosten	45,0 Mio. EUR
Betriebsergebnis	5,0 Mio. EUR	Betriebsergebnis	7,5 Mio. EUR

Die Senkung der Materialkosten um 5 % bewirkt eine Erhöhung des Betriebsergebnisses um 50 %.

Bei der Verfolgung des Ziels **Kostenminimierung** können **Zielkonflikte** auftreten, wenn eine kostengünstige Beschaffung die Erfüllung einer der anderen Aufgaben der Beschaffung gefährdet (z. B. Material in bestimmter Qualität).

Eine hohe Lieferbereitschaft erfordert einen genügend hohen **Lagerbestand**. Ein hoher Lagerbestand erfordert wiederum entsprechend große **Bestellmengen**. Bei großen Bestellmengen sinkt zwar aufgrund von Mengenrabatten der Einstandspreis[1]. Auch die Transportkosten je Stück sinken in diesem Fall. Dieser Kostensenkung steht aber eine Zunahme der **Lagerhaltungskosten** gegenüber. Diese Lagerhaltungskosten bestehen einerseits aus den **Lagerkosten** (u. a. Kosten für die Lagergebäude, Personal, Energie, Versicherung sowie Schwund aufgrund von Verderb oder Diebstahl). Andererseits bedeuten die auf Lager liegenden Materialien eine Bindung von finanziellen Mitteln (**Kapitalbindung**), welche nicht für andere gewinnbringende Geldanlagen genutzt werden können.

Zielkonflikte

Zielkonflikt: günstige Einstandspreise ↔ hohe Qualität des Enderzeugnisses

Der Anbieter mit dem billigsten Angebot wird ausgewählt. Die Qualität dieser Materialien ist aber geringer als bei anderen Lieferern.

Zielkonflikt: geringe Lagerkosten ↔ Sicherung der Produktion und hohe Lieferbereitschaft

Durch die Verringerung der Lagerbestände werden die Lagerkosten gesenkt. Die ständige Materialversorgung zur Sicherung der Produktion wird dadurch aber gefährdet.

Magisches Dreieck der Materialwirtschaft

hohe Lieferbereitschaft
hohe Materialqualität

geringe Lagerhaltungskosten (Kapitalbindung und Lagerung) durch niedrige Lagerbestände

günstige Beschaffungskosten (Einstandspreis, Transportkosten)

© industriestock –; © blacksalmon –;
© svort – stock.adobe.com

---

1   Der Einstandspreis ist der Preis, der unter Berücksichtigung von Preisnachlässen und Bezugskosten für die Materialbeschaffung bezahlt werden muss.

Aufgrund der Zielkonflikte, die dazu führen, dass nicht alle Ziele gleichzeitig erreicht werden können, wird dieses **Dreieck** als **magisch** bezeichnet. Die für die Beschaffung und Lagerhaltung Verantwortlichen müssen abwägen, welchen Zielen eine größere Bedeutung (Priorität) eingeräumt werden soll.

1.1.2 Berücksichtigung von sozialen, ökologischen und wirtschaftlichen Kriterien im Rahmen nachhaltiger Beschaffungsprozesse

Ein Unternehmen, dessen Ziele auf Nachhaltigkeit ausgerichtet sind, muss im Rahmen der Beschaffung neben wirtschaftlichen Überlegungen auch ökologische und soziale Auswahlkriterien berücksichtigen.

> ❗ Das Ziel nachhaltiger Beschaffung ist es, – entlang der gesamten Lieferkette – neben wirtschaftlichen Kriterien auch soziale und ökologische (Mindest-)Anforderungen zu beachten.

Soziale Verhaltensregeln

> ❗ Arbeits- und Sozialstandards beschreiben u. a. Mindestanforderungen für die Ausgestaltung von Arbeitsverträgen (Arbeitszeit, Entgelt, Sozialleistungen), Rechte der Arbeitskräfte und Sicherheitsvorkehrungen am Arbeitsplatz.

© OpenClipart-Vectors – pixabay.com

Für den Beschaffungsprozess beinhaltet die Einhaltung von Arbeits- und Sozialstandards durch die Lieferer u. a., dass die Arbeitsbedingungen der Mitarbeitenden den Vorgaben der **Internationalen Arbeitsorganisation (ILO)**[1] entsprechen müssen.

Auszug aus der Liste internationaler Arbeits- und Sozialstandards

- Die Arbeitskräfte ...
  - ... dürfen sich in Gewerkschaften zusammenschließen.
  - ... dürfen nicht aufgrund ihrer Herkunft, ihres Geschlechts oder ihrer Religion diskriminiert werden.
  - ... dürfen nicht unter Bedingungen arbeiten, die nicht sicher und gesundheitsgefährdend sind.
- Die Produkte dürfen nicht in Zwangs- oder unzulässiger Kinderarbeit hergestellt werden.
- Es dürfen keine indigenen Völker (Ureinwohner einer Region) ausgebeutet werden (z. B. keine Enteignung oder Verletzung des Lebensraums durch Abholzung des Urwaldes zugunsten von Anbauflächen für Soja oder Palmöl).

Ökologische Verhaltensregeln

> ❗ Umweltstandards beschreiben Mindestanforderungen für umweltverträgliche Produktionsweisen. Bei Einhaltung dieser Mindestanforderungen können bestimmte Umwelt-Qualitätsziele erreicht werden.

© OpenClipart-Vectors – pixabay.com

Für den Beschaffungsprozess beinhaltet die Einhaltung von Umweltstandards, dass die Lieferer u. a. folgende Anforderungen erfüllen sollten:

- **Erneuerbare Energie:** Der Lieferer bezieht einen gewissen Teil seiner Energie aus erneuerbaren Energiequellen, z. B. Wasserkraftwerke, Solarstrom, Windkraft, Bioenergie und/

---

1 International Labour Organization, Unterorganisation der Vereinten Nationen (UN) mit Sitz in Genf. www.ilo.org/

oder Geothermie (Erdwärme). Damit werden weniger Atomkraftwerke und fossile Energiequellen (z. B. Kohlekraftwerke) genutzt und eine Reduzierung des Treibhausgasausstoßes erreicht.

- **Schutz der Wälder und der Böden:** Holzprodukte werden nur von Lieferern bezogen, die zertifiziert[1] sind. Dies gewährleistet, dass die Wälder ökologisch und sozial verträglich bewirtschaftet werden. Das heißt, der Wald wird nicht vernichtet, sondern es werden nur so viele Bäume gefällt, wie auch wieder nachwachsen können.

- **Einsatz von Chemikalien reduzieren:** Dadurch werden Gesundheitsschäden bei Menschen verringert und die Umwelt entlastet. Der Einsatz von stark gesundheitsgefährdenden Substanzen (Dioxin, PCB) ist bereits in vielen Ländern verboten.

- **Schutz des Wassers:** Lieferer müssen wassersparend produzieren und bei der Produktion entstehende Abwässer (z. B. Schwermetalle und Schwefel durch Bergwerke, Chemikalien durch Färbereien, Pestizide, Phosphor und Stickstoff beim Ackerbau) verringern und nach Möglichkeit klären (reinigen, filtern).

- **Schutz der Tiere:** Notwendige Tierhaltung muss den Regeln des Tierschutzgesetzes entsprechen.

Aus den ökologischen Verhaltensregeln ergeben sich u. a. folgende Grundsätze einer umweltorientierten Beschaffung:

- Auswahl umweltverträglicher und abfallvermeidender Materialien,

- Auswahl von Lieferern mit ökologisch orientierten Produktionsmethoden und möglichst kurzen Transportwegen,

- Auswahl umweltverträglicher Transportmittel,

- sichere Lagerung umweltgefährdender Materialien.

Wirtschaftliche Verhaltensregeln

Zu den wirtschaftlichen Verhaltensweisen, die dem Nachhaltigkeitsziel entsprechen, gehören u. a. folgende Merkmale:

© Atstock Productions –
stock.adobe.com

- **Keine Korruption:** Es darf keine persönliche Bereicherung einzelner am Beschaffungsprozess Beteiligter stattfinden, indem z. B. Bestechungsgelder angenommen werden.

- **Faire Mindestpreise:** Unternehmen zahlen im Zusammenhang mit Agrarprodukten einen fairen Preis an die Bauern und Genossenschaften und garantieren so den Produzenten ein Einkommen, der ihnen ein lebenswertes Leben sichert.

---

1   Als Zertifizierung (lat.) wird ein Verfahren bezeichnet, mit dessen Hilfe die Einhaltung bestimmter Anforderungen nachgewiesen wird.

Nachhaltige Beschaffung unter Berücksichtigung von sozialen, ökologischen und wirtschaftlichen Kriterien	
Vorteile	**Nachteile**
■ Die Übernahme von Verantwortung kann zu einer Imageverbesserung führen. ■ Einflussnahme auf Verhaltensweisen und Produktionsverfahren von Lieferern ■ Kosteneinsparung durch effiziente Ressourcennutzung ■ Einhaltung eigener Unternehmensziele, die auf Nachhaltigkeit bezogen sind	■ Erhöhter Informations- und Kontrollbedarf führt zu erhöhten Kosten und steigendem Zeitbedarf. ■ Erhöhte soziale und ökologische Anforderungen an den Herstellungsprozess erhöhen die Kosten für die zu beschaffenden Güter. ■ Beschränkte Auswahl an Lieferern, da nicht alle Lieferer einen Verhaltenskodex einhalten können oder wollen.

1.2   Beschaffungsstrategien (Sourcing Strategien)

1.2.1   Beschaffungsstrategien nach der Anzahl der Lieferer

Je nachdem, wie viele Lieferer für die Beschaffung von Gütern herangezogen werden, können folgende **Beschaffungsstrategien** (Sourcing Strategien) unterschieden werden:

Strategien	Vorteile	Nachteile
Single Sourcing (Einzelquellenbeschaffung) Produkte und Dienstleistungen werden nur von einem einzigen Anbieter bezogen.	■ Abnahme großer Mengen ermöglicht Mengenrabatt ■ wenig Verhandlungs- und Kommunikationsaufwand durch klare Vertragsverhältnisse (z. B. Rahmenverträge) ■ enge Geschäftsbeziehungen ■ Planungssicherheit	■ starke Abhängigkeit vom Lieferer ■ erhöhte Gefahr von Lieferschwierigkeiten ■ große Verhandlungsmacht des Anbieters ■ nicht unbedingt günstigster Marktpreis ■ Kapazitätsüberlastung bei Lieferanten, wenn größere Mengen benötigt werden
Dual Sourcing (Doppelquellenbeschaffung) Gleiche Produkte/Dienstleistungen werden von zwei verschiedenen Anbietern bezogen.	■ kein Lieferstopp bei Ausfall eines Lieferanten ■ größere Liefererkapazitäten möglich	■ Abhängigkeit von nur zwei Lieferern ■ nicht unbedingt günstigster Marktpreis
Multiple Sourcing (Mehrquellenbeschaffung) Gleiche Produkte/Dienstleistungen werden von vielen verschiedenen Anbietern bezogen.	■ günstigster Marktpreis ■ Aufgrund der Konkurrenz unter den Anbietern lassen sich günstige Konditionen aushandeln. ■ unterschiedliche und große Liefermengen möglich ohne Kapazitätsengpässe ■ keine Lieferabhängigkeit	■ hoher Informations-, Kommunikations- und Verhandlungsbedarf nötig ■ nur für austauschbare Produkte ohne spezielle Kundenwünsche möglich ■ keine besonders günstigen Lieferkonditionen aufgrund hoher Abnahmemengen oder langfristiger Verträge aushandelbar

1.2.2 Beschaffungsstrategien nach geografischen Gesichtspunkten

In Abhängigkeit von der Region, aus der die Güter beschafft werden, können nachfolgende **Beschaffungsstrategien** unterschieden werden.

Weltweite Beschaffung (Global Sourcing)

Global Sourcing ist ein Teilgebiet des strategischen Beschaffungsmanagements und untersucht weltweit orientierte Beschaffungsaktivitäten. Ziele sind u. a. die effiziente Nutzung internationaler Bezugsquellen und die Beschaffung des preisgünstigsten Produkts auf dem Weltmarkt.

© Talangart – istockphoto.com

Global Sourcing	
Vorteile	**Nachteile/Probleme**
■ günstigere Einkaufspreise u. a. durch Ausnutzung von internationalen Konjunktur-, Wachstums- und Inflationsunterschieden	■ hoher Informations-, Koordinations- und Logistikaufwand
■ Bezug von Rohstoffen und Materialen, die im eigenen Land nicht verfügbar oder sehr teuer sind	■ Günstige Einkaufspreise können durch zusätzliche Kosten für Transport, Kurssicherung, Zölle und andere Handelshemmnisse zunichte gemacht werden.
■ Nutzung der Spezialkenntnisse von Lieferern in bestimmten Regionen	■ Logistikkonzepte wie just in time sind kaum zu realisieren.
■ Wettbewerbsdruck auf inländische Lieferer zur Durchsetzung von Preiszugeständnissen	■ wirtschaftliche Risiken aufgrund von Wechselkursschwankungen, Qualitätsunterschieden, langen Reaktionszeiten bei Reklamationen u. a.
■ Verminderung von Abhängigkeiten	■ Kommunikationsprobleme aufgrund von Sprach- und Zeitunterschieden
■ möglicherweise Zugang zu neuen Absatzmärkten	■ politische Instabilität
	■ Rechtsunsicherheit wegen unterschiedlicher Rechtsauffassungen und Geschäftspraktiken

Aufg. 2
S. 23

Global Sourcing unter Nachhaltigkeitsaspekten	
Vorteile	**Nachteile**
Herstellung/Verarbeitung bestimmter Produkte ist in einem anderen Land möglicherweise mit geringerem Energieaufwand oder ökologischen Schäden möglich[1]	*Soziale Aspekte:* Deutsche Arbeits- und Sozialstandards können umgangen werden.
	Ökologische Aspekte: Deutsche Umweltstandards können umgangen werden. Lange Transportwege unter Nutzung umweltschädlicher Transportmittel (Schiff, Flugzeug) erhöhen die Umweltbelastung überdurchschnittlich.
	Politische Aspekte: Möglicherweise entsteht eine Abhängigkeit von Lieferern aus Ländern, in denen demokratische Grundwerte nicht beachtet werden.

---

1   Z. B. Anbau bestimmter Agrarprodukte in der EU. Soja benötigt beispielsweise ein feuchtwarmes Klima. In anderen Regionen der Welt (Südamerika, China) ist dieses wachstumsförderliche Klima vorhanden. Dadurch ist der Sojaertrag pro Anbaufläche höher und der Preis für Soja ist deutlich geringer als in Deutschland. Außerdem könnte auf diesen Ackerflächen statt Soja Getreide angebaut und der Ertrag deutlich gesteigert werden.

Regionale Beschaffung (Local Sourcing)

Im Gegensatz zum Global Sourcing liegen die Beschaffungsquellen beim **Local Sourcing** in geographischer Nähe des Unternehmens. Erfolgen die Lieferungen ausschließlich aus dem Inland, spricht man auch von Domestic Sourcing.

© EliElschi – pixabay.com

Local Sourcing	
Vorteile	**Nachteile**
▪ kürzere Transportzeiten und -wege, dadurch – günstigere Transportkosten – geringeres Transportausfallrisiko – geringere Umweltbelastung ▪ Logistikkonzepte just in time und just in sequence möglich ▪ gute Kontakt- und Kommunikationsmöglichkeiten mit dem Lieferer in örtlicher Nähe und dadurch bessere Kontrolle der Einhaltung von Arbeits-, Sozial- und Umweltstandards möglich ▪ weniger landestypische Probleme bei Rechtsfällen ▪ gleiche Währung ▪ evtl. höhere Flexibilität bei Änderungen	▪ höhere Einkaufspreise als auf dem Weltmarkt wegen fehlenden Wettbewerbsdrucks ▪ keine harten Preisverhandlungen aufgrund langjähriger Kontakte ▪ begrenzte Produktionskapazität des Lieferers

Das Local Sourcing eignet sich insbesondere für hochwertige Beschaffungsgüter, insbesondere wenn diese für die Aufrechterhaltung der Produktion zwingend notwendig sind. Aufgrund der regionalen Nähe der Lieferer können die Produkte produktionssynchron (just in time, just in sequenze) beschafft werden. Logistische Probleme wie Lieferverzögerungen durch z. B. Staus lassen sich nahezu ausschließen.

Automobilhersteller vergeben langfristige Aufträge häufig nur unter der Bedingung, dass der Lieferant einen Standort in der Nähe des eigenen Unternehmens aufbaut, also zu einem lokalen Lieferer wird.

1.2.3 Beschaffungsstrategien nach dem Fertigstellungsgrad der bezogenen Materialien

Eine Beschaffungsstrategie, die sich auf den Einkauf fertig produzierter Bauteile (Module) bezieht, wird als **Modular Sourcing** oder modulare Beschaffung bezeichnet. Beispielsweise werden in der Automobilindustrie fertige Zwischenprodukte von Zulieferern bezogen (z. B. fertig montierte Armaturenbretter, Türen mit Schloss und Fensterheber, fertige Räder). Bei **System Sourcing** übernimmt ein Lieferer nicht nur die Aufgabe der Vormontage, sondern liefert sogar selbst entwickelte Bauteile (Systeme). Die bezogenen Materialien werden in diesem Fall häufig im Rahmen eines **Baukastensystems** für verschiedene Produkttypen verwendet.

 Beim Baukastensystem handelt es sich um die Verwendung von Bauteilen und/oder Baugruppen für verschiedene Typen (z. B. verschiedene Autotypen) des Produktionsprogramms. Die einzelnen Typen lassen sich dabei baukastenartig aus einigen Bausteinen zusammensetzen.

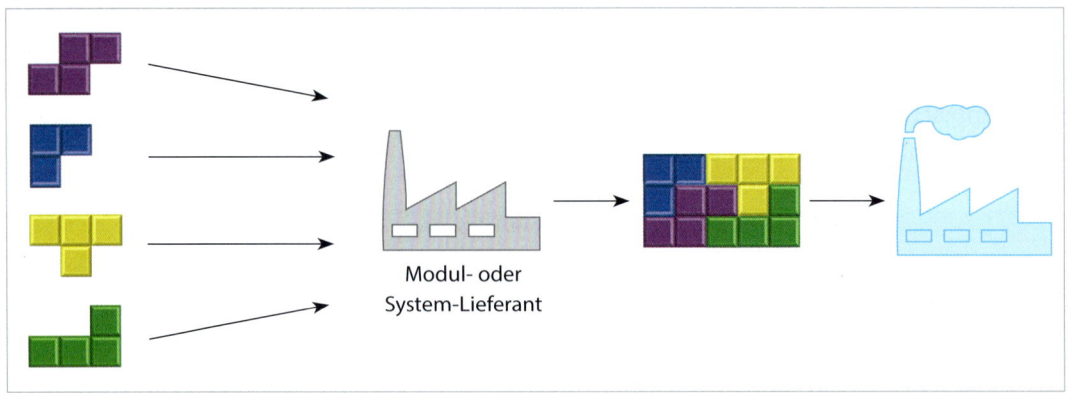

Modul- oder
System-Lieferant

Modular Sourcing – System Sourcing	
Vorteile	**Nachteile**
■ Der Hersteller kann sich auf sein Kerngeschäft konzentrieren. ■ Die Zahl der Lieferanten nimmt ab. ■ Typenvielfalt nimmt durch das Baukastensystem ab, Verringerung der Kapazität ■ Die Fertigungstiefe (Anteil der Eigenfertigung) nimmt durch das Baukastensystem ab.	■ Das Spezialwissen für die ausgelagerten Module/Systeme geht für das Unternehmen verloren. ■ Möglicherweise entstehen Konflikte zwischen individuellen Kundenwünschen und der Vereinheitlichung (Standardisierung) der Bauteile (Module/Systeme). ■ Die Abhängigkeit vom Lieferer und die damit verbundenen Risiken steigen (z. B. Qualitätsprobleme, Nichteinhaltung von Lieferterminen).

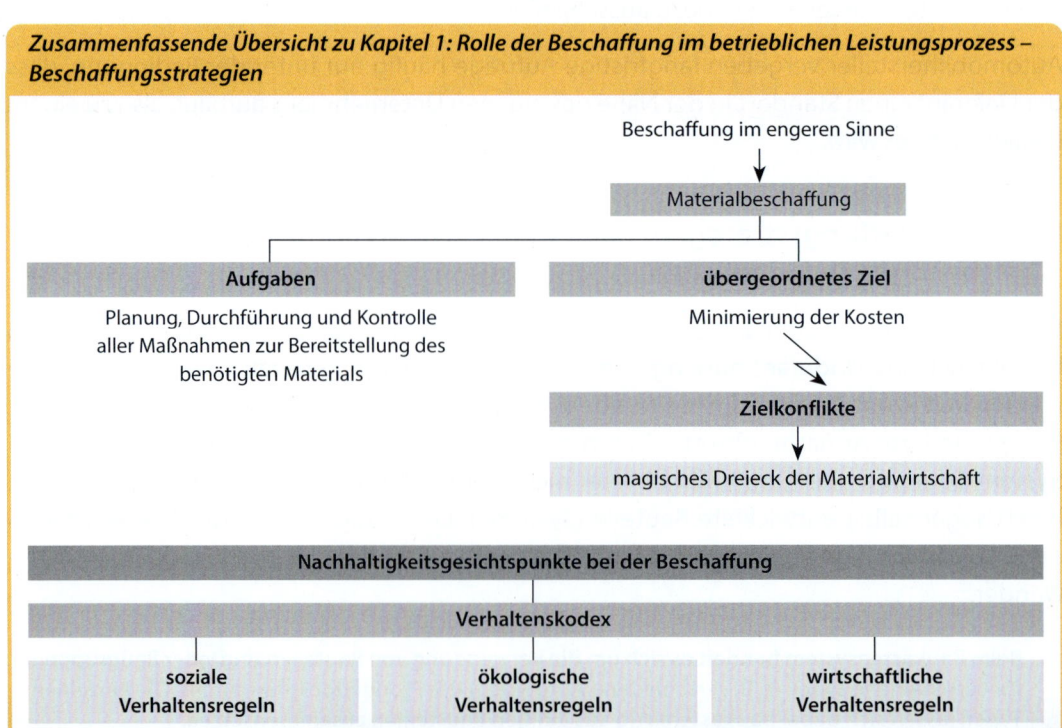

Zusammenfassende Übersicht zu Kapitel 1: Rolle der Beschaffung im betrieblichen Leistungsprozess – Beschaffungsstrategien

Beschaffung im engeren Sinne

Materialbeschaffung

Aufgaben

Planung, Durchführung und Kontrolle aller Maßnahmen zur Bereitstellung des benötigten Materials

übergeordnetes Ziel

Minimierung der Kosten

Zielkonflikte

magisches Dreieck der Materialwirtschaft

Nachhaltigkeitsgesichtspunkte bei der Beschaffung

Verhaltenskodex

soziale Verhaltensregeln

ökologische Verhaltensregeln

wirtschaftliche Verhaltensregeln

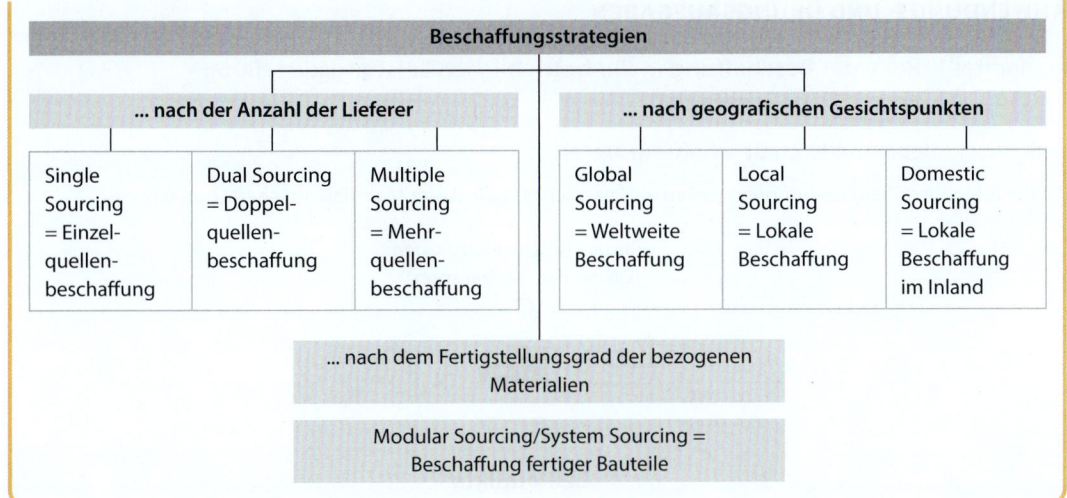

 Checken Sie Ihre Kompetenz mit der **Ich-kann-Liste**.

Öffnen Sie hierzu den nebenstehenden **QR-Code**
oder geben Sie folgenden Link ein: https://vel.plus/BHA02

WIEDERHOLUNG DES GRUNDWISSENS

vel.plus/BHA03

zu Kapitel 1   Rolle der Beschaffung im betrieblichen Leistungsprozess – Beschaffungsstrategien

1.1   Merkmale von Beschaffungsprozessen

1. Nennen Sie Tätigkeiten, die im Rahmen eines Beschaffungsprozesses anfallen.

2. Erklären Sie anhand eines Zahlenbeispiels, wie sich die Beschaffungskosten auf das Betriebsergebnis auswirken können.

3. Nennen Sie Aufgaben und Ziele der Beschaffung.

4. Beschreiben Sie Zielkonflikte, die bei Beschaffungsentscheidungen auftreten können.

5. Erläutern Sie das magische Dreieck der Materialwirtschaft.

6. Nennen Sie Kriterien, die im Rahmen eines nachhaltigen Beschaffungsprozesses berücksichtigt werden sollten.

7. Nennen Sie jeweils zwei soziale, ökologische und wirtschaftliche Verhaltensregeln.

1.2   Beschaffungsstrategien (Sourcing Strategien)

1. Unterscheiden Sie Single Sourcing von Multiple Sourcing.

2. Nennen Sie jeweils drei Vorteile dieser Beschaffungsstrategien.

3. Erklären Sie Global Sourcing und grenzen Sie dies vom Local Sourcing ab.

4. Erklären Sie die Domestic Sourcing Strategie.

5. Nennen Sie zwei Vorteile und zwei Nachteile von Global-, Local- und Domestic Sourcing.

6. Nennen Sie zwei Gründe, warum Local Sourcing unter Nachhaltigkeitsaspekten dem Global Sourcing vorgezogen werden sollte.

7. Erläutern Sie Modular Sourcing und System Sourcing mit ihren Vor- und Nachteilen.

ANWENDUNGS- UND ÜBUNGSAUFGABEN

zu Kapitel 1   Rolle der Beschaffung in der betrieblichen Leistungserstellung – Beschaffungsstrategien

Aufgabe 1   Zielkonflikte im Beschaffungsbereich

1. Die folgenden Zielbeziehungen werden als „magisches Dreieck der Materialwirtschaft" bezeichnet.

a) Beschreiben Sie, was mit der Bezeichnung „magisch" in diesem Zusammenhang ausgedrückt werden soll.

b) Erläutern Sie die dargestellten Zielkonflikte.

2. Es wird gefordert, die rein wirtschaftlichen Ziele der Materialwirtschaft um die folgenden umweltpolitischen Ziele zu erweitern:

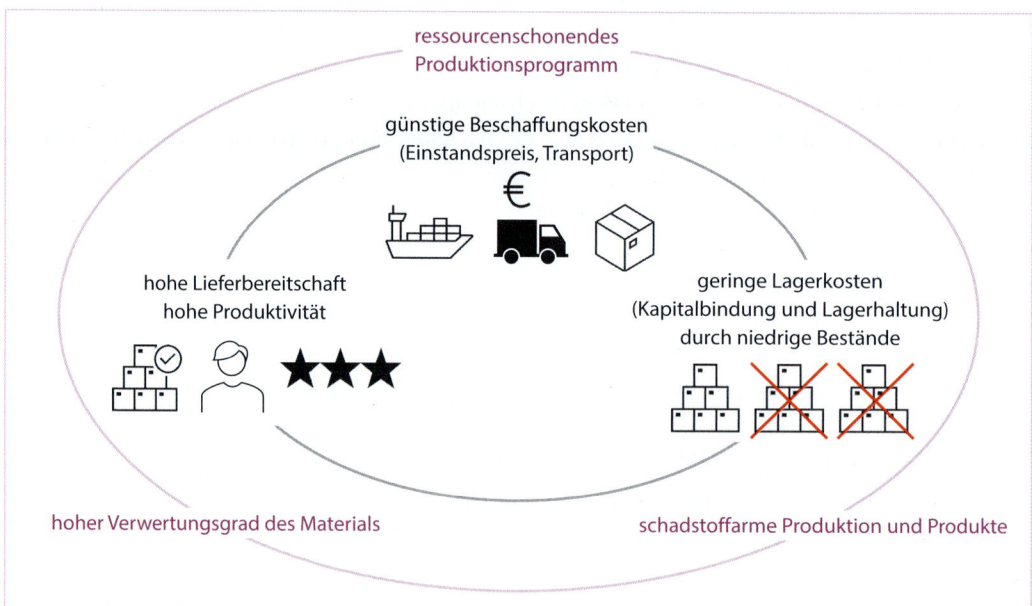

Erläutern Sie die umweltpolitischen Ziele anhand von je einem Beispiel.

Aufgabe 2 Beschaffungsstrategien

Die Confiserie Martinstor GmbH in Freiburg produziert Tiefkühltorten für Einzelhandelsketten.

vel.plus/BHA04

Die Kunden der Einzelhandelsketten kaufen zunehmend biologische und umweltverträgliche Produkte. Aus diesem Grund möchte die Confiserie in Zukunft verstärkt damit werben, dass das Unternehmen bei der Herstellung der Torten besonderen Wert auf die Nachhaltigkeit der eingesetzten Rohstoffe legt.

1. Zur Herstellung von Torten werden hauptsächlich folgende Rohstoffe eingesetzt: Mehl, Palmöl, Eier, Zucker, Sahne und Milch. Zunächst soll geprüft werden, wo die Produkte eingekauft werden sollen. In der kommenden Sitzung der Geschäftsleitung wird diskutiert, welche Produkte auf dem Weltmarkt und welche lokal bezogen werden sollen.

   Erstellen Sie eine Übersicht nach unten stehendem Muster.
   Entscheiden Sie, wo die einzelnen Rohstoffe jeweils beschafft werden sollen.
   Begründen Sie Ihre Entscheidung.
   Geben Sie zusätzlich zwei Risiken an, die mit der jeweiligen Bezugsquelle verbunden sind.

Rohstoff	Global Sourcing	Lokal Sourcing	Domestic Sourcing	Begründung	Risiken
Mehl					
Palmöl					
Eier					
Zucker					
Sahne und Milch					

2. Die Geschäftsleitung möchte unbedingt Milch aus „heimischen Betrieben" beziehen und dafür nur die Schwarzwaldmilch AG als Lieferer verpflichten.

   Der Leiter der Abteilung Einkauf unterstützt diese Idee nicht und schlägt stattdessen vor, auch weitere Molkereien als Lieferanten aufzunehmen.
   Beschreiben Sie mögliche Bedenken des Einkaufsleiters und erklären Sie, warum er mehrere Lieferer für den Rohstoff haben möchte.

3. Nachdem sich die Geschäftsleitung entschieden hat, das Palmöl direkt aus Indonesien zu importieren, greift die Lokalpresse das Unternehmen an und weist auf die hohe Umweltbelastung bei der Herstellung von Palmöl hin.

   Auszug aus dem Pressebericht zur Umweltschädigung von Palmöl:

   > „Um Platz für die Palmölplantagen zu gewinnen, werden Regenwälder gerodet und abgebrannt, wodurch Indonesien zeitweise einen höheren CO_2-Ausstoß hatte als die USA. Auch wird dadurch die Zahl der Tiere (z. B.: Orang-Utan, Sumatra Tiger), die vom Aussterben bedroht sind, verkleinert. Ureinwohner (indigene Völker), die seit Generationen dort leben, werden von ihrem Land verjagt. Die Arbeitsbedingungen auf den Plantagen sind schlecht und es häufen sich die Menschenrechtsverletzungen."
   >
   > Quelle: www.regenwald.org

   Ein alternativer Rohstoff kommt aus Kostengründen nicht in Frage. Die Confiserie Martinstor GmbH möchte einen Verhaltenskodex mit dem indonesischen Produzenten vereinbaren, um sich weiterhin als umweltfreundliches und nachhaltig agierendes Unternehmen der Öffentlichkeit präsentieren zu können.

   a) Stellen Sie entsprechende soziale und ökologische Verhaltensvorschriften auf.

   b) Wägen Sie die Nachteile eines Verhaltenskodex gegenüber dem Imagegewinn ab.

   c) Zusatzaufgabe: Stellen Sie ein reales Unternehmen mit einer nachhaltigen Beschaffungsstrategie vor.

2   Instrumente der Materialbeschaffung

Kompetenzen:

- *Materialeinsatz hinsichtlich des Wertes und der Regelmäßigkeit ermitteln und Handlungsempfehlungen herausarbeiten*

- *Verfahren der Materialbereitstellung voneinander abgrenzen, Berechnungen durchführen, Ergebnisse grafisch darstellen und Auswirkungen von Änderungen der Parameter erklären*
- *den Ablauf und die Bedeutung von Cross Docking erklären*

- *Instrumente kennenlernen, mit denen sich der Beschaffungsprozess optimieren lässt*

- *Instrumente kennenlernen, mit denen sich der Beschaffungsprozess optimieren lässt*

2.1 ABC- und XYZ-Analyse

2.2 Bereitstellungsprinzipien

2.3 Zeitplanung: Wann soll bestellt werden?

2.4 Mengenplanung: Wie viel soll bestellt werden?

2.1   ABC-Analyse und XYZ-Analyse

2.1.1 ABC-Analyse

Beginnen Sie den Kompetenzerwerb zum Thema ABC-Analyse mit der Erarbeitungsaufgabe EA 1.

Für die Planung der Beschaffungsmenge und des Beschaffungszeitpunktes ist es sinnvoll, die einzelnen Materialien nach ihrer Bedeutung zu unterscheiden. Entscheidend ist dabei der Wertanteil des einzelnen Materials am Gesamtwert aller Materialien. Somit können innerhalb der Materialwirtschaft die wesentlichen Materialien von den unwesentlichen getrennt werden. In der Folge können dann die Aktivitäten schwerpunktmäßig auf den Bereich gelenkt werden, der eine hohe wirtschaftliche Bedeutung aufweist. Gleichzeitig wird versucht, die Kosten für die übrigen Materialien durch Vereinfachungsmaßnahmen zu senken.

In Industriebetrieben hat häufig eine geringe Anzahl von Materialarten einen relativ großen Anteil am Gesamtwert der insgesamt benötigten Materialien. Es ist deshalb zweckmäßig, kostenintensive Planungs- und Kontrollmaßnahmen auf Materialien mit einem relativ hohen Anteil am Gesamtwert aller Beschaffungsgüter zu konzentrieren.

 Die ABC-Analyse ist ein Verfahren, um den Anteil einzelner Materialien am Gesamtwert der zu beschaffenden Materialien festzustellen.

Durchführung einer ABC-Analyse (tabellarische Darstellung)

Durchführung einer ABC-Analyse

Für alle Materialarten wird zunächst der Verbrauchswert ermittelt. Dafür wird der Preis mit der verbrauchten Menge pro Jahr multipliziert (Tabelle 1: Spalte 2 · Spalte 3 = Spalte 4).

Spalte 1	Spalte 2	Spalte 3	Spalte 4	Spalte 5
Materialart	Preis pro Stück in EUR	Verbrauchsmenge in Stück	Verbrauchswert in EUR (= Preis pro Stück · Verbrauchsmenge)	Rang nach Verbrauchswert
M1	0,80	70 000	56.000	6
M2	2,50	27 200	68.000	5
M3	0,16	150 000	24.000	10
M4	8,00	95 000	760.000	1
M5	0,52	200 000	104.000	4
M6	4,00	8 000	32.000	9
M7	8,00	16 000	128.000	3
M8	1,00	49 600	49.600	7
M9	0,24	160 000	38.400	8
M10	10,00	74 000	740.000	2

Tabelle 1

Die Materialart M4 weist den höchsten Verbrauchswert auf. Ihr wird die Rangzahl 1 zugewiesen (Spalte 5). Den niedrigsten Verbrauchswert hat dagegen die Materialart M3. Sie belegt demzufolge den letzten Rang (10).

Die Materialarten werden entsprechend der Höhe ihrer Verbrauchswerte sortiert (Tabelle 2: Spalte 1). Anschließend wird der prozentuale Anteil der einzelnen Materialien am Gesamtverbrauchswert ermittelt (Spalte 5).

Beispiel für M4: $\dfrac{760.000 \text{ EUR}}{2.000.000 \text{ EUR}} \cdot 100 = 38,0\,\%$

Zusätzlich können die Verbrauchsmengen in Prozent ermittelt werden (Spalte 3). Dies ist notwendig für eine grafische Darstellung.

Beispiel für M4: $\dfrac{95\,000 \text{ Stück}}{849\,800 \text{ Stück}} \cdot 100 = 11,2\,\%$

Im nächsten Schritt werden die Anteile in Prozent am Gesamtverbrauchswert kumuliert (Spalte 6). Das heißt, sie werden „(an)gehäuft".

Beispiel für M4 bis M7: 38,0 % (M4 aus Spalte 5) + 37,0 % (M10 aus Spalte 5) = 75 % (Spalte 6)
75 % (M4 + M10 aus Spalte 6) + 6,4 % (M7 aus Spalte 5) = 81,4 % (Spalte 6) usw.

Die Materialien werden üblicherweise in drei Gruppen (A-Güter, B-Güter und C-Güter) eingeteilt (Spalte 7).

Häufig werden Materialarten mit insgesamt ca. 75 % des Gesamtverbrauchswertes den A-Gütern zugerechnet. Materialarten mit insgesamt ca. 20 % des Gesamtverbrauchswertes gehören zu den B-Gütern und Materialien mit insgesamt ca. 5 % des Gesamtverbrauchswertes zu den C-Gütern.

Spalte 1	Spalte 2	Spalte 3	Spalte 4	Spalte 5	Spalte 6	Spalte 7
Materialart sortiert	Verbrauchsmenge		Verbrauchswert		Summe der Verbrauchswerte in % (kumuliert)	Einteilung der Güter in die Gruppen
	in Stück	in %	in EUR	in %		
M4	95 000	11,2	760.000	38,0	38,0	A
M10	74 000	8,7	740.000	37,0	75,0	A
M7	16 000	1,9	128.000	6,4	81,4	B
M5	200 000	23,5	104.000	5,2	86,6	B
M2	27 200	3,2	68.000	3,4	90,0	B
M1	70 000	8,2	56.000	2,8	92,8	B
M8	49 600	5,8	49.600	2,5	95,3	B
M9	160 000	18,8	38.400	1,9	97,2	C
M6	8 000	0,9	32.000	1,6	98,8	C
M3	150 000	17,7	24.000	1,2	100,0	C
Summe	849 800	100,0	2.000.000	100,0		

Tabelle 2

Aufg. 1
S. 41

Gruppe	%-Anteil Menge	%-Anteil Wert
A	19,9[1]	75,0
B	42,7	20,3
C	37,4	4,7[2]

1 Mengenanteil in % von M4 (11,2 %, Spalte 3) und M10 (8,7 %, Spalte 3) = 19,9 %
2 Verbrauchswert in % von M9, M6 und M3 (Spalte 5): 1,9 % + 1,6 % + 1,2 % = 4,7 %

Grafische Darstellung der ABC-Analyse

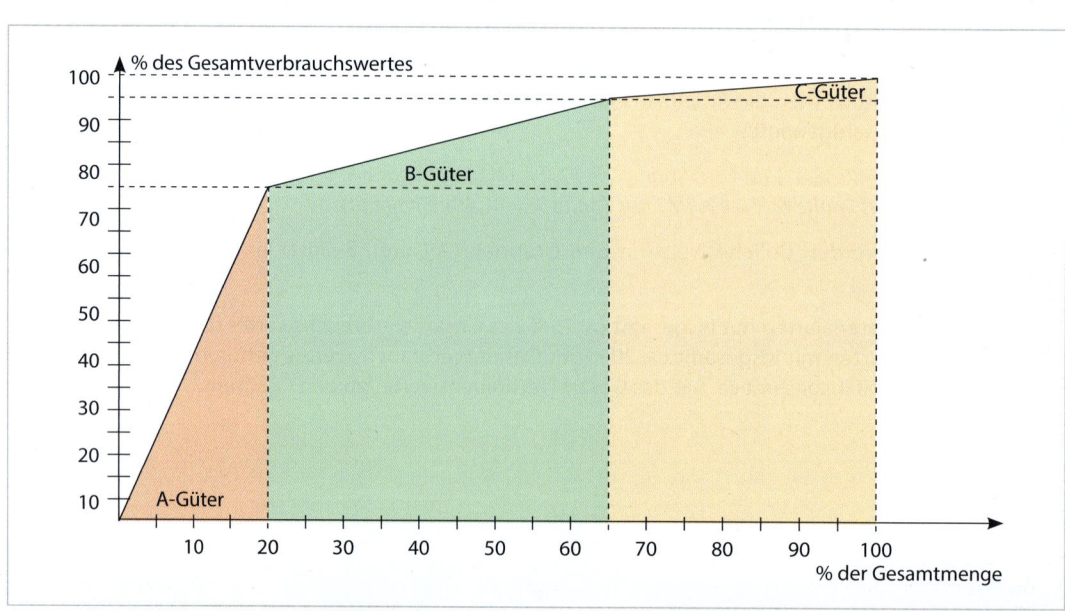

Aufg. 2
S. 47

Ergebnisse der ABC-Analyse	
Maßnahmen bei A-Gütern	**Maßnahmen bei C-Gütern**
■ häufige Bestellung kleinerer Mengen, um den Lagerbestand gering zu halten; nach Möglichkeit Beschaffung erst im Bedarfsfall (fertigungssynchrone Beschaffung, Just-in-time-Verfahren) ■ genaue (plan- bzw. bedarfsgesteuerte) Bedarfsermittlung ■ möglichst geringe Sicherheitsbestände[1] halten, um eine hohe Kapitalbindung zu vermeiden ■ exakte Lagerbuchführung und Bestandskontrollen ■ besondere Anstrengungen bei Marktbeobachtung, Beschaffung, Liefererauswahl, Preisgestaltung	■ verbrauchsgesteuerte Bedarfsermittlung ■ Beschaffungsvorgängen z. B. durch Konzentration auf einen Lieferer lassen sich rationalisieren, weil Preis- und Qualitätsdifferenzen zwischen verschiedenen Lieferern gering sind. ■ vereinfachte Kontrollen ■ großzügig bemessene Sicherheitsbestände ■ Marktbeobachtung, Angebotsvergleich, Qualitätskontrollen usw. können entfallen.

Die Materialien der Gruppe B sind hinsichtlich der Lagerhaltungspolitik von Fall zu Fall der Gruppe A oder C zuzuordnen. Es ist zweckmäßig, kostenintensive Planungs- und Kontrollmaßnahmen auf Materialien mit einem relativ hohen Anteil am Gesamtwert aller Beschaffungsgüter zu konzentrieren.

2.1.2 XYZ-Analyse

Die XYZ-Analyse ist eine Ergänzung zur ABC-Analyse. Dabei werden die Güter nach Vorhersagegenauigkeit des Verbrauchs in drei Gruppen eingeteilt.

X-Güter: nahezu konstanter Verbrauch bei geringen Schwankungen: hohe Vorhersagegenauigkeit

Y-Güter: stärkere (saisonale) Schwankungen des Verbrauchs; mittlere Vorhersagegenauigkeit

Z-Güter: völlig unregelmäßiger Verbrauch; geringe Vorhersagegenauigkeit

Aufg. 3
S. 47

Grundnahrungsmittel	**Kategorie:**	X-Güter
	Verbrauch:	konstant
	Vorhersagegenauigkeit:	hoch
Eiscreme (saison- und wetterabhängig)	**Kategorie:**	Y-Güter
	Verbrauch:	(saisonal) schwankend
	Vorhersagegenauigkeit:	begrenzt
Grippe-Medikamente	**Kategorie:**	Z-Güter
	Verbrauch:	unregelmäßig
	Vorhersagegenauigkeit:	gering

© Thamarai – stock.adobe.com
© Дмитрий Панёвин – stock.adobe.com
© andika wasesa/EyeEm – stock.adobe.com

---

1 Der Sicherheitsbestand (eiserner Bestand, Mindestbestand) bezeichnet die Menge einer Materialart, die aus Sicherheitsgründen immer im Lager sein sollte.

Die X-Güter zeichnen sich durch einen kontinuierlichen Materialfluss aus. Eine Lagerhaltung ist häufig nicht oder nur in geringem Umfang nötig. Aufgrund der hohen Vorhersagegenauigkeit können die X-Güter möglicherweise (just in time) (siehe Kap. 2.2.3) beschafft werden. Die Y- und Z-Güter unterliegen größeren Verbrauchsschwankungen. Diese Schwankungen müssen durch Lagerhaltung aufgefangen werden.

2.2   Bereitstellungsprinzipien

2.2.1 Überblick

Die Beschaffungsplanung ist durch den **Zielkonflikt** gekennzeichnet, dass eine **zu frühzeitige Materiallieferung** unnötige **Lagerkosten** verursacht, während eine **zu späte Materiallieferung** die **Stilllegung des Produktionsprozesses** und die Gefährdung der **Lieferfähigkeit** bedeuten kann. Deshalb ist die Auswahl des jeweils angemessenen **Verfahrens zur Materialbereitstellung** besonders wichtig.

Es lassen sich u. a. folgende **Verfahren der Materialbereitstellung** unterscheiden:

Verfahren zur Materialbereitstellung	geeignet bei ...	Zeitpunkt der Bestellung bzw. des Abrufs	Zeitpunkt der Lieferung	Umfang der Lagerhaltung
Einzelbeschaffung (auftragsbezogene Beschaffung)	Einzelfertigung (Spezialaufträge)	nach Eingang des Auftrags und rechtzeitig vor Auftreten des Bedarfs im Fertigungsprozess	abhängig von den Möglichkeiten des Lieferers	keine oder nur geringe Bestände
Vorratsbeschaffung	Materialien, die ständig wieder benötigt werden	wenn der Lagerbestand z. B. auf den Meldebestand gesunken ist (Bestellpunktverfahren)	wenn der Lagerbestand bis auf den Mindestbestand gesunken ist (Bestellpunktverfahren)	wechselnde Lagerbestände zwischen Mindestbestand und Höchstbestand (Bestellpunktverfahren)
Just-in-time- oder Just-in-sequence- Beschaffung und Kanban	Serien- und Massenfertigung. Kanban eignet sich bspw. auch bei Büroartikeln in der Verwaltung.	langfristig vor Auftritt des Bedarfs im Fertigungsprozess	bei Fertigungsbeginn	nur Sicherheitsbestände
Kaufvertrag mit Liefervereinbarung „Lieferung auf Abruf" (Delivery on demand)	Serien- und Massenfertigung	kurzfristig bei Bedarf	bei Fertigungsbeginn	nur Sicherheitsbestände (Lieferer übernimmt die Lagerhaltung)

© Maryam – stock.adobe.com

2.2.2 Einzel- und Vorratsbeschaffung

Viele Entscheidungen im Beschaffungsbereich sind davon abhängig, ob die Materialien erst bei Auftreten des Bedarfs oder aber auf Vorrat beschafft werden. Entsprechend kann grundsätzlich zwischen **Einzelbeschaffung im Bedarfsfall** und **Vorratsbeschaffung** unterschieden werden.

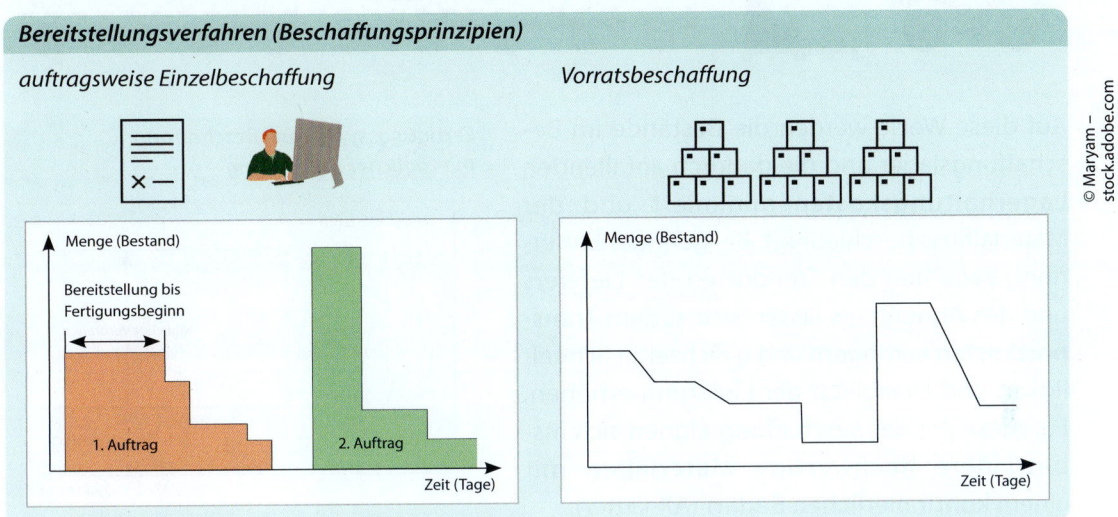

Bereitstellungsverfahren (Beschaffungsprinzipien)

auftragsweise Einzelbeschaffung

Vorratsbeschaffung

© Maryam – stock.adobe.com

Einzelbeschaffung		Vorratsbeschaffung	
Vorteile	**Nachteile**	**Vorteile**	**Nachteile**
■ geringe Lager- und Kapitalbindungskosten ■ geringe Lagerrisiken (z. B. durch Verderb oder Veralten) ■ einfache Bestimmung der Bestellmenge	■ hohe Beschaffungskosten, da keine größeren Mengen eingekauft werden (kein Mengenrabatt) ■ evtl. Schwierigkeiten bei der termin- und qualitätsgerechten Beschaffung nach der Bedarfsfeststellung	■ geringes Versorgungsrisiko, hohe Sicherheit bei Beschaffungsschwierigkeiten (hoher Servicegrad) ■ Kostenvorteile durch Mengenrabatt und andere Preisvergünstigungen des Lieferers möglich	■ hohe Lager- und Kapitalbindungskosten ■ hohe Lagerrisiken (z. B. durch Verderb oder Veralterung)

2.2.3 Just-in-time-Beschaffung und Just-in-sequence-Verfahren

Just-in-time-Beschaffung

Eine Sonderform der Beschaffung ohne Vorratshaltung ist die **fertigungssynchrone Beschaffung** (Just-in-time-Beschaffung). Die Beschaffung erfolgt in diesem Fall nicht erst bei Auftreten des Bedarfs. Vielmehr wird durch entsprechende Verträge vereinbart, dass die Materialien vom Lieferer genau zum benötigten Zeitpunkt direkt an den Fertigungsstellen bereitgestellt werden müssen. Dort angekommen, können sie sofort in die Fertigung eingehen. Für verspätete oder fehlerhafte Lieferungen sind hohe Vertragsstrafen (Konventionalstrafen) vorgesehen.

Aufg. 4 S. 48

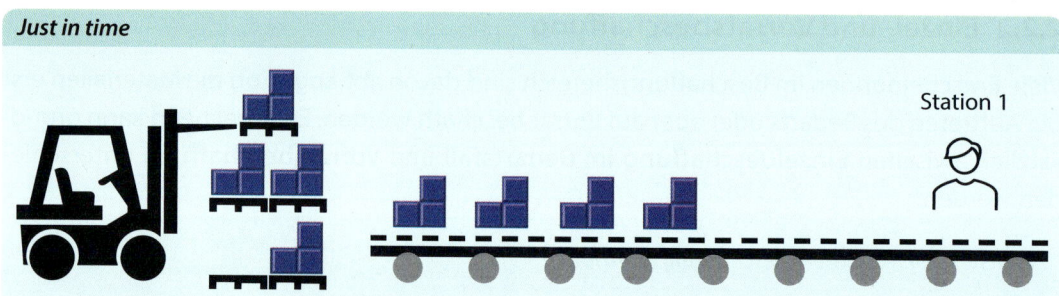

Just in time

Station 1

Auf diese Weise werden die Bestände im Beschaffungslager und die dadurch anfallenden **Lagerhaltungskosten** minimiert und der Materialfluss beschleunigt. Bei geringer Entfernung zwischen den Standorten des Lieferers und des Abnehmers lassen sich zudem **Transportkosten** verringern und gleichzeitig Schnelligkeit und Flexibilität der Lieferung erhöhen. Für diese Art der Beschaffung eignen sich insbesondere **hochwertige Materialien** mit einem **kontinuierlichen Bedarf** (AX-Güter).

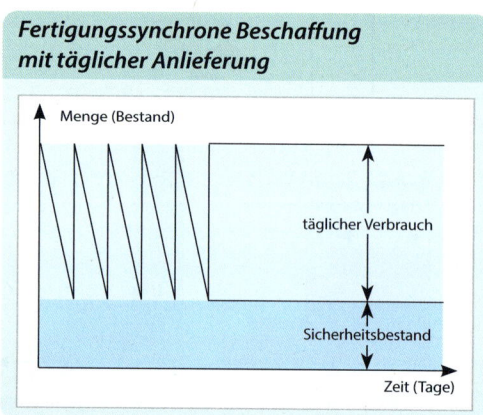

Fertigungssynchrone Beschaffung mit täglicher Anlieferung

Menge (Bestand)

täglicher Verbrauch

Sicherheitsbestand

Zeit (Tage)

Voraussetzungen für Just-in-time-Beschaffung (JIT):

- Intensiver **Informationsaustausch** zwischen Lieferer und Abnehmer, um Materialbedarf und Lieferzeitpunkte schnell und genau zu übermitteln.

- Hohe **Zuverlässigkeit** und **Flexibilität** des Lieferers, da jede Lieferverzögerung zu Produktionsstörungen führt.

- Zusicherung von **100%-Kontrolle** und **Nullfehler-Qualität** durch den Lieferer, da beim Abnehmer eine Qualitätprüfung entfällt und Qualitätsabweichungen zu Produktionsstörungen führen.

Just-in-sequence-Beschaffung

Eine Weiterentwicklung der **Just-in-time-Beschaffung** stellt das **Just-in-sequence-Verfahren** dar. Bei diesem Beschaffungskonzept muss der Zulieferer nicht nur dafür sorgen, dass die benötigten Materialien rechtzeitig in der notwendigen Menge angeliefert werden. Vielmehr muss auch die **Reihenfolge** (engl.: *sequence*), in der die Bauteile (Module) angeliefert werden, stimmen. Dieses Verfahren kommt insbesondere in der Automobilindustrie zur Anwendung.

Just in sequence

Station 1

> ### Just-in-time- und Just-in-sequence-Beschaffung in der Automobilindustrie
>
> In der Automobilindustrie erfolgt die JIT-Beschaffung insbesondere bei hochwertigen und komplexen Bauteilen und Modulen, die direkt in die Montage einfließen (z. B. Motoren, Reifen auf Felgen, Lenkräder einschließlich Airbag, komplette Armaturentafeln, Sitzgarnitur, Schiebedächer, Stoßdämpfer).

Aufg. 5
S. 48

Vor- und Nachteile einer lagerlosen Fertigung	
Vorteile	**Nachteile**
■ Durch die geringen Vorräte werden die Lagerkosten reduziert und die Kapitalbindung verkleinert. ■ Lagerkosten und Lagerrisiken werden auf den Zulieferer abgewälzt.	■ Risiko des Produktionsstillstands bei verspäteter oder fehlerhafter Lieferung (Absicherung durch Vereinbarung hoher Konventionalstrafen) ■ evtl. höherer Einstandspreis (z. B. durch häufigere Anlieferungen, Abwälzen des Lagerrisikos auf Lieferer) ■ hohe Abhängigkeit vom Lieferer

Auswirkungen auf die Nachhaltigkeit

Durch die Just-in-time-Beschaffung wird das Materiallager teilweise durch Lkws auf die Straße verlegt. Dadurch ergibt sich – je nach Entfernung zwischen den Standorten der Zulieferer und der Abnehmer – eine zunehmende Umweltbelastung und Staugefahr (Just-im-Stau statt just in time).

2.2.4 Kanban-Prinzip

Das Kanban-Prinzip kann u. a. das JIT-Konzept unterstützen. Das Kanban-Prinzip wurde in Japan beim Automobilhersteller Toyota entwickelt. Ziel war es, kleine Lager zu halten, da das Bauland knapp und teuer war.

Das Wort Kanban heißt wörtlich übersetzt: Karte, Schild und kann mit Laufkarte übersetzt werden. Kanban ist u. a. ein Produktionssteuerungs-System. Mittlerweile wird das Kanban-Prinzip nicht mehr nur in der Fertigung, sondern im gesamten Prozessablauf – vom Lieferanten bis zum Kunden – eingesetzt. Auch in der Verwaltung bei der Beschaffung von Büromaterial kann es zum Einsatz kommen.

Kanban erfolgt nach dem Supermarktprinzip. Dabei handelt es sich um das sogenannte Hol- bzw. Ziehprinzip (Pull-Prinzip). Die Materialien warten also nicht – wie beim Bring-Prinzip (Push-Prinzip) entsprechend dem Prozessablauf vor dem nächsten Arbeitsplatz auf ihre Weiterleitung. Beim Kanban löst in einem Prozessablauf immer die nachgelagerte (materialverbrauchende) Stelle mithilfe eines Kanbans einen Auftrag aus. Die bestellende Stelle sendet der liefernden Stelle mittels einer Karte die Informationen (Menge, Sachnummer, Kostenstellen, Liefertermin, Auftragsnummer) über die benötigten Materialien. Die vorgelagerte Stelle (= Erzeuger bzw. Zulieferer) bringt diese Materialien dann zum geforderten Termin in der erforderlichen Qualität an die verbrauchende Stelle.

Produktionssteuerung mit Kanban

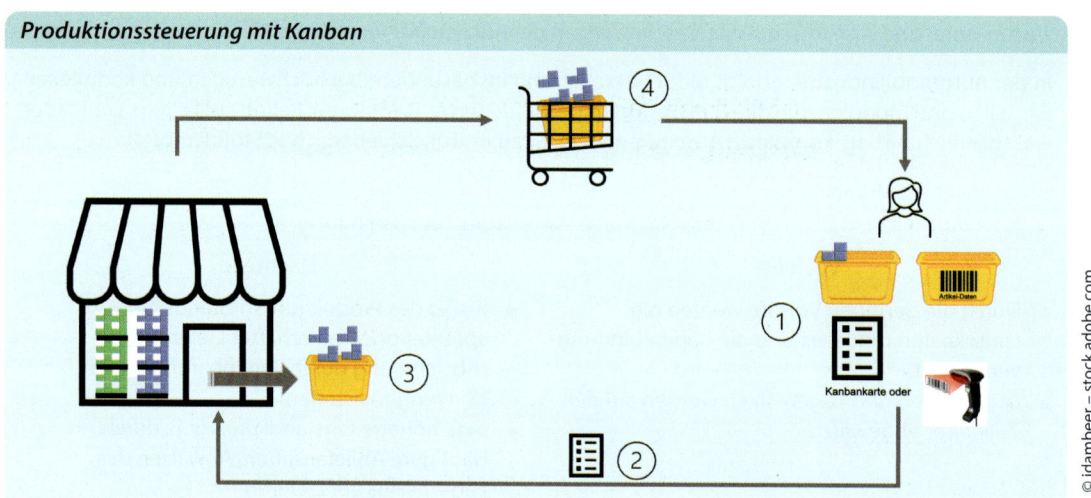

> **!** Das Kanban-Prinzip ist ein Verfahren zur Fertigungssteuerung, bei dem eine nachgelagerte Fertigungsstufe bei Bedarf Material von der vorgelagerten Fertigungsstufe mittels einer Anzeigekarte (= Kanban) anfordert.

2.2.5 Delivery on demand

Delivery on demand kommt aus dem Englischen und bedeutet: „**Lieferung auf Anforderung**" oder „**Lieferung auf Abruf**". Es bedeutet, dass Materialien genau dann angefordert und geliefert werden, wenn sie in der Produktion benötigt werden. Somit entfällt auch hier eine Lagerhaltung. Es wird lediglich ein Sicherheitsbestand gehalten. In einem Kaufvertrag mit einem Lieferanten wird beispielsweise die Abnahmemenge pro Jahr festgelegt. Das Unternehmen kann die vertraglich vereinbarten Materialien zu – im Vorfeld nicht fest vereinbarten – Terminen beim Lieferanten abrufen, entsprechend ihres Bedarfs. Es wird nur so viel geliefert, wie gerade benötigt wird. Dies spart Lagerkapazität und Kosten.

2.2.6 Einflussfaktoren und Auswahlkriterien für die Wahl des Bereitstellungsverfahrens in einem Industriebetrieb

Neben der Art des **Fertigungstyps** (hierbei wird unterschieden, wie viele Produkte hergestellt werden, z. B. Einzel- oder Massenfertigung) spielen für die Auswahl des geeigneten Bereitstellungsverfahrens auch die Art der Materialien und die Art der Bedarfsermittlung eine Rolle.

Für die Wahl des angemessenen Verfahrens zur Materialbereitstellung ist es bedeutsam zu wissen, zu welcher **Bedarfsart** (z. B. Rohstoffe, Baugruppen, Einzelteile oder Hilfs- und Betriebsstoffe) die zu beschaffenden Materialien gehören und welcher Gruppe sie im Rahmen der **ABC-Analyse** zuzuordnen sind.

Die jeweilige Bedarfs- und Güterart beeinflusst auch die Art der **Bedarfsermittlung**. Bei der Feststellung des Bedarfs kann die **plangesteuerte (bedarfsgesteuerte)** oder die **verbrauchsgesteuerte Bedarfsermittlung** zur Anwendung kommen.

Arten der Bedarfsermittlung (Dispositionsverfahren)	
plangesteuerte (bedarfsgesteuerte) Bedarfsermittlung	**verbrauchsgesteuerte Bedarfsermittlung**
Um den künftigen Materialbedarf zu ermitteln, wird zunächst anhand des Produktionsplans festgestellt, welche und wie viele Enderzeugnisse hergestellt werden sollen. Dies kommt beispielsweise bei Einzelfertigungen zur Anwendung.	Der zukünftige Materialbedarf wird auf der Basis der Verbrauchswerte der Vergangenheit (Lagerstatistik) ermittelt. Die verbrauchsgesteuerte Bedarfsermittlung wird insbesondere für die Beschaffung geringwertiger Materialien, wie C-Güter sowie Hilfs- und Betriebsmittel angewandt, die für verschiedene Enderzeugnisse des Fertigungsprogramms häufig benötigt werden.

Die **verbrauchsgesteuerte Bedarfsermittlung** setzt voraus, dass das Bereitstellungsverfahren der **Vorratsbeschaffung** angewendet wird. Die Materialien werden nicht erst im Bedarfsfall beschafft, sondern auf Vorrat gehalten.

Neben der Art des Fertigungstyps, der Materialart und der Art der Bedarfsermittlung können noch folgende Kriterien bei der Auswahl eines geeigneten Bereitstellungsverfahrens bedeutsam sein:

Kriterien für die Auswahl eines geeigneten Bereitstellungsverfahrens				
Situation auf dem Beschaffungsmarkt	Situation auf dem Absatzmarkt	Produktionsprogramm	Stillstandskosten	Lagerkapazitäten und Finanzierung
Ist die Beschaffung jederzeit kurzfristig möglich (Verfügbarkeit der Materialien und Zuverlässigkeit der Lieferer)?	Sind die Kundenwünsche vorhersehbar und verlängerte Lieferfristen zumutbar?	Welche Bedeutung haben die einzelnen Materialien für den Produktionsprozess (Betriebs- und Beschaffungsrisiko)?	Wie hoch sind die Kosten, wenn es wegen fehlender Materialien zu einem Produktionsstillstand kommt?	Sind genügend Lagerkapazitäten und finanzielle Mittel vorhanden, um eine Vorratshaltung zu ermöglichen?

2.2.7 Bereitstellungsverfahren im Handel: Cross Docking

Grundidee des Cross Docking

Im Bereich des Handels (Groß- und Einzelhandel) hat eine als Kreuzverkupplung (**Cross Docking**) bezeichnete Umschlagsart von Waren in letzter Zeit an Bedeutung gewonnen. Damit ist ein Verfahren gemeint, das das Halten von Lagerbeständen bei einem Zwischenhändler (Großhändler) vermeidet. Die Waren (i. d. R. Paletten mit Fertigerzeugnissen) werden vom Hersteller an einen Umschlagplatz (**Cross Docking Punkt**) geliefert (z. B. Zentrallager eines Discounters oder eines Logistikdienstleisters). Die Anlieferung beim Cross Docking Punkt und die Auslieferung an die Empfänger (z. B. Filialen eines Discounters) werden zeitlich und mengenmäßig so koordiniert, dass eine Ein-, Um- und Auslagerung sowie die dazugehörigen innerbetrieblichen Transportvorgänge entfallen. Eine Zwischenlagerung, wie sie in einem Lager eines Großhändlers vorgenommen wird, findet also nicht statt. Der Hersteller liefert seine Erzeugnisse direkt an den Einzelhändler. Der Großhandel und dessen Lagerfunktion werden damit umgangen.

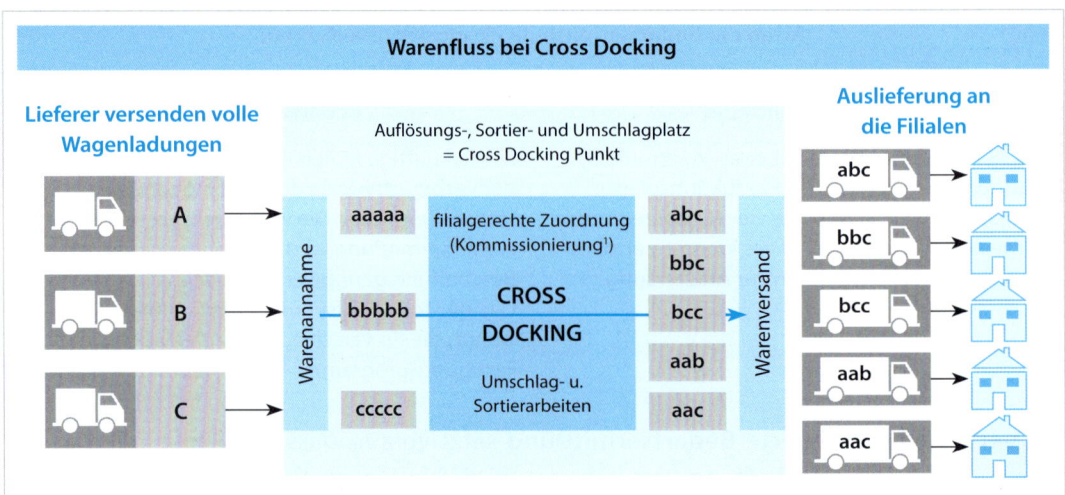

Varianten von Cross Docking

In der Praxis kommt Cross-Docking in drei verschiedenen Varianten vor:

- Variante 1: **Einstufiges System**
  Die Ware (i. d. R. Paletten) wird vom Hersteller fertig kommissioniert und endverpackt beim Cross Docking Punkt angeliefert. Von dort wird sie ohne Zwischenlagerung an die unterschiedlichen Abnehmer versandt. Der Hersteller muss dazu die Adressdaten der Empfänger auf den Waren anbringen.

- Variante 2: **Zweistufiges System**
  Bis zum Cross Docking Punkt bleibt die Warenlieferung unverändert. Dort wird sie auf der Basis der Lieferaufträge bereitgestellt (kommissioniert) und an die unterschiedlichen Empfänger versandt.

- Variante 3: **Mehrstufiges System**
  Im Cross Docking Punkt wird die angelieferte Ware sortiert, auf die verschiedenen Aufträge aufgeteilt (konfektioniert), etikettiert und dann an die unterschiedlichen Empfänger versandt.

Vorteile des Cross Docking

- schnellere Belieferung der Empfänger
- zeitgerechte Anlieferung beim Empfänger
- Minimierung des Lagerplatzbedarfs beim Hersteller
- Reduktion des Lagerstands und der Lagerhaltungskosten
- Anzahl der liefernden Lkws sinkt (gerade in Innenstädten ist es teilweise schwierig, wenn mehrere Lieferer in engen Straßen Händler beliefern)
- weniger Laderampen nötig

---

1 Kommissionierung (lat.): Entsprechend einem vorliegenden Kundenauftrag werden bestimmte Waren (Artikel) aus einem Gesamtvorrat (Sortiment) sortiert und zusammengestellt.

2.3 Zeitplanung: Wann soll bestellt werden?

2.3.1 Plangesteuerte und verbrauchsgesteuerte Bedarfsermittlung

Bei **plangesteuerter** Bedarfsermittlung ist der Zeitpunkt, zu dem das Material benötigt wird, aus dem Produktionsplan ersichtlich. Der **Bestellzeitpunkt** wird in diesem Fall im Wesentlichen durch die **Beschaffungszeit (Lieferzeit)** des Materials bestimmt.

Aufg. 6
S. 48

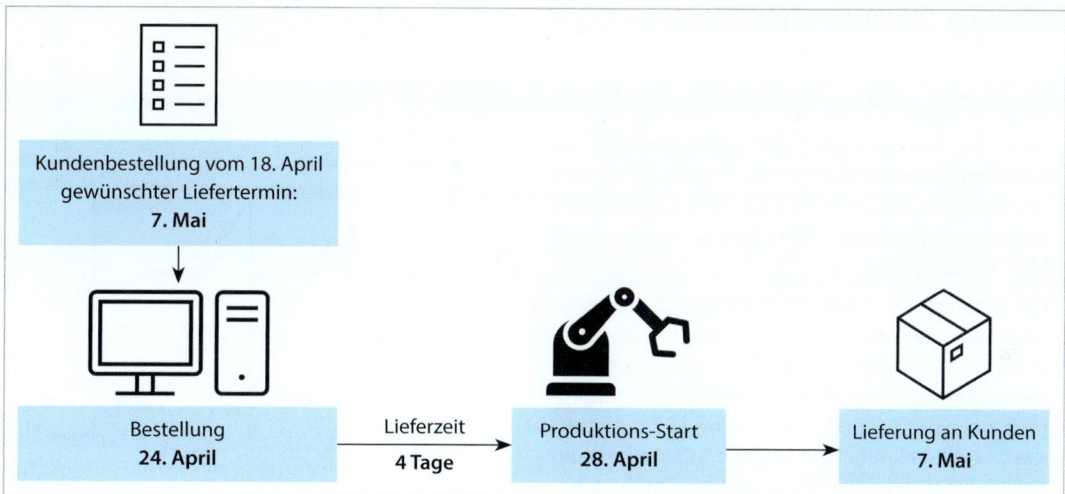

Die **verbrauchsgesteuerte** Bedarfsermittlung ist dagegen unabhängig von einem Produktionsplan. In diesem Fall muss der **Bestellzeitpunkt** jeweils auf der Basis des vorhandenen **Lagerbestandes** ermittelt werden. Ziel dabei ist, eine Bestellung so rechtzeitig zu erteilen, dass bis zum Eintreffen der Materialien jede Materialanforderung erfüllt werden kann. Die Frage, **wann** bei verbrauchsgesteuerter Bedarfsermittlung bestellt werden muss, kann mithilfe des **Bestellpunktverfahrens** oder des **Bestellrhythmusverfahrens** beantwortet werden.

2.3.2 Bestellpunktverfahren

 Beginnen Sie den Kompetenzerwerb zum Thema *Bestellpunktverfahren* mit der Erarbeitungsaufgabe EA 2.

EA 2
S. 44

! Beim Bestellpunktverfahren (Meldebestandsverfahren) wird der Lagerbestand nach jeder Entnahme anhand von Bestandslisten überprüft. Wird der zuvor festgelegte Meldebestand (Bestellpunkt) erreicht, erfolgt eine Bedarfsmeldung und Nachbestellung.

Der **Meldebestand** muss so festgelegt werden, dass bis zum Eintreffen der bestellten Materialien der festgelegte Mindestbestand (Sicherheitsbestand) nicht angegriffen wird.

Bestellpunktverfahren: Meldebestand

Berechnung des Meldebestands: Durchschnittlich werden pro Tag 100 Senkschrauben benötigt. Die Beschaffungszeit beträgt 15 Tage. Es soll ein Sicherheitsbestand für 10 Tage gehalten werden.
MB = 10 Tage · 100 Stück/Tag + 15 Tage · 100 Stück/Tag = 2 500 Stück

Aufg. 7
S. 49

> **!** **Meldebestand = Mindestbestand + Beschaffungszeit · durchschnittlicher Tagesbedarf**
>   *(Sicherheitsbestand)*   *(Lieferzeit in Tagen)*

Der Höchstbestand entspricht der Summe von Mindestbestand und Bestellmenge. Wenn der Mindestbestand erreicht ist, sollen die bestellten Materialien im Lager eingehen. Der Mindestbestand dient nur dazu, unerwarteten Mehrbedarf während der **Beschaffungszeit** sowie mögliche Lieferverzögerungen (z. B. durch Streik, Transportprobleme bei schlechten Witterungsverhältnissen) abzudecken.

Aufg. 8
S. 49

Bestellpunktverfahren: Grafische Darstellung „Sägezahnkurve"

Unter der Annahme, dass der Lagerbestand kontinuierlich abnimmt (konstanter Tagesbedarf) und die Beschaffungszeit nicht schwankt, lässt sich das Bestellpunktverfahren in nebenstehender Form grafisch darstellen.

Der Bestand nimmt um 100 Stück täglich ab. Bei einem Lagerbestand von 2 500 Stück (= Meldebestand, Bestellpunkt) wird eine Bestellung ausgelöst. Die Bestellmenge wird mit 5 000 Stück angenommen. Bei einer Beschaffungszeit von 15 Tagen trifft das bestellte Material ein, wenn der Lagerbestand auf 1 000 Stück (= Mindestbestand, Sicherheitsbestand) gesunken ist. Der Lagerbestand erhöht sich dadurch auf 6 000 Stück (= Höchstbestand). Aufgrund der Annahme eines konstanten Tagesbe-

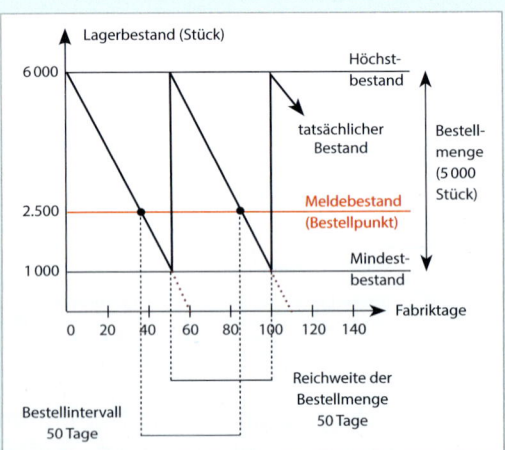

darfs von 100 Stück, ist der Mindestbestand wieder nach 50 Tagen erreicht (= Reichweite der Bestellmenge). Während dieser Zeit beträgt der durchschnittliche Lagerbestand 3 500 Stück. Alle 50 Tage muss eine Bestellung vorgenommen werden (= Bestellintervall).

Beim Bestellpunktverfahren **wird immer die gleiche Menge bestellt**. Die Zeitspanne zwischen zwei Bestellungen **(Bestellintervall)** ist dagegen in den meisten Fällen **unterschiedlich**. Sie wird von der Höhe des Lagerabgangs bestimmt. Von diesem hängt ab, wie schnell jeweils der Meldebestand erreicht wird. Nur bei einem konstanten Materialverbrauch (z. B. 100 Stück pro Tag), sind auch die Bestellintervalle gleich. Da der Tagesbedarf in der Praxis schwankt, sind – abweichend vom oben beschriebenen Modell – in Wirklichkeit die Reichweite der Bestellmenge und die Bestellintervalle nicht konstant.

Weil der Bestand nach jeder Entnahme geprüft wird, ist das Bestellpunktverfahren auch dann anwendbar, wenn Bedarfsschwankungen vorliegen.

Vorteile des Bestellpunktverfahrens
■ Es kann die unter Kostengesichtspunkten günstigste Bestellmenge (z. B. unter Berücksichtigung von Mengenrabatten, Lagerkosten u. a.) zugrunde gelegt werden.
■ Es sind vergleichsweise geringe Sicherheitsbestände nötig, da diese nur die Beschaffungszeit abdecken müssen. Dadurch verringern sich die Lagerkosten.

Die Höhe des **Mindestbestands** (Sicherheitsbestands) wird u. a. auch vom **Servicegrad**, den ein Unternehmen anstrebt, bestimmt.

Der Servicegrad gibt an, in welchem Maße der Materialbedarf aus dem bestehenden Vorrat gedeckt werden kann und, ob möglicherweise Fehlmengen in Kauf genommen werden.

Ein hoher Servicegrad (100 %) bedeutet einen hohen Mindestbestand und somit hohe Lager- und Zinskosten[1]. Ist das Unternehmen dagegen bereit, **Fehlmengenkosten** (z. B. Kosten für eine Eilbestellung, Kosten für einen Produktionsstillstand, Kosten einer verspäteten Fertigstellung eines Erzeugnisses) in Kauf zu nehmen, um den Mindestbestand zu reduzieren (Servicegrad < 100 %), können Lager- und Zinskosten gesenkt werden. Es muss geprüft werden, ob die Einsparung von Lagerhaltungskosten durch einen verringerten Mindestbestand höher ist, als die möglicherweise entstehenden Fehlmengenkosten.

2.3.3 Bestellrhythmusverfahren

 Beim Bestellrhythmusverfahren wird im Unterschied zum Bestellpunktverfahren nicht nach jeder Entnahme, sondern nur in bestimmten Zeitabständen geprüft, ob eine Bestellung nötig ist.

Der **Bestellrhythmus** (= Zeitspanne zwischen zwei Überprüfungsterminen) ist konstant. Hinsichtlich der Höhe der Bestellmenge lassen sich beim Bestellrhythmusverfahren zwei Varianten unterscheiden:

Unterschiedliche Bestellmengen

Bei der einfachsten Form dieses Verfahrens wird immer dann bestellt, wenn gegenüber der letzten Überprüfung eine Bestandsminderung vorliegt. Das kann allerdings zu sehr kleinen Bestellmengen und dadurch bedingten Mindermengenzuschlägen führen. Um dies zu vermeiden, wird i. d. R. eine Bestellung erst dann ausgelöst, wenn der bei der Überprüfung ermittelte Lagerbestand eine festgelegte Grenze (Bestellpunkt) unterschritten hat. Die **Bestellmenge** ist an jedem Bestellzeitpunkt **unterschiedlich** und vom festgestellten Lagerbestand abhängig. Sie wird immer so gewählt, dass sie zusammen mit dem restlichen Lagerbestand eine vorher festgelegte Obergrenze (Bestellgrenze) erreicht.

Bestellrhythmusverfahren: unterschiedliche Bestellmenge

Berechnung der Bestellmenge:

Die Überprüfung der Lagerbestände erfolgt an jedem 30. Fabriktag. Die Beschaffungszeit beträgt 15 Tage. Als Obergrenze (Bestellgrenze) werden 6 000 Stück festgelegt. Für den ersten Bestellvorgang in der nebenstehenden Abbildung gilt somit: Die Überprüfung der Lagerbestände am 30. Fabriktag hat ergeben, dass derzeit noch 2 500 Stück am Lager sind. Bestellmenge = 6 000 St. – 2 500 St. = 3 500 St. Die bestellte Menge trifft am Fabriktag 45 ein und füllt den inzwischen auf 1 000 Stück gesunkenen Lagerbestand auf 4 500 Stück auf.

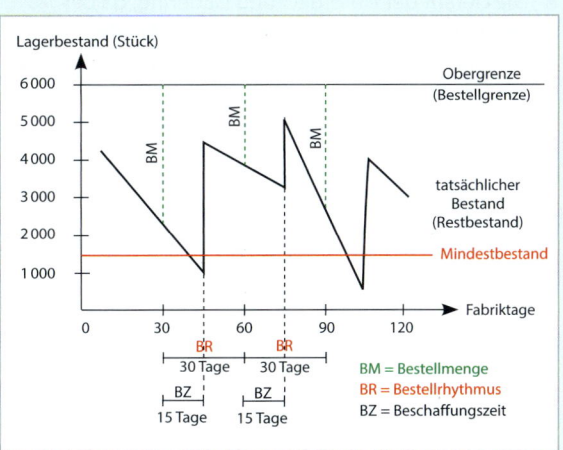

---

1 entgangener Zinsertrag für das im Lager gebundene Kapital

> **!** **Bestellmenge = Obergrenze (Bestellgrenze) – Lagerbestand**

Der Mindestbestand muss im Vergleich zum Bestellpunktverfahren höher sein, da der Lagerbestand zwischen zwei Überprüfungsterminen nicht bekannt ist und ein unerwarteter Mehrbedarf während dieses Zeitraums abgedeckt werden muss. Um übermäßig hohe Mindestbestände zur Abdeckung von Bedarfsschwankungen zu vermeiden, ist die Anwendung des Bestellrhythmusverfahrens nur dann sinnvoll, wenn sich der Bedarf erfahrungsgemäß gleichmäßig entwickelt. Die zum jeweiligen Beschaffungszeitpunkt angeforderte Bestellmenge ist immer gleich. Es gibt keine Obergrenze für den Lagerbestand.

Bestellrhythmusverfahren: gleiche Bestellmenge

An jedem 30. Fabriktag wird eine Bestellung ausgelöst. Die Bestellmenge ist immer gleich hoch und entspricht beispielsweise der optimalen Bestellmenge (hier: 3 000 Stück). Die Beschaffungszeit beträgt 15 Tage. Somit gilt in der nebenstehenden Abbildung für den ersten Bestellvorgang: Die bestellte Menge von 3 000 Stück trifft nach 15 Tagen ein und füllt das Lager am Fabriktag 45 bis 4 000 Stück auf.

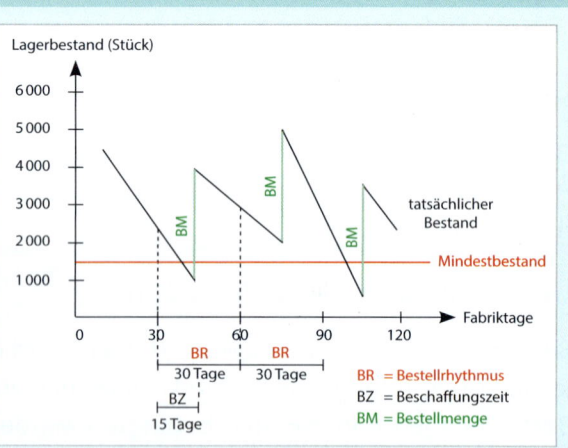

Gleichbleibende Bestellmengen

Bestellpunktverfahren	Bestellrhythmusverfahren
■ Bestellt wird, wenn der Meldebestand erreicht ist (bestandsbezogene Bestellauslösung).	■ Bestellt wird, wenn ein zuvor festgelegter Termin erreicht wird oder ein bestimmtes Zeitintervall verstrichen ist (terminbezogene Bestellauslösung).
■ Die Gefahr der Unterdeckung ist gering, da bei jeder Entnahme geprüft wird, ob der Meldebestand erreicht ist (daher auch für Materialien mit unregelmäßigem Bedarf geeignet).	■ Bestellung nur in festen Zeitintervallen (Bestellrhythmus)
■ hoher Kontrollaufwand (ohne Software)	■ Gefahr der Unterdeckung oder zu hohe Lagerbestände bei unregelmäßigem Bedarf/ Lagerabgang
■ geringeres Fehlmengenrisiko als beim Bestellrhythmusverfahren	■ geringer Kontroll- und Verwaltungsaufwand

2.4   Mengenplanung: Wie viel soll bestellt werden? – Optimale Bestellmenge

 Beginnen Sie den Kompetenzerwerb zum Thema *Optimale Bestellmenge* **mit der Erarbeitungsaufgabe EA 3.**

EA 3
S. 44

Die Festlegung der **Bestellmengen** erfolgt mit der Zielsetzung, die Gesamtkosten der Beschaffung möglichst gering zu halten (Kostenminimierung). Die Gesamtkosten setzen sich wie folgt zusammen:

- Anschaffungskosten des Materials (Einstandspreis)
- Bestellkosten (Kosten der Bestellabwicklung wie z. B. Bearbeitung der Bedarfsmeldung, Bestellung, Wareneingangskontrolle, Rechnungsprüfung, Buchung)
- Lagerkosten (Miete bzw. Abschreibungen für das Lagergebäude, Lagerverwaltung, Pflege der gelagerten Materialien u. a.)
- Zinskosten (entgangener Zinsertrag für das im Lager gebundene Kapital)

Die **Anschaffungskosten je Materialeinheit** (Einstandspreis) können sich verändern, wenn gestaffelte Mengenrabatte gewährt werden.

Die **Bestellkosten** fallen je Bestellung in gleicher Höhe an (bestellfixe Kosten). Sie sind unabhängig von der Bestellmenge. Bei größeren Bestellmengen verteilen sie sich jedoch auf eine größere Stückzahl, sodass der Anteil der Bestellkosten, die auf **ein Stück** entfallen, geringer wird.

Die **Lagerhaltungskosten** (Lagerkosten und Zinskosten) werden mithilfe von Erfahrungssätzen auf der Grundlage des durchschnittlichen Lagerbestands berechnet. Die Lagerhaltungskosten steigen mit zunehmender Bestellmenge, weil sich dadurch der durchschnittliche Lagerbestand erhöht.

> **!** durchschnittlicher Lagerbestand $= \dfrac{\text{Anfangsbestand} + \text{Endbestand}}{2}$

Die günstigste Bestellmenge lässt sich durch Vergleich der Gesamtkosten ausgewählter Beschaffungssituationen feststellen.

Optimale Bestellmenge in einer Möbelfabrik	
Materialart:	Senkschrauben
Jahresbedarf:	240 000 Stück = 1 200 Kartons
Listenpreis je Karton zu 200 Stück:	12,50 EUR; 10 % Mengenrabatt bei Abnahme von 300 Kartons
Verpackungs- und Transportkosten:	pauschal je Lieferung 50,00 EUR
Bestellkosten je Bestellung (bestellfixe Kosten):	25,00 EUR
Lagerhaltungskosten:	25 % vom Wert des Lagerbestands (Erfahrungswert)

Überlegung: Verursacht die Beschaffung des Jahresbedarfs durch 12 Monatsbestellungen von je 100 Kartons oder die Beschaffung durch 4 Quartalsbestellungen von je 300 Kartons unter Ausnutzung des angebotenen Mengenrabatts höhere Gesamtkosten?

	12 Bestellungen		4 Bestellungen	
	Kosten je Lieferung 100 Kartons	Kosten pro Jahr	Kosten je Lieferung 300 Kartons	Kosten pro Jahr
Listenpreis	1.250,00 EUR	15.000,00 EUR	3.750,00 EUR	15.000,00 EUR
− 10 % Rabatt	0,00 EUR	0,00 EUR	375,00 EUR	1.500,00 EUR
+ Bezugskosten	50,00 EUR	600,00 EUR	50,00 EUR	200,00 EUR
= Einstandspreis	1.300,00 EUR	15.600,00 EUR	3.425,00 EUR	13.700,00 EUR
+ Bestellkosten	25,00 EUR	300,00 EUR	25,00 EUR	100,00 EUR
+ Lagerhaltungskosten[*] (25 % vom Wert des Ø Lagerbestandes)		156,25 EUR		421,88 EUR
Beschaffungskosten pro Jahr		16.056,25 EUR		14.221,88 EUR

Im vorliegenden Fall ist es pro Jahr um 1.834,37 EUR günstiger, den Bedarf quartalsweise für 3 Monate im Voraus zu bestellen und nicht monatlich. Dieser Betrag setzt sich wie folgt zusammen:

Mengenrabatt 1.500,00 EUR + niedrigere Bezugskosten 400,00 EUR + niedrigere Bestellkosten 200,00 EUR – höhere Lagerhaltungskosten 265,63 EUR.

[*] **Berechnung der Lagerhaltungskosten**

Bei einer Bestellmenge von **100 Kartons**
Wert des Ø Lagerbestandes in EUR: (100 Kartons + 0 Kartons)/2 = 50 Kartons
                    50 Kartons · 12,50 EUR je Karton = 625,00 EUR
                    25 % Lagerhaltungskosten von 625,00 EUR = 156,25 EUR

Bei einer Bestellmenge von **300 Kartons**
Wert des Ø Lagerbestandes in EUR: (300 Kartons + 0 Kartons)/2 = 150 Kartons
             150 Kartons · 11,25 EUR je Karton = 1.687,50 EUR
             25 % Lagerhaltungskosten von 1.687,50 EUR = 421,88 EUR

Die **optimale Bestellmenge** lässt sich unter stark **vereinfachenden Annahmen** auch wie folgt ermitteln:

Es wird u. a. unterstellt, dass der Einstandspreis je Materialeinheit unverändert bleibt (d. h., es werden keine Mengenrabatte oder mengenabhängige Bezugskosten berücksichtigt). Dann haben nur noch die Bestellkosten und die Lagerhaltungskosten Einfluss auf die optimale Bestellmenge. Bei zunehmender Bestellmenge sinken die Bestellkosten, da weniger oft bestellt werden muss. Gleichzeitig nehmen aber die Lagerhaltungskosten zu.

Aufg. 9
S. 49

Optimale Bestellmenge: Tabellarische Ermittlung

Beschaffung von Verschleißwerkzeugen (Bohrer, Sägeblätter usw.) in einer Möbelfabrik:

Jahresbedarf:	1 000 Stück
Einstandspreis je Stück:	12,50 EUR
Bestellkosten je Bestellung (bestellfixe Kosten):	40,00 EUR
Lagerhaltungskostensatz:	16 %

Bestell-menge (Stück)	Bestell-häufigkeit	Bestell-kosten (EUR)	Ø Lagerbestand (Stück)	Wert des Ø Lagerbestands (EUR)	Lagerhaltungs-kosten (EUR)*	Gesamt-kosten (EUR)
50	20	800,00	25	312,50	50,00	850,00
100	10	400,00	50	625,00	100,00	500,00
200	5	200,00	100	125,00	200,00	400,00
500	2	80,00	250	3.125,00	500,00	580,00
1 000	1	40,00	500	6.250,00	1.000,00	1.040,00

*) 16 % vom Wert des ø Lagerbestandes (= halbe Bestellmenge)

Bei einer Bestellmenge von 200 Stück (d. h. bei 5 Bestellungen pro Jahr) ist die Summe aus Bestell- und Lagerkosten am geringsten.

> **!** **Die optimale Bestellmenge ist dann erreicht, wenn die Summe aus Bestellkosten und Lagerhaltungskosten am geringsten ist.**

Die Abhängigkeit der optimalen Bestellmenge von den Lager- und Bestellkosten lässt sich auch grafisch darstellen.

Aufg. 10
S. 50

Optimale Bestellmenge: Grafische Darstellung

(Der Darstellung liegen die Daten aus der oben stehenden Tabelle zugrunde.)

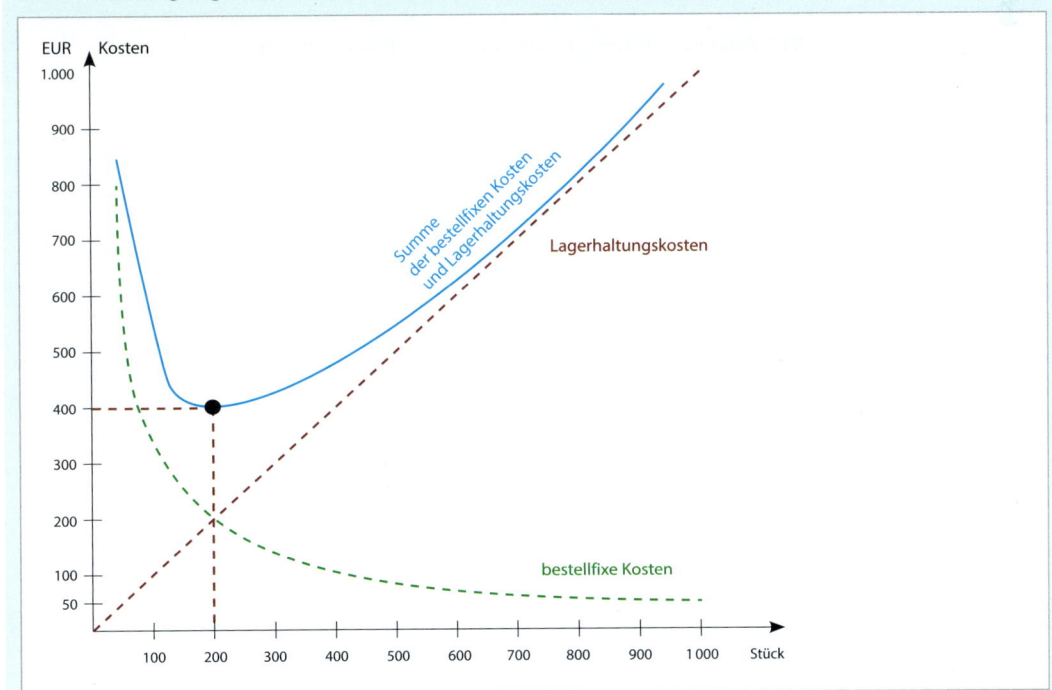

Die optimale Bestellmenge kann auch mit folgender Formel berechnet werden:

$$\text{optimale Bestellmenge} = \sqrt{\frac{200 \cdot \text{Jahresbedarf} \cdot \text{Bestellkosten}}{\text{Einstandspreis} \cdot \text{Lagerhaltungskostensatz}}} \quad \text{oder} \quad \sqrt{\frac{2 \cdot \text{Jahresbedarf} \cdot \text{Bestellkosten}}{\text{Lagerhaltungskosten je Stück}}}$$

Optimale Bestellmenge: Rechnerische Ermittlung (Formel)

Die Berechnung mithilfe der Formel führt zum selben Ergebnis wie die tabellarische und die grafische Lösung.

$$\text{optimale Bestellmenge} = \sqrt{\frac{200 \cdot 1\,000 \cdot 40}{12{,}50 \cdot 16}} = 200 \text{ Stück}$$

Der Aufwand für die Ermittlung der optimalen Bestellmenge lohnt sich nur für solche Materialarten, bei denen Bestell- und Lagerhaltungskosten in erheblichem Umfang eingespart werden können.

Aufg. 11
S. 50

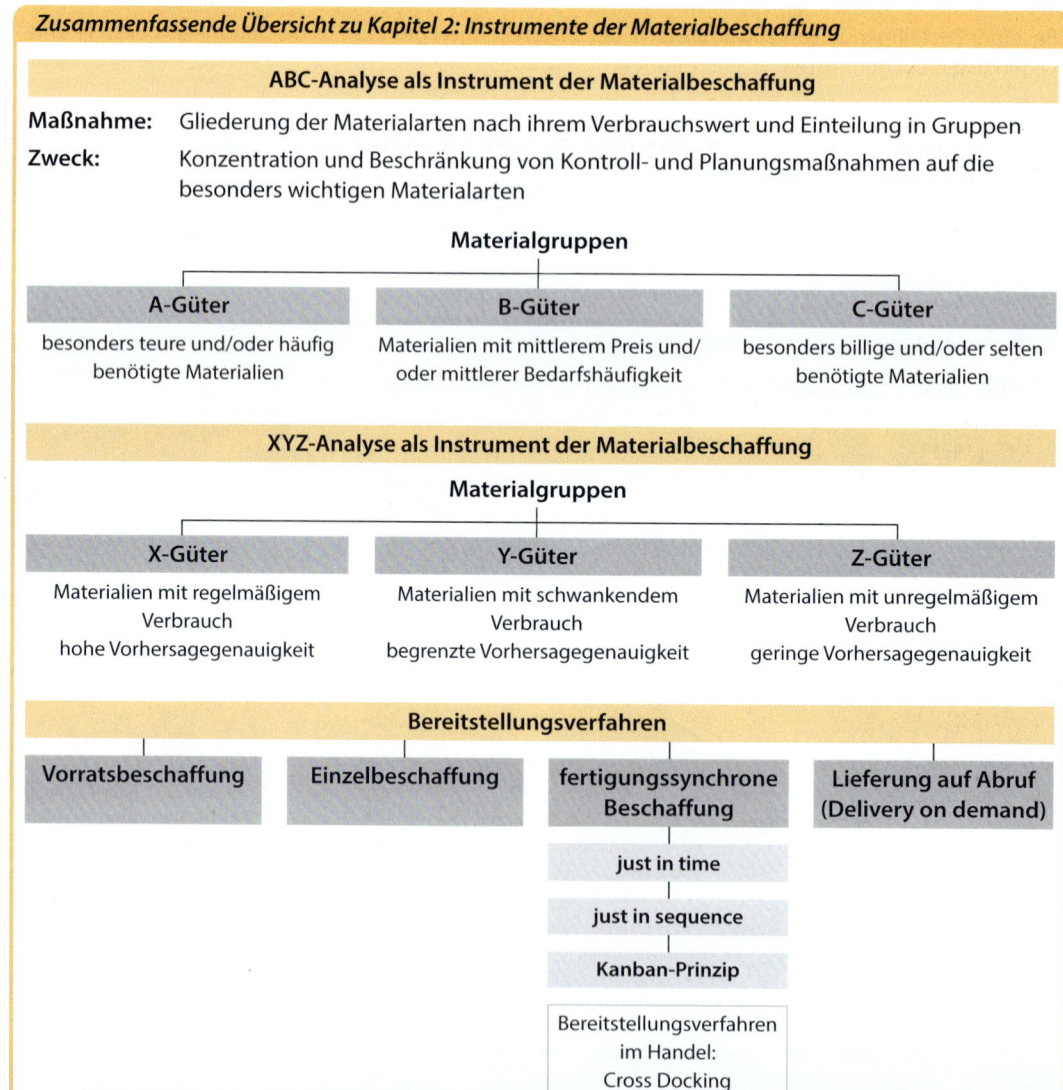

Zusammenfassende Übersicht zu Kapitel 2: Instrumente der Materialbeschaffung

ABC-Analyse als Instrument der Materialbeschaffung

Maßnahme: Gliederung der Materialarten nach ihrem Verbrauchswert und Einteilung in Gruppen

Zweck: Konzentration und Beschränkung von Kontroll- und Planungsmaßnahmen auf die besonders wichtigen Materialarten

Materialgruppen

A-Güter	B-Güter	C-Güter
besonders teure und/oder häufig benötigte Materialien	Materialien mit mittlerem Preis und/oder mittlerer Bedarfshäufigkeit	besonders billige und/oder selten benötigte Materialien

XYZ-Analyse als Instrument der Materialbeschaffung

Materialgruppen

X-Güter	Y-Güter	Z-Güter
Materialien mit regelmäßigem Verbrauch hohe Vorhersagegenauigkeit	Materialien mit schwankendem Verbrauch begrenzte Vorhersagegenauigkeit	Materialien mit unregelmäßigem Verbrauch geringe Vorhersagegenauigkeit

Bereitstellungsverfahren

Vorratsbeschaffung	Einzelbeschaffung	fertigungssynchrone Beschaffung	Lieferung auf Abruf (Delivery on demand)

just in time

just in sequence

Kanban-Prinzip

Bereitstellungsverfahren im Handel:
Cross Docking

Zeitplanung (Bestellzeitpunkt)

Bestellpunktverfahren

- bestandsbezogene Bestellauslösung
- bei Erreichen des Meldebestands

Bestellmenge konstant
Bestellrhythmus unterschiedlich

Bestellrhythmusverfahren

- terminbezogene Bestellauslösung
- bei Erreichen eines festgelegten Termins oder Ablauf eines Zeitintervalls

Bestellmenge unterschiedlich oder konstant
Bestellrhythmus konstant

Mengenplanung

Entscheidung durch Vergleich vorgegebener Beschaffungsalternativen

Vergleich der durch Kalkulation ermittelten Gesamtkosten für die zur Auswahl stehenden Beschaffungssituationen

allgemein gültige Bestimmung der optimalen Bestellmenge

vereinfachende Annahmen (u. a.):
Einstandspreis je Einheit bleibt konstant (unabhängig von der Bestellmenge)
Bestellkosten je Bestellung sind konstant (unabhänigg von der Bestellmenge)

grafische Ermittlung

optimale Bestellmenge:

Schnittpunkt zwischen Bestellkosten- und Lagerhaltungskostenkurve
= Minimum der Summe aus bestellfixen Kosten und Lagerhaltungskosten

tabellarische Ermittlung

Ermittlung mithilfe der Formel

optimale Bestellmenge:

$$\sqrt{\frac{200 \cdot \text{Jahresbedarf} \cdot \text{Bestellkosten}}{\text{Einstandspreis} \cdot \text{Lagerhaltungskostensatz}}}$$

oder

$$\sqrt{\frac{2 \cdot \text{Jahresbedarf} \cdot \text{Bestellmenge}}{\text{Lagerhaltungskosten je Stück}}}$$

Checken Sie Ihre Kompetenz mit der **Ich-kann-Liste**.

Öffnen Sie hierzu den nebenstehenden **QR-Code**
oder geben Sie folgenden Link ein: https://vel.plus/BHA05

ERARBEITUNGSAUFGABEN

zu Kapitel 2 Instrumente der Materialbeschaffung

EA 1   ABC-Analyse

Für einen metallverarbeitenden Betrieb haben sich bei der Inventur folgende Daten ergeben:

Materialart	Menge (Stück)	Einstandspreis (EUR)
M1	50 000	6,00
M2	15 000	10,00
M3	10 000	40,00
M4	5 000	35,00
M5	75 000	0,50
M6	100 000	0,30
M7	50 000	1,50

vel.plus/BHA06

vel.plus/BHA07

Die Materialien M1 bis M7 sollen nach abnehmenden jährlichen Verbrauchswerten geordnet und in die Gruppen A, B und C eingeteilt werden. Dabei gelten folgende Zuordnungskriterien:

Gruppe A: Materialien mit den höchsten Verbrauchswerten, die zusammen bis zu 75 % des Gesamtverbrauchswertes ausmachen.

Gruppe B: Materialien mit mittleren Verbrauchswerten, die zusammen bis zu 20 % des Gesamtverbrauchswertes ausmachen.

Gruppe C: Materialien mit den niedrigsten Verbrauchswerten, die zusammen bis zu 5 % des Gesamtverbrauchswertes ausmachen.

1. Berechnen Sie den absoluten und den prozentualen Verbrauchswert der einzelnen Materialien.
   absoluter Verbrauchswert: Menge x Stückpreis (EUR)
   prozentualer Verbrauchswert: absoluter Verbrauchswert · 100 : Summe der absoluten Verbrauchswerte

Materialart	Menge (Stück)	Einstandspreis (EUR)	absoluter Verbrauchswert (EUR)	relativer Verbrauchswert (%)	Prozentwerte kumuliert/ addiert	Gruppe
M1	50 000	6,00		25,70		
M2	15 000	10,00				
usw.	10 000	40,00				
M7	50 000	1,50				
Summe			1.167.500			

2. Teilen Sie die Güter in die Gruppen A, B und C ein.

3. Begründen Sie, für welche Güter es sich lohnt, besonders intensiv nach Kostensenkungsmöglichkeiten zu suchen.

vel.plus/BHA08

EA 2   Meldebestand – Höchstbestand – Bestellzeitpunkt – Bestellintervall

Die Baustoff-Großhandel GmbH überprüft ihre Lagerhaltung, da ein Teil des Lagerplatzes für andere Produkte benötigt wird. Bisher wurde Zement jeweils für 3 Monate auf Lager gehalten (Vorratshaltung). Es soll auf eine verbrauchsgesteuerte Bedarfsermittlung umgestellt werden. Der Großhändler setzt pro Tag 150 Tonnen Zement ab. Zement-Bestellungen treffen nach 14 Tagen bei der Baustoff-Großhandel GmbH ein. Der Sicherheitsbestand des Großhändlers soll 6 Tage halten.

1. Ermitteln Sie den Bestand, bei dem bestellt werden muss (= Meldebestand). Es muss so bestellt werden, dass die Lieferzeit überbrückt und der Sicherheitsbestand nicht angegriffen wird.
2. Fassen Sie die Berechnung des Meldebestandes in einer Formel zusammen.
3. Die nachstehende Grafik zeigt den geplanten Verlauf des Lagerbestandes.

   Ermitteln Sie daraus so genau wie möglich folgende Daten: Sicherheitsbestand – Höchstbestand – Meldebestand – Lieferzeit – Tagesbedarf – Bestellmenge – Bestellzeitpunkt – Bestellintervall (Reichweite der Bestellmenge).

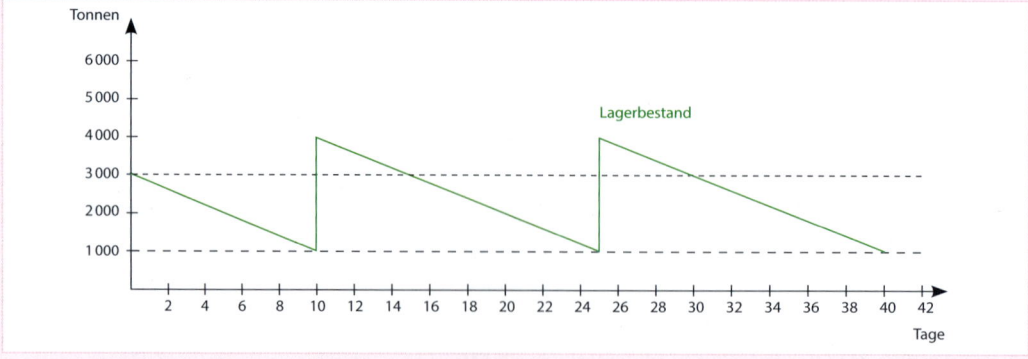

vel.plus/BHA09

vel.plus/BHA10

EA 3   Optimale Bestellmenge: tabellarische, grafische und formelmäßige Ermittlung

Frau Stiel, die Assistentin der Geschäftsleitung einer Reutlinger Textilmaschinenfabrik soll den Zusammenhang zwischen Beschaffungskosten und Lagerhaltungskosten untersuchen. Ziel ist es, die günstigste Bestellmenge für die einzelnen Werkstoffe zu ermitteln. Die Untersuchung führt sie am Werkstoff Z 3042 durch.

Folgende Voraussetzungen und Daten werden der Untersuchung zugrunde gelegt:

- Die jährliche Beschaffungsmenge wird in gleichbleibende Bestellmengen aufgeteilt.
- Die Einstandspreise sind von der Bestellmenge und vom Bestellzeitpunkt unabhängig.
- Das Fertigungsverfahren ermöglicht einen gleichbleibenden Lagerabgang.
- Aufgrund von Liefervereinbarungen ist sichergestellt, dass zum Zeitpunkt des Aufbruchs des Lagerbestandes eine neue Lieferung eintrifft.
- Als durchschnittlicher Lagerbestand in Stück wird jeweils die halbe Bestellmenge angenommen.
- Eine Bestellung verursacht im Unternehmen Kosten in Höhe von 65,00 EUR (= bestellfixe Kosten).
- Der Jahresbedarf beträgt 1 000 Einheiten.
- Einstandspreis je Mengeneinheit: 19,20 EUR
- Die Lagerhaltungskosten betragen erfahrungsgemäß 10 % und werden auf der Grundlage des durchschnittlichen Lagerbestandes berechnet.

1. Ermitteln Sie mithilfe des folgenden Tabellenmusters, bei welcher Bestellmenge die Summe aus Beschaffungskosten und Lagerhaltungskosten am geringsten ist.

Alternative Bestellmengen	Anzahl der Bestellungen im Jahr (Bestellhäufigkeit)	durchschnittlicher Lagerbestand in Stück	durchschnittlicher Lagerbestand in EUR	Lagerhaltungskosten pro Jahr in EUR	Bestellkosten in EUR (bestellfixe Kosten)	Gesamtkosten (Summe aus Lager- und Bestellkosten) in EUR
1	2	3	4	5	6	7
50	20	25	480,00	48,00	1.300,00	1.348,00
100	10	50	960,00	96,00	650,00	746,00
125						
200						
250						
500						
1 000						

2. Überprüfen Sie Ihr Ergebnis aus Aufgabe 1, indem Sie die Lagerhaltungskosten pro Jahr (Spalte 5), die Bestellkosten (Spalte 6) und die Gesamtkosten (Spalte 7) in Abhängigkeit von der Bestellmenge in ein Koordinatensystem übertragen.

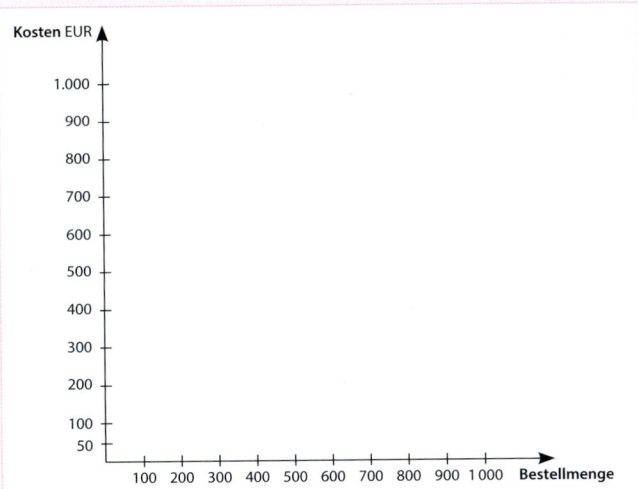

3. Die Berechnung der optimalen Bestellmenge kann auch mithilfe der folgenden mathematischen Formel erfolgen:

$$\text{Optimale Bestellmenge} = \sqrt{\frac{200 \cdot \text{bestellfixe Kosten je Bestellung} \cdot \text{Jahresbedarf}}{\text{Einstandspreis je Mengeneinheit} \cdot \text{Lagerhaltungskostensatz}}}$$

Ermitteln Sie die optimale Bestellmenge für den Werkstoff Z 3042 unter Verwendung der oben dargestellten Formel.

4. a) Wählen Sie vier Voraussetzungen vom Beginn der Aufgabe aus und erklären Sie, warum diese Annahmen in der Praxis evtl. nicht zutreffen könnten.

    b) Begründen Sie, ob Sie die Berechnung der optimalen Bestellmenge unter Annahme dieser Voraussetzungen für eine brauchbare betriebliche Entscheidungshilfe halten.

vel.plus/BHA11

WIEDERHOLUNG DES GRUNDWISSENS

zu Kapitel 2 Instrumente der Materialbeschaffung

2.1 ABC-Analyse und XYZ-Analyse

1. Erklären Sie den Zweck der ABC-Analyse.

2. Geben Sie die Konsequenzen an, die sich aus der ABC-Analyse für die Beschaffungspolitik ergeben.

3. Erklären Sie den Zweck der XYZ-Analyse.

4. Nennen Sie Güter, die den Kategorien XYZ zugeordnet werden können.

2.2 Bereitstellungsprinzipien

1. Beschreiben Sie den Zielkonflikt, der für die Beschaffungsplanung typisch ist.

2. Grenzen Sie verschiedene Verfahren der Materialbereitstellung voneinander ab.

3. Unterscheiden Sie die Einzel- und Vorratsbeschaffung mit ihren jeweiligen Vor- und Nachteilen.

4. Beschreiben Sie das fertigungssynchrone Bereitstellungsverfahren (just in time).
    Nennen Sie Voraussetzungen für seine Anwendung sowie Vor- und Nachteile.

5. Erläutern Sie den Unterschied zwischen einer Just-in-sequence-Beschaffung und Just-in-time-Beschaffung anhand eines Beispiels.

6. Erklären Sie das Kanban-Prinzip.

7. Nennen Sie Einflussfaktoren und Kriterien für die Auswahl eines geeigneten Verfahrens zur Materialbereitstellung.

9. Beschreiben Sie das Grundprinzip von Cross Docking.

2.3 Zeitplanung: Wann soll bestellt werden?

1. Unterscheiden Sie Verfahren zur Bestimmung des Bestellzeitpunktes bei verbrauchsgesteuerter Bedarfsermittlung.
    Erklären Sie diese Verfahren mit ihren jeweiligen Vor- und Nachteilen.

2. Geben Sie an, was unter dem Meldebestand zu verstehen ist und wie diese Größe ermittelt wird.

3. Kennzeichnen Sie den Zweck des Sicherheitsbestandes (Mindestbestandes).

4. Beschreiben Sie die Vorgehensweise zur Berechnung der Bestellmenge beim Bestellrhythmusverfahren.

2.4 Mengenplanung: Wie viel soll bestellt werden? – Optimale Bestellmenge

1. Erklären Sie, welches Ziel mit der Ermittlung der optimalen Bestellmenge verfolgt wird.

2. Geben Sie die Auswirkungen
    a) kleiner Bestellmengen,
    b) großer Bestellmengen
    auf die Beschaffungskosten an.

3. Beschreiben Sie den Verlauf
    a) der Bestellkosten,
    b) der Lagerhaltungskosten
    in Abhängigkeit von der Bestellhäufigkeit.

4. Nennen Sie die Annahmen für die Berechnung der optimalen Bestellmenge.
    Beschreiben Sie die Vorgehensweise zur Ermittlung der optimalen Bestellmenge.

ANWENDUNGS- UND ÜBUNGSAUFGABEN

zu Kapitel 2 Instrumente der Materialbeschaffung

Aufgabe 1 ABC-Analyse als Instrument der Materialbeschaffung

Im Zuge einer Wirtschaftlichkeitsüberprüfung wird in einem Industriebetrieb eine ABC-Analyse vorgenommen, die zu folgendem Ergebnis führt.

vel.plus/BHA12

	Jahresverbrauchswert in EUR	%-Anteil am Gesamtverbrauchswert	%-Anteil an der Gesamt- verbrauchsmenge
Materialien mit hohem Wert	1.125.000	75	16
Materialien mit mittlerem Wert	300.000	20	29
Materialien mit geringem Wert	75.000	5	65

1. Erklären Sie das Zustandekommen der Tabelle.
Ordnen Sie den Materialien die Gruppen A, B und C zu.
Leiten Sie eine Erkenntnis aus dem Ergebnis der ABC-Analyse ab.

2. Stellen Sie das Ergebnis der ABC-Analyse in einem Koordinatensystem grafisch dar (vgl. S. 26).
(X-Achse: % der Gesamtmenge, Länge 10 cm, 1 cm = 10 %;
Y-Achse: % des Gesamtverbrauchswertes, Länge 10 cm, 1 cm = 10 %)

3. Beschreiben Sie drei kostensenkende Maßnahmen im Beschaffungsbereich, die sich aus den Ergebnissen der ABC-Analyse ableiten lassen.

4. Geben Sie zwei weitere Anwendungsmöglichkeiten der ABC-Analyse außerhalb der Materialbeschaffung an.

Aufgabe 2 Beschaffungspolitische Maßnahmen auf Basis der ABC-Analyse

Auf der Basis der ABC-Analyse trifft die Leitung eines Unternehmens folgende Entscheidungen.
Entscheiden Sie, für welche der drei Materialgruppen die Maßnahme jeweils gilt.
Begründen Sie Ihre Meinung.

a) Die Materialien werden nur von der Leiterin der Materialwirtschaft oder von erfahrenen Einkäufern disponiert.

b) Konditionen und Preise der Materialien sind der verantwortlichen Einkaufsleiterin ständig zur Prüfung vorzulegen. Außerdem sind die Marktanalyse und die Marktbeobachtung für diese Materialien zu intensivieren.

c) Die Einkaufsverantwortung für die Materialien kann auf Sachbearbeiterebene (mittelmäßig qualifizierte Beschäftigte) delegiert werden.

d) Die Materialien werden in größeren Mengen auf Vorrat bestellt (= hohe Sicherheitsbestände). Der Materialbedarf wird dabei aus dem Verbrauch in der Vergangenheit abgeleitet (verbrauchsgesteuerte Disposition).

e) Die Eingangsrechnungen für die Materialien werden schnellstens zur Zahlung angewiesen.

f) Die Bestellmengen der Materialien werden möglichst klein gewählt. Nach Möglichkeit ist die Beschaffung erst dann vorzunehmen, wenn die Materialien tatsächlich für die Produktion benötigt werden (fertigungssynchrone Beschaffung).

g) Sofern nicht langfristige Lieferverträge bestehen, sind vor jeder Bestellung mindestens drei Angebote einzuholen.

h) Die Materialien werden nur gegen Materialentnahmeschein aus dem Lager abgegeben.

i) Die Materialien werden unkontrolliert gelagert, sodass Mitarbeiter die Materialien eigenständig und ohne Nachweis entnehmen können.

Aufgabe 3 XYZ-Analyse – Auswirkungen auf die Lagerhaltung

1. Teilen Sie die folgenden Güter anhand der Kriterien Vorhersagegenauigkeit/Konstanz des Verbrauchs in die Gruppen X, Y und Z ein.

a) Maschinenöl

b) Reinigungsmittel

c) Ersatzteile für Maschinen

   d) Treibstoff für unternehmenseigene Fahrzeuge

   e) Kartuschen für Laserdrucker

   f) Heizöl

   g) Ventilatoren zu Kühlung von Büroräumen

2. Begründen Sie, welche Auswirkungen diese Einteilung für die Lagerhaltung hat.

Aufgabe 4 Bereitstellungsprinzipien – just in time

Ein Automobilhersteller ist für bestimmte Zuliefererteile von der Vorratsbeschaffung zur fertigungssynchronen Beschaffung (Just-in-time-Beschaffung) übergegangen.

1. Beschreiben Sie das Ziel, das mit dieser Änderung verfolgt wird.

2. Geben Sie drei Autoteile an, die Sie für eine JIT-Beschaffung empfehlen würden.

3. Nennen Sie die Voraussetzungen, die für eine erfolgreiche Anwendung des JIT-Konzepts erfüllt sein müssen.

4. Beschreiben Sie zwei Nachteile des JIT-Konzepts für den Automobilhersteller.

Aufgabe 5 Just-in-time-Beschaffung

1. Die nebenstehende Abbildung zeigt eine mögliche Auswirkung des Just-in-time-Konzepts.

   a) Die Abhängigkeiten zwischen den einzelnen Elementen sind durch Pfeile dargestellt.

      Geben Sie mit einem Plus- oder Minuszeichen für jeden Pfeil die Wirkungsrichtung an (Pluszeichen bei gleichgerichteter bzw. verstärkender Wirkung: je mehr – desto mehr, Minuszeichen bei entgegengesetzter bzw. abschwächender Wirkung: je mehr – desto weniger).

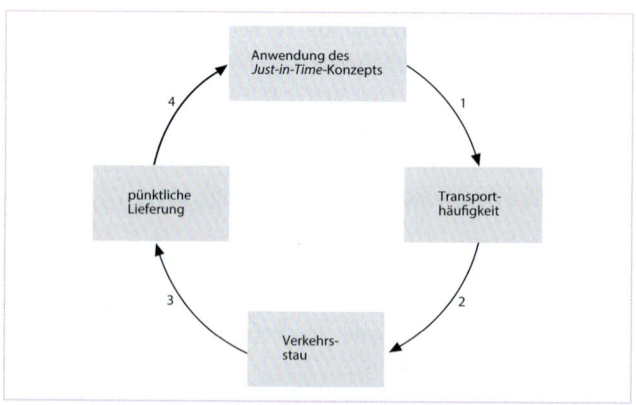

   b) Beschreiben Sie das Dilemma, welches durch den Kreislauf dargestellt wird.

2. Bei einer Beschaffung nach dem Just-in-time-Prinzip steigt aufgrund der „permanenten Zulieferung" die Anzahl der Transporte drastisch an. Häufig weisen dabei die Lade- und Transportkapazitäten nur geringe Auslastungen auf. Wegen der relativ kleinen Liefermengen eignet sich der Schienentransport nicht. Vielmehr kommt nur der LKW-Transport in Frage. Das Material- und Werkstofflager des Käufers wird damit zu einem „rollenden Lager" auf der Straße. Soweit es sich bei diesen JIT-Gütern um umweltgefährdende Chemikalien handelt, können auf diese Weise u. U. sogar gesetzlich festgelegte Umweltschutzanforderungen, wie sie für Anlagen zur Lagerung umweltgefährdender Stoffe bestehen, umgangen werden.

„Wer trägt letztlich die Kosten für die modernen Formen der Lagerhaltung: Lager auf Rädern – just in time? Die Vergesellschaftung der betrieblichen Lagerkosten stellt eine erhebliche Kostenverfälschung dar: Wettbewerbsverzerrung und gravierende Umweltbelastung!"

   a) Beschreiben Sie den Zielkonflikt, der in diesem Zitat angesprochen wird.

   b) Nehmen Sie dazu Stellung.

Aufgabe 6 Beschaffungszeit

Die Lagerabteilung eines Haushaltsgeräteherstellers stellt am 3.10. fest, dass nur noch 38 Stück eines Fremdbauteils auf Lager sind. Sie hat zwei Lieferanten zur Auswahl:

Lieferer Adler GmbH verlangt 33,50 EUR/Stück und könnte am 18.10. liefern.

Lieferer Becker KG verlangt 35,50 EUR/Stück und könnte am 13.10. liefern.

Begründen Sie, bei welchem Lieferanten die Einkaufsabteilung bestellen soll, falls pro Tag im Durchschnitt drei Stück des Fremdbauteils benötigt werden und ein Sicherheitsbestand von fünf Stück gehalten werden soll.

Aufgabe 7 Meldebestand

In einer Textilfabrik soll der Meldebestand für den Artikel „Reißverschlüsse für Jacken" ermittelt werden.

1. Beschreiben Sie, was unter dem Meldebestand zu verstehen ist.

2. Errechnen Sie den Meldebestand aus folgenden Angaben:
   Täglicher Bedarf 40 Reißverschlüsse; Beschaffungszeit 15 Tage; Mindestbestand 150 Stück.

3. Erläutern Sie mindestens zwei Gründe, warum es für die Textilfabrik sinnvoll ist, einen Sicherheitsbestand zu halten.

Aufgabe 8 Bestellpunktverfahren – Meldebestand

Für einen Rohstoff beträgt der Lagerhöchstbestand 5 000 Stück. Innerhalb von 5 Arbeitstagen hat sich der Lagerbestand wie folgt entwickelt:

vel.plus/BHA13

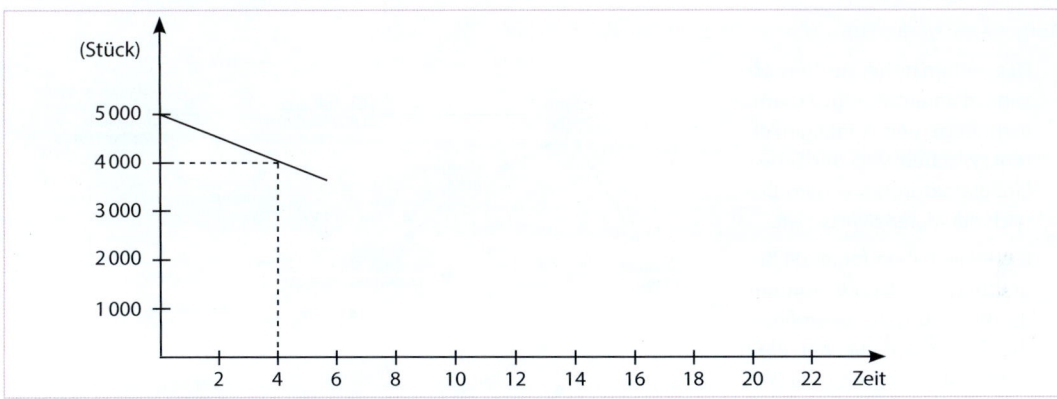

Auch für die folgende Zeit ist mit einem gleichbleibenden Lagerabgang pro Arbeitstag zu rechnen. Die Lieferzeit nach Abgang der Bestellung beträgt 8 Tage.

1. Ermitteln Sie, bei welchem Lagerbestand spätestens bestellt werden muss, wenn kein Engpass bei diesem Rohstoff auftreten soll.

2. Wider Erwarten verzögert sich die Lieferung des Rohstoffs um fünf Tage über die normale Lieferzeit hinaus.
   Berechnen Sie, wie hoch der Bestand bei Eintritt der Lieferverzögerung hätte sein müssen, um trotz dieser Verzögerung die Produktion aufrecht halten zu können.

3. Künftig soll ein Sicherheitsbestand gehalten werden, der für 5 Tage ausreicht.
   Berechnen Sie den Meldebestand.

4. Bei jeder Lieferung wird das Lager bis zum Höchstbestand gefüllt.
   Berechnen Sie, nach wie vielen Arbeitstagen der Meldebestand wieder erreicht wird.

5. Geben Sie an, wie viel Stück an diesem Tag (Erreichen des Meldebestands) bestellt werden müssen.

6. Ermitteln Sie, wie groß die Reichweite der Bestellmenge und das Bestellintervall sind.

Aufgabe 9 Optimale Bestellmenge

In einem Industriebetrieb beträgt der Jahresbedarf eines Rohstoffs 14 400 Stück. An jedem Arbeitstag wird im Durchschnitt die gleiche Menge des Rohstoffs benötigt. Der Einstandspreis beträgt 6 EUR je Stück. Die Bestellkosten belaufen sich auf 75 EUR pro Bestellung. Es wird mit einem Lagerhaltungskostensatz von 25 % gerechnet. Bisher wurden für diesen Rohstoff vier Bestellungen jährlich ausgelöst.

vel.plus/BHA14

vel.plus/BHA15

1. Berechnen Sie die optimale Bestellmenge mithilfe einer Tabelle nach folgendem Muster:

Alternative Bestell- mengen (Stück)	Anzahl der Bestellungen im Jahr	Durchschnitt- licher Lager- wert (EUR)	Lagerhaltungs- kosten im Jahr (EUR)	Bestellkosten (bestellfixe Kosten) im Jahr (EUR)	Summe aus Lager- und Bestell- kosten im Jahr (EUR)
400					
800					
1 200					
1 600					
2 000					

2. Überprüfen Sie Ihr Ergebnis mithilfe der Formel zur Berechnung der optimalen Bestellmenge.

3. Ermitteln Sie den Wert des durchschnittlich im Lager gebundenen Kapitals bei der bisherigen Vorgehensweise.

4. Ermitteln Sie den Kostenunterschied, der sich durch die Berücksichtigung der optimalen Bestellmenge gegenüber der bisherigen Vorgehensweise ergibt.

Aufgabe 10   Zielkonflikt bei der Beschaffung – Beschaffungsmenge

1. Erklären Sie, was für die Beschaffung von großen bzw. kleinen Mengen spricht.

2. Der gesamte Jahresbedarf eines Artikels kann in einer Lieferung oder in kleineren Mengen bezogen werden. Erklären Sie den Zielkonflikt, der dabei auftritt.

3. Erläutern Sie die Kostensituation bei der optimalen Bestellmenge. Fertigen Sie dazu eine Skizze an.

vel.plus/BHA16

Aufgabe 11   Vernetzungsdiagramm zur Materialwirtschaft – Zielkonflikte

1. Das nebenstehende Vernetzungsdiagramm zeigt Zusammenhänge und Abhängigkeiten zwischen verschiedenen Einflussfaktoren aus dem Bereich der Materialwirtschaft.

   Die Pfeile haben folgende Bedeutung: Die Größe, von der der Pfeil ausgeht, beeinflusst die Größe, auf die der Pfeil zeigt. Dabei können zwei Wirkungsrichtungen unterschieden werden:

   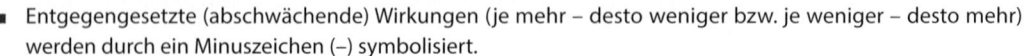

   - Gleichgerichtete (verstärkende) Wirkungen (je mehr – desto mehr bzw. je weniger – desto weniger) werden durch ein Pluszeichen (+) symbolisiert.
   - Entgegengesetzte (abschwächende) Wirkungen (je mehr – desto weniger bzw. je weniger – desto mehr) werden durch ein Minuszeichen (–) symbolisiert.

   Beispiel für Pfeil 1:

   Zusammenhang: Gewährt ein Lieferer Mengenrabatt, so beeinflusst die Bestellmenge den Einstandspreis. Entgegengesetzte Wirkungsrichtung: Je größer die Bestellmenge, desto geringer der Einstandspreis (–)

   Erläutern Sie alle durch Pfeile dargestellten Abhängigkeiten. Geben Sie für jeden Pfeil auch die Wirkungsrichtung entsprechend der oben erläuterten Regel an.

2. Nennen Sie je zwei Argumente, die für die Beschaffung
   a) in großen Mengen,
   b) in kleinen Mengen
   sprechen.

3. Der gesamte Jahresbedarf eines Artikels kann in einer Lieferung oder in kleineren Mengen bezogen werden. Erklären Sie den Zielkonflikt, der dabei auftritt.

3 Lagerhaltung

Kompetenzen:

- *Funktionen der Lagerhaltung im Überblick darstellen*

- *das Freiplatz- und das Festplatzsystem vergleichen*

- *Wirtschaftlichkeit der Lagerhaltung beurteilen*
- *Lagerkennzahlen berechnen und daraus Handlungsempfehlungen ableiten*

3.1 Funktionen der Lagerhaltung

3.2 Lagerordnungssysteme: Festplatzsystem und Freiplatzsystem

3.3 Wirtschaftlichkeit der Lagerhaltung: Lagerkennzahlen

3.1 Funktionen der Lagerhaltung

Ein Lager umfasst alle Orte und Räume zur Aufbewahrung von Gütern sowie die zur Aufbewahrung und zur Ein- oder Auslagerung erforderlichen Einrichtungen. Es hat unterstützende Funktion für die Beschaffung, die Produktion und den Absatz. Ein Lager sorgt dafür, dass die jeweils benötigten Güter zur richtigen Zeit, am richtigen Ort, in der richtigen Menge zu möglichst geringen Kosten zur Verfügung gestellt werden.

© industrieblick – stock.adobe.com

Die meisten Materialien werden vor ihrer (Weiter-)Verarbeitung oder Montage gelagert. Die Lagerung kann dabei u.a. folgende Funktionen haben:

© wavebreak3 – stock.adobe.com

Sicherungsfunktion (Versorgungsfunktion): Lagerhaltung sorgt dafür, dass die einzelnen Fertigungsstellen unabhängig von Liefermengen und Lieferterminen rechtzeitig mit den nötigen Materialien versorgt werden und somit keine Produktionsunterbrechung eintreten kann.	Absicherung gegen Engpässe bei ungeplant hohem Materialbedarf, Lieferschwierigkeiten durch Produktionsausfälle, Streiks usw., Lieferverzögerungen wegen schlechter Witterungs- und Verkehrsverhältnisse  © fderib – stock.adobe.com
Ausgleichsfunktion (Pufferfunktion): Durch Lagerhaltung wird ein Ausgleich geschaffen, wenn Liefermengen und Liefertermine von den Bedarfsmengen und Bedarfsterminen abweichen.	Die Beschaffungsmengen können aus wirtschaftlichen oder technischen Gründen größer als die Bedarfsmengen sein (z.B. Mindestbestellmenge, optimale Bestellmenge).
Umformfunktion (Veredelungsfunktion): Bestimmte Materialien müssen vor ihrer weiteren Verwendung durch Lagerung den Anforderungen angepasst werden.	Gärung und Reifung bei der Herstellung von Bier, Wein u.Ä., Trocknung von Holz  © New Africa – stock.adobe.com

Spekulationsfunktion:
Lagerbestände werden bei drohenden Preiserhöhungen, zur Ausnutzung von Mengenrabatten oder bei besonderen Angeboten aufgestockt, um die Aufwendungen für den Gütereinsatz möglichst gering zu halten (alte Kaufmannsweisheit: „Der Gewinn liegt im Einkauf!").

Ist mit einer Verknappung eines Rohstoffes zu rechnen, ist das „Horten dieses Rohstoffes" sinnvoll, um die Versorgung der Produktion sicher zu stellen. In diesen Fällen ist die beschaffte Menge höher als der Bedarf (z. B. Rohöl).

3.2   Lagerordnungssysteme

3.2.1 Lagerplatznummer

Lagerplatznummer

Soll Material im Lager 1, Zeile (Gang) 3, Feld 3, Ebene (Etage) 5 gelagert werden, erhält die Palette folgende Adresse:
01 03 03 05

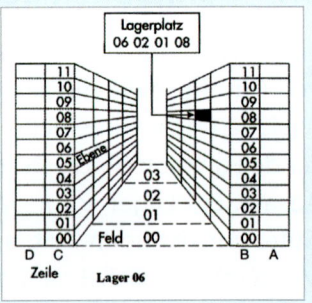

3.2.2 Festplatzsystem

! **Bei der festen Lagerordnung wird bestimmten Gütern ein fester Lagerplatz zugewiesen, der nicht für andere Güter genutzt wird.**

Dieser Stammplatz bleibt für diese Materialart ständig reserviert ohne Rücksicht darauf, ob der Lagerplatz im Augenblick benötigt wird oder nicht.

Diese Art der Lagerordnung ist sinnvoll bei Gütern mit stark abweichenden Abmessungen oder unterschiedlichen Anforderungen an die Lagerausstattung wie Temperatur oder Durchlüftung (sortimentsgerechte, systematische Lagerung).

Lagergüter mit **hoher Entnahmehäufigkeit** sollen durch kurze Wege erreichbar und mit wenig Aufwand zu entnehmen sein. Auf diese Weise lassen sich die Lagerwege senken. Bei selten gebrauchten Gütern werden dagegen auch lange Wege und eine unbequeme Entnahme (z. B. nur durch Leiter) in Kauf genommen.

Güter können Lagerplätzen nach folgenden Kriterien zugeordnet werden:

- Wert des Lagerguts (A-, B- oder C-Gut),
- Gewicht, Größe,
- Häufigkeit der Entnahme bzw. Umschlagshäufigkeit,
- Zusammengehörende Güter wie z. B.
  - Güter, die nur im Verbund mit anderen Gütern entnommen werden,
  - ähnliche Lagerartikel (z. B. Schrauben, sortiert nach Größe).

Lagerbelegung nach Festplatzsystem				
	Zeile 01	**Zeile 02**	**Zeile 03**	**Zeile 04**
Feld 01	Kleinmotoren	Schrauben	Werkzeugset	Autoreifen
Feld 02	Kleinmotoren	Schrauben	Werkzeugset	Autoreifen
Feld 03	Kleinmotoren	Schrauben	Werkzeugset	Autoreifen
Feld 04	Kleinmotoren		Werkzeugset	

Das Festplatzsystem findet Anwendung in Unternehmen

- mit geringer Anzahl unterschiedlicher Lagergüter,
- mit hohen Lagerkapazitäten, die nicht anderweitig genutzt werden,
- die eine übersichtliche Lagerstruktur zur Vermeidung von Fehlern bevorzugen.

3.2.3 Freiplatzsystem

> ! **Beim Freiplatzsystem werden neu angelieferte Güter ohne Systematik an einem aktuell freien Platz eingelagert. Es gibt also keine festen Lagerplätze für verschiedene Güter.**

Damit die verschiedenen Artikel trotz der willkürlich vergebenen Lagerplätze („chaotisches Lager") wiederzufinden sind, ist ein EDV-gestütztes **Lagerverwaltungssystem** erforderlich. Die Lagerplätze erhalten verschiedene Lagernummern, die beim Einlagerungsvorgang zusammen mit den Daten zur Ware in das System eingegeben werden. Bei der Auslagerung wird das leere Regal an den zentralen Rechner zur erneuten Belegung gemeldet (**optimierte Lagerplatzvergabe**).

Das Auskunftssystem muss jederzeit Antwort auf folgende Fragen geben können:

- Auf welchem Lagerplatz befindet sich welches Material?
- Welches Material befindet sich auf welchem Lagerplatz?

Lagerbelegung nach Freiplatzsystem				
	Zeile 01	**Zeile 02**	**Zeile 03**	**Zeile 04**
Feld 01	Werkzeugset	Schrauben	Autoreifen	Kleinmotoren
Feld 02	Kleinmotoren	Autoreifen	Werkzeugset	
Feld 03	Werkzeugset	Werkzeugset	Kleinmotoren	
Feld 04	Autoreifen	Kleinmotoren	Werkzeugset	

Ziel dieser Lagerordnung ist die **Minimierung des Lagerplatzbedarfs** bei dennoch hoher Lagerkapazität. Das Freiplatzsystem findet Anwendung in Unternehmen

- mit niedrigen Lagerkapazitäten,
- mit vielen verschiedenen Gütern,
- die eine große Anzahl unterschiedlicher Lagergüter einlagern.

3.2.4 Vor- und Nachteile von Festplatz- und Freiplatzsystem

	Festplatzsystem	Freiplatzsystem
Vorteile	- Lagergut ist gut auffindbar (fester Platz) - kurze Wege für häufig benötigte Güter - kein Lagerverwaltungssystem erforderlich	- gute Raumausnutzung - niedrige Lagerkosten - hohe Auslastung des Lagerraums - hohe Flexibilität, neue Teile können problemlos eingelagert werden (kein Umräumaufwand)

	Festplatzsystem	Freiplatzsystem
Nachteile	■ hoher Lagerraumbedarf ■ hohe Lagerkosten ■ Änderung der Lagerordnung nur mit hohem Aufwand möglich → unflexibel ■ Leerplätze bei verringerter Gütermenge → geringe Auslastung des vorhandenen Lagerraums	■ Lagergut ohne Lagerprogramm (EDV) nicht auffindbar ■ evtl. lange Wege

In der Praxis kombinieren die meisten Unternehmen beide Lagersysteme miteinander, z. B. 70 % der Lagerfläche festplatzorientiert und 30 % als Freiplatzsystem. Auf diese Weise lassen sich deren Vor- und Nachteile miteinander verbinden.

3.3 Wirtschaftlichkeit der Lagerhaltung: Lagerkennzahlen

3.3.1 Lagerhaltungskosten

Ziel einer wirtschaftlichen Lagerhaltung ist es, unter Berücksichtigung der Lieferfähigkeit die Lagerhaltungskosten so gering wie möglich zu halten.

© eToro – stock.adobe.com

Lagerhaltungskosten (Lagerkosten + Zinskosten)		
Lagerkosten		**Zinskosten**
Kosten für Betriebsmittel	**Personal- und Verwaltungskosten**	**Kosten für die Lagergüter**
Abschreibungen, Zinsen, Instandhaltung für Gebäude, Einrichtungen und Transportmittel, Energiekosten (Beleuchtung, Heizung, Betrieb der Transportmittel)	Löhne, Gehälter, Sozialaufwand Büromaterial, Kosten der EDV, Telefonkosten	Zinskosten für das in den Lagergütern gebundene Kapital (= entgangene Zinsen), Kosten des Bestandsrisikos (Verderb, Schwund, Veralterung, Versicherung)

Die Wirtschaftlichkeit der Lagerhaltung kann mithilfe von Kennzahlen beurteilt werden. Diese Kennzahlen ermöglichen gleichzeitig einen Vergleich mit den Durchschnittszahlen der Branche.

3.3.2 Durchschnittlicher Lagerbestand

> **!** $$\text{durchschnittlicher Lagerbestand} = \frac{\text{Jahresanfangsbestand} + 12 \text{ Monatsendbestände}}{13}$$

oder vereinfacht

> **!** $$\text{durchschnittlicher Lagerbestand} = \frac{\text{Jahresanfangsbestand} + \text{Jahresendbestand}}{2}$$

> **!** $$\text{durchschnittlicher Lagerwert} = \text{durchschnittlicher Lagerbestand} \cdot \text{Einstandspreis}$$

Ausgangssituation zur Berechnung von Lagerkennzahlen

In einer Möbelfabrik weist die Lagerbuchhaltung für bestimmte Schranktürschlösser folgende Bestände und Lagerbewegungen aus:

Datum	Beleg	Zugang	Abgang	Bestand
2. Jan.	Inventur			210
15. Jan.	MES 27		150	60
2. Febr.	ER 68	290		350
6. März	MES 48		140	210
4. April	MES 69		50	160
2. Juni	MES 122		80	80
16. Juni	ER 98	270		350
3. Aug.	MES 155		40	310
7. Sept.	MES 175		180	130
10. Okt.	MES 198		60	70
18. Okt.	ER 102	280		350
11. Nov.	MES 225		130	220
12. Dez.	MES 245		90	130
31. Dez.	Inventur			130

ER = Eingangsrechnung   MES = Materialentnahmeschein

- Einstandspreis: 10,00 EUR
- Anfangsbestand: 210 Stück
- Summe der 12 Monatsendbestände:
  2 780 Stück (60 + 350 + 210 + 160 + 160* + 350 + 350 + 310 + 130 + 350 + 220 + 130)

Berechnung des durchschnittlichen Lagerbestandes

$$\frac{210 \text{ Stück} + 2\,780 \text{ Stück}}{13} = 230 \text{ Stück}$$

oder vereinfacht $\dfrac{210 \text{ Stück} + 130 \text{ Stück}}{2} = 170 \text{ Stück}$

durchschnittlicher Lagerwert = 230 Stück · 10,00 EUR = 2.300 EUR

* Im Monat Mai finden keine Lagerbewegungen statt (weder Zugänge noch Abgänge). Deshalb liegt Ende Mai genauso viel Material im Lager wie Ende April (160 Stück).

3.3.3 Lagerumschlagshäufigkeit

Die Umschlagshäufigkeit gibt an, wie oft der durchschnittliche Lagerbestand während eines Jahres umgesetzt, d. h. verwendet wurde.

> **!** $$\text{Lagerumschlagshäufigkeit} = \frac{\text{Lagerabgang (Materialverbrauch während des Jahres)}}{\text{durchschnittlicher Lagerbestand}}$$

Die Umschlagshäufigkeit ist umso höher, je geringer der durchschnittliche Lagerbestand ist.

Berechnung der Lagerumschlagshäufigkeit

Materialeinsatz (= Summe der Lagerabgänge): 150 + 140 + 50 + 80 + 40 + 180 + 60 + 130 + 90 = 920 Stück

Lagerabgänge: 920 Stück
durchschnittlicher Lagerbestand: 230 Stück

$$\text{Umschlagshäufigkeit} = \frac{920 \text{ Stück}}{230 \text{ Stück}} = 4$$

3.3.4 Durchschnittliche Lagerdauer

Die durchschnittliche Lagerdauer gibt an, wie viele Tage das Material im Durchschnitt auf Lager liegt, bevor es weiterverarbeitet wird.

$$\text{durchschnittliche Lagerdauer} = \frac{360 \text{ Tage}}{\text{Lagerumschlagshäufigkeit}}$$

Die durchschnittliche Lagerdauer ist umso geringer, je höher die Umschlagshäufigkeit ist.

Berechnung der Lagerumschlagshäufigkeit	
Umschlagshäufigkeit: 4	$\text{durchschnittliche Lagerdauer} = \dfrac{360 \text{ Tage}}{4} = 90 \text{ Tage}$

3.3.5 Lagerzinssatz

Das in den Lagerbeständen gebundene Kapital erbringt keinen Zinsertrag („totes Kapital"). Die Lagerbestände verursachen in Höhe der dadurch entgangenen Zinserträge Zinskosten. Für die Berechnung des Lagerzinssatzes wird der marktübliche Zinssatz für kurzfristige Geldanlagen auf die durchschnittliche Lagerdauer bezogen (angepasster Zinssatz).

$$\text{Lagerzinssatz} = \frac{\text{marktüblicher Jahreszinssatz} \cdot \text{durchschnittliche Lagerdauer}}{360}$$

Lagerzinssatz ist umso niedriger, je kürzer die durchschnittliche Lagerdauer ist.

Berechnung des Lagerzinssatzes	
durchschnittliche Lagerdauer: 90 Tage marktüblicher Jahreszinssatz: 10 %	$\text{Lagerzinssatz} = \dfrac{10\% \cdot 90 \text{ Tage}}{360 \text{ Tage}} = 2,5\%$

3.3.6 Lagerzinsen

Die Lagerzinsen geben die Zinskosten an, die während des Zeitraums der durchschnittlichen Lagerdauer anfallen.

$$\text{Lagerzinsen} = \frac{\text{Wert des durchschnittlichen Lagerbestands} \cdot \text{Lagerzinssatz}}{100}$$

Die Lagerzinsen sind umso geringer, je niedriger der Lagerzinssatz ist.

Berechnung der Lagerzinsen	
durchschnittlicher Lagerbestand:	230 Stück
Einkaufspreis:	10 EUR/Stück
Wert des durchschnittlichen Lagerbestands:	230 Stück · 10 EUR = 2.300 EUR

$$\text{Lagerzinssatz} = \frac{2\,300 \text{ Stück} \cdot 2,5}{100} = 57{,}50 \text{ EUR für 90 Tage}$$

3.3.7 Auswirkungen einer Minderung des Lagerbestands – Optimaler Lagerbestand

Verringerung des durchschnittlichen Lagerbestands

Ein Sinken des durchschnittlichen Lagerbestands hat – sofern nicht gleichzeitig auch der Materialverbrauch sinkt – folgende Auswirkungen:

- Die Umschlagshäufigkeit steigt.

Aufg. 1
S. 59

- Die durchschnittliche Lagerdauer sinkt.

- Die Kapitalbindung und der Kapitalbedarf sinken.

- Der Lagerzinssatz und die Lagerzinsen sinken.

- Die Lagerrisiken (z. B. Brand, Diebstahl, Verderb, Schwund, Lagerhüter) sinken.

Aufg. 2
S. 60

- Die sonstigen Lagerkosten (z. B. Raum- und Personalkosten, Kosten der Materialpflege) sinken.

Eine Verminderung der Lagerbestände hat einerseits größere Wirtschaftlichkeit und Rentabilität zur Folge. Andererseits erhöht sich dadurch aber auch das Risiko eines Produktionsstillstands.

Verringerung des durchschnittlichen Lagerbestands

Annahme: Der durchschnittliche Lagerbestand für Schranktürschlösser (s. o.) kann durch Lagerkontrollen und verkürzte Lieferzeiten von bisher 230 St. auf 115 St. halbiert werden. Wenn alle anderen Daten gleich bleiben, führt das zu folgenden Ergebnissen:

Umschlagshäufigkeit: $\dfrac{920 \text{ Stück}}{115 \text{ Stück}} = 8$ (statt bisher 4)

durchschnittliche Lagerdauer: $\dfrac{360 \text{ Tage}}{8} = 45 \text{ Tage}$ (statt bisher 90 Tage)

Lagerzinssatz: $\dfrac{10 \cdot 45 \text{ Tage}}{360 \text{ Tage}} = 1{,}25\,\%$ (statt bisher 2,5 %)

Lagerzinsen: $\dfrac{1.150 \text{ EUR} \cdot 1{,}25}{100} = 14{,}38 \text{ EUR für 45 Tage}$ (statt bisher 57,50 EUR für 90 Tage)

Optimaler Lagerbestand

Die Höhe der Lagerbestände richtet sich grundsätzlich nach den geplanten Absatzmengen. Sowohl Produktion als auch Absatz verlassen sich darauf, dass ihr Bedarf hinsichtlich Qualität und Menge durch einen ausreichenden Bestand erfüllt und pünktlich bereitgestellt wird. Allerdings ist auch immer die finanzielle Belastung durch das im Lager investierte Kapital zu beachten.

> **!** **Lagerbestände sind dann optimal, wenn sie die Lieferbereitschaft bei möglichst niedrigen Kosten im Rahmen der Wünsche der Kundschaft sicherstellen.**

Bei der Beschaffung der benötigten Güter können **Unregelmäßigkeiten** auftreten durch

- saisonale Schwankungen in der Gütererzeugung (Ernten),

- Lieferschwierigkeiten,

- Verkehrsstörungen.

Außerdem führen folgende Überlegungen zu **vorübergehend höheren Lagerbeständen**:

- Durch den Einkauf größerer Mengen können Mengenrabatte ausgenutzt werden.

- Bei größeren Mengen wird der Laderaum der Transportmittel besser ausgelastet, dadurch werden die Transporte billiger.

- Verpackungskosten werden durch Großverpackungen (Container) eingespart.

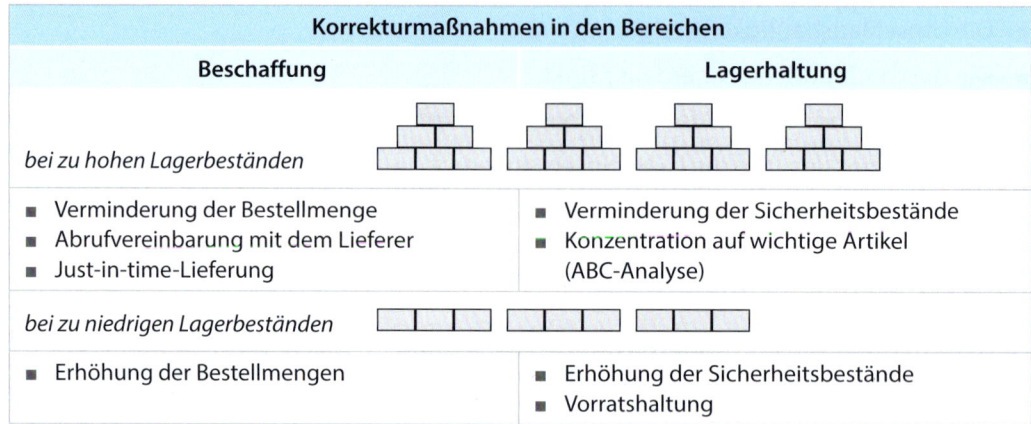

Korrekturmaßnahmen in den Bereichen	
Beschaffung	**Lagerhaltung**
bei zu hohen Lagerbeständen	
■ Verminderung der Bestellmenge ■ Abrufvereinbarung mit dem Lieferer ■ Just-in-time-Lieferung	■ Verminderung der Sicherheitsbestände ■ Konzentration auf wichtige Artikel (ABC-Analyse)
bei zu niedrigen Lagerbeständen	
■ Erhöhung der Bestellmengen	■ Erhöhung der Sicherheitsbestände ■ Vorratshaltung

Zusammenfassende Übersicht zu Kapitel 3: Lagerhaltung

Funktionen der Lagerhaltung

Sicherungsfunktion (Versorgungsfunktion)	Ausgleichsfunktion (Pufferfunktion)	Umformungsfunktion (Veredelungsfunktion)	Spekulationsfunktion

Lagerordnungssysteme

Festplatzsystem	Freiplatzsystem (Chaotische Lagerhaltung)

Lagerhaltungskosten

Lagerkosten z. B. Raumkosten, Personalkosten, Abschreibung	Kosten der Kapitalbindung (Zinskosten) entgangener Gewinn

Lagerkennzahlen

$$\frac{AB + EB}{2} = \text{durchschnittlicher Lagerbestand}$$

$$\frac{\text{Lagerabgang}}{\text{durchschnittlicher Lagerbestand}} = \text{Umschlagshäufigkeit}$$

$$\frac{360}{\text{Umschlagshäufigkeit}} = \text{durchschnittliche Lagerdauer}$$

$$\frac{\text{Jahreszinssatz} \cdot \text{durchschnittliche Lagerdauer}}{360} = \text{Lagerzinssatz}$$

$$\text{Lagerzinsen} = \frac{\text{Wert des durchschnittlichen Lagerbestandes} \cdot \text{Lagerzinssatz}}{100}$$

Senkung des durchschnittlichen Lagerbestands
↓
Wirtschaftlichkeit der Lagerhaltung steigt
↓
optimaler Lagerbestand Sicherstellung der Lieferfähigkeit bei möglichst niedrigen Kosten

Checken Sie Ihre Kompetenz mit der **Ich-kann-Liste**.

Öffnen Sie hierzu den nebenstehenden **QR-Code**
oder geben Sie folgenden Link ein: https://vel.plus/BH17

WIEDERHOLUNG DES GRUNDWISSENS

vel.plus/BHA18

zu Kapitel 3 Lagerhaltung

3.1 Funktionen der Lagerhaltung

1. Beschreiben Sie vier Funktionen der Lagerhaltung.
   Geben Sie jeweils ein Beispiel an.

3.2 Lagerordnungssysteme: Festplatzsystem und Freiplatzsystem

1. Unterscheiden Sie Lagerordnungssysteme mit fester und variabler Lagerplatzzuordnung.

2. Erklären Sie die Bezeichnung „chaotische Lagerhaltung".

3. Nennen Sie jeweils zwei Vor- und Nachteile von Frei- und Festplatzsystem.

3.3 Wirtschaftlichkeit der Lagerhaltung: Lagerkennzahlen

1. Unterscheiden Sie anhand von Beispielen zwischen Lager- und Zinskosten.

2. Erklären Sie, wie man folgende Lagerkennzahlen berechnet und was die jeweilige Kennzahl aussagt:
   - durchschnittlicher Lagerbestand
   - Lagerumschlagshäufigkeit
   - durchschnittliche Lagerdauer
   - Lagerzinssatz
   - Lagerzinsen

3. Erläutern Sie, wie sich die Verringerung des Lagerbestandes auf die einzelnen Lagerkennzahlen auswirkt.

ANWENDUNGS- UND ÜBUNGSAUFGABEN

zu Kapitel 3 Lagerhaltung

Aufgabe 1 Lagerkennzahlen – Just-in-time-Beschaffung

vel.plus/BHA19

In einem Industriebetrieb liegen für einen Rohstoff folgende Daten vor:

Jahresverbrauch:	4 000 t
Jahresanfangsbestand:	1 080 t
Jahresendbestand:	1 160 t
Einstandspreis:	1.000 EUR/t
marktüblicher Jahreszinssatz:	10 %

1. Berechnen Sie folgende Lagerkennzahlen für den Rohstoff:
    - Durchschnittlicher Lagerbestand
    - Durchschnittliche Lagerdauer
    - Lagerzinsen
    - Lagerumschlagshäufigkeit
    - Lagerzinssatz

2. Beschreiben Sie, wie sich die Kennzahlen verändern würden, wenn der Rohstoff nach dem Just-in-time-Verfahren beschafft würde.

Aufgabe 2 Lagerkennzahlen in einem Industriebetrieb

Aus der Lagerbuchführung eines Industriebetriebs ergeben sich für ein Fremdbauteil folgende Monatsendbestände in Stück:

Jan.	Feb.	März	April	Mai	Juni	Juli	Aug.	Sept.	Okt.	Nov.	Dez.
200	175	140	130	125	150	160	155	130	120	110	150

Der Jahresanfangsbestand betrug 125 Stück. Insgesamt wurden im Laufe des Jahres 1 550 Stück beschafft. Der Einstandspreis beträgt 20 EUR je Stück. Es wird mit einem Lagerkostensatz von 25 % gerechnet.

1. Ermitteln Sie folgende Größen:
    - Materialeinsatz
    - durchschnittliche Lagerdauer
    - Umschlagshäufigkeit
    - Lagerzinsen bei einem marktüblichen Jahreszinssatz von 10 %

2. Die Umschlagshäufigkeit im laufenden Geschäftsjahr ist nur halb so groß wie in den Vorjahren. Beschreiben Sie zwei mögliche Ursachen für diese Entwicklung.

3. Geben Sie an, um welchen Betrag die Lagerhaltungskosten für das Fremdbauteil sinken, wenn es bei gleichem Materialeinsatz wieder gelingt, die Umschlagshäufigkeit der Vorjahre zu erreichen.

Aufgabe 3 Betriebsbesichtigung

1. Führen Sie eine Betriebsbesichtigung mit dem Schwerpunkt Beschaffung und Logistik durch.

2. Teilen Sie die Themen aus Lernbereich A auf und bereiten Sie Fragen zur konkreten Umsetzung im Unternehmen vor.

Lernbereich B

Kosten- und Leistungsrechnung

1 Aufgaben und Aufbau des betrieblichen Rechnungswesens

Kompetenzen:

- *zwischen internem und externem Rechnungswesen unterscheiden und die Notwendigkeit des internen Rechnungswesens herausarbeiten*
- *Aufgaben der Kosten- und Leistungsrechnung erläutern*

1.1 Aufgaben des betrieblichen Rechnungswesens
1.2 Aufbau des betrieblichen Rechnungswesens
1.3 Aufgaben der Kosten- und Leistungsrechnung

1.1 Aufgaben des betrieblichen Rechnungswesens

> **!** **Das betriebliche Rechnungswesen hat die Aufgabe, betriebliche Vorgänge zahlenmäßig zu planen, zu erfassen und zu überwachen.**

Aufgaben des Rechnungswesens	Beispiele
Dokumentations- und Rechenschaftslegung	■ Ermittlung der Ein- und Ausgänge von Zahlungsmitteln einer Periode (Liquiditätsrechnung) ■ Erfassung und Aufbereitung von Zahlungsströmen als Grundlage für die Finanzierungs- und Investitionsrechnung ■ Ermittlung und Darstellung von Vermögen und Schulden sowie des Unternehmenserfolgs (Gewinn/Verlust) zum Bilanzstichtag
Wirtschaftlichkeitskontrolle	■ Kontrolle der Wirtschaftlichkeit der betrieblichen Prozesse ■ Kontrolle und Steuerung des Betriebsgeschehens
Entscheidungsgrundlage	■ Bereitstellung von Informationen für unternehmerische Entscheidungen wie z. B. Preis- und Programmpolitik, Eigen- oder Fremdbezug, Investitionsvorhaben

1.2 Aufbau des betrieblichen Rechnungswesens

In Abhängigkeit der Informationsempfänger lassen sich das externe und interne Rechnungswesen unterscheiden:

Externes Rechnungswesen	Internes Rechnungswesen
■ Finanzbuchführung ■ Jahresabschlussrechnung	■ Kosten- und Leistungsrechnung ■ Betriebsstatistik ■ Planungsrechnung

Die Aufbereitung und Darstellung der Informationen für die **externen Informationsempfänger** (z. B. Kapitalanleger) ist an gesetzliche Vorschriften (z. B. HGB, AktG, GmbHG, EStG) gebunden, um eine willkürliche Rechnungslegung auszuschließen. Für das **interne**

Rechnungswesen gibt es keine gesetzlichen Vorschriften. Vielmehr stellt es die Informationen nach den jeweiligen Erfordernissen der Informationsempfänger bereit (z. B. die Höhe der Herstellkosten für Zwecke der Preiskalkulation). Das interne Rechnungswesen wird daher auch als **instrumentelles Rechnungswesen** bezeichnet.

1.3 Aufgaben der Kosten- und Leistungsrechnung

Der Kosten- und Leistungsrechnung eines Unternehmens kommen im Wesentlichen folgende Aufgaben zu:

Kosten- und Preiskalkulation	Grundlage für betriebliche Entscheidungen	Ermittlung des Betriebsergebnisses
Ermittlung der Selbstkosten eines einzelnen Erzeugnisses (Kostenträger) und des Preises, zu dem das Erzeugnis angeboten werden kann.	Bereitstellung von Informationen zur Vorbereitung und Kontrolle betrieblicher Produktionsentscheidungen (z. B. ob die Produktion eines bestimmten Erzeugnisses aus Kostengründen eingestellt werden soll).	Berechnung des Betriebsergebnisses (= leistungsbezogenes/ betriebsbedingtes Ergebnis) sowie des Beitrags der einzelnen Erzeugnisse hierzu.

> **!** **Im Mittelpunkt der Kostenrechnung steht die Erfassung der Kosten und deren Verrechnung auf die Erzeugnisse (Kostenträger).**

Um die Quellen des Erfolgs eines Unternehmens zu verdeutlichen, wird das **Gesamtergebnis** einer Rechnungsperiode (z. B. Geschäftsjahr) in das **Betriebsergebnis** (leistungsbezogenes/ betriebsbedingtes Ergebnis) und das **neutrale Ergebnis** (kein Bezug zu den betrieblichen Leistungen) untergliedert.

Die Informationen hierfür liefert hauptsächlich die Finanzbuchhaltung.

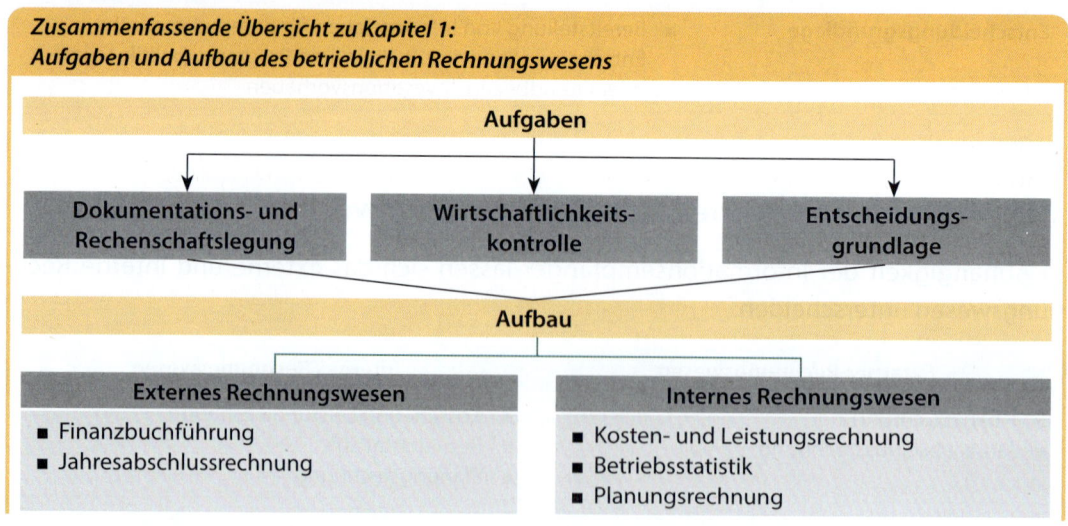

Zusammenfassende Übersicht zu Kapitel 1:
Aufgaben und Aufbau des betrieblichen Rechnungswesens

Aufgaben

Dokumentations- und Rechenschaftslegung | Wirtschaftlichkeitskontrolle | Entscheidungsgrundlage

Aufbau

Externes Rechnungswesen
- Finanzbuchführung
- Jahresabschlussrechnung

Internes Rechnungswesen
- Kosten- und Leistungsrechnung
- Betriebsstatistik
- Planungsrechnung

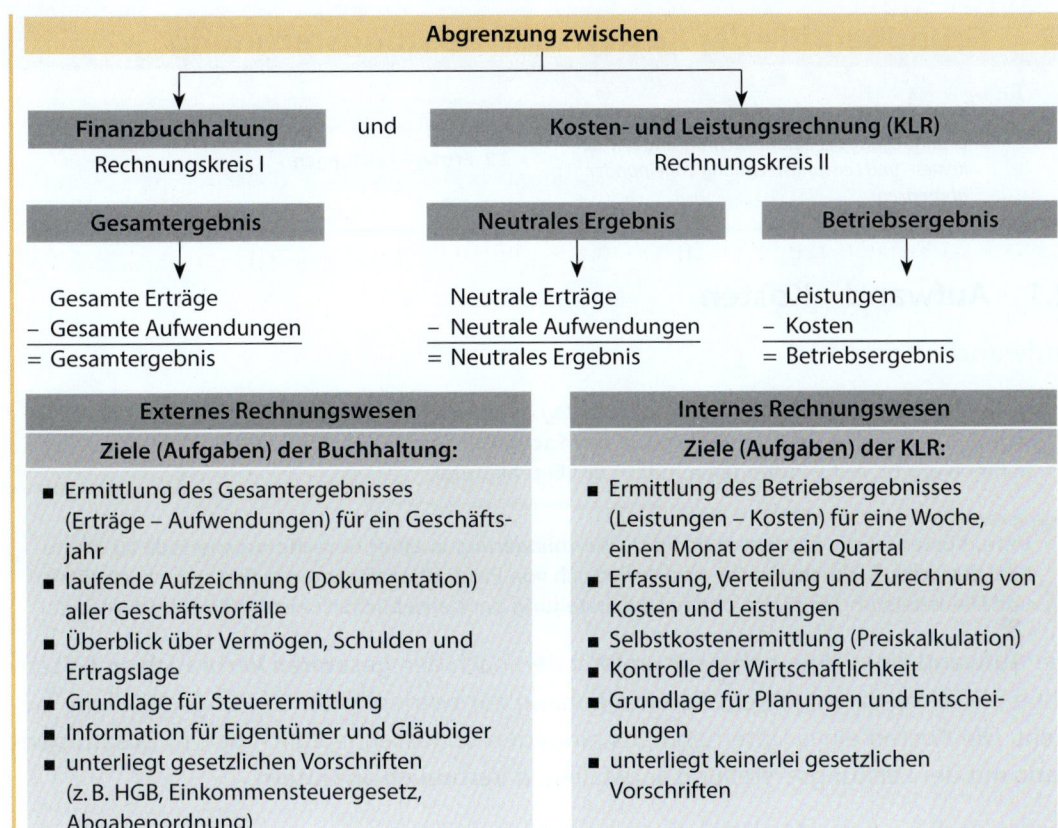

Abgrenzung zwischen

Finanzbuchhaltung
Rechnungskreis I

und

Kosten- und Leistungsrechnung (KLR)
Rechnungskreis II

Gesamtergebnis	**Neutrales Ergebnis**	**Betriebsergebnis**
Gesamte Erträge – Gesamte Aufwendungen = Gesamtergebnis	Neutrale Erträge – Neutrale Aufwendungen = Neutrales Ergebnis	Leistungen – Kosten = Betriebsergebnis

Externes Rechnungswesen	**Internes Rechnungswesen**
Ziele (Aufgaben) der Buchhaltung:	**Ziele (Aufgaben) der KLR:**
■ Ermittlung des Gesamtergebnisses (Erträge – Aufwendungen) für ein Geschäftsjahr ■ laufende Aufzeichnung (Dokumentation) aller Geschäftsvorfälle ■ Überblick über Vermögen, Schulden und Ertragslage ■ Grundlage für Steuerermittlung ■ Information für Eigentümer und Gläubiger ■ unterliegt gesetzlichen Vorschriften (z. B. HGB, Einkommensteuergesetz, Abgabenordnung)	■ Ermittlung des Betriebsergebnisses (Leistungen – Kosten) für eine Woche, einen Monat oder ein Quartal ■ Erfassung, Verteilung und Zurechnung von Kosten und Leistungen ■ Selbstkostenermittlung (Preiskalkulation) ■ Kontrolle der Wirtschaftlichkeit ■ Grundlage für Planungen und Entscheidungen ■ unterliegt keinerlei gesetzlichen Vorschriften

Checken Sie Ihre Kompetenz mit der **Ich-kann-Liste**.

Öffnen Sie hierzu den nebenstehenden **QR-Code**
oder geben Sie folgenden Link ein: https://vel.plus/BHB01

WIEDERHOLUNG DES GRUNDWISSENS

vel.plus/BHB02

zu Kapitel 1 Aufgaben und Aufbau des betrieblichen Rechnungswesens

1. Stellen Sie die Aufgaben des betrieblichen Rechnungswesens anhand von zwei Beispielen dar.

2. Erklären Sie den Unterschied von internem und externem Rechnungswesen.

3. Erläutern Sie die Aufgaben der Kosten- und Leistungsrechnung.

2   Grundbegriffe der Kosten- und Leistungsrechnung

Kompetenzen:

- *Grundbegriffe der Finanzbuchführung und der Kosten- und Leistungsrechnung voneinander abgrenzen*

2.1 Aufwand – Kosten

2.2 Ertrag – Leistungen

2.1   Aufwand – Kosten

Aufwand – Kosten

! Unter Aufwand ist die *gesamte Wertminderung* in einer Abrechnungsperiode zu verstehen, die sich z. B. durch den Ge- und Verbrauch von Sachgütern und Dienstleistungen in einem Unternehmen ergibt. Aufwendungen mindern das Eigenkapital.

! Unter Kosten ist die *betrieblich bedingte Wertminderung* in einer Abrechnungsperiode zu verstehen, die sich z. B. durch den Ge- und Verbrauch von Produktionsfaktoren in Form von Sachgütern und Dienstleistungen ergibt und für die Erstellung der betrieblichen Leistungen erforderlich ist.

Der **Aufwand** eines Unternehmens umfasst demnach den **gesamten Verbrauch an Gütern** ohne Rücksicht darauf, ob ein Zusammenhang zur betrieblichen Leistungserstellung besteht. Die **Kosten** eines Unternehmens hingegen umfassen lediglich den **in Zusammenhang mit der Leistungserstellung** angefallenen **Verbrauch an Gütern**.

Kosten sind durch drei Merkmale gekennzeichnet:

1 Es muss ein **Verbrauch** von Gütern (Sachgüter oder Dienstleistungen) vorliegen.

2 Der Zweck des Verbrauchs muss die **Erstellung betrieblicher Leistungen** sein.

3 Der Verbrauch der Güter muss in Geld **bewertbar** sein.

> Kosten:
> in Geld bewertbare betriebsbedingte Wertminderung

Kosten – Aufwendungen

- Die Shirt-Shop GmbH hat ihrem Arbeitnehmer Kurt Sterner einen Monatslohn von brutto 3.100 EUR gezahlt. Kurt Sterner ist für die Beschriftung von T-Shirts verantwortlich. Bei der Wertminderung in Form der Lohnzahlung handelt es sich um **Aufwand** und **gleichzeitig um Kosten**, weil ein direkter Zusammenhang zur betrieblichen Leistungserstellung besteht.
- Durch einen Brand im Lager der Shirt-Shop GmbH wurden T-Shirts im Wert von 4.200 EUR vernichtet. Die Wertminderung steht **nicht** in Zusammenhang mit der betrieblichen Leistungserstellung. Deshalb handelt es sich bei der Wertminderung zwar um **Aufwendungen**, **nicht** aber **gleichzeitig um Kosten**.

Zweckaufwand und Grundkosten

Stimmen die Beträge, die für einen bestimmten Güterverbrauch in der Finanzbuchhaltung als Aufwendungen erfasst und als Kosten in die Kostenrechnung eingehen, überein, handelt es sich um aufwandsgleiche Kosten bzw. um kostengleichen Aufwand. Aus der Sicht der Finanzbuchhaltung stellt dies einen **Zweckaufwand** dar (weil er dem Betriebszweck dient). Aus Sicht der Kostenrechnung handelt es sich um **Grundkosten**.

Verbrauch von Textilfarbe: Da ein Güterverbrauch stattfindet, liegen Aufwendungen (Materialaufwand) vor. Der Güterverbrauch steht in direktem Zusammenhang mit der betrieblichen Leistungserstellung (Beschriftung von T-Shirts). Deshalb handelt es sich gleichzeitig um Materialkosten (kostengleicher Aufwand bzw. aufwandsgleiche Kosten).

Neutraler Aufwand

Werden Aufwendungen nicht oder mit einem niedrigeren Betrag aus der Finanzbuchhaltung in die Kosten- und Leistungsrechnung übernommen, so liegt ein neutraler Aufwand vor.

Es lassen sich folgende Arten neutraler Aufwendungen unterscheiden:

Neutrale Aufwendungen			
betriebsfremder Aufwand	**betrieblich bedingter Aufwand, der aber keine Kosten darstellt**		**betrieblich bedingter Aufwand, aber Kosten in anderer Höhe**
	außerordentlich	**periodenfremd**	**Andersaufwand**
Aufwand, der mit dem eigentlichen Betriebszweck nichts zu tun hat	Aufwand, der ungewöhnlich hoch ist oder äußerst selten anfällt	Aufwand, dessen Ursache in einem früheren Geschäftsjahr liegt	Aufwand, der zwar mit Kosten verbunden ist, bei dem aber die Höhe des Aufwands von der Höhe der entsprechenden Kosten abweicht.
Veräußerungsverluste bei Wertpapierverkäufen, Reparaturaufwand an nicht betrieblich genutzten Gebäuden	außerplanmäßige Abschreibung eines Lkw aufgrund eines Totalschadens	Gewerbesteuernachzahlung für das vorige Geschäftsjahr	Abschreibungen lt. Gewinn- und Verlustrechnung (= bilanzielle Abschreibungen) sind höher oder niedriger als Abschreibungen in der Kostenrechnung (= kalkulatorische Abschreibung)

Zusatzkosten

In gleicher Weise wie es **Aufwendungen** gibt, die **keine Kosten** darstellen (= **neutrale Aufwendungen**), lassen sich auch **Kosten** unterscheiden, die keine Aufwendungen sind (= **Zusatzkosten**).

Zusatzkosten sind Kosten, denen kein Aufwand gegenüber steht.

Ein Einzelkaufmann stellt seinem Unternehmen seine Arbeitskraft zur Verfügung. Dafür erhält der Unternehmer jedoch im Gegensatz zu einem Arbeitnehmer keinen Lohn ausbezahlt. Daher liegt auch kein Aufwand vor. Der Verbrauch der Arbeitskraft steht jedoch in direktem Zusammenhang mit der betrieblichen Leistungserstellung. Deshalb entstehen durch die Mitarbeit des Unternehmers **Kosten in Form eines kalkulatorischen[1] Unternehmerlohns, der bei der Ermittlung der Gesamtkosten berücksichtigt werden muss, obwohl er nicht ausbezahlt wird und daher keinen Aufwand** darstellt. Es handelt sich um **Zusatzkosten**.

---

1   kalkulatorisch: bei der Kostenberechnung (Kalkulation) zu berücksichtigen

Aufg. 1
S. 66

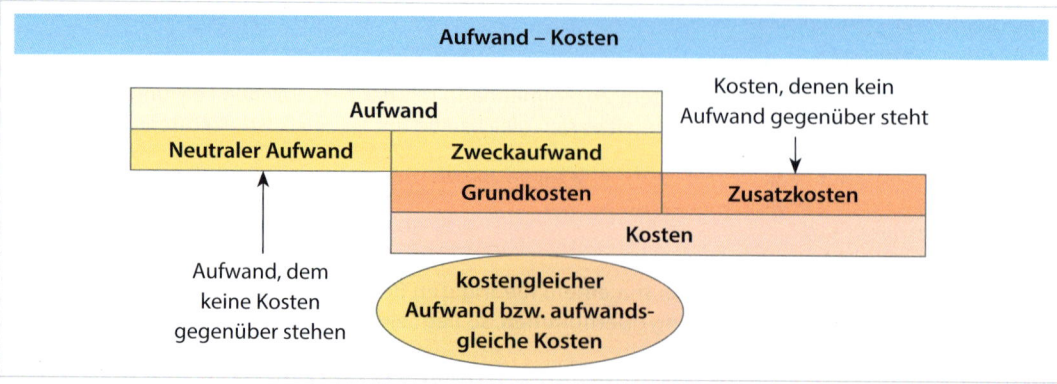

Checken Sie Ihre Kompetenz mit der **Ich-kann-Liste**.

Öffnen Sie hierzu den nebenstehenden **QR-Code**
oder geben Sie folgenden Link ein: https://vel.plus/BHB03

vel.plus/BHB04

WIEDERHOLUNG DES GRUNDWISSENS

zu Kapitel 2.1 Aufwand – Kosten

1. Erklären Sie, was jeweils unter Aufwand und Kosten zu verstehen ist.
2. Nennen Sie drei Merkmale, welche erfült sein müssen, damit Kosten vorliegen.
3. Geben Sie an, in welchem Fall von Zweckaufwand bzw. von Grundkosten gesprochen wird.
4. Nennen Sie drei Beispiele für Zweckaufwand bzw. Grundkosten.
5. Erklären Sie, was unter dem Begriff Zusatzkosten zu verstehen ist.
6. Nennen Sie ein Beispiel für Zusatzkosten.
7. Geben Sie an, in welchem Fall ein neutraler Aufwand vorliegt.
8. Erläutern Sie, welche Arten von neutralen Aufwendungen sich unterscheiden lassen.

ANWENDUNGS- UND ÜBUNGSAUFGABEN

vel.plus/BHB05

zu Kapitel 2.1 Aufwand – Kosten

Aufgabe 1 Beispiele für Aufwendungen und Kosten

Manfred Stephan ist alleiniger Inhaber des Unternehmens „Holzwerk Manfred Stephan e. K.". Im laufenden Monat
wurden u. a. folgende Vorgänge erfasst.

a) Privatentnahme Manfred Stephan in bar .... 12.000 EUR

b) Einkauf von Rohstoffen auf Ziel .... 15.000 EUR

c) Gehaltszahlung an verschiedene Angestellte .... 40.000 EUR

d) Verbrauch von Rohstoffen, die im vergangenen Monat beschafft und bezahlt wurden .... 15.000 EUR

e) Der Wert der Arbeitsleistung, die Manfred Stephan seinem Unternehmen zur Verfügung stellt, wird mit 6.000 EUR angesetzt, aber nicht ausbezahlt.

f) Die Eingangsrechnung für den Einkauf der Rohstoffe (vgl. b) in Höhe von 15.000 EUR wird durch Banküberweisung beglichen.

Tragen Sie die Beträge der Vorgänge a) bis f) in die jeweils zutreffende Spalte einer Tabelle nach folgendem Muster ein. Hierzu können Sie die PDF-Vorlage nutzen.

Vorgang	Geschäftsbuchführung	Kosten- und Leistungsrechnung
	Aufwand	Kosten
a)		
b)		
...	...	...

2.2 Ertrag – Leistung

> ! Unter Ertrag ist der *gesamte Wertzuwachs*, den ein Unternehmen in einer Rechnungsperiode erzielt, zu verstehen. Erträge mehren das Eigenkapital.

> ! Unter Leistung ist der *betrieblich bedingte Wertzuwachs* zu verstehen, den ein Unternehmen in einer Rechnungsperiode erzielt.

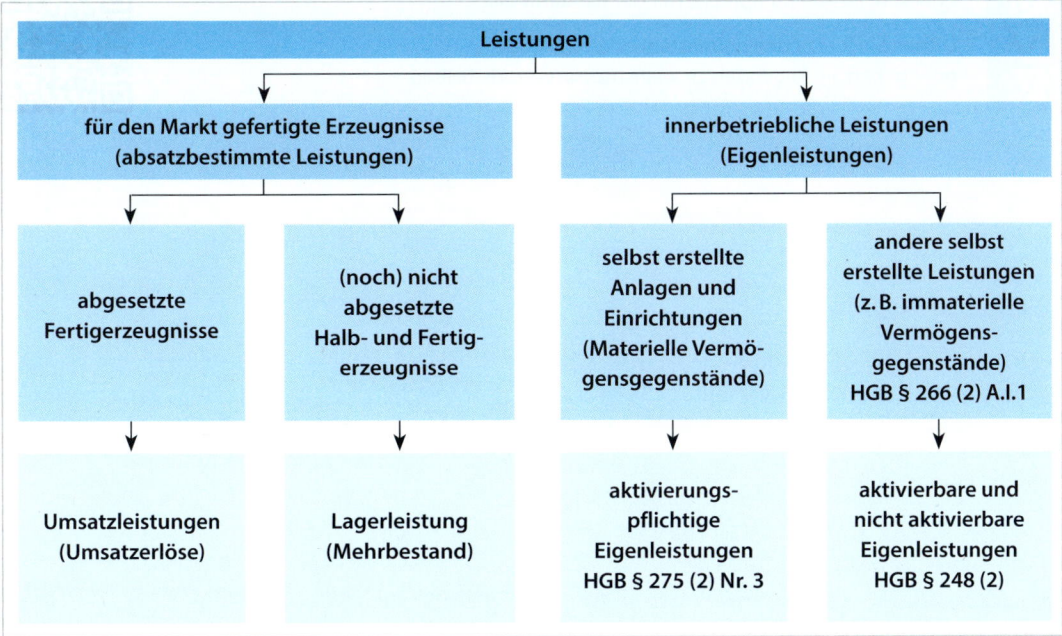

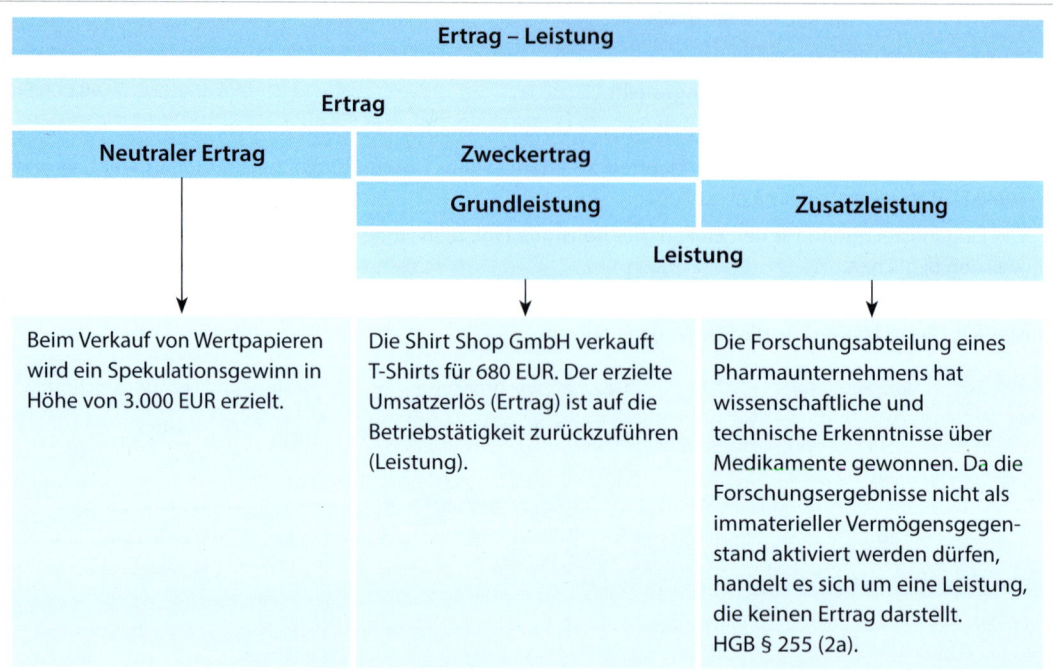

Aufg. 1
S. 69

Ertrag – Leistung		
Ertrag		
Neutraler Ertrag	Zweckertrag	
	Grundleistung	Zusatzleistung
	Leistung	

| Beim Verkauf von Wertpapieren wird ein Spekulationsgewinn in Höhe von 3.000 EUR erzielt. | Die Shirt Shop GmbH verkauft T-Shirts für 680 EUR. Der erzielte Umsatzerlös (Ertrag) ist auf die Betriebstätigkeit zurückzuführen (Leistung). | Die Forschungsabteilung eines Pharmaunternehmens hat wissenschaftliche und technische Erkenntnisse über Medikamente gewonnen. Da die Forschungsergebnisse nicht als immaterieller Vermögensgegenstand aktiviert werden dürfen, handelt es sich um eine Leistung, die keinen Ertrag darstellt. HGB § 255 (2a). |

Zusammenfassende Übersicht zu Kapitel 2.2: Ertrag – Leistung

Ertrag   = in Geld bewerteter Wertzuwachs

Leistung = betrieblich bedingter Wertzuwachs

Checken Sie Ihre Kompetenz mit der Ich-kann-Liste.

Öffnen Sie hierzu den nebenstehenden QR-Code
oder geben Sie folgenden Link ein: https://vel.plus/BHB06

WIEDERHOLUNG DES GRUNDWISSENS

vel.plus/BHB07

zu Kapitel 2.2 Ertrag – Leistung

1. Erklären Sie, was jeweils unter Erträgen und Leistungen zu verstehen ist.

2. Geben Sie an, wodurch sich die Begriffe Ertrag und Leistung unterscheiden.

3. Nennen Sie jeweils zwei Beispiele für absatzbestimmte und innerbetriebliche Leistungen.

ANWENDUNGS- UND ÜBUNGSAUFGABEN

zu Kapitel 2.2 Ertrag – Leistung

Aufgabe 1 Beispiele für Erträge, Leistungen, Aufwendungen und Kosten

Geben Sie an, wie hoch die im nachstehenden GuV-Konto (Auszug) zu entnehmenden Grundkosten, Leistungen sowie die neutralen Aufwendungen und neutralen Erträge jeweils sind.

vel.plus/BHB08

Soll		GuV-Konto (Auszug)	Haben
Rohstoffverbrauch	6.400	Umsatzerlöse	14.600
Löhne, Gehälter	4.200	Mieterträge	610
Strom	1.800	Gewinne aus dem Verkauf von	
Verlust aus Wertpapierverkäufen	900	Anlagegütern	420
		Mehrbestand an fertigen Erzeugnissen	380
...		...	

Zusammenfassende Übersicht zu Kapitel 2: Grundbegriffe der Kosten- und Leistungsrechnung	
Begriffe	**Erklärung**
Aufwand	= gesamter in Geld bewerteter Verbrauch an Sachgütern und Dienstleistungen (Wertminderung) eines Geschäftsjahres ohne Rücksicht auf den betrieblichen Zweck
Kosten	= durch betriebliche Leistungserstellung verursachter, in Geld bewerteter Verbrauch an Sachgütern und Dienstleistungen (betrieblich bedingte Wertminderung)
Ertrag	= Wertzuwachs innerhalb einer Periode sowohl aus betriebsbedingten als auch aus anderen Gründen
Leistung	= Wertzuwachs innerhalb einer Periode aus der Erfüllung des Betriebszwecks (betriebsbedingter Wertezuwachs)

3   Kosten, Beschäftigung und Gewinn

Kompetenzen:

- das Verhalten der Kosten bei Änderung des Beschäftigungsgrades analysieren und grafisch abbilden
- die Gewinnschwelle und das Gewinnmaximum ermitteln

3.1 Fixe und variable Kosten
3.2 Kostenauflösung in fixe und variable Kosten
3.3 Kapazität und Beschäftigungsgrad
3.4 Kostenverläufe
3.5 Kosten, Erlöse und Gewinn

3.1   Fixe und variable Kosten

In Abhängigkeit davon, wie die Kosten auf eine Veränderung der Produktionsmenge reagieren, lassen sich fixe und variable Kosten unterscheiden:

Fixe Kosten

 Fixe Kosten (fixe Gesamtkosten, K_f) bleiben bei einer Änderung der Produktionsmenge unverändert.

Absolut fixe Kosten entstehen durch die Existenz des Betriebes (Kosten der Betriebsbereitschaft).

Absolut fixe Kosten

Abschreibungen auf Gebäude und Maschinen, Pacht für eine Lagerhalle, Versicherungsbeiträge und Teile der Personalkosten (z. B. für den Werkschutz)

Sprungfixe Kosten (intervallfixe Kosten, bereichsfixe Kosten) bleiben innerhalb bestimmter Produktionsmengenbereiche (Produktionsintervalle) konstant. Bei Ausweitung der Produktion über diese Bereichsgrenze hinaus steigen sie sprunghaft an.

Sprungfixe Kosten

Für die Monatsproduktion von 50.000 Paar Schuhen genügt in der Fertigungsabteilung einer Schuhfabrik ein Meister mit einem festen Monatsgehalt von 3.000 EUR. Bei Überschreiten dieser Grenze muss ein weiterer Meister mit einem festen Monatsgehalt eingestellt werden.

Variable Kosten

 Variable Kosten (variable Gesamtkosten, K_v) ändern sich bei einer Veränderung der Produktionsmenge.

Variable Kosten

Verbrauch von Rohstoffen (z. B. Holz, Metall, Leder), Hilfsstoffen (Klebemittel), Betriebsstoffen (Elektrizität)

Gesamtkosten

Die Gesamtkosten eines Unternehmens setzen sich aus fixen und variablen Kosten zusammen:

Gesamtkosten = fixe Gesamtkosten + variable Gesamtkosten
(variable Kosten pro Stück · Stückzahl)

$$K_g = K_f + k_v \cdot x$$
$$K_g = K_f + K_v$$

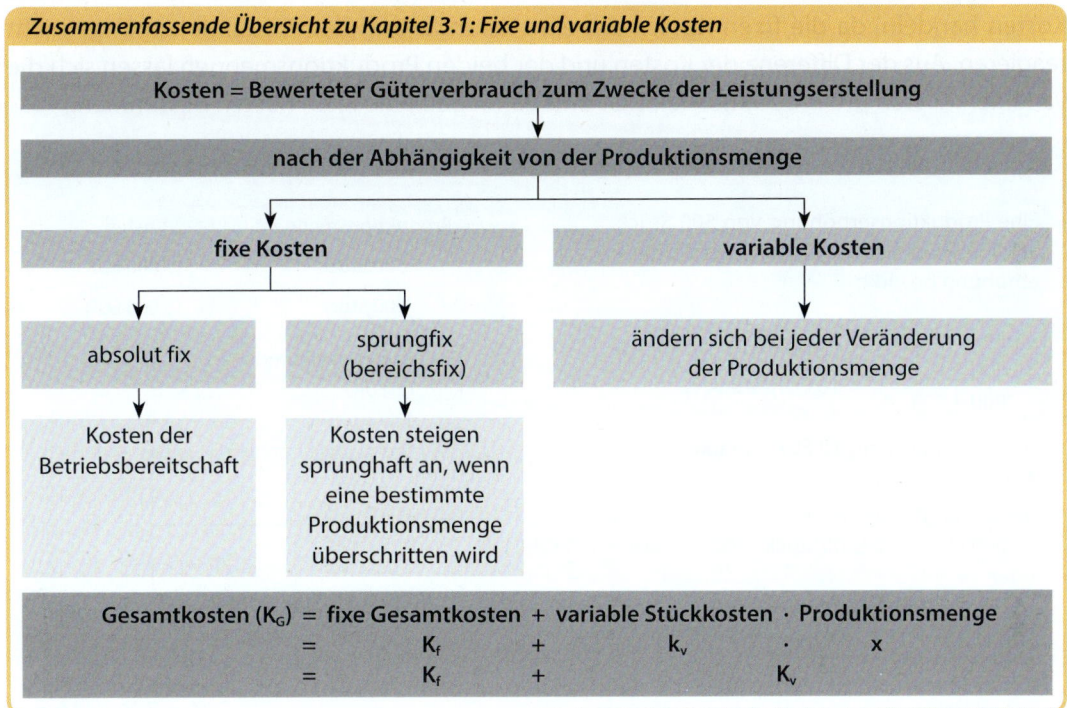

Zusammenfassende Übersicht zu Kapitel 3.1: Fixe und variable Kosten

Kosten = Bewerteter Güterverbrauch zum Zwecke der Leistungserstellung

nach der Abhängigkeit von der Produktionsmenge

fixe Kosten	variable Kosten

absolut fix	sprungfix (bereichsfix)	ändern sich bei jeder Veränderung der Produktionsmenge
Kosten der Betriebsbereitschaft	Kosten steigen sprunghaft an, wenn eine bestimmte Produktionsmenge überschritten wird	

Gesamtkosten (K_G) = fixe Gesamtkosten + variable Stückkosten · Produktionsmenge
$$= K_f + k_v \cdot x$$
$$= K_f + K_v$$

Checken Sie Ihre Kompetenz mit der **Ich-kann-Liste**.

Öffnen Sie hierzu den nebenstehenden **QR-Code**
oder geben Sie folgenden Link ein: https://vel.plus/BHB09

WIEDERHOLUNG DES GRUNDWISSENS

zu Kapitel 3.1 Fixe und variable Kosten

1. Erläutern Sie, wodurch sich fixe und variable Kosten unterscheiden.
2. Nennen Sie jeweils ein Beispiel für absolut fixe, sprungfixe und variable Kosten.

vel.plus/BHB10

3.2   Kostenauflösung in fixe und variable Kosten

Einige Kostenarten sind in vollem Umfang variabel (z. B. Materialkosten), andere hingegen sind in vollem Umfang fix (z. B. Miete). Zur rechnerischen Bestimmung der Höhe der fixen und variablen Kosten eines Unternehmens werden zunächst die Kosten ermittelt, die für zwei unterschiedliche Produktionsmengen entstanden sind. Dabei wird unterstellt, dass die variablen Kosten je Stück (k_v) unverändert bleiben. Das bedeutet, dass sich bei einer Änderung der Produktion die variablen Gesamtkosten (K_v) im gleichen Verhältnis verändern wie die Ausbringungsmenge (proportionaler Verlauf der Gesamtkosten).

Bei den Kosten, die bei einer Produktionserhöhung steigen, kann es sich nur um variable Kosten handeln, da die fixen Kosten auf eine Veränderung der Produktionsmenge nicht reagieren. Aus der Differenz der Kosten und der beiden Produktionsmengen lassen sich die variablen Kosten pro Produktionseinheit und damit auch die fixen Kosten bestimmen:

Kostenauflösung

Eine Produktionserhöhung von 500 Stück auf 800 Stück hat nebenstehende Kostenerhöhung bewirkt:

Produktionsmenge	Kosten
500 Stück	12.000 EUR
800 Stück	15.000 EUR

variable Kosten pro Stück (k_v) =

$$\frac{15.000 - 12.000}{800 - 500} = 10 \text{ EUR/Stück}$$

Je Stück sind somit 10 EUR variable Kosten entstanden.

fixe Gesamtkosten (K_f) =
12.000 EUR − (10 EUR/Stück · 500 Stück) = 7.000 EUR
oder
15.000 EUR − (10 EUR/Stück · 800 Stück) = 7.000 EUR

Grafische Darstellung:

Ergebnis:
Erhöht das Unternehmen seine Produktionsmenge, so verändern sich die Gesamtkosten um 10 EUR/Stück.

Kostenfunktion:
$K_g = K_f + k_v \cdot x$
$K_g = 7.000 + 10\,x$

Sind die fixen Gesamtkosten und die variablen Kosten pro Stück bekannt, so lässt sich errechnen, welche Kosten für eine bestimmte Produktionsmenge voraussichtlich entstehen.

Formeln zur Kostenauflösung:

Aufg. 1
S. 72

> **!** variable Kosten pro Stück $= \dfrac{\text{Kostenzunahme}}{\text{Produktionszunahme}}$
>
> $k_v \qquad = \qquad \dfrac{K_2 - K_1}{x_2 - x_1}$

> **!** variable Gesamtkosten = variable Kosten pro Stück · Produktionsmenge
>
> $K_v \qquad = \qquad k_v \qquad \cdot \qquad x$

> **!** fixe Gesamtkosten = Gesamtkosten − variable Gesamtkosten
>
> $K_f \qquad = \qquad K_g \qquad - \qquad K_v$

Zusammenfassende Übersicht zu Kapitel 3.2: Kostenauflösung in fixe und variable Kosten

Kostenauflösung
(= Aufspaltung der Gesamtkosten in deren fixe und variable Bestandteile)

↓

Verfahren

↓

1. Ermittlung der Gesamtkosten für zwei Beschäftigungsgrade
2. Berechnungen:

$$\text{variable Kosten pro Stück} = \frac{\text{Kostenzunahme}}{\text{Produktionszunahme}}$$

$$k_v = \frac{K_2 - K_1}{x_2 - x_1}$$

$$\text{variable Gesamtkosten} = \text{variable Kosten pro Stück} \cdot \text{Produktionsmenge}$$

$$K_v = k_v \cdot x$$

$$\text{fixe Gesamtkosten} = \text{Gesamtkosten} - \text{variable Gesamtkosten}$$

$$K_f = K_g - K_v$$

Checken Sie Ihre Kompetenz mit der **Ich-kann-Liste**.

Öffnen Sie hierzu den nebenstehenden **QR-Code**
oder geben Sie folgenden Link ein: https://vel.plus/BHB11

WIEDERHOLUNG DES GRUNDWISSENS

zu Kapitel 3.2 Kostenauflösung in fixe und variable Kosten

1. Erläutern Sie, was unter Kostenauflösung zu verstehen ist.
2. Beschreiben Sie das Verfahren der rechnerischen Kostenauflösung.

vel.plus/BHB12

ANWENDUNGS- UND ÜBUNGSAUFGABEN

zu Kapitel 3.2 Kostenauflösung in fixe und variable Kosten

Aufgabe 1 Kostenauflösung in einer Farbenfabrik

In einer Farbenfabrik wurden für die Monate März und April d. J. folgende Zahlen festgestellt:

vel.plus/BHB13

Monat	Produzierte Menge (t)	Gesamtkosten (K) in EUR
März	6 000	1.200.000
April	9 000	1.650.000

1. Errechnen Sie die Höhe der fixen Kosten, wenn davon auszugehen ist, dass die variablen Kosten je Stück (k_v) unverändert bleiben.
2. Geben Sie an, wie die Kostenfunktion lautet.
3. Begründen Sie, welche Kosten im Monat Mai voraussichtlich entstehen, wenn geplant ist, in diesem Monat 5 000 t Farbe zu produzieren.

3.3   Kapazität und Beschäftigungsgrad

> **!** Unter Kapazität ist die Produktionsmenge zu verstehen, die ein Betrieb innerhalb einer bestimmten Zeiteinheit (Monat, Quartal, Jahr) höchstens herstellen kann. Der Grad der Ausnutzung der Kapazität wird als Beschäftigungsgrad (Kapazitätsausnutzungsgrad) bezeichnet.

Der Beschäftigungsgrad wird in Prozent der Kapazität ausgedrückt.

**Aufg. 1
S. 75**

> **!** $$\text{Beschäftigungsgrad} = \frac{\text{tatsächliche Produktionsmenge} \cdot 100}{\text{Kapazität}}$$

Beschäftigungsgrad bei einer Schuhfabrik

In einer Schuhfabrik wird in zwei Schichten gearbeitet. Die Jahresproduktion beträgt 240 000 Paar Schuhe. Würde in der Schuhfabrik in drei Schichten gearbeitet, könnte die Produktionsmenge auf 360 000 Paar Schuhe erhöht werden. Die Kapazität beträgt somit 360 000 Paar Schuhe.

$$\text{Beschäftigungsgrad} = \frac{240\,000 \cdot 100}{360\,000} = 66{,}67\,\%$$

Wenn die Produktionsmenge bei gleich bleibender Kapazität verändert wird, führt dies zu einer **Änderung des Beschäftigungsgrades**.

Zusammenfassende Übersicht zu Kapitel 3.3: Kapazität und Beschäftigungsgrad

Kapazität = mögliche Produktionsmenge eines Betriebes in einer bestimmten Zeit (z. B. Monat)

Beschäftigungsgrad = Ausnutzung der Kapazität eines Betriebes in %

$$\text{Beschäftigungsgrad} = \frac{\text{tatsächliche Produktionsmenge} \cdot 100}{\text{Kapazität}}$$

Checken Sie Ihre Kompetenz mit der **Ich-kann-Liste**.

Öffnen Sie hierzu den nebenstehenden **QR-Code** oder geben Sie folgenden Link ein: https://vel.plus/BHB14

WIEDERHOLUNG DES GRUNDWISSENS

vel.plus/BHB15

zu Kapitel 3.3   Kapazität und Beschäftigungsgrad

1.   Erläutern Sie, was unter der Kapazität eines Betriebes zu verstehen ist.

2.   Nennen Sie die Formel zur Berechnung des Beschäftigungsgrades.

ANWENDUNGS- UND ÜBUNGSAUFGABEN

zu Kapitel 3.3 Kapazität und Beschäftigungsgrad

Aufgabe 1 Beschäftigungsgrad – Änderungen des Beschäftigungsgrades

Ein Industriebetrieb stellt ein elektronisches Bauteil her. Die Gesamtkapazität beträgt 30 000 Stück pro Quartal. Derzeit werden 25 000 Stück pro Quartal produziert. Die gesamten Fixkosten betragen derzeit 400.000 EUR pro Quartal. Die variablen Stückkosten belaufen sich auf 50 EUR.

vel.plus/BHB16

1. Berechnen Sie den derzeitigen Beschäftigungsgrad.

2. Wie hoch sind bei diesem Beschäftigungsgrad die Gesamtkosten und die Stückkosten?

3. Wie würden sich die Gesamtkosten und die Stückkosten verändern, wenn der Beschäftigungsgrad auf 100 % gesteigert werden könnte? Begründen Sie diese Veränderung.

3.4 Kostenverläufe

Verlauf der fixen Kosten

> **Die fixen Kosten (K$_f$) bleiben bei einer Veränderung des Beschäftigungsgrades unverändert.**

Fixe Kosten

Abschreibungen auf Betriebsgebäude, Gehalt eines Geschäftsführers, Kfz-Steuer

Die Kostenkurve der **fixen Kosten** verläuft **parallel** zur Mengenachse. Werden die Fixkosten auf eine Produktionseinheit bezogen (**Fixkosten je Stück**) ergibt sich ein **degressiv fallender** Verlauf. Dies ist darauf zurückzuführen, dass sich bei zunehmender Produktionsmenge die gleich bleibenden Fixkosten auf eine zunehmend größere Stückzahl verteilen. Daher sinkt der Fixkostenanteil je Stück (**Fixkostendegression**).

Verlauf der fixen Kosten

x	K$_f$	k$_f$
1	100	100,0
2	100	50,0
3	100	33,3
4	100	25,0
5	100	20,0

x = Produktionsmenge
K$_f$ = fixe Gesamtkosten
k$_f$ = Fixkosten je Stück

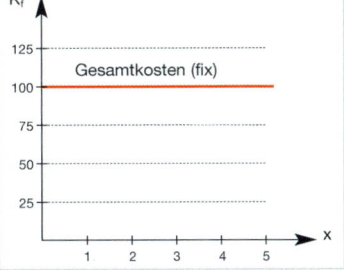

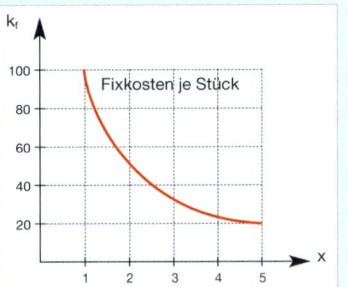

Sprungfixe Kosten

Die **sprungfixen** (intervallfixen) **Kosten** sind innerhalb bestimmter Produktionsmengenbereiche konstant und erhöhen sich bei deren Überschreitung jeweils sprunghaft. Daraus ergibt sich ein treppenförmiger Verlauf.

Verlauf der sprungfixen Kosten

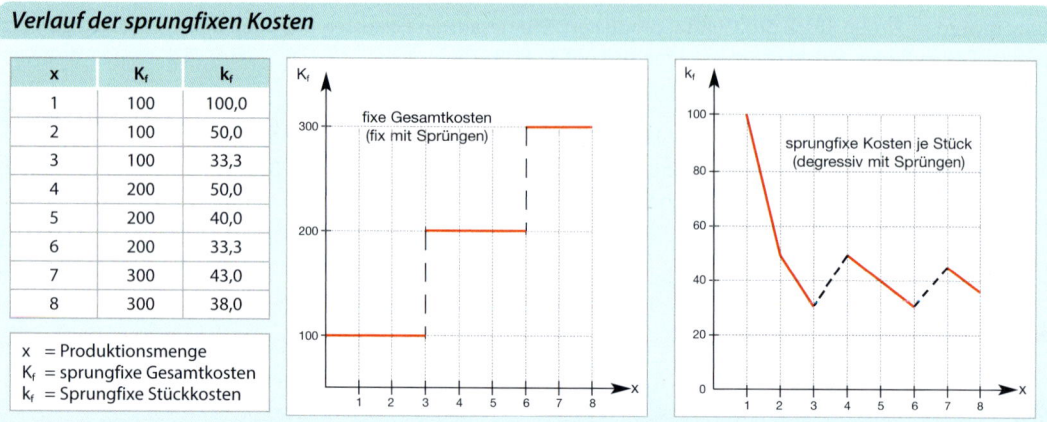

x	K_f	k_f
1	100	100,0
2	100	50,0
3	100	33,3
4	200	50,0
5	200	40,0
6	200	33,3
7	300	43,0
8	300	38,0

x = Produktionsmenge
K_f = sprungfixe Gesamtkosten
k_f = Sprungfixe Stückkosten

Sprungfixe Kosten (relativ fixe Kosten)

Abschreibungen bei Erweiterungsinvestitionen (Anschaffung zusätzlicher Maschinen)

Die **sprungfixen Kosten je Stück** haben einen degressiven Verlauf, der aber bei den jeweiligen Bereichsgrenzen ebenfalls Sprünge aufweist.

Verlauf der variablen Kosten

 Die variablen Gesamtkosten (K_v) ändern sich, wenn sich der Beschäftigungsgrad ändert.

Dabei lassen sich proportionale (lineare), überproportionale (progressive) und unterproportionale (degressive) Kosten und Kurvenverläufe unterscheiden.

 Proportionale Kosten ändern sich im gleichen Verhältnis wie der Beschäftigungsgrad.

Bei proportionalem Kostenverlauf führt eine Erhöhung der Produktionsmenge um 10 % zu einer Erhöhung der **variablen Gesamtkosten (K_v)** von ebenfalls 10 %. Die Gesamtkostenkurve verläuft bei proportionalen Kosten linear. **Die variablen Stückkosten (k_v)** bleiben in diesem Fall bei Änderung der Produktionsmenge **konstant**.

Verlauf der variablen Kosten

x	K_v	k_v
1	100	100
2	200	100
3	300	100
4	400	100
5	500	100

x = Produktionsmenge
K_v = variable Gesamtkosten
k_v = variable Stückkosten

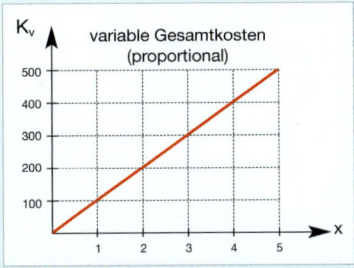

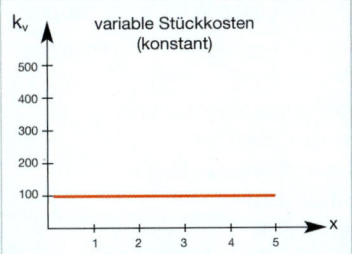

Variable Kosten

Stücklohn, Fertigungsmaterial

Verlauf der Gesamtkosten

Setzen sich die Gesamtkosten (K_g) in einem Betrieb aus fixen Kosten (K_f) und **proportionalen variablen Kosten (K_v)** zusammen, ergibt sich ein **linearer Verlauf** der **Gesamtkosten**. Die Stückkosten (k_g) sinken mit zunehmender Produktionsmenge, weil sich die fixen Kosten auf eine größere Stückzahl verteilen **(Fixkostendegression)**. Somit nähern sich die Stückkosten (k_g) in diesem Fall den variablen Stückkosten (k_v) an. Dieser Effekt ist umso stärker, je höher der Anteil der Fixkosten ist. Diese Entwicklung wird als **Gesetz der Massenproduktion** bezeichnet.

> ❗ Das Gesetz der Massenproduktion besagt, dass mit zunehmender Produktionsmenge die Stückkosten sinken.

> ❗ Stückkosten = $\dfrac{\text{fixe Gesamtkosten}}{\text{Produktionsmenge}}$ + variable Stückkosten
>
> $\quad k_g \quad = \quad \dfrac{K_f}{x} \quad + \quad k_v$

Verlauf der Gesamtkosten und der Stückkosten in einer Schuhfabrik

Eine Schuhfabrik produziert bei einer Auslastung ihrer Kapazität von 66,67 % im Quartal 40 000 Paar Schuhe. Die fixen Kosten in diesem Zeitraum belaufen sich auf 1.000 000 EUR. Bei der Herstellung von einem Paar Schuhe entstehen unabhängig von der Produktionsmenge variable Kosten in Höhe von 20 EUR.

Zusammenhang von Gesamtkosten und Stückkosten

x	K_f	K_v	K_g	k_v	k_g
10 000	1.000.000	200.000	1.200.000	20	120,00
20 000	1.000.000	400.000	1.400.000	20	70,00
30 000	1.000.000	600.000	1.600.000	20	53,33
40 000	1.000.000	800.000	1.800.000	20	45,00
50 000	1.000.000	1.000.000	2.000.000	20	40,00
60 000	1.000.000	1.200.000	2.200.000	20	36,67

x = Produktionsmenge (Paar Schuhe)
K_f = fixe Gesamtkosten in EUR
K_v = variable Gesamtkosten in EUR
K = Gesamtkosten in EUR
k_g = Stückkosten in EUR
k_v = variable Stückkosten in EUR für 1 Paar Schuhe

Aufg. 1
S. 80

Aufg. 2
S. 80

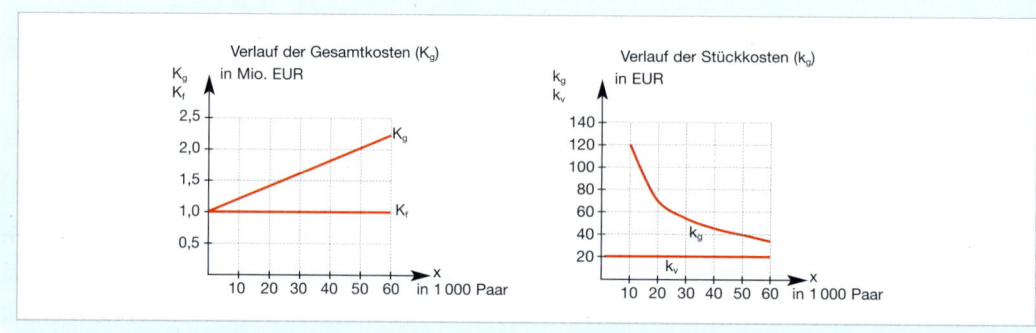

Kostenremanenz[1]

Bei **rückläufiger Produktion** sinken die Gesamtkosten häufig nicht auf den gleichen Stand wie vor der Produktionserhöhung, sondern verharren auf einem höheren Niveau. Diese Erscheinung wird als **Fixkostenremanenz** bezeichnet und ist insbesondere bei den **sprungfixen Kosten** zu beobachten. Häufig kann die Kostenanpassung an die Produktionsminderung nur zeitlich verzögert erfolgen (z. B. Abschreibungen für stillgelegte Maschinen). Grafisch ergibt sich dabei eine Gesamtkostenkurve, die über der ursprünglichen Gesamtkostenkurve liegt.

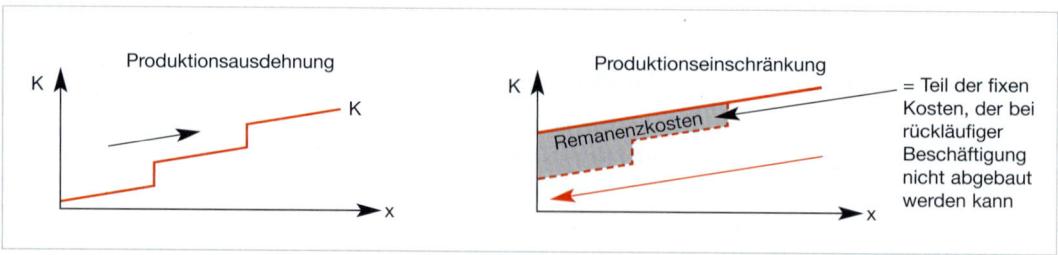

1   remanere *(lat.)*: zurückbleiben

Zusammenfassende Übersicht zu Kapitel 3.4: Kostenverläufe

Kostenverläufe

fixe Kosten (K_f) verändern sich bei Änderung des Beschäftigungsgrades nicht	variable Kosten (K_v) verändern sich bei Änderung des Beschäftigungsgrades

absolut fix verändern sich auch bei Überschreitung bestimmter Produktions-mengen nicht	sprungfix (relativ fix) innerhalb bestimmter Produktionsmengen-bereiche konstant; Erhöhung bei Überschreitung bestimmter Produktionsmengen	proportionale Kosten ändern sich im gleichen Verhältnis wie der Beschäftigungsgrad (k_v = konstant)

Grenzkosten (K')
Zuwachs der Gesamtkosten bei einer Produktionserhöhung um eine Mengeneinheit

bei linearem Gesamtkostenverlauf gilt: $k_v = K' = $ konstant

$$\text{Gesamtkosten } (K_g) = \text{fixe Kosten } (K_f) + \text{variable Kosten } (K_v)$$
$$K_g = K_f + K_v$$

$$\text{Stückkosten } (k_g) = \frac{\text{fixe Gesamtkosten } (K_f)}{\text{Produktionsmenge } (x)} + \text{variable Stückkosten } (k_v)$$

bei zunehmender Beschäftigung: Kosten pro Stück (Stückkosten) werden immer kleiner (Gesetz der Massenproduktion, Fixkostendegression)

 Checken Sie Ihre Kompetenz mit der **Ich-kann-Liste**.

Öffnen Sie hierzu den nebenstehenden **QR-Code**
oder geben Sie folgenden Link ein: https://vel.plus/BHB17

WIEDERHOLUNG DES GRUNDWISSENS

vel.plus/BHB18

zu Kapitel 3.4 Kostenverläufe

1. Erklären Sie den Begriff „fixe Kosten je Stück".

2. Stellen Sie den Verlauf der Fixkosten und der fixen Kosten je Stück jeweils in einem Koordinatensystem dar.

3. Erklären Sie den Begriff „Fixkostendegression".

4. Erklären Sie die Begriffe „absolut fixe Kosten" und „sprungfixe Kosten" jeweils anhand einer grafischen Darstellung (Skizze).

5. Erklären Sie, was unter dem Begriff „variable Kosten" zu verstehen ist.

6. Nennen Sie zwei Beispiele (Kostenarten) für variable Kosten.

7. Beschreiben Sie den typischen Verlauf einer Gesamtkostenkurve.

8. Erläutern Sie, was das Gesetz der Massenproduktion besagt.

9. Beschreiben Sie den typischen Verlauf einer Stückkostenkurve.

10. Erläutern Sie, was unter „Grenzkosten" zu verstehen ist.

11. Erläutern Sie, was unter dem Begriff „Fixkostenremanenz" zu verstehen ist.

ANWENDUNGS- UND ÜBUNGSAUFGABEN

zu Kapitel 3.4 Kostenverläufe

Aufgabe 1 Gesamtkosten – Stückkosten – Beschäftigungsgrad

vel.plus/BHB19

Die Kapazität einer Elektro-AG beträgt für die Waschmaschinenproduktion monatlich 8 000 Stück. Bei Vollbeschäftigung (100 % Auslastung) betragen die variablen Gesamtkosten 5,6 Mio. EUR. Der Fixkostenanteil pro Waschmaschine beträgt bei einer Kapazitätsauslastung von 50 % 400,00 EUR.

1. Ermitteln Sie tabellarisch die jeweiligen monatlichen Gesamtkosten (K_g) und die Stückkosten (k_g) je Waschmaschine, wenn der Beschäftigungsgrad im Februar 50 %, im März 60 % und im April 75 % beträgt.

2. Stellen Sie die Ergebnisse von 1. grafisch dar.

3. Begründen Sie, worauf die Veränderung der Stückkosten (k_g) bei zunehmender Produktionsmenge zurückzuführen ist.

Aufgabe 2 Gesamtkosten – Stückkosten – Produktionsentscheidung

vel.plus/BHB20

Ein Betrieb hat 3.801.000 EUR fixe Kosten im Monat. Die variablen Kosten betragen 60,00 EUR je Einheit.

1. Berechnen Sie die Gesamtkosten (K_g), die für die Herstellung von 60 000 Einheiten je Monat entstehen. Wie hoch sind in diesem Fall die Kosten je Produktionseinheit (k_g)?

2. Auf welche Menge muss die Produktion gesteigert werden, wenn die Stückkosten (k_g) 120,00 EUR nicht übersteigen sollen?

3.5   Kosten, Erlöse und Gewinn

Vorrangiges Ziel eines Unternehmens ist es, den größtmöglichen Gewinn zu erzielen. Der größtmögliche Gewinn ist erreicht, wenn die Differenz zwischen den Erlösen und den Kosten am größten ist.

> **!** **Gewinn (G) = Erlöse (E) – Kosten (K)**

> **!** **Erlöse (E) = Preis (p) · Absatzmenge (x)**

Für die Ermittlung der Erlöse wird von einem konstanten Marktpreis (p) für das hergestellte Erzeugnis ausgegangen. In der grafischen Darstellung ergibt sich demnach eine lineare Erlöskurve.

Im Folgenden wird unterstellt, dass die produzierte Menge auch abgesetzt werden kann (keine Lagerhaltung).

Kosten, Erlöse und Gewinn einer Schuhfabrik

Entwicklung von Kosten, Erlösen und Gewinn einer Schuhfabrik mit einer Kapazität von 60 000 Paar Schuhen pro Quartal bei linearem Verlauf von Erlös- und Gesamtkostenkurve:

Marktpreis (p): 70 EUR je Paar, K_f = 1.000.000 EUR, k_v = 20 EUR je Paar

Menge (x)	K_g (EUR)	E = p · x (EUR)	G = E – K (EUR)
10 000	1.200.000	700.000	– 500.000
20 000	1.400.000	1.400.000	0
30 000	1.600.000	2.100.000	+ 500.000
40 000	1.800.000	2.800.000	+ 1.000.000
50 000	2.000.000	3.500.000	+ 1.500.000
60 000	2.200.000	4.200.000	+ 2.000.000

x = Produktionsmenge (Paar Schuhe), K_g = Gesamtkosten in EUR, E = Erlös (p · x) in EUR, G = Gewinn in EUR

Erlöse, Gesamtkosten und Gewinn

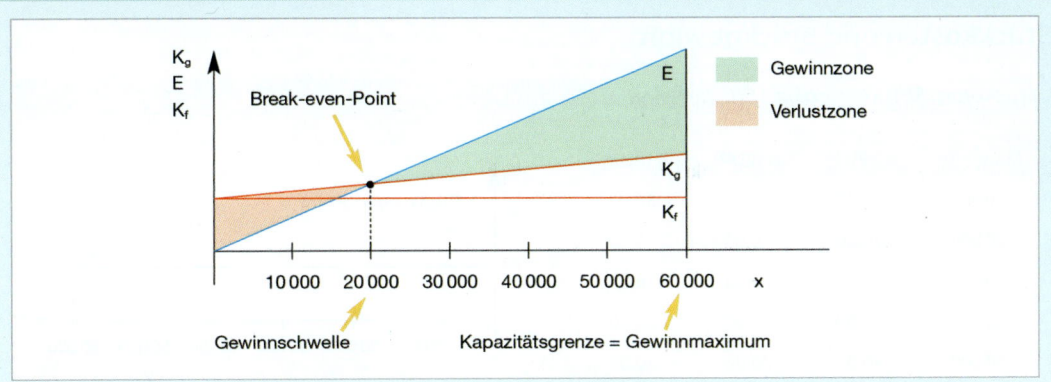

Gewinnschwelle und Gewinnmaximum

> **!** Die Produktions- und Absatzmenge (x), bei der die Erlöse die Kosten decken und daher weder ein Gewinn noch ein Verlust entsteht, wird als Gewinnschwelle (Break-even-Point, Kostendeckungspunkt) bezeichnet.

Liegt die tatsächlich produzierte Menge unterhalb der Gewinnschwelle, so entsteht ein Verlust. Eine darüber liegende Menge führt zu einem Gewinn.

Ermittlung der Gewinnschwelle (x_0) für die Schuhfabrik:

Gewinnschwelle (Break-even-Point)

Bedingung für die Gewinnschwelle (x_0)   :

Erlöse (E)	= Gesamtkosten (K)		
p · x	= K_f + k_v · x	70 · x	= 1.000.000 + 20 · x
x · (p – k_v)	= K_f	x · (70 – 20)	= 1.000.000

$$x_0 = \frac{K_f}{p - k_v} = \frac{1.000.000}{70 - 20} = 20\,000 \text{ Paar Schuhe}$$

!

Gewinnschwelle (Break-even-Point)

Bedingung: Erlöse (E) = Kosten (K)

$$\text{Produktionsmenge bei der Gewinnschwelle } x_0 = \frac{\text{Fixkosten } (K_f)}{\text{Preis } (p) - \text{variable Stückkosten } (k_v)}$$

Bei linearem Verlauf der Erlös- und Gesamtkostenkurve steigt der Gewinn bei einer über die Gewinnschwelle hinausgehenden Produktionsmenge bis zur Kapazitätsgrenze gleichmäßig an (*vgl. Abb. S. 81*). Der Beschäftigungsgrad (Kapazitätsausnutzungsgrad) beträgt dann 100 %. Im vorliegenden Fall liegt das Gewinnmaximum mit 2.000.000 EUR an der Kapazitätsgrenze von 60 000 Stück.

!

Das Gewinnmaximum wird erreicht, wenn die Produktionsmenge bis zur Kapazitätsgrenze ausgeweitet wird.

Auch der **Stückgewinn (Stückpreis – Stückkosten)** erhöht sich nach Überschreiten der Gewinnschwelle, da wegen der Fixkostendegression die Stückkosten mit zunehmender Produktionsmenge ständig sinken (*vgl. Abb. S. 81*).

Stückkosten und Stückgewinn

Aufg. 1
S. 83

Aufg. 2
S. 83

Aufg. 3
S. 84

Aufg. 4
S. 84

Aufg. 5
S. 84

Stückpreis, Stückkosten und Stückgewinn

Menge (x)	k_g (EUR)	p (EUR)	g (EUR)
10 000	120,00	70,00	– 50,00
20 000	70,00	70,00	0
30 000	53,33	70,00	16,67
40 000	45,00	70,00	25,00
50 000	40,00	70,00	30,00
60 000	36,67	70,00	33,33

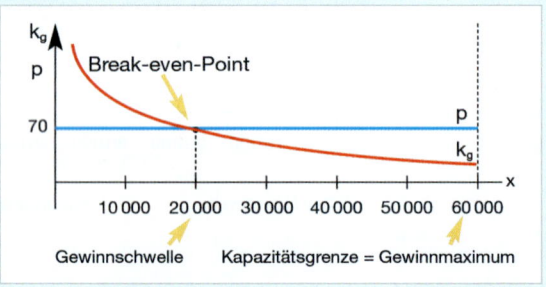

x = Produktionsmenge (Paar Schuhe)
k_g = Stückkosten in EUR
p = Stückpreis in EUR
g = Stückgewinn in EUR

Zusammenfassende Übersicht zu Kapitel 3.5: Kosten, Erlöse und Gewinn

Kostenverläufe und besondere Gewinnsituationen bei proportionalen Gesamtkosten (linearer Verlauf der Gesamtkostenkurve)	
Verlauf der Gesamtkosten je Stück: $k_g = k_f + k_v$	degressiv fallend (k_g sind höher als k_v)
Verlauf der variablen Stückkosten (k_v)	konstant ⎤
Grenzkosten (K′)	konstant ⎦ $k_v = K'$
Gewinnmaximum	Beschäftigungsgrad 100 % (Kapazitätsgrenze), wenn bei dieser Ausbringungsmenge E größer als K
Gewinnschwelle	Schnittpunkt zwischen Erlös- und Kostenkurve (E = K)

 Checken Sie Ihre Kompetenz mit der **Ich-kann-Liste**.

Öffnen Sie hierzu den nebenstehenden **QR-Code**
oder geben Sie folgenden Link ein: https://vel.plus/BHB21

WIEDERHOLUNG DES GRUNDWISSENS

zu Kapitel 3.5 Kosten, Erlöse und Gewinn

vel.plus/BHB22

1. Stellen Sie dar, wodurch die Gewinnschwelle (Break-even-Point) gekennzeichnet ist.

2. Beschreiben Sie, in welchem Verhältnis Preis und Stückkosten an der Gewinnschwelle (Break-even-Point) zueinander stehen.

3. Geben Sie an, bei welcher Produktions- und Absatzmenge das Gewinnmaximum liegt, wenn die Gesamtkosten- und die Erlöskurve linear verlaufen.

ANWENDUNGS- UND ÜBUNGSAUFGABEN

zu Kapitel 3.5 Kosten, Erlöse und Gewinn

Aufgabe 1 Entwicklung der Stück- und Gesamtkosten – Gewinnschwelle

Die Produktionskapazität eines Herstellers von elektrischen Schlagbohrmaschinen beträgt 8 000 Stück/Monat. Die monatlichen Fixkosten belaufen sich auf 500.000 EUR, die variablen Kosten pro Stück sind konstant und betragen 200 EUR. Die Schlagbohrmaschinen werden für 300 EUR/Stück an den Handel verkauft.

vel.plus/BHB23

1. Erstellen Sie für die Produktionsmengen bis 8 000 Stück eine Tabelle nach folgendem Muster.

Menge	Gesamtkosten			Stückkosten			Erlöse	Gewinn/Verlust
x	K_f	K_v	K_g	k_f	k_v	k_g	$E = p \cdot x$	$G = E - K$
0								
1 000								
2 000								
...	...							

Muster

2. Berechnen Sie die Gewinnschwelle (Break-even-Point) und vergleichen Sie das Ergebnis mit dem in der Tabelle ermittelten Wert.

3. Stellen Sie die Zusammenhänge jeweils in einer Grafik zur Gesamt- und Stückkostenbetrachtung dar.

4. Berechnen Sie den Stückgewinn bei einer Produktionsmenge von 6 000 Stück und bei voller Kapazitätsausnutzung. Interpretieren Sie die Ergebnisse.

Aufgabe 2 Beschäftigungsgrad – Kostentabelle – Gesamtgewinn/-verlust

Ein Eisen verarbeitender Betrieb produziert Zulieferteile für die Automobilindustrie. Die Kapazität von 80 000 Einheiten monatlich ist im Oktober zu 90 %, im November zu 75 % und im Dezember zu 60 % ausgelastet. Die Fixkosten pro Monat betragen 240.000 EUR, die variablen Kosten je Einheit (k_v) 8,00 EUR.

vel.plus/BHB24

1. Ermitteln Sie Gesamtkosten (K_g) und die Stückkosten (k_g) in den einzelnen Monaten.

2. Ermitteln Sie den monatlichen Gesamtgewinn/-verlust, wenn das Zulieferteil vertragsgemäß zu einem Stückpreis von 12,80 EUR geliefert werden muss.

Aufgabe 3 Stückgewinn und Gewinnschwelle bei unterschiedlicher Kapazitätsauslastung

Ein Industriebetrieb kann bei einer Auslastung von 100 % monatlich 60 000 Einheiten herstellen. Dabei entstehen fixe Kosten (K_f) von 200.000 EUR und variable Kosten (K_v) von 900.000 EUR. Der Verkaufspreis beträgt 20,00 EUR/Einheit.

1. Errechnen Sie den Stückgewinn

- bei einem Beschäftigungsgrad von 100 %,
- bei einem Beschäftigungsgrad von 80 %.

2. Bei welcher Stückzahl liegt die Gewinnschwelle?

Aufgabe 4 Gewinn/Verlust – Gewinnschwelle – Kostendiagramm

Aufgrund der zur Verfügung stehenden Plandaten rechnet ein Industriebetrieb in der kommenden Periode damit, dass eine Menge von 20 000 Einheiten zu einem Preis von 25 EUR/Stück abgesetzt werden kann. Eine Kostenanalyse ergab, dass die variablen Stückkosten (k_v) 17,50 EUR betragen. Die Fixkosten der Periode belaufen sich auf 100.000 EUR.

1. Mit welchem Gewinn/Verlust wird für die kommende Periode gerechnet?

2. Bei welcher Verkaufsmenge und bei welchem Erlös liegt die Gewinnschwelle (rechnerische Lösung)?

3. Stellen Sie die Kosten- und Erlösentwicklung für eine Produktionsmenge von 0 bis 30 000 Stück in einem Koordinatensystem grafisch dar.
Kennzeichnen Sie die Gewinnschwelle, den geplanten Erlös und den sich bei diesem Erlös ergebenden Gewinn.

Aufgabe 5 Gewinnschwelle – Gewinnmaximum – Umsatzrentabilität – Anpassung an Nachfrageänderungen

1. Die Firma Objektmöbel Franz Hummel e. K. produziert Holztische in unterschiedlichen Größen und Ausführungen. Für das im Hauptwerk gefertigte Modell „Kantina" wurden folgende Werte ermittelt:

- Auslastungsgrad: 70 %
- Gesamte variable Kosten (linearer Verlauf der Gesamtkostenkurve): 98.000 EUR
- Gesamte Fixkosten: 50.000 EUR

Die Kapazitätsgrenze liegt bei 800 Tischen pro Monat. Der Verkaufspreis pro Tisch beträgt 300 EUR.

a) Ermitteln Sie rechnerisch die Gewinnschwelle und die Höhe des maximalen Gewinns.

b) Stellen Sie die Kosten- und Erlössituation grafisch dar. Es ist davon auszugehen, dass die produzierten Tische auch alle abgesetzt werden können.
Kennzeichnen Sie im Schaubild die Gewinnschwelle und die Gewinn- bzw. Verlustzone.

c) Die Unternehmensleitung strebt eine Umsatzrentabilität von 20 % an. Die Umsatzrentabilität wird wie folgt ermittelt: Gewinn · 100/Umsatz.
Bei welcher Stückzahl wird dieses Ziel erreicht?

2. Für das Modell „Latta", das in einem Zweigwerk gefertigt wird, hat das Unternehmen eine neue kratzfestere Oberflächenbeschichtung entwickelt. Es wird damit gerechnet, dass der Absatz dieses Modells stark zunehmen wird. Der erhöhte Absatz soll durch Überstunden aufgefangen werden. Das führt zu einer Erhöhung der variablen Stückkosten um 35 % für diejenige Produktionsmenge, die über 200 Tische/Monat hinausgeht.

Die Kapazitätsgrenze (mit Überstunden) liegt im Zweigwerk bei 250 Tischen pro Monat.

a) Ergänzen Sie die folgende für das Modell „Latta" geltende Kostentabelle:

Tische pro Monat	K_f	K_v	K_g	k_v	k_g
100			67.000 EUR		
200			109.000 EUR		
210					

b) Begründen Sie den Verlauf der Stückkosten bei einer Erhöhung der Produktionsmenge von 100 auf 200 und von 200 auf 210 Tische.

c) Unter welcher Voraussetzung ist es sinnvoll, den gestiegenen Absatz allein durch Überstunden zu decken?
Erörtern Sie weitere Möglichkeiten des Unternehmens, den gestiegenen Absatz zu decken.

4 Kostenartenrechnung

Kompetenzen:

- *die Stufen der Kosten- und Leistungsrechnung beschreiben*
- *kalkulatorische Kosten berechnen*
- *das Unternehmensergebnis, das neutrale Ergebnis und das Betriebsergebnis berechnen*

4.1 **Kalkulatorische Kosten**

4.2 **Abgrenzungsrechnung**

4.3 **Kostenarten nach der Zurechnung auf die Kostenträger**

 Beginnen Sie Ihren Kompetenzerwerb zum Thema *Kalkulatorische Kosten* mit der Erarbeitungsaufgabe EA 1.

 EA 1
S. 90

4.1 Kalkulatorische Kosten

4.1.1 Berücksichtigung kalkulatorischer Kosten

Die **Finanzbuchhaltung** eines Unternehmens hat u. a. das Ziel, das Ergebnis (Gewinn/Verlust) eines Unternehmens durch die **Gegenüberstellung von Aufwendungen und Erträgen** zu ermitteln. Dabei wird nicht danach gefragt, inwieweit das festgestellte Ergebnis auf **betriebsbedingten** Ursachen beruht. Die Kosten- und Leistungsrechnung hingegen stellt fest, welches Ergebnis ausschließlich auf die Betriebstätigkeit eines Unternehmens zurückzuführen ist. Durch **Gegenüberstellung von Kosten und Leistungen wird das Betriebsergebnis** ermittelt.

 Das Betriebsergebnis (Betriebsgewinn/Betriebsverlust) ergibt sich durch Gegenüberstellung von Kosten und Leistungen.

Bei der Ermittlung von Kosten und Leistungen greift die Kosten- und Leistungsrechnung auf die in der Finanzbuchhaltung bereits erfassten Werte zurück. Es gibt aber Kostenarten, die in der Finanzbuchhaltung überhaupt nicht oder in anderer Höhe als Aufwand berücksichtigt werden. In der Kostenrechnung ist jedoch eine Berücksichtigung **aller Kosten** erforderlich, weil nur dann der in direktem Zusammenhang mit der Produktionstätigkeit eines Unternehmens stehende Güterverbrauch erfasst wird.

 Kosten, denen in der Finanzbuchhaltung gar kein Aufwand oder ein Aufwand in anderer Höhe gegenübersteht, werden als kalkulatorische Kosten bezeichnet.

Zusatzkosten – Anderskosten

Kalkulatorische Kosten	
Zusatzkosten	**Anderskosten (unechte Zusatzkosten)**
= Kosten, denen in der Finanzbuchhaltung kein Aufwand entspricht.	= Kosten, die zwar mit Aufwendungen verbunden sind, in ihrer Höhe aber nicht mit den entsprechenden Aufwendungen in der Finanzbuchhaltung übereinstimmen.
kalkulatorischer Unternehmerlohn	kalkulatorische Abschreibungen kalkulatorische Zinsen

4.1.2 Kalkulatorischer Unternehmerlohn

Bei Einzelunternehmen bzw. bei den im Unternehmen mitarbeitenden Gesellschaftern einer Personengesellschaft stellt die **Gegenleistung für den persönlichen Arbeitseinsatz keinen Aufwand** dar. Für diese erbrachte Arbeitsleistung wird kein Lohn- oder Gehalt bezahlt. Vielmehr erfolgt die entsprechende Vergütung über (Gewinn-)Entnahmen.

Unternehmerlohn: Verzichtskosten und Zusatzkosten

Aus kostenrechnerischer Sicht stellt dieser Personenkreis dem Unternehmen jedoch u. a. den Produktionsfaktor Arbeit zum Zwecke der betrieblichen Leistungserstellung zur Verfügung. Dessen Verbrauch stellt **Kosten** dar. Es handelt sich dabei um so genannte „**Verzichtskosten**" (Opportunitätskosten). Diese entstehen dadurch, dass ein Einzelunternehmer oder ein Gesellschafter im eigenen Unternehmen seine Arbeitskraft einsetzt und dafür auf das Entgelt verzichtet, das er bei Tätigkeit für ein anderes Unternehmen hätte verdienen können. Deshalb muss bei Einzelunternehmen und Personengesellschaften ein entsprechender **kalkulatorischer Unternehmerlohn** in der Kostenrechnung berücksichtigt werden[1]. Der kalkulatorische Unternehmerlohn stellt in vollem Umfang **Zusatzkosten** dar, weil in der Gewinn- und Verlustrechnung für diesen Posten überhaupt kein Aufwand ausgewiesen wird (siehe Abb. S. 93). Die Höhe des anzusetzenden kalkulatorischen Unternehmerlohns richtet sich nach dem Gehalt eines leitenden Angestellten, das z. B. ein Unternehmen gleicher Größe und Branche für die Geschäftsführung zu entrichten hätte. Vergleichsgrundlage sind z. B. der Umsatz, die Zahl der Mitarbeiter, die Bilanzsumme.

4.1.3 Kalkulatorische Abschreibungen

Bilanzielle Abschreibungen

Der in der Gewinn- und Verlustrechnung eines Unternehmens ausgewiesene Abschreibungsbetrag (= **bilanzielle oder buchhalterische Abschreibung**) enthält den Aufwand für den im laufenden Geschäftsjahr eingetretenen Werteverlust für Vermögensgegenstände (z. B. Maschinen). Der Abschreibungsbetrag wurde dabei durch Schätzung der **voraussichtlichen betriebsgewöhnlichen Nutzungsdauer** bzw. auf der Grundlage der von der Finanzverwaltung herausgegebenen **AfA-Tabellen** (Abschreibungstabellen) ermittelt. Gesetzliche Grundlagen der bilanziellen Abschreibungen sind das **Handelsgesetzbuch** (HGB) und das **Einkommensteuergesetz** (EStG). Diese Gesetze schreiben vor, dass die **Anschaffungskosten** als Abschreibungsgrundwert nicht überschritten werden dürfen.

HGB § 253 (1)	**EStG § 6 (1), Satz 1**
Vermögensgegenstände sind höchstens zu den Anschaffungs- oder Herstellungskosten vermindert um Abschreibungen ... anzusetzen.	Wirtschaftsgüter des Anlagevermögens, die der Abnutzung unterliegen, sind mit den Anschaffungs- oder Herstellungskosten, vermindert um die Absetzung für Abnutzung ... anzusetzen.

---

1   Bei anderen Unternehmensformen erhalten die Leiter (z. B. Geschäftsführer einer GmbH, Vorstandsmitglieder einer AG) dagegen Gehaltszahlungen, so dass sich in diesen Fällen die Berücksichtigung eines kalkulatorischen Unternehmerlohns erübrigt.

Die Summe der bilanziellen (buchhalterischen) Abschreibungsbeträge am Ende der Nutzungsdauer entspricht den ursprünglich für das Anlagegut angefallenen Anschaffungskosten. Diese bilanziellen Abschreibungen können von der tatsächlichen Wertminderung der Anlagegüter im Produktionsprozess erheblich abweichen.

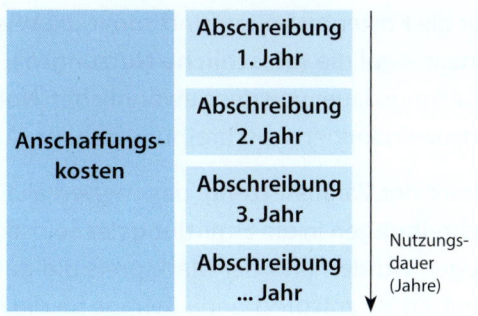

Kalkulatorische Abschreibungen

Finanzbuchhaltung und Kosten- und Leistungsrechnung haben unterschiedliche Zielsetzungen. Der Betrag, der in der Finanzbuchhaltung als Abschreibungsaufwand ermittelt wurde, kann nicht in gleicher Höhe in die Kosten- und Leistungsrechnung übernommen werden, da er nicht die **tatsächliche Wertminderung** der Anlagegüter widerspiegelt.

> **!** In der Kostenrechnung werden die Wertminderungen als Abschreibungen berücksichtigt, die in ursächlichem Zusammenhang mit der betrieblichen Leistungserstellung stehen (= **kalkulatorische Abschreibungen**).

Bilanzielle und kalkulatorische Abschreibung einer Poliermaschine

Eine mobile Poliermaschine (Anschaffungskosten 210.000 EUR) wird aufgrund gesetzlicher Vorschriften in der Finanzbuchhaltung über 6 Jahre mit jährlich gleich bleibenden Beträgen abgeschrieben. Nach einer vorliegenden Schätzung ist damit zu rechnen, dass sich die Wiederbeschaffungskosten der Maschine am Ende der Nutzungsdauer auf 280.000 EUR belaufen und die **tatsächliche** Nutzungsdauer 7 Jahre beträgt.

HGB
§ 253 (1)
EStG
§ 6 (1) S. 1

Bilanzielle Abschreibung

$$\frac{210.000 \text{ EUR}}{6 \text{ Jahre}} = 35.000 \text{ EUR/Jahr}$$

Kalkulatorische Abschreibung

$$\frac{280.000 \text{ EUR}}{7 \text{ Jahre}} = 40.000 \text{ EUR/Jahr}$$

Die Selbstkosten sind die Grundlage für den Angebotspreis:

Selbstkosten + Gewinnzuschlag = kalkulierter Angebotspreis.

Werden in die Selbstkosten lediglich die auf den Anschaffungskosten beruhenden Abschreibungen einbezogen, würden beim Verkauf der Erzeugnisse zum kalkulierten Angebotspreis nur höchstens 210.000 EUR über die Umsatzerlöse in das Unternehmen zurückfließen. Damit würden dem Unternehmen bei der Ersatzbeschaffung nur die **ursprünglichen Anschaffungskosten in Höhe von 210.000 EUR** (= **Anschaffungskosten**), nicht jedoch das tatsächlich **benötigte Kapital** in Höhe von 280.000 EUR (= **Wiederbeschaffungskosten**) zur Verfügung stehen.

> **!** Wird – wie bei den kalkulatorischen Abschreibungen – in der Aufwandsrechnung ein anderer Betrag angesetzt als in der Kostenrechnung, so handelt es sich bei dieser Kostenart um **Anderskosten**.

Problem: Wiederbeschaffungskosten und Ersatzbeschaffung

Die in der Kostenrechnung anzusetzende **kalkulatorische Abschreibung** ist in ihrer Höhe so zu bemessen, dass sichergestellt ist, dass **auch bei steigenden Wiederbeschaffungskosten** die Ersatzbeschaffung aus der Summe aller zurückgeflossenen Abschreibungsbeträge gesichert ist (**Substanzerhaltung, reale Kapitalerhaltung**). Sinnvolle Bemessungsgrundlage für die Kostenrechnung sind somit die **Wiederbeschaffungskosten**, die gleichmäßig – **also linear** – auf die **tatsächliche** Nutzungsdauer zu verteilen sind. Dabei kann die tatsächliche Nutzungsdauer von der gewöhnlichen Nutzungsdauer, wie sie in der für steuerliche Zwecke anzuwendenden Abschreibungstabelle (AfA-Tabelle) angegeben ist, abweichen.

Unter der Voraussetzung, dass neben allen anderen Kosten auch die **kalkulatorischen Abschreibungen** in die Ermittlung der Selbstkosten und des kalkulierten Verkaufspreises einbezogen wurden und der Marktpreis die gesamten Selbstkosten deckt, fließen über die Verkaufserlöse entsprechende Beträge für die kalkulatorische Abschreibung in das Unternehmen zurück. Am Ende der Nutzungsdauer reichen diese Beträge für eine Ersatzbeschaffung aus.

Aufg. 1
S. 91

Aufg. 2
S. 91

Vergleich bilanzielle und kalkulatorische Abschreibung		
	Bilanzielle Abschreibung (= Abschreibung in der Buchhaltung)	**Kalkulatorische Abschreibung** (= Abschreibung in der Kostenrechnung)
Abschreibungszeitraum	abhängig von der „**betriebsgewöhnlichen**" Nutzungsdauer lt. AfA-Tabelle	abhängig von der **tatsächlichen** (voraussichtlichen) Nutzungsdauer
Berechnungsgrundlage	Anschaffungs- bzw. Herstellungskosten	voraussichtliche Wiederbeschaffungskosten
Zweck	nominale Kapitalerhaltung	reale Kapitalerhaltung (Substanzerhaltung)
Abschreibungsmethode	Alle nach den entsprechenden Bilanzierungsvorschriften zulässigen Methoden sind möglich (z. B. linear, degressiv, Abschreibung nach Leistung).	im Normalfall lineare Abschreibung (konstante Abschreibungsbeträge)
Gesetzliche o. ä. Vorschriften	Beachtung der Bilanzierungsvorschriften nach HGB, EStG	keine Vorschriften

4.1.4 Kalkulatorische Zinsen

Aufg. 3
S. 91

Die Finanzbuchhaltung erfasst die Zinsen, die für die Aufnahme von Fremdkapital **tatsächlich entrichtet** wurden. Grundlage dieser Erfassung sind Zinsabrechnungen der Kreditgeber (z. B. Banken).

In der **Kostenrechnung** wird als **kalkulatorischer Zins** der Werteverbrauch erfasst, der durch die Bereitstellung des zu verzinsenden **betriebsnotwendigen Kapitals** entsteht. Das **betriebsnotwendige Kapital** ist im betriebsnotwendigen Vermögen gebunden. Daher wird zunächst das betriebsnotwendige Vermögen ermittelt. Sofern dem Unternehmen Fremdkapital zinslos überlassen wurde, muss dieser Betrag von dem vorab ermittelten betriebsnotwendigen Vermögen abgezogen werden, um das zu verzinsende betriebsnotwendige Kapital zu erhalten.

Zinslos überlassenes Fremdkapital

- Ein Lieferantenkredit ist zinslos, wenn der Lieferer keine Möglichkeit eines Skontoabzugs einräumt. Die Zahlungsbedingung lautet in einem solchen Fall: „Zahlbar innerhalb von 30 Tagen netto Kasse".
- Leisten Kunden Anzahlungen für einen Auftrag vor der endgültigen Fertigstellung, so erhält das Unternehmen in Höhe der erhaltenen Anzahlungen zinsloses Fremdkapital.

Grundlage für die Berechnung der kalkulatorischen Zinsen ist das betriebsnotwendige Kapital.

Ermittlung des zu verzinsenden betriebsnotwendigen Kapitals und der kalkulatorischen Zinsen

	betriebsnotwendiges Anlagevermögen
+	betriebsnotwendiges Umlaufvermögen
=	betriebsnotwendiges Vermögen
–	Abzugskapital (zinslos überlassenes Fremdkapital)
=	zu verzinsendes betriebsnotwendiges Kapital

! **kalkulatorische Zinsen = betriebsnotwendiges Kapital · landesüblicher Zinssatz**

Durch diese Berechnungsweise ist gewährleistet, dass in die Kostenrechnung auch Zinsen für das Eigenkapital, das der Unternehmer dem Unternehmen zur Verfügung stellt, berücksichtigt werden, obwohl dafür keine Zinszahlungen anfallen. Es handelt sich dabei um „**Verzichtskosten" (Opportunitätskosten)**, die dem Unternehmer in Form entgangener Zinsen entstehen, weil er sein Kapital dem eigenen Unternehmen zur Verfügung stellt anstatt es anderweitig zinsbringend (z. B. in Wertpapieren) anzulegen.

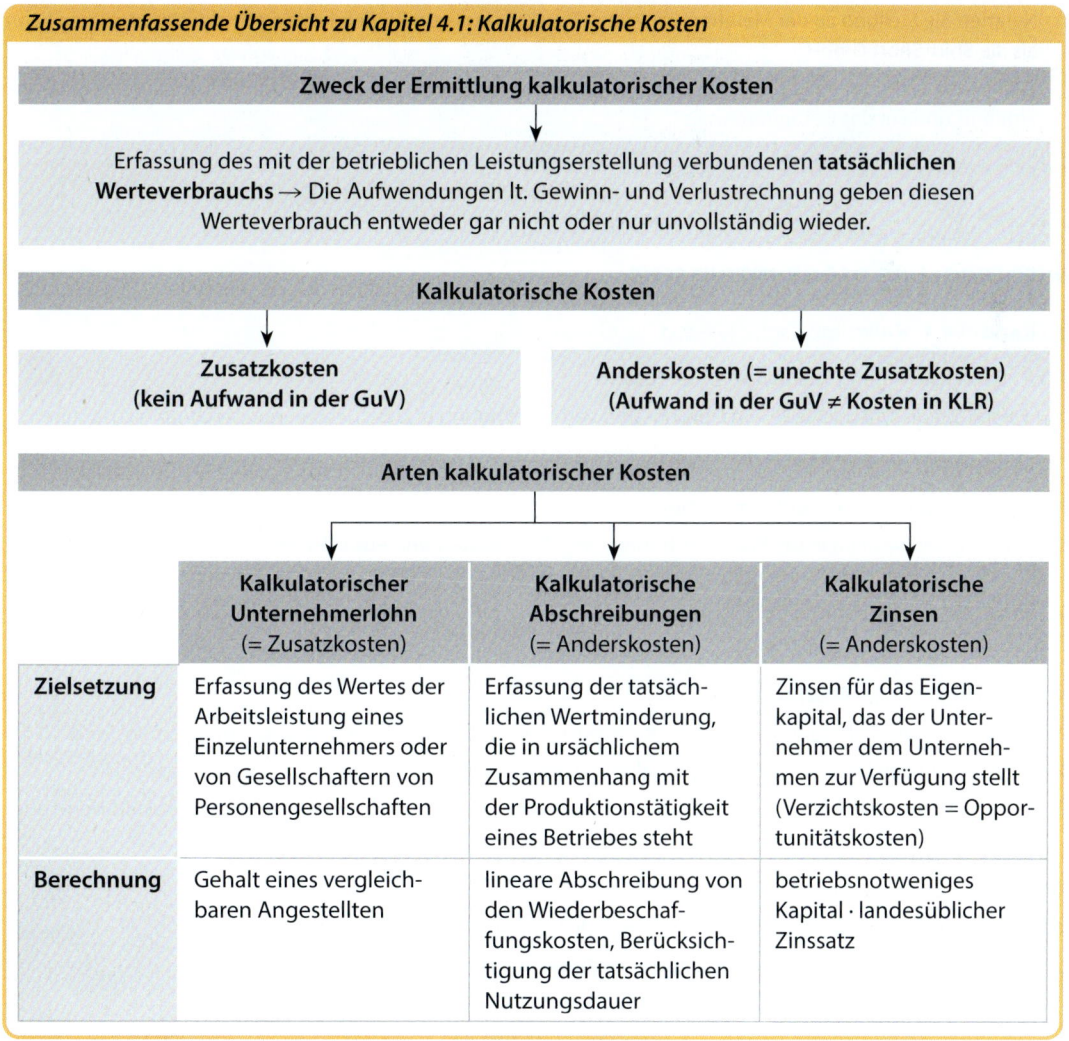

Zusammenfassende Übersicht zu Kapitel 4.1: Kalkulatorische Kosten

Zweck der Ermittlung kalkulatorischer Kosten

↓

Erfassung des mit der betrieblichen Leistungserstellung verbundenen **tatsächlichen Werteverbrauchs** → Die Aufwendungen lt. Gewinn- und Verlustrechnung geben diesen Werteverbrauch entweder gar nicht oder nur unvollständig wieder.

Kalkulatorische Kosten

| Zusatzkosten (kein Aufwand in der GuV) | Anderskosten (= unechte Zusatzkosten) (Aufwand in der GuV ≠ Kosten in KLR) |

Arten kalkulatorischer Kosten

	Kalkulatorischer Unternehmerlohn (= Zusatzkosten)	Kalkulatorische Abschreibungen (= Anderskosten)	Kalkulatorische Zinsen (= Anderskosten)
Zielsetzung	Erfassung des Wertes der Arbeitsleistung eines Einzelunternehmers oder von Gesellschaftern von Personengesellschaften	Erfassung der tatsächlichen Wertminderung, die in ursächlichem Zusammenhang mit der Produktionstätigkeit eines Betriebes steht	Zinsen für das Eigenkapital, das der Unternehmer dem Unternehmen zur Verfügung stellt (Verzichtskosten = Opportunitätskosten)
Berechnung	Gehalt eines vergleichbaren Angestellten	lineare Abschreibung von den Wiederbeschaffungskosten, Berücksichtigung der tatsächlichen Nutzungsdauer	betriebsnotweniges Kapital · landesüblicher Zinssatz

Checken Sie Ihre Kompetenz mit der **Ich-kann-Liste**.

Öffnen Sie hierzu den nebenstehenden **QR-Code**
oder geben Sie folgenden Link ein: https://vel.plus/BHB28

ERARBEITUNGSAUFGABEN

zu Kapitel 4.1 Kalkulatorische Kosten

EA 1 Zweck und Notwendigkeit kalkulatorischer Kosten

Anton Brucker ist Inhaber eines Sportgeschäfts und bietet seinen Kunden u. a. auch die Beflockung von T-Shirts an. Obwohl sich zwischenzeitlich am selben Ort die „Shirt-Short GmbH" niedergelassen hat, fürchtet er beim Verkauf beflockter T-Shirts keinen Umsatzrückgang. Er ist der Meinung, die beflockten T-Shirts aus nachstehenden Gründen kostengünstiger als die Shirt-Short GmbH anbieten zu können:

- Da er das Sportgeschäft ausschließlich zusammen mit seiner Frau und seinem Sohn betreibt, entstehen keine Aufwendungen für Fremdpersonal.
- Da die Betriebseinrichtung vollständig mit Eigenkapital finanziert ist, fallen keine Fremdkapitalzinsen an.
- Da sich das Sportgeschäft im Wohnhaus von Herrn Brucker befindet, fällt keine Miete an.

1. Nehmen Sie Stellung zu der Meinung von Herrn Brucker, dass sein Betrieb kostengünstiger produzieren kann als die Shirt-Short GmbH.
2. Welche Auswirkungen hat die Berücksichtigung eines kalkulatorischen Unternehmerlohnes auf das Betriebsergebnis und auf das Gesamtergebnis?

vel.plus/BHB29

WIEDERHOLUNG DES GRUNDWISSENS

zu Kapitel 4.1 Kalkulatorische Kosten

4.1.1 Berücksichtigung kalkulatorischer Kosten

1. Fassen Sie die Unterschiede von Gewinn- und Verlustrechnung und Betriebsergebnisrechnung zusammen.
2. Nennen Sie drei Arten kalkulatorischer Kosten.

4.1.2 Kalkulatorischer Unternehmerlohn

1. Erklären Sie, weshalb in der Kostenrechnung eines Einzelunternehmens oder einer Personengesellschaft kalkulatorischer Unternehmerlohn verrechnet wird.
2. Erläutern Sie, weshalb in der Kostenrechnung einer GmbH kein kalkulatorischer Unternehmerlohn für den Geschäftsführer angesetzt wird.

4.1.3 Kalkulatorische Abschreibung

1. Nennen Sie die Zielsetzung, die mit der Berücksichtigung kalkulatorischer Abschreibung verfolgt wird.
2. Erklären Sie den Unterschied von nominaler und realer Kapitalerhaltung.
3. Stellen Sie dar, weshalb die kalkulatorische Abschreibung von den Wiederbeschaffungskosten berechnet wird.

4.1.4 Kalkulatorische Zinsen

1. Geben Sie an, welche Zinsen in der Finanzbuchhaltung erfasst werden.
2. Erläutern Sie die Berechnung kalkulatorischer Zinsen.

ANWENDUNGS- UND ÜBUNGSAUFGABEN

zu Kapitel 4.1 Kalkulatorische Kosten

Aufgabe 1 Kalkulatorische Abschreibung von den Wiederbeschaffungskosten

Ein Industriebetrieb beschafft im Januar des laufenden Jahres eine vollautomatische Drehbank, deren Anschaffungskosten 780.000 EUR betragen (Nutzungsdauer lt. amtlicher Abschreibungstabelle 6 Jahre). Es wird erwartet, dass die Wiederbeschaffungskosten am Ende der tatsächlichen Nutzungsdauer von 7 Jahren auf 945.000 EUR ansteigen werden.

1. Berechnen Sie die bilanzmäßigen und die kalkulatorischen Abschreibungen für das erste Nutzungsjahr, wenn jeweils linear abgeschrieben wird.

2. Wie hoch sind im vorliegenden Fall die Grundkosten, der Zweckaufwand sowie die Zusatzkosten?

3. Unter welcher Voraussetzung ist bei der kalkulatorischen Abschreibung auf die Wiederbeschaffungskosten die reale Kapitalerhaltung gesichert?

Aufgabe 2 Bilanzielle und kalkulatorische Abschreibung

In der Bilanz zum 31.12.21 eines Reiseunternehmens ist das Anlagevermögen insgesamt in Höhe von 1,8 Mio. EUR ausgewiesen. Darunter befindet sich ein Omnibus, der im Januar 2019 angeschafft wurde (für die bilanziellen Abschreibungen zu Grunde gelegte Nutzungsdauer 6 Jahre). Der Omnibus wurde bilanziell linear abgeschrieben. Zum 31.12.21 betrug der Buchwert 192.000 EUR.

vel.plus/BHB30

1. Berechnen Sie die Anschaffungskosten des Omnibusses.

2. Welche kalkulatorische Abschreibung (lineare Abschreibung) ist für die Jahre 2019 bis 2021 jeweils anzusetzen, wenn davon auszugehen ist, dass die Wiederbeschaffungskosten jährlich um 5 % steigen und die kalkulatorische Nutzungsdauer des Omnibusses 9 Jahre beträgt?

3. Wie hoch sind in den einzelnen Nutzungsjahren jeweils Grundkosten, Zusatzkosten, Zweckaufwand und neutraler Aufwand?

4. Welche Änderungen würden sich im Vergleich zur linearen Abschreibung bei 3. ergeben, wenn die bei 1. ermittelten Anschaffungskosten geometrisch degressiv mit 25 % abgeschrieben würden?

Aufgabe 3 Kalkulatorische Zinsen[1]

Errechnen Sie aus folgenden Angaben (soweit nicht anderes angegeben, der Schlussbilanz zum 31.12. d. J. entnommen) die kalkulatorischen Zinsen einer Kolbenfabrik. Der kalkulatorische Zinssatz beträgt 10 %.

- Grundstücke und Gebäude: 320.000 EUR; davon: spekulativ zum Weiterverkauf erworbenes Baugelände: 45.000 EUR; an Betriebsfremde vermietete Garagen: 25.000 EUR

- Maschinen: 150.000 EUR; kalkulatorischer Restwert: 160.000 EUR; davon: stillgelegte Maschinen 30.000 EUR

- durchschnittlich gebundene Roh-, Hilfs- und Betriebsstoffe: 85.000 EUR

- Forderungen: 20.000 EUR (Jahresdurchschnittswert)

- flüssige Mittel (Kasse, Bankguthaben): 20.000 EUR (Jahresdurchschnittswert)

- Eigenkapital: 485.000 EUR

- Darlehensverbindlichkeiten: 90.000 EUR

- Anzahlungen von Kunden: 4.000 EUR

- zinsloses Darlehen: 1.000 EUR

---

1 Der Bildungsplan verlangt keine Berechnung des betriebsnotwendigen Kapitals.

4.2   Abgrenzungsrechnung

Die Kosten- und Leistungsrechnung (KLR) greift bei der Datenbeschaffung auf die in der Finanzbuchhaltung erfassten Werte zurück. Hierdurch werden Mehrfacharbeiten in der Datenerfassung vermieden.

Das Ziel der **Finanzbuchhaltung** besteht u. a. darin, durch Gegenüberstellung von **Aufwendungen** und **Erträgen** das **Gesamtergebnis** (Unternehmensergebnis) zu ermitteln. Die **KLR** weist hingegen durch Gegenüberstellung von **Kosten** und **Leistungen** das **Betriebsergebnis** aus. Dazu müssen die aus der Finanzbuchhaltung übernommenen Daten in folgender Weise überprüft und ggf. korrigiert werden:

- Handelt es sich bei den aus der Finanzbuchhaltung übernommenen **Aufwendungen** teilweise oder in vollem Umfang gleichzeitig auch um **Kosten**?

- Handelt es sich bei den aus der Finanzbuchhaltung übernommenen **Erträgen** teilweise oder in vollem Umfang gleichzeitig auch um **Leistungen**?

Diese Abgrenzung zwischen Aufwendungen und Kosten einerseits und Erträgen und Leistungen andererseits geschieht im Rahmen der **Abgrenzungsrechnung**.

> **!** **Ziel der Abgrenzungsrechnung ist es, auf der Basis der aus der Finanzbuchhaltung übernommenen Aufwendungen und Erträge die Höhe der Kosten und Leistungen zu ermitteln.**

Verhältnis zwischen Aufwendungen und Kosten: Vier Möglichkeiten

Bei der Abgrenzung zwischen **Aufwendungen** und **Kosten** lassen sich vier **Grundfälle** unterscheiden:

Mögliches Verhältnis zwischen Höhe der Aufwendungen und Höhe der Kosten			
Aufwand = Kosten	Aufwendungen, aber keine Kosten	Kosten, aber keine Aufwendungen	Kosten $\geqq$ Aufwendungen
↓	↓	↓	↓
Zweckaufwand = Grundkosten	neutraler Aufwand	Zusatzkosten	Anderskosten/ Andersaufwand
❶	❷	❸	❹

Die Abgrenzungsrechnung kann in **Tabellenform (Ergebnistabelle)** durchgeführt werden. Sie erfolgt üblicherweise in **zwei voneinander getrennten Rechnungskreisen**. Zunächst wird in einem **Rechnungskreis I** (Finanzbuchhaltung) das **Gesamtergebnis (Gewinn/ Verlust)** durch Gegenüberstellung von **Aufwendungen** und **Erträgen** festgestellt. In einem **Rechnungskreis II** wird auf der Grundlage des Gesamtergebnisses durch entsprechende Korrekturen festgestellt, welches Ergebnis allein auf **die eigentliche Tätigkeit des Betriebes** zurückzuführen ist (**Betriebsergebnis**)[1]. Davon zu trennen ist das Ergebnis, welches auf betriebsfremden, periodenfremden oder außergewöhnlichen Einflüssen beruht (**Neutrales Ergebnis**). Betriebsergebnis und Neutrales Ergebnis ergeben das **Gesamtergebnis**.

---

1   Das Betriebsergebnis wird häufig auch als operatives Ergebnis bezeichnet.

Fall	Grundfälle		Beispiele	
❶	aufwandsgleiche Kosten oder kostengleicher Aufwand	**Grundkosten = Zweckaufwand** Zweckaufwand 3.220 Tsd. EUR Grundkosten 3.220 Tsd. EUR	Verbrauch von Rohstoffen	3.220 Tsd. EUR
			Kosten für Rohstoffe	3.220 Tsd. EUR
			Aufwendungen für Rohstoffe	3.220 Tsd. EUR
❷	Aufwendungen, jedoch keine Kosten	**neutrale Aufwendungen** neutraler Aufwand 80 Tsd. EUR · Zweckaufwand 0 EUR Grundkosten 0 EUR	Zerstörung des Fertigwarenlagers durch einen Brand	80 Tsd. EUR
			Kosten	0 Tsd. EUR
			Aufwand (Verluste aus Schadensfällen)	80 Tsd. EUR
❸	Kosten, jedoch keine Aufwendungen	**Zusatzkosten** Zweckaufwand 0 EUR Grundkosten 0 EUR · Zusatzkosten 120 Tsd. EUR	kalkulatorischer Unternehmerlohn eines Einzelunternehmers	120 Tsd. EUR
			Kosten	120 Tsd. EUR
			Aufwand	0 Tsd. EUR
❹	Kosten ungleich Aufwand (Anderskosten bzw. Andersaufwand)	**a) Kosten > Aufwand** bilanzielle Abschreibungen (= Andersaufwand) 160 Tsd. EUR Zweckaufwand 160 Tsd. EUR Grundkosten 160 Tsd. EUR · Zusatzkosten 120 Tsd. EUR kalkulatorische Abschreibung (= Anderskosten) 280 Tsd. EUR	a) kalkulatorische Abschreibung (= Kosten) 280 Tsd. EUR bilanzielle Abschreibung (= Aufwand) 160 Tsd. EUR	
		b) Kosten < Aufwand bilanzielle Abschreibung (= Andersaufwand) 580 Tsd. EUR neutraler Aufwand 100 Tsd. EUR · Zweckaufwand 480 Tsd. EUR Grundkosten 480 Tsd. EUR kalkulatorische Abschreibung (= Anderskosten) 480 Tsd. EUR	b) kalkulatorische Abschreibung (= Kosten) 480 Tsd. EUR bilanzielle Abschreibung (= Aufwand) 580 Tsd. EUR	

Aufg. 1 S. 98

Abgrenzungsrechnung für die vier Grundfälle

Die Abgrenzungsrechnung für die vier Fälle aus oben stehender Tabelle (S. 93) führt zu folgendem Ergebnis:

Fall		Rechnungskreis I	Rechnungskreis II				
		Ergebnisbereich (GuV)	Abgrenzungsbereich			KLR-Bereich	
		Finanzbuchhaltung Kontenklasse 5 bis 7	unternehmensbezogene Abgrenzungen	kostenrechnerische Korrekturen		Kosten und Leistungen	
			neutrale	verrechnete			
			Aufwendungen	Erträge	Aufwendungen	Kosten	Kosten	Leistungen
❶		Kto. 600 Aufwendungen für Rohstoffe 3.220 Tsd. EUR					3.220 Tsd. EUR	
❷		Kto. 693 Verluste aus Schadensfällen 80 Tsd. EUR	80 Tsd. EUR					
❸		Kalkulatorischer Unternehmerlohn (GuV nicht betroffen)				120 ←→ Tsd. EUR	120 Tsd. EUR	
❹	a)	Kto. 650 Abschreibungen auf Sachanlagen 160 Tsd. EUR			160 Tsd. EUR	280 ←→ Tsd. EUR	280 Tsd. EUR	
	b)	Kto. 650 Abschreibung auf Sachanlagen 580 Tsd. EUR			580 Tsd. EUR	480 ←→ Tsd. EUR	480 Tsd. EUR	
		Gesamtergebnis (Unternehmensergebnis)	Ergebnis aus unternehmensbezogenen Abgrenzungen	Ergebnis aus kostenrechnerischen Korrekturen		Betriebsergebnis	
			Abgrenzungsergebnis (Neutrales Ergebnis)				

Erläuterungen zu den vier Grundfällen:

Fall	Erläuterung
❶	Der Verbrauch von Rohstoffen stellt sowohl **Kosten** als auch **Aufwand** dar. Im Kosten- und Leistungsbereich und in der Gewinn- und Verlustrechnung (Ergebnisbereich) wird jeweils ein Betrag in gleicher Höhe berücksichtigt.
❷	Die durch einen Brand eingetretene Wertminderung im Fertigwarenlager steht in keinem Zusammenhang zur betrieblichen Leistungserstellung. Deshalb findet der Vorgang im **Kosten- und Leistungsbereich keine Berücksichtigung**. Da es sich aber um eine Wertminderung handelt, liegt ein Aufwand vor, der sich im Ergebnisbereich niederschlägt.
❸	Der Verbrauch des Produktionsfaktors Arbeit steht in unmittelbarem Zusammenhang zur betrieblichen Leistungserstellung. Daher handelt es sich um Kosten (Kosten- und Leistungsbereich). Aufwand liegt nicht vor, da Einzelunternehmer und Gesellschafter von Personengesellschaften kein Gehalt beziehen. Kalkulatorischer Unternehmerlohn stellt demnach in vollem Umfange Zusatzkosten („zusätzliche" Berücksichtigung im Kosten- und Leistungsbereich) dar. Im Abgrenzungsbereich (Spalte Kostenrechnerische Korrekturen) muss eine „Ausgleichsbuchung" in gleicher Höhe erfolgen, um die Ergebnisse der Rechnungskreise I und II aneinander anzupassen.

Fall	Erläuterung
❹ a)	Die kalkulatorische Abschreibung in Höhe von 280 Tsd. EUR stellt in vollem Umfange Kosten dar (Berücksichtigung im KLR-Bereich). In der Gewinn- und Verlustrechnung darf im vorliegenden Fall aber aufgrund gesetzlicher Bewertungsvorschriften lediglich ein Betrag von 160 Tsd. EUR angesetzt werden. Demnach enthält der Kosten- und Leistungsbereich den an der tatsächlichen Wertminderung orientierten höheren Betrag von 280 Tsd. EUR. Um die Ergebnisse aus Rechnungskreis I und Rechnungskreis II aneinander anzupassen, müssen in der Spalte Kostenrechnerische Korrekturen entsprechende „Ausgleichsbuchungen" (Saldo des Korrekturbetrages: 120 Tsd. EUR) vorgenommen werden.
b)	Die bilanzielle Abschreibung übersteigt im vorliegenden Fall die kalkulatorische Abschreibung um 100 Tsd. EUR (Aufwand ist größer als Kosten). Demnach muss die Spalte Kostenrechnerische Korrekturen in gleicher Weise wie bei 4 a) einen entsprechenden Korrekturbetrag (Saldo des Korrekturbetrages: 100 Tsd. EUR) enthalten.

Bei der Abgrenzung zwischen **Erträgen und Leistungen** lassen sich in entsprechender Weise die gleichen Grundfälle unterscheiden (z. B. sind Umsatzerlöse *ertragsgleiche Leistungen oder leistungsgleicher Ertrag*).

Abgrenzungsrechnung – Abgrenzungstabelle

Abgrenzungsrechnung

Die Kurt Liebknecht OHG, Stuttgart, stellte im abgelaufenen Geschäftsjahr verschiedene Elektrozubehörteile für die Konsumgüterindustrie her. Die Finanzbuchhaltung schließt das Geschäftsjahr mit folgenden Aufwendungen und Erträgen ab:

Aufwendungen (EUR)		Erträge (EUR)	
Aufwendungen für Rohstoffe	3.220.000	Umsatzerlöse für Fertigerzeugnisse	8.400.000
Aufwendungen für Hilfsstoffe	240.000	Bestandserhöhung	80.000
Aufwendungen für Betriebsstoffe	100.000	Zinsen und ähnliche Erträge	60.000
Fertigungslöhne	1.680.000		
Gehälter für Angestellte	740.000		
soziale Abgaben	420.000		
Abschreibungen auf Sachanlagen	580.000		
Verluste aus dem Abgang von Anlagevermögen (AV)	80.000		
Zinsaufwendungen	160.000		
Steuern (Kostensteuern)	120.000		
Fremdinstandhaltung	290.000		
sonstige Aufwendungen (kostenwirksam)	70.000		
Summen	**7.700.000**		**8.540.000**

Aus der **Kosten- und Leistungsrechnung** liegen folgende Angaben vor:

kalkulatorische Abschreibungen	500 Tsd. EUR	kalkulatorischer Unternehmerlohn für die mitarbeitenden Gesellschafter	510 Tsd. EUR

Aus diesen Angaben lassen sich das Gesamtergebnis, das Neutrale Ergebnis (Abgrenzungsergebnis) und das Betriebsergebnis tabellarisch wie folgt darstellen (in 1.000 EUR):

Abgrenzungstabelle (in 1.000 EUR)

Finanzbuchhaltung			Abgrenzungsbereich				KLR-Bereich	
			unternehmens-bezogene Abgrenzungen		kosten-rechnerische Korrekturen			
			neutrale		verrechnete			
Konten	Aufwen-dungen	Erträge	Aufwen-dungen	Erträge	Aufwen-dungen	Kosten	Kosten	Leis-tungen
	−	+	−	+	−	+	−	+
Umsatzerlöse		8.400						8.400
Bestandserhöhung		80						80
Zinserträge		60		60				
Aufwendungen für Rohstoffe	3.220						3.220	
Aufwendungen für Hilfsstoffe	240						240	
Aufwendungen für Betriebsstoffe	100						100	
Fertigungslöhne	1.680						1.680	
Gehälter für Angestellte	740						740	
soziale Abgaben	420						420	
Abschreibungen	580				580	500	500	
Verluste aus dem Abgang AV	80		80					
Zinsaufwand¹	160						160	
betriebliche Steuern (Kostensteuern)	120						120	
Fremdinstandhaltung	290						290	
sonstige Aufwendungen	70						70	
kalkulatorischer Unternehmerlohn						510	510	
	7.700	8.540	80	60	580	1.010	8.050	8.480
Gewinn/Verlust	840							
Neutrales Ergebnis				20	430			
Betriebsergebnis							430	
	8.540	8.540	80	80	1.010	1.010	8.480	8.480

Gesamtergebnis	=	Neutrales Ergebnis	+ Betriebsergebnis
840	=	410	+ 430

Erläuterungen zur tabellarischen Abgrenzungsrechnung in drei Schritten:

① Schritt: Direkte Verrechnung zwischen Ergebnisrechnung und Kosten- und Leistungsrechnung: Aus der Gewinn- und Verlustrechnung werden zunächst alle **Zweckaufwendungen** (z. B. Rohstoffverbrauch) **und Zweckerträge** (z. B. Umsatzerlöse) in die Betriebsergebnisspalte als **Grundkosten** und **Grundleistungen** übertragen.

② Schritt: Unternehmensbezogene Abgrenzungen: Die **neutralen Aufwendungen und Erträge** (z. B. Zinserträge, Verluste aus Anlageverkäufen unter Buchwert) werden in die Spalte **unternehmensbezogene Abgrenzungen** aus der Gewinn- und Verlustrechnung übernommen.

Aufg. 2
S. 98

Aufg. 3
S. 99

③ Schritt: Kostenrechnerische Korrekturen: Die **Zusatzkosten** und **Zusatzleistungen werden** in den KLR-Bereich und den Abgrenzungsbereich (Kostenrechnerische Korrekturen) übernommen. Liegen **Aufwendungen vor, deren Höhe von der Höhe der erfassten Kosten abweicht (Anderskosten)**, werden diese als **verrechnete Aufwendungen** erfasst. (Im Beispiel errechnet sich bei den Abschreibungen ein „Mehraufwand" von 80.000 EUR als Differenz zwischen 580.000 EUR verrechneten Aufwendungen und 500.000 EUR verrechneten Kosten.)

---

1   Im vorliegenden Beispiel wird angenommen, dass der Zinsaufwand gleichzeitig in vollem Umfang auch Kosten darstellt.

!

Gesamtergebnis	=	Betriebsergebnis +/– Neutrales Ergebnis	
Neutrales Ergebnis (Abgrenzungsergebnis)	=	unternehmensbezogene Abgrenzungen	+ kostenrechnerische Korrekturen
Betriebsergebnis	=	Leistungen – Kosten	

Zusammenfassende Übersicht zu Kapitel 4.2: Abgrenzungsrechnung

Ziel der Abgrenzungsrechnung

Aufspaltung des Gesamtergebnisses

Betriebsergebnis = Leistungen – Kosten

Neutrales Ergebnis
(Abgrenzungsergebnis)
= unternehmensbezogene Abgrenzungen
+ kostenrechnerische Korrekturen

Aufwand		
Neutraler Aufwand	**Zweckaufwand**	
	Grundkosten	**Zusatzkosten**
	Kosten	

Aufwand			Ertrag	
Neutraler Aufwand	**Zweck-aufwand**		**Zweck-ertrag**	**Neutraler Ertrag**
	Grund-kosten	**Zusatz-kosten**	**Zusatz-leistung**	**Grund-leistung**

Leistung

– Kosten

= Betriebsergebnis (KLR)

+/– Neutrales Ergebnis
unternehmensbezogene Abgrenzungen
+ kostenrechnerische Korrekturen

= Gesamtergebnis (Unternehmensergebnis)

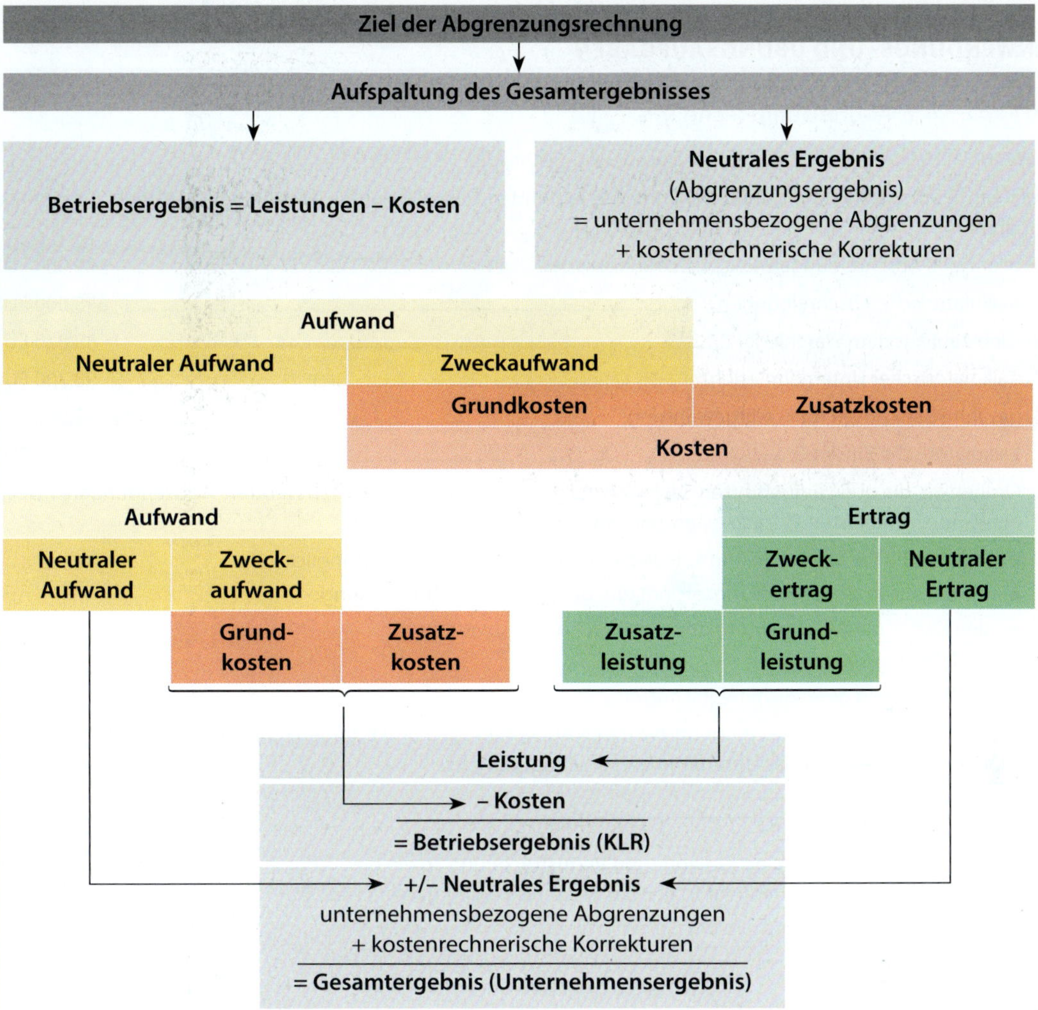

Checken Sie Ihre Kompetenz mit der Ich-kann-Liste.

Öffnen Sie hierzu den nebenstehenden **QR-Code**
oder geben Sie folgenden Link ein: https://vel.plus/BHB31

WIEDERHOLUNG DES GRUNDWISSENS

zu Kapitel 4.2 Abgrenzungsrechnung

1. Erläutern Sie, aus welchen Teilergebnissen sich das Gesamtergebnis eines Unternehmens zusammensetzt.

2. Erklären Sie den Unterschied von Betriebsergebnis und Neutralem Ergebnis.

vel.plus/BHB32

3. Stellen Sie dar, welchem Ziel die Abgrenzungsrechnung dient.

4. Geben Sie wieder, aus welchen Spalten eine Abgrenzungstabelle besteht.

5. Erläutern Sie, was unter unternehmensbezogenen Abgrenzungen zu verstehen ist.

6. Erläutern Sie, was unter kostenrechnerischen Korrekturen zu verstehen ist.

ANWENDUNGS- UND ÜBUNGSAUFGABEN

vel.plus/BHB33

zu Kapitel 4.2 Abgrenzungsrechnung

Aufgabe 1 Kalkulatorische Kosten – Abgrenzungsrechnung

In einem Textilunternehmen sind zum Ende des laufenden Geschäftsjahres noch folgende Abgrenzungen vorzunehmen:

(1) Bilanzielle Abschreibungen	739.000 EUR
Kalkulatorische Abschreibungen	675.000 EUR
(2) Diebstahl aus dem Warenlager	33.820 EUR
(3) Kalkulatorischer Unternehmerlohn	98.700 EUR
(4) gezahlte Bankzinsen für Kreditgewährung	12.000 EUR
kalkulatorische Zinsen	43.000 EUR

1. Ordnen Sie die oben aufgeführten Sachverhalte mit Beträgen den Begriffen Neutrale Aufwendungen, Zweckaufwand, Grundkosten, Zusatzkosten zu *(Tabelle siehe Arbeitsblatt)*.

2. Unterscheiden Sie bilanzielle und kalkulatorische Abschreibungen im Hinblick auf
   - die Bezugsgröße (Bemessungsgrundlage) der jeweiligen Abschreibung,
   - den Zweck der Abschreibung und das Abschreibungsverfahren,
   - die Nutzungsdauer und
   - die Beachtung gesetzlicher Vorschriften.

3. Erläutern Sie, weshalb eine Trennung zwischen Aufwendungen und Erträgen einerseits bzw. Kosten und Leistungen andererseits für das Unternehmen von Bedeutung ist.

vel.plus/BHB34

Aufgabe 2 Auswertung einer Abgrenzungstabelle

Eine OHG erstellt monatlich eine Gewinn- und Verlustrechnung sowie eine Abgrenzungstabelle. Für den Monat Dezember des laufenden Jahres liegt folgendes Ergebnis vor: (Angaben in Tsd. EUR)

Ergebnisbereich der Finanzbuchhaltung			Abgrenzungsbereich				KLR-Bereich	
Konten	Aufwendungen	Erträge	unternehmensbezogene Abgrenzungen		kostenrechnerische Korrekturen		Kosten	Leistungen
			neutrale		verrechnete			
			Aufw.	Erträge	Aufw.	Kosten		
	−	+	−	+	−	+	−	+
Umsatzerlöse		9.520						9.520
Materialaufwand	5.700						5.700	
Löhne	2.000						2.000	
soziale Abgaben	380						380	
Abschreibung	400				400	350	350	
Verlust aus Abgang von Anlagevermögen	90		90					

Ergebnisbereich der Finanzbuchhaltung			Abgrenzungsbereich				KLR-Bereich	
Konten	Aufwen-dungen	Erträge	unternehmens-bezogene Abgrenzungen		kosten-rechnerische Korrekturen		Kos-ten	Leistun-gen
			neutrale		verrechnete			
			Aufw.	Erträge	Aufw.	Kosten		
	–	+	–	+	–	+	–	+
Fremdinstandhaltung (regelmäßige Wartung)	390						390	
Büromaterialverbrauch	40						40	
Erträge aus der Auflösung von Rückstellungen		70		70				
Zinsen	110				110	160	160	
Nachzahlung betrieblicher Steuern	20		20					
Mieterträge		300		300				
kalkulatorischer Unternehmer-lohn						20	20	
Summen	**9.130**	**9.890**	**110**	**370**	**510**	**530**	**9.040**	**9.520**

1. Ermitteln Sie das Gesamtergebnis, das Betriebsergebnis und das neutrale Ergebnis.

2. Begründen Sie, weshalb für die Positionen Abschreibung und kalkulatorischer Unternehmerlohn kostenrechnerische Korrekturen erforderlich waren.

3. Welche Aussagen lassen sich aus dem Verhältnis der ermittelten Zahlen für das Betriebsergebnis und das neutrale Ergebnis im Hinblick auf die eigentliche betriebliche Tätigkeit machen?

Aufgabe 3 Gesamtergebnis – Betriebsergebnis – Neutrales Ergebnis (Abgrenzungsergebnis)

Die Ergebnisrechnung der Textilfabrik Heinz Konzelmann e.K. weist (z.T. zusammengefasst) für das abgelaufene Quartal folgende Salden aus (in Tsd. EUR):

vel.plus/BHB35

Kontenbezeichnung	Aufwendungen in Tsd EUR	Erträge in Tsd EUR
Umsatzerlöse		12.696
Mieterträge		18
Aufwendungen für Rohstoffe	2.940	
Aufwendungen für Hilfs- und Betriebsstoffe	780	
Fertigungslöhne	3.720	
Gehälter und Hilfslöhne	1.860	
Abschreibungen auf Sachanlagen	612	
Aufwendungen für Gewährleistung *(in vollem Umfang kostenwirksam)*	18	
Zinsaufwendungen *(in vollem Umfang kostenwirksam)*	12	
sonstige Aufwendungen *(in vollem Umfang kostenwirksam)*	774	

Folgende kalkulatorischen Kosten sind noch zu verrechnen:

kalkulatorische Abschreibungen	498.000 EUR	kalkulatorischer Unternehmerlohn	36.000 EUR

1. Erstellen Sie die Ergebnistabelle.

2. Ermitteln Sie das Gesamtergebnis, das Betriebsergebnis und das neutrale Ergebnis.

4.3 Kostenarten nach der Zurechnung auf die Kostenträger

4.3.1 Einzelkosten

> **Die von einem Betrieb hergestellten Erzeugnisse (Produkte) werden als Kostenträger bezeichnet.**

Nach der **Zurechenbarkeit** der Kosten auf die Kostenträger sind **Einzelkosten und Gemeinkosten** zu unterscheiden.

> **Einzelkosten sind Kosten, die sich aufgrund von Belegen (Stücklohnberechnung, Stücklisten, Materialentnahmescheine, Fremdrechnungen) ohne allzu großen Arbeitsaufwand dem einzelnen Erzeugnis oder Auftrag direkt zurechnen lassen.**

Zu den Einzelkosten gehören:

- Fertigungsmaterial (Rohstoffverbrauch, Verbrauch von Fertigteilen)
- Fertigungslöhne

> **Sondereinzelkosten lassen sich ebenso wie alle anderen Einzelkosten (z. B. Fertigungsmaterial, Fertigungslöhne) aufgrund von Belegen erfassen. Sie können aber nicht immer jedem einzelnen Kostenträger, sondern meist nur dem jeweiligen Gesamtauftrag oder der gesamten Produktgruppe zugerechnet werden.**

- Sondereinzelkosten der Fertigung (Spezialmodelle, Spezialwerkzeuge, Stücklizenzgebühren usw.)
- Sondereinzelkosten des Vertriebs (Spezialverpackung, Luftfrachten, Transportversicherungen, Kosten für produktbezogene Werbekampagne usw.)

Einzelkosten eines Herstellers von Blechbehältern

Materialverbrauch: Für die Herstellung eines Blechbehälters lässt sich anhand der Stückliste genau berechnen, welche Teile in welcher Menge benötigt werden. Da sich der Materialverbrauch genau berechnen und bewerten lässt, handelt es sich um **Einzelkosten**.

Mengenstückliste			
Teile-Nr.: **101**	Bezeichnung: **Blechbehälter**		
Teile-Nr.:	**Bezeichnung**	**Menge**	**Mengeneinheit**
102	Schalen	2	St
103	Scharniere	2	St
104	Nieten	4	St

Fertigungslöhne: In der Fertigung erhalten die Arbeitnehmer pro Blechbehälter einen Betrag von 0,40 EUR. Da sich diese Lohnkosten den einzelnen Blechbehältern direkt zuordnen lassen, handelt es sich um **Einzelkosten**.

4.3.2 Gemeinkosten

Aufg. 1
S. 102

Aufg. 2
S. 103

> 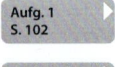 **Gemeinkosten sind Kosten, die sich nicht oder nur mit großem Arbeitsaufwand unmittelbar einem Kostenträger zurechnen lassen.**

Gemeinkosten treten nur in Unternehmen auf, die mehrere verschiedenartige Produkte herstellen **(Mehrproduktunternehmen)**.

Gemeinkosten einer Fabrik für Verpackungsmaterial

- Gehalt des Geschäftsführers
- kalkulatorische Abschreibungen für den Fuhrpark
- Gehalt des Leiters der Abteilung Beschaffung
- Maschinenöl (Betriebsstoff)
- Leim (Hilfsstoff)

fallen für alle Verpackungsmaterialien an und können z. B. nicht einem einzelnen Karton direkt zugerechnet werden

---

4.3.3 Verhalten von Einzel- und Gemeinkosten bei Änderung der Beschäftigung

Über das Verhalten einzelner Kostenarten (Einzel- und Gemeinkosten) bei Änderungen des Beschäftigungsgrades lässt sich keine allgemeingültige Aussage formulieren. Zwar werden die meisten **Einzelkosten** den **variablen Kosten** zugerechnet. Bei den Einzelkosten des Vertriebs für eine produktbezogene Werbung (z. B. Werbeanzeigen für T-Shirts) ist dies aber beispielsweise nicht der Fall. In gleicher Weise ist die Zurechnung der **Gemeinkosten** zu den fixen oder variablen Kosten jeweils vom Einzelfall abhängig.

	Einzelkosten	Gemeinkosten
variable Kosten	Fertigungsmaterial (z. B. Stoffe bei der Produktion von T-Shirts); Sondereinzelkosten der Fertigung (z. B. Anfertigen eines Musters); Sondereinzelkosten des Vertriebs (z. B. Spezialverpackung)	Betriebsstoffe (z. B. Stromverbrauch als **laufzeitabhängige** Stromkosten der für die Herstellung von T-Shirts eingesetzten Nähmaschinen); Hilfsstoffe (z. B. Stofffarbe)
fixe Kosten	Erzeugnisbezogene fixe Kosten wie beispielsweise Sondereinzelkosten des Vertriebs (z. B. Kosten für die Werbung für T-Shirts = produktbezogene Werbung)	Betriebsstoffe (z. B. Zählergebühr als **laufzeitunabhängige** Stromkosten der für die Herstellung von T-Shirts eingesetzten Nähmaschinen); Abschreibungen für die Maschinen

---

! Alle Einzelkosten werden im Normalfall als variabel angesehen.
Gemeinkosten können sowohl fixe als auch variable Bestandteile enthalten.

Zusammenfassende Übersicht zu Kapitel 4.3: Kostenarten nach der Zurechnung auf die Kostenträger

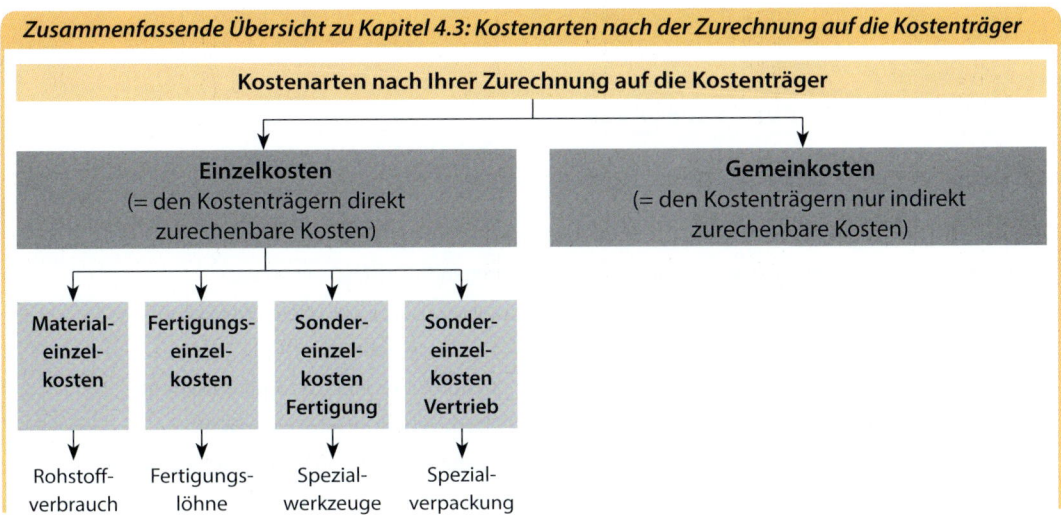

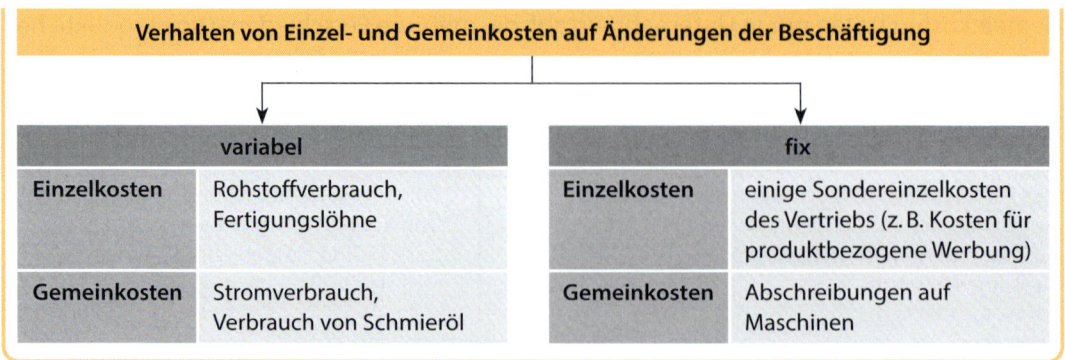

Verhalten von Einzel- und Gemeinkosten auf Änderungen der Beschäftigung			
variabel		**fix**	
Einzelkosten	Rohstoffverbrauch, Fertigungslöhne	**Einzelkosten**	einige Sondereinzelkosten des Vertriebs (z. B. Kosten für produktbezogene Werbung)
Gemeinkosten	Stromverbrauch, Verbrauch von Schmieröl	**Gemeinkosten**	Abschreibungen auf Maschinen

 Checken Sie Ihre Kompetenz mit der **Ich-kann-Liste**.

Öffnen Sie hierzu den nebenstehenden **QR-Code**
oder geben Sie folgenden Link ein: https://vel.plus/BHB36

vel.plus/BHB37

WIEDERHOLUNG DES GRUNDWISSENS

zu Kapitel 4.3 Kostenarten nach der Zurechnung auf die Kostenträger

4.3.1 Einzelkosten

1. Erklären Sie den Begriff Einzelkosten.

2. Nennen Sie Beispiele für Kostenarten, die als Einzelkosten zu betrachten sind.

3. Nennen Sie Beispiele für Sondereinzelkosten der Fertigung und Sondereinzelkosten des Vertriebs.

4.3.2 Gemeinkosten

1. Erläutern Sie, was unter Gemeinkosten zu verstehen ist.

2. Nennen Sie Beispiele für Kostenarten, die als Gemeinkosten zu betrachten sind.

4.3.3 Verhalten von Einzel- und Gemeinkosten bei Änderung der Beschäftigung

1. Nennen Sie jeweils ein Beispiel für fixe und variable Einzelkosten und für fixe und variable Gemeinkosten.

ANWENDUNGS- UND ÜBUNGSAUFGABEN

zu Kapitel 4.3 Kostenarten nach der Zurechnung auf die Kostenträger

vel.plus/BHB38

Aufgabe 1 Kostenarten – Einzelkosten – Sondereinzelkosten – Gemeinkosten

In der Kostenrechnung eines Industriebetriebs werden u. a. folgende Kostenarten erfasst:

- Rohstoffverbrauch
- Hilfsstoffverbrauch
- Betriebsstoffverbrauch
- Fertigungslöhne
- Gehälter
- kalkulatorische Abschreibung

- vom Umsatz berechnete Provisionen für Handelsvertreter
- Kosten für produktbezogene Werbung
- Lizenzgebühren (Stücklizenzen)
- Verpackungskosten (Spezialbehälter)
- Instandhaltungskosten

Ordnen Sie diese Kostenarten in das nachfolgende Schema ein (auf einem gesonderten Blatt).

Kostenarten	Kosten nach der Zurechenbarkeit auf die Kostenträger		
	Einzelkosten	Sondereinzelkosten	Gemeinkosten
Rohstoffverbrauch	?	?	?
	...	...	...

Aufgabe 2 Einzel- und Gemeinkosten

vel.plus/BHB39

Als Ergebnis der Abgrenzungsrechnung wurden in der Metallwarenfabrik Klein e. K. für das zurückliegende Quartal folgende Werte ermittelt:

Fertigungslöhne	280.200 EUR
Arbeitgeberanteil zur Sozialversicherung (Löhne)	55.480 EUR
Gehälter	70.230 EUR
Arbeitgeberanteil zur Sozialversicherung (Gehälter)	21.280 EUR
Hilfslöhne (einem Kostenträger nicht direkt zurechenbar)	83.450 EUR
Arbeitgeberanteil zur Sozialversicherung (Hilfslöhne)	23.230 EUR
Büromaterialverbrauch	34.870 EUR
kalkulatorische Abschreibungen	57.600 EUR
kalkulatorischer Unternehmerlohn	60.000 EUR
Ausgangsfrachten	55.800 EUR
Rohstoffkosten	380.000 EUR
Hilfs- und Betriebsstoffkosten	40.980 EUR
vom Umsatz berechnete Provisionen für Handelsvertreter	27.500 EUR

Einer Branchenstatistik ist zu entnehmen, dass in dieser Branche der Anteil der Einzelkosten an den Gesamtkosten durchschnittlich 64 % beträgt.

1. Wie hoch ist der Anteil der Einzelkosten an den Gesamtkosten (in %) bei der Metallwarenfabrik Klein e. K.?

2. Vergleichen Sie die in 1. errechnete Lösung mit dem Branchenwert und beurteilen Sie das Ergebnis.

5   Kostenstellenrechnung: Ermittlung von Gemeinkostenzuschlagssätzen

Kompetenzen:

- ■ im Rahmen der Kostenstellenrechnung Zusammenhänge zwischen verschiedenen Bezugsgrößen und entsprechenden Gemeinkosten darstellen
- ■ anhand des Betriebsabrechnungsbogens die Gemeinkostenzuschlagssätze für die Kalkulation der Selbstkosten ermitteln

5.1 Bildung von Kostenstellen

5.2 Betriebsabrechnungsbogen BAB

5.3 Ermittlung von Zuschlagssätzen für die Gemeinkosten (Istzuschläge)

5.4 Auswirkungen von Bestandsveränderungen auf die Zuschlagssätze – Ermittlungen der Selbstkosten des Umsatzes

5.1   Bildung von Kostenstellen

Bei einem **Mehrproduktunternehmen** besteht ein Hauptproblem der Kostenrechnung darin, die **Gemeinkosten**, die für mehrere oder alle Produkte gemeinsam anfallen, dennoch den einzelnen **Kostenträgern** (Produkten) möglichst verursachungsgerecht zuzurechnen. Die Einrichtung von **Kostenstellen** bietet dazu Ansatzmöglichkeiten.

> **Eine Kostenstelle ist ein räumlich, organisatorisch und verantwortungsmäßig abgegrenzter Teilbereich eines Betriebes, an dem Kosten entstehen und erfasst werden (z. B. Lackiererei eines Metall verarbeitenden Betriebs).**

Den einzelnen Kostenstellen werden die dort anfallenden **Gemeinkosten** (z. B. Gehalt des Leiters der Lackiererei, Abschreibungen für die Lackiermaschine) möglichst verursachungsgerecht zugewiesen. Dahinter steht die Absicht, solche Produkte, die bei ihrer Herstellung eine bestimmte Kostenstelle stärker in Anspruch nehmen als andere, auch mit einem entsprechend höheren Anteil der in dieser Kostenstelle anfallenden Gemeinkosten zu belasten. Ohne Kostenstellenrechnung müssten alle Gemeinkosten im gleichen Verhältnis auf die Erzeugnisse verrechnet werden, was aber i. d. R. der tatsächlichen Verursachung nicht entspricht. Außerdem werden durch die Aufgliederung des Betriebs in Kostenstellen überschaubare Verantwortungsbereiche geschaffen, die sich für eine laufende **Kostenkontrolle** eignen. Abweichungen von den geplanten Kosten sind dabei vom Leiter der Kostenstelle (z. B. Werkstattleiter, Abteilungsleiter) zu verantworten.

> **Aufgabe der Kostenstellenrechnung ist es, in Mehrproduktunternehmen, in denen die Produkte die einzelnen Kostenstellen unterschiedlich stark beanspruchen, eine möglichst verursachungsgerechte Zurechnung der Gemeinkosten auf die Kostenträger vorzubereiten. Außerdem soll eine Kontrolle der Gemeinkosten durch Schaffung von Verantwortungsbereichen ermöglicht werden.**

Die Kostenerfassung in den einzelnen Kostenstellen ist umso aussagekräftiger, je überschaubarer die Kostenstellen sind. Insofern wäre die Ermittlung der Gemeinkosten für jeden einzelnen Arbeitsplatz als Kostenstelle die geeignetste Lösung (Platzkostenrechnung). Einer Kostenstellenbildung nach Arbeitsplätzen widersprechen jedoch Wirtschaftlichkeitsüberlegungen. Je mehr Kostenstellen gebildet werden, desto umfangreicher sind auch die damit verbundenen Verrechnungs- und Kontrollarbeiten. Wie stark der Betrieb tatsächlich in einzelne Kostenstellen gegliedert wird, hängt u. a. von der Betriebsgröße und dem Fertigungsprogramm ab.

Der Bildung von Kostenstellen können nachstehende Überlegungen zugrunde gelegt werden:

1. **Raumorientierte Gesichtspunkte:** Die Bildung der Kostenstellen ist davon abhängig, an welchen Orten innerhalb eines Betriebes die Kosten entstanden sind (z. B. Werkstatt I, Werkstatt II, … Eigenlager, Fremdlager, Werksvertretung Ost, Werksvertretung Süd etc.).

2. **Rechnungsorientierte Gesichtspunkte:** Zusammenfassung mehrerer Maschinen zu einer Kostenstelle, deren Kostensituation ähnlich ist.

3. **Funktionsorientierte Gesichtspunkte:** Gleichartige Tätigkeiten werden zu einer Kostenstelle zusammengefasst (z. B. Materialkostenstelle, Verwaltungskostenstelle etc.).

Die Bildung von Kostenstellen erfolgt hauptsächlich nach **Funktionsbereichen** (funktionsorientierte Gesichtspunkte), wobei aber auch zusätzlich noch weitere Gesichtspunkte (z. B. Raumorientierung) berücksichtigt werden können. Bei den nach den **vier Funktionsbereichen** Material, Fertigung, Verwaltung und Vertrieb gegliederten Kostenstellen handelt es sich um **Hauptkostenstellen** (Endkostenstellen).

Bildung von Kostenstellen nach Funktionsbereichen			
Material	Fertigung	Verwaltung	Vertrieb

! Bei der weit verbreiteten Kostenstellenbildung nach Funktionsbereichen werden im Normalfall folgende vier Hauptkostenstellen unterschieden:
1. Material 2. Fertigung 3. Verwaltung 4. Vertrieb

! **Hauptkostenstellen (Endkostenstellen) geben ihre Leistungen und die dabei entstandenen Gemeinkosten in der Regel unmittelbar an die Erzeugnisse (Kostenträger) ab.**

Aufgabenbereiche innerhalb der vier Hauptkostenstellen			
Kostenstelle Material	Kostenstelle Fertigung	Kostenstelle Verwaltung	Kostenstelle Vertrieb
■ Einkauf von Roh-, Hilfs- und Betriebsstoffen ■ Materialannahme, Materialprüfung ■ Materiallagerung ■ Materialausgabe, Materialverwaltung	■ Arbeitsplanung, Arbeitsvorbereitung ■ Erstellung von Stücklisten ■ Maschineneinrichtung ■ Produktion, Produktionssteuerung/ Produktionsüberwachung	■ Personaleinstellung, Personalverwaltung ■ Lohnabrechnung, Lohnbuchhaltung ■ Betriebsabrechnung, Kalkulation ■ Geschäftsleitung	■ Auslieferung, Versand ■ Kundenberatung, Kundenbetreuung ■ Reklamationsbearbeitung ■ Werbung
Materialgemeinkosten	Fertigungsgemeinkosten	Verwaltungsgemeinkosten	Vertriebsgemeinkosten
= in den vier Hauptkostenstellen anfallende Gemeinkosten			

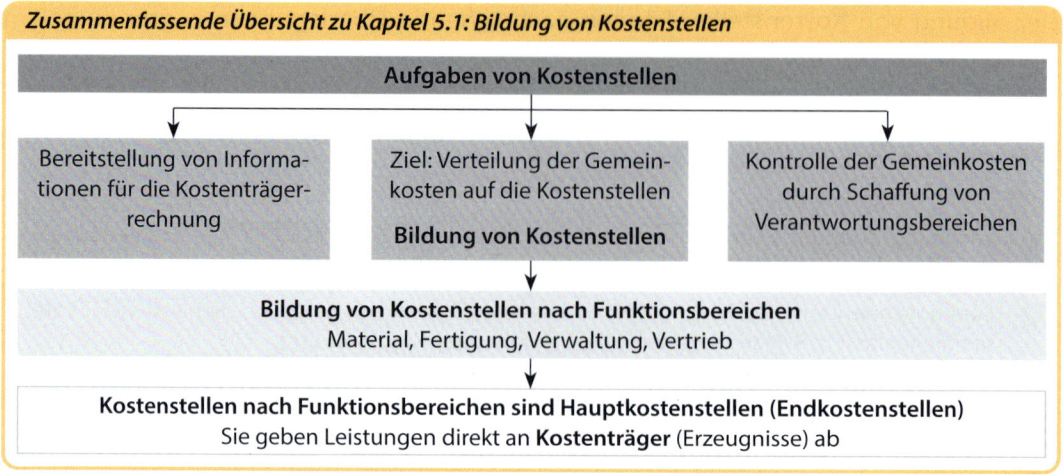

Zusammenfassende Übersicht zu Kapitel 5.1: Bildung von Kostenstellen

Aufgaben von Kostenstellen

| Bereitstellung von Informationen für die Kostenträgerrechnung | Ziel: Verteilung der Gemeinkosten auf die Kostenstellen **Bildung von Kostenstellen** | Kontrolle der Gemeinkosten durch Schaffung von Verantwortungsbereichen |

Bildung von Kostenstellen nach Funktionsbereichen
Material, Fertigung, Verwaltung, Vertrieb

Kostenstellen nach Funktionsbereichen sind Hauptkostenstellen (Endkostenstellen)
Sie geben Leistungen direkt an **Kostenträger** (Erzeugnisse) ab

Checken Sie Ihre Kompetenz mit der **Ich-kann-Liste**.

Öffnen Sie hierzu den nebenstehenden **QR-Code**
oder geben Sie folgenden Link ein: https://vel.plus/BHB40

vel.plus/BHB41

WIEDERHOLUNG DES GRUNDWISSENS

zu Kapitel 5.1 Bildung von Kostenstellen

1. Erläutern Sie die Aufgaben der Kostenstellenrechnung.

2. Begründen Sie, weshalb die Gemeinkosten auf die Kostenstellen verteilt werden.

3. Nennen Sie die vier Hauptkostenstellen.

5.2   Betriebsabrechnungsbogen (BAB)

Der Betriebsabrechnungsbogen ist ein organisatorisches Mittel, um die Gemeinkosten eines Unternehmens auf die Kostenstellen zu verteilen.

 Mithilfe des Betriebsabrechnungsbogens (BAB) wird die Aufteilung der Gemeinkosten auf die Kostenstellen vorgenommen.

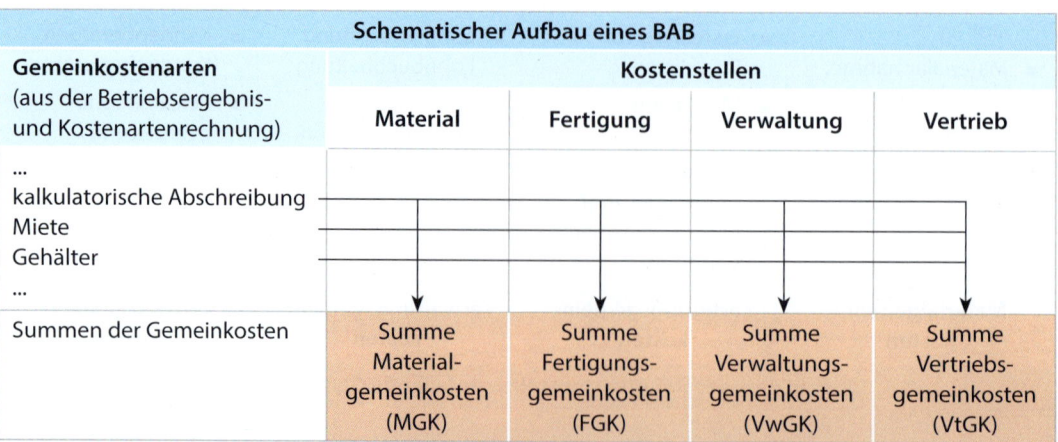

Schematischer Aufbau eines BAB				
Gemeinkostenarten (aus der Betriebsergebnis- und Kostenartenrechnung)	**Kostenstellen**			
	Material	**Fertigung**	**Verwaltung**	**Vertrieb**
... kalkulatorische Abschreibung Miete Gehälter ...				
Summen der Gemeinkosten	Summe Materialgemeinkosten (MGK)	Summe Fertigungsgemeinkosten (FGK)	Summe Verwaltungsgemeinkosten (VwGK)	Summe Vertriebsgemeinkosten (VtGK)

> **!** Werden als Kostenstellen nur die vier Hauptkostenstellen Material, Fertigung, Verwaltung und Vertrieb verwendet, handelt es sich um einen einfachen einstufigen BAB.

Ein **erweiterter BAB** liegt vor, wenn die Hauptkostenstellen weiter aufgegliedert werden (z. B. Aufgliederung der Hauptkostenstelle Fertigung in die Kostenstellen Werkstatt 1: Schweißerei, Werkstatt 2: Lackiererei usw.) Ein **mehrstufiger BAB** liegt vor, wenn neben den Hauptkostenstellen auch noch Hilfskostenstellen berücksichtigt werden.[1]

Vorgehensweise zur Erstellung eines BAB

1. Schritt

Aufbauend auf der Betriebsergebnisrechnung (Rechnungskreis II: Spalte Kosten- und Leistungsbereich) wird im Rahmen der Kostenartenrechnung eine Trennung in Einzel- und Gemeinkosten vorgenommen. Die entsprechenden **Gemeinkostenarten** werden in die erste Spalte des **BAB** übernommen.

2. Schritt

Die Summen dieser Gemeinkosten werden möglichst verursachungsgerecht auf die Kostenstellen verteilt. Für diese Verteilung sind zwei Verfahren möglich:

❶ Lässt sich genau belegen, welche Kostenstelle welchen Anteil an der jeweiligen Gemeinkostensumme hat, so ist eine **direkte** Verteilung der Gemeinkosten auf die Kostenstellen möglich. Die Kostenverteilung erfolgt dabei anhand von Belegen oder anderen Nachweisen wie Materialentnahmescheinen, Lohn- und Gehaltslisten, Anlagekarteien, Stromzählern oder Fahrtenbüchern. Da sich die Gemeinkosten in diesem Falle direkt einzelnen Kostenstellen zuordnen lassen, wird von **Stelleneinzelkosten** gesprochen.

> *Stelleneinzelkosten*
>
> - Stromkosten, falls der Stromverbrauch für eine bestimmte Kostenstelle aus Stromzwischenzählern abgelesen werden kann
> - Abschreibungen für eine Maschine, die nur von einer bestimmten Fertigungsstelle benutzt wird
> - Gehalt eines Lagerleiters (Kostenstelle Material) oder Werkstattleiters (Kostenstelle Fertigung)

❷ Lassen sich die Gemeinkosten **nicht** unmittelbar einer Kostenstelle zurechnen, so muss eine Verteilung über **Verteilungsschlüssel** vorgenommen werden. In diesem Fall handelt es sich bei den Gemeinkosten um **Kostenstellengemeinkosten (Schlüsselkosten)**.

> *Kostenstellengemeinkosten*
>
> - Miete oder Abschreibung für ein Betriebsgebäude wird nach m² auf die Kostenstellen Material (Lager), Fertigung (Werkstätten) usw. verteilt
> - Heizkosten nach der Zahl der Heizkörper
> - kalkulatorische Abschreibungen auf Maschinen und Einrichtungen nach dem Wert des in den einzelnen Kostenstellen investierten Kapitals

---

1   Der Bildungsplan sieht nur die Behandlung eines einfachen einstufigen BAB vor.

> ! **Kostenstelleneinzelkosten werden direkt auf die Kostenstellen verteilt, Kostenstellengemein-kosten werden mithilfe von Verteilungsschlüsseln verrechnet.**

Beispiele für Verteilungsschlüssel zur Verteilung der Gemeinkosten						
Gemein-kostenarten	Gemeinkosten (EUR)	Verteilungs-schlüssel	Kostenstellen			
			Material	Fertigung	Verwaltung	Vertrieb
Strom	12.000	Zwischenzähler	2 000 kWh	70 000 kWh	4 000 kWh	4 000 kWh
Gehälter	425.000	Gehaltslisten	25.000 EUR	230.000 EUR	135.000 EUR	35.000 EUR
Miete	11.700	Flächen in m²			600 m²	300 m²
...						

Hinweis: Für die Kostenstellen Material und Fertigung ist keine Miete angefallen, da darin keine gemieteten Räume enthalten sind.

3. Schritt

Ermittlung der Summe der Gemeinkosten insgesamt (Summe Spalte 1) und der Summen in den einzelnen Hauptkostenstellen: Materialgemeinkosten (MGK), Fertigungsgemeinkosten (FGK), Verwaltungsgemeinkosten (VwGK) und Vetriebsgemeinkosten (VtGK).

Betriebsabrechnungsbogen

Aufg. 1 S. 110

Gemeinkosten-arten	Gemein-kosten (EUR)	Verteilungs-schlüssel	Kostenstellen			
			Material (EUR)	Fertigung (EUR)	Verwaltung (EUR)	Vertrieb (EUR)
Strom	12.000	Zwischenzähler	300	10.500	600	600
Hilfsstoffe	200.000	Entnahmescheine		200.000		
Betriebsstoffe	359.000	Maschinenlaufzeiten/ Verbrauchsbelege	30.000	300.000	15.000	14.000
Gehälter	425.000	Gehaltslisten	25.000	230.000	135.000	35.000
kalkulatorische Abschreibung	290.000	Anlagekartei	30.000	180.000	60.000	20.000
Miete	11.700	Flächen in m²			7.800	3.900
sonstige Kosten	227.000	Belege	9.000	18.000	110.000	90.000
Summe der Gemeinkosten	1.524.700		94.300 MGK	938.500 FGK	328.400 VwGK	163.500 VtGK

Zusammenfassende Übersicht zu Kapitel 5.2: Betriebsabrechnungsbogen (BAB)

Gliederung der Kostenrechnung

Kostenartenrechnung
Welche Kosten sind entstanden?
(z. B. Löhne, Material, Miete)

Kostenstellenrechnung
Wo sind Kosten entstanden?
(z. B. Lager, Produktion, Verwaltung)

Kostenträgerrechnung
Wofür sind Kosten entstanden?
(z. B. für Produkt A, Produkt B)

Einzelkosten
(einschließlich Sonder-einzelkosten)

können den Kostenträgern direkt zugeordnet werden

direkt zurechenbare
Einzelkosten
(z. B. Fertigungs-materialverbrauch, Fertigungslöhne und Sondereinzelkosten)

Gemein-kosten
(Können den Kostenträgern nur indirekt zugerechnet werden)

bestimmte Gemeinkosten können den **Kosten-stellen direkt** zugewiesen werden

direkt →

Kostenstellen-einzelkosten

bestimmte Gemeinkosten können den **Kosten-stellen nur indirekt** zugewiesen werden

indirekt →

Kostenstellen-gemeinkosten

Betriebs-abrechnungs-bogen (BAB)

indirekt über Zu-schlags-sätze →

Kostenträger Produkt A, Produkt B

indirekt zurechenbare Gemeinkosten
(z. B. Hilfs- und Betriebsstoffverbrauch, Hilfslöhne, Energie, kalk. Abschreibungen)

organisatorisches Hilfsmittel zur | Verteilung der Gemeinkosten auf

vier funktionsorientierte Hauptkostenstellen

| Material | Fertigung | Verwaltung | Vertrieb |

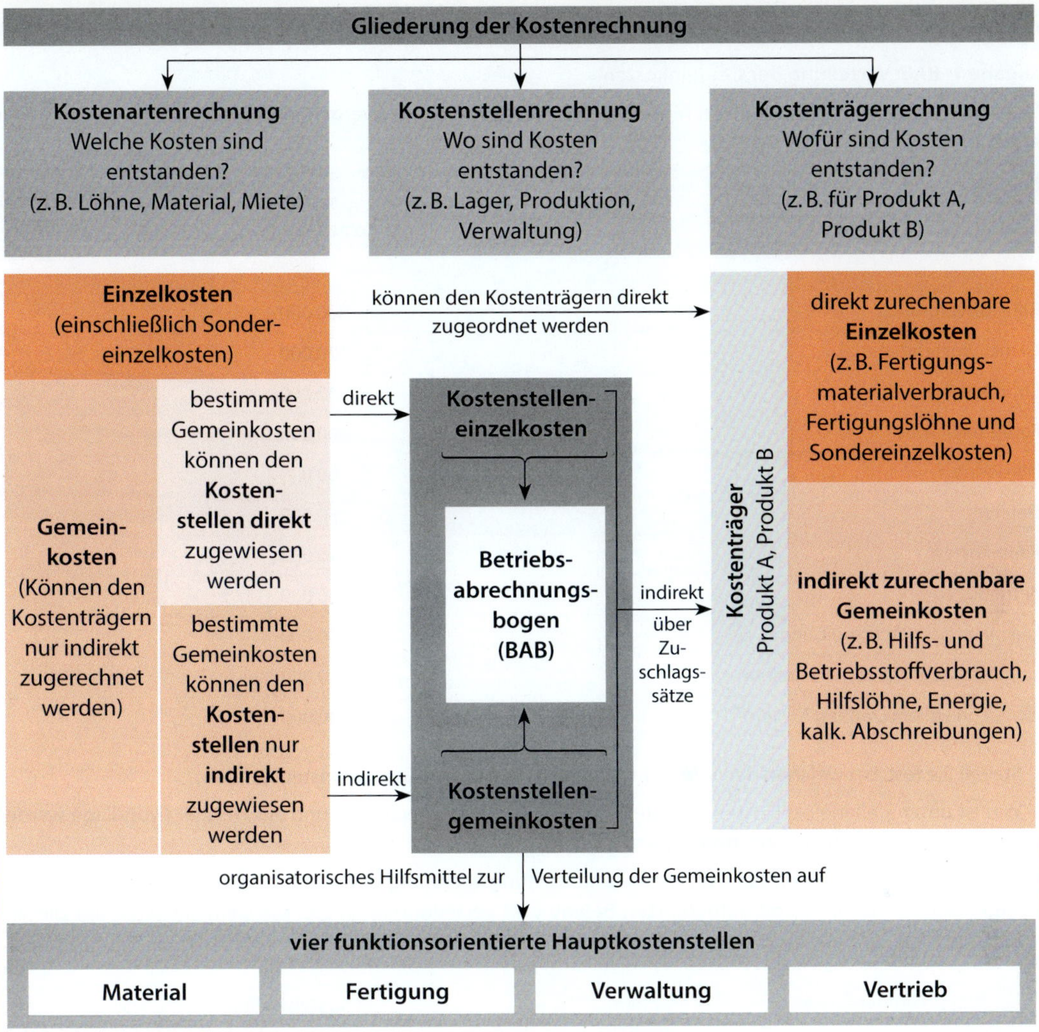

Checken Sie Ihre Kompetenz mit der **Ich-kann-Liste**.

Öffnen Sie hierzu den nebenstehenden **QR-Code**
oder geben Sie folgenden Link ein: https://vel.plus/BHB42

WIEDERHOLUNG DES GRUNDWISSENS

vel.plus/BHB43

zu Kapitel 5.2 Betriebsabrechnungsbogen (BAB)

1. Geben Sie an, welche Aufgabe ein Betriebsabrechnungsbogen hat.
2. Erläutern Sie den Aufbau eines Betriebsabrechnungsbogens.
3. Geben Sie an, welcher Zusammenhang zwischen der Höhe der Materialeinzel- und Materialgemeinkosten besteht.
4. Nennen Sie Beispiele für Schlüssel zur Verteilung von Gemeinkosten.

ANWENDUNGS- UND ÜBUNGSAUFGABEN

zu Kapitel 5.2 Betriebsabrechnungsbogen (BAB)

Aufgabe 1 BAB: Verteilung der Gemeinkosten

vel.plus/BHB44

Der Abgrenzungstabelle (Auszug) der Möbelfabrik Möschle e.K. für das vergangene Geschäftsjahr sind folgende Zahlen zu entnehmen:

Konten	...	KLR-Bereich	
	...	Kosten (EUR)	Leistungen (EUR)
...			
Rohstoffverbrauch		800.000	
Gemeinkostenmaterial		120.000	
Stromkosten		32.000	
Fertigungslöhne		600.000	
Hilfslöhne		60.000	
Gehälter		280.000	
Raumkosten		15.000	
Betriebssteuern		160.000	
kalkulatorische Abschreibungen		240.000	
kalkulatorischer Unternehmerlohn		120.000	
Zinsen (in vollem Umfang Kosten)		640.000	

1. Stellen Sie fest, bei welchen der aufgeführten Kosten es sich um Gemeinkosten handelt.

2. Was ist unter Stelleneinzelkosten und Stellengemeinkosten zu verstehen und auf welcher Grundlage werden diese im Betriebsabrechnungsbogen jeweils verteilt?

3. Übertragen Sie die Zahlen aus der Kosten- und Leistungsrechnung in einen BAB und verteilen Sie unter Verwendung der nachstehend aufgeführten Belege und Verteilungsschlüssel die Gemeinkosten auf die vier Kostenstellen.

Gemeinkosten	Zahlen der KLR (EUR)	Kostenstellen			
		Material	Fertigung	Verwaltung	Vertrieb
Stelleneinzelkosten lt. Belegen					
Gemeinkostenmaterial	120.000	20.000 EUR	90.000 EUR	5.000 EUR	5.000 EUR
Stromkosten	32.000	2.000 kWh	70 000 kWh	4 000 kWh	4 000 kWh
Gehälter	280.000	25.000 EUR	142.000 EUR	68.000 EUR	45.000 EUR
Zinsen	640.000	80.000 EUR	456.000 EUR	48.000 EUR	56.000 EUR
kalkulatorische Abschreibungen	240.000	15.000 EUR	190.000 EUR	17.000 EUR	18.000 EUR
Stellengemeinkosten lt. Verteilungsschlüssel					
Raumkosten	15.000	400 qm	1 800 qm	200 qm	100 qm
Hilfslöhne	60.000	1	4	–	1
Betriebssteuern	160.000	2	6	1	1
kalkulatorischer Unternehmerlohn	120.000	1	4	2	1

5.3   Ermittlung von Zuschlagssätzen für die Gemeinkosten (Istzuschläge)

Zweck von Gemeinkostenzuschlagssätzen

Während die Einzelkosten den Kostenträgern direkt zugerechnet werden können, erfolgt die Zurechnung der Gemeinkosten über den Umweg der im BAB ausgewiesenen Kostenstellen. Hierzu werden für die Gemeinkosten der einzelnen Kostenstellen Zuschlagssätze berechnet.

> **!** Da die Gemeinkosten nicht direkt den Kostenträgern zugerechnet werden können, muss die Zurechnung indirekt erfolgen. Das kann mithilfe von Zuschlagssätzen geschehen.

Für die Ermittlung der Zuschlagssätze muss eine Bezugsgröße (**Zuschlagsgrundlage**) gewählt werden. Diese soll gewährleisten, dass die Gemeinkosten den Kostenträgern möglichst **verursachungsgerecht** zugerechnet werden. Das bedeutet, dass die einzelnen Kostenträger (Erzeugnisse) nur mit den Gemeinkosten belastet werden sollen, die sie tatsächlich auch verursacht haben.

> **!** Bei der Verwendung von Zuschlagssätzen ist die Wahl der „richtigen" Zuschlagsgrundlage das Hauptproblem für eine möglichst verursachungsgerechte Zurechnung der Gemeinkosten auf die Kostenträger.

Material- und Fertigungsgemeinkosten

Im Material- und Fertigungsbereich werden in der Regel die entsprechenden Einzelkosten als Zuschlagsgrundlage verwendet.

Gemeinkosten	Zuschlagsgrundlage
Materialgemeinkosten	Materialeinzelkosten (Verbrauch an Fertigungsmaterial)
Fertigungsgemeinkosten	Fertigungseinzelkosten (Fertigungslöhne)

Zuschlagssätze

❶ Materialgemeinkosten-zuschlagssatz (MGKZ)

$$MGKZ = \frac{\text{Materialgemeinkosten} \cdot 100}{\text{Materialeinzelkosten}}$$
$$(\text{z. B. Fertigungsmaterial})$$

❷ Fertigungsgemeinkosten-zuschlagssatz (FGKZ)

$$FGKZ = \frac{\text{Fertigungsgemeinkosten} \cdot 100}{\text{Fertigungseinzelkosten}}$$
$$(\text{z. B. Fertigungslöhne})$$

Erläuterungen zur Berechnung

Für die **Materialgemeinkosten** wird angenommen, dass sie in ihrer Höhe proportional abhängig sind vom Wert des verbrauchten Fertigungsmaterials (Materialeinzelkosten). Deshalb bilden die **Materialeinzelkosten** die Zuschlagsgrundlage zur Berechnung des Zuschlagssatzes für die Materialgemeinkosten.

Für die **Fertigungsgemeinkosten** wird eine proportionale Abhängigkeit zu den Fertigungslöhnen (Fertigungseinzelkosten) unterstellt. Die **Fertigungseinzelkosten** bilden deshalb die Zuschlagsgrundlage zur Berechnung des Zuschlagssatzes für die Fertigungsgemeinkosten.

> **!** Für die Kostenstellen Material und Fertigung werden in der Regel die Einzelkosten (Fertigungsmaterial bzw. Fertigungslöhne) als Zuschlagsgrundlage gewählt.

Bei der Verrechnung der Material- und Fertigungsgemeinkosten mithilfe von Zuschlagssätzen wird unterstellt, dass sich diese Gemeinkosten im gleichen Verhältnis (= proportional) wie die als Zuschlagsgrundlage verwendeten Einzelkosten verändern.

Verwaltungs- und Vertriebsgemeinkosten

Im Verwaltungs- und Vertriebsbereich gibt es keine Einzelkosten, die als geeignete Bezugsgröße dienen könnten. Deshalb werden für die Verwaltungs- und Vertriebsgemeinkosten **ersatzweise die Herstellkosten** (= Summe aller Material- und Fertigungskosten) als Zuschlagsgrundlage verwendet.

Gemeinkosten	Zuschlagsgrundlage
Verwaltungsgemeinkosten	Herstellkosten
Vertriebsgemeinkosten	Herstellkosten

Um die Herstellkosten als Bezugsgröße zu ermitteln, muss zunächst eine **Gesamtkalkulation** aller bei der **Herstellung** in der Abrechnungsperiode angefallenen Kosten vorgenommen werden.

Berechnung der Herstellkosten

	Materialeinzelkosten	
+	**Materialgemeinkosten**	} **Materialkosten**
+	**Fertigungseinzelkosten**	
+	**Fertigungsgemeinkosten**	} **Fertigungskosten**
+	**Sondereinzelkosten der Fertigung**[1]	
=	**Herstellkosten**	

Zuschlagssätze

Aufg. 1
S. 116

❶ Verwaltungsgemeinkosten- zuschlagssatz (VwGKZ)

$$VwGKZ = \frac{\text{Verwaltungsgemeinkosten} \cdot 100}{\text{Herstellkosten}}$$
$$(\text{z. B. Fertigungsmaterial})$$

❷ Vertriebsgemeinkosten- zuschlagssatz (VtGKZ)

$$VtGKZ = \frac{\text{Vertriebsgemeinkosten} \cdot 100}{\text{Herstellkosten}}$$
$$(\text{z. B. Fertigungslöhne})$$

Erläuterungen zur Berechnung

Verwaltungsgemeinkosten (z. B. Gehälter für die Geschäftsleitung und das Büropersonal) stehen in direktem Zusammenhang mit allen betrieblichen Funktionsbereichen. Die Zuschlagsgrundlage zur Berechnung des Zuschlagssatzes für die Verwaltungsgemeinkosten bilden deshalb alle Kosten, die im Rahmen der Herstellung der Erzeugnisse während einer bestimmten Abrechnungsperiode z. B. Monat, Quartal, Jahr (= **Herstellkosten**) entstanden sind.

Für die Berechnung des Zuschlagssatzes der Vertriebsgemeinkosten gilt der gleiche Zusammenhang wie für die Verwaltungsgemeinkosten. Deshalb werden auch in diesem Fall die **Herstellkosten** als Zuschlagsgrundlage verwendet.

---

[1] Beispiele für Sondereinzelkosten der Fertigung: Konstruktionskosten, Speziallackierung eines Pkw

> **!** Für die Kostenstellen Verwaltung und Vertrieb werden in der Regel die Herstellkosten als Zuschlagsgrundlage gewählt.

> **!** Bei der Verrechnung der Verwaltungs- und Vertriebsgemeinkosten mithilfe von Zuschlagssätzen wird unterstellt, dass sich diese Gemeinkosten im gleichen Verhältnis (= proportional) wie die als Zuschlagsgrundlage verwendeten Herstellkosten verändern.

Berechnung der Gemeinkostenzuschläge mithilfe des BAB

Gemeinkostenarten (aus der Betriebsergebnis- und Kostenartenrechnung)	Kostenstellen			
	Material (EUR)	**Fertigung** (EUR)	**Verwaltung** (EUR)	**Vertrieb** (EUR)
... kalkulatorische Abschreibung Miete Gehälter ...				
Summen der Gemeinkosten (= x %)	Summe Materialgemeinkosten (MGK)	Summe Fertigungsgemeinkosten (FGK)	Summe Verwaltungsgemeinkosten (VwGK)	Summe Vertriebsgemeinkosten (VtGK)
Zuschlagsgrundlagen (= 100 %)	Materialeinzelkosten (MEK): Kosten für Fertigungsmaterial (FM)	Fertigungseinzelkosten (FEK): Fertigungslöhne (FL)	Herstellkosten (HK)	Herstellkosten (HK)
Zuschlagssätze	MEK $\triangleq$ 100 % MGK $\triangleq$ x % MGKZ = $\dfrac{\text{MGK} \cdot 100}{\text{MEK}}$	FEK $\triangleq$ 100 % FGK $\triangleq$ x % FGZ = $\dfrac{\text{FGK} \cdot 100}{\text{FEK}}$	HK $\triangleq$ 100 % VwGK $\triangleq$ x % VwGKZ = $\dfrac{\text{VwGK} \cdot 100}{\text{HK}}$	HK $\triangleq$ 100 % VtGK $\triangleq$ x % VtGKZ = $\dfrac{\text{VtGK} \cdot 100}{\text{HK}}$

Die aus den Zahlen des BAB ermittelten Zuschlagssätze werden als **Istgemeinkostenzuschlagssätze** bezeichnet, da sie auf den in der vergangenen Periode **tatsächlich angefallenen Kosten** beruhen. Diese Zuschlagssätze aus der **Vergangenheit** werden u. a. dazu benötigt, um **vor** Beginn der Herstellung von Erzeugnissen oder vor Ausführung von Aufträgen die für diese Kostenträger **voraussichtlich** anfallenden **Selbstkosten** zu kalkulieren (**Vorkalkulation**).

> **!** Die aus Vergangenheitswerten ermittelten Istgemeinkostenzuschlagssätze bilden die Grundlage für die Kalkulation der Selbstkosten und für die Erstellung von Kostenvoranschlägen (Kalkulation des Angebotspreises) für Aufträge, die die kommende Periode betreffen.

> **!** Werden die bei der Herstellung und dem Vertrieb eines Erzeugnisses voraussichtlich anfallenden Gemeinkosten dem Kostenträger (Erzeugnis) mithilfe von Gemeinkostenzuschlagssätzen zugerechnet, so liegt eine Zuschlagskalkulation vor.

Aufg. 2
S. 116

Aufg. 3
S. 116

Betriebsabrechnungsbogen mit Berechnung der Gemeinkostenzuschlagssätze

Gemein-kostenarten	Gemein-kosten (EUR)	Verteilungs-grundlage	Kostenstellen			
			Material (EUR)	Fertigung (EUR)	Verwal-tung (EUR)	Vertrieb (EUR)
Strom	12.000	Zwischen-zähler	300	10.500	600	600
Hilfsstoffe	200.000	Entnahme-scheine		200.000		
Betriebs-stoffe	359.000	Maschinen-laufzeiten/ Verbrauchs-belege	30.000	300.000	15.000	14.000
Gehälter	425.000	Gehaltslisten	25.000	230.000	135.000	35.000
kalkula-torische Abschreib-bung	290.000	Anlagekartei	30.000	180.000	60.000	20.000
Miete	11.700	Flächen in m²			7.800	3.900
sonstige Kosten	227.000	Belege	9.000	18.000	110.000	90.000
Summe der Gemein-kosten	**1.524.700**		**94.300** MGK	**938.500** FGK	**328.400** VwGK	**163.500** VtGK
Zuschlags-grundlagen (= 100 %)			943.000 Ferti-gungs-material	1.173.125 Ferti-gungs-löhne	3.148.925[1] Herstell-kosten	3.148.925[1] Herstell-kosten
Zuschlags-sätze			10 % Material-gemein-kosten-zuschlags-satz	80 % Ferti-gungs-gemein-kosten-zuschlags-satz	10,4 % Verwal-tungs-gemein-kosten-zuschlags-satz	5,2 % Vertriebs-gemein-kosten-zuschlags-satz

---

1   HK = FM (943.000) + MGK (94.300) + FL (1.173.125) + FGK (938.500) = 3.148.925125)

Zusammenfassende Übersicht zu Kapitel 5.3: Ermittlung von Zuschlagssätzen für die Gemeinkosten (Istzuschläge)

Einzelkosten → **direkte** Zurechnung auf die Kostenträger

Gemeinkosten → Zurechnung auf die Kostenträger über **Zuschlagssätze**
↓
Berechnung aus den Zahlen im BAB als **Istzuschläge**

Materialgemeinkostenzuschlagssatz (MGKZ)
$$= \frac{\text{Materialgemeinkosten} \cdot 100}{\text{Materialeinzelkosten}}$$

Fertigungsgemeinkostenzuschlagssatz (FGKZ)
$$= \frac{\text{Fertigungsgemeinkosten} \cdot 100}{\text{Fertigungseinzelkosten}}$$

Verwaltungsgemeinkostenzuschlagssatz (VwGKZ)
$$= \frac{\text{Verwaltungsgemeinkosten} \cdot 100}{\text{Herstellkosten}}$$

Vertriebsgemeinkostenzuschlagssatz (VtGKZ)
$$= \frac{\text{Vertriebsgemeinkosten} \cdot 100}{\text{Herstellkosten}}$$

Berechnung der Herstell- und der Selbstkosten

```
   Materialeinzelkosten
 + Materialgemeinkosten
 + Fertigungseinzelkosten
 + Fertigungsgemeinkosten
 + Sondereinzelkosten der Fertigung
 = Herstellkosten
 + Verwaltungsgemeinkosten
 + Vertriebsgemeinkosten
 = Selbstkosten
```

Betriebsabrechnungsbogen (BAB)

vier Hauptkostenstellen

Material	Fertigung	Verwaltung	Vertrieb

vier Istgemeinkostenzuschlagssätze dienen u.a. zur Kalkulation der Selbstkosten künftiger Aufträge (Vorkalkulation)

 Checken Sie Ihre Kompetenz mit der **Ich-kann-Liste**.

Öffnen Sie hierzu den nebenstehenden **QR-Code** oder geben Sie folgenden Link ein: https://vel.plus/BHB45

WIEDERHOLUNG DES GRUNDWISSENS

vel.plus/BHB46

zu Kapitel 5.3 Ermittlung von Zuschlagssätzen für die Gemeinkosten (Istzuschläge)

1. Geben Sie an, wie jeweils Einzel- und Gemeinkosten den Kostenträgern zugerechnet werden.
2. Nennen Sie die Zuschlagsgrundlagen, die für die Gemeinkosten der vier Kostenstellen jeweils gewählt werden.
3. Geben Sie an, wie die Gemeinkostenzuschlagssätze ermittelt werden.
4. Geben Sie das Schema zur Berechnung der Herstellkosten wieder.
5. Geben Sie an, welcher Zusammenhang zwischen den Gemeinkosten und der jeweiligen Zuschlagsgrundlage unterstellt wird.
6. Erklären Sie den Begriff „Istzuschlagssatz" und geben Sie an, wofür diese Zuschlagssätze benötigt werden.

ANWENDUNGS- UND ÜBUNGSAUFGABEN

zu Kapitel 5.3 Ermittlung von Zuschlagssätzen für die Gemeinkosten (Istzuschläge)

vel.plus/BHB47

Aufgabe 1 Gemeinkostenzuschlagssätze

Die Alu-Präzisionsteile GmbH in Schwäbisch Gmünd errechnete für das vergangene Quartal für die Hauptkostenstellen folgende Gemeinkosten:

Material .... 76.000 EUR
Fertigung .... 876.800 EUR
Verwaltung .... 345.480 EUR
Vertrieb .... 138.192 EUR

Im gleichen Zeitraum wurden für Fertigungslöhne 1.753.600 EUR bezahlt. Der Rohstoffverbrauch belief sich auf 1,9 Mio. EUR.

Ermitteln Sie die Gemeinkostenzuschlagssätze.

vel.plus/BHB48

Aufgabe 2 Betriebsabrechnungsbogen – Zuschlagssätze

Der Rechnungskreis II eines Industriebetriebes weist für das vergangene Quartal folgende Kosten aus:

Kostenarten	(EUR)	Kostenarten	(EUR)
Fertigungsmaterial	130.240	Gehälter	85.600
Hilfsstoffe	25.000	soziale Abgaben	39.000
Betriebsstoffe	7.200	kalkulatorische Abschreibung	19.200
Fertigungslöhne	133.200	betriebliche Steuern	8.800
Hilfslöhne	36.000	sonst. betriebliche Aufwendungen	20.000

1. Erstellen Sie auf der Grundlage der nachstehenden Angaben zur Verteilung der Gemeinkosten einen Betriebsabrechnungsbogen.

Kostenart	Material	Fertigung	Verwaltung	Vertrieb
Kostenstelleneinzelkosten				
Hilfsstoffe	400 EUR	21.400 EUR	–	3.200 EUR
Betriebsstoffe	480 EUR	3.640 EUR	1.720 EUR	1.360 EUR
Hilfslöhne	2.780 EUR	31.460 EUR	560 EUR	1.200 EUR
Gehälter	3.200 EUR	10.800 EUR	40.600 EUR	31.000 EUR
soziale Abgaben	1.300 EUR	21.100 EUR	11.880 EUR	4.720 EUR
sonst. betriebl. Aufwendungen	2.120 EUR	4.480 EUR	10.000 EUR	3.400 EUR
Kostenstellengemeinkosten				
Anlagewerte für die Verteilung der kalkulatorischen Abschreibung	125.000 EUR	175.000 EUR	75.000 EUR	25.000 EUR
betriebliche Steuern	–	3 :	2	–

2. Errechnen Sie die vier Gemeinkostenzuschlagssätze.

3. Ermitteln Sie das Betriebsergebnis für das zurückliegende Quartal, wenn die Umsatzerlöse 610.000 EUR betragen haben.

vel.plus/BHB49

Aufgabe 3 Betriebsabrechnungsbogen mit Excel

Ein Industriebetrieb erstellt seinen Betriebsabrechnungsbogen mithilfe des Tabellenkalkulationsprogramms Microsoft Excel. Nachstehender Bildschirmauszug enthält die für die Abrechnung wesentlichen Informationen:

D28	▼		=								
	A	B	C	D	E	F	G	H	I	J
1	Einstufiger Betriebsabrechnungsbogen									
2											
3	Gemeinkostenarten	Kosten	Verteilungsschlüssel				Kostenstellen			
4							Material	Fertigung	Verwaltung	Vertrieb
5		EUR	M	F	Vw	Vt	EUR	EUR	EUR	EUR
6	Gemeinkostenmaterial	70 000	2	8		1				
7	Energiekosten	35 300	2	6	4	3				
8	Hilfslöhne	42 800	1	7	5	2				
9	Gehälter	74 680		5	6	1				
10	Sozialkosten	10 680	1	12	11	3				
11	Instandhaltungen	32 200	1	5	2	2				
12	betriebliche Steuern[1]	10 300	1	4	2	1				
13	Werbung	12 800	1		3	5				
14	kalk. Abschreibungen	24 000	1	9	2	1				
15	kalk. Zinsen	14 000	1	7	2	1				
16	sonstige Kosten	38 950	2	10	5	3				
17	**Summe Gemeinkosten**	365 710								
18											
19	**Zuschlagsgrundlagen**						240 000	180 000		
20											
21	**Zuschlagssätze**									
22											

1. Vervollständigen Sie mithilfe eines Tabellenkalkulationsprogramms oder des vorstrukturierten Arbeitsblatts den vorstehenden BAB.
Hinweis: Die Sozialkosten (Personalzusatzkosten) werden in voller Höhe als Gemeinkosten verrechnet.

2. Aufgrund neuer Tarifabschlüsse erhöhen sich die Personalkosten und die Personalzusatzkosten jeweils um 3,2 %. Ermitteln Sie die Auswirkungen auf die Gemeinkosten-Zuschlagssätze.

5.4   Auswirkungen von Bestandsveränderungen auf die Zuschlagssätze – Ermittlung der Selbstkosten des Umsatzes

Herstellkosten als Zuschlagsgrundlage bei Bestandsveränderungen

Bei der Berechnung der Herstellkosten, die als Zuschlagsgrundlage für die Verwaltungs- und Vertriebsgemeinkosten dienen, wurden bisher keine Bestandsveränderungen berücksichtigt. Vielmehr wurde unterstellt, dass die in einer Abrechnungsperiode produzierten Erzeugnisse auch in derselben Periode verkauft werden. Häufig kommt es aber vor, dass fertige und/oder unfertige Erzeugnisse auf Lager produziert werden. Der Verkauf erfolgt dann in einer späteren Periode. Da aber die Vertriebsgemeinkosten und möglicherweise auch ein Teil der Verwaltungsgemeinkosten nicht durch die **Produktion**, sondern durch den **Absatz** verursacht werden, muss zwischen folgenden beiden Arten von Herstellkosten unterschieden werden:

Herstellkosten	
Herstellkosten für die in dieser Abrechnungsperiode hergestellten Erzeugnisse	**Herstellkosten für die in dieser Abrechnungsperiode verkauften Erzeugnisse**
↓	↓
Herstellkosten der Produktion oder Herstellkosten der Rechnungsperiode	**Herstellkosten des Umsatzes**

---

1   Betriebliche Steuern: Gewerbesteuer, Kfz-Steuer, Grundsteuer

Vielfach werden die **Herstellkosten der Produktion** als verursachungsgerechte **Zuschlagsgrundlage für die Verwaltungsgemeinkosten** und die **Herstellkosten des Umsatzes** als verursachungsgerechte **Zuschlagsgrundlage für die Vertriebsgemeinkosten** verwendet. Es kommt aber auch vor, dass aus Vereinfachungsgründen für beide Zuschlagssätze die Herstellkosten des Umsatzes als gemeinsame Bezugsgröße dienen.

Ermittlung der Zuschlagsgrundlage bei Bestandsmehrungen (Endbestand > Anfangsbestand)

Werden in einer Periode mehr Erzeugnisse produziert als verkauft, so führt das zu einer **Erhöhung des Lagerbestandes** (Bestandsmehrung). Die in dieser Periode entstandenen Herstellkosten (= **Herstellkosten der Produktion**) sind also für Erzeugnisse entstanden, von denen ein Teil bereits verkauft wurde und ein anderer Teil noch als fertige oder unfertige Erzeugnisse auf Lager liegt. Um nur die Kosten zu ermitteln, die lediglich für die **verkauften Erzeugnisse** entstanden sind (= **Herstellkosten des Umsatzes**), müssen daher die Kosten der auf Lager produzierten Erzeugnisse von den Herstellkosten der Produktion abgezogen werden.

> **Bei Bestandsmehrung gilt:**
> **Herstellkosten des Umsatzes = Herstellkosten der Produktion – Bestandsmehrung**

Ermittlung der Zuschlagsgrundlage bei Bestandsminderungen (Endbestand < Anfangsbestand)

Werden in einer Periode mehr Erzeugnisse verkauft als produziert, so führt dies zu einer Minderung des Lagerbestands (Bestandsminderung). Die in dieser Periode entstandenen Herstellkosten (= **Herstellkosten der Produktion**) umfassen aber nur die Kosten für diejenigen verkauften Erzeugnisse, die auch in dieser Periode hergestellt wurden. Um die Kosten für die **insgesamt verkaufen Erzeugnisse** zu ermitteln (= **Herstellkosten des Umsatzes**), müssen die Kosten für die aus dem Lager entnommenen fertigen und unfertigen Erzeugnisse (= **Bestandsminderung**) zu den Herstellkosten der Produktion hinzugezählt werden.

> **Bei Bestandsminderung gilt:**
> **Herstellkosten des Umsatzes = Herstellkosten der Produktion + Bestandsminderung**

Gesamtkalkulation bei Bestandsmehrungen und Bestandsminderungen	
Fertigungsmaterial	
+ Materialgemeinkosten	
+ Fertigungslöhne	
+ Fertigungsgemeinkosten	
+ Sondereinzelkosten der Fertigung	
bei Bestandsmehrungen ⟵ = Herstellkosten der Produktion ⟶ *bei Bestandsminderungen*	
↓	↓
– *Mehrbestand* der unfertigen Erzeugnisse	+ *Minderbestand* der unfertigen Erzeugnisse
= Herstellkosten der fertigen Erzeugnisse	= Herstellkosten der fertigen Erzeugnisse
– *Mehrbestand* der fertigen Erzeugnisse	+ *Minderbestand* der fertigen Erzeugnisse
= Herstellkosten des Umsatzes	= Herstellkosten des Umsatzes

| Selbstkosten des Umsatzes | = | Herstellkosten des Umsatzes | + | Verwaltungs- gemeinkosten | + | Vertriebs- gemeinkosten |

Aufg. 1
S. 120

Ermittlung der Selbstkosten des Umsatzes

Dem Betriebsabrechnungsbogen (BAB) und der Buchhaltung eines Industriebetriebes sind folgende Informationen zu entnehmen:

Materialgemeinkosten .... 20.000 EUR
Fertigungsgemeinkosten .... 360.000 EUR
Verwaltungsgemeinkosten .... 93.600 EUR
Vertriebsgemeinkosten .... 51.200 EUR
Fertigungsmaterial .... 160.000 EUR
Fertigungslöhne .... 240.000 EUR

Anfangsbestände:
unfertige Erzeugnisse .... 15.000 EUR
fertige Erzeugnisse .... 27.000 EUR

Schlussbestände:
unfertige Erzeugnisse .... 20.000 EUR
fertige Erzeugnisse .... 2.000 EUR

Fertigungsmaterial	12,5 %	160.000 EUR	
+ Materialgemeinkosten		20.000 EUR	
= Materialkosten			**180.000 EUR**
Fertigungslöhne		240.000 EUR	
+ Fertigungsgemeinkosten	150,0 %	360.000 EUR	
= Fertigungskosten			**600.000 EUR**
Herstellkosten der Produktion			**780.000 EUR**
– Bestandsmehrung der unfertigen Erzeugnisse			5.000 EUR
= Herstellkosten der fertigen Erzeugnisse			775.000 EUR
+ Bestandsminderung der fertigen Erzeugnisse			25.000 EUR
= Herstellkosten des Umsatzes			**800.000 EUR**
+ Verwaltungsgemeinkosten	11,7 %		93.600 EUR
+ Vertriebsgemeinkosten	6,4 %		51.200 EUR
= Selbstkosten des Umsatzes			**944.800 EUR**

Zusammenfassende Übersicht zu 5.4: Auswirkungen von Bestandsveränderungen auf die Zuschlagssätze – Ermittlung der Selbstkosten des Umsatzes

Zuschlagsgrundlage für Verwaltungsgemeinkosten (Normalfall)	**Herstellkosten des Umsatzes**
	Fertigungsmaterial
	+ Materialgemeinkosten
Zuschlagsgrundlage für Vertriebsgemeinkosten (Normalfall)	+ Fertigungslöhne
	+ Fertigungsgemeinkosten
	+ Sondereinzelkosten der Fertigung
	= Herstellkosten der Produktion
	– Mehrbestand (unfertige/fertige Erzeugnisse)
	+ Minderbestand (unfertige/fertige Erzeugnisse)
	= Herstellkosten des Umsatzes

Checken Sie Ihre Kompetenz mit der **Ich-kann-Liste**.

Öffnen Sie hierzu den nebenstehenden **QR-Code**
oder geben Sie folgenden Link ein: https://vel.plus/BHB50

vel.plus/BHB51

WIEDERHOLUNG DES GRUNDWISSENS

zu Kapitel 5.4   Auswirkungen von Bestandsveränderungen auf die Zuschlagssätze –
Ermittlung der Selbstkosten des Umsatzes

1. Begründen Sie, weshalb im Fall von Bestandsveränderungen die Herstellkosten der produzierten Erzeugnisse keine geeignete Bezugsgrundlage zur Berechnung des Zuschlags für die Vertriebsgemeinkosten sind.

2. Geben Sie an, wie die Herstellkosten des Umsatzes berechnet werden, wenn ein Mehrbestand vorliegt.

3. Geben Sie an, wie die Herstellkosten des Umsatzes berechnet werden, wenn ein Minderbestand vorliegt.

ANWENDUNGS- UND ÜBUNGSAUFGABEN

zu Kapitel 5.4   Auswirkungen von Bestandsveränderungen auf die Zuschlagssätze –
Ermittlung der Selbstkosten des Umsatzes

Aufgabe 1   Gemeinkostenzuschläge – Selbstkosten des Umsatzes

vel.plus/BHB52

Dem Betriebsabrechnungsbogen (BAB) und der Buchhaltung eines Industriebetriebs sind folgende Informationen zu entnehmen:

Unfertige Erzeugnisse	Anfangsbestand:	22.000 EUR
	Schlussbestand:	28.000 EUR
Fertige Erzeugnisse	Anfangsbestand:	130.000 EUR
	Schlussbestand:	24.000 EUR
Rohstoffverbrauch		120.000 EUR
Fertigungslöhne		180.000 EUR
Materialgemeinkosten		18.000 EUR
Fertigungsgemeinkosten		162.000 EUR
Verwaltungsgemeinkosten		40.800 EUR
Vertriebsgemeinkosten		30.680 EUR
Sondereinzelkosten der Fertigung		10.000 EUR
Sondereinzelkosten des Vertriebs		20.000 EUR

1. Ermitteln Sie die Gemeinkostenzuschlagssätze

   Hinweis: Zuschlagsgrundlage
   - *für die Verwaltungsgemeinkosten: Herstellkosten der Produktion*
   - *für die Vertriebsgemeinkosten: Herstellkosten des Umsatzes*

2. Welcher Unterschied würde sich ergeben, wenn die Bestandsveränderungen nicht berücksichtigt würden und der VtGkZ ebenfalls auf der Basis der Herstellkosten der Produktion ermittelt würde? Interpretieren Sie das Ergebnis.

3. Ermitteln Sie die Selbstkosten des Umsatzes.

6 Vollkostenrechnung in Form der Zuschlagskalkulation

Kompetenzen:

- *unternehmensbezogene Berechnungen im Rahmen der Vollkostenrechnung durchführen und die Ergebnisse analysieren*
- *Kostenträgerstückrechnung als Vorkalkulation in Form der Zuschlagskalkulation einschließlich einer Maschinenstundensatzrechnung durchführen*
- *die Zielsetzungen der Normalkostenrechnung erläutern*
- *Kostenabweichungen analysieren*
- *preis- und sortimentspolitische Fehlentscheidungen bei Anwendung der Zuschlagskalkulation herausarbeiten*

6.1 Zuschlagskalkulation

Stellt ein Unternehmen mehrere verschiedenartige Produkte her (Mehrproduktunternehmen), müssen die Gemeinkosten den Kostenträgern möglichst verursachungsgerecht zugerechnet werden. Dies wird im Rahmen der **Zuschlagskalkulation** dadurch versucht, indem die **Gemeinkosten** mithilfe von **Zuschlagssätzen** auf die Kostenträger verteilt werden. Die **Einzelkosten** (Fertigungsmaterial, Fertigungslöhne, Sondereinzelkosten) werden dagegen jedem Kostenträger direkt zugerechnet.

> **Bei einer Zuschlagskalkulation werden die Einzelkosten (Fertigungsmaterial, Fertigungslöhne, Sondereinzelkosten) direkt auf die Erzeugnisse verrechnet. Die Verrechnung der Gemeinkosten erfolgt dagegen mithilfe von Zuschlagssätzen.**

Voraussetzung für die Anwendung einer Zuschlagskalkulation mit **mehreren Zuschlagssätzen** (= differenzierende Zuschlagskalkulation) ist eine auf einem BAB aufbauende **Kostenstellenrechnung**. Die Anzahl der Kostenstellen und die dort gewählten Zuschlagsgrundlagen bestimmen Umfang und Inhalt des Kalkulationsschemas.

Zusammenfassende Übersicht zu Kapitel 6.1: Zuschlagskalkulation

Kostenverrechnung bei der Zuschlagskalkulation:
- Einzelkosten: direkte Verrechnung auf die Erzeugnisse
- Gemeinkosten: indirekte Verrechnung auf die Erzeugnisse über Zuschlagssätze

Checken Sie Ihre Kompetenz mit der **Ich-kann-Liste**.

Öffnen Sie hierzu den nebenstehenden **QR-Code** oder geben Sie folgenden Link ein: https://vel.plus/BHB53

vel.plus/BHB54

WIEDERHOLUNG DES GRUNDWISSENS

zu Kapitel 6.1 Zuschlagskalkulation

1. Erläutern Sie, wie Einzel- und Gemeinkosten im Rahmen der Zuschlagskalkulation auf die Erzeugnisse verrechnet werden.

2. Geben Sie wieder, warum eine auf einem BAB aufbauende Kostenstellenrechnung Voraussetzung für die Anwendung einer (differenzierenden) Zuschlagskalkulation ist.

6.2   Gesamtkalkulation mit Istkosten

Ausgangspunkt für die Gesamtkalkulation mit Istkosten sind die in einer Rechnungsperiode (Monat, Quartal, Geschäftsjahr) tatsächlich entstandenen **Einzelkosten**. Wird die Summe der Einzelkosten um die in dieser Rechnungsperiode angefallenen Gemeinkosten vermehrt, ergeben sich die **Selbstkosten**. Davon zu unterscheiden sind die **Herstellkosten**, die lediglich die Einzel- und Gemeinkosten des Material- und Fertigungsbereichs, nicht aber die Verwaltungs- und Vertriebsgemeinkosten umfassen. Die Höhe der einzelnen Gemeinkostenarten (Material-, Fertigungs-, Verwaltungs- und Vertriebsgemeinkosten) ist aus dem BAB ersichtlich. Bei all diesen Einzel- und Gemeinkosten handelt es sich um **Istkosten**, die in der letzten Rechnungsperiode tatsächlich angefallen sind.

Gesamtkalkulation mit Istkosten

Die Abgrenzungstabelle eines Industriebetriebes enthält für das dritte Quartal folgende Einzelkosten (Isteinzelkosten):

Fertigungsmaterial	330.000 EUR
Fertigungslöhne	188.000 EUR

Für den gleichen Zeitraum sind nachstehendem Betriebsabrechnungsbogen (Auszug) folgende Informationen zu entnehmen:

Gemein-kosten	Gesamt-kosten	Kostenstellen			
		Material	**Fertigung**	**Verwaltung**	**Vertrieb**
...	...	...			
...	...	...			
Summe der Gemeinkosten	190.000 EUR	66.000 EUR MGK	94.000 EUR FGK	33.900 EUR VwGK	20.340 EUR VtGK
Zuschlagsgrundlagen		330.000 EUR Fertigungs-material	188.000 EUR Fertigungs-löhne	678.000 EUR Herstellkosten	
Istgemeinkosten-zuschlagssätze		20 %	50 %	5 %	3 %

Aus dem vorliegenden Zahlenmaterial lässt sich folgende Gesamtkalkulation erstellen:

Aufg. 1
S. 123

	Fertigungsmaterial	330.000 EUR
+	Materialgemeinkosten	66.000 EUR
+	Fertigungslöhne	188.000 EUR
+	Fertigungsgemeinkosten	94.000 EUR
=	**Herstellkosten**	**678.000 EUR**
+	Verwaltungsgemeinkosten	33.900 EUR
+	Vertriebsgemeinkosten	20.340 EUR
=	**Selbstkosten**	**732.240 EUR**

> **!** Die Gesamtkalkulation mit Istkosten hat die Aufgabe, auf der Grundlage der in einer Rechnungs-periode entstandenen Isteinzelkosten und der für diese Periode vorliegenden Istgemeinkosten die insgesamt entstandenen Herstell- und Selbstkosten zu ermitteln.

Zusammenfassende Übersicht zu Kapitel 6.2: Gesamtkalkulation mit Istkosten

Schema für eine Gesamtkalkulation mit Istkosten
Materialeinzelkosten
+ Materialgemeinkosten
+ Fertigungseinzelkosten
+ Fertigungsgemeinkosten
+ Sondereinzelkosten der Fertigung
= Herstellkosten
+ Verwaltungsgemeinkosten
+ Vertriebsgemeinkosten
+ Sondereinzelkosten des Vertriebs
= Selbstkosten

Checken Sie Ihre Kompetenz mit der **Ich-kann-Liste**.

Öffnen Sie hierzu den nebenstehenden **QR-Code** oder geben Sie folgenden Link ein: https://vel.plus/BHB55

WIEDERHOLUNG DES GRUNDWISSENS

vel.plus/BHB56

zu Kapitel 6.2   Gesamtkalkulation mit Istkosten

1. Beschreiben Sie, welche Aufgabe eine Gesamtkalkulation auf der Grundlage von Istkosten hat.

2. Stellen Sie das Schema für eine Gesamtkalkulation mit Istkosten dar.

ANWENDUNGS- UND ÜBUNGSAUFGABEN

zu Kapitel 6.2   Gesamtkalkulation mit Istkosten

Aufgabe 1   BAB und Gesamtkalkulation mit Istkosten

Die Franz Harter OHG stellt für die Zahnmedizin verschiedene Kunststoff-Präzisionsteile her. Für die Betriebsab-rechnung stehen folgende Zahlen zur Verfügung:

vel.plus/BHB57

Fertigungsmaterial	732.800 EUR
Hilfs- und Betriebsstoffe	16.000 EUR
Fertigungslöhne	366.400 EUR
Gehälter	300.000 EUR
kalkulatorische Abschreibung	126.000 EUR
kalkulatorischer Unternehmerlohn	120.000 EUR
sonstige Gemeinkosten	354.000 EUR

1. Verteilen Sie die Gemeinkosten auf die Kostenstellen Material, Fertigung, Verwaltung und Vertrieb nach folgendem Schlüssel: 2:3:12:8.

2. Berechnen Sie die Gemeinkostenzuschlagssätze.

3. Erstellen Sie eine Gesamtkalkulation und berechnen Sie die Herstellkosten und die Selbstkosten.

6.3   Kostenträgerstückrechnung als Vorkalkulation: Kalkulation mit Normalgemeinkostenzuschlagssätzen

EA 1
S. 131 ff.

 Beginnen Sie Ihren Kompetenzerwerb zum Thema *Kostenträgerstückrechnung als Vorkalkulation* **mit der Erarbeitungsaufgabe EA 1.**

6.3.1 Aufgaben der Kostenträgerstückrechnung – Ermittlung von Normalgemeinkostenzuschlagssätzen

Eine Kostenträgerstückrechnung liegt vor, wenn die Kosten ermittelt werden, die für die Herstellung einer einzelnen Einheit eines Erzeugnisses entstanden sind (= Nachkalkulation) oder voraussichtlich entstehen werden (= Vorkalkulation).

Mithilfe der Kostenträgerstückrechnung lassen sich u. a. folgende Fragen beantworten:

| ❶ Zu welchem Mindestpreis muss ein Produkt angeboten werden, damit alle Kosten gedeckt sind? | ❷ Welcher Erlös muss für ein Produkt erzielt werden, damit ein gewünschter Mindestgewinn erwirtschaftet wird? | ❸ Wie hoch dürfen die Material-, Fertigungs- und Herstellkosten höchstens sein, wenn der Angebotspreis nicht höher als der der Konkurrenz sein soll? | ❹ Deckt der aufgrund einer Vorkalkulation ermittelte Angebotspreis die tatsächlichen Kosten, die in der Nachkalkulation ermittelt wurden? |

Die voraussichtlich anfallenden **Einzelkosten** (Fertigungsmaterial, Fertigungslöhne, Sondereinzelkosten) lassen sich anhand von **Stücklisten** (für den Materialverbrauch) und **Arbeitszeitstudien oder Arbeitsplänen** (für die Fertigungslöhne) einfacher ermitteln als die voraussichtlich anfallenden **Gemeinkosten**. Da die Gemeinkosten z. B. aufgrund unterschiedlicher Auslastung eines Betriebes starken Schwankungen unterliegen, reicht es häufig nicht aus, für die **Vorkalkulation** die zuletzt ermittelten **Ist**gemeinkostenzuschlagssätze zu verwenden. Zur Ermittlung der voraussichtlichen Selbstkosten und des Angebotspreises ist das Unternehmen vielmehr darauf angewiesen, auf der Grundlage von Erfahrungen aus der Vergangenheit eine **Vorkalkulation** mit **Normalgemeinkostenzuschlagssätzen (Sollzuschlagssätzen)** zu erstellen. Die mit Normalzuschlagssätzen kalkulierten Gemeinkosten weichen in der Regel von den erst nachträglich feststellbaren Gemeinkosten (Istkosten) ab.

Normalgemeinkostenzuschlagssätze werden in der Regel auf der Basis von Durchschnittswerten der Istgemeinkostenzuschlagssätze zurückliegender Rechnungsperioden ermittelt. Dadurch sollen Zufallsschwankungen ausgeschaltet werden.

6.3.2 Vorwärts-, Rückwärts- und Differenzkalkulation

Vorwärtskalkulation

Mithilfe der **Vorwärtskalkulation** werden die voraussichtlichen Selbstkosten und der Angebotspreis ermittelt. Die Vorwärtskalkulation wird deshalb auch als **Angebotskalkulation** oder **Verkaufskalkulation** bezeichnet. Es handelt sich um eine **Vorkalkulation**, da mit den **voraussichtlichen Kosten (Normalkosten)** gerechnet werden muss.

In einem ersten Schritt werden durch eine **Zuschlagskalkulation** mit **Normalgemeinkostenzuschlagssätzen** die voraussichtlichen **Selbstkosten** des Kostenträgers ermittelt. Diese **Selbstkostenkalkulation** wird durch die Berücksichtigung eines Gewinnzuschlags und die Einrechnung von Skonto und Rabatt zur **Angebotskalkulation** erweitert. Der **Gewinnzuschlag** ist ein prozentualer Aufschlag auf die Selbstkosten

---

Angebotskalkulation einer Büromöbelfabrik

Die Möbelfabrik Bürodesign GmbH hat ermittelt, dass für die Produktion eines Schreibtisches 320,00 EUR für Fertigungsmaterial und 200,00 EUR für Fertigungslöhne entstehen. Das Unternehmen rechnet mit folgenden Normalgemeinkostenzuschlagssätzen: 25 % Materialgemeinkosten, 120 % Fertigungsgemeinkosten, 15 % Verwaltungsgemeinkosten und 10 % Vertriebsgemeinkosten.

Unter Berücksichtigung von 2 % Kundenskonto, 25 % Kundenrabatt, 26 % Gewinnzuschlag und 19 % Umsatzsteuer errechnet sich folgender Listenpreis (Listenverkaufspreis brutto):

1		Materialeinzelkosten		100,0 %	320,00 EUR		
2	+	Materialgemeinkosten		25,0 %	80,00 EUR		vom Hundert
3	=	**Materialkosten**			**400,00 EUR**	**400,00 EUR**	(1 + 2)
4		Fertigungseinzelkosten	100,0 %		200,00 EUR		
5	+	Fertigungsgemeinkosten	120,0 %		240,00 EUR		vom Hundert
6	=	**Fertigungskosten**			**440,00 EUR**	**440,00 EUR**	(4 + 5)
7		**Herstellkosten**		100,0 %		**840,00 EUR**	(3 + 6)
8	+	Verwaltungsgemeinkosten		15,0 %		126,00 EUR	vom Hundert
9	+	Vertriebsgemeinkosten		10,0 %		84,00 EUR	vom Hundert
10	=	**Selbstkosten**	100,0 %			**1.050,00 EUR**	(7 + 8 + 9)
11	+	Gewinn	26,0 %			273,00 EUR	vom Hundert
12	=	**Barverkaufspreis**		98,0 %		**1.323,00 EUR**	(10 + 11)
13	+	Kundenskonto		2,0 %		27,00 EUR	im Hundert
14	=	**Zielverkaufspreis**	75,0 %	100,0 %		**1.350,00 EUR**	(12 + 13)
15	+	Kundenrabatt	25,0 %			450,00 EUR	im Hundert
16	=	**Listenverkaufspreis netto**	100,0 %	100,0 %		**1.800,00 EUR**	(14 + 15)
17	+	Umsatzsteuer		19,0 %		342,00 EUR	vom Hundert
18	=	**Listenverkaufspreis brutto**				**2.142,00 EUR**	(16 + 17)

Der Listenverkaufspreis wird von Industriebetrieben in aller Regel netto – also ohne Umsatzsteuer – angegeben, weil deren Kunden im Normalfall auch Unternehmen sind, die zum Vorsteuerabzug berechtigt sind. Die Umsatzsteuer stellt für sie daher keine Kosten dar. Lediglich gegenüber Endverbrauchern muss der Listenverkaufspreis brutto angegeben werden.

Besonderheiten sind bei der **Angebotskalkulation im Zusammenhang** mit den Preisnachlässen **Kundenrabatt** und **Kundenskonto** zu beachten. Diese beiden Preisnachlässe werden zuvor in den Listenverkaufspreis einkalkuliert und sind keinesfalls als großzügige Kulanz des Verkäufers zu verstehen. Bei der Gewährung von Kundenrabatten werden diese vom Listenverkaufspreis (ohne Umsatzsteuer) berechnet. Von dem verbleibenden **Zielverkaufspreis** kann der Kunde – sofern entsprechende Zahlungsbedingungen vereinbart wurden – bei Rechnungsbegleichung innerhalb der Skontofrist zusätzlich Kundenskonto abziehen.

Aufg. 1
S. 134

Kalkulatorische Rückrechnung und Differenzkalkulation

Ergibt sich aus der Vorwärtskalkulation, dass der ermittelte Verkaufspreis auf dem Markt nicht erzielt werden kann, hat ein Unternehmen u. a. folgende Möglichkeiten, wenn es auf den Auftrag nicht verzichten will:

❶ Durch Rückwärtsrechnung wird ermittelt, um wie viel EUR die Material- und/oder Lohnkosten für einen wettbewerbsfähigen Angebotspreis gesenkt werden müssen.

❷ Der ursprünglich gewünschte Gewinnzuschlag wird verringert, so dass der Angebotspreis niedriger ausfällt.

Diese beiden Alternativen können mithilfe der **kalkulatorischen Rückrechnung** bzw. der **Differenzkalkulation** überprüft werden.

Kalkulatorische Rückrechnung und Differenzkalkulation einer Büromöbelfabrik

Die Möbelfabrik Bürodesign GmbH (vgl. Bsp. S. 125) muss wegen der starken Konkurrenz den Zielverkaufspreis des Schreibtisches auf 1.200,00 EUR senken.

Zuschlagssätze und Fertigungseinzelkosten bleiben unverändert.
Materialgemeinkostenzuschlag: 25 %
Fertigungsgemeinkostenzuschlag: 120 %
Fertigungseinzelkosten: 200 EUR

Verwaltungsgemeinkostenzuschlag 15 %, Vertriebsgemeinkostenzuschlag 10 %, Gewinnzuschlag 26 %, Kundenskonto 2 %.

Die Geschäftsleitung will wissen,
1. wie teuer unter den gegebenen Bedingungen das Fertigungsmaterial höchstens sein darf.
2. wie hoch der verbleibende Gewinnzuschlag ist, wenn trotz intensiver Preisverhandlungen der Preis für das Fertigungsmaterial unverändert bei 320,00 EUR bleibt.

Sowohl die **kalkulatorische Rückrechnung** als auch die **Differenzkalkulation** basieren auf dem aus der Vorwärtskalkulation bekannten Kalkulationsschema. Bei der **Rückwärtskalkulation** sind stufenweise – ausgehend vom Listen- bzw. Zielverkaufspreis – die Materialkosten oder die Fertigungslöhne zu ermitteln.

1. Kalkulatorische Rückrechnung – Ermittlung des Höchstbetrags für das Fertigungsmaterial

1		Fertigungsmaterial	100 % ↑		245,34 EUR ↑	
2	+	Materialgemeinkosten	25 %		61,33 EUR	
3	=	Materialkosten	125 %			306,67 EUR
4		Fertigungslöhne		100 % ↑	200,00 EUR	
5	+	Fertigungsgemeinkosten		120 %	240,00 EUR	
6	=	Fertigungskosten				440,00 EUR
7		Herstellkosten	100 % ↑			746,67 EUR
8	+	Verwaltungsgemeinkosten	15 %			112,00 EUR
9	+	Vertriebsgemeinkosten	10 %			74,67 EUR
10	=	Selbstkosten	125 %	100 % ↑		933,33 EUR
11	+	Gewinnzuschlag		26 %		242,67 EUR
12	=	Barverkaufspreis	98 % ↑	126 %		1.176,00 EUR
13	+	Kundenskonto	2 %			24,00 EUR
14	=	Zielverkaufspreis	100 %			1.200,00 EUR

Die Kosten für das Fertigungsmaterial dürfen höchstens 245,34 EUR betragen.

Bei der **Differenzkalkulation** zur Ermittlung des verbleibenden Gewinnzuschlags werden

- zunächst wie bei der Vorwärtskalkulation die Selbstkosten,
- dann wie bei der Rückwärtskalkulation der Barverkaufspreis

ermittelt. Die Differenz zwischen Selbstkosten und Barverkaufspreis ergibt den kalkulierten Gewinn. Wird dieser Betrag als Prozentsatz bezogen auf die Selbstkosten ausgedrückt, ergibt sich der Gewinnzuschlag (bzw. Verlustabschlag).

2. Differenzkalkulation – Ermittlung des verbleibenden Gewinnzuschlags

Aufg. 2
S. 134

Aufg. 3
S. 134

Aufg. 4
S. 135

Aufg. 5
S. 135

	Fertigungsmaterial	100 %		320,00 EUR	
+	Materialgemeinkosten	25 %		80,00 EUR	
=	Materialkosten	125 %			400,00 EUR
	Fertigungslöhne		100 %	200,00 EUR	
+	Fertigungsgemeinkosten		120 %	240,00 EUR	
=	Fertigungskosten		240 %		440,00 EUR
	Herstellkosten	100 %			840,00 EUR
+	Verwaltungsgemeinkosten	15 %			126,00 EUR
+	Vertriebsgemeinkosten	10 %			84,00 EUR
=	Selbstkosten	125 %	100 %		1.050,00 EUR
+	Gewinnzuschlag		12 %		126,00 EUR
=	Barverkaufspreis	98 %	112 %		1.176,00 EUR
+	Kundenskonto	2 %			24,00 EUR
=	Zielverkaufspreis	100 %			1.200,00 EUR

Unter den gegebenen Bedingungen lässt sich bei unveränderten Kosten für das Fertigungsmaterial in Höhe von 320,00 EUR ein Gewinn in Höhe von 126,00 EUR erzielen (Gewinnzuschlagssatz: 12 %).

6.3.3 Zuschlagskalkulation in Form einer Maschinenstundensatzrechnung

Gründe

Viele industrielle Fertigungsprozesse vollziehen sich heute mit einem hohen Einsatz an Maschinen, Automaten oder Robotern. Diese Entwicklung hat zur Folge, dass der Anteil an menschlicher Facharbeit an den Herstellungsprozessen zunehmend geringer wird. In den Fertigungsgemeinkosten sind daher große Kostenanteile enthalten, die ausschließlich mit dem Maschineneinsatz zusammenhängen und die weniger durch die menschliche Arbeitskraft bedingt sind.

Die **Fertigungslöhne** eignen sich in solchen Fällen kaum mehr als Zuschlagsgrundlage für die Fertigungsgemeinkosten. Im Extremfall würden sich Zuschlagssätze von mehreren tausend Prozent ergeben. Bei solch hohen Zuschlagssätzen führen aber bereits kleinste Ungenauigkeiten bei der Ermittlung der Zuschlagsgrundlage (Fertigungslöhne) zu erheblichen Kalkulationsfehlern. Darüber hinaus wird der größte Teil der Fertigungsgemeinkosten durch den Maschineneinsatz verursacht. Es besteht also keine direkte Abhängigkeit (Proportionalität) zwischen den Fertigungsgemeinkosten und den Fertigungslöhnen. Bei Verwendung prozentualer Zuschlagssätze wird eine solche Abhängigkeit aber als gegeben unterstellt. Erschwerend kommt außerdem hinzu, dass einzelne Produkte die vorhandenen Maschinen möglicherweise in unterschiedlichem Maße beanspruchen. Wird trotzdem für alle Produkte ein einheitlicher Zuschlagssatz für die Fertigungsgemeinkosten verwendet, wird das Ziel einer verursachungsgerechten Zurechnung der Gemeinkosten immer weniger erreicht.

Die **Maschinenstundensatzrechnung** will diese Mängel beheben.

> ! **Die Maschinenstundensatzrechnung ist dann sinnvoll, wenn es Kostenstellen gibt, in denen verschiedenartige Maschinen stehen, die von den einzelnen Produkten unterschiedlich stark in Anspruch genommen werden.**

Zusammensetzung der Selbstkosten mit und ohne gesonderte Berücksichtigung der Maschinenkosten

Bei der Büromöbelfabrik AG fielen im letzten Monat folgende Fertigungskosten an:

Fertigungslöhne	200.000 EUR	Fertigungsgemeinkostenzuschlagssatz =
Fertigungsgemeinkosten	800.000 EUR	
Fertigungskosten	1.000.000 EUR	

$$\frac{800.000 \cdot 100}{200.000} = 400\,\%$$

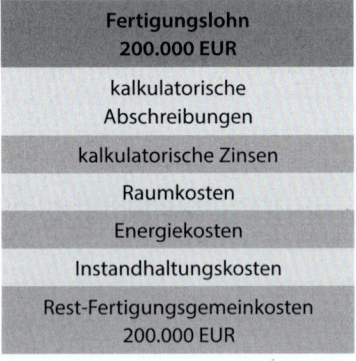

In den Fertigungsgemeinkosten in Höhe von 800.000 EUR sind aber 600.000 EUR Maschinenkosten enthalten, die nicht von den Fertigungslöhnen abhängig sind. Lediglich bei den restlichen Fertigungsgemeinkosten in Höhe von 200.000 EUR kann ein direkter Zusammenhang zu den Fertigungslöhnen angenommen werden.

Vorgehensweise

Zunächst werden die Fertigungsgemeinkosten aufgeteilt in

- maschinenabhängige Fertigungsgemeinkosten,
- Rest-Fertigungsgemeinkosten, die den Maschinen nicht zurechenbar sind.

Maschinenabhängige Kosten	
Kalkulatorische Abschreibung	**Kalkulatorische Zinsen** (vom durchschnittlich gebundenen Kapitel)
$\dfrac{\text{Abschreibung}}{\text{pro Jahr}} = \dfrac{\text{Wiederbeschaffungswert}}{\text{Nutzungsdauer}}$	$\dfrac{\text{Zinsen}}{\text{pro Jahr}} = \dfrac{\text{Wiederbeschaffungswert[1]}}{2} \cdot \dfrac{\text{Kalk.zinssatz}}{100}$
Instandhaltungskosten	**Raumkosten** **Energiekosten**

Für die Trennung der Gemeinkosten in maschinenabhängige Fertigungsgemeinkosten und Rest-Fertigungsgemeinkosten wird die entsprechende Fertigungsstelle im Betriebsabrechnungsbogen (BAB) in zwei Spalten aufgeteilt.

---

1 Für die Berechnung der kalk. Zinsen wird in manchen Fällen der Anschaffungswert statt des Wiederbeschaffungswertes zugrunde gelegt.

Für die Zurechnung der **maschinenabhängigen Fertigungsgemeinkosten** werden die **Maschinenlaufzeiten** (Maschinenstunden) zugrunde gelegt.

> **!** Maschinenstundensatz $= \dfrac{\text{maschinenabhängige Fertigungsgemeinkosten einer Periode}}{\text{Maschinenlaufzeit in Stunden}}$

Die **Rest-Fertigungsgemeinkosten** werden dagegen als lohnabhängig angesehen. Für sie gelten weiterhin die **Fertigungslöhne als Zuschlagsgrundlage**.

> **!** Rest-Fertigungsgemeinkostenzuschlagssatz $= \dfrac{\text{Restgemeinkosten} \cdot 100}{\text{Fertigungslöhne}}$

Berechnung eines Maschinenstundensatzes in der Kostenstelle Formerei

Kostenarten	Gesamte Gemeinkosten	Maschinenkosten	Restgemeinkosten
Hilfsstoffe	11.970 EUR		11.970 EUR
Betriebsstoffe	21.043 EUR		21.043 EUR
Energiekosten	3.810 EUR	2.720 EUR	1.090 EUR
Hilfslöhne/Gehälter	10.791 EUR		10.791 EUR
Instandhaltungskosten	26.104 EUR	15.040 EUR	11.064 EUR
Raumkosten	21.250 EUR	11.200 EUR	10050 EUR
Abschreibungen	32.910 EUR	22.000 EUR	10.910 EUR
kalkulatorische Zinsen	6.510 EUR	2.480 EUR	4.030 EUR
sonstige Kosten	5.612 EUR	4.160 EUR	1.452 EUR
Summe	**140 000 EUR**	**57.600 EUR**	**82.400 EUR**
Bezugsgrundlagen:			
Laufstunden		3.200 Stunden	
Fertigungslöhne			65.920 EUR

Maschinenstundensatz: $\dfrac{57.600\ \text{EUR}}{3.200\ \text{Stunden}} = $ **18 EUR/Stunde**

Rest-Gemeinkostenzuschlagssatz: $\dfrac{82.400\ \text{EUR} \cdot 100\,\%}{65.920\ \text{EUR}} = $ **125 %**

> **!** Bei der Kalkulation von Angebotspreisen werden die maschinenabhängigen Kosten eines Fertigungsbereichs in Maschinenstundensätzen verrechnet. Die Restgemeinkosten werden in Prozent auf die Fertigungslöhne zugeschlagen.

> **!** maschinenabhängige Fertigungskosten
> + Fertigungslöhne
> + Rest-Fertigungsgemeinkosten für lohnabhängige Fertigungsgemeinkosten
> = Fertigungskosten

Berechnung der Fertigungskosten unter Berücksichtigung von Maschinenstundensätzen in einer Formerei

Aufg. 6 S. 135

Für einen Kundenauftrag wurde ermittelt, dass in der Kostenstelle Formerei (siehe Beispiel oben) voraussichtlich folgende Fertigungskosten anfallen:

Fertigungslöhne	500 EUR
50 Maschinenstunden	

Daraus lassen sich für die Kostenstelle Formerei die Fertigungskosten wie folgt errechnen:

maschinenabhängige Fertigungskosten (50 Masch. Std. à 18 EUR/Std.)	900 EUR
+ Fertigungslöhne	500 EUR
+ Rest-Fertigungsgemeinkosten (125 % von 500 EUR)	625 EUR
= **Fertigungskosten der Kostenstelle Formerei**	**2.025 EUR**

Zusammenfassende Übersicht zu Kapitel 6.3: Kostenträgerstückrechnung als Vorkalkulation: Kalkulation mit Normalgemeinkostenzuschlagssätzen

Kostenträgerstückrechnung als Vorkalkulation

- unmittelbare Verrechnung der Einzelkosten auf die Erzeugnisse
- Verrechnung der voraussichtlich anfallenden Gemeinkosten mithilfe von Normalgemeinkostenzuschlagssätzen

Aufgaben der Kostenträgerstückrechnung (Kalkulation)

Ermittlung

- des Mindestangebotspreises (Kostendeckung)
- des Mindestangebotspreises zur Erzielung eines Mindestgewinns
- der Höchstgrenze für Material-, Fertigungs- und Herstellkosten bei vorgegebenem Verkaufspreis

Anwendung der Zuschlagskalkulation

Vorwärtskalkulation (Verkaufskalkulation)	**Rückwärtskalkulation (kalkulatorische Rückrechnung)**	**Differenzkalkulation**
Ermittlung des kalkulierten Verkaufspreises (Angebotspreis)	Ermittlung der Kosten, die für das Fertigungsmaterial oder die Fertigungslöhne höchstens anfallen dürfen	Ermittlung des Gewinns oder Gewinnzuschlags bei gegebenen Kosten und gegebenem Verkaufspreis

Maschinenstundensatzrechnung (besondere Form der Zuschlagskalkulation

Anwendung, wenn Fertigungsgemeinkosten hauptsächlich durch Maschineneinsatz veranlasst
Trennung der Fertigungsgemeinkosten in

maschinenabhängige Fertigungsgemeinkosten (Abschr., Zinsen, Instandhaltung, Raum, Energie)	Restgemeinkosten
$\text{Masch.Std.Satz} = \dfrac{\text{Maschabh. FGK}}{\text{Masch.Laufzeit}}$	$\text{Zuschlag f. Rest-FGK} = \dfrac{\text{RestFGK} \cdot 100}{\text{Fert. Löhne}}$

Checken Sie Ihre Kompetenz mit der **Ich-kann-Liste**.

Öffnen Sie hierzu den nebenstehenden **QR-Code** oder geben Sie folgenden Link ein: https://vel.plus/BHB58

Vorwärts-, Rückwärts- und Differenzkalkulation		
Vorwärtskalkulation (Verkaufskalkulation)	**Rückwärtskalkulation (Kalkulatorische Rückrechnung)**	**Differenzkalkulation**

	Vorwärtskalkulation (Verkaufskalkulation)	Rückwärtskalkulation (Kalkulatorische Rückrechnung)	Differenzkalkulation
Ziel	Ermittlung des kalkulierten Verkaufspreises (Angebotspreis)	Ermittlung der Kosten, die für Fertigungsmaterial höchstens anfallen dürfen	Ermittlung des Gewinns oder des Gewinnzuschlags bei gegebenen Kosten und gegebenem Verkaufspreis
Berechnungsschema	Fertigungsmaterial + Materialgemeinkosten v. H. = **Materialkosten** Fertigungslöhne + Fertigungsgemeinkosten v. H. = **Fertigungskosten** = **Herstellkosten** + Verwaltungsgemeinkosten v. H. + Vertriebsgemeinkosten v. H. = **Selbstkosten** + Gewinn v. H. = **Barverkaufspreis** + Kundenskonto i. H. = **Zielverkaufspreis** + Kundenrabatt i. H. = **Listenverkaufspreis netto**	Fertigungsmaterial + Materialgemeinkosten a. H. = **Materialkosten** Fertigungslöhne + Fertigungsgemeinkosten a. H. = **Fertigungskosten** = **Herstellkosten** + Verwaltungsgemeinkosten a. H. + Vertriebsgemeinkosten a. H. = **Selbstkosten** + Gewinn a. H. = **Barverkaufspreis** + Kundenskonto v. H. = **Zielverkaufspreis** + Kundenrabatt v. H. = **Listenverkaufspreis netto**	Fertigungsmaterial + Materialgemeinkosten v. H. = **Materialkosten** Fertigungslöhne + Fertigungsgemeinkosten v. H. = **Fertigungskosten** = **Herstellkosten** + Verwaltungsgemeinkosten v. H. + Vertriebsgemeinkosten v. H. = **Selbstkosten** + Gewinn v. H. = **Barverkaufspreis** + Kundenskonto v. H. = **Zielverkaufspreis** + Kundenrabatt v. H. = **Listenverkaufspreis netto**

ERARBEITUNGSAUFGABE

vel.plus/BHB59

zu Kapitel 6.3   Kostenträgerstückrechnung als Vorkalkulation: Kalkulation mit Normalgemeinkostenzuschlagssätzen

EA 1 Zuschlagskalkulation – Betriebsabrechnungsbogen

Die Schreinerei **Schwär** hat bisher ausschließlich Holzregale eines bestimmten Typs hergestellt. Die einzelnen Regale können nach dem Baukastensystem kombiniert und zu Regalwänden erweitert werden. Durch das Auftreten mehrerer Billiganbieter besteht inzwischen ein scharfer Wettbewerb in diesem Marktsegment. Aus diesem Grund hat die Schreinerei **Schwär** zu Beginn des laufenden Jahres den Betrieb vergrößert und ihr Produktionsprogramm diversifiziert. Neben insgesamt drei Grundtypen von Regalen werden seitdem auch Spiel- und Sportgeräte aus Holz gefertigt. Die Regale müssen aus Konkurrenzgründen weiterhin besonders günstig angeboten werden.

1. Im letzten Quartal des vergangenen Jahres wurden ausschließlich 3.900 gleichartige Regale hergestellt und verkauft. Die Gesamtkosten beliefen sich in diesem Zeitraum auf 131.000 EUR. Wie hoch waren die Selbstkosten je Regal?

2. Warum kann das bisher verwendete Verfahren zu Ermittlung der Selbstkosten nach der Erweiterung des Produktionsprogramms nicht mehr angewandt werden?

3. Zur Ermittlung der Selbstkosten für die einzelnen Erzeugnisse soll künftig eine Zuschlagskalkulation angewandt werden. Die Gesamtkosten während des ersten Quartals des laufenden Jahres betrugen 247.000 EUR. Aus der Lohnbuchhaltung weiß Herr **Schwär**, dass davon 110.000 EUR auf Personalkosten entfielen.

   Aus der Finanzbuchhaltung liegen ihm darüber hinaus Informationen vor, dass im selben Zeitraum 90.000 EUR für die Beschaffung und den Verbrauch von Material (Roh-, Hilfs- und Betriebsstoffe einschließlich Energie und Treibstoff) angefallen sind.

   a) Welche zusätzlichen Informationen benötigt Herr **Schwär** für eine Zuschlagskalkulation und woher kann er sich diese Informationen beschaffen?

   b) Eine Analyse der Material- und Personalkosten ergibt, dass im ersten Quartal des laufenden Jahres die Fertigungslöhne 50.000 EUR und die Kosten für das Fertigungsmaterial 80.000 EUR betragen haben. Herr Schwär möchte für Vergleichszwecke die Selbstkosten zunächst mithilfe eines einfachen Kalkulationsverfahrens ermitteln. Die Verrechnung **sämtlicher** Gemeinkosten soll dabei durch einen prozentualen Zuschlag auf die Summe aus Fertigungslohn und Fertigungsmaterial erfolgen (summarische Zuschlagskalkulation). Ermitteln Sie den Zuschlagssatz.

   c) Wie hoch wären bei Anwendung der summarischen Zuschlagskalkulation die Selbstkosten für
      - ein Regal Standardtyp C
        (Fertigungsmaterial: 23,40 EUR; Fertigungslöhne: 5,60 EUR),
      - ein Sportgerät
        (Fertigungsmaterial: 13,00 EUR; Fertigungslöhne: 23,00 EUR)?

   d) Im Vergleich zur Regalproduktion müssen für die Herstellung der Sport- und Spielgeräte mehr Maschinen und mehr Arbeitszeit eingesetzt werden. Andererseits ist der Materialbedarf bei diesen Geräten vergleichsweise geringer als bei den Regalen.
      Warum genügt es im vorliegenden Fall nicht mit einem einzigen Zuschlagssatz zu rechnen?

4. Um die **Gemeinkosten** den Kostenträgern verursachungsgerechter zurechnen zu können, geht Herr **Schwär** von folgender Überlegung aus:

   Zunächst soll festgestellt werden, wo die Gemeinkosten im Betrieb entstanden sind. Dazu muss der Betrieb in verschiedene Kostenverursachungsbereiche (**Kostenstellen**) eingeteilt werden. In einem zweiten Schritt soll dann berücksichtigt werden, in welchem Umfang die einzelnen Erzeugnisse die verschiedenen Bereiche beanspruchen und damit zur Entstehung der Gemeinkosten in den einzelnen Kostenstellen beitragen.

   Entsprechend den betrieblichen Grundfunktionen unterscheidet Herr **Schwär** folgende vier Kostenverursachungsbereiche (Kostenstellen):
   - **Material**   (Beschaffung, Warenannahme, Lagerung)
   - **Fertigung**   (Vorbereitung, Durchführung und Kontrolle der Fertigung)
   - **Verwaltung**   (kaufmännische Leitung, Rechnungswesen, Personalabteilung)
   - **Vertrieb**   (Fertigwarenlager, Werbung, Verkauf, Versand)

   In einem Tabellenformular, das als **Betriebsabrechnungsbogen (BAB)** bezeichnet wird, nimmt er die Aufteilung der Gemeinkosten auf die vier Kostenstellen vor. Ziel ist es, anstelle eines einzigen Zuschlagssatzes vier Zuschlagssätze zu ermitteln und somit die Gemeinkosten nicht pauschal in einer Summe, sondern nach Kostenstellen getrennt, den Kostenträgern zuzurechnen (differenzierende Zuschlagskalkulation).

   Bei der Verteilung der Gemeinkosten auf die vier Kostenstellen stellt Herr **Schwär** fest, dass einige Gemeinkosten anhand vorliegender Belege den Kostenstellen direkt zugerechnet werden können. Andere Gemeinkosten lassen sich dagegen nur indirekt mithilfe eines Verteilungsschlüssels auf die Kostenstellen umlegen.

   Für die Verteilung der Gemeinkosten auf die vier Kostenstellen stellt Herr **Schwär** zunächst folgende Daten zusammen:

Gemein-kostenart	Gesamt-betrag (EUR)	Verteilungs-grundlage	Kostenstellen			
			Material	**Fertigung**	**Verwaltung**	**Vertrieb**
Gehälter	40.000	Gehaltslisten	4.000 EUR	12.000 EUR	18.000 EUR	6.000 EUR
Hilfslöhne	20.000	Stunden laut Lohnzettel	350 Std.	800 Std.	60 Std.	40 Std.
Hilfsstoffe	10.000	Entnahmeschein	1.000 EUR	9.000 EUR		

Gemein-kostenart	Gesamt-betrag (EUR)	Verteilungs-grundlage	Kostenstellen			
			Material	Fertigung	Verwaltung	Vertrieb
Strom	3.000	kWh	6 000 kWh	14 000 kWh	3 000 kWh	2 000 kWh
kalkulatorische Abschreibungen	25.000	Verhältnis des investierten Kapitals laut Anlagenkartei	2.000 EUR	19.000 EUR	3.000 EUR	1.000 EUR
Kfz-Kosten	5.000	km	5 050 km	450 km	1 500 km	8 000 km
Reparaturen	2.000	Rechnungen	300 EUR	1.500 EUR	200 EUR	–
sonstige Gemeinkosten	12.000	direkt	4.000 EUR	5.500 EUR	1.500 EUR	1.000 EUR
Summe	**117.000**					

a) Erstellen Sie den Betriebsabrechnungsbogen nach folgendem Muster:

Gemein-kostenart	Gesamtbetrag (EUR)	Kostenstellen			
		Material	Fertigung	Verwaltung	Vertrieb
Gehälter	40.000				
...	...				
usw.					
Summe	**117.000**				

b) Ermitteln Sie die vier Gemeinkostenzuschlagssätze unter Berücksichtigung folgender Zuschlagsgrundlagen

Gemeinkostenzuschlagssatz	Zuschlagsgrundlage (Bezugsgrößen)
Materialgemeinkostenzuschlagssatz	Fertigungsmaterial
Fertigungsgemeinkostenzuschlagssatz	Fertigungslöhne
Verwaltungsgemeinkostenzuschlagssatz	Herstellkosten
Vertriebsgemeinkostenzuschlagssatz	Herstellkosten

c) Erläutern Sie die vier ermittelten Zuschlagssätze und prüfen Sie, inwieweit durch deren Verwendung eine verursachungsgerechte Verteilung der Gemeinkosten auf die Kostenträger erfolgt.

d) Ermitteln Sie mithilfe der differenzierenden Zuschlagskalkulation die Selbstkosten für ein Regal und ein Sportgerät entsprechend den Angaben in Aufgabe 3 c).

e) Vergleichen Sie die Ergebnisse von Aufgabe 4 d) mit denen von Aufgabe 3 c) und erläutern Sie die Unterschiede.

WIEDERHOLUNG DES GRUNDWISSENS

vel.plus/BHB60

zu Kapitel 6.3 Kostenträgerstückrechnung als Vorkalkulation: Kalkulation mit Normalgemeinkostenzuschlagssätzen

1. Stellen Sie dar, welche Fragen sich mithilfe der Kostenträgerstückrechnung (Kalkulation) beantworten lassen.

2. Erklären Sie, wie sich Normalgemeinkostenzuschlagssätze ermitteln lassen und wofür sie benötigt werden.

3. Erläutern Sie den Grundaufbau einer Zuschlagskalkulation.

4. Geben Sie an, wozu eine kalkulatorische Rückrechnung erforderlich ist.

5. Nennen Sie die Größen, die jeweils mithilfe der Vorwärts-, Rückwärts- und Differenzkalkulation berechnet werden.

6. Beschreiben Sie jeweils den Aufbau des Schemas einer Vorwärts-, Rückwärts- und Differenzkalkulation.

7. Geben Sie zu jedem unter 6. beschriebenen Schema an, mit welcher Art von Prozentrechnung (vom Hundert, im Hundert, auf Hundert) die einzelnen Zuschläge zu berechnen sind.

8. Geben Sie an, wie der Maschinenstundensatz berechnet wird.

9. Erläutern Sie, wann die Anwendung einer Maschinenstundensatzrechnung sinnvoll ist.

10. Erläutern Sie den Unterschied von maschinenabhängigen Fertigungsgemeinkosten und Restgemeinkosten.

ANWENDUNGS- UND ÜBUNGSAUFGABEN

zu Kapitel 6.3 Kostenträgerstückrechnung als Vorkalkulation: Kalkulation mit Normalgemeinkostenzuschlagssätzen

Aufgabe 1 Kalkulation in einer Schulmöbelfabrik

vel.plus/BHB61

Die Schulleitung des Wirtschaftsgymnasiums Stuttgart-West beabsichtigt, ein Klassenzimmer neu zu bestuhlen. Das Schulverwaltungsamt der Stadt Stuttgart bittet daher die Schulmöbelfabrik Greinacher um ein Angebot für die Lieferung von 30 Stühlen.

Die Schulmöbelfabrik legt ihrer Kalkulation folgende Daten zugrunde:

Materialeinzelkosten pro Stuhl	30 EUR	Fertigungslöhne pro Stuhl	20 EUR
Materialgemeinkosten	10 %	Fertigungsgemeinkosten	20 %
Verwaltungsgemeinkosten	15 %	Vertriebsgemeinkosten	5 %
Gewinn	8 ⅓ %	Kundenrabatt	10 %
Kundenskonto	3 %		

Ermitteln Sie den Angebotspreis (Listenverkaufspreis) für 30 Stühle.

Aufgabe 2 Vorwärtskalkulation – Berechnung von Gewinnzuschlag und Fertigungsmaterial

vel.plus/BHB62

Die Velolux GmbH Karlsruhe legt der Kalkulation eines Dachfensters folgende Kalkulationswerte zugrunde:

Fertigungsmaterial	220 EUR	Fertigungslöhne	140 EUR
Materialgemeinkosten	12,5 %	Fertigungsgemeinkosten	15 %
Verwaltungsgemeinkosten	10 %	Vertriebsgemeinkosten	8 %
Gewinnzuschlag	25 %	Kundenskonto	2 %
Kundenrabatt	5 %		

1. Berechnen Sie den Listenverkaufspreis.

2. Ein Konkurrenzunternehmen bietet ein Dachfenster gleicher Größe und Ausstattung zu einem Listenpreis von 650 EUR an. Die Velolux GmbH will diesen Preis des Konkurrenten um 50,00 EUR unterbieten.

   a) Wie hoch ist in diesem Fall der Gewinn in Euro und in Prozent (auf zwei Stellen gerundet), wenn alle anderen Kalkulationsdaten unverändert bleiben?

   b) Wie hoch dürfen die Kosten für das Fertigungsmaterial höchstens sein, wenn der ursprüngliche Gewinnzuschlag von 25 % und alle anderen Kalkulationsdaten unverändert bleiben sollen?

Aufgabe 3 Berechnung der Zuschlagssätze – Gewinn eines Erzeugnisses

vel.plus/BHB63

Der BAB eines kleinen Industriebetriebes enthält folgende Zahlen:

Gemeinkostenarten	Kosten EUR	Material EUR	Fertigung EUR	Verwaltung/Vertrieb EUR
Summe	134.570	23.725	48.000	62.845

An Einzelkosten wurden ermittelt:

Fertigungsmaterial .... 182.500 EUR

Fertigungslöhne .... 60.000 EUR

1. Berechnen Sie die Zuschlagssätze für die Gemeinkosten (Zuschlagssätze ganzzahlig aufrunden).

2. Wie hoch ist der Gewinn des Unternehmens in EUR und Prozent beim Verkauf einer Maschine, für die 4.000 EUR Fertigungsmaterial, 1.000 EUR Fertigungslöhne angefallen sind und für die ein Barverkaufspreis von 9.600 EUR erzielt wurde?
Es werden die unter 1. ermittelten Zuschlagssätze verwendet.

Aufgabe 4 Rückwärtsrechnung – Berechnung der Kosten für Fertigungsmaterial

Ein Importeur bietet ein Elektrogerät zum Listenpreis von 1.250 EUR netto an. Wie viel EUR darf das Fertigungsmaterial einen deutschen Elektrogerätehersteller höchstens kosten, wenn mit folgenden Kosten bzw. Zuschlägen kalkuliert wird:

vel.plus/BHB64

Materialgemeinkosten 10 %, Fertigungslöhne 300,00 EUR, Fertigungsgemeinkosten 132 %, Verwaltungs- und Vertriebsgemeinkosten insgesamt 20 %, Kundenskonto 3 %, Kundenrabatt 10 % und Gewinn 12,5 %?

Aufgabe 5 Angebot einer Maschinenfabrik – Berechnung des Gewinns

Eine Maschinenfabrik erhält eine Anfrage zur Produktion einer Spezialbohrmaschine nach einem vorgegebenen Konstruktionsplan.

vel.plus/BHB65

1. Erstellen Sie nach folgenden Angaben das Angebot:

Einzelkosten:

Material	100,00 EUR
Sondereinzelkosten der Fertigung	15,00 EUR
Fertigungslöhne	220,00 EUR

Gemeinkostenzuschläge:

Materialgemeinkosten	10 %
Fertigungsgemeinkosten	60 %
Verwaltungsgemeinkosten	8 %
Vertriebsgemeinkosten	6 %

sonstige Zuschläge:

Gewinn	12,5 %
Kundenskonto	2 %

2. Bei der Fertigstellung der Bohrmaschine ergeben sich folgende Änderungen, die für die Nachkalkulation zu berücksichtigen sind:
Die Preise für das Fertigungsmaterial haben sich um 4 % erhöht und die Fertigungslöhne sind um 8 % gestiegen. Durch Rationalisierungsmaßnahmen konnten folgende Zuschlagssätze herabgesetzt werden: Fertigungsgemeinkosten um 2 Prozentpunkte, Verwaltungsgemeinkosten um 3 Prozentpunkte, Vertriebsgemeinkosten um 0,5 Prozentpunkte.
Die übrigen Zuschlagssätze blieben unverändert.
Wie viel Prozent beträgt der tatsächliche Gewinn, wenn die Maschine zum Angebotspreis ausgeliefert wurde?

Aufgabe 6 Berechnung des Maschinenstundensatzes – Kalkulation mit Maschinenstundensätzen

In einem Industriebetrieb wird jährlich an 240 Arbeitstagen 8 Stunden pro Tag gearbeitet. Aufgrund von Erfahrungswerten werden bei der Ermittlung der Maschinenlaufzeiten für betriebsbedingte Stillstandszeiten 10 % und für Instandhaltung 2,5 % der Jahresarbeitszeit berücksichtigt.

vel.plus/BHB66

In der Fertigungsabteilung sind u. a. eine große Universalmaschine und 3 Spezialmaschinen eingesetzt. Die maschinenabhängigen Gemeinkosten sind bei jeder der 3 Spezialmaschinen ungefähr gleich hoch.

Merkmal	Universalmaschine	Spezialmaschine
Wiederbeschaffungswert in EUR	500.000	40.000
betriebsgewöhnliche Nutzungsdauer in Jahren	10	8
Abschreibung vom Wiederbeschaffungswert	linear	linear
Zinsen in % vom halben Wiederbeschaffungswert	10	10
Raumbedarf in m²	30	10
Raumkosten je Monat in EUR je m²	6	6
Strombedarf in kWh	5	3

Merkmal	Universalmaschine	Spezialmaschine
Strompreis in EUR je kWh	0,10	0,10
Instandhaltung pro Jahr in % des Wiederbeschaffungswertes	2	1,5
Versicherung in % des Wiederbeschaffungswertes	1	0,5
Werkzeugkosten pro Jahr in EUR (u. a. regelmäßig zu erneuernde Verschleißteile)	1.200	450

1. Berechnen Sie die Maschinenlaufzeit einer Maschine (Stunden pro Jahr).
2. Berechnen Sie den Maschinenstundensatz für die Universalmaschine und die Spezialmaschine.
3. Ein Bauteil beansprucht alle 4 Maschinen mit folgendem Zeitbedarf:

Maschine	Universalmaschine	Spezial M1	Spezial M2	Spezial M3
Belegzeit (Stunden je Bauteil)	2,0	0,9	1,2	0,3

Für das Bauteil gelten folgende Einzelkosten und Zuschlagssätze:

	Einzelkosten	Rest-Gemeinkostenzuschlagssatz
Fertigungsmaterial	120,00 EUR	30 %
Fertigungslöhne	70,00 EUR	210 %

Ermitteln Sie die Herstellkosten für das Bauteil.

6.4   Kostenträgerstückrechnung als Nachkalkulation: Kalkulation mit Istgemeinkostenzuschlagssätzen

Die **Vorkalkulation** hat die Aufgabe, die **voraussichtlichen Selbstkosten** und den **Angebotspreis** zu ermitteln. Bestandteile dieser Kalkulation sind die aus den Stücklisten und den Arbeitsplänen (Zeitstudien) zu entnehmenden **Einzelkosten** sowie die **Normalgemeinkostenzuschlagssätze** (Durchschnitt der Istgemeinkostenzuschlagssätze vergangener Perioden).

Nach Beendigung der Produktion und nach Vorliegen der nachträglich ermittelten **Istgemeinkostenzuschlagssätze** wird eine **Nachkalkulation** vorgenommen. Die Nachkalkulation basiert auf den tatsächlich entstandenen Einzelkosten eines Auftrags oder einer Erzeugnisgruppe und den **Istgemeinkostenzuschlagssätzen** aus dem BAB. Ergeben sich bei der Gegenüberstellung von Vor- und Nachkalkulation Abweichungen bei einzelnen Kostenarten, so muss analysiert werden, welche Gründe dafür maßgebend waren. Gegebenenfalls sind entsprechende Maßnahmen zu ergreifen.

> ! Die Nachkalkulation hat die Aufgabe, die tatsächlich angefallenen Kosten für einen Auftrag oder eine Erzeugnisgruppe zu ermitteln und den bei der Vorkalkulation berücksichtigten Normalkosten gegenüberzustellen.

Nachkalkulation eines Schreibtischs (Fortsetzung Bsp. von S. 126 f.)

Nach Fertigstellung der Schreibtische wurden folgende Kosten festgestellt:

Tatsächlich angefallene Einzelkosten je Stück (Istkosten)		
Fertigungsmaterial	320,00 EUR	entsprechen den der Stückliste und dem Arbeitsplan entnommenen Werten der Vorkalkulation
Fertigungslöhne	200,00 EUR	

Im Rahmen des BAB wurden für das letzte Quartal folgende **Istgemeinkostenzuschlagssätze** ermittelt:

Gemeinkosten	Istgemeinkostenzuschlagssätze lt. BAB	
Materialgemeinkosten	MKGZ	20 %
Fertigungsgemeinkosten	FGKZ	130 %
Verwaltungsgemeinkosten	VwGKZ	20 %
Vertriebsgemeinkosten	VtGKZ	15 %

	Normalzuschlags-sätze, Gewinn-zuschlag und Preisnachlässe	Vorkalkulation		Istzu-schlags-sätze lt. BAB, Gewinn-satz	Nach-kalkulation
Fertigungsmaterial lt. Stückliste		320,00 EUR			320,00 EUR
+ Materialgemeinkosten	25,0 %	80,00 EUR		20,0 %	64,00 EUR
= **Materialkosten**			400,00 EUR		**384,00 EUR**
Fertigungslöhne lt. Arbeitsplan		200,00 EUR			200,00 EUR
+ Fertigungsgemeinkosten	120,0 %	240,00EUR		130,0 %	260,00 EUR
= **Fertigungskosten**			440,00 EUR		**460,00 EUR**
Herstellkosten			840,00 EUR		**844,00 EUR**
+ Verwaltungsgemeinkosten	15,0 %	126,00 EUR		20,0 %	168,80 EUR
+ Vertriebsgemeinkosten	10,0 %	84,00 EUR		15,0 %	126,60 EUR
= **Selbstkosten**			1.050,00 EUR		**1.139,40 EUR**
+ Gewinn	26,0 %		273,00 EUR	16,1	183,60 EUR
= **Barverkaufspreis**			1.323,00 EUR		**1.323,00 EUR**
+ Kundenskonto	2,0 %		27,00 EUR		
= **Zielverkaufspreis**			1.350,00 EUR		
+ Kundenrabatt	25,0 %		450,00 EUR		
= **Listenverkaufspreis netto**			1.800,00 EUR		

Berechnung des Gewinnsatzes

1.139,40 EUR entspr. 100 %

183,60 EUR entspr. x %

x = 16,1 %

Ergebnis: Die tatsächlich entstandenen Selbstkosten in Höhe von 1.139,40 EUR sind um 89,40 EUR höher als die im Rahmen der Vorkalkulation ermittelten Selbstkosten von 1.050,00 EUR. Deshalb beträgt der tatsächlich erzielte Gewinn lediglich 183,60 EUR (16,1 % der Selbstkosten) und nicht wie kalkuliert 273,00 EUR. Da die tatsächlich entstandenen Fertigungsgemeinkosten um 10 Prozentpunkte höher sind als die kalkulierten Fertigungsgemeinkosten, muss analysiert werden, worauf die Differenz zurück zuführen ist. Gleiches gilt für die jeweils um 5 Prozentpunkte höheren Verwaltungs- und Vertriebsgemeinkosten.

Aufg. 1
S. 138

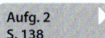
Aufg. 2
S. 138

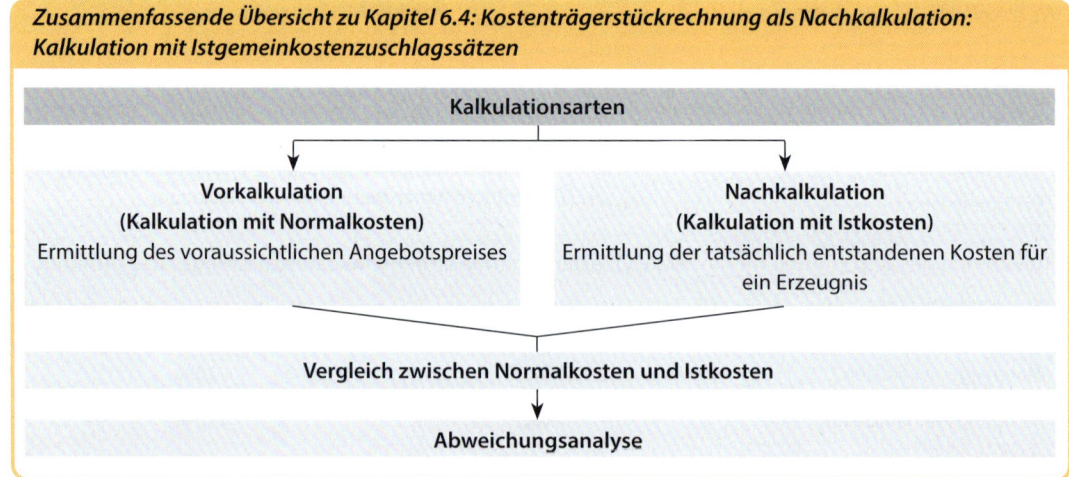

Zusammenfassende Übersicht zu Kapitel 6.4: Kostenträgerstückrechnung als Nachkalkulation: Kalkulation mit Istgemeinkostenzuschlagssätzen

Kalkulationsarten

Vorkalkulation (Kalkulation mit Normalkosten)	Nachkalkulation (Kalkulation mit Istkosten)
Ermittlung des voraussichtlichen Angebotspreises	Ermittlung der tatsächlich entstandenen Kosten für ein Erzeugnis

Vergleich zwischen Normalkosten und Istkosten

Abweichungsanalyse

Checken Sie Ihre Kompetenz mit der **Ich-kann-Liste**.

Öffnen Sie hierzu den nebenstehenden **QR-Code** oder geben Sie folgenden Link ein: https://vel.plus/BHB67

vel.plus/BHB68

WIEDERHOLUNG DES GRUNDWISSENS

zu Kapitel 6.4   Kostenträgerstückrechnung als Nachkalkulation: Kalkulation mit Istgemeinkostenzuschlagssätzen

1. Beschreiben Sie die Aufgabe einer Nachkalkulation.

2. Erläutern Sie, wie eine Nachkalkulation aufgebaut ist.

ANWENDUNGS- UND ÜBUNGSAUFGABEN

zu Kapitel 6.4   Kostenträgerstückrechnung als Nachkalkulation: Kalkulation mit Istgemeinkostenzuschlagssätzen

vel.plus/BHB69

Aufgabe 1   Vor- und Nachkalkulation in einem Industriebetrieb

Ein Industriebetrieb kalkulierte einen Auftrag unter Berücksichtigung folgender Angaben: Fertigungsmaterial 1.280 EUR, Fertigungslöhne 2.800 EUR, Materialgemeinkosten 12,5 %, Fertigungsgemeinkosten 160 %, Verwaltungs- und Vertriebsgemeinkosten zusammen 25 %, Gewinn 20 %, Kundenskonto 2 %.

1. Ermitteln Sie den Angebotspreis.

2. Vergleichen Sie den in einer Vor- und Nachkalkulation ermittelten Gewinn (in EUR und in Prozent), wenn der Kunde nach Skontoabzug 13.080 EUR bezahlt. Als tatsächliche Kosten sind angefallen: Materialgemeinkosten 120 EUR, Fertigungsgemeinkosten 3.176 EUR, Verwaltungs- und Vertriebsgemeinkosten 1.594 EUR. Bei den Einzelkosten ergaben sich keine Abweichungen.

vel.plus/BHB70

Aufgabe 2   Vor- und Nachkalkulation für ein Mountainbike – Ermittlung des tatsächlich erzielten Gewinns

Der Fahrradhersteller Speed-Bike erstellt auf der Grundlage der zuvor durch die Fahrradhändler ermittelten Kunden-Messdaten körpergerechte Mountainbikes.

Der Vorkalkulation eines solchen Mountainbikes werden folgende Normalzuschlagssätze zugrunde gelegt:

■ Materialgemeinkosten	8 %	■ Verwaltungsgemeinkosten	4 %
■ Fertigungsgemeinkosten	40 %	■ Vertriebsgemeinkosten	3 %

Auf der Grundlage der Konstruktionszeichnung wurde für das Fertigungsmaterial ein Betrag von 380 EUR ermittelt. An Fertigungslöhnen fallen laut Arbeitszeitstudien 120 EUR an. Das Unternehmen arbeitet mit einem Gewinnzuschlag von 9 %. Den Kunden wird ein Rabatt in Höhe von 8 % sowie bei Zahlung innerhalb von 14 Tagen ab Rechnungseingang 2 % Skonto gewährt.

Nach Fertigstellung des Mountainbikes konnten dem Betriebsabrechnungsbogen (BAB) nachstehende Ist-Zuschlagssätze für die Istgemeinkosten entnommen werden:

Materialgemeinkosten	6 %
Fertigungsgemeinkosten	38 %
Verwaltungsgemeinkosten	3 %
Vertriebsgemeinkosten	2 %

1. Stellen Sie in einer Übersicht zur Vor- und Nachkalkulation die Normalkosten und die Istkosten einander gegenüber.

2. Berechnen Sie den tatsächlich erzielten Gewinn in EUR und in Prozent (Gewinnsatz).

6.5 Gesamtkalkulation mit Normal- und Istgemeinkostenzuschlagssätzen – Kostenabweichungen

Für die Kostenkontrolle ist es wichtig, in einer **Gesamtkalkulation** folgende Kosten miteinander zu vergleichen:

- innerhalb einer Rechnungsperiode insgesamt **tatsächlich angefallene** Kosten (**Istkosten**),

- für diese Rechnungsperiode im Rahmen der Vorkalkulation den produzierten Erzeugnissen insgesamt **zugerechnete Kosten (Normalkosten)**.

Kostenabweichung zwischen tatsächlichen und verrechneten Gemeinkosten

In gleicher Weise wie beim Vergleich zwischen Vor- und Nachkalkulation bei der Kostenträgerstückrechnung kommt es auch bei der **Gesamtkalkulation** in erster Linie auf die Analyse der **Kostenabweichungen bei den Gemeinkosten** an. Zwar führen Veränderungen bei den Einzelkosten, die zwischen Vor- und Nachkalkulation eingetreten sind (z. B. sinkende Materialpreise, steigende Fertigungslöhne), ebenfalls zu Kostenabweichungen. Wegen der prozentualen Gemeinkostenzuschläge bedingen aber solche Abweichungen bei den Einzelkosten zwangsläufig immer auch Abweichungen bei den Ist- und Normalgemeinkosten. Eine Analyse der Ursachen für die Abweichungen zwischen Ist- und Normal**gemeinkosten** wird dadurch erschwert. In der betrieblichen Praxis werden daher für die Einzelkosten häufig gleichbleibende Verrechnungspreise (= Durchschnittspreise vergangener Perioden) angesetzt, um z. B. Preisschwankungen beim Fertigungsmaterial auszuschalten. Nur wenn die Einzelkosten bei Vor- und Nachkalkulation in gleicher Höhe angesetzt werden, sind die Ursachen für die Abweichungen zwischen Ist- und Normalgemeinkosten **eindeutig** den Gemeinkostenbereichen zuzuordnen.

> **!** **Die Gegenüberstellung der Ist- und Normalkosten im Rahmen einer Gesamtkalkulation dient dem Zweck, Abweichungen zwischen den insgesamt angefallenen Gemeinkosten und den insgesamt im Rahmen der Vorkalkulation den Kostenträgern zugerechneten Gemeinkosten festzustellen. Dabei wird davon ausgegangen, dass die Einzelkosten zwischen Vor- und Nachkalkulation unverändert geblieben sind.**

Gesamtkalkulation in einem Metallbetrieb

Ein Metallbetrieb hat im Monat März drei Kundenaufträge ausgeführt. Für die Vorkalkulation der Aufträge waren den Konstruktionsunterlagen folgende Einzelkosten entnommen worden.

Auftrag Einzelkosten	Auftrag 1	Auftrag 2	Auftrag 3
Fertigungsmaterial	2.000 EUR	1.000 EUR	4.500 EUR
Fertigungslöhne	3.500 EUR	7.000 EUR	2.000 EUR

Um die Selbstkosten und den darauf basierenden Angebotspreis zu ermitteln, hatte der Betrieb die Gemeinkosten mithilfe von Zuschlagssätzen verrechnet. Diese Gemeinkostenzuschlagssätze waren aus dem **Durchschnitt der Ist-Gemeinkostenzuschlagssätze** der letzten Monate gebildet worden. Die sich daraus ergebenden **Normal-Gemeinkostenzuschlagssätze** hatten folgende Höhe:

MGKZ: 15 %   FGKZ: 30 %   VwGKZ: 8 %   VtGKZ: 4 %

Auf der Basis dieser Zahlen ergab sich für die drei Aufträge folgende **Vorkalkulation**:

Kostenart		Auftrag 1	Auftrag 2	Auftrag 3
Fertigungsmaterial		2.000 EUR	1.000 EUR	4.500 EUR
Normal-MGKZ	15 %	300 EUR	150 EUR	675 EUR
Fertigungslöhne		3.500 EUR	7.000 EUR	2.000 EUR
Normal-FGKZ	30 %	1.050 EUR	2.100 EUR	600 EUR
kalkulierte Herstellkosten		6.850 EUR	10.250 EUR	7.775 EUR
Normal-VwGKZ	8 %	548 EUR	820 EUR	622 EUR
Normal-VtGKZ	4 %	274 EUR	410 EUR	311 EUR
kalkulierte Selbstkosten		7.672 EUR	11.480 EUR	8.708 EUR

Die tatsächlich im Monat März angefallenen Einzelkosten (**Ist-Einzelkosten**) ergeben sich aus der Summe der durch die einzelnen Aufträge verursachten Einzelkosten. Sie stimmen im vorliegenden Beispiel mit den Einzelkosten der Vorkalkulation überein.

Fertigungsmaterial: 2.000 EUR + 1.000 EUR + 4.500 EUR = 7.500 EUR
Fertigungslöhne: 3.500 EUR + 7.000 EUR + 2.000 EUR = 12.500 EUR

Die für den Monat März nachträglich ermittelten **Istgemeinkosten** sowie die entsprechenden Gemeinkostenzuschlagssätze sind nachstehendem BAB (Auszug) zu entnehmen:

	Material	Fertigung	Verwaltung	Vertrieb
	...	...	...	...
Summe Gemeinkosten	900 EUR	5.000 EUR	1.813 EUR	1.295 EUR
Zuschlags- grundlagen	7.500 EUR (FM)	12.500 EUR (FL)	HK = FM (7.500 EUR) + MGK (900 EUR) + FL (12.500 EUR) + FGK (5.000 EUR) = 25.900 EUR	
Gemeinkosten- zuschlagssätze	MGKZ $= \dfrac{900}{7.500} \cdot 100$ $= 12\%$	FGKZ $= \dfrac{5.000}{12.500} \cdot 100$ $= 40\%$	VwGKZ $= \dfrac{1.813}{25.900} \cdot 100$ $= 7\%$	VtGKZ $= \dfrac{1.295}{25.900} \cdot 100$ $= 5\%$

Zur Feststellung und Analyse von Kostenabweichungen zwischen Normal- und Istkosten wird nachstehende **Gesamtkalkulation** verwendet:

Gesamtkalkulation für den Monat März – Ermittlung der Kostenabweichungen					
	Normalkalkulation		Istkalkulation		Kostenabweichung (Normal-GK – Ist-GK)
	Ist-Einzelkosten u. Normal-Gemeinkosten	Normal-GKZ	Ist-Einzel-kosten u. Ist-Gemein-kosten	Ist-GKZ	
Fertigungsmaterial (Ist)	7.500 EUR		7.500 EUR		
Materialgemeinkosten	1.125 EUR	15 %	900 EUR	12 %	225 EUR
Fertigungslöhne (Ist)	12.500 EUR		12.500 EUR		
Fertigungsgemeinkosten	3.750 EUR	30 %	5.000 EUR	40 %	– 1.250 EUR
Herstellkosten	24.875 EUR		25.900 EUR		
Verwaltungsgemeinkosten	1.990 EUR	8 %	1.813 EUR	7 %	177 EUR
Vertriebsgemeinkosten	995 EUR	4 %	1.295 EUR	5 %	– 300 EUR
Selbstkosten	27 860 EUR		29 008 EUR		– 1.148 EUR

Aufg. 1
S. 144

Insgesamt ergibt sich bei den Selbstkosten eine **Unterdeckung** in Höhe von 1.148 EUR. Das bedeutet, dass im Monat März tatsächlich 1.148 EUR mehr Gemeinkosten (Ist-Gemeinkosten) angefallen sind als den Aufträgen in diesem Zeitraum unter Verwendung der **Normalgemeinkostenzuschlagssätze** zugerechnet wurden. Vor diesem Hintergrund sollte Ursachenforschung betrieben werden, warum in den einzelnen Kostenstellen die Höhe der tatsächlich angefallenen Gemeinkosten (**Ist-Gemeinkosten**) von der Höhe der mithilfe der Normalzuschlagsätze kalkulierten Gemeinkosten (**Normal-Gemeinkosten**) abgewichen ist.

> **!** Sind die mit Normalzuschlagssätzen kalkulierten Gemeinkosten (Normalgemeinkosten) höher als die tatsächlichen Gemeinkosten (Istgemeinkosten), so liegt eine Kostenüberdeckung vor. Sind die Normalgemeinkosten dagegen niedriger als die Istgemeinkosten liegt eine Kostenunterdeckung vor.

Bei einer Kostenüberdeckung hat die entsprechende Kostenstelle weniger Gemeinkosten verursacht als normalerweise anfallen. Bei einer Kostenunterdeckung hat die entsprechende Kostenstelle dagegen überdurchschnittlich hohe Gemeinkosten verursacht. Die Ursachen dafür müssen näher untersucht werden.

> **!** Kostenüberdeckung: Normalgemeinkosten > Istgemeinkosten
> Kostenunterdeckung: Normalgemeinkosten < Istgemeinkosten

Ursachen für Kostenabweichungen

Eine Abweichung der **Istgemeinkosten von den Normalgemeinkosten** kann folgende Ursachen haben:

Aufg. 2
S. 145

① **Verbrauchs-/Mengenabweichung: Veränderungen beim Verbrauch von Material des Gemeinkostenbereiches**

Zu einer Kostenabweichung kommt es, wenn eine Kostenstelle gegenüber der Ausgangssituation, zu der ein Gemeinkostenzuschlag errechnet wurde, wirtschaftlicher oder unwirtschaftlicher arbeitet. So führt beispielsweise ein sparsamer Umgang mit Hilfsstoffen oder Energie zu einer Überdeckung, weil die am Ende einer Abrechnungsperiode festgestellten Istgemeinkosten geringer sind als die Normalgemeinkosten.

❷ **Preisabweichung: Preisänderungen für Material des Gemeinkostenbereichs (z. B. Hilfsstoffe, Betriebsstoffe) oder Änderung von Hilfslöhnen und Gehältern**

Preiserhöhungen für Hilfs- und Betriebsstoffe oder Erhöhungen von Hilfslöhnen und Gehältern führen zu einer höheren Belastung der entsprechenden Kostenstelle mit Gemeinkosten und damit zu höheren Zuschlagssätzen. Bei Preissenkungen für diese Güter würden dagegen weniger Gemeinkosten anfallen.

❸ **Beschäftigungsabweichungen**

Erhöht sich der Beschäftigungsgrad (= Erhöhung der Produktionsmenge), so ist damit eine entsprechende Erhöhung der variablen Kosten verbunden. Für die Einzelkosten (z. B. Materialkosten) wird üblicherweise angenommen, dass sich diese im gleichen Verhältnis verändern wie die Produktionsmenge (proportional variable Kosten). Da sich aber die **Gemeinkosten** – anders als die Einzelkosten – sowohl aus fixen als auch aus variablen Bestandteilen zusammensetzen, führt eine Änderung der Produktionsmenge bei diesen Kosten lediglich zu einer Änderung der darin enthaltenen variablen Kosten. Bei der Verwendung von Gemeinkostenzuschlagssätzen wird aber unterstellt, dass sich **alle** Gemeinkosten in gleicher Weise verändern wie die Einzelkosten.

Da sich aber in Wirklichkeit die Gemeinkosten (wegen der darin enthaltenen Fixkosten) langsamer verändern als die Einzelkosten, weichen bei Produktionsmengen, die nicht der Normalbeschäftigung entsprechen, Normal- und Istzuschlagssätze voneinander ab.

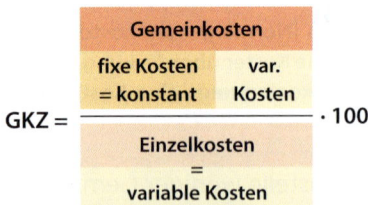

Bei einer Produktionsausdehnung steigen die Einzelkosten (= Nenner des Bruchs) schneller als die Gemeinkosten (= Zähler des Bruchs), so dass die Istzuschlagssätze sinken. Bei einer Produktionsminderung sinken dagegen die Einzelkosten schneller als die Gemeinkosten, so dass die Istzuschlagssätze steigen.

Beschäftigungsschwankungen sind daher immer mit Abweichungen der Normalgemeinkosten von den Istgemeinkosten, d. h. mit Kostenüber- oder Kostenunterdeckung verbunden.

Kostenüber- und Kostenunterdeckung bei Beschäftigungsänderung

Für einen Industriebetrieb wird angenommen, dass für die aus fixen und variablen Kosten bestehenden Gemeinkosten der Kostenstelle Material folgende Kostenfunktion gilt:

MGK = 5.000 + 3 x (K_f = 5.000 EUR, k_v = 3 EUR/Stück)
Die Materialkosten (Einzelkosten) betragen 10 EUR/Stück.

MGK: 8.000 EUR	
K_{fix}	K_{var}
5.000 EUR	3.000 EUR

Das Unternehmen berechnet bei einer Produktionsmenge von 1 000 Stück den Zuschlagssatz für die Materialgemeinkosten, der künftig als Normalzuschlagssatz verwendet werden soll:

Materialeinzelkosten (1 000 Stück à 10 EUR/Stück)	10.000 EUR
Materialgemeinkosten (MGK = 5.000 + 3 · 1.000)	8.000 EUR (= 80%)
Materialkosten	18.000 EUR

Ergebnis: Der Normalzuschlagssatz für die Materialgemeinkosten beträgt 80 %.

Beträgt die tatsächliche Produktionsmenge in der nächsten Periode aber beispielsweise 2 000 Stück, ergeben sich auf der Grundlage des ermittelten Normalzuschlagssatzes von 80 % folgende Materialgemeinkosten (Normalkosten):

Materialeinzelkosten (2000 Stück à 10 EUR/Stück)	20.000 EUR	
Materialgemeinkosten 80 % (Normalkosten)	→ 16.000 EUR	
Materialkosten auf Normalkostenbasis	36.000 EUR	
Tatsächliche Materialgemeinkosten (Istkosten): (MGK= 5.000 + 3 · 2000)	→ 11.000 EUR	

MGK: 11.000 EUR	
K_{fix}	K_{var}
5.000 EUR	6.000 EUR

Ergebnis: Das Unternehmen unterstellt bei der Berechnung der Materialgemeinkosten (Normalkosten), dass sich die Materialgemeinkosten in gleicher Weise verändern wie die Materialeinzelkosten (Proportionalisierung der in den Gemeinkosten enthaltenen fixen Kosten). Daher führt eine Erhöhung der Beschäftigung (höhere Produktionsmenge) dazu, dass zu viele Gemeinkosten (hier: 16.000 EUR statt 11.000 EUR) verrechnet werden (**Überdeckung**).

! Ursache für Kostenabweichungen aufgrund von Beschäftigungsschwankungen ist die bei der Anwendung von Zuschlagssätzen eintretende Proportionalisierung der in den Gemeinkosten enthaltenen fixen Kosten. Es wird so getan, als ob sich diese fixen Kosten proportional zu den Einzelkosten ändern. In Wirklichkeit bleiben die Fixkosten aber konstant.

! Eine zunehmende Beschäftigung führt zu einer Überdeckung (Normalgemeinkosten übersteigen die Istgemeinkosten). Ursache: Die in den Gemeinkosten enthaltenen Fixkosten erhöhen sich nicht, so dass die Istgemeinkosten niedriger als die bei der Vorkalkulation mithilfe der Normalzuschlagssätze verrechneten Gemeinkosten sind.

! Eine rückläufige Beschäftigung führt zu einer Unterdeckung (Istgemeinkosten übersteigen die Normalgemeinkosten). Ursache: Die in den Gemeinkosten enthaltenen Fixkosten verringern sich nicht, so dass die Istgemeinkosten höher als die bei der Vorkalkulation mithilfe der Normalzuschlagssätze verrechneten Gemeinkosten sind.

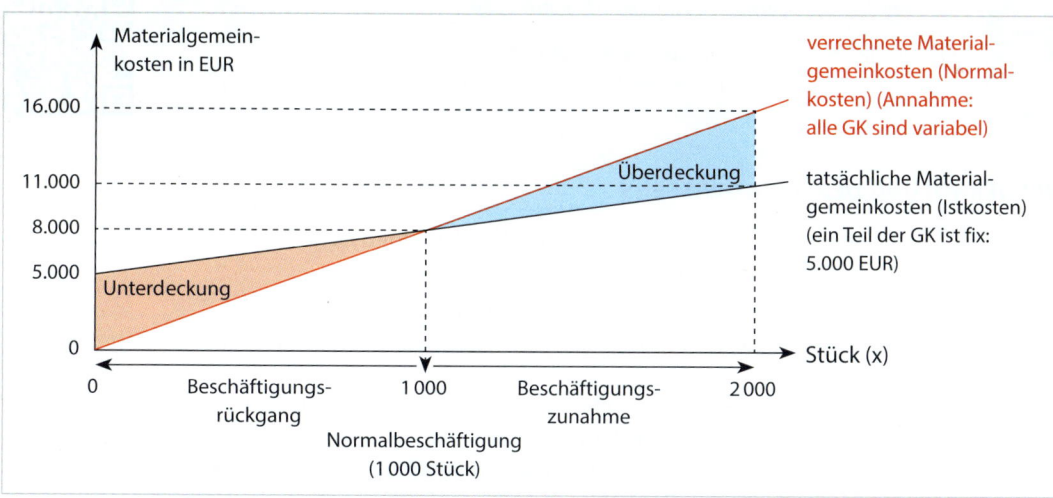

Aufg. 3
S. 145

Aufg. 4
S. 145

Vergleich Istkostenrechnung – Normalkostenrechnung	
Istkostenrechnung	**Normalkostenrechnung**
▪ ermittelt die tatsächlichen Kosten einer abgelaufenen Rechnungsperiode ▪ ermöglicht keine Angebotskalkulation, da sich Istkosten auf die Vergangenheit beziehen ▪ Kostenkontrolle im Rahmen einer Gesamtkalkulation ist nicht möglich, da Kostenvorgaben fehlen	▪ ermittelt die „normalen" Kosten auf der Grundlage von Durchschnittssätzen aus der Vergangenheit ▪ Angebotskalkulation erfolgt auf der Grundlage von Normalkosten ▪ Vergleich von Ist- und Normalkosten ermöglicht eine Kostenkontrolle

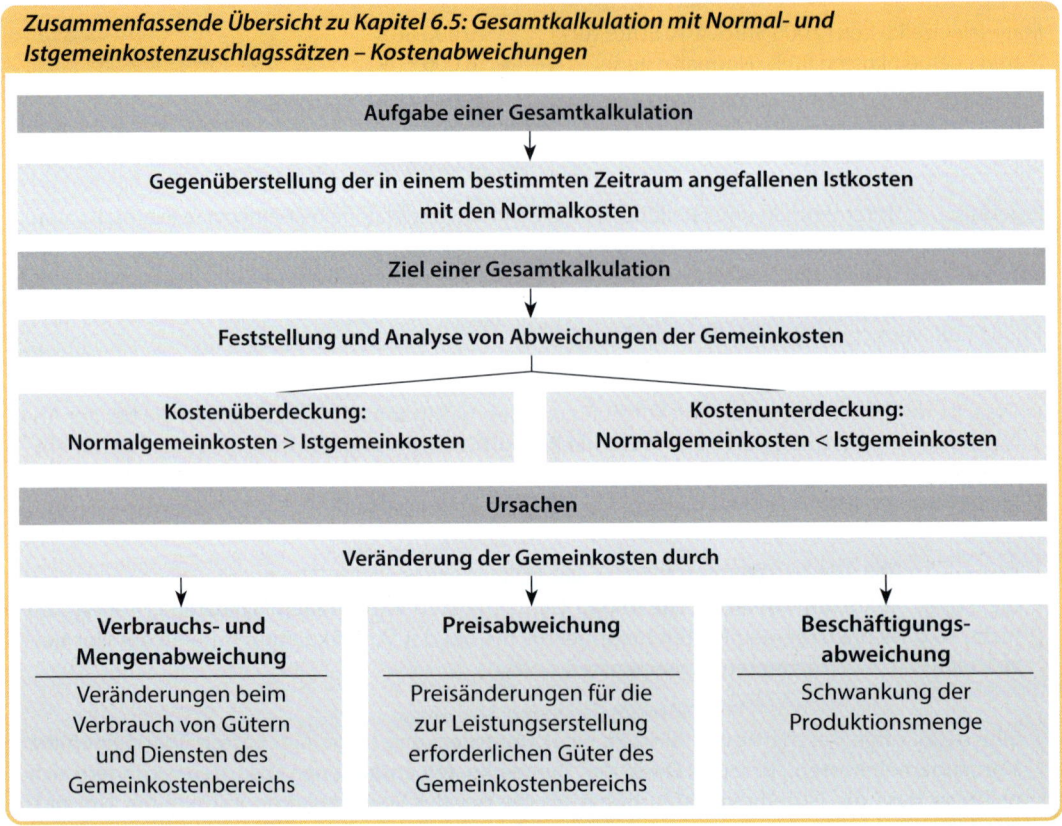

Zusammenfassende Übersicht zu Kapitel 6.5: Gesamtkalkulation mit Normal- und Istgemeinkostenzuschlagssätzen – Kostenabweichungen

Aufgabe einer Gesamtkalkulation

↓

Gegenüberstellung der in einem bestimmten Zeitraum angefallenen Istkosten mit den Normalkosten

Ziel einer Gesamtkalkulation

↓

Feststellung und Analyse von Abweichungen der Gemeinkosten

| Kostenüberdeckung: Normalgemeinkosten > Istgemeinkosten | Kostenunterdeckung: Normalgemeinkosten < Istgemeinkosten |

Ursachen

Veränderung der Gemeinkosten durch

Verbrauchs- und Mengenabweichung	Preisabweichung	Beschäftigungs- abweichung
Veränderungen beim Verbrauch von Gütern und Diensten des Gemeinkostenbereichs	Preisänderungen für die zur Leistungserstellung erforderlichen Güter des Gemeinkostenbereichs	Schwankung der Produktionsmenge

Checken Sie Ihre Kompetenz mit der **Ich-kann-Liste**.

Öffnen Sie hierzu den nebenstehenden **QR-Code** oder geben Sie folgenden Link ein: https://vel.plus/BHB71

WIEDERHOLUNG DES GRUNDWISSENS

zu Kapitel 6.5:   Gesamtkalkulation mit Normal- und Istgemeinkostenzuschlagssätzen – Kostenabweichungen

1. Geben Sie an, welches Ziel mit einer Gesamtkalkulation verfolgt wird.
2. Erläutern Sie, welche Kostenabweichungen zwischen Ist- und Normalkosten im Rahmen der Kostenkontrolle untersucht werden.
3. Erklären Sie, was jeweils unter einer Kostenüber- und Kostenunterdeckung zu verstehen ist.
4. Nennen Sie drei mögliche Gründe für eine Abweichung von Normal- und Istkosten.
5. Erklären Sie, warum eine zunehmende Beschäftigung im Normalfall zu einer Überdeckung führt.
6. Erklären Sie, warum eine rückläufige Beschäftigung im Normalfall zu einer Unterdeckung führt.

ANWENDUNGS- UND ÜBUNGSAUFGABEN

zu Kapitel 6.5:   Gesamtkalkulation mit Normal- und Istgemeinkostenzuschlagssätzen – Kostenabweichungen

Aufagbe 1   Normalkalkulation – Istkalkulation

Ein Fertigungsbetrieb für landwirtschaftliche Maschinen kalkuliert mit folgenden Normalzuschlagssätzen:

Materialgemeinkostenzuschlag:	10 %	Fertigungsgemeinkostenzuschlag:	160 %
Verwaltungsgemeinkostenzuschlag:	15 %	Vertriebsgemeinkostenzuschlag:	10 %

Zur Überprüfung dieser Zuschlagssätze werden die Istkosten des letzten Abrechnungszeitraums (Monat Januar) herangezogen:

Fertigungsmaterial	540.000 EUR	Fertigungslöhne	320.000 EUR
Sondereinzelkosten der Fertigung	25.000 EUR	Fertigungsgemeinkosten lt. BAB	532.400 EUR
Materialgemeinkosten lt. BAB	64.200 EUR	Vertriebsgemeinkosten lt. BAB	124.600 EUR
Verwaltungsgemeinkosten lt. BAB	185.000 EUR	Sondereinzelkosten des Vertriebs	18.650 EUR

Ermitteln Sie mithilfe eines Tabellenkalkulationsprogramms oder des vorstrukturierten Arbeitsblatts für den Monat Januar

- die Selbstkosten auf Normal- und auf Istkostenbasis,
- die Kostenüber- bzw. Kostenunterdeckung je Kostenstelle,
- die gesamte Kostenüber- bzw. Kostenunterdeckung.

Aufgabe 2 Kostenabweichungen – Gründe für Abweichungen

Der BAB eines Industriebetriebes weist am Ende der Rechnungsperiode folgende Summen auf:

vel.plus/BHB74

Kostenarten	Kostenstellen			
	Material (EUR)	Fertigung (EUR)	Verwaltung (EUR)	Vertrieb (EUR)
Summe Einzelkosten	168.000	304.000		
Summe Ist-Gemeinkosten	25.000	72.000	48.000	58.000

Das Unternehmen hat bei der Vorkalkulation folgende Normalzuschlagssätze verwendet: Materialgemeinkosten 13 %, Fertigungsgemeinkosten 28 %, Verwaltungsgemeinkosten 8 %, Vertriebsgemeinkosten 9 %.

1. Ermitteln Sie die Kostenüber- bzw. Kostenunterdeckung je Hauptkostenstelle.

2. Nennen Sie für jede der festgestellten Abweichungen mögliche Gründe.

Aufgabe 3 Ermittlung von Kostenabweichungen

Eine Maschinenfabrik arbeitete im 1. Quartal mit Normalbeschäftigung. Sie hatte für den Fertigungsbereich insgesamt 100.000 EUR Einzelkosten und 120.000 EUR Gemeinkosten ermittelt. Es wird angenommen, dass die Einzelkosten in voller Höhe variable Kosten darstellen. Bei den Gemeinkosten handelt es sich dagegen zu 75 % um fixe Kosten. Im 2. Quartal kalkuliert der Betrieb alle Aufträge mit dem Fertigungsgemeinkostenzuschlag des 1. Quartals.

Da im 2. Quartal ein Beschäftigungsrückgang um 50 % eintrat, sanken die angefallenen Einzelkosten von 100.000 EUR auf 50.000 EUR.

1. Mit welchem FGKZ hat der Betrieb seine Erzeugnisse im 2. Quartal kalkuliert?

2. Ermitteln sie die Höhe der Kostenabweichung, die sich im vorliegenden Fall aufgrund des Beschäftigungsrückgangs bei den Gemeinkosten ergeben hat.

3. Wie hoch hätte der richtige FGKZ im 2. Quartal sein müssen?

Aufgabe 4 Beschäftigungsabweichungen

Für den Verlauf der Ist-Fertigungsgemeinkosten eines Industriebetriebes gilt folgende Gleichung:

FGK = 6.000 + 4 x (FGK = Fertigungsgemeinkosten, x = Produktionsmenge)

An Fertigungslöhnen fallen in diesem Betrieb 10 EUR/Stück an.

vel.plus/BHB75

1. Zeichnen Sie die Kurve der Ist-Gemeinkosten für eine Produktionsmenge von 0 bis 5 000 Stück.

2. Ermitteln Sie den Zuschlagssatz für die Fertigungsgemeinkosten, wenn die derzeitige Produktionsmenge 2 000 Stück beträgt.

3. Zeichnen Sie die Kurve für die verrechneten Gemeinkosten (Normal-Gemeinkosten) unter Verwendung des unter 2. ermittelten Zuschlagssatzes für eine Produktionsmenge von 0 bis 5 000 Stück.

4. Errechnen Sie den Betrag der Kostenabweichung, falls die Produktionsmenge 5 000 Stück beträgt und wenn davon auszugehen ist, dass der in 2. errechnete Zuschlagssatz als Normalzuschlag verwendet wird.

5. Erklären Sie, wie es zu der unter 4. festgestellten Kostenabweichung kommt.

6.6 Kritik an der Vollkostenrechnung in Form der Zuschlagskalkulation

Die Vollkostenrechnung in Form der Zuschlagskalkulation hat u. a. folgende Aufgaben:

- Verursachungsgerechte Verteilung der Gemeinkosten auf die Kostenträger
- Ermittlung des Angebotspreises
- Kostenkontrolle

Diese Aufgaben kann die Vollkostenrechnung in Form der Zuschlagskalkulation nur eingeschränkt lösen. Nachstehende Übersicht enthält die wesentlichen Kritikpunkte:

Kritik an der Vollkostenrechnung in Form der Zuschlagskalkulation

- Eine verursachungsgerechte Verteilung bestimmter Gemeinkosten auf die Kostenstellen ist nicht möglich (z. B. Kostenstellengemeinkosten).

- Die bei der Ermittlung der Zuschlagssätze unterstellte Abhängigkeit der Gemeinkosten von den Einzel- bzw. den Herstellkosten trifft häufig nicht zu (z. B. unterstellte Abhängigkeit der Verwaltungsgemeinkosten von den Herstellkosten). Daher ist die Zurechnung der Gemeinkosten auf die Kostenträger mithilfe von Zuschlagssätzen nicht immer verursachungsgerecht.

  Lösung: Maschinenstundensatzrechnung (vgl. Kap 6.3.3)

- Eine verursachungsgerechte Zurechnung der Gemeinkosten auf die Kostenträger mithilfe von Zuschlagssätzen ist insbesondere dann problematisch, wenn die Gemeinkosten im Verhältnis zu den Einzelkosten sehr hoch (und daher die Zuschlagssätze ebenfalls sehr hoch) sind.

- Werden dieselben Zuschlagssätze bei unterschiedlichen Beschäftigungsgraden angewandt, wird unterstellt, dass sich nicht nur die variablen Gemeinkosten, sondern auch die fixen Gemeinkosten proportional zur Zuschlagsgrundlage (Einzel- bzw. Herstellkosten) verändern. Dieser Fehler (Proportionalisierung der Fixkosten) führt bei Beschäftigungsänderungen zu Abweichungen zwischen Vor- und Nachkalkulation (Kostenüber-/Kostenunterdeckung).

- Bei Beschäftigungsschwankungen kommt es zu einer nicht marktgerechten Preisgestaltung. Bei abnehmender Beschäftigung steigen die Zuschlagssätze wegen der in den Gemeinkosten enthaltenen Fixkosten. Das führt zu einer Erhöhung der kalkulierten Angebotspreise, obwohl die Marktsituation eher eine Preissenkung erforderlich machen würde. Der umgekehrte Zusammenhang gilt für eine Zunahme der Beschäftigung.

  Lösung: Deckungsbeitragsrechnung (vgl. Kap. 7)

vel.plus/BHB76

WIEDERHOLUNG DES GRUNDWISSENS

zu Kapitel 6.6 Kritik an der Vollkostenrechnung in Form der Zuschlagskalkulation

1. Nennen Sie die wesentlichen Kritikpunkte an der Vollkostenrechnung in Form der Zuschlagskalkulation.

2. „Das Hauptproblem der Zuschlagskalkulation besteht in der Wahl einer geeigneten Zuschlagsgrundlage." Erläutern Sie diese Aussage.

3. Erläutern Sie den Kritikpunkt „Proportionalisierung der Fixkosten".

7   Teilkostenrechnung in Form der Deckungsbeitragsrechnung[1]

Kompetenzen:

- *das Betriebsergebnis eines Unternehmens mithilfe der Teilkostenrechnung in Form der Deckungsbeitragsrechnung ermitteln*
- *die Deckungsbeitragsrechnung für produktions- und absatzpolitische Fragestellungen als Entscheidungshilfe anwenden*
- *absolute und relative Deckungsbeiträge voneinander abgrenzen*
- *die Kostenrechnungssysteme Voll- und Teilkostenrechnung vergleichen und deren Bedeutung für das Unternehmen beurteilen*

7.1   Deckungsbeitragsrechnung als Stückrechnung

Unterschied zwischen Voll- und Teilkostenrechnung

> **!** Im Rahmen der Vollkostenrechnung wird zwischen Einzel- und Gemeinkosten unterschieden. Bei der Vollkostenrechnung werden sämtliche Kosten auf die Kostenträger verrechnet.

Die **Deckungsbeitragsrechnung** als eine Form der **Teilkostenrechnung** gliedert die Kosten in deren fixe und variable Bestandteile. Nur die variablen Kosten werden den einzelnen Produkten (Kostenträgern) zugerechnet. Die **fixen Kosten** fallen dagegen unabhängig von der Produktionsmenge in gleich bleibender Höhe an. Sie stellen Kosten der Betriebsbereitschaft dar und können bei einem Mehrproduktunternehmen nicht verursachungsgerecht auf die einzelnen Kostenträger verteilt werden.

> **!** Bei der Deckungsbeitragsrechnung werden nur die variablen Kosten den einzelnen Produkten (Kostenträgern) zugerechnet, da sich nur diese Kosten bei unterschiedlichen Produktionsmengen ändern.

Deckungsbeitrag

In diesem Kostenrechnungssystem spielen **Deckungsbeiträge** eine zentrale Rolle. Der **Deckungsbeitrag je Stück** (db) wird berechnet, indem vom Preis eines Produktes dessen variable Stückkosten abgezogen werden.

---

[1]   Neben der Deckungsbeitragsrechnung gibt es noch weitere Teilkostenrechnungssysteme. Diese sind jedoch nicht Gegenstand des Bildungsplanes.

> **!** Nettoverkaufspreis je Stück (p)
> – **variable Kosten je Stück (k$_v$)**
> = **Deckungsbeitrag je Stück (db)**

Deckungsbeitragsrechnung eines Herstellers von Fahrrädern

Ein Fahrradhersteller produziert Rennräder und Mountainbikes. Aus Wettbewerbsgründen ist er gezwungen, den Barverkaufspreis je Stück, zu dem er die Mountainbikes dem Großhandel anbietet, von 550,00 EUR auf 500,00 EUR zu senken. Die variablen Kosten betragen 300,00 EUR. Kann die Produktion zu den gegebenen Bedingungen zumindest vorübergehend aufrechterhalten werden?

**Berechnung des
Deckungsbeitrags pro Stück (db)**

Barverkaufspreis (Nettoverkaufspreis)	500,00 EUR
– variable Kosten	300,00 EUR
= **Deckungsbeitrag (db)**	**200,00 EUR**

Grafische Darstellung

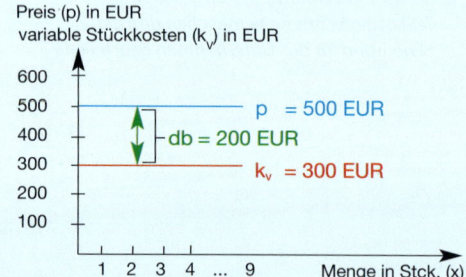

Aufg. 1
S. 149

Ergebnis: Der Verkaufspreis eines Stücks (p) übersteigt die variablen Stückkosten (k$_v$) um 200 EUR (= Deckungsbeitrag db). Damit leistet jedes einzelne verkaufte Stück einen Beitrag zur Deckung der auch ohne Produktion anfallenden fixen Kosten in Höhe von 200 EUR. Demnach kann – zumindest kurzfristig – die Produktion aufrechterhalten werden. Wenn dagegen die Produktion ganz eingestellt wird, entfällt dieser Deckungsbeitrag und es entsteht ein Verlust in Höhe der Fixkosten.

> **!** In Höhe des Deckungsbeitrags leistet das Produkt einen Beitrag zur Deckung der ohnehin anfallenden fixen Kosten eines Unternehmens.

Zusammenfassende Übersicht zu Kapitel 7.1: Deckungsbeitragsrechnung als Stückrechnung

Deckungsbeitragsrechnung (= Form der Teilkostenrechnung)

↓

Aufteilung der Kosten in deren fixe und variable Bestandteile

↓

Verrechnung der variablen Kosten auf die Kostenträger

Deckungsbeitragsrechnung als Stückrechnung:

Nettoverkaufspreis je Stück (p)
– variable Kosten je Stück (k$_v$)
= Deckungsbeitrag je Stück (db)

 Checken Sie Ihre Kompetenz mit der **Ich-kann-Liste**.

Öffnen Sie hierzu den nebenstehenden **QR-Code**
oder geben Sie folgenden Link ein: https://vel.plus/BHB77

WIEDERHOLUNG DES GRUNDWISSENS

vel.plus/BHB78

zu Kapitel 7.1 Deckungsbeitragsrechnung als Stückrechnung

1. Erläutern Sie den Unterschied von Voll- und Teilkostenrechnung.

2. Geben Sie an, welche Kosten in der Deckungsbeitragsrechnung den Kostenträgern zugerechnet werden.

3. Erläutern Sie, weshalb in der Teilkostenrechnung die fixen Kosten nicht den Kostenträgern zugerechnet werden.

4. Nennen Sie die Formel zur Berechnung des Deckungsbeitrags pro Stück.

5. Geben Sie an, welche Bedeutung ein positiver Stückdeckungsbeitrag für das Unternehmen hat.

ANWENDUNGS- UND ÜBUNGSAUFGABEN

zu Kapitel 7.1 Deckungsbeitragsrechnung als Stückrechnung

Aufgabe 1 Produktionsentscheidung eines Herstellers von Garagentoren

Ein Hersteller von Garagentoren produziert monatlich 500 Tore. Es fallen 50.000 EUR Fixkosten an. Die variablen Stückkosten betragen 650 EUR.

vel.plus/BHB79

1. Berechnen Sie die Selbstkosten pro Garagentor.

2. Aus Wettbewerbsgründen kann der Hersteller derzeit die Tore nur zu folgenden Bedingungen an den Handel verkaufen: Listenverkaufspreis (ohne Umsatzsteuer): 800,00 EUR.

   Es muss außerdem ein Kundenrabatt von 10 % und ein Skonto von 2 %, der regelmäßig in Anspruch genommen wird, gewährt werden.

   Ermitteln Sie den Barverkaufspreis (Nettoverkaufspreis) und entscheiden Sie, ob unter diesen Bedingungen die Tore weiterproduziert werden sollen.

3. Welcher Rabatt (in EUR und in %) kann höchstens gewährt werden, wenn davon auszugehen ist, dass der Verkaufspreis mindestens die variablen Kosten decken muss?

7.2 Ergebnisermittlung mithilfe der Deckungsbeitragsrechnung

Ergebnisermittlung mithilfe der Deckungsbeitragsrechnung in einer Fahrradfabrik

Einem Hersteller von Fahrrädern *(vgl. S. 148)* liegen für das zweite Quartal folgende Daten vor:

Ausgangssituation:

	Mountainbikes	Rennräder
Produktions- und Absatzmenge (x)	6 000 Stück	4 000 Stück
Barverkaufspreis je Stück (p)	500,00 EUR	700,00 EUR
variable Kosten je Stück (k_v)	300,00 EUR	480,00 EUR
gesamte fixe Kosten des Betriebes für das zweite Quartal (K_f)	1.280.000 EUR	

Berechnung des Betriebsergebnisses mithilfe der Deckungsbeitragsrechnung:

	Mountainbikes	Rennräder
Stückpreis (p) · Menge (x) = Erlöse (E)	500 · 6 000 = 3.000.000 EUR	700 · 4 000 = 2.800.000 EUR
− variable Kosten $(K_v) = k_v \cdot x$	− 300 · 6 000 = 1.800.000 EUR	− 480 · 4 000 = 1.920.000 EUR
= Gesamtdeckungsbeitrag (DB) = db · x	200 · 6 000 = 1.200.000 EUR	220 · 4 000 = 880.000 EUR
	2.080.000 EUR	
− gesamte fixe Kosten des Betriebes (K_f)	− 1.280.000 EUR	
= Betriebsgewinn	800.000 EUR	

Ergebnis: Das Produkt Mountainbike leistet einen Beitrag zur Deckung der gesamten fixen Kosten des Betriebes in Höhe von 1.200.000 EUR. Das Produkt Rennräder leistet einen Deckungsbeitrag in Höhe von 880.000 EUR. Da die Gesamtdeckungsbeiträge der beiden Produkte (2.080.000 EUR) die fixen Kosten des Betriebes (1.280.000 EUR) um 800.000 EUR übersteigen, entsteht in dieser Höhe ein Betriebsgewinn.

Zur Ermittlung des **Betriebsergebnisses** auf der Grundlage einer Deckungsbeitragsrechnung müssen die gesamten fixen Kosten des Unternehmens von der Summe der Deckungsbeiträge abgezogen werden.

! Ermittlung des Betriebsergebnisses mithilfe der Deckungsbeitragsrechnung:

> **Erlöse (E)**
> − **gesamte variable Kosten (K_v)**
> _____
> = **Deckungsbeiträge (Gesamtdeckungsbeitrag DB)**
> − **fixe Kosten des gesamten Betriebes (K_f)**
> _____
> = **Betriebsergebnis**

Aufg. 1
S. 151

Zusammenhang von Umsatzerlösen, Gesamtdeckungsbeitrag und Betriebsergebnis

$$\text{Erlöse (E)} = p_1 \cdot x_1 + p_2 \cdot x_2 + p_3 \cdot x_3 \ldots\ldots + p_n \cdot x_n$$

p_1 = Preis Gut$_1$
x_1 = Menge Gut$_1$

5.800.000 EUR

variable Gesamtkosten $(K_v = x_1 \cdot k_{v1} + x_2 \cdot k_{v2} \ldots + x_n \cdot k_{vn})$ **3.720.000 EUR**	Gesamtdeckungsbeitrag (DB) = $db_1 \cdot x_1 + db_2 \cdot x_2 \ldots + db_n \cdot x_n)$ (Summe aller Produktdeckungsbeiträge) **2.080.000 EUR**

gesamte fixe Kosten (K_f) **1.280.000 EUR**	Betriebsergebnis $G = E − K_v − K_f$ **800.000 EUR**

Zusammenfassende Übersicht zu Kapitel 7.2:
Ergebnisermittlung mithilfe der Deckungsbeitragsrechnung

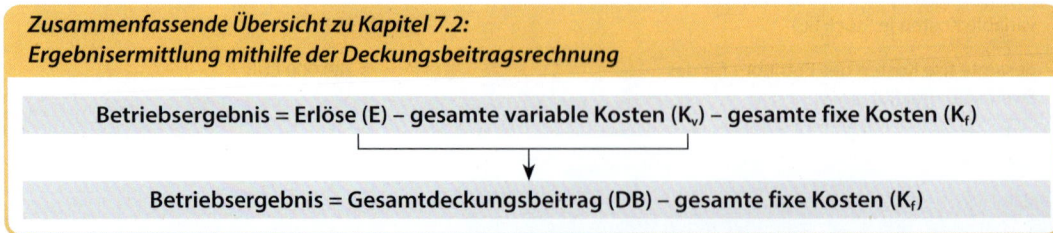

Betriebsergebnis = Erlöse (E) − gesamte variable Kosten (K_v) − gesamte fixe Kosten (K_f)

↓

Betriebsergebnis = Gesamtdeckungsbeitrag (DB) − gesamte fixe Kosten (K_f)

Checken Sie Ihre Kompetenz mit der **Ich-kann-Liste**.

Öffnen Sie hierzu den nebenstehenden **QR-Code**
oder geben Sie folgenden Link ein: https://vel.plus/BHB80

WIEDERHOLUNG DES GRUNDWISSENS

vel.plus/BHB81

zu Kapitel 7.2 Ergebnisermittlung mithilfe der Deckungsbeitragsrechnung

1. Erläutern Sie, wie das Betriebsergebnis auf der Grundlage der Deckungsbeitragsrechnung ermittelt wird.
2. Beschreiben Sie den Zusammenhang, der zwischen Betriebsergebnis und Gesamtdeckungsbeitrag besteht.

ANWENDUNGS- UND ÜBUNGSAUFGABEN

zu Kapitel 7.2 Ergebnisermittlung mithilfe der Deckungsbeitragsrechnung

Aufgabe 1 Deckungsbeitrag und Betriebsergebnis

Eine Schuhfabrik produziert u. a. fünf Schuhmodelle, für die die folgenden Daten vorliegen:

vel.plus/BHB82

Nr.	Modell	Geplante Absatzmenge pro Monat	Stückpreis (EUR)	Variable Stückkosten (EUR)
1	A	420	40	18
2	B	900	20	10
3	C	200	38	28
4	D	600	28	15
5	E	350	30	18

Die monatlichen Fixkosten betragen 20.000 EUR.

1. Ermitteln Sie den Deckungsbeitrag und das Betriebsergebnis (Gewinn/Verlust), wenn die geplanten Mengen tatsächlich abgesetzt werden können.
2. Die Geschäftsleitung überlegt, das Produktionsprogramm auf drei Modelle zu begrenzen.
   a) Welche beiden Modelle sollten für diesen Fall aus dem Produktionsprogramm gestrichen werden? Begründen Sie Ihre Entscheidung.
   b) Ermitteln Sie den sich nach dieser Entscheidung ergebenden Deckungsbeitrag sowie das Betriebsergebnis.
3. Bei allen drei verbleibenden Modellen besteht genügend Nachfrage, so dass auch erhöhte Produktionsmengen abgesetzt werden könnten. Die durch die Bereinigung des Produktionsprogramms frei werdenden Kapazitäten sollen für die Produktionsausdehnung bei einem der verbleibenden Modelle genutzt werden.
   a) Bei welchem Modell soll die Produktionsmenge ausgedehnt werden?
   b) Ermitteln Sie den sich nach dieser Entscheidung ergebenden Deckungsbeitrag sowie das Betriebsergebnis, wenn die zusätzliche Produktions- und Absatzmenge bei diesem Modell (vgl. a) 550 Paar Schuhe beträgt.

7.3 Mindestabsatz zur Deckung der Fixkosten: Gewinnschwelle

Langfristig muss jedes Unternehmen seine **gesamten Kosten** decken, wenn es am Markt bestehen will. Da aber bei der Deckungsbeitragsrechnung den Produkten nur variable Kosten zugerechnet werden, ergibt sich zwangsläufig die Frage, welche Absatzmenge mindestens erreicht werden muss, damit auch die fixen Kosten gedeckt sind.

> **Die Menge, bei der die Erlöse alle Kosten decken, wird als Gewinnschwelle oder Break-even-Point bezeichnet.**

Ermittlung der Gewinnschwelle

Bei einem Einproduktunternehmen wird die Gewinnschwelle erreicht, wenn folgende Bedingung erfüllt ist:

> **Bedingung für Gewinnschwelle:**   Erlöse (E) = Kosten (K)
> $$p \cdot x = K_f + k_v \cdot x$$

Durch Auflösung der Gleichung nach x ergibt sich die Formel zur Berechnung der Gewinnschwelle (x_0):

> $$x_0 = \frac{K_f}{p - k_v} = \frac{K_f \text{ (fixe Gesamtkosten)}}{db \text{ (Deckungsbeitrag je Einheit)}}$$

Gewinnschwelle eines Industriebetriebs

Die Kapazität eines Industriebetriebs, der nur eine Produktart herstellt, liegt bei monatlich 1 000 Stück. Die Fixkosten je Monat belaufen sich auf 42.000 EUR. Die variablen Stückkosten betragen 250 EUR und der Verkaufserlös je Stück 350 EUR.

Gewinnschwelle:

Verkaufspreis je Stück	(p)	350 EUR
− variable Kosten je Stück	(k_v)	250 EUR
Deckungsbeitrag je Stück	**(db)**	**= 100 EUR**

$$\text{Gewinnschwelle} = \frac{\text{Fixkosten}}{db} = \frac{42.000 \text{ EUR}}{100 \text{ EUR/Stück}} = \mathbf{420 \text{ Stück}}$$

Aufg. 1
S. 153

Aufg. 2
S. 153

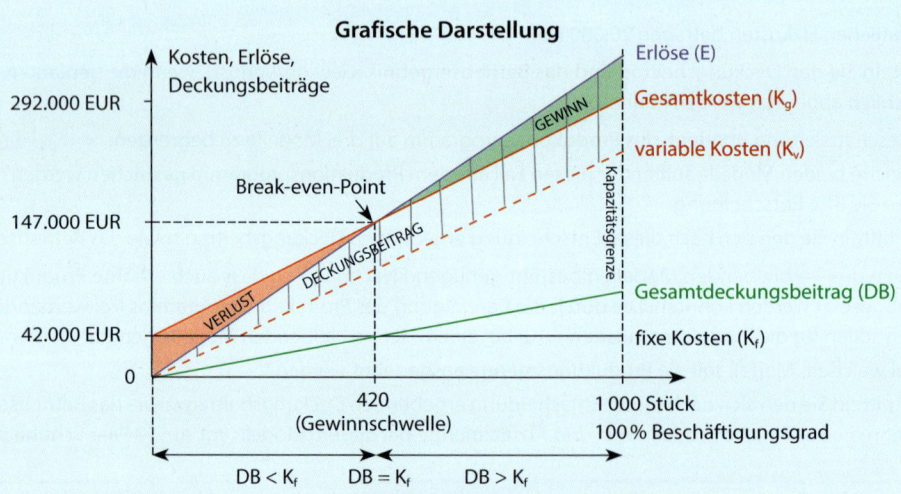

Grafische Darstellung

> **Zusammenfassende Übersicht zu Kapitel 7.3: Mindestabsatz zur Deckung der Fixkosten: Gewinnschwelle**
>
> **Bedingung für Gewinnschwelle: Erlös (E) = Kosten (K)**
> **Ermittlung der Gewinnschwelle x_0**
>
> $$x_0 = \frac{K_f}{p - k_v} = \frac{K_f \text{ (fixe Gesamtkosten)}}{db \text{ (Deckungsbeitrag je Stück)}}$$

Checken Sie Ihre Kompetenz mit der **Ich-kann-Liste**.

Öffnen Sie hierzu den nebenstehenden **QR-Code**
oder geben Sie folgenden Link ein: https://vel.plus/BHB83

WIEDERHOLUNG DES GRUNDWISSENS

vel.plus/BHB84

zu Kapitel 7.3 Mindestabsatz zur Deckung der Fixkosten: Gewinnschwelle

1. Erläutern Sie, was unter Gewinnschwelle (Break-even-Point) zu verstehen ist.

2. Geben Sie an, wie sich die Gewinnschwelle auf der Grundlage des Stückdeckungsbeitrags berechnen lässt.

ANWENDUNGS- UND ÜBUNGSAUFGABEN

zu Kapitel 7.3 Mindestabsatz zur Deckung der Fixkosten: Gewinnschwelle

Aufgabe 1 Gewinnschwelle

Die Kapazitätsgrenze eines Einproduktunternehmens liegt bei einer Ausbringungsmenge von 80 000 Stück. Die fixen Kosten betragen 240.000 EUR/Monat, die variablen Kosten 14,80 EUR/Stück. Das Produkt wird für 24,40 EUR netto verkauft.

vel.plus/BHB85

1. Ermitteln Sie die Gewinnschwelle.

2. In der Kostenrechnung wurde ein Stückgewinn von 2,20 EUR ermittelt. Wie viel Stück müssen im kommenden Monat hergestellt werden, damit das ermittelte Ergebnis zutrifft?

Aufgabe 2 Kostendeckung – Gewinnschwelle – Gesamtgewinn

Die Kapazität eines Metall verarbeitenden Betriebes beträgt für ein bestimmtes Erzeugnis monatlich 7 200 Stück. Die Gesamtkosten betragen bei voller Kapazitätsauslastung monatlich 360.000 EUR. Bei einer Produktion von 5 800 Stück monatlich entstehen Gesamtkosten in Höhe von 304.000 EUR. Die variablen Stückkosten sind konstant. Das Erzeugnis kann zu 64 EUR je Stück abgesetzt werden.

1. Wie hoch sind die variablen Stückkosten und die Fixkosten?

2. Ermitteln Sie den Beschäftigungsgrad, bei dem die Gewinnschwelle erreicht wird.

3. Ermitteln Sie den Gesamtgewinn bei einem Beschäftigungsgrad von 80 %.

4. Berechnen Sie die Umsatzrentabilität und den Gesamtdeckungsbeitrag beim Beschäftigungsgrad von 80 % (Umsatzrentabilität = Gewinn · 100 : Umsatz).

5. Das Unternehmen strebt eine Umsatzrentabilität von 20 % an. Bei welcher Stückzahl wird dieses Ziel erreicht?

7.4 Kurzfristige und langfristige Preisuntergrenze

Die fixen Kosten fallen unabhängig von der Beschäftigungssituation – selbst bei Stillstand der Anlagen – in unveränderter Höhe an. Daher muss ein nach Gewinn strebendes Unternehmen bei kurzfristiger Betrachtung die Produktion so lange nicht einstellen (bzw. einen entsprechenden Produktionsauftrag so lange nicht ablehnen), wie der Stückpreis (p) über den variablen Stückkosten (k_v) liegt. **Der Deckungsbeitrag pro Stück (db) ist in diesem Fall positiv.**

Preispolitik einer Zementfabrik bei Vollkostenrechnung und Deckungsbeitragsrechnung

Aufgrund einer ungünstigen Entwicklung im Bausektor ist bei einem Baustoffhersteller die Kapazität der Zementproduktion mit einer monatlichen Produktions- und Absatzmenge von 20 000 Sack Zement nur zur Hälfte ausgelastet. Bei der Zementproduktion liegt – bezogen auf einen Monat – folgende Kostensituation vor:

Beim bisherigen Verkaufspreis von 3,00 EUR ergibt sich ein Erlös von monatlich 20 000 Sack · 3,00 EUR = 60.000 EUR. Die Verkaufsabteilung schlägt vor, den bisherigen Verkaufspreis, der bereits unter den Selbstkosten liegt, noch weiter zu senken, um im

Kosten	Insgesamt	je Sack
variable Kosten	44.000 EUR	2,20 EUR
fixe Kosten der Zementproduktion	20.000 EUR	1,00 EUR
Selbstkosten	64.000 EUR	3,20 EUR

Preiskampf mit der Konkurrenz Wettbewerbsvorteile zu erzielen und den Absatz zu erhöhen.

Problem: Soll der Baustoffhersteller die Zementproduktion einstellen, weil die Erlöse die Kosten nicht decken oder kann der Preis noch weiter gesenkt werden?

Aufg. 1
S. 157

Entscheidung auf der Grundlage der Vollkostenrechnung:		Entscheidung auf der Grundlage der Deckungsbeitragsrechnung:	
Verkaufspreis (p)	3,00 EUR	Verkaufspreis (p)	3,00 EUR
– Stückkosten (k)	3,20 EUR	– variable Kosten pro Stück (k_v)	2,20 EUR
Stückverlust	**– 0,20 EUR**	**Deckungsbeitrag je Stück (db)**	**0,80 EUR**

Situation bei **Einstellung** der Produktion:		Situation bei **Aufrechterhaltung** der Produktion:	
Verlust: 20.000 EUR monatlich		Erlös (p · x)	60.000 EUR
		– variable Kosten (K_v)	44.000 EUR
Begründung:		= **Deckungsbeitrag**	**16.000 EUR**
Kosten der Betriebsbereitschaft (fixe Kosten) fallen auch bei Stilllegung an, sofern das Unternehmen nicht aufgelöst wird.		– fixe Kosten	20.000 EUR
		Verlust	**4.000 EUR** monatl.

Ergebnis: Bei einer Entscheidung auf Basis der **Vollkostenrechnung** würde sich das Unternehmen dafür entscheiden, die Zementproduktion einzustellen, weil die Stückkosten (3,20 EUR) höher sind als der Stückerlös (3,00 EUR). Der Verlust in Höhe der Fixkosten beträgt in diesem Fall monatlich 20.000 EUR. Bei einer Entscheidung auf Basis der **Deckungsbeitragsrechnung** wird die Zementproduktion aufrechterhalten, weil der Verkaufspreis pro Stück höher ist als die variablen Kosten pro Stück. Es wird ein positiver Deckungsbeitrag (= Beitrag zur Deckung der Fixkosten) in Höhe von 16.000 EUR erzielt. Der Verlust beträgt in diesem Fall lediglich 4.000 EUR monatlich.

Kurzfristige Preisuntergrenze

Bei positivem Deckungsbeitrag je Stück (db) leistet jedes verkaufte Stück einen Beitrag in Höhe seines db zur Deckung der fixen Kosten und trägt damit zur Verbesserung des Betriebsergebnisses bei. Würde das Unternehmen die Produktion dieses Erzeugnisses einstellen (bzw. einen entsprechenden Auftrag ablehnen), wäre der Gesamtgewinn geringer bzw. der Gesamtverlust größer. Kurzfristig ist es daher ausreichend, wenn der Verkaufspreis (p)

Verkaufspreis (p)	3,00 EUR
– variable Kosten je Stück (k_v)	2,20 EUR
Deckungsbeitrag je Stück (db)	0,80 EUR

fixe Gesamtkosten 20.000 EUR									
db 0,80 EUR	db 0,80 EUR	db 0,80 EUR	db 0,80 EUR	db 0,80 EUR	db 0,80 EUR	db 0,80 EUR	db …	db …	db …

Ergebnis: Jeder verkaufte Sack Zement trägt mit 0,80 EUR zur Deckung der fixen Gesamtkosten in Höhe von 20.000 EUR bei. Um bei unveränderter Preis- und Kostensituation die Fixkosten vollständig zu decken, müsste die Absatzmenge auf 5 000 Sack Zement pro Monat gesteigert werden (20.000 EUR/0,80 EUR je Sack = 25 000 Sack).

für ein Produkt lediglich die variablen Kosten je Stück (k_v) deckt (= **kurzfristige Preisuntergrenze**). $PUG_k \rightarrow p = k_v$

> **!** Die kurzfristige (absolute) Preisuntergrenze (PUG_k) ist erreicht, wenn der Verkaufspreis die variablen Kosten pro Stück gerade noch deckt.
> $PUG_k \rightarrow$ **Verkaufspreis (p) = variable Stückkosten (k_v)**

Preissenkung unter die kurzfristige Preisuntergrenze

Im vorliegenden Beispiel liegt die kurzfristige Preisuntergrenze bei 2,20 EUR. Vorübergehend könnte der Verkaufspreis je Sack Zement bis auf diese Höhe gesenkt werden. Erst bei einer noch weiteren Preissenkung auf z. B. 2,00 EUR wäre der Verlust höher als bei Einstellung der Produktion. Dies könnte auch durch eine Ausdehnung der Produktions- und Absatzmenge nicht ausgeglichen werden. Im Gegenteil: Für den Fall, dass der Preis (p) unter den variablen Stückkosten (k_v) liegt, ist der Verlust umso höher, je höher die Absatzmenge ist.

Preis: 2,00 EUR	Variable Stückkosten: 2,20 EUR	Fixkosten: 20.000 EUR	
Produktionsmenge	0	20 000	40 000
Erlöse	0 EUR	40.000 EUR	80.000 EUR
– variable Kosten	0 EUR	44.000 EUR	88.000 EUR
= Deckungsbeitrag	0 EUR	– 4.000 EUR	– 8.000 EUR
– Fixkosten	– 20.000 EUR	– 20.000 EUR	– 20.000 EUR
= Betriebsergebnis	– 20.000 EUR	– 24.000 EUR	– 28.000 EUR

Liegt der Stückpreis unter den variablen Stückkosten, ist der Deckungsbeitrag negativ, d. h.,

- es wird nicht nur **kein Beitrag** zur **Deckung der Fixkosten** geleistet, sondern
- es werden sogar die **variablen Kosten nicht in voller Höhe gedeckt**.

In einem solchen Fall sollte normalerweise die Produktion dieses Erzeugnisses eingestellt bzw. der Auftrag abgelehnt werden.

Die Kenntnis der **kurzfristigen Preisuntergrenze** ist vor allem dann bedeutsam, wenn ein Unternehmen einem intensiven Preiswettbewerb ausgesetzt ist. In diesem Fall muss den Verhandlungsführern der Preisspielraum bzw. die kurzfristige Preisuntergrenze bekannt sein, um entscheiden zu können, ob ein Auftrag gerade noch angenommen werden kann oder nicht.

Langfristige Preisuntergrenze

Langfristig muss ein Unternehmen alle Kosten – also fixe und variable Kosten – decken. **Die langfristige Preisuntergrenze (PUG_l)** ist erreicht, wenn der Preis die entstandenen Selbstkosten je Stück (Stückkosten) deckt:

> **!** Die langfristige Preisuntergrenze (PUG_l) ist erreicht, wenn der Verkaufspreis die gesamten Stückkosten (k_g) deckt.

Für den Fall, dass die Fixkosten in voller Höhe einem einzelnen Produkt zurechenbar sind (Einproduktunternehmen), lässt sich die langfristige Preisuntergrenze wie folgt ermitteln:

> **!**
> $$\text{gesamte Stückkosten} = \frac{\text{fixe Gesamtkosten}}{\text{Produktionsmenge}} + \text{variable Stückkosten}$$
> $$PUG_l \rightarrow p = k_g = \frac{K_f}{x} + k_v = k_f + k_v \qquad p = k_f + k_v$$

Preisuntergrenze und Beschäftigungsgrad

Die kurzfristige Preisuntergrenze ist vom **Beschäftigungsgrad** (Produktionsmenge) unabhängig. Demgegenüber ändert sich die langfristige Preisuntergrenze in Abhängigkeit vom Beschäftigungsgrad (BG).

Fixkostendegression bei Erhöhung des Beschäftigungsgrades

Bei Ausdehnung der Produktion (= Erhöhung des Beschäftigungsgrades) verteilen sich die Fixkosten auf eine größere Stückzahl. Der Fixkostenanteil je Stück (k_f) nimmt ab. Da sich die Stückkosten (k_g) aus dem Fixkostenanteil je Stück und den variablen Stückkosten zusammensetzen ($k_g = k_f + k_v$), sinken in diesem Fall die Stückkosten (Fixkostendegression, Gesetz der Massenproduktion). Bei einer Produktionseinschränkung (= Verringerung des Beschäftigungsgrades) ergibt sich der umgekehrte Effekt.

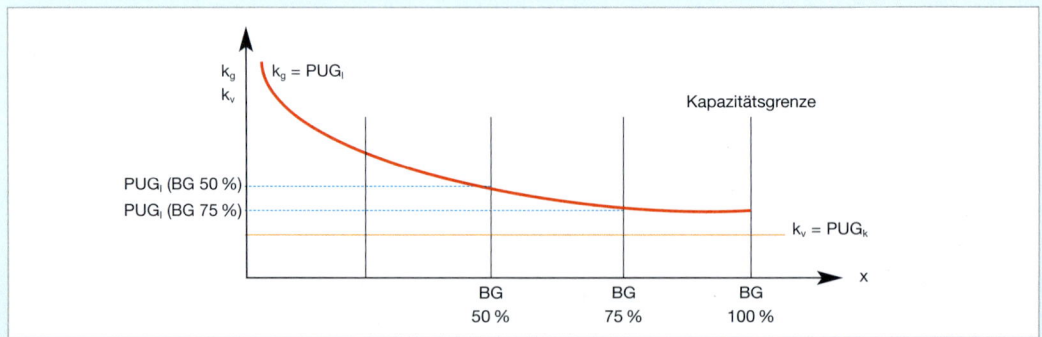

Die Abhängigkeit der langfristigen Preisuntergrenze vom Beschäftigungsgrad führt bei Preisentscheidungen zu folgendem Problem:

- Ein sinkender Beschäftigungsgrad führt zu steigenden Stückkosten und damit zu einer Erhöhung der langfristigen Preisuntergrenze.

- Ein steigender Beschäftigungsgrad führt zu sinkenden Stückkosten und damit zu einer Verringerung der langfristigen Preisuntergrenze.

Eine an der Entwicklung der **langfristigen Preisuntergrenze** orientierte Preispolitik ist aber **nicht marktgerecht**. Wenn der Beschäftigungsgrad sinkt (= Rückgang von Produktion und Absatz), müsste – um die Absatzmöglichkeiten wieder zu verbessern – der Preis gesenkt und nicht erhöht werden. Andererseits muss bei einer Erhöhung des Beschäftigungsgrades (= Zunahme von Produktion und Absatz) nicht zusätzlich noch der Preis gesenkt werden, um die Absatzmöglichkeiten zu verbessern.

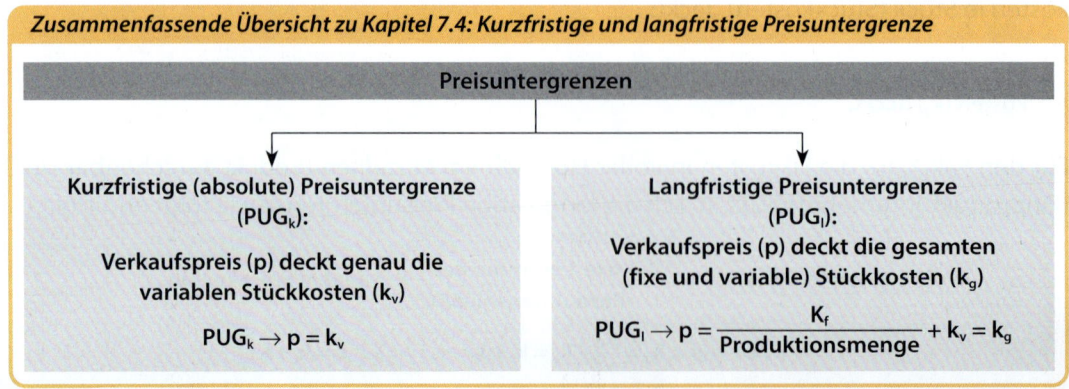

Checken Sie Ihre Kompetenz mit der **Ich-kann-Liste**.

Öffnen Sie hierzu den nebenstehenden **QR-Code**
oder geben Sie folgenden Link ein: https://vel.plus/BHB87

WIEDERHOLUNG DES GRUNDWISSENS

vel.plus/BHB88

zu Kapitel 7.4 Kurzfristige und langfristige Preisuntergrenze

1. Stellen Sie dar, was unter der kurzfristigen (absoluten) Preisuntergrenze zu verstehen ist.

2. Erläutern Sie die Bedeutung von Informationen zur kurzfristigen Preisuntergrenze.

3. Geben Sie an, wann ein Unternehmen die langfristige Preisuntergrenze erreicht.

4. Erläutern Sie den Zusammenhang zwischen Produktionsmenge und langfristiger Preisuntergrenze.

5. Begründen Sie, weshalb die Produktionsmenge keinen Einfluss auf die kurzfristige Preisuntergrenze hat.

ANWENDUNGS- UND ÜBUNGSAUFGABEN

zu Kapitel 7.4 Kurzfristige und langfristige Preisuntergrenze

Aufgabe 1 Preisuntergrenze, Stückkosten, Stückgewinn und Gesamtgewinn

Bei 100 %iger Kapazitätsauslastung können in einem Industriebetrieb monatlich 6 500 Einheiten eines Zulieferer-teils für die Kfz-Produktion hergestellt werden. Die fixen Kosten dafür betragen 260.000 EUR, die variablen Kosten bei voller Auslastung 520.000 EUR je Monat. Der Verkaufspreis (ohne USt) beträgt 150 EUR je Einheit.

vel.plus/BHB89

1. Ermitteln Sie die kurzfristige Preisuntergrenze.

2. Ermitteln Sie die Stückkosten, den Stückgewinn und den Gesamtgewinn bei voller Kapazitätsauslastung.

3. Ermitteln Sie die langfristige Preisuntergrenze, wenn davon auszugehen ist, dass sich die an der Kapazitäts-grenze produzierte Stückzahl verkaufen lässt.

4. Ermitteln Sie die Stückkosten, den Stückgewinn und den Gesamtgewinn bei einer Auslastung von 40 %.

7.5 Fehlentscheidungen bei Anwendung der Zuschlagskalkulation

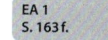

Beginnen Sie Ihren Kompetenzerwerb zum Thema *Fehlentscheidungen bei Anwendung der Zuschlagskalkulation* mit der Erarbeitungsaufgabe EA 1.

EA 1
S. 163 f.

7.5.1 Fehlentscheidungen bei der Preispolitik

Falsch kalkulierter Angebotspreis

Eine Veränderung des Beschäftigungsgrades führt zu einer Veränderung der Einzelkosten (variable Kosten), die als Grundlage für die Ermittlung der Gemeinkostenzuschlagssätze verwendet werden (z. B. Fertigungsmaterial und Fertigungslöhne). Die Gemeinkosten ändern sich aber bei Beschäftigungsschwankungen wegen der darin enthaltenen **Fixkosten** nicht in gleichem Umfang wie die Einzelkosten. Wird der mit diesen Zuschlagssätzen ermittelte **kalkulierte Angebotspreis** zur Grundlage der Preispolitik gemacht, kommt es zu folgen-schweren **Fehlentscheidungen**.

Ausgangssituation: Beschäftigungsgrad 75 %

In einer Fahrradfabrik wurden für das vergangene Quartal bei einem Beschäftigungsgrad von 75 % folgende Zuschlagssätze ermittelt.

Einzel- und Gemeinkosten bei einem Beschäftigungsgrad von 75 %			
Fertigungsmaterial	500.000 EUR	Fertigungslöhne	400.000 EUR
Materialgemeinkosten	50.000 EUR	Fertigungsgemeinkosten	800.000 EUR
MGKZ	10 %	FGKZ	200 %
VwGKZ	10 %	VtGKZ	10 %

Für ein hochwertiges City-Bike ergab sich daraus folgende Preiskalkulation:

Fertigungsmaterial	200,00 EUR	
+ Materialgemeinkostenzuschlag 10 %	20,00 EUR	
= Materialkosten		220,00 EUR
Fertigungslöhne	150,00 EUR	
+ Fertigungsgemeinkostenzuschlag 200 %	300,00 EUR	
= Fertigungskosten		450,00 EUR
Herstellkosten		670,00 EUR
+ Verwaltungsgemeinkostenzuschlag 10 %		67,00 EUR
+ Vertriebsgemeinkostenzuschlag 10 %		67,00 EUR
= Selbstkosten		804,00 EUR
+ Gewinnzuschlag 25 %		201,00 EUR
= Listenpreis		1.005,00 EUR

Beschäftigungsrückgang: Zu hoher Angebotspreis

Fall 1: Verringerung des Beschäftigungsgrades auf 60 %

Die Absatzmöglichkeiten haben sich verschlechtert. Der Beschäftigungsgrad ist um 15 %-Punkte, d. h. um 20 % von ursprünglich 75 % (siehe Ausgangssituation) auf 60 % gesunken. Das hat zu einem Rückgang der Einzelkosten (= variable Kosten) um 20 % geführt. Da die Gemeinkosten zum überwiegenden Teil aus fixen Kosten bestehen, haben sich diese nicht in gleichem Umfang, sondern im vorliegenden Fall nur um 5 % verringert. Dadurch haben sich die Zuschlagssätze für die Material- und Fertigungsgemeinkosten wie folgt verändert:

Einzel- und Gemeinkosten bei einem Beschäftigungsgrad von 60 %			
Fertigungsmaterial	400.000 EUR	Fertigungslöhne	320.000 EUR
Materialgemeinkosten	47.500 EUR	Fertigungsgemeinkosten	760.000 EUR
MGKZ	11,875 %	FGKZ	237,5 %

Die Preiskalkulation ändert sich dadurch (bei unveränderten Zuschlagssätzen für Verwaltungsgemeinkosten, Vertriebsgemeinkosten und Gewinn) wie folgt:

Fertigungsmaterial	200,00 EUR	
+ Materialgemeinkostenzuschlag 11,875 %	23,75 EUR	
= Materialkosten		223,75 EUR
Fertigungslöhne	150,00 EUR	
+ Fertigungsgemeinkostenzuschlag 237,5 %	356,25 EUR	
= Fertigungskosten		506,25 EUR

Herstellkosten		730,00 EUR
+ Verwaltungsgemeinkostenzuschlag 10 %		73,00 EUR
+ Vertriebsgemeinkostenzuschlag 10 %		73,00 EUR
= Selbstkosten		876,00 EUR
+ Gewinnzuschlag 25 %		219,00 EUR
= Listenpreis		1.095,00 EUR

Bei Anwendung der durch den Rückgang des Beschäftigungsgrades gestiegenen Zuschlagssätze für Material- und Fertigungsgemeinkosten erhöht sich im vorliegenden Fall der kalkulierte Listenpreis um 90,00 EUR gegenüber der Ausgangssituation. Eine Preiserhöhung wäre aber angesichts des rückläufigen Absatzes genau die falsche Entscheidung. Vielmehr müsste der Preis gesenkt werden, um die Absatzmöglichkeiten zu verbessern. Wie weit der Preis gesenkt werden kann, hängt von der kurzfristigen Preisuntergrenze und damit von der Höhe der variablen Stückkosten (k_v) ab.

Ein Rückgang des Beschäftigungsgrades bewirkt, dass

- die Einzelkosten sinken, da es sich dabei um variable Kosten handelt,

- die Gemeinkosten nur geringfügig oder gar nicht sinken, da diese (überwiegend) aus fixen Kosten bestehen.

Daraus folgt, dass ein **Rückgang des Beschäftigungsgrades** zu einem **Anstieg der Zuschlagssätze** für Material- und Fertigungsgemeinkosten führt.

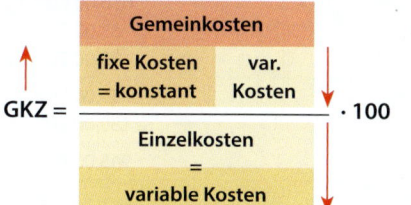

Der Nenner des Bruchs sinkt stärker als der Zähler.

Ursache: Die in den Gemeinkosten enthaltenen Fixkosten sinken nicht.

Folge: Der Gemeinkostenzuschlagssatz (GKZ) steigt.

> **!** Bei Rückgang des Beschäftigungsgrades steigen im Rahmen der Zuschlagskalkulation die Gemeinkostenzuschlagssätze.

Sinkt der Beschäftigungsgrad (= abnehmende Kapazitätsauslastung), so führt eine Preiskalkulation auf der Grundlage der **Zuschlagskalkulation** zu steigenden Selbstkosten und zu einer Erhöhung des kalkulierten Angebotspreises. Die Ursache liegt darin, dass die in den Gemeinkosten enthaltenen Fixkosten unverändert geblieben und die Fixkosten je Stück (k_f) gestiegen sind. Wegen der unveränderten fixen Gemeinkosten ergeben sich höhere Gemeinkostenzuschlagssätze. Ein Unternehmen würde sich aber **bei rückläufiger Produktionsmenge** immer mehr **„aus dem Markt herauskalkulieren"**, wenn es versucht, den erhöhten kalkulierten Angebotspreis auf die Kunden zu überwälzen. Der Absatz geht dann wegen des steigenden Angebotspreises noch weiter zurück.

> **!** Die Zuschlagskalkulation ist für preispolitische Entscheidungen bei sinkendem Beschäftigungsgrad (= verringerte Absatzmöglichkeiten) nicht geeignet.

> **!** Die Zuschlagskalkulation legt bei sinkendem Beschäftigungsgrad eine Preiserhöhung nahe. Stattdessen ist absatzpolitisch möglicherweise eine Preissenkung sinnvoll. Dafür muss eine Aufteilung der Gesamtkosten in fixe und variable Kosten vorgenommen werden, um die kurzfristige Preisuntergrenze bestimmen zu können.

Beschäftigungserhöhung: Zu niedriger Angebotspreis

Fall 2: Erhöhung des Beschäftigungsgrades auf 90 %

Aufgrund steigender Nachfrage nach Fahrrädern haben sich die Absatzmöglichkeiten verbessert. Der Beschäftigungsgrad ist um 20 % von ursprünglich 75 % (siehe Ausgangssituation) auf 90 % gestiegen. Das hat zu einem Anstieg der Einzelkosten (= variable Kosten) um 20 % geführt. Da die Gemeinkosten zum überwiegenden Teil aus fixen Kosten bestehen, haben sich die Gemeinkosten nicht in gleichem Umfang, sondern im vorliegenden Fall nur um 5 % erhöht. Dadurch haben sich die Zuschlagssätze für die Material- und Fertigungsgemeinkosten wie folgt geändert:

Einzel- und Gemeinkosten bei einem Beschäftigungsgrad von 90 %			
Fertigungsmaterial	600.000 EUR	Fertigungslöhne	480.000 EUR
Materialgemeinkosten	52.500 EUR	Fertigungsgemeinkosten	840.000 EUR
MGKZ	8,75 %	FGKZ	175 %

Die Preiskalkulation ändert sich dadurch (bei unveränderten Zuschlagssätzen für Verwaltungsgemeinkosten, Vertriebsgemeinkosten und Gewinn) wie folgt:

Fertigungsmaterial	200,00 EUR	
+ Materialgemeinkostenzuschlag 8,75 %	17,50 EUR	
= Materialkosten		217,50 EUR
Fertigungslöhne	150,00 EUR	
+ Fertigungsgemeinkostenzuschlag 175 %	262,50 EUR	
= Fertigungskosten		412,50 EUR
Herstellkosten		630,00 EUR
+ Verwaltungsgemeinkostenzuschlag 10 %		63,00 EUR
+ Vertriebsgemeinkostenzuschlag 10 %		63,00 EUR
= Selbstkosten		756,00 EUR
+ Gewinnzuschlag 25 %		189,00 EUR
= Listenpreis		945,00 EUR

Bei Anwendung der durch die Erhöhung des Beschäftigungsgrades gesunkenen Zuschlagssätze für Material- und Fertigungsgemeinkosten verringert sich im vorliegenden Fall der kalkulierte Listenpreis um 60,00 EUR gegenüber der Ausgangssituation. Eine Preissenkung ist aber angesichts der ohnehin bereits verbesserten Absatzmöglichkeiten nicht nötig. Vielmehr lässt sich möglicherweise eine Preiserhöhung am Markt durchsetzen.

 Bei Erhöhung des Beschäftigungsgrades sinken im Rahmen der Zuschlagskalkulation die Gemeinkostenzuschlagssätze.

Steigt der Beschäftigungsgrad (= zunehmende Kapazitätsauslastung), so führt eine Preiskalkulation auf der Grundlage der **Zuschlagskalkulation** zu sinkenden Selbstkosten und zu einem Sinken des kalkulierten Angebotspreises. Die Ursache liegt darin, dass die in den Gemeinkosten enthaltenen Fixkosten unverändert geblieben und die Fixkosten je Stück (k_f) gesunken sind (**Fixkostendegression**). Wegen der unveränderten fixen Gemeinkosten ergeben sich niedrigere Gemeinkostenzuschlagssätze. Ein Unternehmen würde sich bei **zunehmender Produktionsmenge** immer mehr „in den Markt hineinkalkulieren", wenn es den verringerten kalkulierten Angebotspreis an die Kunden weitergibt. Der Absatz steigt dann wegen des sinkenden Angebotspreises noch mehr.

 Die Zuschlagskalkulation ist für preispolitische Entscheidungen bei steigendem Beschäftigungsgrad (= verbesserte Absatzmöglichkeiten) nicht geeignet.

Aufg.1
S. 165

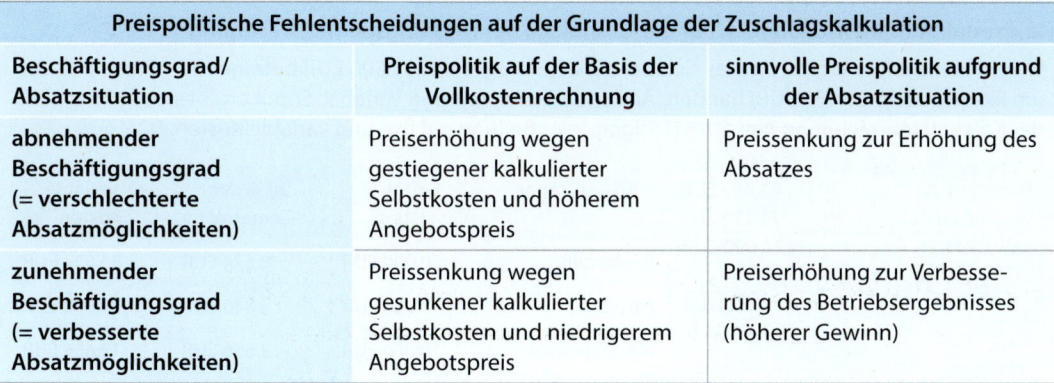

Preispolitische Fehlentscheidungen auf der Grundlage der Zuschlagskalkulation		
Beschäftigungsgrad/ Absatzsituation	Preispolitik auf der Basis der Vollkostenrechnung	sinnvolle Preispolitik aufgrund der Absatzsituation
abnehmender Beschäftigungsgrad (= verschlechterte Absatzmöglichkeiten)	Preiserhöhung wegen gestiegener kalkulierter Selbstkosten und höherem Angebotspreis	Preissenkung zur Erhöhung des Absatzes
zunehmender Beschäftigungsgrad (= verbesserte Absatzmöglichkeiten)	Preissenkung wegen gesunkener kalkulierter Selbstkosten und niedrigerem Angebotspreis	Preiserhöhung zur Verbesserung des Betriebsergebnisses (höherer Gewinn)

7.5.2 Fehlentscheidungen bei der Bereinigung des Produktionsprogramms (Sortimentspolitik)

Nicht nur bei der Preisgestaltung, sondern auch bei der Sortimentspolitik kann die Vollkostenrechnung zu Fehlentscheidungen führen.

Entscheidungen über das Produktionsprogramm eines Herstellers von Holzspielzeugen

1. Produktionsentscheidungen auf der Grundlage der Vollkostenrechnung

Das Produktionsprogramm eines Herstellers von Holzspielzeugen umfasst drei Produkte: Baukasten, Figuren und Modellhäuser. Für den vergangenen Monat liegen folgende Informationen vor:

Kostenträger	Verkaufspreise	Produktions-/Absatzmengen
Baukasten	20 EUR/Stück	3.746 Stück
Figuren	5 EUR/Stück	9.840 Stück
Modellhäuser	8 EUR/Stück	2.185 Stück

Die für den vergangenen Monat erstellte Kostenträgerrechnung liefert folgende Informationen:

	Kostenträger insgesamt EUR	Kostenträger		
		Baukasten EUR	Figuren EUR	Modellhäuser EUR
Fertigungsmaterial	30.000	16.000	10.000	4.000
+ Materialgemeinkosten 10 %	3.000	1.600	1.000	400
= Materialkosten	33.000	17.600	11.000	4.400
Fertigungslöhne	28.000	14.000	8.000	6.000
+ Fertigungsgemeinkosten 150 %	42.000	21.000	12.000	9.000
= Fertigungskosten	70.000	35.000	20.000	15.000
Herstellkosten	103.000	52.600	31.000	19.400
+ Verwaltungsgemeinkosten 5 %	5.150	2.630	1.550	970
+ Vertriebsgemeinkosten 15 %	15.450	7.890	4.650	2.910
= Selbstkosten	123.600	63.120	37.200	23.280
Erlöse	141.600	74.920	49.200	17.480
Betriebsergebnis	18.000	11.800	12.000	– 5.800

Ergebnis: Auf der Grundlage der im Rahmen der Zuschlagskalkulation ermittelten Ergebnisse wird vorgeschlagen, die Produktion des Produkts „Modellhäuser" einzustellen, da dessen Umsatzerlöse nicht die Selbstkosten decken.

2. Produktionsentscheidungen auf der Grundlage der Deckungsbeitragsrechnung

Eine Kostenanalyse ergibt, dass es sich bei 80 % der insgesamt 65.600 EUR betragenden Gemeinkosten um fixe Kosten (= 52.480 EUR) handelt. Alle anderen Kosten sind variabel. Somit ergibt sich auf der Basis der Kostenträgerrechnung *(vgl. S. 161)* folgende Aufteilung auf fixe und variable Kosten.

Fixkosten (K_f)	52.480 EUR	Kostenträger	Einzel-kosten	20 % der Gemeink.	Σ variable Kosten
var. Kosten (K_v)	71.120 EUR				
Selbstkosten	**123.600 EUR**	Baukasten	30.000 EUR	6.624 EUR	36.624 EUR
		Figuren	18.000 EUR	3.840 EUR	21.840 EUR
		Modellhäuser	10.000 EUR	2.656 EUR	12.656 EUR

Die Einstellung der Produktion des Produkts „Modellhäuser" würde zu folgendem Ergebnis führen:

	Baukasten EUR	Figuren EUR	insgesamt EUR
Erlöse	74.920	49.200	**124.120**
– variable Kosten	36.624	21.840	**58.464**
= Deckungsbeitrag	**38.296**	**27.360**	65.656
– fixe Kosten			52.480
= Betriebsergebnis			13.176

Ergebnis: Durch die Einstellung der Produktion des Produkts „Modellhäuser" verringert sich der Betriebsgewinn von 18.000 EUR auf 13.176 EUR. Dies ist darauf zurückzuführen, dass die Fixkosten auch nach Einstellung der Produktion der Modellhäuser in vollem Umfang bestehen bleiben und damit von den Produkten „Baukasten" und „Figuren" getragen werden müssen.

3. Deckungsbeitragsrechnung für das Produkt „Modellhäuser":

Erlöse (2.185 St. · 8 EUR/St.)	17.480 EUR
– variable Kosten (10.000 EUR + 2.656 EUR)	12.656 EUR
= **Deckungsbeitrag**	**4.824 EUR**

Ergebnis: In Höhe des Deckungsbeitrags von 4.824 EUR leistet das Produkt „Modellhäuser" einen Beitrag zur Deckung der gesamten fixen Kosten des Unternehmens. Bei Produkteliminierung der „Modellhäuser" ist das Betriebsergebnis mit 13.176 EUR um 4.824 EUR (= DB „Modellhäuser") niedriger als bei Verzicht auf die Eliminierung (Betriebsergebnis: 18.000 EUR).

Die Zuschlagskalkulation legt nahe, Produkte, deren kalkulierte Selbstkosten über dem Verkaufspreis liegen, aus dem Produktionsprogramm zu entfernen (= **Produkteliminierung**). Eine solche Entscheidung kann aber falsch sein, da es bei der Zusammensetzung des Produktionsprogramms nicht auf die Höhe der kalkulierten Selbstkosten, sondern ausschließlich auf die Höhe des Deckungsbeitrags der einzelnen Produktgruppen ankommt.

> **!** **Eine Sortimentsbereinigung auf der Basis der im Rahmen der Zuschlagskalkulation kalkulierten Selbstkosten kann zu Fehlentscheidungen führen. Als Entscheidungskriterium darf nicht die Höhe der Selbstkosten, sondern ausschließlich die Höhe des Deckungsbeitrags der einzelnen Produktgruppen dienen.**

Zusammenfassende Übersicht zu Kapitel 7.5:
Fehlentscheidungen bei Anwendung der Zuschlagskalkulation

Fehlentscheidungen bei der Preispolitik

↓

schwankender Beschäftigungsgrad
(= unterschiedliche Kapazitätsausnutzung durch unterschiedliche Produktionsmengen)

↓

fehlende Aufteilung der Kosten in fixe und variable Bestandteile (Vollkostenrechnung)

abnehmender Beschäftigungsgrad	**zunehmender Beschäftigungsgrad**
■ fixe Kosten verteilen sich auf **geringere** Produktionsmenge	■ fixe Kosten verteilen sich auf eine größere Produktionsmenge
■ Zuschlagssätze steigen	■ Zuschlagssätze sinken
■ kalkulierte Selbstkosten und kalkulierter Verkaufspreis steigen	■ kalkulierte Selbstkosten und kalkulierter Verkaufspreis sinken
■ Unternehmen kalkuliert sich „aus dem Markt heraus"	■ Unternehmen kalkuliert sich „in den Markt hinein"

Fehlentscheidungen bei der Sortimentspolitik

Entscheidungskriterien für Bereinigung des Produktionsprogramms (Produkteliminierung)

Vollkostenrechnung	**Deckungsbeitragsrechnung**
Erlöse < kalkulierte Selbstkosten (= Verlust)	Erlöse < variable Kosten (Deckungsbeitrag < 0)

Orientierung an den kalkulierten Selbstkosten (Vollkostenrechnung) kann zu Fehlentscheidungen führen, da der Deckungsbeitrag auch dann positiv sein kann, wenn die Umsatzerlöse die Selbstkosten nicht decken (= Verlust).

Checken Sie Ihre Kompetenz mit der **Ich-kann-Liste**.

Öffnen Sie hierzu den nebenstehenden **QR-Code**
oder geben Sie folgenden Link ein: https://vel.plus/BHB90

ERARBEITUNGSAUFGABE

zu Kapitel 7.5 Fehlentscheidungen bei Anwendung der Zuschlagskalkulation

EA 1 Auswirkungen von Beschäftigungsänderungen auf die Preiskalkulation:
Zuschlagskalkulation – Deckungsbeitragsrechnung

Bei einer Schraubenfabrik wurden für das **dritte Quartal** d. J. im Rahmen einer Gesamtkalkulation folgende Ist-Zuschlagssätze ermittelt:

vel.plus/BHB91

Fertigungsmaterial + Materialgemeinkosten	20 %	340.000 EUR 68.000 EUR	
= Materialkosten			408.000 EUR
Fertigungslöhne + Fertigungsgemeinkosten	25 %	480.000 EUR 120.000 EUR	
= Fertigungskosten			600.000 EUR
Herstellkosten			1.008.000 EUR
+ Verwaltungs- und Vertriebsgemeinkosten (zusammen)	10 %		100.800 EUR
Selbstkosten			1.108.800 EUR

Ein Hersteller von Gasgrillgeräten hat der Schraubenfabrik zu Beginn des **vierten Quartals** einen Auftrag über die Lieferung von links drehenden Spezialschrauben unter der Bedingung erteilt, dass er für diesen Auftrag nicht mehr als 14.500 EUR bezahlen muss. Freie Produktionskapazitäten sind in ausreichendem Maße vorhanden. Für diesen Auftrag ist von folgenden Einzelkosten auszugehen:

Fertigungsmaterial: 3.800 EUR   Fertigungslöhne: 6.400 EUR

1. Ermitteln Sie die voraussichtlichen Selbstkosten für den Auftrag, wenn der Angebotskalkulation die Gemeinkostenzuschläge aus dem **dritten Quartal** zugrunde gelegt werden (= Vorkalkulation) und begründen Sie, ob die Schrauben zu dem vom Kunden geforderten Preis verkauft werden sollen.

2. Wegen Absatzschwierigkeiten musste die Produktion bei allen Schraubensorten im **vierten Quartal** gegenüber dem **dritten Quartal** um 30 % verringert werden. Es ist davon auszugehen, dass die Einzelkosten in vollem Umfang variable Kosten darstellen, während sich die Gemeinkosten zu einem erheblichen Teil aus fixen und zu einem geringen Teil aus variablen Kosten zusammensetzen.

   a) Begründen Sie anhand von selbst gewählten Beispielen, weshalb sich Einzel- und Gemeinkosten bei rückläufiger Beschäftigung jeweils unterschiedlich verhalten.

   b) Begründen Sie, ob aufgrund des Beschäftigungsrückgangs die Zuschlagssätze für die Istgemeinkosten des 4. Quartals gegenüber dem 3. Quartal gesunken oder gestiegen sind.

   c) Die Nachkalkulation für das **4. Quartal** hat zu folgenden Ergebnissen geführt:

   - FM: 238.000 EUR   ■ MGK: 61.880 EUR
   - FL: 336.000 EUR   ■ FGK: 110.880 EUR
   - Vw/VtGK: 93.345 EUR

      – Ermitteln Sie die Ist-Zuschlagssätze für das 4. Quartal und vergleichen Sie diese mit denen für das 3. Quartal (vgl. Ausgangsituation).
      – Ermitteln Sie unter Verwendung der Ist-Zuschlagssätze für das 4. Quartal die tatsächlichen entstandenen Selbstkosten (Ist-Kosten) für den Auftrag und vergleichen Sie diese mit dem Verkaufserlös. Entscheiden Sie, ob aus kostenrechnerischer Sicht die Schrauben zu dem vom Kunden geforderten Preis hätten verkauft werden sollen (vgl. Aufg. 1).

3. Begründen Sie ausführlich, worauf der Unterschied zwischen der Vor- und Nachkalkulation des Auftrages (Aufg. 1 und 2c) zurückzuführen ist.

4. Angenommen, das Unternehmen bietet alle seine Schrauben künftig zu Preisen an, die auf den neuen Zuschlagssätzen und Selbstkosten des vierten Quartals basieren. Beurteilen Sie ob sich durch diese Preisänderung die Beschäftigungslage des Betriebs verbessern lässt.

5. Es ist davon auszugehen, dass bei allen Gemeinkostenarten der Anteil der fixen Kosten im 4. Quartal 80 % betrug. Wie niedrig hätte in diesem Fall der Preis für den Auftrag der Spezialschrauben sein dürfen, ohne dass der Auftrag zu einem Verlust geführt hätte (kurzfristige Preisuntergrenze)?

6. Beurteilen Sie anhand der Ergebnisse die Eignung der Vollkostenrechnung (Zuschlagkalkulation) für preispolitische Entscheidungen bei sich ändernden Beschäftigungsgraden.

WIEDERHOLUNG DES GRUNDWISSENS

vel.plus/BHB92

zu Kapitel 7.5 Fehlentscheidungen bei Anwendung der Zuschlagskalkulation

7.5.1 Fehlentscheidungen bei der Preispolitik

1. Erläutern Sie, weshalb sich ein Unternehmen bei Anwendung der Vollkostenrechnung bei rückläufiger Beschäftigung aus dem Markt heraus kalkuliert.

2. Erläutern Sie, weshalb sich ein Unternehmen bei Anwendung der Vollkostenrechnung bei zunehmender Beschäftigung in den Markt hinein kalkuliert.

7.5.2 Fehlentscheidungen bei der Bereinigung des Produktionsprogramms (Sortimentspolitik)

1. Geben Sie an, weshalb die Höhe der Selbstkosten kein geeignetes Kriterium für eine Sortimentspolitik ist.

2. Beschreiben Sie, in welchem Fall eine Produktgruppe aus dem Produktionsprogramm entfernt werden sollte.

ANWENDUNGS- UND ÜBUNGSAUFGABEN

zu Kapitel 7.5 Fehlentscheidungen bei Anwendung der Zuschlagskalkulation

Aufgabe 1 Stückkosten, Kalkulation des Verkaufspreises, Betriebsergebnis bei rückläufiger Beschäftigung

Die Metall-GmbH stellt u. a. eine bestimmte Art von Drehteilen her. Aufgrund der vorhandenen Kapazität ist eine Monatsproduktion von 21 000 Stück möglich. Im laufenden Monat beträgt die Kapazitätsauslastung 85 %. Bei dieser Kapazitätsauslastung entstehen Gesamtkosten in Höhe von 58.294,50 EUR. Bei der im Vormonat festgestellten Kapazitätsauslastung von 80 % beliefen sich die Gesamtkosten auf 57.486,00 EUR.

vel.plus/BHB93

1. Berechnen Sie die Stückkosten für jeden der beiden Beschäftigungsgrade.

2. Zu welchen Problemen in der Preispolitik führt es, wenn die Kosten bei schwankenden Beschäftigungsgraden ermittelt werden?

3. Ermitteln Sie mithilfe der Deckungsbeitragsrechnung das Betriebsergebnis für die beiden Beschäftigungsgrade, wenn der Verkaufspreis pro Stück 4,00 EUR beträgt.

4. Wie weit darf der Verkaufspreis sinken, damit es sich für das Unternehmen gerade noch lohnt, einen Auftrag anzunehmen?

7.6 Anwendung der Deckungsbeitragsrechnung bei Produktions- und Absatzentscheidungen

Beginnen Sie Ihren Kompetenzerwerb zum Thema *Anwendung der Deckungsbeitragsrechnung bei Produktions- und Absatzentscheidungen* mit der Erarbeitungsaufgabe EA 1.

EA 1
S. 169 f.

7.6.1 Produktförderung – Produkteliminierung

Produktförderung und Produkteliminierung in einem Holz verarbeitenden Betrieb

Ein Holz verarbeitender Betrieb stellt in einem Zweigwerk ausschließlich Lagerregale in drei Grundtypen her. Für den letzten Monat gelten folgende Daten:

	Verkaufspreis je Stück EUR	Variable Kosten pro Stück (k_v) EUR	Fixe Kosten der Regalproduktion EUR	Absatz Stück
Typ R 01	180,00	110,00		150
Typ R 02	260,00	160,00	16.400	100
Typ R 03	310,00	232,00		50

Produktförderung

Fall 1: Rangfolge der Produktförderung

Da freie Kapazitäten vorhanden sind, könnten Produktion und Absatz eines der drei Regaltypen um monatlich 30 Stück gesteigert werden. Auf welches der drei Modelle sollen die verkaufsfördernden Maßnahmen zur Absatzsteigerung konzentriert werden?

	Typ R 01	Typ R 02	Typ R 03
Stückdeckungsbeitrag $(db = p - k_v)$ in EUR	$db = 180{,}00 - 110{,}00$ $= 70{,}00$ EUR	$db = 260{,}00 - 160{,}00$ $= 100{,}00$ EUR	$db = 310{,}00 - 232{,}00$ $= 78{,}00$ EUR
Rangfolge der Absatzförderung	❸	❶	❷

Da das Regal vom Typ R 02 den höchsten Deckungsbeitrag pro Stück (db) erbringt, sollten die freien Kapazitäten zur vermehrten Produktion dieses Produktes genutzt werden.

Auswirkungen auf das Gesamtergebnis

		Typ R 01	Typ R 02	Typ R 03	Summe
	Erlös $(p \cdot x)$				68.500 EUR
−	variable Kosten (K_v) $(K_v = k_v \cdot x)$				− 44.100 EUR
−	Deckungsbeitrag (DB)				24.400 EUR
−	fixe Kosten (K_f)				− 16.400 EUR
=	bisheriges Betriebsergebnis				8.000 EUR
+	zusätzlicher Deckungsbeitrag aus Produktionserhöhung Regal Typ R 02				3.000 EUR
=	künftiges Betriebsergebnis				11.000 EUR

Bei Ausnutzung der freien Kapazitäten zur Produktion des Regals Typ R 02 (= **Produkt mit höchstem Deckungsbeitrag je Stück, db**) erhöht sich das monatliche Betriebsergebnis von 8.000 EUR auf 11.000 EUR (ohne Berücksichtigung der Kosten für die Verkaufsförderung). Bei allen anderen Alternativen wäre das Betriebsergebnis niedriger.

> **!** Die Förderungswürdigkeit einzelner Produkte innerhalb eines Produktionsprogramms hängt von der Rangfolge der Deckungsbeiträge je Stück (db) der einzelnen Produkte ab. Das Produkt mit dem höchsten Deckungsbeitrag je Stück (db) ist am förderungswürdigsten.

Produkteliminierung

Fall 2: Rangfolge bei Sortimentsbereinigung (Produkteliminierung)

Als Alternative zur Ausweitung der Regalproduktion wird aus Gründen der Risikostreuung erwogen, ein neues Sportgerät aus Holz in das Produktionsprogramm aufzunehmen. Die bisherigen freien Produktionskapazitäten reichen dafür aber nicht aus. Eine Erweiterung der Produktionskapazitäten soll aber noch nicht vorgenommen werden. Da absehbar ist, dass die Nachfrage nach Regalen künftig rückläufig sein wird, soll einer der drei Regaltypen aus dem Produktionsprogramm herausgenommen werden, um die notwendigen freien Kapazitäten zu schaffen. Alle drei Regaltypen beanspruchen trotz unterschiedlicher Produktionsmengen die Produktionskapazitäten in gleichem Umfang. Die Geschäftsleitung hat zu entscheiden, welcher Regaltyp künftig nicht mehr produziert werden soll.

	Typ R 01	Typ R 02	Typ R 03
Stückdeckungsbeitrag (db = p–k$_v$) in EUR	db = 180,00 – 110,00 = 70,00 EUR	db = 260,00 – 160,00 = 100,00 EUR	db = 310,00 – 232,00 = 78,00 EUR
Deckungsbeitrag der Produktgruppe in EUR DB = E–K$_v$ = db · x	DB = 70,00 · 150 Stk. = 10.500,00 EUR	DB = 100,00 · 100 Stk. = 10.000,00 EUR	DB = 78,00 · 50 Stk. = 3.900,00 EUR
Rangfolge der Sortimentsbereinigung (Produkteliminierung)	❸	❷	❶

Da das Regal vom Typ R 03 den niedrigsten Gesamtdeckungsbeitrag (DB) aller drei Produktgruppen erbringt, sollte dieses Produkt zur Schaffung freier Kapazitäten aus dem Produktionsprogramm herausgenommen werden.

Auswirkungen auf das Gesamtergebnis

	Typ R 01	Typ R 02	Typ R 03	Summe
Erlös (p · x)	180 EUR · 150 St. = 27.000 EUR	260 EUR · 100 St. = 26.000 EUR	310 EUR · 50 St. = 15.500 EUR	68.500 EUR
– variable Kosten (K$_v$) (K$_v$ = k$_v$ · x)	110 EUR · 150 St. = 16.500 EUR	160 EUR · 100 St. = 16.000 EUR	232 EUR · 50 St. = 11.600 EUR	– 44.100 EUR
– Deckungsbeitrag (DB)	70 EUR · 150 St. = 10.500 EUR	100 EUR · 100 St. = 10.000 EUR	78 EUR · 50 St. = 3.900 EUR	24.400 EUR
– fixe Kosten (K$_f$)				– 16.400 EUR
= bisheriges Betriebsergebnis				8.000 EUR
– Deckungsbeitrag wegen Aufgabe der Produktion von Regal Typ R 03		78,00 EUR · 50 Stück		– 3.900 EUR
= künftiges Betriebsergebnis				4.100 EUR

Wird die Produktion des Regals Typ R 03 (= **Produktgruppe mit niedrigsten Gesamtdeckungsbeitrag DB aller Produktgruppen**) eingestellt, verringert sich das monatliche Betriebsergebnis von 8.000 EUR auf lediglich 4.100 EUR. Bei allen anderen Alternativen wäre das Betriebsergebnis noch niedriger.

Die Entscheidung, welche Produktgruppe bei einer Sortimentsbereinigung aus dem Produktionsprogramm gestrichen werden soll (= Produkteliminierung), hängt von der Rangfolge der Produktgruppen hinsichtlich der **Gesamtdeckungsbeiträge** (DB) ab.

 Bei Eliminierung eines Produkts aus dem Produktionsprogramm hängt die Entscheidung von der Rangfolge der Gesamtdeckungsbeiträge (DB) der einzelnen Produktgruppen ab. Die Produktgruppe mit dem niedrigsten Gesamtdeckungsbeitrag (DB) wird als erste eliminiert.

Grundsätzlich gilt bei Entscheidungen über das Produktionsprogramm:

Produkte mit negativem Deckungsbeitrag werden aus dem Produktionsprogramm gestrichen. Ohne die Weiterproduktion dieser Produkte ergibt sich ein höheres Betriebsergebnis.

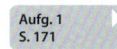
Aufg. 1 S. 171

Verfügt ein Unternehmen über freie Kapazitäten, ist es nur dann vorteilhaft, ein neues Produkt in das Produktionsprogramm aufzunehmen, wenn dessen Deckungsbeitrag positiv ist.

7.6.2 Annahme von Zusatzaufträgen

Entscheidung über den Zusatzauftrag eines Möbelproduzenten

Ein Möbelproduzent stellt in einem Zweigwerk ausschließlich Schreibtische her, die zum Nettoverkaufspreis von 500 EUR an den Fachhandel abgegeben werden. Die Monatskapazität für dieses Produkt beträgt 5 000 Stück. Derzeit arbeitet das Unternehmen mit einem Beschäftigungsgrad von 80 %. Die Fixkosten betragen 500.000 EUR, die variablen Stückkosten 250 EUR.

In dieser Situation ist über die Anfrage eines Fachhändlers zu entscheiden, der vorübergehend monatlich 800 Schreibtische zu 300 EUR abnehmen würde.

Lösung:

1. Betriebsergebnis bei Ablehnung des Auftrags		**2. Betriebsergebnis bei Annahme des Auftrags**	
Erlöse		zusätzliche Erlöse	
(4 000 Stück · 500 EUR)	2.000.000 EUR	(800 Stck. · 300 EUR)	240.000 EUR
– variable Kosten		– variable Kosten	
(4 000 Stück · 250 EUR)	1.000.000 EUR	(800 Stck. · 250 EUR)	200.000 EUR
= **Deckungsbeitrag ohne**		= **Deckungsbeitrag durch**	
Zusatzauftrag	**1.000.000 EUR**	**Zusatzauftrag**	**40.000 EUR**
– fixe Kosten	500.000 EUR	+ Betriebsgewinn ohne Zusatzauftrag	500.000 EUR
= **Betriebsgewinn bei Ableh-**		= **Betriebsgewinn mit**	
nung des Zusatzauftrags	**500.000 EUR**	**Zusatzauftrag**	**540.000 EUR**

Ergebnis:

Obwohl die Stückkosten sogar bei einer Kapazitätsauslastung von 100 % mit 350 EUR (100 EUR Fixkosten je Stück* + 250 EUR variable Kosten) um 50 EUR über dem Abnahmepreis des Fachhändlers liegen, empfiehlt sich die Annahme des Auftrags. Der Betriebsgewinn für diesen Schreibtisch erhöht sich bei Annahme des Auftrags um 40.000 EUR.

$$ {}^* \, k_{fix} = \frac{K_{fix}}{x} = \frac{500.000 \text{ EUR}}{5\,000 \text{ Stck.}} = 100 \text{ EUR/Stück} $$

Grafische Darstellung

Aufg. 2
S. 171

Aufg. 3
S. 171

Aufg. 4
S. 172

Aufg. 5
S. 172

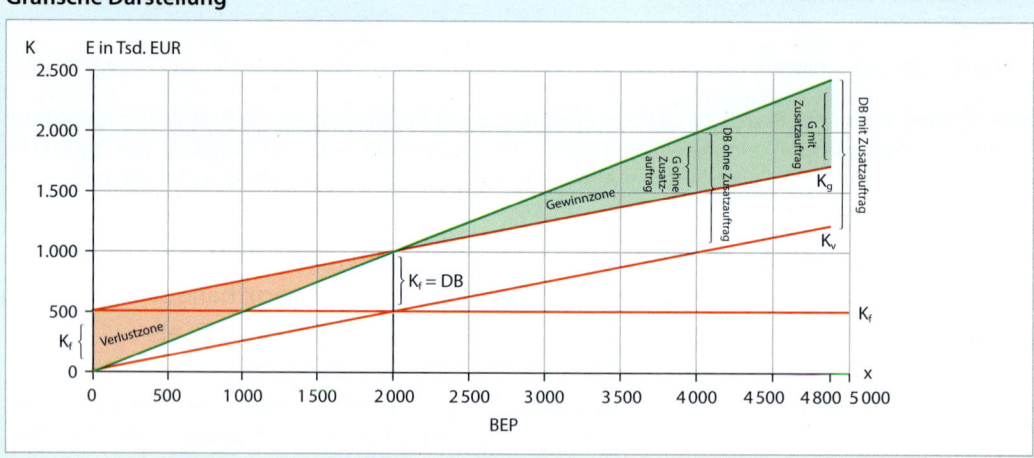

> **!**   Ist die Kapazität eines Betriebes nicht voll ausgelastet, empfiehlt sich die Annahme eines Zusatzauftrags, wenn die variablen Stückkosten geringer sind als der Stückpreis, da in diesem Fall ein positiver Deckungsbeitrag vorliegt. Ist dies der Fall, führt die Annahme des Zusatzauftrags zu einer Verbesserung des Betriebsergebnisses.

Ist die Annahme eines Zusatzauftrags nur durch Erweiterung der bestehenden Kapazität möglich, so entstehen für die Anpassung der Kapazität **sprungfixe Kosten** (z. B. kalkulatorische Abschreibungen für die Neuanschaffung von Maschinen). In diesem Fall muss geprüft werden, ob der Deckungsbeitrag des Zusatzauftrags die zusätzlich entstehenden fixen Kosten (= sprungfixe Kosten) übersteigt.

> **!** Ist die Kapazität eines Betriebes voll ausgelastet, empfiehlt sich die Annahme eines Zusatzauftrags, wenn dessen Deckungsbeitrag die für die Kapazitätserweiterung entstehenden sprungfixen Kosten übersteigt. Ist dies der Fall, führt die Annahme des Zusatzauftrags zu einer Verbesserung des Betriebsergebnisses.

Zusammenfassende Übersicht zu Kapitel 7.6: Anwendung der Deckungsbeitragsrechnung bei Produktions- und Absatzentscheidungen

Deckungsbeitragsrechnung als Entscheidungshilfe bei:

Produktförderung	Produkteliminierung
Rangfolge der Produktförderung bestimmt sich nach der Höhe der einzelnen Deckungsbeiträge je Stück (db).	Produkt wird eliminiert, wenn sich dadurch der Gesamtdeckungsbeitrag verbessert. Rangfolge bestimmt sich nach der Höhe der Gesamtdeckungsbeiträge der Produktgruppen (DB).

Annahme von Zusatzaufträgen

bei freien Kapazitäten (kein Engpass)	bei erforderlicher Kapazitätserweiterung (Engpass)
Zusatzauftrag wird angenommen, wenn Deckungsbeitrag des Zusatzauftrags > 0 Betriebsergebnis verbessert sich um den Deckungsbeitrag des Zusatzauftrags.	**Zusatzauftrag wird angenommen, wenn** Deckungsbeitrag des Zusatzauftrags > sprungfixe Kosten für Kapazitätserweiterung Betriebsergebnis verbessert sich um den Deckungsbeitrag des Zusatzauftrags abzüglich sprungfixe Kosten.

 Checken Sie Ihre Kompetenz mit der **Ich-kann-Liste**.

Öffnen Sie hierzu den nebenstehenden **QR-Code** oder geben Sie folgenden Link ein: https://vel.plus/BHB94

ERARBEITUNGSAUFGABEN

zu Kapitel 7.6 Anwendung der Deckungsbeitragsrechnung bei Produktions- und Absatzentscheidungen

EA 1 Ermittlung des Betriebsergebnisses – Bereinigung des Produktionsprogramms auf der Basis von Vollkosten- und Deckungsbeitragsrechnung

In einer Textilfabrik werden vier verschiedene Arten von Sportjacken hergestellt. Für das vergangene Quartal liegen folgende Daten vor:

vel.plus/BHB95

	Kostenträger			
	Standard	Extra	Super	Super XL
Materialeinzelkosten je Stück in EUR	38,33	37,50	50,00	60,00
Fertigungslöhne je Stück in EUR	36,67	32,50	40,00	40,00
Verkaufspreis in EUR	125,00	145,00	230,00	250,00
Absatzmenge in Stück	800	800	1.500	2.000

MGKZ: 20 %   FGKZ: 180 %   VwGKZ: 10 %   VtGKZ: 15 %

1. Ermitteln Sie, welches Betriebsergebnis insgesamt und pro Kostenträger im vergangenen Monat erzielt wurde.

2. Die Geschäftsleitung erwägt, die Produktion der Modelle Standard und Extra einzustellen, da die Umsatzerlöse beider Modelle niedriger als deren kalkulierte Selbstkosten sind. Sie erhofft sich davon eine Verbesserung der Betriebsergebnisse, obwohl die frei werdenden Kapazitäten nicht durch eine Produktions- und Absatzerhöhung der beiden restlichen Modelle genutzt werden können. Die Ausgangsdaten dieser beiden Modelle (Preis, Menge, Einzelkosten, Zuschlagssätze) bleiben unverändert.

   Wie hoch wäre das voraussichtliche Betriebsergebnis auf Basis der Vollkostenrechnung jeweils, wenn
   a) zunächst nur die Produktion des Modells Standard
   b) zusätzlich auch die Produktion des Modells Extra eingestellt würde?

3. Eine von einer Unternehmensberatung vorgeschlagene Kostenuntersuchung ergibt, dass 50 % der Gemeinkosten als fixe Kosten anzusehen sind.

   Ermitteln Sie auf der Basis der Deckungsbeitragsrechnung das Betriebsergebnis
   a) für das Produktionsprogramm mit allen vier Modellen (Ausgangssituation),
   b) für den Fall, dass nur die Produktion des Modells Standard eingestellt wird,
   c) für den Fall, dass zusätzlich auch die Produktion des Modells Extra eingestellt wird.

4. Bei welchem Produktionsprogramm wird das bestmögliche Betriebsergebnis erzielt? Erläutern Sie die Unterschiede zum Ergebnis von Aufg. 2. Stellen Sie dazu auch die auf Basis der Vollkostenrechnung ermittelten Betriebsergebnisse (Aufg. 1, 2a, 2b) den mithilfe der Deckungsbeitragsrechnung ermittelten Betriebsergebnissen gegenüber.

5. Begründen Sie (ohne rechnerischen Nachweis), wie sich das Ergebnis von 4. ändern würde, wenn der Anteil der Fixkosten an den Gemeinkosten
   a) höher als 50 %,
   b) niedriger als 50 % wäre.

   Erläutern Sie die Unterschiede, die sich durch unterschiedliche Fixkostenanteile an den Gemeinkosten ergeben.

vel.plus/BHB96

WIEDERHOLUNG DES GRUNDWISSENS

zu Kapitel 7.6   Anwendung der Deckungsbeitragsrechnung bei Produktions- und Absatzentscheidungen

7.6.1 Produktförderung – Produkteliminierung

1. Geben Sie an, in welcher Rangfolge die einzelnen Produkte eines Unternehmens gefördert werden, wenn freie Kapazitäten vorhanden sind.

2. Erläutern Sie, unter welcher Voraussetzung auf die Eliminierung eines Produkts mit negativem Deckungsbeitrag verzichtet wird.

3. Nennen Sie Fälle, die zu einer Eliminierung eines Produkts aus dem Produktionsprogramm führen.

7.6.2 Annahme von Zusatzaufträgen

1. Erläutern Sie, unter welcher Voraussetzung es sich empfiehlt, einen Zusatzauftrag anzunehmen, wenn die Kapazitäten eines Unternehmens nicht voll ausgelastet sind.

2. Erläutern Sie, unter welcher Voraussetzung es sich empfiehlt, einen Zusatzauftrag anzunehmen, wenn dafür eine Kapazitätserweiterung nötig ist.

ANWENDUNGS- UND ÜBUNGSAUFGABEN

zu Kapitel 7.6 Anwendung der Deckungsbeitragsrechnung bei Produktions- und Absatzentscheidungen

Aufgabe 1 Absatzpolitische Entscheidungen auf der Grundlage der Deckungsbeitragsrechnung

Ein Textilbetrieb stellt vier verschiedene Modelle von Mänteln her. Für den vergangenen Monat liegen folgende Daten vor:

vel.plus/BHB97

Modell	Absatz (Stück)	Verkaufspreis je Stück in EUR	variable Kosten je Stück in EUR
A	300	200,00	150,00
B	400	450,00	300,00
C	200	600,00	650,00
D	100	700,00	400,00

Die monatlichen Fixkosten für die Mantelproduktion betragen 80.000 EUR.

1. Ermitteln Sie die Deckungsbeiträge je Stück und der einzelnen Produktgruppen.

2. Ermitteln Sie das Betriebsergebnis für die Mantelproduktion mithilfe der Deckungsbeitragsrechnung.

3. Es sollen weiterhin alle vier Modelle produziert werden. Die Unternehmensleitung beabsichtigt aber, geeignete absatzpolitische Maßnahmen auf die beiden erfolgversprechendsten Modelle zu konzentrieren. Dadurch soll die Absatzmenge dieser beiden Modelle um jeweils 100 Stück monatlich gesteigert werden. Es wird damit gerechnet, dass sich aufgrund dieser absatzpolitischen Maßnahmen die variablen Kosten dieser Modelle um jeweils 10 % erhöhen. Da für die Produktionsausweitung zusätzliche Maschinen angeschafft werden müssen, steigen gleichzeitig die monatlichen Fixkosten um 15 % (sprungfixe Kosten).
Zugunsten welcher beiden Modelle würden Sie sich entscheiden? Überprüfen Sie Ihre Entscheidung durch einen Vergleich des nach dieser Maßnahme erzielten Betriebsergebnisses mit dem in der Ausgangssituation erzielten Betriebsergebnis (siehe Aufg. 2).

4. Die Unternehmensleitung möchte nach der Absatzförderung (vgl. 3) das Produktionsprogramm auf drei Modelle straffen. Dadurch könnten im Vergleich zu 3. fixe und sprungfixe Kosten abgebaut und die monatlichen Fixkosten auf 85.000 EUR gesenkt werden.

   Auf welches Modell soll Ihrer Meinung nach künftig verzichtet werden? Überprüfen Sie Ihre Entscheidung, indem Sie das nach der Straffung des Produktionsprogramms erzielte Betriebsergebnis mit dem Ergebnis von Aufg. 3 vergleichen.

Aufgabe 2 Entscheidung über Zusatzaufträge

Ein Betrieb steht vor der Entscheidung, Zusatzaufträge von neuen Kunden anzunehmen. Die Fertigungsstelle I hat noch Produktionsreserven. Die Kalkulation des dort hergestellten Erzeugnisses sieht wie folgt aus:

vel.plus/BHB98

Listenverkaufspreis	200 EUR
− Preisnachlässe (im Durchschnitt 4 %)	8 EUR
= Barverkaufspreis	192 EUR
− variable Kosten	100 EUR
= Deckungsbeitrag	92 EUR

Zu welchem Mindest-Listenverkaufspreis können Zusatzaufträge für dieses Erzeugnis angenommen werden?

Aufgabe 3 Zusatzauftrag – sprungfixe Kosten

Bei einem Hersteller von Waschmaschinen ergibt sich für die Produktion und den Absatz von 800 Maschinen des Typs Siwamat folgendes Bild:

Umsatzerlöse	480.000 EUR
variable Kosten	288.000 EUR
Deckungsbeitrag	192.000 EUR
fixe Kosten	200.000 EUR
Verlust	8.000 EUR

Es geht der zusätzliche Auftrag eines Exporteurs über 600 Maschinen ein. Der Hersteller ist in der Lage, die insgesamt 1 400 Maschinen ohne Kapazitätserweiterung herzustellen. Allerdings verlangt der Exporteur für die 600 Maschinen einen Rabatt in Höhe von 20 % auf den üblichen Preis.

1. Entscheiden Sie, ob der Auftrag angenommen werden soll. Wie hoch ist das Betriebsergebnis bei Annahme des Auftrags?

2. Prüfen Sie, ob sich die Entscheidung ändert, wenn ab einer Produktionsmenge von 801 Maschinen mit zusätzlichen Fixkosten (sprungfixe Kosten) in Höhe von 140.000 EUR gerechnet werden muss.

Aufgabe 4 Auswirkungen eines Zusatzauftrages auf das Betriebsergebnis

vel.plus/BHB99

Die Mineralbrunnen-AG kalkulierte bisher nur nach dem System der Vollkostenrechnung. Konkurrenzdruck und Konjunkturschwankungen zwingen die Geschäftsleitung zur Einführung der Deckungsbeitragsrechnung.

1. Eine Kundenbefragung ergab, dass neben dem Eigenprodukt Mineralwasser auch 30 000 Kästen fremdbezogener Fruchtsaft pro Jahr abgesetzt werden können. Ermitteln Sie das voraussichtliche Betriebsergebnis mittels Deckungsbeitragsrechnung, wenn folgende Daten erwartet werden:

	Mineralwasser	Fruchtsaft
Absatzmenge in Kasten	240 000	30 000
Verkaufspreis je Kasten in EUR	4,00	14,00
variable Kosten je Kasten in EUR	2,05	–
Bezugspreis je Kasten in EUR	–	7,00
Fixkosten des Betriebes	370.000 EUR	

2. Kostensteigerungen führen bei Mineralwasser zu einer Erhöhung der variablen Kosten je Kasten um 0,45 EUR. Gleichzeitig wäre ein Großabnehmer bereit, pro Jahr 40 000 Kästen Mineralwasser zu einem Preis von 3,00 EUR je Kasten zusätzlich abzunehmen.

   a) Soll die Mineralbrunnen AG diese Lieferverpflichtung eingehen? Begründen Sie rechnerisch Ihre Entscheidung.

   b) Erläutern Sie, wie sich das Betriebsergebnis verändert.

   c) Warum wird in der Praxis dieses theoretische Ergebnis nicht zu erreichen sein?

Aufgabe 5 Gewinnschwelle – Zusatzauftrag

vel.plus/BHB110

Ein Hersteller von Dunstabzugshauben produziert derzeit monatlich 8 000 Abzugshauben. Seine Kapazität ist auf eine Monatsproduktion von 10 000 Stück ausgelegt. Eine Untersuchung ergab folgende Kostenstruktur:

variable Kosten pro Stück (k_v):

Material	98,00 EUR
variable Materialgemeinkosten	3,00 EUR
variable Fertigungsgemeinkosten	28,00 EUR
variable Fertigungseinzelkosten	1,00 EUR
variable Verw.- u. Vertriebskosten	2,00 EUR
	132,00 EUR
fixe Kosten pro Monat:	240.000,00 EUR

1. Ermitteln Sie bei einem Verkaufspreis pro Abzugshaube von 176,00 EUR den Deckungsbeitrag pro Stück, den gesamten Deckungsbeitrag sowie das Betriebsergebnis bei der derzeitigen Auslastung.

2. Berechnen Sie den Erlös, den das Unternehmen erzielen muss, um seine Gewinnschwelle zu erreichen.

3. Bei der beschriebenen Beschäftigungssituation (8 000 Hauben) erreicht das Unternehmen die Anfrage eines neuen Kunden, der monatlich 2 000 Hauben abnehmen will. Der Kunde begrenzt den Preis auf netto 145,00 EUR.

   Um wie viel EUR ändern sich Deckungsbeitrag sowie Betriebsergebnis pro Monat, falls der Auftrag angenommen wird?

7.7   Entscheidungen über Eigenfertigung oder Fremdbezug: Make or Buy

7.7.1 Entscheidung bei freien Kapazitäten

Da die fixen Kosten unabhängig davon anfallen, ob die Teile oder Erzeugnisse selbst hergestellt oder fremd bezogen werden, spielen diese Kosten im Fall einer **kurzfristigen Entscheidung** keine Rolle.

Für die Entscheidung, ob **kurzfristig** von der Eigenfertigung zum Fremdbezug bzw. vom Fremdbezug zur Eigenfertigung übergegangen werden soll, sind unter kostenrechnerischen Gesichtspunkten daher ausschließlich die **variablen Stückkosten** und **nicht die Vollkosten** von Bedeutung.

Entscheidung über Eigenfertigung oder Fremdbezug eines Herstellers von Armbanduhren

Ein Hersteller von Armbanduhren hat seine Kapazitäten derzeit nicht ausgelastet. Er steht daher vor der Entscheidung, die bislang fremdbezogenen Uhrengehäuse selbst zu produzieren. Die Produktion der Uhrengehäuse könnte mit den vorhandenen Anlagen erfolgen. Der Entscheidung werden nachstehende Informationen zugrunde gelegt:

(1)	Fremdbezug:	Einstandspreis eines Uhrengehäuses	48 EUR
(2)	Eigenfertigung:	Verbrauch Fertigungsmaterial	26 EUR
		variable Materialgemeinkosten	20 %
		Fertigungslöhne	12 EUR
		variable Fertigungsgemeinkosten	10 %

variable Kosten je Stück (k_v) bei Fremdbezug: 48,00 EUR

variable Kosten je Stück (k_v) bei Eigenfertigung:
26,00 EUR + 5,20 EUR + 12,00 EUR + 1,20 EUR = 44,40 EUR

Kostenvorteil bei Eigenfertigung   **3,60 EUR**

Entscheidung: Bei der Eigenfertigung entsteht ein Kostenvorteil von 3,60 EUR je Gehäuse.

! **Bei freier Kapazität ist die Eigenfertigung dem Fremdbezug vorzuziehen, wenn die variablen Herstellkosten unter dem Einstandspreis liegen.**

7.7.2 Entscheidung bei erforderlicher Kapazitätserweiterung

Aufg. 1
S. 177

Aufg. 2
S. 177

Entscheidung zwischen Eigenfertigung und Fremdbezug

Ein Industriebetrieb kaufte bisher die für die Produktion benötigten Kunststoffteile von einem Lieferer zu einem Preis von 6,00 EUR/Stück. Nachdem der Lieferer eine Preiserhöhung auf 8,00 EUR/Stück ankündigt, ist zu entscheiden, ob die Kunststoffteile selbst hergestellt werden sollen.
Im Fall einer Eigenfertigung müsste eine Maschine angeschafft werden, deren Anschaffungskosten auf 300.000 EUR veranschlagt werden. Die betriebsgewöhnliche Nutzungsdauer dieser Maschine wird auf 10 Jahre geschätzt. Des Weiteren wird damit gerechnet, dass der Betrieb der Maschine mit zusätzlichen Fixkosten (Wartung, Versicherung etc.) in Höhe von 14.000 EUR/Jahr verbunden ist. Die laufende Produktion verursacht variable Materialkosten (Fertigungsmaterial, Materialgemeinkosten) in Höhe von 2,00 EUR/Stück und variable Fertigungskosten (Stücklohn, variable Fertigungsgemeinkosten) in Höhe von 1,00 EUR/Stück. Von welcher Fertigungsmenge an ist die Eigenfertigung günstiger als der Fremdbezug?

Fixe Kosten:

kalkulatorische Abschreibung (300.000 EUR/10 Jahre)	30.000 EUR/Jahr
zusätzliche Fixkosten	14.000 EUR/Jahr

Variable Kosten:

Materialkosten	2 EUR
Fertigungskosten	1 EUR

Kostenfunktionen und kritische Menge

Kostenfunktion bei Eigenfertigung:
$K = 44.000 + 3\,x$

Kostenfunktion bei Fremdbezug:
$K = 8\,x$

Menge, bei der die Kosten bei Eigenfertigung gleich hoch sind wie die Kosten bei Fremdbezug (Übergangsmenge, kritische Menge):

$$44.000 + 3\,x = 8\,x$$
$$5\,x = 44.000$$
$$x = 8\,800$$

Grafische Ermittlung der Übergangsmenge (kritische Menge)

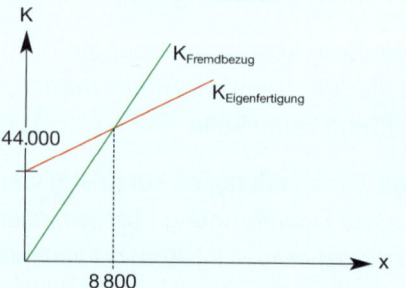

Ergebnis: Bis zu einer Fertigungsmenge von einschließlich 8 799 Stück/Jahr ist der Fremdbezug günstiger. Werden mehr als 8 800 Stück produziert, lohnt sich die Eigenfertigung.

Muss bei einer Make-or-Buy-Entscheidung im Fall einer Eigenfertigung die Kapazität erweitert werden, so sind neben den variablen Kosten auch die fixen Kosten in die Vergleichsrechnung mit einzubeziehen.

> **Berechnung der Übergangsmenge bei ausgelasteter Kapazität:**
>
> **Kosten bei Eigenfertigung = Kosten bei Fremdbezug**
>
> K_f = fixe Gesamtkosten
> k_v = variable Stückkosten bei Eigenfertigung
> x = Produktionsmenge
> p = Einstandspreis je Stück bei Fremdbezug
>
> $$K_f + k_v \cdot x = p \cdot x$$
>
> $$x = \frac{p \cdot x - K_f}{k_v}$$
>
> **Bei ausgelasteter Kapazität ist die Eigenfertigung dem Fremdbezug vorzuziehen, wenn die mit der Eigenfertigung verbundenen Kosten (fixe und variable Kosten) geringer sind als die Kosten bei Fremdbezug.**

7.7.3 Entscheidung bei ausgelasteter Kapazität ohne Kapazitätserweiterung[1]

Sind die **Kapazitäten** eines Unternehmens **ausgelastet**, so dürfen bei der Entscheidung, ob ein alternatives Erzeugnis selbst produziert oder fremd bezogen werden soll, nicht lediglich dessen variable Herstellkosten und dessen Einstandspreis verglichen werden.

Die Entscheidung für die Eigenfertigung hat nämlich zur Folge, dass bei **ausgelasteter Kapazität** ganz oder teilweise auf die Produktion anderer Erzeugnisse verzichtet werden muss. Der Produktionsverzicht wiederum bewirkt, dass dem Unternehmen gegebenenfalls ein Gewinn in Höhe des entfallenden Deckungsbeitrags entgeht (= **Opportunitätskosten**).

> **Opportunitätskosten (Verzichtskosten) können durch entgangene Deckungsbeiträge entstehen, wenn sich ein Unternehmen für die Eigenfertigung eines neuen Erzeugnisses entscheidet und deshalb aus Kapazitätsgründen auf die Produktion anderer Erzeugnisse verzichten muss.**

Der entgangene Deckungsbeitrag erhöht als zusätzlicher Kostenbestandteil die variablen Kosten des gegebenenfalls neu zu produzierenden Erzeugnisses.

---

1   Diese Problemstellung ist nicht ausdrücklich im Bildungsplan erwähnt. Sie ermöglicht aber die Anwendung von Transferwissen.

Entscheidung zwischen Eigenfertigung oder Fremdbezug bei ausgelasteten Kapazitäten

Die Galvaform GmbH stellt Türen und Garagentore her. Zusätzlich verkauft sie auch feuerverzinkte Stahlzargen, die bisher von einem Zulieferer zum Einstandspreis von 240 EUR je Stück beschafft wurden. Die Geschäftsleitung will entscheiden, ob die für einen Großauftrag benötigten 1 500 Stahlzargen nunmehr selbst produziert werden sollen. Die für die Produktion erforderlichen technischen Anlagen sowie die Arbeitskräfte sind vorhanden. Nach einer vorsichtigen Schätzung ist bei Eigenproduktion mit variablen Kosten in Höhe von 80,00 EUR je Stahlzarge zu rechnen.

Wegen der auf absehbare Zeit ausgelasteten Kapazität müsste bei der Eigenanfertigung der Stahlzargen gegebenenfalls auf die Produktion und den Absatz von 2 400 Türen verzichtet werden. Der Verkaufspreis der Türen beträgt 180,00 EUR je Stück. Die variablen Stückkosten belaufen sich auf 100,00 EUR.

Die fixen Kosten in Höhe von 1.500.000 EUR fallen unabhängig von der Entscheidung, die Stahlzargen selbst zu produzieren oder fremd zu beziehen, in unveränderter Höhe an.

Welche Entscheidung (Make or buy) sollte unter den gegebenen Bedingungen getroffen werden?

variable Kosten bei Eigenfertigung der Stahlzargen (1 500 Stck. · 80,00 EUR)	120.000 EUR
+ wegfallender Deckungsbeitrag bei Verzicht auf die Produktion der Türen (= **Opportunitätskosten**) (180,00 EUR – 100,00 EUR) · 2 400 Türen	192.000 EUR
= „Kosten" der Eigenfertigung von 1 500 Stahlzargen	**312.000 EUR**
Einstandspreis bei Fremdbezug (1 500 Stück · 240 EUR/Stück)	360.000 EUR
Vorteil der Eigenfertigung	**48.000 EUR**

Ergebnis: Auch unter Berücksichtigung eines durch Einschränkung der Türproduktion entfallenden Deckungsbeitrags in Höhe von 192.000 EUR lohnt es sich, die Stahlzargen selbst zu produzieren. Der Vorteil der Eigenfertigung gegenüber dem Fremdbezug beträgt 48.000 EUR.

Aufg. 3
S. 177

> **!** Bei ausgelasteter Kapazität ist die Eigenfertigung dann günstiger als der Fremdbezug, wenn die variablen Kosten bei Eigenfertigung und der entgangene Deckungsbeitrag des verdrängten Erzeugnisses zusammen geringer als die Kosten bei Fremdbezug sind.

7.7.4 Qualitative Entscheidungskriterien für Eigenfertigung oder Fremdbezug

Für die Entscheidung eines Unternehmens, ob ein ganzes Erzeugnis oder der Teil eines Erzeugnisses (Fertigteil) selbst hergestellt oder von einem Lieferer bezogen werden soll („Make or Buy-Entscheidung"), sind neben kostenrechnerischen Überlegungen (= quantitative Entscheidungskriterien) auch andere Kriterien (qualitative Entscheidungskriterien) wie z. B. Qualität der fremdbezogenen Teile, Zuverlässigkeit des Lieferers bedeutsam.

Gründe für den Fremdbezug	Gründe für die Eigenfertigung
■ Kostensenkung durch Ausrichtung der Produktion auf wenige Produkte („Lean Production") ■ Qualitätssicherung, falls Lieferer in der Lage ist, ein qualitativ besseres Produkt zu liefern ■ Vermeidung von Kundenverlust durch eigene Lieferschwierigkeiten aufgrund eines Kapazitätsengpasses ■ Verwendung von Produktionskapazität für Produkte mit höherem Deckungsbeitrag ■ Verminderung von Lagerkosten	■ Unabhängigkeit von Zulieferern hinsichtlich Preisgestaltung, Termintreue, Einhaltung von Qualitätsstandards ■ Auslastung eigener Kapazitäten und damit Weiterbeschäftigung eigener Mitarbeiter (soziale Gründe) ■ Verlust von innerbetrieblichem Know-how, wenn Fertigung nach außen verlagert wird

Zur Sicherung ihrer Wettbewerbsfähigkeit gehen viele Industriebetriebe dazu über, ihre **Fertigungstiefe** zugunsten eines Fremdbezuges zu verringern (**Outsourcing**). Zur Verminderung der mit einem Fremdbezug verbundenen Risiken werden aber dem Zulieferer häufig strenge Qualitätsvorgaben gemacht. Die Nichteinhaltung getroffener Termin- und Qualitätsvereinbarungen ist meist mit hohen Vertragsstrafen (Konventionalstrafen) verbunden.

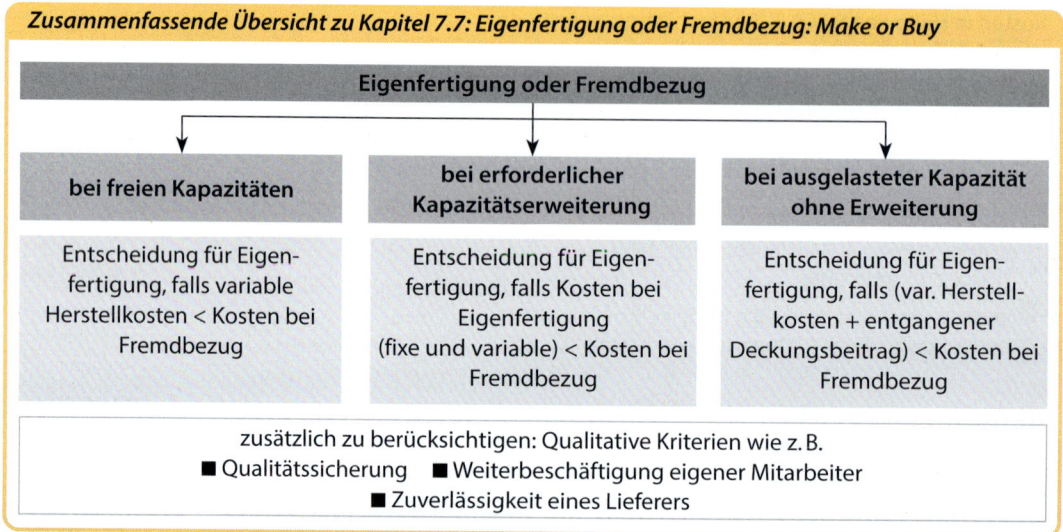

Checken Sie Ihre Kompetenz mit der **Ich-kann-Liste**.

Öffnen Sie hierzu den nebenstehenden **QR-Code**
oder geben Sie folgenden Link ein: https://vel.plus/BHB100

vel.plus/BHB101

WIEDERHOLUNG DES GRUNDWISSENS

zu Kapitel 7.7 Entscheidungen über Eigenfertigung oder Fremdbezug: Make or Buy

7.7.1 Entscheidung bei freien Kapazitäten

1. Erläutern Sie, weshalb für die Entscheidung zwischen Eigenfertigung und Fremdbezug bei freien Kapazitäten lediglich die variablen Stückkosten von Bedeutung sind.
2. Geben Sie an, wann bei freien Kapazitäten die Eigenfertigung dem Fremdbezug vorzuziehen ist.

7.7.2 Entscheidung bei erforderlicher Kapazitätsausweitung

1. Erläutern Sie, warum es nicht ausreicht, einer Entscheidung zwischen Eigenfertigung und Fremdbezug bei ausgelasteten Kapazitäten lediglich die variablen Stückkosten zugrunde zu legen.
2. Geben Sie an, wann bei ausgelasteten Kapazitäten die Eigenfertigung dem Fremdbezug vorzuziehen ist.

7.7.3 Entscheidung bei ausgelasteter Kapazität ohne Kapazitätserweiterung

1. Erläutern Sie, warum es nicht ausreicht, für eine Entscheidung zwischen Eigenfertigung und Fremdbezug bei ausgelasteter Kapazität und ohne beabsichtigter Kapazitätserweiterung lediglich die variablen Herstellkosten mit dem Einstandspreis zu vergleichen.
2. Erläutern Sie, was unter dem Begriff Opportunitätskosten zu verstehen ist.

7.7.4 Qualitative Entscheidungskriterien für Eigenfertigung oder Fremdbezug

1. Nennen Sie drei Gründe, die auch dann für einen Fremdbezug sprechen, wenn die Eigenfertigung kostengünstiger ist.
2. Nennen Sie drei Gründe, die auch dann für eine Eigenfertigung sprechen, wenn der Fremdbezug kostengünstiger ist.

ANWENDUNGS- UND ÜBUNGSAUFGABEN

zu Kapitel 7.7 Eigenfertigung oder Fremdbezug: Make or Buy

Aufgabe 1 Eigenfertigung oder Fremdbezug eines Herstellers von Zeiterfassungsgeräten

Ein Hersteller von Zeiterfassungsgeräten steht vor der Entscheidung, ein zur Herstellung benötigtes Fertigteil selbst zu fertigen bzw. von einem anderen Hersteller zu beziehen. Das Fertigteil wurde bislang in einer eigenen Fertigungsstelle produziert. An Fixkosten sind dafür 3.000.000 EUR je Abrechnungsperiode angefallen. Bei Stilllegung der Produktion des Fertigteils entfallen diese vollständig. Die variablen Stückkosten belaufen sich auf 1.000 EUR, die zurzeit gefertigte Stückzahl beläuft sich auf 10 000 Einheiten. Der Hersteller verlangt für die Lieferung des Fertigteils 1.250 EUR/Stück.

vel.plus/BHB102

1. Berechnen Sie die Stückkosten, die bei Eigenfertigung anfallen.
2. Wie lautet die Kostenfunktion bei Eigenfertigung?
3. Wie lautet die Kostenfunktion bei Fremdbezug?
4. Zeichnen Sie den Verlauf der Kostenfunktionen bei Eigenfertigung und Fremdbezug in ein Koordinatensystem ein.
5. Bei welcher Produktionsmenge entstehen für Eigenfertigung und Fremdbezug Kosten in gleicher Höhe?
6. Welche Entscheidung ist zu treffen, wenn davon auszugehen ist, dass die fixen Kosten nicht abgebaut werden können und pro Abrechnungszeitraum
   a) 10 000 Stück,
   b) 15 000 Stück produziert werden sollen?
7. Nennen Sie drei Gesichtspunkte, die gegebenenfalls trotz Kostenvorteil gegen einen Fremdbezug sprechen.

Aufgabe 2 Eigenfertigung oder Fremdbezug in einer Möbelfabrik

Eine Möbelfabrik hat die Befestigungswinkel zwischen Tischplatte und Tischbeinen bisher fremdbezogen. Im Rahmen einer Vergleichsrechnung (Make-or-Buy-Analyse) soll ermittelt werden, ob die Produktion der Befestigungswinkel aus Kostengründen in Eigenfertigung erfolgen soll. Folgende Daten liegen vor:

Wöchentlicher Bedarf:	4 000 Stück
Bezugspreis:	2,95 EUR
Sprungfixe Kosten, die bei Eigenfertigung der Befestigungswinkel anfallen (Woche):	3.500 EUR
Fertigungsmaterial/Stück:	0,85 EUR
Fertigungslohn/Stück:	1,25 EUR
Sonstige variable Kosten pro Stück:	0,15 EUR

Weisen Sie rechnerisch nach, ab welcher Stückzahl die Eigenfertigung kostengünstiger ist. Welche Entscheidung sollte daher das Unternehmen treffen?

Aufgabe 3 Eigenfertigung oder Fremdbezug bei ausgelasteten Kapazitäten

Ein Hersteller elektronischer Bauteile stellt u. a. Raumthermostate für Heizungsanlagen und Sensoren zur Raumüberwachung her. Im Sortiment befinden sich zusätzlich Außenthermostate, die bisher von einem Zulieferer zu einem Einstandspreis von 200 EUR je Stück bezogen wurden. Die Geschäftsleitung plant, in Zukunft auch die jährlich benötigte Menge von 1 000 Außenthermostaten selbst zu erzeugen. Die dafür erforderlichen Maschinen und Fachkräfte sind vorhanden. Die variablen Stückkosten würden voraussichtlich 150,00 EUR betragen. Da aber die Kapazität auf absehbare Zeit ausgelastet ist, müsste dafür die Produktion der Sensoren um 500 Stück pro Jahr verringert werden. Die Sensoren werden zurzeit für 150 EUR je Stück verkauft und verursachen variable Stückkosten in Höhe von 100 EUR. Für den gesamten Betrieb fallen unabhängig von der Make or Buy-Entscheidung fixe Kosten in Höhe von 2 Mio. EUR jährlich an.

1. Prüfen Sie, ob für den Außenthermostat die Eigenfertigung günstiger ist als der Fremdbezug. Weisen Sie rechnerisch nach, welchen Vorteil/Nachteil die Eigenfertigung bringen würde.
2. Erläutern Sie die Auswirkung steigender Verkaufspreise bei den Sensoren (unter sonst gleichen Bedingungen) auf die Entscheidung über Eigenfertigung oder Fremdbezug des Außenthermostats.

7.8   Optimales Produktionsprogramm in Engpasssituationen: Relative Deckungsbeitragsrechnung

EA 1
S. 181

Beginnen Sie Ihren Kompetenzerwerb zum Thema *Optimales Produktionsprogramm in Engpasssituationen* **mit der Erarbeitungsaufgabe EA 1.**

Übersteigt die Zahl der Produktionsaufträge die Kapazität des Betriebes, entstehen **Engpässe**, d. h. es können nicht alle Produktionsaufträge berücksichtigt werden. In diesem Fall sind die **absoluten Deckungsbeiträge** (= Deckungsbeiträge ohne Berücksichtigung der Engpasssituation) **keine geeignete Grundlage** für die Entscheidung, welche Produkte in welchen Mengen produziert werden sollen.

Optimales Produktionsprogramms bei Engpässen

Eine Armaturenfabrik produziert u. a. Druckminderer in zwei verschiedenen Ausführungen. Aufgrund von Facharbeitermangel und gestiegener Nachfrage kann das Unternehmen nicht mehr alle Aufträge erfüllen. Der Kostenrechnung für das zurückliegende Quartal sind folgende Zahlen zu entnehmen:

	Produkt A	Produkt B
Verkaufspreis je Einheit, netto	100,00 EUR	160,00 EUR
variable Kosten je Einheit	70,00 EUR	120,00 EUR
Fertigungszeit je Einheit	20 Minuten	40 Minuten

Die Fixkosten betragen 50.000 EUR je Monat und können nur der Gesamtheit aller Produkte zugerechnet werden.

Lösungsschritte zur Ermittlung des optimales Produktionsprogramms bei Engpässen:

1. Schritt: Ermittlung der absoluten Deckungsbeiträge

	Produkt A	Produkt B
Verkaufspreis je Einheit, netto	100,00 EUR	160,00 EUR
– variable Kosten je Einheit	– 70,00 EUR	– 120,00 EUR
= Deckungsbeiträge je Produkteinheit) (= **absolute Deckungsbeiträge**)	**30,00 EUR**	**40,00 EUR**

Beide Deckungsbeiträge sind positiv. Produkt B weist jedoch den höheren **absoluten Deckungsbeitrag** auf.

2. Schritt: Ermittlung der relativen Deckungsbeiträge

Das Produkt mit dem höheren Deckungsbeitrag (Produkt B) beansprucht den Engpassbereich 40 Minuten je Stück, während das Produkt mit dem niedrigeren Deckungsbeitrag (Produkt A) lediglich 20 Minuten je Stück Produktionszeit erfordert. Demnach ist für die Bestimmung der Produktförderung entscheidend, wie hoch die Deckungsbeiträge pro Minute des Engpassbereichs sind (**relative Deckungsbeiträge**):

relative Deckungsbeiträge	Produkt A	Produkt B
Deckungsbeitrag pro Minute (Engpasseinheit)	30,00 EUR/20 Min. = **1,50 EUR/Min.**	40,00 EUR/40 Min. = **1,00 EUR/Min.**

Soll die vorhandene Kapazität allein durch Produktion nur eines der beiden Produkte ausgelastet werden, entscheidet sich die Armaturenfabrik für das Produkt A. Da der **Deckungsbeitrag je Minute** bei Produkt A $\left(\dfrac{100-70}{20} = 1{,}50 \text{ EUR/Min.}\right)$ größer als bei Produkt B $\left(\dfrac{160-120}{40} = 1{,}00 \text{ EUR/Min.}\right)$ ist, wird bei dieser Vorgehensweise ein höherer Gewinn erzielt als im umgekehrten Fall.

Ergebnis: Möchte das Unternehmen seinen Gewinn maximieren, so ist – eine entsprechende Absatzmenge vorausgesetzt – die Herstellung des Produktes A dem Produkt B vorzuziehen, da in diesem Falle pro Produktionsminute ein Deckungsbeitrag von 1,50 EUR erwirtschaftet wird.

Das sind – bezogen auf eine Produktionsminute – 0,50 EUR mehr als bei Produkt B.

! Liegen **Produktionsengpässe** vor, so sind die Deckungsbeiträge je Einheit des Engpassfaktors (relative Deckungsbeiträge) zu ermitteln. Je höher der relative Deckungsbeitrag einer Erzeugniseinheit ist, desto förderungswürdiger ist das entsprechende Produkt.

! relativer Deckungsbeitrag je Stück $= \dfrac{\text{absoluter Stückdeckungsbeitrag (db)}}{\text{benötigte Einheiten des Engpassfaktors (z. B. Min. je Stück)}}$

Fehlentscheidung bei absoluter Deckungsbeitragsrechnung

Optimales Produktionsprogramm eines Uhrenherstellers bei ausgelasteten Kapazitäten

Das Produktionsprogramm eines Herstellers von Digitaluhren enthält vier Produkttypen. Die für das dritte Quartal absetzbaren Mengen, die variablen Stückkosten und die Stückpreise sind nachstehender Tabelle zu entnehmen:

Produkt-bezeichnung	Absatzmenge Stück	Stückpreis EUR	Variable Stückkosten EUR	db je Stück EUR
A	60 000	75	37	38
B	74 500	60	32	28
C	58 000	52	28	24
D	54 000	45	36	9

Die fixen Kosten pro Quartal belaufen sich auf 200.000 EUR.

Alle Produkttypen durchlaufen **die gleiche Montageabteilung.** In dieser Abteilung stehen pro Quartal 10 000 Stunden zur Verfügung. Für die Montage werden folgende Zeiten je Gehäuse benötigt:

Produktbezeichnung	Montagezeit je Stück
A	3,0 Min. = 0,05 Std.
B	7,2 Min. = 0,12 Std.
C	6,0 Min. = 0,10 Std.
D	4,2 Min. = 0,07 Std.

1. Produktionsprogramm auf der Grundlage absoluter Deckungsbeiträge

Produkt-typ	Montagezeit je Stück	Menge Soll	Montagezeit Soll	Menge Ist	Montagezeit Ist	db je Stück	Gesamt DB
A	0,05 Std.	60 000 St.	3 000 Std.	60 000 St.	3 000 Std.	38 EUR	2.280.000 EUR
B	0,12 Std.	74 500 St.	8 940 Std.	58 333 St.	7 000 Std.	28 EUR	1.633.324 EUR
C	0,10 Std.	58 000 St.	5 800 Std.	0 St.	0 Std.	24 EUR	0 EUR
D	0,07 Std.	54 000 St.	3 780 Std.	0 St.	0 Std.	9 EUR	0 EUR
			21 520 Std.		10 000 Std.		3.913.324 EUR

Ergebnis: Wird die Produktförderung nach der Höhe der Stückdeckungsbeiträge (= absolute Deckungsbeiträge) vorgenommen, so werden die Produkttypen C und D nicht produziert. Von Produkttyp B werden lediglich 58.333 Stück produziert.

2. Produktionsprogramm auf der Grundlage relativer Deckungsbeiträge

Produktbezeichnung	Montagezeit je Stück	Relativer DB = db je Stunde
A	3,0 Min. = 0,05 Std.	(38/3,0) · 60 = 760,00 EUR
B	7,2 Min. = 0,12 Std.	(28/7,2) · 60 = 233,33 EUR
C	6,0 Min. = 0,10 Std.	(24/6,0) · 60 = 240,00 EUR
D	4,2 Min. = 0,07 Std.	(9/4,2) · 60 = 128,57 EUR

Erfolgt die Produktförderung nach der Höhe der relativen Deckungsbeiträge, so ergibt sich nachstehendes Produktionsprogramm:

Aufg. 1
S. 182

Aufg. 2
S. 182

Produkt-typ	Montagezeit je Stück	Menge Soll	Montage-zeit Soll	Menge Ist	Montage-zeit Ist	Relativer dB (db je Std. Montagezeit)	Gesamt DB
A	0,05 Std.	60 000 St.	3 000 Std.	60 000 St.	3 000 Std.	760,00 EUR	2.280.000 EUR
C	0,10 Std.	58 000 St.	5 800 Std.	58 000 St.	5 800 Std.	240,00 EUR	1.392.000 EUR
B	0,12 Std.	74 500 St.	8 940 Std.	10 000 St.	1 200 Std.	233,33 EUR	280.000 EUR
D	0,07 Std.	54 000 St.	3 780 Std.	0 St.	0 Std.	128,57 EUR	0 EUR
			21 520 Std.		10 000 Std.		3.952.000 EUR

Ergebnis: Wird die Produktionsentscheidung auf der Grundlage der relativen Deckungsbeiträge getroffen, so werden die vier Produkttypen in der Rangfolge A, C, B, D produziert. Wegen des bestehenden Kapazitätsengpasses in der Abteilung Montage wird auf die Produktion von Produkttyp D vollständig verzichtet. Von Produkttyp B werden lediglich 10 000 Stück produziert.

Durch die Produktionsentscheidung auf der Grundlage der relativen Deckungsbeiträge lässt sich das Betriebsergebnis im Vergleich zur Entscheidung bei absoluter Deckungsbeitragsrechnung um 38.676 EUR (3.952.000 EUR – 3.913.324 EUR) verbessern.

Zusammenfassende Übersicht zu Kapitel 7.8:
Optimales Produktionsprogramm in Engpasssituationen: Relative Deckungsbeitragsrechnung

> **Engpasssituation: Kapazität des Betriebes reicht nicht, um die Produkte in den gewünschten (absetzbaren) Mengen zu produzieren**

> **Entscheidung: Welche Produkte sind mit welchen Mengen zu produzieren?**

> **Entscheidungsgrundlage: relative Deckungsbeiträge**

$$\text{relativer Deckungsbeitrag} = \frac{\text{absoluter Deckungsbeitrag (db)}}{\text{benötigte Einheiten des Engpassfaktors (z. B. Minuten je Stück)}}$$

Produktionsentscheidung: Reihenfolge der Produktförderung ist abhängig von der Höhe der relativen Deckungsbeiträge

---

Checken Sie Ihre Kompetenz mit der **Ich-kann-Liste**.

Öffnen Sie hierzu den nebenstehenden **QR-Code**
oder geben Sie folgenden Link ein: https://vel.plus/BHB103

ERARBEITUNGSAUFGABE

zu Kapitel 7.8 Optimales Produktionsprogramm in Engpasssituationen: Relative Deckungsbeitragsrechnung

EA 1 Entscheidung über das optimale Produktionsprogramm bei Engpasssituationen

In einem Industriebetrieb soll das Produktionsprogramm für das kommende Jahr erstellt werden. Aufgrund der Marktsituation wird mit folgender Produktions- und Absatzmenge je Tag gerechnet:

vel.plus/BHB104

Erzeugnis	A	B	C	D	E
Stück	40	60	150	60	80

Die Verkaufspreise und die variablen Stückkosten für die einzelnen Erzeugnisse sind nachstehender Tabelle zu entnehmen:

Erzeugnisse	A	B	C	D	E
Verkaufspreis je Stück in EUR	125	90	150	121	140
variable Kosten je Stück in EUR	135	60	110	85	90

1. Ermitteln Sie den Gesamtdeckungsbeitrag für das gewinnmaximale Produktionsprogramm.

2. Die Lackiererei wird von den einzelnen Erzeugnissen mit nachstehenden Fertigungszeiten beansprucht:

	A	B	C	D	E
Fertigungszeit je Stück in Min.	15	6	5	12	20

Im Rahmen des Dreischichtbetriebs wird die Lackiererei an einem Arbeitstag 24 Stunden betrieben.

Berechnen Sie, ob die Kapazität ausreicht, um die einzelnen Erzeugnisse mit den jeweils geplanten Mengen (vgl. 1.) zu produzieren.

3. Der Produktionsleiter schlägt vor, das Produktionsprogramm zu straffen und nur vom Erzeugnis mit dem höchsten Stückdeckungsbeitrag die höchstmögliche Menge zu produzieren.

   Welche Menge lässt sich unter den gegebenen Bedingungen (24 Stunden pro Tag) von diesem Erzeugnis herstellen und welcher Gesamtdeckungsbeitrag wird dabei erzielt?

4. Der Controller behauptet, die vom Produktionsleiter vorgeschlagene Zusammenstellung des Produktionsprogramms führe nicht zum bestmöglichen Betriebsergebnis. Aus seiner Sicht trägt ein hoher Stückdeckungsbeitrag dann nicht unbedingt zur Verbesserung des Betriebsergebnisses bei, wenn das Erzeugnis vergleichsweise lange Fertigungszeiten erfordert. Entscheidend für die Zusammenstellung des Produktionsprogramms sei vielmehr der pro Fertigungsminute erzielbare Deckungsbeitrag eines Erzeugnisses.

   Berechnen sie die Deckungsbeiträge pro Fertigungsminute (= relative Deckungsbeiträge), die sich mit den für das Produktionsprogramm infrage kommenden Erzeugnissen erzielen lassen, und bestimmen Sie die Rangfolge der zu produzierenden Erzeugnisse.

5. Mit welchen Mengen sollten die einzelnen Erzeugnisse auf der Grundlage des unter 4. ermittelten Ergebnisses produziert werden?

6. Ermitteln Sie den Gesamtdeckungsbeitrag, der sich aufgrund des unter 5. festgestellten Ergebnisses ergibt und vergleichen Sie das Ergebnis mit dem unter 3. ermittelten Deckungsbeitrag.

vel.plus/BHB105

WIEDERHOLUNG DES GRUNDWISSENS

zu Kapitel 7.8 Optimales Produktionsprogramm in Engpasssituationen: Relative Deckungsbeitragsrechnung

1. Geben Sie an, wann eine Engpasssituation vorliegt.

2. Erklären Sie den Begriff „absoluter Deckungsbeitrag".

3. Erläutern Sie, warum sich bei Engpasssituationen das optimale Produktionsprogramm nicht nach der Höhe der absoluten Deckungsbeiträge bestimmen lässt.

4. Geben Sie an, wie sich der relative Deckungsbeitrag eines Erzeugnisses berechnen lässt.

5. Nennen Sie die Entscheidungsregel zur Produktförderung bei einer Engpasssituation.

ANWENDUNGS- UND ÜBUNGSAUFGABEN

zu Kapitel 7.8 Optimales Produktionsprogramm in Engpasssituationen: Relative Deckungsbeitragsrechnung

Aufgabe 1 Betriebsergebnis – Verwendung frei gewordener Kapazität einer Spielwarenfabrik

vel.plus/BHB106

Eine Spielwarenfabrik fertigte im zurückliegenden Quartal Holzbaukästen in zwei Ausführungen. Dabei enthält der Erweiterungskasten B weniger, aber kompliziertere Teile als der Grundkasten A. Der Kostenrechnung sind folgende Daten zu entnehmen:

	Grundkasten A	Erweiterungskasten B
Verkaufspreis je Einheit netto	90 EUR	72 EUR
variable Kosten insgesamt	61.500 EUR	112.500 EUR
Produktionsmenge	2 300 Stück	3 750 Stück
Produktionsdauer je Einheit	80 Minuten	210 Minuten

1. Errechnen Sie den Deckungsbeitrag je Stück und insgesamt für den Grundkasten A und den Erweiterungskasten B.

2. Durch Nachfragerückgang eines anderen Erzeugnisses stehen im Monat zusätzlich 300 Stunden freie Kapazität für die Holzbaukästen Typ A und Typ B zur Verfügung. Welchen Typ würden Sie vorziehen, wenn für beide Holzbaukästen genügend Nachfrage vorhanden ist?
   Um welchen Betrag verändert sich durch diese zusätzliche Produktion das Betriebsergebnis?

Aufgabe 2 Sortimentspolitik auf der Basis der Deckungsbeitragsrechnung – Absoluter Deckungsbeitrag – Relativer Deckungsbeitrag – Engpasssituation – Zusatzauftrag

vel.plus/BHB107

Die Kollektion einer Textilfabrik umfasst u. a. fünf Kleidermodelle, für die folgende Daten vorliegen:

Nr.	Modell	geplante Absatzmenge je Monat	Stückpreis p (EUR)	variable Stückkosten k_v (EUR)
1	A	420	400	180
2	B	900	200	100
3	C	200	380	280
4	D	600	280	150
5	E	350	300	180

Die monatlichen Fixkosten betragen 200.000 EUR.

A. Absoluter Deckungsbeitrag und Sortimentspolitik

1. Ermitteln Sie den Deckungsbeitrag und das Betriebsergebnis (Gewinn/Verlust), wenn alle Aufträge ausgeführt werden können.

2. Die Geschäftsleitung überlegt, das Produktionsprogramm bei Kleidern auf drei Modelle zu reduzieren.

a) Welche beiden Modellen sollten Ihrer Meinung nach für diesen Fall aus der Kollektion gestrichen werden? Begründen Sie Ihre Aussage.

b) Ermitteln Sie den sich nach dieser Entscheidung ergebenden Deckungsbeitrag.

3. Für den Fall einer Straffung des Produktionsprogramms (vgl. 2.) würden Kapazitäten frei. Dadurch könnten Produktion und Absatz eines Modells bei gleich bleibenden Fixkosten um monatlich 300 Stück gesteigert werden.

a) Bei welchem Modell sollte diese Produktionsausweitung vorgenommen werden?

b) Begründen Sie mit rechnerischem Nachweis, ob die Straffung des Produktionsprogramms und die Mehrproduktion eines Modells gegenüber der Ausgangssituation (vgl. 1) gerechtfertigt ist.

B. Relativer Deckungsbeitrag und Produkteliminierung aufgrund von Engpasssituationen

4. Aus Sortiments- und Risikogründen sieht die Geschäftsleitung von einer Änderung des Produktionsprogramms ab. Es werden nach wie vor alle fünf Kleidermodelle entsprechend der Ausgangssituation angeboten. Aufgrund der Produktionsausdehnung bei Mänteln ergibt sich aber in der Näherei ein Engpass. Für die Kleiderproduktion stehen nur noch 5 000 Fertigungsstunden pro Monat zur Verfügung. Die einzelnen Kleidermodelle benötigen je Stück folgende Bearbeitungszeiten in der Näherei:

Nr.	Modell	Näharbeiten in Stunden je Kleid
1	A	3,4
2	B	1,8
3	C	2,2
4	D	2,5
5	E	2,5

a) Ermitteln Sie unter Berücksichtigung der Engpasssituation das optimale Produktionsprogramm und den entsprechenden Deckungsbeitrag.

b) Wie groß wäre der Unterschied, wenn sich die Geschäftsleitung bei der Zusammenstellung des Produktionsprogramms nicht an den relativen, sondern an den absoluten Deckungsbeiträgen je Stück orientieren würde?

5. Welche Änderungen würden sich gegenüber dem Ergebnis von 4. ergeben, wenn die Aufträge für die einzelnen Modelle unteilbar sind, d. h. entweder ganz oder gar nicht angenommen werden können?

7.9   Vollkostenrechnung und Deckungsbeitragsrechnung: Vergleichender Überblick

Ein **einzelnes Kostenrechnungssystem** (Voll- oder Teilkostenrechnung) kann die an die Kostenrechnung gestellten Aufgaben (z. B. Preisermittlung, Vorbereitung und Kontrolle betrieblicher Entscheidungen, Ergebnisermittlung) nicht vollständig lösen. Die Unternehmensleitung kann die gewünschten Informationen nur erhalten, wenn sie auf **beide Kostenrechnungssysteme** gleichzeitig zurückgreifen kann.

Zuschlagskalkulation	Deckungsbeitragsrechnung
Aufteilung der Kostenarten in Einzel- und Gemeinkosten	Aufspaltung der Kostenarten in deren fixe und variable Bestandteile
Verrechnung aller Kosten auf die Kostenträger	Verrechnung lediglich der variablen Kosten auf die Kostenträger
Ermittlung der Herstellkosten, der Selbstkosten und des Angebotspreises möglich	Herstellkosten, Selbstkosten und Angebotspreis werden nicht ermittelt

Zuschlagskalkulation	Deckungsbeitragsrechnung
liefert keine exakten Informationen darüber, in welchem Umfang Produktions- und Absatzentscheidungen den Gewinn eines Unternehmens beeinflussen	Instrument, das exakte Informationen über die Auswirkungen betrieblicher Produktions- und Absatzentscheidungen vermittelt: ■ kurz- und langfristige Preisuntergrenzen ■ optimales Produktionsprogramm bei freien Kapazitäten und Engpässen ■ Annahme von Zusatzaufträgen ■ Eigenfertigung oder Fremdbezug

Zuschlagskalkulation	Deckungsbeitragsrechnung
■ Veränderung des Beschäftigungsgrades wird nicht berücksichtigt ■ fehlerhafte Preispolitik bei Beschäftigungsschwankungen ■ unterstellte Abhängigkeit von Gemeinkosten und Einzelkosten ist problematisch ■ verursachungsgerechte Verteilung bestimmter Gemeinkosten auf die Kostenträger ist nicht möglich	■ Trennung zwischen fixen und variablen Kosten ist nicht immer eindeutig möglich (Problem des Zeitraums, für welchen die fixen Kosten anfallen) ■ Marktpreis als Voraussetzung zur Berechnung des Deckungsbeitrags liegt nicht immer vor ■ Herstellkosten nach den Vorschriften des Steuerrechts sind nicht ermittelbar ■ Langfristig muss aus dem Produktionsprogramm ein Gewinn erzielt werden (d. h. Vollkostendeckung ist Voraussetzung).

Zusammenfassende Übersicht zu Kapitel 7.9:
Vollkostenrechnung und Deckungsbeitragsrechnung: Vergleichender Überblick

Vollkostenrechnung
↓
keine Aufteilung der Gesamtkosten in fixe und variable Bestandteile
↓
Verrechnung der gesamten Kosten auf die Kostenträger
↓
Auftrag wird angenommen, wenn die gesamten Kosten gedeckt sind
↓
Gefahr von Fehlentscheidungen

Deckungsbeitragsrechnung
↓
Aufteilung der Gesamtkosten in fixe und variable Bestandteile
↓
Verrechnung der variablen Kosten auf die Kostenträger (Verursacherprinzip)
↓
Auftrag wird angenommen, wenn variable Kosten gedeckt sind
↓
$(db = p - k_v > 0)$
↓
Gefahr von Fehlentscheidungen geringer

 Checken Sie Ihre Kompetenz mit der **Ich-kann-Liste**.

Öffnen Sie hierzu den nebenstehenden **QR-Code**
oder geben Sie folgenden Link ein: https://vel.plus/BHB108

vel.plus/BHB109

WIEDERHOLUNG DES GRUNDWISSENS

zu Kapitel 7.9 Vollkostenrechnung und Deckungsbeitragsrechnung: Vergleichender Überblick

1. Beschreiben Sie anhand von drei Merkmalen den Unterschied von Voll- und Teilkostenrechnung.

2. Erläutern Sie, welche Informationen zu den Auswirkungen betrieblicher Entscheidungen die Teilkostenrechnung in Form der Deckungsbeitragsrechnung liefert.

Zusammenfassende Übersicht zu Kapitel 7.6–7.8: Anwendung der Deckungsbeitragsrechnung

Anwendungsbereiche der Deckungsbeitragsrechnung

Instrument der Preispolitik	Sortiments-entscheidungen	Zusatzauftrag		Eigenfertigung oder Fremdbezug Make or Buy			Optimales Produktions-programm	
		Kapazität		**Kapazität**			**Kapazität**	
		frei (kein Engpass)	beschränkt[1] (Engpass) Kapazitätserweiterung mit (sprung-)fixen Kosten	frei (kein Engpass)	beschränkt (Engpass) Kapazitätserweiterung mit (sprung-)fixen Kosten	beschränkt[1] (Engpass) keine Kapazitätserweiterung	frei (kein Engpass)	beschränkt (Engpass)
kurzfr. PUG: $p = k_v$ langfr. PUG $p = k_g$ Verbesserung des Ergebnisses, wenn gilt: $db > 0$	Produktförderung: Rangfolge entsprechend der Höhe von db Produkteliminierung: Rangfolge entsprechend der Höhe von DB	Annahme des Auftrags, wenn gilt: $db_{Zusatz} > 0$	Annahme des Auftrags, wenn gilt: $DB_{Zusatz} > K_{fixZusatz}$	Eigenfertigung, wenn gilt: $K_{g\,Make} < K_{g\,Buy}$ bzw. $k_{v\,Make} <$ Einstandspreis$_{Buy}$	Eigenfertigung, wenn gilt: $K_{g\,Make} < K_{g\,Buy}$ Berechnung der kritischen Menge	Eigenfertigung, wenn gilt: $(K_{v\,Make} +$ entgangener $DB) < K_{g\,Buy}$	Rangfolge entsprechend der Höhe von db absoluter Deckungsbeitrag	Rangfolge entsprechend der Höhe von $\dfrac{db}{\text{Engpass}}$ (z.B. Min.) relativer Deckungsbeitrag
Kap. 7.4 und 7.5.1 Aufg. 1 S. 157 EA 1 S. 163 f. Aufg. 1 S. 165	Kap. 7.5.2 und 7.6.1 EA 1 S. 169 f. Aufg. 1 S. 171	Kap. 7.6.2 Aufg. 2 bis 5 S. 171 f.		Kap. 7.7.1 Aufg. 1 S. 177	Kap. 7.7.2 Aufg. 2 S. 177	Kap. 7.3.3 Aufg. 3 S. 177	Kap. 7.8 EA 1 S. 181 Aufg. 1 und 2 S. 182 f.	

1 Diese Problemstellung ist im Bildungsplan nicht ausdrücklich erwähnt.

Lernbereich C

Marketing

---

1 Aufgaben und Ziele des Marketings

Kompetenzen:

- die Bedeutung des Absatzmarketings beschreiben

1.1 Marketing als Grundsatz der Unternehmensführung

- Aufgaben und Instrumente des Absatzmarketings beschreiben

1.2 Aufgaben und Instrumente des Marketings

- Ziele des Absatzmarketings formulieren
- Marktkennzahlen ermitteln
- Rahmenbedingungen für den situativen Einsatz von Marketinginstrumenten beschreiben

1.3 Marketingziele und Rahmenbedingungen

1.1 Marketing als Grundsatz der Unternehmensführung

> **!** Als Absatz werden alle Tätigkeiten des betrieblichen Leistungserstellungsprozesses bezeichnet, die mit der entgeltlichen Überlassung der erstellten Güter und Dienstleistungen an andere Marktteilnehmer verbunden sind.

Nach den Phasen Beschaffung – Lagerhaltung – Produktion ist der Absatz die letzte Phase des betrieblichen Leistungsprozesses. Zur **Absatzwirtschaft** gehören alle Entscheidungsprozesse zur Bewältigung der bei der Leistungsverwertung anfallenden Aufgaben.

Die Aufgabenstellung der Absatzwirtschaft ändert sich mit der Marktsituation. Übersteigt die Nachfrage das Angebot (**Verkäufermarkt**), dann ist der Verkäufer in der stärkeren Position. Er kann seine absatzpolitischen Ziele leichter durchsetzen. Bei einem Verkäufermarkt treten die Probleme der Absatzwirtschaft in der Bedeutung für das Unternehmen hinter denen der Produktionswirtschaft zurück. Besteht ein Überhang des Angebots über die Nachfrage (**Käufermarkt**), sind die Käufer in der stärkeren Position.

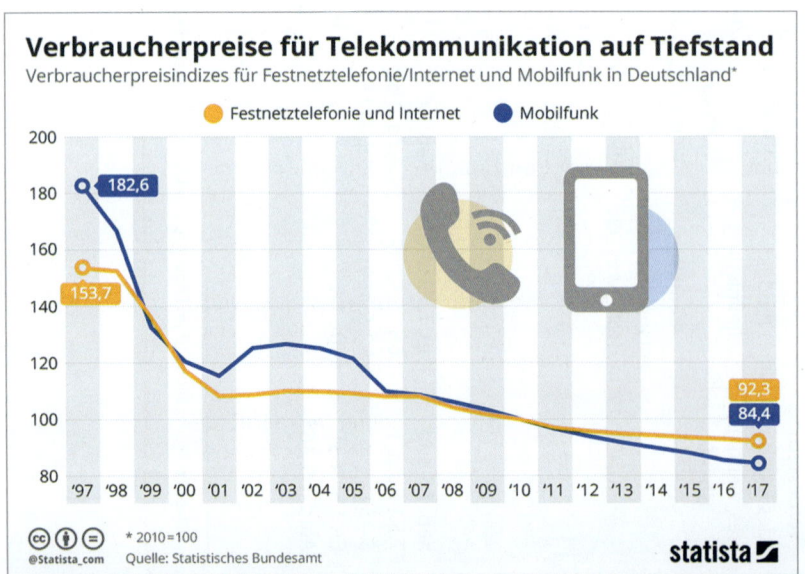

Verbraucherpreise für Telekommunikation auf Tiefstand

Verbraucherpreisindizes für Festnetztelefonie/Internet und Mobilfunk in Deutschland*

- Festnetztelefonie und Internet
- Mobilfunk

182,6
153,7
92,3
84,4

'97 '98 '99 '00 '01 '02 '03 '04 '05 '06 '07 '08 '09 '10 '11 '12 '13 '14 '15 '16 '17

* 2010 = 100
@Statista_com
Quelle: Statistisches Bundesamt

statista

Verkäufermarkt – Käufermarkt

Die Deutsche Telekom war vor Öffnung des Telekommunikationsmarktes für andere Anbieter im Jahr 1998 Monopolist (einziger Anbieter) und konnte so die Preise z. B. für Telefongespräche ohne Konkurrenzeinfluss bestimmen (= **Verkäufermarkt**). Zwischenzeitlich kann der Verbraucher unter vielen konkurrierenden Anbietern wie z. B. Telefónica, 1&1 und Vodafone wählen (= **Käufermarkt**), was sich für den Verbraucher positiv auf die Preise ausgewirkt hat.

In der Situation eines Käufermarktes gewinnt die Absatzwirtschaft gegenüber allen anderen Phasen des betrieblichen Leistungsprozesses eine besondere Bedeutung. Es wird notwendig, alle unternehmerischen Entscheidungen in allen Phasen des Leistungsprozesses dauerhaft an den Bedürfnissen und Wünschen der Kunden, d. h. am Markt, zu orientieren. Dies wird zu einem Grundsatz der Unternehmensführung, der als **Marketing** bezeichnet wird.

 Marketing bezeichnet einen Grundsatz der Unternehmensführung, bei dem alle Aktivitäten eines Unternehmens auf die gegenwärtigen und künftigen Erfordernisse der Märkte ausgerichtet werden.

1.2 Aufgaben und Instrumente des Marketings

Damit Marketingmaßnahmen (z. B. Entwicklung neuer Produkte, Werbung) erfolgreich geplant werden können, muss sich ein Unternehmen zuvor die erforderlichen Informationen über den entsprechenden Absatzmarkt beschaffen (**Marktinformationsbeschaffung**). Dazu gehört auch die systematische Suche nach noch nicht befriedigten menschlichen Bedürfnissen, die zur Nachfrage nach den von dem Betrieb bereits produzierten Produkten führen könnten. Gegebenenfalls bewirkt das Ergebnis dieser Suche auch, dass sich ein Unternehmen zur Entwicklung und Produktion neuer Produkte entschließt oder Maßnahmen (z. B. Produktgestaltung oder Werbung) ergreift, um beim Konsumenten entsprechende Bedürfnisse zu wecken oder zu verstärken.

Zu den Aufgaben des Marketings gehört nicht nur die Erforschung des Marktes, sondern auch die aktive Einwirkung auf den Markt mithilfe der marketingpolitischen Maßnahmen.

Das Marketing umfasst Aktivitäten, die sich auf Verkauf, Vertrieb, Werbung, Darstellung des Unternehmens in der Öffentlichkeit (Image) usw. beziehen. Wichtige Instrumente des Marketings sind:

Marketinginstrumente			
Produktpolitik Produktionsprogramm-/ Sortimentspolitik	**Preis- und Konditionenpolitik**	**Distributionspolitik (Absatzorganisation)**	**Kommunikations- politik (Werbung und Verkaufsförderung)**
Veränderungen eines Produktes in Farbe, Form, Qualität, veränderte Zusammensetzung des Produktionsprogramms/ Sortiments	Gestaltung von Verkaufspreis und Konditionen (z. B. Rabatte)	Auswahl von Vertriebs- und Verteilungswegen für die Belieferung der Kunden	Förderung des Bekanntheitsgrades eines Unternehmens und/oder eines Produkts (z. B. Werbung, Verkaufsförderung *(Sales Promotion)*, Öffentlichkeitsarbeit *(Public Relations)*
product	**price**	**place**	**promotion**

Die vier Marketinginstrumente werden auch als die „4 P" (product, price, place, promotion) bezeichnet.

In Abhängigkeit vom Produkt, den Marktverhältnissen, den Kundenwünschen usw. muss in jedem Einzelfall geklärt werden:

- Welche Instrumente sind geeignet, um ein vorgegebenes Ziel zu erreichen?
- Wie und in welchem Umfang sollen die ausgewählten Instrumente eingesetzt werden?

> **!** **Die Kombination und Gestaltung der Marketinginstrumente, durch die eine größtmögliche Absatzwirkung erzielt wird (= optimale Kombination), wird als Marketing-Mix bezeichnet.**

Für Entscheidungen, die im Rahmen des Marketings getroffen werden, ist es von zunehmender Bedeutung, auf welche Weise die im Verkaufssortiment vorhandenen Produkte hergestellt und vertrieben werden. Häufig werden Produkte wie z. B. Bananen, Kaffee und Schokolade unter menschenunwürdigen Bedingungen erzeugt und im Handel sehr billig angeboten. Viele Menschen in den Anbauländern arbeiten unter unmenschlichen Bedingungen und erhalten für ihre Ernteerträge so niedrige Vergütungen, dass nicht einmal die Produktionskosten gedeckt sind. Die Existenz vieler Kleinbauern und Arbeiterfamilien ist daher bedroht. Für sie setzt sich der **Faire Handel** ein.

Ziele des Fairen Handels:

- Garantierter Mindestpreis + Fairtrade Aufschlag = Verkaufspreis für den Erzeuger. Der garantierte Mindestpreis deckt die Produktionskosten und Löhne der Erzeuger. Er liegt deutlich über dem Weltmarktniveau. Zusätzlich erhalten die Erzeuger einen Fairtrade-Aufschlag.

- Erlöse aus dem Verkauf von fair gehandelten Produkten kommen den Erzeugern zugute und werden zum Beispiel für den Bau von Schulen und Trinkwasserbrunnen ausgegeben.

- Illegale Kinderarbeit ist in Projekten des Fairen Handels verboten.

Fair gehandelte Bananen – der Erlös für ihren Verkauf fließt den Erzeugern zu.

© Visions-AD – stock.adobe.com

Quelle: www.oeko-fair.de

1.3   Marketingziele und Rahmenbedingungen

Marketingziele

Alle Maßnahmen des Marketings haben letztlich den Zweck, einen Beitrag zur Erreichung des allgemeinen Unternehmenszieles „Gewinnmaximierung" zu leisten. Je nachdem, was mit Marketingmaßnahmen erreicht werden soll, lassen sich **quantitative** und **qualitative** Ziele unterscheiden. Quantitative Ziele, wie z. B. ein bestimmter Umsatz, sind gut messbar und lassen sich in Geld- und Mengeneinheiten ausdrücken. Qualitative Ziele, wie z. B. ein angestrebtes Image, sind schwieriger zu messen und zu beschreiben.

Quantitative Ziele:

- Erhöhung des Umsatzes
- Erhöhung des Marktanteils
- Erschließung von Marktpotenzial
- Steigerung des Gewinns
- Sicherung des bestehenden Marktanteils
- Senkung der Kosten

Marktpotenzial – Marktvolumen – Marktanteil von T-Shirts

Aufg. 1
S. 189

Ein Marktforschungsinstitut hat ermittelt, dass im vergangenen Jahr mit verschiedenen Größen und Modellen eines im Fair-Trade-System[1] hergestellten T-Shirts in einem bestimmten Absatzgebiet ein Umsatz von 45 Mio. EUR erzielt wurde (= Marktvolumen). Weiter wurde festgestellt, dass auf diesem Markt ein Umsatz von 60 Mio. EUR möglich wäre, wenn alle infrage kommenden Käufer das Produkt kaufen würden (= Marktpotenzial). Bei einem Marktpreis von 15 EUR/Stück hat der bundesweit tätige Anbieter „Fairshirt" ein Absatzvolumen von 400 000 Stück erzielt. Daraus errechnet sich ein Umsatzerlös von 6 Mio. EUR (400 000 Stück · 15 EUR/Stück = 6 Mio. EUR). Der Marktanteil von Fairshirt beträgt somit 13,33 % (6 Mio. EUR · 100) : 45 Mio. EUR = 13,33 %)

Quelle: https://www.fairtrade-deutschland.de/produkte-de/textilien/hintergrund-fairtrade-textilien.html

© TransFair e.V. / Anand Parmar

Die Abteilung Marketing von Fairshirt hat ermittelt, dass bei geeigneten Werbemaßnahmen der Umsatz um 10 % auf 6,6 Mio. EUR gesteigert werden könnte. Daraus errechnet sich ein Absatzpotenzial von 440 000 Stück (6,6 Mio. EUR : 15 EUR/Stück).

Marktvolumen: 45 Mio. EUR bzw. 3 Mio. Stück   Absatzpotenzial: 440 000 Stück
Marktpotenzial: 60 Mio. EUR bzw. 4 Mio. Stück   Absatzvolumen: 400 000 Stück
Marktanteil von Fairshirt: (6 Mio. EUR · 100) : 45 Mio. EUR = 13,33 %

!

Absatzvolumen: *Absatzmenge* (Stück, Liter, kg ...) der *tatsächlich verkauften* Produkte oder Dienstleistungen *eines Unternehmens* oder einer Branche auf einem bestimmten Markt innerhalb eines bestimmten Zeitraumes

Marktvolumen: *tatsächliche Absatzmenge* oder tatsächliche *Umsatzerlöse aller Marktteilnehmer* zusammen auf einem bestimmten Markt innerhalb eines bestimmten Zeitraums

Umsatzerlöse: **Absatzvolumen · Preis**

Marktpotenzial: höchstmöglicher *Umsatz oder Absatz*, der sich auf einem bestimmten Markt erzielen lässt

Absatzpotenzial: Teil des Marktpotenzials, der auf ein *bestimmtes Unternehmen* entfällt, d. h. dessen *maximal mögliche Absatzmenge*

Marktanteil: (Umsatzerlös eines Unternehmens · 100) : Marktvolumen

---

1 Produkte, die mit dem Fairtrade-Siegel ausgezeichnet sind, werden nach den internationalen Standards von *Fairtrade International* angebaut und gehandelt.
Die Fairtrade-Standards sind das Regelwerk, das Kleinbauernorganisationen, Plantagen und Unternehmen einhalten müssen. Sie umfassen soziale, ökologische und ökonomische Kriterien, um eine nachhaltige Entwicklung der an der Produktion Beteiligten in den Entwicklungs- und Schwellenländern zu gewährleisten.

Qualitative Ziele:

- Bekanntmachen eines Produktes oder von Produkteigenschaften
- Erhöhung des Bekanntheitsgrades eines Unternehmens
- Schaffung von Vertrauen zu dem Unternehmen hinsichtlich Zuverlässigkeit und/oder Produktqualität

Eine Kontrolle der getroffenen Marketingentscheidungen ist nur möglich, wenn die Marketingziele überprüfbar (**operationalisiert**) formuliert wurden. Dafür müssen 1. der Inhalt, 2. der Zeitrahmen und 3. der Erfüllungsgrad konkret definiert sein. Eine Operationalisierung ist bei quantitativen Zielen im Gegensatz zu qualitativen Zielen leicht möglich. Die operationalisierte Zielformulierung von qualitativen Zielen macht Schwierigkeiten.

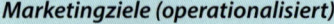

Aufg. 2
S. 193

Aufg. 3
S. 193

Marketingziele (operationalisiert)

Umsatzziel. Im kommenden Geschäftsjahr soll der Umsatz des Backhilfsmittels „Backfix" an Brotfabriken und Großbäckereien im Bundesgebiet um 6 % gesteigert werden.

Marktanteilsziel. Der Marktanteil auf dem europäischen Markt soll bis 2028 von bisher 30 % auf 40 % erhöht werden.

Gewinnziel. Der Gewinn soll während der kommenden 3 Jahre jährlich um 6 % steigen.

Kostenziel. Durch vermehrten Einsatz von Handelsvertretern anstelle von Handelsreisenden sollen die Vertriebskosten um 180.000,00 EUR jährlich sinken.

Marketingziele (nicht operationalisiert)

„Wir wollen in der Zukunft den Marktanteil unseres Backhilfsmittels ‚Backfix' wesentlich steigern."
„Wir wollen unser Image verbessern."

Rahmenbedingungen

Vorgegebene Marketingziele lassen sich nur dann erreichen, wenn bei deren Formulierung folgende Rahmenbedingungen berücksichtigt werden:

- Kundenstruktur
- Konkurrenz
- konjunkturelle Lage

Kundenstruktur

Damit einzelne Marketingmaßnahmen wie z. B. die Kundenwerbung zum gewünschten Erfolg führen, muss sich das Unternehmen zunächst einen Überblick über die Struktur der bestehenden und eventuell neu zu gewinnenden Kunden machen. Je detaillierter die Merkmale der Zielkunden herausgearbeitet werden, umso wirksamer können diese erfolgsversprechend angesprochen und betreut werden. In Abhängigkeit von den abzusetzenden Produkten sind im Allgemeinen nachstehende Informationen zur Kundenstruktur von Bedeutung:

- Alter, Beruf, Ausbildung, Migrationshintergrund
- Familienstand
- Freizeitverhalten

- Geschlecht
- Wohnort
- Einkommen/ Einkommens- verteilung
- Kauf- bzw. Nachfrage- verhalten
- ...

Studierende als Zielgruppe der Werbung einer Metzgerei

In einer Universitätsstadt will eine Metzgerei mit einer Werbemaßnahme ausschließlich Studierende ansprechen. Die Metzgerei hat festgestellt, dass im Stadtteil Unterstadt sehr viele Studierende wohnen. Außerdem sind in diesem Stadtteil fast alle Institute der Universität angesiedelt. Bei der Preisfestsetzung wurde auf die bescheidenen „Einkommensverhältnisse" und das für Studierende typische Nachfrageverhalten (kein teures Filetfleisch) geachtet.

Quelle: https://de.wikipedia.org/wiki/Zielgruppe

© Sir James

Konkurrenz

Mit Erhebungen zur Konkurrenz (Konkurrenzforschung) sollen Informationen zu den derzeitigen und/oder neu hinzukommenden Konkurrenzunternehmen gewonnen werden. Dabei sind Kenntnisse folgenden Inhalts von Bedeutung:

- Zahl der Mitbewerber
- Umsatz und Marktanteile der einzelnen Mitbewerber
- Verhalten am Markt (aggressiv, zurückhaltend)
- Produkte (Qualität, Aufmachung ...)
- Verkaufspreise
- Verkaufsbedingungen
- Service
- Werbung
- ...

Standortplanung eines Supermarktes

Eine Supermarktkette hat ermittelt, dass sich viele Besucher eines Freizeitparks vor dem Eintritt mit selbst mitgebrachten Mahlzeiten versorgen wollen. Da es auf den Zufahrtsstraßen zum Freizeitpark kein Konkurrenzunternehmen gibt, hat die Geschäftsleitung der Supermarktkette beschlossen, in einem nahe gelegenen Gewerbegebiet einen Supermarkt mit einem großen To-Go-Bereich einzurichten. Es ist beabsichtigt, bereits auf den Zufahrtsstraßen mit groß angelegten Werbetafeln auf die Einkaufsmöglichkeit und die vorgefertigten Lunch-Pakete hinzuweisen.

Konjunkturelle Lage

Erwartungen zur Entwicklung der Produktionstätigkeit von Unternehmen, der Entwicklung der Beschäftigung oder des Außenhandels beeinflussen das Kaufverhalten von Unternehmen und Verbrauchern. Im Zusammenhang mit der Formulierung von Marketingzielen sollte sich das Unternehmen daher entsprechende Informationen aus amtlichen Statistiken oder von der zuständigen Industrie- und Handelskammer beschaffen (https://www.bmwi.de/Redaktion/DE/Dossier/konjunktur-und-wachstum.html).

Zusammenfassende Übersicht zu Kapitel 1: Aufgaben und Ziele des Marketings

Absatz = entgeltliche Verwertung der vom Betrieb erstellten Leistungen am Markt

Marktsituationen

Käufermarkt	Verkäufermarkt
Angebot > Nachfrage	**Angebot < Nachfrage**

Marketing = Steuerung des Unternehmens vom Markt her

Marketinginstrumente

Produkt- und Programmpolitik	Preispolitik	Distributionspolitik	Kommunikations- politik
(product)	*(price)*	*(place)*	*(promotion)*

Marketing-Mix

Marketingziele
= Unterziele zur Erreichung des allgemeinen Unternehmenszieles „Gewinnmaximierung"

	Quantitative Ziele (z. B. Umsatzsteigerung um 5 %)	Qualitative Ziele (z. B. Bekanntheitsgrad des Unternehmens erhöhen)
Operationalisierung	leicht möglich	nur schwer möglich
Zielerreichung	kontrollierbar	nicht oder nur schwer kontrollierbar

Kundenstruktur, Konkurrenz, Konjunktur

 Checken Sie Ihre Kompetenz mit der **Ich-kann-Liste**.

Öffnen Sie hierzu den nebenstehenden **QR-Code**
oder geben Sie folgenden Link ein: https://vel.plus/BHC02

vel.plus/BHC03

WIEDERHOLUNG DES GRUNDWISSENS

zu Kapitel 1   Aufgaben und Ziele des Marketings

1.1   Marketing als Grundsatz der Unternehmensführung

1. Beschreiben Sie, mit welchem Aufgabenbereich sich die Absatzwirtschaft eines Unternehmens befasst.

2. Erklären Sie, welche grundsätzlichen Überlegungen ein Unternehmen anstellen muss, wenn es seine Erzeugnisse erfolgreich verkaufen will.

3. Erklären Sie den Begriff „Marketing".

4. Erläutern Sie, was unter Käufer- und Verkäufermarkt jeweils zu verstehen ist.

1.2   Aufgaben und Instrumente des Marketings

1. Erläutern Sie die Voraussetzung, die erfüllt sein muss, damit Marketingmaßnahmen (z. B. Werbung) erfolgversprechend sind.

2. Nennen Sie die Aufgaben des Marketings.

3. Nennen Sie die vier Marketinginstrumente.

4. Beschreiben Sie, womit sich jedes der vier Marketinginstrumente befasst.

1.3   Marketingziele und Rahmenbedingungen

1. Grenzen Sie die beiden Gruppen von Marketingzielen voneinander ab.

2. Nennen Sie einige quantitative und qualitative Marketingziele.

3. Erklären Sie, welche Voraussetzung bei der Zielformulierung erfüllt sein muss, damit eine Kontrolle der Zielerreichung möglich ist.

4. Nennen Sie drei Rahmenbedingungen, die bei der Formulierung von Marketingzielen berücksichtigt werden müssen.

5. Erläutern Sie jede der unter 4. genannten Rahmenbedingungen.

ANWENDUNGS- UND ÜBUNGSAUFGABEN

zu Kapitel 1   Aufgaben und Ziele des Marketings

Aufgabe 1   Marktanteil – Marktpotenzial

Ein Kosmetikhersteller erzielte im Produktbereich Körperpflege (Seife, Shampoo, Deodorant Spray usw.). während des vergangenen Geschäftsjahrs einen Umsatz von 200 Mio. EUR. Die Konkurrenz erzielte im gleichen Zeitraum im Bereich Körperpflege einen Umsatz von 380 Mio. EUR.

Nach Einschätzung eines Marktforschungsinstituts ließe sich bei Ausschöpfung aller marketingpolitischen Maßnahmen ein Gesamtumsatz von ca. 800 Mio. EUR erzielen.

1. Berechnen Sie den Marktanteil, den der Kosmetikhersteller im Bereich Körperpflege während des vergangenen Geschäftsjahres erzielte.

2. Welches Marktpotenzial wurde von den am Markt tätigen Unternehmen im Bereich Körperpflege bereits ausgeschöpft (= Marktsättigung in %)?

Aufgabe 2   Marketingziele

Eine Sprachschule in Stuttgart bietet unter anderem Kurse in Wirtschaftsenglisch an. Aktuell hat sie mit diesen Kursen im Großraum Frankfurt einen Marktanteil von 12 %. Sie möchte diesen verdoppeln.

© Coloures-Pic – stock.adobe.com

vel.plus/BHC04

1. Formulieren Sie ein operationalisiertes Marktanteilsziel für die Sprachschule.

2. Formulieren Sie ein operationalisiertes Ziel, welches im Rahmen der Kommunikationspolitik („Promotion") der Sprachschule zur Erhöhung des Marktanteils beitragen kann.

3. Erklären Sie, wie genau dieses Ziel zur Erhöhung des Marktanteils beiträgt.

4. Formulieren Sie ein qualitatives Ziel, das zur Erhöhung des Marktanteils beitragen kann.

5. Um ihre Marketingziele zu erreichen, muss die Sprachschule bestimmte Rahmenbedingungen berücksichtigen. Erläutern Sie für jeden Bereich anhand eines Beispiels, wie sie dies umsetzen kann.
   a) Kundenstruktur   b) Konkurrenz   c) konjunkturelle Lage

Aufgabe 3   Operationalisierung von Marketingzielen

In einem Unternehmen, das elektrische Haushaltsgeräte und Autoelektrik-Zubehör herstellt, sollen Umsatzverluste und Gewinnrückgänge auf dem Markt für Kraftfahrzeug-Zubehör durch Umsatzsteigerungen auf dem Haushaltssektor ausgeglichen werden.

Die zentrale Geschäftsleitung setzt dem Leiter des Unternehmensbereiches „Haushaltsgeräte" folgendes Ziel:

Der in diesem Jahr erzielte Umsatz in Höhe von 5 Millionen EUR soll auf der Preisbasis des 1. November d. J. auf 7 Millionen EUR im nächsten Jahr erhöht werden. Gleichzeitig soll die absolute Höhe des Gewinns in diesem Geschäftsbereich um mindestens 25 % steigen.

Der Leiter des Unternehmensbereiches „Haushaltsgeräte", dem der Marketing-Direktor und der technische Direktor unmittelbar unterstehen, macht diesen Direktoren folgende Zielvorgaben:

Dem **Marketing-Direktor**:   Steigerung des Absatzes an Küchenmaschinen, Kühlschränken, Waschmaschinen, Spülmaschinen.

Dem **Technischen Direktor**:   Senkung der Produktionskosten.

1. Prüfen Sie, welche Zielformulierung operational formuliert ist, d. h. die Komponenten Erfüllungsgrad, Zielinhalt und Zielzeit enthält.

2. Formulieren Sie nach eigenem Ermessen die nicht operational formulierten Ziele so, dass die drei Zielkomponenten darin enthalten sind.

3. Zeigen Sie am Beispiel der Zielformulierung dieses Falles, warum die Operationalisierung von Zielen notwendig ist.

2 Sammlung und Auswertung von Marktdaten

Kompetenzen:

- *Markforschung als Grundlage für den Einsatz von Marketingmaßnahmen erklären*
- *vor dem Hintergrund der Digitalisierung kritisch Stellung beziehen zu Methoden der Datengewinnung*

2.1 Marktforschung

- *Ergebnisse der Marktforschung analysieren und für Prognosen nutzen*

2.2 Marktprognose

2.3 Marktsegmentierung

- *Gründe für die Aufteilung von Märkten (Marktsegmentierung) nennen*
- *Möglichkeiten einer Marktsegmentierung beschreiben*

2.1 Marktforschung

Begriff und Aufgaben

Marketingmaßnahmen können nur dann erfolgreich sein, wenn die Unternehmensführung alle Informationen kennt, die für die Festlegung der Marketingziele und für die Auswahl der einzusetzenden Marketinginstrumente notwendig sind. Alle Maßnahmen zur Beschaffung der für Marketingmaßnahmen benötigten Informationen werden als **Marktuntersuchung** bezeichnet. Es lassen sich zwei Arten der Marktuntersuchung unterscheiden: Markterkundung und Marktforschung. Von der eher zufällig und gelegentlich durchgeführten **Markterkundung** unterscheidet sich die **Marktforschung** dadurch, dass sie systematisch, regelmäßig und unter Anwendung wissenschaftlicher Methoden durchgeführt wird. Sie stellt die gegenwärtigen Marktverhältnisse fest und versucht die zukünftige Entwicklung über Meinungen und Kaufmotive der Kunden herauszufinden.

> **!** **Marktforschung ist die systematische, mit wissenschaftlichen Methoden durchgeführte Informationsgewinnung und Informationsauswertung in Bezug auf die Gegebenheiten und Beeinflussungsmöglichkeiten von Märkten.**

Arten

Die **Marktuntersuchung** auf dem Absatzmarkt ist auf die allgemeine Wirtschafts- und Branchenentwicklung, die Zusammensetzung und das Verhalten der Kunden und der Konkurrenz, die Entwicklung der Preise, der Produkte und der Vertriebswege (Distributionskanäle) gerichtet.

> **!** **Erfolgt die Marktuntersuchung einmalig zu einem bestimmten Zeitpunkt, dann handelt es sich dabei um eine Marktanalyse.**

Mithilfe der Marktanalyse wird z.B. versucht, Informationen über die Marktanteile verschiedener Anbieter oder über die Zusammensetzung der Nachfrager zu erhalten.

> **!** **Wird die Marktuntersuchung in regelmäßigen Zeitabständen vorgenommen, dann handelt es sich um eine Marktbeobachtung.**

Die Ergebnisse der Marktbeobachtung geben Aufschluss über **Veränderungen** der Verhältnisse auf dem Absatzmarkt (z. B. Veränderungen des Kundenverhaltens, Trends, Marktanteile).

Methoden

Dem Unternehmen stehen zur Gewinnung von Informationen zum Absatzmarkt zwei Methoden zur Verfügung: Primärforschung und Sekundärforschung.

Primärforschung

Das Unternehmen kann die gewünschten Daten durch Befragungen, Stichprobenerhebungen, Beobachtungen oder Tests (Experimente) erheben. Da die Daten aus erster Hand gewonnen werden, handelt es sich um **Primärforschung**.

Zur Datenerhebung stehen folgende Methoden zur Verfügung:

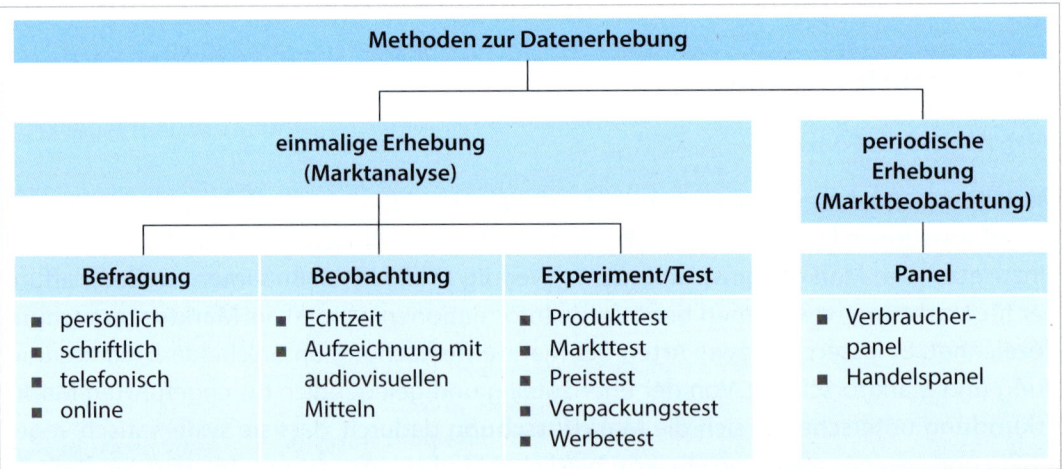

Methoden zur Datenerhebung			
einmalige Erhebung (Marktanalyse)			periodische Erhebung (Marktbeobachtung)
Befragung	**Beobachtung**	**Experiment/Test**	**Panel**
■ persönlich ■ schriftlich ■ telefonisch ■ online	■ Echtzeit ■ Aufzeichnung mit audiovisuellen Mitteln	■ Produkttest ■ Markttest ■ Preistest ■ Verpackungstest ■ Werbetest	■ Verbraucherpanel ■ Handelspanel

Der **Befragung** (Umfrage) kommt im Rahmen der Datenerhebung die größte Bedeutung zu. Die Befragung kann sich dabei auf ein einzelnes Thema oder auf eine Mehrthemenbefragung (Omnibusbefragung) beziehen. Aus Kostengründen beschränkt sich die Auswahl meist auf **Stichproben** (= repräsentativer Ausschnitt aller infrage kommenden Personen).

Befragung zu Fairtrade Kaffee

© Sean Hawkey – FairTrade Deutschland

Fairtrade hat das Ziel, Ungleichgewichte und damit Ungerechtigkeiten im weltweiten Handel abzubauen, indem Bauern und Arbeiter, die auf Plantagen arbeiten, für ihre Arbeit einen gerechteren Lohn erhalten. Darüber hinaus setzt sich Fairtrade dafür ein, dass Mindeststandards für eine soziale, ökonomische und ökologische Entwicklung in den Produzentenländern eingehalten werden. Weltweit gibt es derzeit 19 Nationale Fairtrade Organisationen (NFO) – wie TransFair in Deutschland – für 24 Länder in Europa, Nordamerika, Japan, Australien und Neuseeland.

Erfüllen die Produzenten die vorgegebenen sozialen, ökonomischen und ökologischen Fairtrade-Standards, so erhalten deren Produkte das Fairtrade-Siegel.
TransFair Deutschland legt in verschiedenen Eine-Weltläden einen Fragebogen aus, über den festgestellt werden soll, warum sich ein Käufer für den Kauf des fair gehandelten Kaffees entschieden hat. Als Anreiz, den Bogen auszufüllen, wird die Teilnahme an einem Preisausschreiben zugesagt, bei dem es verschiedene fair gehandelte Produkte zu gewinnen gibt.

Die **Marktbeobachtung** findet meist Anwendung, wenn das Unternehmen aus dem **tatsächlichen Verhalten** von Personen unmittelbar Informationen gewinnen will. Diese Methode wird in der Marktforschung eher selten angewandt, hat aber den Vorteil, dass sie nicht von der Auskunftsbereitschaft der Befragten abhängig ist. Meist reichen die Ergebnisse einer Beobachtung nicht aus, um alle gewünschten Informationen zu gewinnen. Deshalb wird die Beobachtung häufig durch eine Befragung ergänzt.

Datenerhebung durch Marktbeobachtung

Feldbeobachtung: Ein Bekleidungshaus will wissen, welche Wirkung die Gestaltung eines Schaufensters auf die Aufmerksamkeit möglicher Kunden hat. Mit Videokameras wird deshalb beobachtet, wie lange vorbeigehende Kunden an zwei unterschiedlich gestalteten Schaufenstern verweilen.
Da die Probanden (= Versuchspersonen, hier die möglichen Kunden) im vorliegenden Fall in ihrer natürlichen Umgebung beobachtet werden, handelt es sich um eine **Feldbeobachtung**.

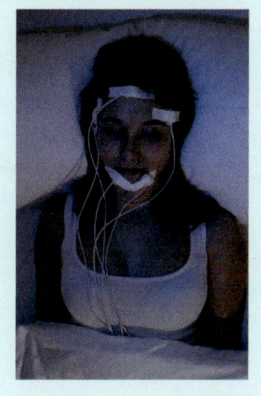

© RioPatuca Images – stock.adobe.com

Laborbeobachtung: Ein Hersteller von Matratzen will Informationen über die Auswirkungen ihrer Produkte auf das Schlafverhalten potenzieller Käufer. In einem Schlaflabor wird deshalb das Schlafverhalten der Probanden getestet.
Da die Beobachtung in einer künstlichen Umgebung (Schlaflabor) stattfindet, handelt es sich um eine **Laborbeobachtung**.

Mithilfe eines **Experiments/Tests** soll untersucht werden, welche Wirkungen von der Veränderung bestimmter Wesensmerkmale ausgehen. Im Rahmen des Experiments/Tests wird dabei jeweils ein Wesensmerkmal verändert, um zu erfahren, welche Auswirkungen von der Veränderung ausgehen.

Datenerhebung durch Experiment/Test für nachhaltige Produkte

Ein Händler für nachhaltige Produkte will untersuchen, welche Wirkung eine Anzeige in einer Zeitschrift auf die Testpersonen hat. Deshalb wird untersucht, wie die Testpersonen auf eine inhaltsgleiche Anzeige für eine Bambusschale in unterschiedlichen Layouts (Format, Farben) reagieren. Der Test wird in einem Labor durchgeführt, wobei den Testgruppen jeweils unterschiedlich gestaltete Anzeigen vorgelegt werden.

© RUZANNA ARUTYUNYAN – stock.adobe.com

Bei der **Panel-Befragung** handelt es sich um eine Maßnahme der Marktbeobachtung, bei der ein **gleich bleibender, repräsentativer Personenkreis** wiederholt zum selben Thema befragt wird. Die Befragung kann sich sowohl auf Einzelpersonen und Haushalte (Endverbraucherpanel) als auch auf Unternehmen (Einzelhandel, Großhandel) beziehen.

Paneluntersuchung zur Ermittlung der Zuschauerquoten

Die Gesellschaft für Konsumforschung (GfK) in Nürnberg führt für unterschiedliche Auftraggeber Paneluntersuchungen zur Zuschauerquote (GfK-Fernsehpanel) bei einzelnen Fernsehsendungen durch. Damit sollen wichtige Informationen für eine zielgerichtete Fernsehwerbung gewonnen werden.

Sekundärforschung

Häufig wurde Datenmaterial bereits zu anderen Zwecken aufbereitet und kann erneut für die Marktforschung verwendet werden. Weil diese Daten nicht eigens für spezielle Fragestellungen der Marktforschung erstellt wurden, handelt es sich um **Sekundärforschung** (Datengewinnung aus zweiter Hand, Schreibtischforschung).

Aufg. 1
S. 202

Aufg. 2
S. 203

Marktforschung als Sekundärforschung

- Verkaufsberichte (Bsp.: „Kunde Klein beklagt sich über die zunehmende Verschlechterung der Produktqualität")
- Umsatzstatistik für verschiedene Kundengruppen
- Reparaturstatistik für alle Produkte eines Unternehmens

Informationsquellen der Sekundärforschung

Statistiken amtlicher Stellen (z. B. Statistisches Bundesamt), Veröffentlichungen von Wirtschaftsverbänden und Kammern (z. B. IHK) und von wissenschaftlichen Instituten, Kataloge, Prospekte und Preislisten von Konkurrenzunternehmen, betriebsinterne Unterlagen.

© Chaosamran_Studio – stock.adobe.com

Weitere Möglichkeiten zur Datenerhebung zum Kaufverhalten von Verbrauchern

Auch ohne gezielte Marktforschung verfügen Unternehmen über Möglichkeiten, Informationen zum Kaufverhalten von Kunden zu gewinnen. Viele große Unternehmen sammeln die Daten ihrer Kunden, ohne dass dies den Kunden überhaupt bewusst ist. Wer im Internet (z. B. über Facebook, Twitter oder Google) seine Interessen preisgibt, geht das Risiko ein, dass seine Neigungen von Datensammlern herausgefiltert und für Werbezwecke verwendet werden.

! Unter Big Data ist die Auswertung großer Datenmengen zur Gewinnung von Informationen über das Einkaufsverhalten von Kunden zu verstehen.

Aber auch ohne Einsatz des Internets sind Adresshändler berechtigt, Daten zu verwerten. Ohne ausdrückliche Einwilligung der Verbraucher lassen sich Basisdaten wie z. B. Name, Anschrift, Geburtsjahr, Beruf und Titel etc. weiterverarbeiten, wenn ein Verbraucher diese Angaben z. B. im Rahmen der Teilnahme an einem **Preisausschreiben** macht. Häufig erklären sich die Kunden im Kleingedruckten sogar damit einverstanden, dass ihre Daten für Marketingzwecke verwertet werden dürfen. Auch die Verwendung von **Rabattkarten** (Kundenkarten) bei Einkäufen ermöglicht den Unternehmen, Informationen über die Kaufinteressen ihrer Kunden zu gewinnen. Der Verbraucher wird durch diese Art der Datengewinnung zunehmend zu einem **gläsernen Konsumenten**.

Informationsgewinnung eines Internethändlers

Ein Internethändler, der u. a. Hörgeräte anbietet, interessiert sich für das Geburtsdatum möglicher Neukunden. Er erhält von einem Adresshändler die E-Mail-Adressen sowie das Geburtsdatum von angemeldeten Internet-Nutzern. Da davon auszugehen ist, dass ein Großteil der Bevölkerung nach Vollendung des 65. Lebensjahres unter Hörverlust leidet, wird dieser Adressatenkreis gezielt mit Informationen zu Hörgeräten versorgt.

Ermittlung des Kaufverhaltens durch einen Discounter

Ein Discounter verfügt über Informationen, wann seine Kundinnen schwanger sind, ohne dass diese es preisgegeben haben. Aus den Einkäufen in Verbindung mit einer Kundenkarte erfährt der Discounter, wann eine Frau Geld ausgibt für Kalzium, Magnesium und Zink. Oder sie verzichtet plötzlich auf parfümierte Seife und Bodylotion, legt dafür aber Hände-Desinfektionsmittel in den Einkaufswagen. Mithilfe seiner ausgeklügelten Verhaltensforschung kann sich der Discounter dann ausrechnen, dass die Kundin wahrscheinlich bald ein Kind bekommt und ihr passende Gutscheine schicken. Der Discounter will durch gezielte Maßnahmen erreichen, dass die Kundin Windeln – und damit auch vieles andere – bei ihm kauft.

»WIR BELOHNEN TREUE.«

Clever sparen mit Ihrer persönlichen Bonuskarte.

© MEV Agency UG

2.2 Marktprognose

Die Ergebnisse der Marktforschung bilden die Grundlage für die Erstellung einer **Marktprognose**.

> **Die Marktprognose berechnet die zukünftigen Marktgegebenheiten (z. B. den künftigen Absatz). Sie stellt die Grundlage für den Einsatz der Marketinginstrumente dar.**

Je nach Vorgehen lassen sich **intuitive** (nichtmathematische) und **systematische** (mathematische) Prognoseverfahren unterscheiden.

Intuitive (nicht-mathematische) Prognoseverfahren

- Schätzungen von Außendienstmitarbeitern
- Schätzungen des kaufmännischen und technischen Managements
- Vorhersagen aufgrund von Kundenbefragungen
- Erwartungsbildung auf der Grundlage von Produkttests

Grundlage der intuitiven Verfahren ist vor allem die persönliche Meinung von Personen (z. B. Experten, Kunden). Sie werden dann angewandt, wenn exaktes Zahlenmaterial über die zukünftige Marktentwicklung nicht erforderlich ist oder wenn die vorhandenen Informationen nicht ausreichen, um daraus eine exakte mathematische Prognose zu erstellen.

> **Systematische Prognoseverfahren erklären auf der Grundlage von Zahlenmaterial aus der Vergangenheit eine voraussichtliche zukünftige Entwicklung.**

Das einfachste systematische Prognoseverfahren ist die **Methode des gleitenden Durchschnitts**.

Bei dieser Methode wird der zu ermittelnde (zu schätzende) Wert in drei Schritten ermittelt:

1. Schritt: Zunächst wird z. B. aus den vorliegenden Absatzzahlen einzelner Monate ein Durchschnitt aus drei aufeinander folgenden Werten gebildet. Die so ermittelten Werte stellen einen **Trend** dar.

$$\text{Trendwert Februar} = \frac{\text{Absatz Januar} + \text{Absatz Februar} + \text{Absatz März}}{3}$$

2. Schritt: Aus den ermittelten Trendwerten wird die durchschnittliche Veränderung berechnet. Liegen z. B. die Trendwerte für die Monate Februar bis Juni vor, so errechnet sich die durchschnittliche Veränderung wie folgt:

Durchschnittliche Veränderung

$$\text{Februar bis Juni} = \frac{\text{Trendwert Juni} - \text{Trendwert Februar}}{4}$$

Die Division durch 4 ist erforderlich, weil sich der Absatz bis Juni – ausgehend vom Monat Februar – insgesamt vier Mal geändert hat.

3. Schritt: Die errechnete durchschnittliche Veränderung ist Grundlage für die Berechnung der zu schätzenden Größe. Sie wird zum Absatz des Vormonats hinzuaddiert.

Prognose August = Absatz Juli + Durchschnittliche Veränderung der Vormonate

Absatzprognose mit der Methode des gleitenden Durchschnitts

Ein Unternehmen verkauft in den Monaten Januar bis Juli die in nachstehender Tabelle aufgeführten Stückzahlen. Mithilfe der Methode der gleitenden Durchschnitte soll festgestellt werden, welcher Absatz im August voraussichtlich erzielt wird.

Monat	Absatz in Stück	Trendwerte (gleitender Dreimonatsdurchschnitt)	Durchschnittliche Steigerung pro Monat
Januar	480		
Februar	440	433	
März	380	423	
April	450	440	(510 – 433) : 4 = 19,2
Mai	490	490	
Juni	530	510	(ungefähr 19 Stück)
Juli	510		
August (Prognose)	510 + 19 = 529 ◄		

2.3 Marktsegmentierung

Damit absatzpolitische Maßnahmen wie z. B. die Werbung ihre volle Wirkung erzielen, wird der Markt häufig nach bestimmten Zielgruppen aufgeteilt (Marktsegmentierung). Die Kunden in diesen Segmenten sind sich bezüglich bestimmter Merkmale möglichst ähnlich (homogen), z. B. Jugendliche sind im Alter von 14 bis 18 Jahren. Im Vergleich zu anderen Kundengruppen sind sie bezüglich dieses Merkmals möglichst unterschiedlich (heterogen), z. B. im Vergleich zu Erwachsenen oder Kindern.

> **!** **Unter Marktsegmentierung ist die Aufteilung eines Marktes in Untergruppen von Kunden zu verstehen. Jede Untergruppe gilt als Zielgruppe für absatzpolitische Maßnahmen.**

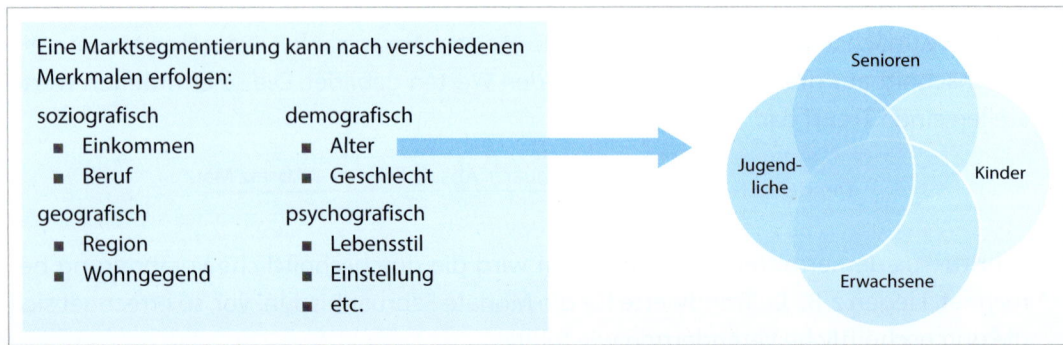

Eine Marktsegmentierung kann nach verschiedenen Merkmalen erfolgen:

soziografisch
- Einkommen
- Beruf

geografisch
- Region
- Wohngegend

demografisch
- Alter
- Geschlecht

psychografisch
- Lebensstil
- Einstellung
- etc.

Aufg. 3
S. 203 ▶

Marktsegmentierung am Beispiel des iPhone

Demografisch: Ein Apple IPhone wird in verschiedenen Farben angeboten und von männlichen und weiblichen Kunden gleichermaßen gekauft. Die größte Zielgruppe ist 20 bis 29 Jahre alt gefolgt von 30 bis 45-jährigen Kunden.
Soziografische Merkmale: Bei Neupreisen zwischen ca. 800 und 1.600 Euro müssen IPhone Käufer über eine hohe Kaufkraft bzw. ein gehobenes Einkommen verfügen.
Psychografisch: Wer ein IPhone kauft ist eher markenorientiert sowie qualitäts- und prestigeorientiert.

(Quelle: Statista)

© eremin – stock.adobe.com

Zusammenfassende Übersicht zu Kapitel 2: Sammlung und Auswertung von Marktdaten

Möglichkeiten der Marktuntersuchung

unsystematisch	**systematisch**
Sammeln von Informationen (z. B. gelegentliche Auswertung von Kundenbesuchen bzw. Kundenbefragungen)	wissenschaftliche Beobachtungen und Analyse von Märkten

Markterkundung   **Marktforschung**

Methoden

Primärforschung	**Sekundärforschung**
Datenerhebung aus erster Hand	Datenerhebung aus zweiter Hand

Arten

Marktanalyse	**Marktbeobachtung**
= Marktuntersuchung zu einem bestimmten Zeitpunkt (einmalig)	= Marktuntersuchung in regelmäßigen Zeitabständen

weitere Möglichkeiten zur Datenerhebung

1. Preisgabe von persönlichen Daten sowie Interessen über das Internet (z. B. Facebook, Google, Twitter)
2. Benutzung von Kundenkarten, Rabattkarten
3. Teilnahme an Preisausschreiben

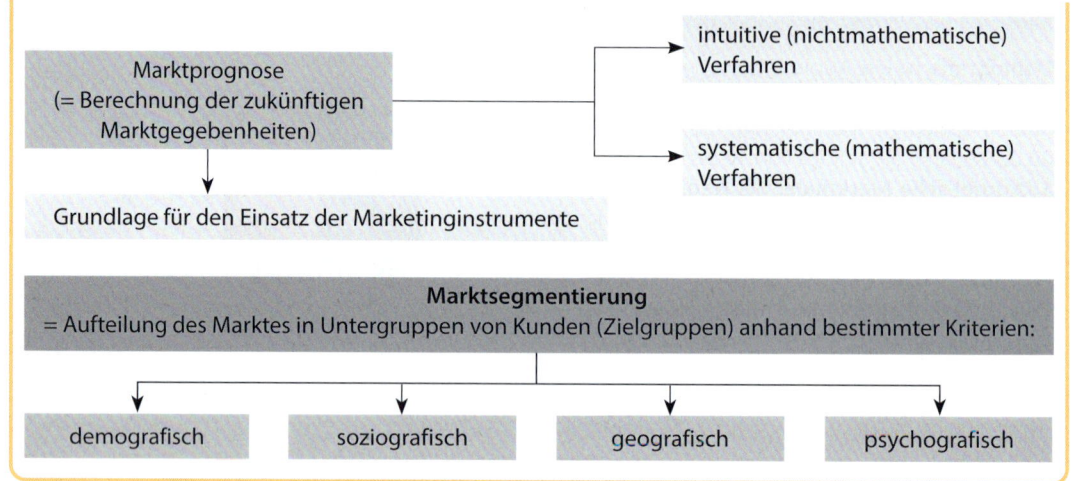

Checken Sie Ihre Kompetenz mit der **Ich-kann-Liste**.

Öffnen Sie hierzu den nebenstehenden **QR-Code**
oder geben Sie folgenden Link ein: https://vel.plus/BHC05

vel.plus/BHC06

WIEDERHOLUNG DES GRUNDWISSENS

zu Kapitel 2 Sammlung und Auswertung von Marktdaten

2.1 Marktforschung

1. Erklären Sie, was mit den Begriffen Marktuntersuchung, Markterkundung und Marktforschung jeweils gemeint ist.
2. Beschreiben Sie die beiden Methoden der Marktforschung.
3. Nennen Sie Beispiele, wie sich Informationen auf der Grundlage der Primär- und Sekundärforschung gewinnen lassen.
4. Erklären Sie, warum gerade die Primärforschung vorwiegend von Marktforschungsinstituten durchgeführt wird.
5. Unterscheiden Sie die Begriffe Marktanalyse und Marktbeobachtung.
6. Erläutern Sie, wie sich Informationen zum Käuferverhalten aus dem Internet beschaffen lassen.
7. Beschreiben Sie, wie sich ein Baumarkt anhand von Kundenkarten Informationen zum Käuferverhalten beschaffen kann.

2.2 Marktprognose

1. Erläutern Sie die Aufgaben der Marktprognose.
2. Nennen und beschreiben Sie zwei Prognoseverfahren.

2.3 Marktsegmentierung

1. Erläutern Sie, was unter Marktsegmentierung zu verstehen ist.
2. Nennen Sie einige Zielgruppen für eine Marktsegmentierung.
3. Beurteilen Sie die Notwendigkeit einer Marktsegmentierung.

ANWENDUNGS- UND ÜBUNGSAUFGABEN

zu Kapitel 2 Sammlung und Auswertung von Marktdaten

Aufgabe 1 Auswertung der Ergebnisse der Marktforschung eines Herstellers kosmetischer Produkte

Die Abteilung Marketing eines Herstellers von naturnahen Kosmetikprodukten hat für vier ausgewählte Produktgruppen im Rahmen eines Marktforschungsprojekts folgende Ergebnisse ermittelt:

Produkt-gruppe	Vorjahr (insgesamt) [EUR]	1. Quartal lfd. Jahr [EUR]	2. Quartal lfd. Jahr [EUR]	3. Quartal lfd. Jahr [EUR]	4. Quartal lfd. Jahr [EUR]	lfd. Jahr (insgesamt) [EUR]
Körperlotion	474.000	123.000	117.000	111.000	138.000	489.000
Hautcreme	114.000	30.000	24.000	24.000	39.000	117.000
ätherische Öle	396.000	99.000	93.000	69.000	63.000	324.000
Kernseife	552.000	120.000	150.000	114.000	210.000	594.000
Gesamt	1.536.000	372.000	384.000	318.000	450.000	1.524.000

1. Beschreiben Sie die Umsatzentwicklung der einzelnen Produktgruppen.
2. Erklären Sie die unterschiedliche Umsatzentwicklung bei den einzelnen Produktgruppen.
3. Nennen Sie Maßnahmen, die ein Unternehmen ergreifen kann, um einer als problematisch eingestuften Umsatzentwicklung entgegenzuwirken.
4. Beschreiben Sie, welche Art der Marktforschung im vorliegenden Fall angewendet wurde.

Aufgabe 2 Marktforschung eines Herstellers pharmazeutischer und kosmetischer Produkte

Die Allnatura GmbH stellt pharmazeutische und kosmetische Produkte her. Während für die pharmazeutischen Produkte der Vertriebsweg über die Apotheken vorgegeben ist, lassen sich kosmetische Produkte auch über andere Wege vertreiben. Für den Vertrieb dieser Produkte wurden bislang nur exklusive Fachgeschäfte gewählt.

Trotz intensiver Werbemaßnahmen ging der Umsatz der kosmetischen Produkte stark zurück. In der Branche wurde in den beiden zurückliegenden Geschäftsjahren jeweils ein Umsatz von 450 Mio. EUR erreicht. Der Umsatz von Allnatura fiel von 65 Mio. EUR auf 60 Mio. EUR.

Vor dem Hintergrund dieser Entwicklung wurde ein Marktforschungsinstitut mit der Ursachenforschung beauftragt. Das Marktforschungsinstitut führte bei den Fachgeschäften eine Panel-Befragung sowie Feldbeobachtungen durch.

1. Erläutern Sie die beiden Methoden der Informationsgewinnung und geben Sie jeweils die Vorteile an.
2. Weshalb hat die Allnatura GmbH ein Marktforschungsinstitut beauftragt und die Untersuchung nicht selbst vorgenommen (zwei Gründe)?

Aufgabe 3 Marktsegmentierung für Kochboxen

Die JustCookIt GmbH aus Stuttgart bietet einen Lieferdienst für Kochboxen in Deutschland an. Diese Boxen werden wöchentlich durch Paketdienstleister geliefert und enthalten die vorproportionierten Zutaten sowie Schritt-für-Schritt Anleitungen zum Zubereiten der Mahlzeiten. Die Zubereitungszeit je Mahlzeit reicht von 30 bis 90 Minuten. Das Unternehmen bietet ein Abonnement in den drei Varianten Family, Veggie und MeatLover an. Die Boxen sind wahlweise für 2, 3 oder 4 Personen ausgelegt und beinhalten mindestens 3 Mahlzeiten. Eine Portion kostet im Schnitt mindestens 5,30 EUR wobei Zusatz-Komponenten wie extra Lachs, Steak, Nachspeisen und Appetizer gegen Aufpreis hinzugefügt werden

© Jacob Lund – stock.adobe.com

können. Zusätzlich fallen Portokosten in Höhe von 5 EUR pro Box an. Die Nutzer können ihre Abos mit einer App verwalten, in der sie wöchentlich ihre Rezepte auswählen und bewerten und sich in einer Social Media Gruppe zu ihren Erfahrungen mit den Kochboxen austauschen.

1. Erläutern Sie anhand des Fallbeispiels die Merkmale der Zielgruppe(n) der JustCookIt GmbH.
2. Begründen Sie, welche Möglichkeiten zur Datenerhebung die App und die Social Media Gruppe bieten.
3. Recherchieren Sie, inwieweit verschiedene Kochbox-Anbieter wie z. B. HelloFresh, MarleySpoon und Dinnerly unterschiedliche Marktsegmente bedienen.
4. Begründen Sie, wie JustCookIt sein Angebot anpassen müsste, um Sie selbst als Kunden zu gewinnen.

vel.plus/BHC07

www

3   Instrumente zur Bestimmung der Marktposition

Kompetenzen:

- *einen Produktlebenszyklus gestalten*

3.1 Produktlebenszyklusmodell

3.2 Marktwachstums-Marktanteils-Portfolio

- *eine Portfolioanalyse gestalten*
- *anhand der Ergebnisse der Portfolioanalyse verschiedene Unternehmenssituationen beurteilen und daraus Handlungsempfehlungen für Produkte und strategische Geschäftseinheiten herausarbeiten*

3.3 Komparativer Konkurrenzvorteil

- *die Anforderungen an einen komparativen Konkurrenzvorteil beschreiben*

3.1   Produktlebenszyklusmodell

Grundidee des Produktlebenszyklus

Aufg. 1
S. 212

Um die Absatzchancen eines Produkts einschätzen zu können, ist es sehr bedeutsam zu wissen, dass viele Produkte einem wirtschaftlichen Lebenszyklus unterliegen. Er umfasst die Zeitdauer zwischen der Entwicklung des Produkts und seinem Verschwinden vom Markt. Der Produktlebenszyklus ist durch verschiedene Phasen gekennzeichnet.

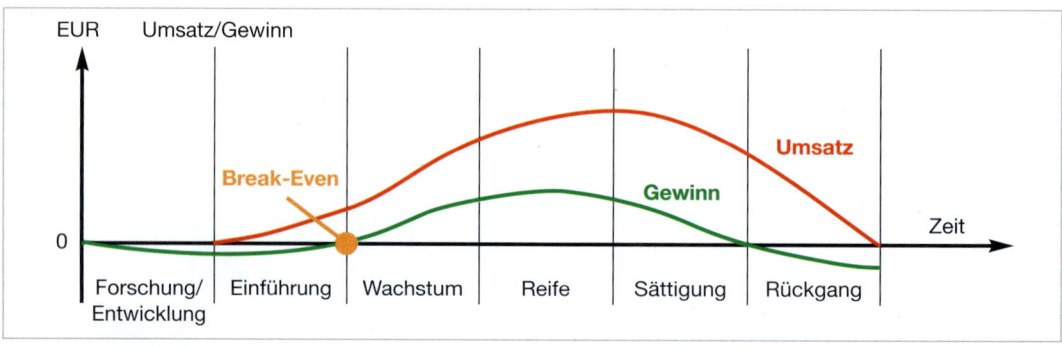

Phasen des Produktlebenszyklus					
Forschung/ Entwicklung	**Einführung**	**Wachstum**	**Reife**	**Sättigung**	**Rückgang**
Da noch kein Umsatz erzielt wird, sondern nur Kosten entstehen, ergeben sich Verluste.	Da die Umsätze noch gering sind und andererseits hohe Kosten für die Markterschließung entstehen, ergeben sich Verluste.	Der Umsatz steigt überproportional → das Produkt erzielt erstmals Gewinne und der Erfolg lockt Konkurrenten auf den Markt.	Weitere Umsatzsteigerung mit niedrigeren Wachstumsraten → das Produkt ist einem immer stärker werdenden Wettbewerb ausgesetzt.	Umsatz und Gewinn sinken, negative Wachstumsraten → es wird versucht, durch Produktdifferenzierung den Lebenszyklus zu verlängern.	Starker Umsatzrückgang, der nicht mehr aufzuhalten ist → es entstehen Verluste und das Produkt muss vom Markt genommen werden.

Der **Produktlebenszyklus** beschreibt Gesetzmäßigkeiten der Umsatz- und Gewinnentwicklung während der sich über mehrere Phasen erstreckenden wirtschaftlichen Lebensdauer eines Produkts.

Kritik am Produktlebenszyklusmodell
■ Die Dauer des gesamten Zyklus und der einzelnen Phasen ist nicht genau bestimmbar, da der Zyklus durch   – absatzpolitische Maßnahmen eines Unternehmens verkürzt oder verlängert werden kann,   – den Markt beeinflusst werden kann (z. B. neue Produkte, technologische Entwicklungen, Nachfrageänderungen).   ■ Das Verhalten der Nachfrager und Konkurrenten ist kaum vorhersehbar.   ■ Es handelt sich um eine idealtypische Darstellung, die empirisch nicht nachweisbar ist.

Produktlebenszyklus als Grundlage der Portfolioanalyse

Trotz des Nachteils, dass sich Produktlebenszyklen selten exakt vorhersagen lassen, kann dieses Instrument dennoch als Denkmodell wertvolle Anregungen vermitteln. Da sich Umsatz und Gewinn eines Produkts in den einzelnen Phasen sehr unterschiedlich entwickeln, ist es offensichtlich, dass sich das **Produktionsprogramm** eines Unternehmens aus verschiedenen Produkten oder **Produktgruppen** zusammensetzen muss, die sich jeweils in **verschiedenen Phasen des Produktlebenszyklus** befinden. Ohne rechtzeitige Neuentwicklung von Erfolg versprechenden Produkten würde das Unternehmen Gefahr laufen, plötzlich nur noch auslaufende Produkte, die keinen Gewinn mehr abwerfen, anbieten zu können. Dieses Vorgehen wird beispielsweise in der Automobilindustrie sehr deutlich, wenn ein bestimmtes Automodell nicht mehr nachgefragt und durch ein neu entwickeltes Modell ersetzt wird. Die Erkenntnisse aus dem Produktlebenszyklus fließen in die sogenannte **Portfolioanalyse** ein.

3.2 Marktwachstums-Marktanteils-Portfolio[1]

Grundidee der Portfolioanalyse

Beim Portfoliokonzept wird die aus dem Bankwesen stammende Grundidee, ein Wertpapierdepot unter Risiko-, Rendite- und Liquiditätsgesichtspunkten optimal zusammenzustellen, auf Unternehmen mit verschiedenen Produkten und Produktgruppen übertragen. Für ein Unternehmen soll ein **optimales Produktportfolio**, also eine optimale Zusammenstellung von Produkten und Produktgruppen, entwickelt werden.

 Ziel der Produktportfolioanalyse ist es, die verfügbaren Mittel eines Unternehmens (Ressourcen) in solche Bereiche zu lenken, in denen die Marktaussichten besonders gut sind und das Unternehmen seine Stärken ausnutzen kann.

Vorgehensweise zur Erstellung eines Produktportfolios

Dazu müssen zunächst Unternehmensbereiche bestimmt werden, in die Ressourcen gelenkt und solche, aus denen Ressourcen abgezogen werden sollen.

---

1 Portfolio *(lat.):* zusammengesetzt aus folium „das Blatt" und portare „tragen". Ursprüngliche Bedeutung: Brieftasche. Im Bankenbereich Bezeichnung für eine Sammlung von Wertpapieren oder anderen Vermögensgegenständen. Im übertragenen Sinne wird der Begriff auch für eine Sammlung von hilfreichen Methoden, Verfahren oder Handlungsmöglichkeiten verwendet.

Die einzelnen Unternehmensbereiche werden als strategische **Geschäftsfelder** oder **strategische Geschäftseinheiten (SGE)** bezeichnet. Als Geschäftseinheiten kommen solche Teilbereiche eines Unternehmens in Frage, die einen bestimmten Produkt- oder Marktbereich bearbeiten (z.B. geografisch abgrenzbarer Markt, ausgewählte Kundengruppen) und für die es sinnvoll erscheint, eigenständige, von anderen Teilbereichen des Unternehmens unabhängige Strategien zu entwickeln und durchzusetzen.

Ausgangspunkt aller Portfoliokonzepte ist die Beschreibung der Erfolgsmöglichkeiten einzelner Unternehmensbereiche, die sich einerseits aus den **Chancen und Risiken im Wettbewerbsumfeld** und andererseits aus den **unternehmensinternen Stärken und Schwächen** ergeben. Die typische Darstellungsweise in Form eines Koordinatensystems weist daher immer eine **Umfeldachse** und eine **Unternehmensachse** auf. Häufig werden die Achsen so unterteilt, so dass sich das Analyseergebnis in Form einer Matrix darstellen lässt. Das bekannteste Portfoliomodell ist die im Folgenden beschriebene **Vier-Felder-Matrix** zur **Marktwachstums-Marktanteilsanalyse**.

Marktwachstums-Marktanteils-Portfolio

Im Marktwachstums-Marktanteils-Portfolio wird eine Vier-Felder-Matrix verwendet, die durch die beiden Achsen **Marktwachstum** und **relativer Marktanteil** bestimmt wird.

Marktwachstum	Marktanteil
Das Marktwachstum drückt alle zukunftsbezogenen und vom Unternehmen selbst nicht beeinflussbaren Größen aus, die Auswirkungen auf die Marktentwicklung haben. Das Marktwachstum soll die Chancen und Risiken im Wettbewerbsumfeld erfassen (= Umfeldachse). Dabei wird davon ausgegangen, dass sich alle umfeldbedingten Chancen und Risiken durch einen einzigen Faktor, nämlich die Marktwachstumsrate, abbilden lassen.	Der relative Marktanteil drückt den eigenen Marktanteil einer Geschäftseinheit im Verhältnis zum Marktanteil der Geschäftseinheit des stärksten Konkurrenten aus. Die Stärken und Schwächen der Unternehmung, der Geschäftseinheit oder der jeweiligen Produktgruppe sollen durch die Marktstellung erfasst werden (= Unternehmensachse). Dabei wird davon ausgegangen, dass sich die Stärken und Schwächen durch einen einzigen Faktor, nämlich den (relativen) Marktanteil abbilden lassen.

> **!** $$\text{Marktwachstum} = \frac{\text{erwartete Umsatzerhöhung des Gesamtmarktes in EUR}}{\text{derzeitiger Umsatz des Gesamtmarktes}} \cdot 100$$

> **!** $$\text{relativer Marktanteil} = \frac{\text{Umsatz des Unternehmens in EUR}}{\text{Umsatz des stärksten Konkurrenten in EUR}} \cdot 100$$
> $$\text{oder} \quad \frac{\text{eigener Marktanteil}}{\text{Marktanteil des stärksten Konkurrenten}} \cdot 100$$

Ist der relative Marktanteil größer als 100 %, so ist das Unternehmen **Marktführer**, da kein anderes Unternehmen einen größeren Umsatz bzw. Marktanteil haben kann.

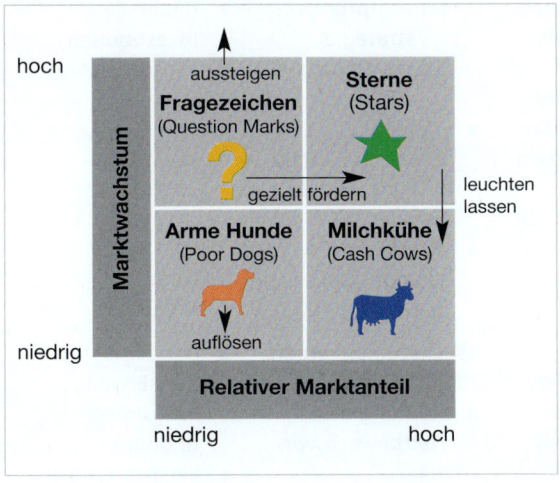

In Abhängigkeit vom Marktanteil und vom Marktwachstum werden die verschiedenen Produkte und Produktgruppen eines Unternehmens entsprechend der Vier-Felder-Matrix in vier Kategorien **„Arme Hunde"** (Poor Dogs), **„Fragezeichen"** (Question Marks), **„Sterne"** (Stars), **„Milchkühe"** (Cash Cows) eingeteilt. Bei der Zuordnung ist es von großer Bedeutung, in welcher Phase des **Produktlebenszyklus** sich die einzelnen Produkte und Produktgruppen jeweils befinden.

Strategieempfehlungen

Aus den vier Portfolio-Kategorien lassen sich **Strategien** ableiten, wie die finanziellen und personellen Ressourcen am sinnvollsten auf die einzelnen Geschäftsfelder verteilt werden sollen.

Matrix-feld	Position	Beurteilung	Strategie-empfehlung	Ressourcen-einsatz
Sterne	**hohes Marktwachstum** (MW) **hoher Marktanteil** (MA) **(Wachstumsphase)**	■ Marktführer auf einem schnell wachsenden Markt ■ MA verschlechtert sich, wenn Konkurrenz vom MW einen größeren Teil auf sich vereinigt ■ Bei einsetzender Marktsättigung können Sterne zu Milchkühen werden.	**Wachstumsstrategie** (Investitions- bzw. Offensivstrategie) ■ Marktanteil mindestens halten oder sogar ausbauen ■ Wettbewerbsvorteile verstärken	■ hohe Investitionen ■ Reinvestition des Cashflows
Milchkühe	**niedriges Marktwachstum** (MW) **hoher Marktanteil** (MA) **(Reife- bzw. Sättigungsphase)**	■ hoher Marktanteil (Marktführer) auf einem nicht mehr stark wachsenden Markt ■ Produkte in der **Reife-/Sättigungsphase**, die einen hohen Gewinn abwerfen	**Stabilisierungsstrategie** (Abschöpfungsstrategie) ■ Marktanteil halten und nach Möglichkeit festigen (ernten) ■ Marktstellung absichern	■ geringe Investitionen (nur Ersatz- und Rationalisierungsinvestitionen) ■ Cashflow für Nachfolgeprodukte verwenden

Matrix-feld	Position	Beurteilung		Strategie-empfehlung	Ressourcen-einsatz
Arme Hunde	niedriges Markt-wachstum (MW) niedriger Marktanteil (MA) (Sättigungs- bzw. Rück-gangsphase)	▪ Produkte mit geringen MA bei geringem MW **(Sättigungsphase)** ▪ Es wären unverhältnis-mäßig hohe Investitio-nen nötig, um auf dem gesättigten Markt (geringes MW) den MA zu erhöhen.		**Schrumpfungs-strategie** (Desinvestitions-strategie) ▪ mittel- bis langfristig: Abbau, Verkauf, Liquida-tion der SGE ▪ SGE halten, solange Deckungs-beitrag > 0	▪ minimale Investitionen (Desinvestition)
Frage-zeichen ?	hohes Markt-wachstum (MW) niedriger Markt-anteil (MA) (Einfüh-rungsphase)	Produkte mit einem niedrigen MA in einem Markt mit hohem MW **(Selektion)**	Gezielte Investitionen können den MA erhöhen.	**Wachstumsstrategie** (Offensivstrategie) ▪ Stärkung der Wettbewerbsvor-teile	▪ hohe Investitio-nen (Erweite-rungsinves-titionen) ▪ Finanzierung aus Cashflow der Milchkühe
			Unverhältnis-mäßig hohe Investitionen sind nötig, um den MA zu erhöhen.	**Schrumpfungs-strategie** (Desinvestitions-strategie) ▪ Abbau, Verkauf, Liquidation der SGE	▪ keine Investitio-nen (Verkauf der SGE)

Erstellung eines Marktwachstums-Marktanteils-Portfolios

Die **Meditec AG** ist mit verschiedenen Produkten im Bereich der Medizintechnik vertreten. U. a. werden Ärzte, Krankenhäuser, Apotheken und über das Internet auch Privatkunden beliefert. Das Unternehmen ist in vier strategischen Geschäfteinheiten (SGE) eingeteilt: A: Großgeräte, B: Kleingeräte, C: Verbrauchs-material und Zubehör, D: Privatkunden (E-Commerce). Eine Analyse des Wettbewerbsumfelds, der eige-nen Unternehmensentwicklung und der Marktentwicklung ergibt die folgenden Daten:

	Beträge in Mio. EUR			
	SGE A	**SGE B**	**SGE C**	**SGE D**
Meditec AG Umsatz 2020 Prognose 2022	10 11	5 7	3 3	4 5
Konkurrent X Umsatz 2020 Prognose 2022	5 6	4 6	9 10	6 8
Konkurrent Y Umsatz 2020 Prognose 2022	6 6	3 5	2 2	8 10
Gesamtmarkt Umsatz 2020 Prognose 2022	50 52	22 28	19 20	26 32

Berechnung der Positionen der SGE A in drei Schritten

1 Berechnung der relativen Marktanteile der einzelnen Geschäftseinheiten: Eigener Anteil wird ins Verhältnis zum Anteil des stärksten Konkurrenten gesetzt:

z. B. relativer Marktanteil SGE A = $\dfrac{\text{Umsatz 2020 SGE A Meditec AG (10)} \cdot 100}{\text{Umsatz 2020 SGE A Konkurrent Y (6)}}$ = 167 % (Marktführer, da relat. Marktanteil > 100 %)

2 Berechnung des Marktwachstums: Prozentuale Umsatzveränderung des Gesamtmarktes

z. B. Marktwachstum SGE A = $\dfrac{\text{Umsatzsteigerung Gesamtmarkt SGE A (2)} \cdot 100}{\text{Umsatz Gesamtmarkt 2020 SGE A (50)}}$ = 4 %

3 Berechnung der Umsatzanteile der einzelnen SGE der Meditec AG am Gesamtumsatz der Meditec AG.

z. B. Umsatzanteil SGE A = $\dfrac{\text{Umsatz 2020 SGE A Meditec AG (10)} \cdot 100}{\text{Gesamtumsatz 2020 Meditec AG (22)}}$ = 45 %

Ergebnis

	SGE A	SGE B	SGE C	SGE D
relativer Marktanteil	167 %	125 %	33 %	50 %
Wachstum des Gesamtmarktes	4 %	27 %	5 %	23 %
Anteil am Gesamtumsatz der Meditec AG	45 %	23 %	14 %	18 %

Darstellung der Positionen der strategischen Geschäftsfelder im 4-Felder-Portfolio

Der Anteil der einzelnen Geschäftseinheiten am Gesamtumsatz der Meditec AG kommt jeweils in der Größe der Kreise zum Ausdruck. SGE A ist z. B. mit 45 % fast doppelt so groß wie SGE B mit 23 %.

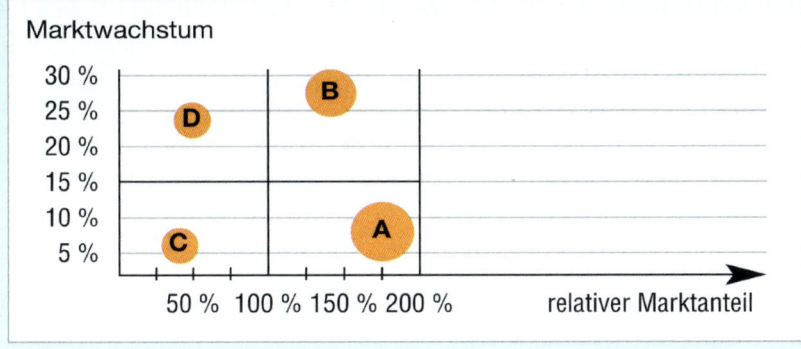

Aufg. 2
S. 213

Aufg. 3
S. 213

Aufg. 4
S. 214

Strategien für die einzelnen SGE aufgrund der Portfolioanalyse

Fragezeichen: SGE D	Sterne: SGE B	Milchkühe: SGE A	Arme Hunde: SGE C
Die SGE D (Privatkunden-E-Commerce) lässt bei einem geringen relativen Marktanteil (50%) ein starkes Marktwachstum (23%) erkennen. In diesem Bereich muss überlegt werden, ob sich weitere, hohe Investitionen zum Ausbau des geringen relativen Marktanteils auf einem schnell wachsenden Markt lohnen (Wachstumsstrategie). Bei pessimistischer Einschätzung der weiteren Entwicklung dieser Geschäftseinheit sollte eine Rückzugsstrategie überlegt werden.	SGE B (Kleingeräte) ist durch einen recht hohen relativen Marktanteil (125%) und starkes Marktwachstum (27%) gekennzeichnet. Um die Position als Marktführer auf diesem schnell wachsenden Markt zu halten oder gar noch auszubauen, sind hohe Investitionen notwendig (Wachstumsstrategie), auch um so den Anteil dieses Produktes am Gesamtumsatz der Meditec AG (bisher 23%) auszubauen. Die bestehenden Wettbewerbsvorteile sollten konsequent ausgenutzt werden.	SGE A (Großgeräte) zeichnet sich durch einen hohen relativen Marktanteil (167%) bei einem allerdings geringen Marktwachstum (4%) aus. Es besteht somit nur geringer Investitionsbedarf (evtl. zur Rationalisierung), um diese Position zu halten bzw. zu festigen (Stabilisierungsstrategie). Der hier erzielte Finanzmittelüberschuss (Cashflow) sollte in Nachwuchsprodukte investiert werden, um deren Position zu stärken.	SGE C (Verbrauchsmaterial, Zubehör) weist einen geringen relativen Marktanteil (33%) und geringes Marktwachstum (5%) auf. Es ist zu entscheiden, ob sich weitere Investitionen lohnen, um die SGE C z. B. über die Erschließung neuer Märkte zum Nachwuchsprodukt weiter zu entwickeln. Lohnt sich dies nicht, sollte dieses Produkt mit dem geringsten Anteil am Gesamtumsatz der Meditec AG (14%) langsam eliminiert werden (Schrumpfungsstrategie).

3.3   Komparativer Konkurrenzvorteil

Marketingentscheidungen müssen so getroffen werden, dass sie möglichst in vollem Umfang den Wünschen und Bedürfnissen der Kunden entsprechen. Entscheidend ist, dass die Entscheidungen von den Kunden so bewertet werden, dass die Leistung der eigenen Unternehmung der Leistung von Konkurrenzunternehmen überlegen ist.

> **!** Ein komparativer[1] Konkurrenzvorteil entsteht, wenn aus Sicht des Kunden im Vergleich zur Konkurrenz eine überlegene Leistung der eigenen Unternehmung erkennbar ist und diese sich dauerhaft wirtschaftlich verwirklichen lässt.

Damit ein komparativer Konkurrenzvorteil vorliegt, müssen Voraussetzungen in zwei Bereichen erfüllt sein: Zum einen in der Effektivitätsdimension (auf Nachfragerseite) und zum anderen in der Effizienzdimension (auf Anbieterseite).

Effektivitätsdimension. Ein komparativer Konkurrenzvorteil muss

- sich auf ein **für den Kunden wichtiges** (bedeutsames) Leistungsmerkmal beziehen (z. B. eine besondere Technik),
- vom Kunden tatsächlich **wahrgenommen** werden.

Effizienzdimension. Ein komparativer Konkurrenzvorteil muss

- **dauerhaft** (verteidigungsfähig) sein, d. h. er darf von der Konkurrenz nicht übernommen werden,
- im Unternehmen **wirtschaftlich** umsetzbar sein.

Ein komparativer Konkurrenzvorteil kann sowohl in einem **Kostenvorteil** als auch in einem **Konkurrenzvorteil** bestehen.

---

1   komparativ: vergleichsweise, im Vergleich

bedeutsam	**Komparativer Konkurrenzvorteil**	dauerhaft
wahrgenommen		wirtschaftlich

Effektivitätsdimension (Nachfragerseite)	**Effizienzdimension (Anbieterseite)**

Entscheidung über das Vorliegen eines komparativen Konkurrenzvorteils

Ein Hersteller von Gemüsesäften hat ein neues Verschlusssystem erfunden, durch das sich der Verschlussdeckel um 0,2 Sekunden schneller aufdrehen lässt. Die Controllingabteilung des Unternehmens kommt zu dem Entschluss, dass sich die Kosten für die anfallenden Investitionen voraussichtlich in fünf Jahren amortisiert haben. Der Vorstand entscheidet sich jedoch gegen des neue Verschlusssystem, da **kein komparativer Konkurrenzvorteil vorliegt**, weil

© Andrii A – stock.adobe.com

- es sich zwar um ein neues Leistungsmerkmal handelt, aber dieses eventuell von den Kunden als solches gar nicht bemerkt (wahrgenommen) wird,

- der neue Verschluss – falls er dennoch wahrgenommen würde – für die Kunden eher als unbedeutend eingestuft wird (niemand würde wohl für ein Getränk einen höheren Preis zahlen, nur weil sich der Deckel um 0,2 Sekunden schneller aufdrehen lässt).

Zusammenfassende Übersicht zu Kapitel 3: Instrumente zur Bestimmung der Marktposition

Produktlebenszyklus

„Lebensweg" eines Produkts gemessen an Umsatz und Gewinn

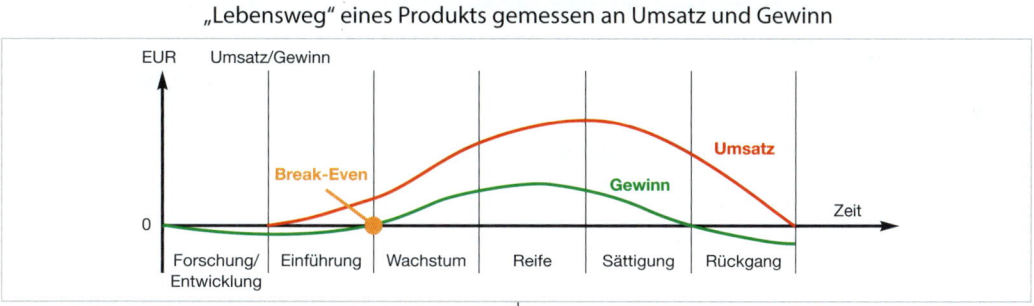

Portfolioanalyse

Bestimmung eines ausgewogenen Produktprogramms unter Berücksichtigung der Situation des eigenen Unternehmens und der zu erwartenden Entwicklungen der Umfeldbedingungen.

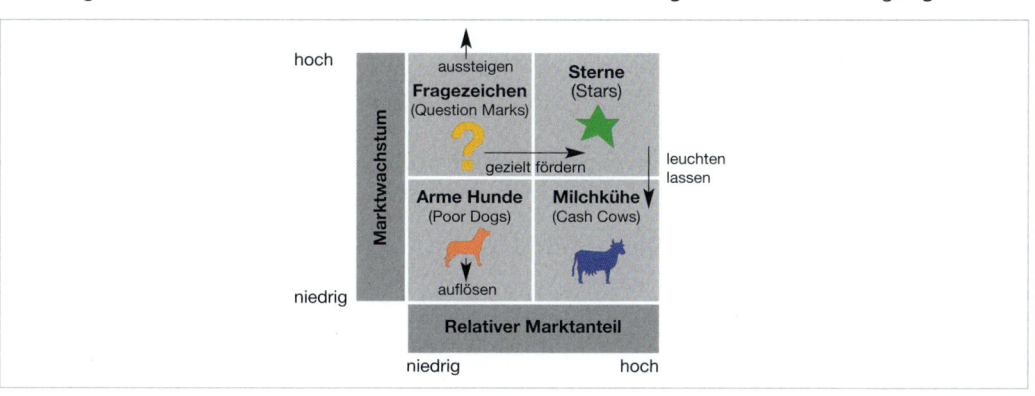

Komparativer Konkurrenzvorteil

- Im Vergleich zur Konkurrenz wird eine bedeutsame und überlegene Leistung der eigenen Unternehmung wahrgenommen (Effektivitätsdimension).
- Eine dauerhafte wirtschaftliche Verwirklichung muss möglich sein (Effizienzdimension).

Checken Sie Ihre Kompetenz mit der **Ich-kann-Liste**.

Öffnen Sie hierzu den nebenstehenden **QR-Code** oder geben Sie folgenden Link ein: https://vel.plus/BHC08

vel.plus/BHC09

WIEDERHOLUNG DES GRUNDWISSENS

zu Kapitel 3 Instrumente zur Bestimmung der Marktposition

3.1 Produktlebenszyklusmodell

1. Skizzieren Sie grafisch den typischen Verlauf eines Produktlebenszyklus.
2. Nennen sie sechs Phasen des Produktlebenszyklus und geben Sie für jede Phase die Umsatzentwicklung an.
3. Erläutern Sie, welche Bedeutung der Produktlebenszyklus für die strategische Planung eines Unternehmens hat.
4. Nehmen Sie kritisch Stellung zum Konzept des Produktlebenszyklus.

3.2 Marktwachstums-Marktanteils-Portfolio

1. Beschreiben Sie das Portfolio-Konzept.
2. Stellen Sie das Marktwachstums-Marktanteils-Portfolio in einer Matrix dar und erläutern Sie den Aufbau.
3. Beschreiben Sie die vier Portfolio-Kategorien.
4. Geben Sie konkrete Empfehlungen für strategische Verhaltensweisen, die Sie den Portfoliofeldern zuordnen können.
5. Ordnen Sie den Stadien des Produktlebenszyklus die jeweiligen Portfoliofelder zu.

3.3 Komparativer Konkurrenzvorteil

1. Beschreiben Sie, was unter einem komparativen Konkurrenzvorteil zu verstehen ist.
2. Unterscheiden Sie zwischen der Effizienz- und der Effektivitätsdimension des komparativen Konkurrenzvorteils.

ANWENDUNGS- UND ÜBUNGSAUFGABEN

zu Kapitel 3 Instrumente zur Bestimmung der Marktposition

Aufgabe 1 Produktlebenszyklus

vel.plus/BHC10

Ein Hersteller von Foto- und Filmgeräten hat bei einem seiner Produkte für die Zeit von der Produktentwicklung bis zum Ausscheiden aus dem Markt folgende Entwicklung festgestellt:

Phase	1	2	3	4	5	6
Abgabepreis an den Fachhandel (EUR je Stück)	0	1.000	900	800	650	500
Absatzmenge	0	10 000	35 000	75 000	70 000	40 000

1. Stellen Sie die Umsatzentwicklung in Form eines Produktlebenszyklus grafisch dar.

2. Skizzieren Sie, wie bei der vorgegebenen Umsatzentwicklung die Gewinnkurve tendenziell verlaufen könnte.

3. Nennen Sie Beispiele für Produkte oder Branchen, die sich nach dem Produktlebenszykluskonzept derzeit in der

   a) Einführungsphase,

   b) Wachstums-/Reifephase,

   c) Sättigungs-/Rückgangsphase

   befinden.

4. Erläutern Sie die Bedeutung der Produktlebenszykluskurve für die strategische Unternehmensführung.

5. Nennen Sie zwei Kritikpunkte am Produktlebenszyklusmodell.

Aufgabe 2 Portfolioanalyse

Die Snowsport AG weist vier strategische Geschäftsfelder auf: Langlaufski (L), Alpinski (A), Snowboards (S) und Bigfoots (B). Neben den Wintersportgeräten werden auch die entsprechenden Schuhe und Bindungen hergestellt. Der Gesamtumsatz der Snowsport AG liegt bei 300 Mio. EUR. Die Snowsport AG weist das untenstehende Portfolio aus:

vel.plus/BHC11

1. Mit einem Umsatz von 60 Mio. EUR erzielt die Snowsport AG bei den Bigfoots (B) einen relativen Marktanteil von 50 %. Berechnen Sie für dieses Produkt den Umsatz des stärksten Konkurrenten.

2. Beurteilen Sie die Bedeutung der SGE Alpinski (A) im Hinblick auf den gesamten Unternehmenserfolg.

3. Erläutern Sie, in welcher Phase des Produktlebenszyklus sich die SGE Langlaufski (L) befindet. Empfehlen Sie eine Stategie für dieses Geschäftsfeld?

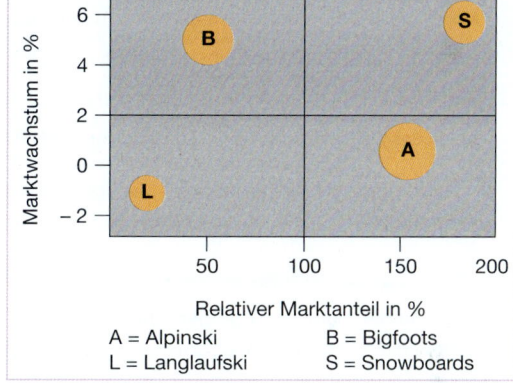

4. Bei Markteinführung der Bigfoots blieben Marktwachstum und relativer Marktanteil zunächst weit unter den erwarteten Zahlen zurück. Die SGE (B) befand sich als „Armer Hund" im Problemfeld. Aus kostenrechnerischer Sicht wurde aber damals eine Schrumpfungsstrategie (Desinvestitionsstrategie) nicht befürwortet. Welche Gründe können dafür maßgebend gewesen sein?

5. Aufgrund der globalen Klimaveränderungen zeichnet sich ab, dass die Winter in Europa künftig wesentlich schneeärmer und beliebte Wintersportgebiete nicht mehr schneesicher sein werden.

   Hätte die Snowsport AG Ihrer Meinung nach im Rahmen der strategischen Unternehmensführung diese Veränderungen frühzeitig erfassen und sich entsprechend darauf einstellen können?

Aufgabe 3 Produktlebenszyklus – Portfolioanalyse

Die badische Weinkellerei WEINSTUDIO 2000 ist erst seit wenigen Jahren mit ihren Erzeugnissen auf dem Markt vertreten. Sie stellt neben qualitativ hochwertigen Rot- und Weißweinen den Markensekt XLDry her.

1. Die Positionierung von Sekt im Lebenszyklus-Modell (hier: 5-Phasen) ergibt für eine repräsentative Auswahl badischer Weinkellereien, die ebenfalls qualitativ hochwertigen Sekt herstellen und für die Weinkellerei WEINSTUDIO 2000 nebenstehende Ergebnisse.

   a) Benennen und charakterisieren Sie jeweils anhand von zwei Kriterien die Lebenszyklusphase *(vgl. angekreuzte Stelle),* in der sich Sekt bei den ausgewählten badischen Weinkellereien und bei der Weinkellerei WEINSTUDIO 2000 befindet.

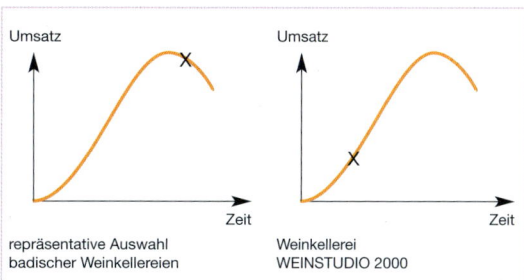

b) Erläutern Sie zwei mögliche Gründe für die von der Konkurrenz abweichende Positionierung des Sekts XLDry der Weinkellerei WEINSTUDIO 2000.

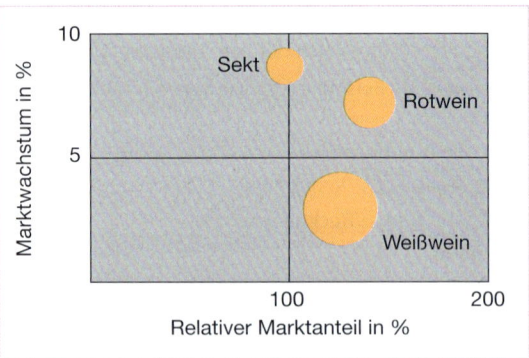

2. Da die Wachstumschancen für Weißwein weitgehend ausgeschöpft sind, bietet die Weinkellerei WEINSTUDIO 2000 neuerdings Traubensäfte an, die im Gegensatz zu handelsüblichen Traubensäften aus jeweils nur einer hochwertigen Rebsorte gepresst werden. Die Geschäftsleitung erstellt nach Einführung der Traubensäfte nebenstehendes Marktwachstums-Marktanteils-Portfolio.

Die strategische Geschäftseinheit (SGE) Traubensaft muss noch positioniert werden.

Folgende Angaben stehen zur Verfügung.

Umsatz Traubensaft Gesamtmarkt	2,6 Mio. EUR
Wachstum Traubensaft Gesamtmarkt	7,5 %
Marktanteil (Traubensaft) von WEINSTUDIO 2000	8 %
Marktanteil (Traubensaft) des stärksten Konkurrenten	10 %
Anteil des Sekts am Gesamtumsatz von WEINSTUDIO 2000	14 %
Anteil des Rotweins am Gesamtumsatz von WEINSTUDIO 2000	28 %
Anteil des Weißweins am Gesamtumsatz von WEINSTUDIO 2000	48 %

a) Beschreiben Sie die Position der SGE Traubensaft im Marktwachstums-Marktanteils-Portfolio.

b) Empfehlen Sie der Kellerei WEINSTUDIO 2000 eine geeignete Marktstrategie für die SGE Traubensaft.

Aufgabe 4 Marktanteils-Marktwachstums-Portfolio

vel.plus/BHC12

Der Vorstand der europaweit tätigen Chocosweet AG erwartet Auskunft über die Positionierung der sieben Produktgruppen des Unternehmens am Markt. Dazu wurden folgende Umsatzzahlen (in Mio. EUR) ermittelt:

SGE / Unternehmen	Umsatz in Mio. EUR						
	Tafel-schokolade	Schoko-riegel	Pralinen	Bonbons	Biskuits	Marzipan	Müsli-riegel
Chocosweet AG	150	32	15	40	15	6	28
Confiserie AG	100	35	15	80	30	3	35
Leckermaul AG	80	40	10	100	25	5	40
Gesamtmarkt							
Umsatz	500	300	50	300	100	20	200
Prognose	505	345	52	318	108	23,6	234

1. Erstellen Sie ein Marktanteils-Marktwachstums-Portfolio für die Chocosweet AG und tragen Sie die sieben Produktgruppen in die Matrix ein.

2. Ordnen Sie den vier Kategorien die jeweiligen Phasen des Produktlebenszyklus zu.

3. Erstellen Sie einen Bericht für den Vorstand in tabellarischer Form, aus dem für jede Produktgruppe die empfohlene Strategie sowie der Investitions- und Finanzbedarf hervorgehen.

4 Produktpolitik

Kompetenzen:

- *verschiedene Maßnahmen der Produktpolitik unterscheiden und analysieren*
- *beabsichtigte Wirkungen von Maßnahmen der Produktpolitik beschreiben*
- *bei der Entscheidung über produktpolitische Maßnahmen die Lebensphase eines Produkts sowie die Marktsituation berücksichtigen*

4.1 Maßnahmen der Produktpolitik

4.2 Produktinnovation

4.3 Produktvariation

4.4 Produktdifferenzierung

4.5 Produktdiversifikation

4.6 Produkteliminierung

4.7 Produktnahe Dienstleistungen

4.8 Rechtliche Aspekte der Produktpolitik

- *zu den Folgen produktpolitischer Maßnahmen Stellung nehmen und diese unter rechtlichen Gesichtspunkten beurteilen*

4.1 Maßnahmen der Produktpolitik

Marketingmaßnahmen der **Produktpolitik** zielen darauf ab, durch die Veränderung von Eigenschaften der auf dem Markt bereits angebotenen Produkte oder durch die Gestaltung des Produktionsprogramms die Marktposition des Unternehmens zu verbessern.

Das **Produktprogramm** eines Industrieunternehmens beinhaltet alle Produkte und Dienstleistungen, die das Unternehmen am Markt anbietet. Bei Handelsunternehmen (diese stellen ihre Güter nicht selbst her) wird von **Sortimentsprogramm** gesprochen. Das Produkt- und Sortimentsprogramm lässt sich anhand von zwei Dimensionen beschreiben: Breite und Tiefe.

Programmbreite: Ein Unternehmen führt viele verschiedene Produkte bzw. Produktlinien. Dabei kann es sich um ein sehr breites Programm mit mehreren Produkten oder Produktlinien handeln oder aber um ein sehr enges Programm mit sehr wenigen Produkten.

Programmtiefe: Ein Unternehmen **bietet innerhalb einer Produktlinie** viele Auswahlmöglichkeiten für den Kunden an. Bietet es wenige Varianten hat es ein eher flaches Programm, wobei die Einordnung, ab welcher Menge ein tiefes Programm vorliegt, branchenabhängig ist.

Sortimentsbreite vs. Sortimentstiefe

Ein Getränkehändler führt Wasser, Bier, Wein, Likör, Spirituosen, Saft, Softdrinks. Er ist im Bereich Getränke breit aufgestellt. Je nachdem wie viele verschiedene Varianten der einzelnen Getränke er anbietet, kann er auch ein tiefes Sortimentsprogramm haben.

Ein spezialisierter Weinhändler hat im Vergleich dazu ein schmales Sortiment – allerdings hat er durch die Vielzahl an Weinarten wie Weißwein, Rotwein, Rosé, Perlwein, die sich in regionaler Herkunft, Jahrgang, Rebsorte, Ausbau, Flaschengröße, Design und weiteren Kriterien unterscheiden, ein sehr tiefes Sortiment mit vielen Auswahlmöglichkeiten für den Kunden.

Aufg. 1
S. 232

Aufg. 2
S. 232

© wjarek – stock.adobe.com

Zur Produktpolitik zählen folgende Maßnahmen:

- neue Produkte zu entwickeln und auf den Markt zu bringen (**Produktinnovation**),

Produktinnovation

Ein Softwareunternehmen hat eine App entwickelt, die Autofahrer in der Innenstadt zu freien Parkplätzen leitet.

© Andrew Derr – stock.adobe.com

- bereits auf dem Markt eingeführte Produkte zu verändern (**Produktvariation**),

Produktvariation

Ein Unternehmen nutzt für sein Schokomüsli zukünftig nur noch fair gehandelte Schokolade.

© womue – stock.adobe.com

- bereits eingeführte Produkte in verschiedene Ausführungen aufzuspalten, sodass sie sich von möglichen Konkurrenzprodukten unterscheiden (**Produktdifferenzierung**),

Produktdifferenzierung

Ein Hersteller von Fahrradhelmen verkauft seine Produkte unter verschiedenen Namen und zu unterschiedlichen Preisen sowohl an den Fachhandel als auch an große Handelsketten.

© tarasov_vl – stock.adobe.com

- Produkte in das Produktionsprogramm aufzunehmen, die bisher nur von anderen Unternehmen angeboten wurden (**Produktdiversifikation**),

Produktdiversifikation

Ein Hersteller von Backpulver produziert Softdrinks.

© Theeradech Sanin – stock.adobe.com

- Produkte, die keine oder nicht mehr genügend Käufer finden, vom Markt zu nehmen und damit aus dem Produktionsprogramm zu entfernen (**Produkteliminierung**).

Produkteliminierung

Ein Elektronikhersteller stellt die Produktion von Videorekordern ein.

© karichs – stock.adobe.com

4.2 Produktinnovation[1]

Da die Lebenszyklen der Produkte im Allgemeinen immer kürzer werden, sind die Unternehmen gezwungen, ständig neue Produkte zu entwickeln.

 Die Entwicklung und Einführung völlig neuer Produkte und Techniken, die bisher noch von keinem anderen Unternehmen angeboten wurden (Marktneuheiten), wird als Produktinnovation bezeichnet.

Produktinnovationen werden zunehmend kostspieliger, weil insbesondere die Zeiten für die notwendigen Forschungs- und Entwicklungsarbeiten immer länger sind und mehr Aufwand erforderlich machen.

Als mögliche Gründe für Produktinnovationen kommen infrage:

- Änderung der Kundenwünsche,
- veraltetes Produkt (Produktlebenszyklus ist durchschritten),
- zunehmender Wettbewerbsdruck,
- Wachstumsziele eines Unternehmens lassen sich mit bisherigen Produkten nicht erreichen,
- technische Neuerungen.

Produktinnovationen

Ein **Automobilhersteller** baut eine Brennstoffzelle, die Wasserstoff und Luftsauerstoff direkt in Elektrizität umwandelt. Damit können Automobile mit Elektromotoren angetrieben werden, die als Abgas lediglich reinen Wasserdampf ausstoßen.

Ein **Hersteller von Verkehrsampeln** entwickelt ein „intelligentes" Verkehrsleitsystem. Dadurch ist es möglich, die Wartezeiten an den Verkehrsampeln deutlich zu verringern.

Der Anstoß zur Produktinnovation – **die Produktidee** – kann sowohl extern als auch intern veranlasst sein.

Externe Anstöße: Anregungen von Kunden, Messen, Ausstellungen sowie Aktivitäten der Konkurrenz.

Interne Anstöße: Außendienstberichte, eigene Ideen der Mitarbeiter, eigene Forschung und Entwicklung.

4.3 Produktvariation

Produktveränderungen

Werden Eigenschaften eines bereits auf dem Markt eingeführten Produktes hinsichtlich Qualität, Aussehen, Materialbestandteilen u. Ä. verändert, so liegt eine **Produktvariation** vor. Mit der Produktvariation wird vornehmlich das Ziel verfolgt, die Wachstums- und Sättigungsphasen eines Produktes zu verlängern. Mit entsprechenden Maßnahmen soll er-

---

1 Zuweilen wird auch dann von Produktinnovation gesprochen, wenn es sich um Produkte handelt, die zwar für das Unternehmen neu sind (Unternehmensneuheiten), aber von Konkurrenzunternehmen schon angeboten werden. In diesem Fall ist der Begriff Produktinnovation der Oberbegriff zu Produktdifferenzierung und Produktdiversifikation. Vgl. hierzu Kap. 4.4 und Kap. 4.5.

reicht werden, dass das Produkt aus der Sicht der Kunden an Attraktivität gewinnt. Dies kann erreicht werden durch Veränderung des **Produktäußeren** oder der **Qualität**.

- **Veränderungen des Produktäußeren**

  - Form: Die Formgebung eines Produkts hängt mit den Entwicklungen in der Mode zusammen. Abhängig von Modeerscheinungen werden bestimmte Formen einmal als angenehm, ein anderes Mal gar als hässlich empfunden.

  - Farbe: Die Aktualität einer Farbe unterliegt in gleicher Weise den Modeerscheinungen wie die Form.

  - Material: In der Entscheidung über die Verwendung geeigneter Materialien kommt den Unternehmen eine hohe **Produktverantwortung** zu. Nach den Bestimmungen des Kreislaufwirtschaftsgesetzes sind die Produkte so zu gestalten, dass nicht nur bei deren Herstellung, sondern auch bei deren Gebrauch möglichst wenig Abfälle entstehen bzw. diese wiederverwendet werden können *(vgl. § 22(1) Kreislaufwirtschaftsgesetz)*. Demnach kann die Materialverwendung nicht allein von Modeentwicklungen abhängig gemacht werden.

- **Veränderung der Produktqualität**

  Mit einer **Qualitätsverbesserung** soll erreicht werden, dass sich der Produktnutzen erhöht und so höhere Absatzmengen erzielt werden. Durch eine **Qualitätsverminderung** können die Produktionskosten und damit der Verkaufspreis gesenkt werden. Der niedrigere Verkaufspreis könnte gegenüber der Konkurrenz zu einem Wettbewerbsvorteil führen.

Produktvariationen

Form: Ein Hersteller von Spirituosen hat bisher für seine Produkte Flaschen einfachster Art verwendet. Von einem Künstler hat er sich Entwürfe von Designerflaschen erstellen lassen, in denen die Produkte künftig angeboten werden sollen.

© karandaev – stock.adobe.com

Form/Farbe: Ein Hersteller von Sportschuhen ist dazu übergegangen, das Gel, das für die Stoßdämpfung im Fersenbereich gedacht ist, durch ein farbiges „Fenster" im Absatz des Schuhs sichtbar zu machen.

Material: Ein Hersteller von Joghurtbechern prüft, ob entsprechend den Vorschriften des Kreislaufwirtschaftsgesetzes für den Verschluss der Joghurtbecher anstelle von Aluminiumfolie eher Kunststofffolie verwendet werden soll.

Qualitätsverbesserung: Eine Schuhfabrik produziert künftig nur noch Schuhe, deren Obermaterial und Sohle aus echtem Leder bestehen.

Qualitätsverschlechterung: Ein Fahrradproduzent stellt einen Teil seiner Fahrräder künftig nicht mehr mit hochwertigen 21-Gang-Schaltungen her, sondern nur noch in einer einfachen Ausführung mit 18 Gängen. Damit sollen der billiger anbietenden Konkurrenz Marktanteile abgenommen werden.

Produktgestaltung und Verpackung

!   **Im Rahmen der Produktgestaltung werden Eigenschaften des Produktes (z. B. Qualität, Form, Farbe, Verpackung) festgelegt und so kombiniert, dass das Produkt dem Käufer einen möglichst hohen Nutzen stiftet.**

Neben dem eigentlichen **Grundnutzen** soll das Produkt auch einen **Zusatznutzen** stiften. Dazu werden die technisch-funktionalen Gebrauchseigenschaften eines Produkts, die den Grundnutzen schaffen, beispielsweise durch ein besonderes **Produktdesign** (z. B. geschmackvolle Formen und Farben), durch die **Produkt-** und **Verpackungsgestaltung** und eine **Markierung** (= Markenname für das Produkt) ergänzt. Diese können einen funktionalen, emotionalen oder sozialen Zusatznutzen stiften.

> *Grundnutzen und Zusatznutzen einer Tafel Schokolade*
>
> Der Grundnutzen einer Tafel Schokolade besteht darin, das Bedürfnis des Konsumenten nach Süßigkeiten zu stillen. Dieser Grundnutzen wird u. a. durch die zweckbezogenen Eigenschaften wie Zucker- bzw. Kakaoanteil zur Erzielung einer bestimmten Süße und durch die Größe der Schokoladentafel bestimmt. Neben diesem Grundnutzen, den jede Art von Schokolade stiftet, soll der Konsument aber einen Zusatznutzen, der sich in der besonderen Marke, der Verpackung, dem Design oder der besonderen Qualität ausdrückt, erfahren. Dieser Zusatznutzen soll zur Abgrenzung von Konkurrenzprodukten beitragen und die Kaufentscheidung der Konsumenten positiv beeinflussen. So ist beispielsweise die Schokoladenmarke Ritter Sport (= Markierung) aufgrund der Idee entstanden, eine Schokoladentafel zu produzieren, die trotz des Gewichts einer normalen Langtafel in jede Sportjackentasche passen sollte (= funktionaler Zusatznutzen). Das ungewöhnliche Format des Schokoladenquadrats „Ritter Sport" wird von Verbrauchern mit dem Slogan „Quadratisch. Praktisch. Gut." in Verbindung gebracht.

© Tru – stock.adobe.com

Auch die **Verpackungsgestaltung** ist Bestandteil der Produktpolitik, sofern das Produkt in einer Verpackung geliefert wird. Dabei sind insbesondere die **Schutzfunktion** und die **Verkaufsfunktion** der Verpackung von Bedeutung:

■ **Schutzfunktion bei Transport und Lagerung**

Transport-, Stapel- und Lagerfähigkeit werden durch geeignete Verpackungen gesichert, da die Güter vor Verunreinigung und Mengenverlust geschützt sind und z. B. in Material, Größe und Form für mehrfaches Aus- und Umlagern optimiert sind.

■ **Verkaufsfunktion**

Insbesondere, wenn das Produkt in Selbstbedienungsläden verkauft wird, muss die Verpackung **Informationen** über das Produkt (z. B. Art, Menge, Verfallsdatum) enthalten.

Wenn für das Produkt ein exklusives Image angestrebt wird, muss die Verpackung entsprechend (hochwertig) gestaltet sein **(Unverwechselbarkeit)**. Die Verpackung dient als Werbeträger und soll den Konsumenten in seiner Kaufentscheidung positiv beeinflussen.

Die Verpackung muss eine einfache **Handhabung** und **Dosierbarkeit** des Produkts (z. B. Milch) ermöglichen.

Die Verpackung soll auch positive **ökologische Eigenschaften** aufweisen (Umweltverträglichkeit, Recycelbarkeit, Mehrwegpackungen bei Getränken, Nachfüllpackungen bei Waschmitteln usw.)

Markenbildung

Um die eigenen Produkte im Umfeld gleicher oder ähnlicher Produkte der Konkurrenz im Gedächtnis des Kunden zu verankern, wird häufig von der **Markenbildung** Gebrauch gemacht.

> **!** Marken sind Kennzeichen für Waren oder Dienstleistungen eines Unternehmens und dienen der Unterscheidung der eigenen Produkte von denen anderer Unternehmen. Durch die Markierung wird aus einem Produkt ein Markenartikel.

Markenzeichen

| Bad Reichenhaller Salz | McDonald's | Knirps | Asbach Uralt |

© Südsalz GmbH · © dpa · © Knirps GmbH+Co.KG · © Asbach GmbH

Um einen **Markenartikel** handelt es sich, wenn ein Produkt folgende **Merkmale** aufweist:

- markiertes Fertigprodukt
- gleich bleibende bzw. verbesserte Qualität
- gleich bleibende Mengen
- gleich bleibende Aufmachung
- größerer Absatzraum (überall erhältlich: Ubiquität)
- Verbraucherwerbung.

Die **Markenbildung** ist für den Anbieter und den Kunden mit verschiedenen Nutzen verbunden:

Markennutzen	
für den Anbieter	für den Kunden
■ deutliche Unterscheidung von Konkurrenz	■ Vertrauen in bestimmte Qualität
■ Absatzförderung	■ Image- oder Prestigefunktion
■ Bevorzugung (Präferenzbildung) beim Kunden	■ leichte Identifikation mit dem Produkt
■ stärkere Verhandlungsposition beim Handel	■ Zeichen für Kompetenz des Anbieters

Gesetzliche Grundlage des Markenschutzes ist das **Markengesetz**. Eine Marke kann durch Eintragung beim **Deutschen Patent- und Markenamt** in München geschützt werden. Eine europäische Registrierung erfolgt gemäß Übereinkommen der EU Mitgliedstaaten durch das **Europäische Markenamt** in Alicante, Spanien.

Bei der Festlegung eines **Markennamens** können nachstehende Aspekte von Bedeutung sein:

Aspekte bei der Festlegung eines Markennamens	Beispiele
1. Vermittlung des Produktnutzens	Knirps: kleiner Taschenschirm Du darfst: kalorienreduzierte Lebensmittel
2. Positives Produktimage	Securitas: Sicherheit Smart: klein, wendig
3. Leicht einprägsam, einfach auszusprechen	BMW: PKW Milka: Schokolade
4. Verwendungsmöglichkeit sofort ersichtlich	Meister Propper: Reinigungsmittel Bauhaus: Baumarkt
5. Produkttypisch	Blend-a-med: Zahnpasta Süße Werbung: Süßigkeiten

4.4 Produktdifferenzierung

Es gibt kaum ein Produkt, das hinsichtlich Aufmachung, Qualität, Technik usw. den Ansprüchen aller infrage kommenden Abnehmer gerecht wird. So hat z. B. jeder Autofahrer andere Wünsche hinsichtlich der Leistung eines Motors, der Innenausstattung oder des Fahrwerks eines Automobils. Um möglichst allen Wünschen gerecht zu werden, bieten viele Unternehmen ihre Produkte in verschiedenen Ausführungen an (**Produktdifferenzierung**). Das Ziel der Produktdifferenzierung besteht darin, durch Aufspaltung eines am Markt bereits eingeführten Produktes (Marktsegmentierung) einen größeren Kundenkreis zu erreichen, um damit die Absatzchancen zu verbessern.

Produktdifferenzierung

- Ein Computerhersteller bietet seine Produkte in unterschiedlichen Festplattengrößen und mit verschiedenen Steckkarten an.
- Ein Automobilhersteller bietet verschiedene Automodelle an.
- Eine Schuhfabrik produziert Schuhe mit unterschiedlichen Sohlen.

4.5 Produktdiversifikation

Damit ein Unternehmen auf lange Sicht seine Stellung am Markt sichern kann, ist es häufig erforderlich, Produkte in das Produktionsprogramm aufzunehmen, die bisher lediglich von anderen Unternehmen produziert wurden (**Produktdiversifikation**). Mit diesen produktpolitischen Maßnahmen ist die Schaffung „eines zweiten, dritten ... Standbeines" beabsichtigt. Rückläufige Umsätze eines Produkts können so eventuell von steigenden Umsätzen anderer Produkte ausgeglichen werden.

Je nachdem, in welchem Zusammenhang das neu aufgenommene Produkt zum bisherigen Produktionsprogramm steht, lassen sich folgende Fälle unterscheiden:

- **Horizontale Diversifikation:** Das neu aufgenommene Produkt steht in irgendeinem Zusammenhang zu dem bisherigen Produktionsprogramm. Der Zusammenhang kann z. B. darin bestehen, dass mit dem vorhandenen technischen Wissen der Mitarbeiter oder mit den vorhandenen Maschinen das neue Produkt produziert werden kann. Häufig wird der gleiche Kundenkreis des Unternehmens mit dem neuen Produkt beliefert – die Wirtschaftsstufe, auf der das Unternehmen bisher tätig war, wird also nicht verlassen.

Aufg. 3
S. 232

Aufg. 4
S. 233

Horizontale Diversifikation eines Unternehmens aus dem Textil-Mietservice

Das Mietserviceprogramm der MEWA TEXTIL-MIETSERVICE MEISSENHEIM AG & CO. beinhaltet u. a. folgende Dienstleistungen

- MEWA Berufskleidung
- Mehrweg-Putztücher
- Mehrweg-Schutzbezüge
- Waschraumservice

 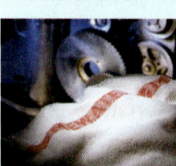  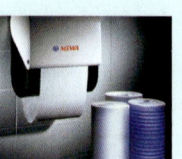

© MEWA Textil-Service AG & Co. Management OHG

Das Unternehmen nutzt den bestehenden Kundenkreis und bietet künftig folgende Produkte zusätzlich an (Horizontale Diversifikation): **Verbandskästen, Sicherheitsschuhe, Arbeitshandschuhe.**

- **Vertikale Diversifikation:** Erweitert ein Unternehmen sein Produktionsprogramm um Produkte aus vor- oder nachgelagerten Wirtschaftsstufen, so liegt **vertikale Diversifikation** vor. Ein Unternehmen betätigt sich in einer vorgelagerten Wirtschaftsstufe, wenn es Produkte, die bisher seine Zulieferer produziert haben, nunmehr selbst herstellt. Eine Ausdehnung auf nachgelagerte Wirtschaftsstufen ist gegeben, wenn ein Unternehmen Aufgaben im Produktions- oder Absatzbereich übernimmt, die bisher von seinen abnehmenden Unternehmen wahrgenommen wurden.

- **Laterale Diversifikation:** Wird das Produktionsprogramm um Produkte erweitert, die für das Unternehmen völlig neu sind und in keinem technischen oder wirtschaftlichen Zusammenhang mit den bisherigen Produkten stehen, so handelt es sich um **laterale Diversifikation**.

Produktdiversifikation

Horizontale Diversifikation: Ein Hersteller von Gemüsekonserven nimmt in sein Produktionsprogramm zusätzlich Wurst- und Fischkonserven auf.

Vertikale Diversifikation: Die Konservenfabrik baut künftig das Gemüse selbst an (vorgelagerte Stufe) und gründet ein eigenes Handelsunternehmen zum Verkauf der Konserven (nachgelagerte Stufe).

Laterale Diversifikation: Die Konservenfabrik erwirbt eine Bürstenfabrik.

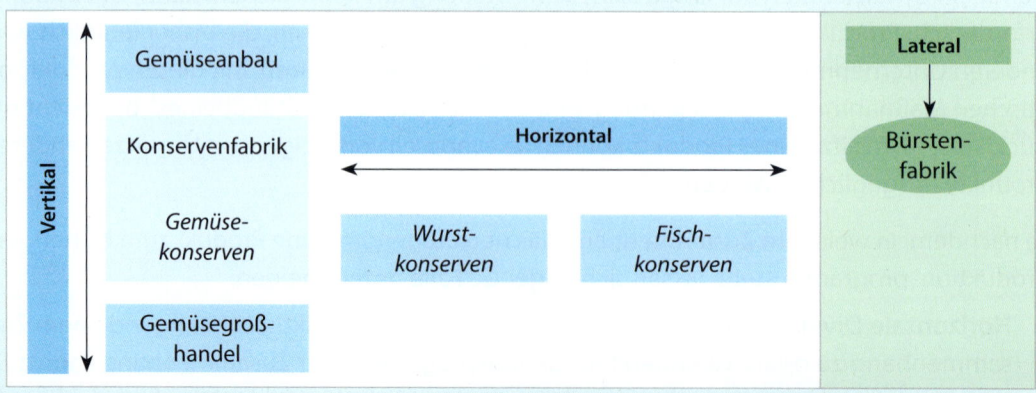

4.6   Produkteliminierung

Sind mit einem Produkt keine zufrieden stellenden Ergebnisse mehr zu erzielen, so bleibt häufig nur die Möglichkeit, dieses aus dem Produktionsprogramm herauszunehmen (**Produkteliminierung**). Als mögliche Gründe für eine Produkteliminierung kommen infrage:

- technische Überalterung (Konkurrenz bietet aktuellere Ausführungen an),

- Produkt entspricht nicht mehr den gesetzlichen Vorschriften,

- Produkt erwirtschaftet keine zufriedenstellenden Ergebnisse,

- Engpass in der Produktion.

Grundlage der Entscheidung, ob ein Produkt weiter produziert oder eliminiert wird, ist eine Aufspaltung der Kosten in deren fixe und variable Bestandteile. Die fixen (festen) Kosten wie z. B. Miete sind von der Höhe der Produktion unabhängig. Sie fallen unabhängig davon an, ob viel oder wenig produziert wird. Die variablen Kosten hingegen (z. B. Materialkosten, Strom) sind von der Produktionsmenge abhängig. Auf der Grundlage dieser Information kann in folgenden Schritten vorgegangen werden:

① Der Marktpreis wird festgestellt oder ein durchsetzbarer Marktpreis wird festgelegt, der auch die Reaktion der Nachfrager berücksichtigt.

② Die bei dem festgestellten oder festgelegten Marktpreis mögliche Absatzmenge wird geschätzt.

③ Die Erlöse werden ermittelt.

④ Von den Erlösen werden die variablen Kosten abgezogen. Das Ergebnis ist der Deckungsbeitrag.

> **Deckungsbeitrag je Einheit = Marktpreis (Stückerlös) – variable Stückkosten**
> **(db)**   **(p)**   **(k_v)**

Der Deckungsbeitrag eines Produktes (**Produktdeckungsbeitrag**) ergibt sich aus der Rechnung Deckungsbeitrag je Stück multipliziert mit der verkauften Menge.

> **Produktdeckungsbeitrag = Deckungsbeitrag je Stück · verkaufte Menge**
> **(db)**   **(x)**

Der Deckungsbeitrag aus der Gesamtproduktion (**Gesamtdeckungsbeitrag**) ist die Summe der Deckungsbeiträge aller Produkte. Gewinn entsteht dann, wenn der Gesamtdeckungsbeitrag größer ist als die fixen Kosten insgesamt.

> **Gesamtdeckungsbeitrag = Gesamterlös – gesamte variable Kosten**
> **(DB)**   **(E)**   **(K_v)**

> **Ein Produkt verbleibt im Produktionsprogramm bzw. wird neu aufgenommen, wenn der Produktdeckungsbeitrag positiv ist. Ist sein Deckungsbeitrag negativ, so wird es eliminiert.**

Da die fixen Kosten auch dann anfallen, wenn das Unternehmen nichts produziert, spielen sie für die Entscheidung, ob ein Produkt eliminiert werden soll, zunächst keine Rolle.

Produkteliminierung

Ein Unternehmen produziert derzeit die Produkte A, B, C. Jedes Produkt ist am Zustandekommen des betrieblichen Ergebnisses wie folgt beteiligt:

Produkt	A	B	C
Absatzmenge pro Woche in Stück	500	300	250
Preis je Stück in EUR	100	150	200
variable Kosten pro Stück in EUR	110	120	150
Deckungsbeitrag je Stück in EUR	– 10	30	50
Produktdeckungsbeitrag in EUR	– 5.000	9.000	12.500

Weil die variablen Kosten je Stück (110 EUR) bei Produkt A dessen Stückpreis (100 EUR) übersteigen (negativer Deckungsbeitrag), wird das Produkt eliminiert.

Deckungsbeitragsrechnung der Karl Bauer KG, Pharmazeutische Werke

Die Karl Bauer KG produziert das Schlaf- und Beruhigungsmittel Baldripuran in flüssiger und in Tablettenform.

Fixe Kosten der Gesamtproduktion: 100.000,00 EUR

Verkaufsmengen:
Baldripuran   flüssig   Tablette
              10 000 Stück   8 000 Stück

Die Geschäftsleitung prüft, ob unter den folgenden Annahmen das Produkt Baldripuran weiter produziert werden soll:

Deckungsbeitrag je Einheit (db):

	flüssig	Tablette
p	9,00 EUR	10,00 EUR
– k_v	– 4,00 EUR	– 2,00 EUR
= db	= 5,00 EUR	= 8,00 EUR

Produktdeckungsbeitrag:

	flüssig	Tablette
E	90.000,00 EUR	80.000,00 EUR
– K_v	– 40.000,00 EUR	– 16.000,00 EUR
= Produktdeckungsbeitrag	= 50.000,00 EUR	= 64.000,00 EUR

Gesamtdeckungsbeitrag (DB):

= Summe Produktdeckungsbeiträge	50.000,00 EUR + 64.000,00 EUR = **114.000,00 EUR**

Entscheidung: Weiterproduktion des Produkts in beiden Formen, weil der Gesamtdeckungsbeitrag positiv ist

Gewinn:

DB	114.000,00 EUR
– K_{fix}	100.000,00 EUR
= Gewinn	**14.000,00 EUR**

4.7 Produktnahe Dienstleistungen

Ob ein Unternehmen mit seinen Erzeugnissen am Markt erfolgreich ist, hängt nicht nur vom Erzeugnis selbst ab, sondern auch von den **Dienstleistungen**, die im Zusammenhang mit dem Verkaufsvorgang erbracht werden. Insbesondere bei erklärungsbedürftigen Erzeugnissen sind produktnahe Dienstleistungen von entscheidender Bedeutung.

Aufg. 5
S. 233

> **Produktnahe Leistungen der Heilbronner Maschinenbau GmbH**
>
> Die Heilbronner Maschinenbau GmbH bietet ihren Kunden beim Kauf einer Maschine folgende Dienstleistungen an:
> - Unterstützung bei der Montage und Inbetriebnahme
> - Wartungs- und Reparaturarbeiten
> - Einrichtung eines Kundendienstes, der Ansprechpartner für Rück- und Anfragen ist
> - Garantieleistungen

In Abhängigkeit **vom Zeitpunkt der Erbringung einer Dienstleistung** lassen sich unterscheiden:

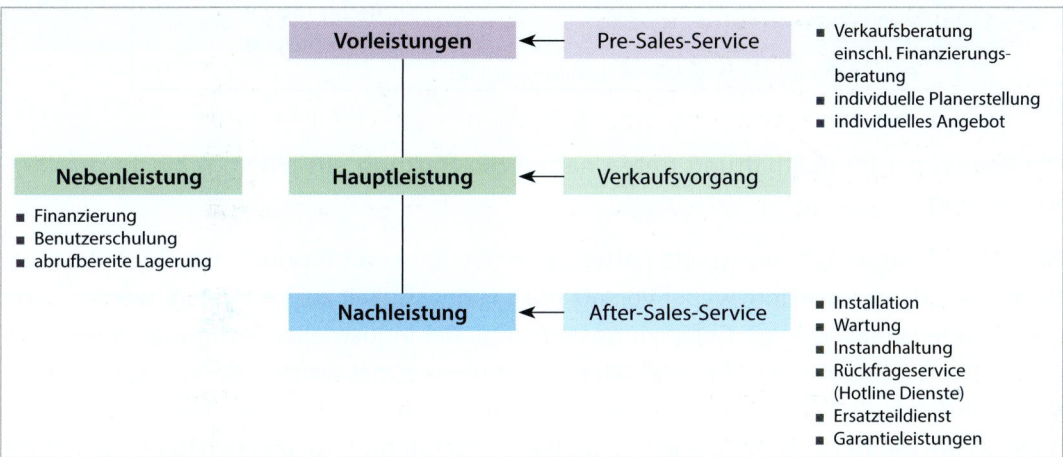

4.8 Rechtliche Aspekte der Produktpolitik

Produkthaftung

 Beginnen Sie Ihren Kompetenzerwerb zum Thema *Produkthaftung* mit der Erarbeitungsaufgabe EA 1.

EA 1
S. 230

Der Produkthaftung liegt der Gedanke zugrunde, dass derjenige, der Produkte herstellt oder in den Verkehr bringt, die Pflicht hat, dafür zu sorgen, dass von diesen Produkten keine Gefahr ausgeht. Vor diesem Hintergrund können aus den Vorschriften des Produkthaftungsgesetzes (ProdHaftG) Ansprüche z. B. an den **Hersteller eines Produktes** abgeleitet werden, falls Schäden an Leben, Körper und Gesundheit und an anderen Sachen entstehen. Schäden an der schadhaften Sache selbst sind nicht gedeckt.

! **Unter Produkthaftung ist die Haftung des Herstellers für Personen- und Sachschäden zu verstehen, wenn diese Schäden auf die Benutzung eines fehlerhaften Produktes zurückzuführen sind.**

Aufg. 6
S. 234

Produkthaftung am Beispiel einer Schreibtischlampe

In einer Schreibtischlampe ist das Stromkabel so verbaut, dass die Isolierung sich lösen und den Metallfuß der Lampe unter Strom setzen kann. Als der Hersteller dies erfährt, ruft er das Produkt zurück. Es wird also nicht mehr verkauft und Kunden können ihre Lampen zurückgeben. Dadurch kann er gegebenenfalls Personenschäden verhindern, für die er haften müsste.

Produkthaftungsansprüche sind zu unterscheiden von Ansprüchen aus einer mangelhaften Lieferung. Die Ansprüche aus einer Produkthaftung entstehen unabhängig davon, ob zwischen dem Hersteller und dem Endkunden ein Vertrag geschlossen wurde. Ansprüche aus einer **mangelhaften Lieferung** ergeben sich, wenn der **Verkäufer** (z. B. ein Händler) einen Kaufvertrag schlecht erfüllt, oder wenn er eine Garantie übernommen hat.

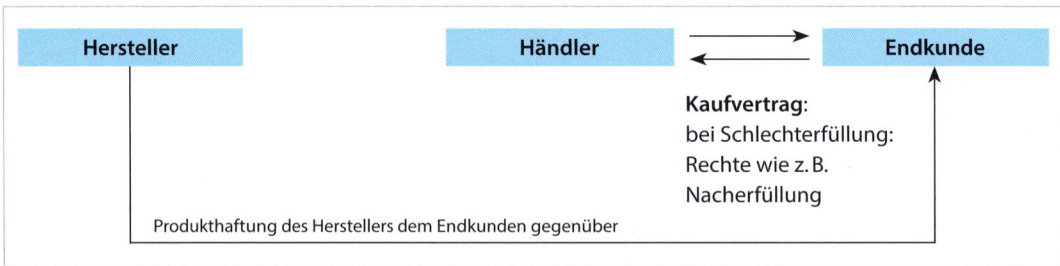

Die Regeln der Produkthaftung treten **neben die Haftung** aus einem schlecht erfüllten Kaufvertrag.

Nach dem Produkthaftungsgesetz haftet der Hersteller eines Produkts für einen Produktfehler auch dann, wenn ihm weder Vorsatz noch Fahrlässigkeit zur Last gelegt werden kann (verschuldensunabhängige Gefährdungshaftung). Bei industrieller Fertigung, in der Endprodukte oftmals aus vielen Teilprodukten zusammengesetzt werden, können gegebenenfalls mehrere Hersteller nebeneinander haftbar gemacht werden. Gegebenenfalls haften dann alle an der Herstellung Beteiligten als **Gesamtschuldner**, so dass sich der Geschädigte den Finanzkräftigsten herausgreifen kann.

ProdHaftG §1 (1)

ProdHaftG §5

Ansprüche aus der Produkthaftung können nur dann geltend gemacht werden, wenn folgende Anspruchsvoraussetzungen erfüllt sind:

ProdHaftG §§2, 3

- Das **Produkt** muss fehlerhaft sein. Als Produkt gelten bewegliche Sachen, auch wenn sie Teil einer anderen Sache sind. Außerdem fallen landwirtschaftliche Erzeugnisse unter den Produktbegriff. Ein Produkt ist **fehlerhaft**, wenn es nicht die Sicherheit bietet, die von ihm erwartet werden kann.

- Der entstandene Schaden muss auf den Produktfehler zurückzuführen sein.

Die Haftung ist z. B. ausgeschlossen, wenn

ProdHaftG §1 (2), (3)

- der Hersteller das Produkt nicht in den Verkehr gebracht hat (Bsp.: das Produkt wurde ihm gestohlen),

- der Fehler erst entstanden ist, nachdem das Produkt in den Verkehr gebracht wurde (Bsp. es wurde eine unsachgemäße Reparatur durchgeführt).

ProdHaftG §12

Die **Verjährungsfrist** beträgt **3 Jahre**. Sie beginnt, wenn der Geschädigte von dem Schaden, dem Fehler und dem Ersatzpflichtigen Kenntnis erlangt hat oder hätte erlangen müssen.

Sind seit dem Inverkehrbringen des Produkts mehr als **10 Jahre** vergangen, so können keine Ansprüche aus der Produkthaftung mehr geltend gemacht werden.

Personenschäden sind vom Hersteller bis zu einer Höhe von 85 Mio. EUR zu ersetzen. **Sachschäden** müssen nur ersetzt werden, soweit andere Sachen als das Produkt selbst beschädigt wurden. Der Geschädigte muss sich zudem mit einem Betrag von 500 EUR selbst an der Beseitigung des Schadens beteiligen.

ProdHaftG
§§ 10, 11

Die Vorschriften des ProdHaftG sind **zwingendes Recht** und können vertraglich nicht abgeändert oder ausgeschlossen werden.

ProdHaftG
§ 14

Patentschutz

Im Zusammenhang mit der Produktpolitik muss u. a. geklärt werden, inwieweit neu entwickelte bzw. neu auf den Markt gebrachte Erzeugnisse nicht gegen einen bereits bestehenden Patent- oder Gebrauchsmusterschutz von Konkurrenzunternehmen verstoßen. Außerdem schützt die Patentanmeldung eines neuen Produkts vor Nachahmung und gibt dem Unternehmen somit Gelegenheit, von seiner Erfindung zu profitieren.

Aufg. 7
S. 234

> **!** Ein *Patent* ist ein Schutzrecht für eine *neue Erfindung*, die *gewerblich anwendbar ist*. Durch ein Patent wird dem Erfinder die alleinige Befugnis zur Nutzung einer patentierten technischen Erneuerung eingeräumt.

PatG
§§ 1, 3, 6, 9

Eine Erfindung gilt als neu, wenn sie über den Stand der aktuellen Technik hinausgeht. In Deutschland wurden im Jahr 2020 über 62 000 Patente angemeldet.

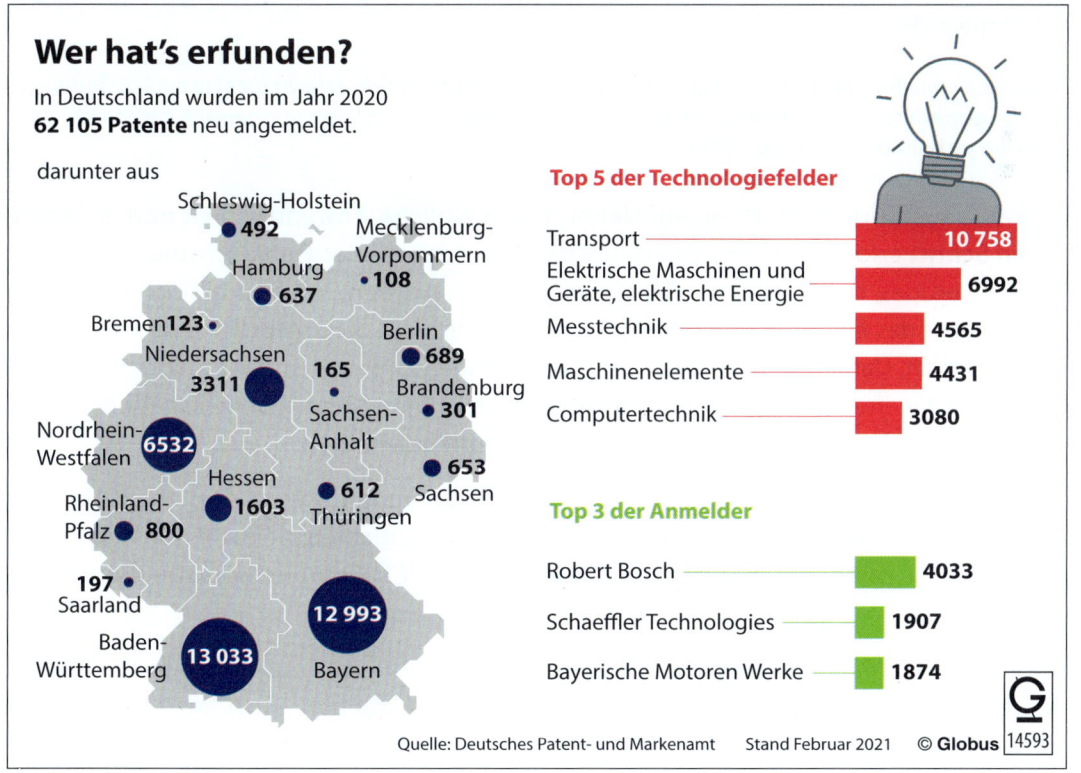

Wer hat's erfunden?

In Deutschland wurden im Jahr 2020 **62 105 Patente** neu angemeldet.

darunter aus

Schleswig-Holstein • 492
Mecklenburg-Vorpommern • 108
Hamburg • 637
Bremen 123 •
Berlin • 689
Niedersachsen 3311
165
Brandenburg • 301
Nordrhein-Westfalen 6532
Sachsen-Anhalt
Hessen
653
1603
612
Sachsen
Rheinland-Pfalz • 800
Thüringen
197 •
Saarland
Baden-Württemberg 13 033
12 993
Bayern

Top 5 der Technologiefelder

Transport	10 758
Elektrische Maschinen und Geräte, elektrische Energie	6992
Messtechnik	4565
Maschinenelemente	4431
Computertechnik	3080

Top 3 der Anmelder

Robert Bosch	4033
Schaeffler Technologies	1907
Bayerische Motoren Werke	1874

Quelle: Deutsches Patent- und Markenamt   Stand Februar 2021   © **Globus** 14593

PatG
§ 16

Das Schutzrecht einer patentierten Erfindung ist auf die Dauer von **20 Jahren** beschränkt. Danach kann die Erfindung von jedem kostenlos genutzt werden. Ein Patent kann verkauft, verpfändet oder als immaterieller Vermögensgegenstand in eine Unternehmung eingebracht werden.

PatG
§§ 34, 30

PatG
§ 17

Zur Erteilung eines Patents muss eine **Erfindung** beim **Patentamt in München** angemeldet werden. Nach einer ausführlichen Prüfung durch Patentprüfer zu 1. Neuheit, 2. erfinderischer Tätigkeit und 3. gewerblicher Anwendbarkeit wird die Erfindung in ein Register (Patentrolle) beim Patentamt eingetragen, in die jedermann unter www.dpma.de/recherche Einsicht nehmen kann. Eine Ausdehnung des Schutzes auf den europäischen Markt ist durch Eintragung beim **Europäischen Patentamt** möglich. Für die Anmeldung eines Patents ist für **das dritte** und **jedes folgende Jahr** eine Jahresgebühr zu entrichten. 2020 belegten deutsche Unternehmen und Erfinder hinter den USA mit knapp 26 000 Patentanmeldungen in Europa eine Spitzenposition auf dem europäischen Markt.

Gebrauchsmusterschutz

GebrMG
§ 1

In gleicher Weise wie beim Patent lassen sich Erfindungen, die neu sind und auf einem erfinderischen Schritt beruhen, schützen. Während aber beim Patent eine ausführliche Prüfung durch Patentprüfer auf Neuheit, erfinderische Tätigkeit und gewerbliche Anwendung erfolgt, handelt es sich beim Gebrauchsmuster um ein reines **Registrierungsrecht**, bei dem lediglich geprüft wird, ob es sich um eine technische Erfindung handelt. Es handelt sich um eine einfachere, schnellere und kostengünstigere Schutzmöglichkeit als das Patent. Anders als beim Patent kann im Rahmen des Gebrauchsmusterschutzes ein **Verfahren nicht geschützt werden**.

> **!** Ein *Gebrauchsmuster* ist in gleicher Weise wie ein Patent ein *Schutzrecht für eine neue Erfindung*, **die gewerblich anwendbar ist. Im Unterschied zum Patent wird aber nur geprüft, ob es sich um eine technische Erfindung handelt.**

Da **keine ausführliche Prüfung auf Neuheit, gewerbliche Anwendbarkeit und erfinderischen Schritt** erforderlich ist, kann durch die Anmeldung eines Gebrauchsmusters schnell ein vollwertiges, durchsetzbares Schutzrecht erlangt werden. Häufig stellt sich erst später heraus, dass das eingetragene Gebrauchsmuster gar nicht die entsprechenden Voraussetzungen erfüllt. Daher sollte vor der Anmeldung dringend der vorhandene Stand der Technik recherchiert werden, um später hohe Kosten, wie z. B. Anwalts- und Gerichtsgebühren bzw. schlimmstenfalls Schadensersatzforderungen zu vermeiden.

GebrMG
§ 4

Erfindungen, für die der Schutz als Gebrauchsmuster verlangt wird, sind ebenfalls beim Patentamt anzumelden. Entspricht die Anmeldung den entsprechenden Voraussetzungen, so verfügt das Patentamt die Eintragung in das **Register für Gebrauchsmuster** (Gebrauchsmusterrolle).

GebrMG
§ 23

Anders als beim Patent beträgt die Schutzdauer eines Gebrauchsmusters lediglich **10 Jahre**. Ab dem vierten Jahr der Anmeldung fallen auch hier Schutzgebühren an. Im Gegensatz zum Patent gibt es beim Gebrauchsmusterschutz keine europäische oder internationale Gebrauchsmusteranmeldung.

Vergleich Patent – Gebrauchsmuster		
	Patent	**Gebrauchsmuster**
Schutzdauer	20 Jahre	10 Jahre
Prüfung auf Schutzfähigkeit	verpflichtende amtliche Prüfung (eventuell Einspruch)	Prüfung nur im Streitfall
Maßstab der Prüfung	Neuheit, erfinderische Tätigkeit	Neuheit, erfinderischer Schritt
Schutzgegenstände	Vorrichtungen, Stoffe, Verfahren	Vorrichtungen, Stoffe

Zusammenfassende Übersicht zu Kapitel 4: Produktpolitik

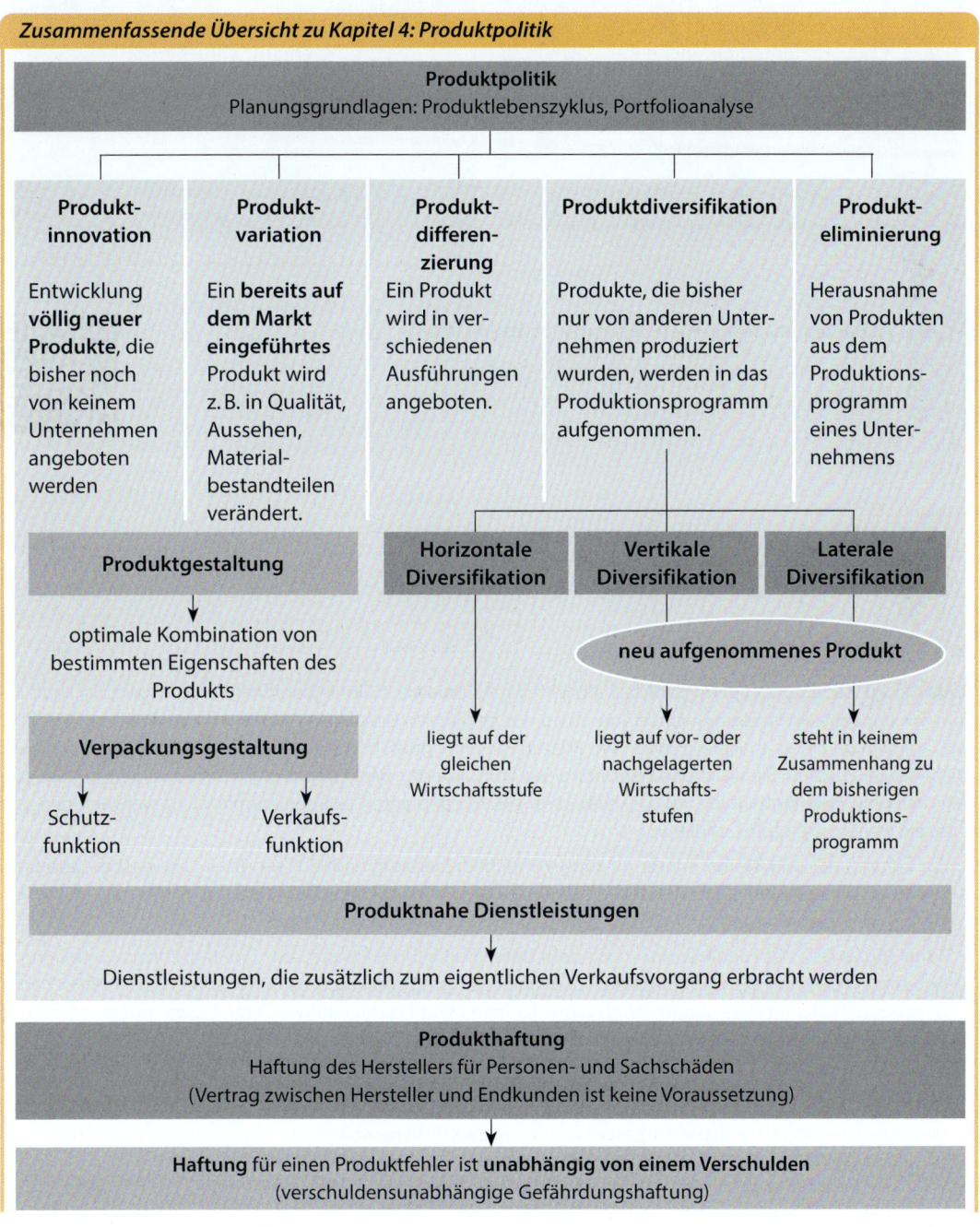

Produktpolitik
Planungsgrundlagen: Produktlebenszyklus, Portfolioanalyse

Produkt-innovation
Entwicklung **völlig neuer Produkte**, die bisher noch von keinem Unternehmen angeboten werden

Produkt-variation
Ein **bereits auf dem Markt eingeführtes** Produkt wird z. B. in Qualität, Aussehen, Material-bestandteilen verändert.

Produkt-differen-zierung
Ein Produkt wird in ver-schiedenen Ausführungen angeboten.

Produktdiversifikation
Produkte, die bisher nur von anderen Unter-nehmen produziert wurden, werden in das Produktionsprogramm aufgenommen.

Produkt-eliminierung
Herausnahme von Produkten aus dem Produktions-programm eines Unter-nehmens

Produktgestaltung
optimale Kombination von bestimmten Eigenschaften des Produkts

Verpackungsgestaltung
Schutz-funktion   Verkaufs-funktion

Horizontale Diversifikation
liegt auf der gleichen Wirtschaftsstufe

Vertikale Diversifikation
liegt auf vor- oder nachgelagerten Wirtschafts-stufen

Laterale Diversifikation
steht in keinem Zusammenhang zu dem bisherigen Produktions-programm

neu aufgenommenes Produkt

Produktnahe Dienstleistungen
Dienstleistungen, die zusätzlich zum eigentlichen Verkaufsvorgang erbracht werden

Produkthaftung
Haftung des Herstellers für Personen- und Sachschäden
(Vertrag zwischen Hersteller und Endkunden ist keine Voraussetzung)

Haftung für einen Produktfehler ist **unabhängig von einem Verschulden**
(verschuldensunabhängige Gefährdungshaftung)

Verjährungsfrist: 3 Jahre

Ersatzpflicht:
■ bei Personenschäden höchstens 85 Mio. EUR
■ bei Sachschäden Selbstbeteiligung von 500 EUR

Patent- und Gebrauchsmusterschutz	
Patent	**Gebrauchsmuster**
Schutzrecht für Stoffe und Verfahren für neue, gewerblich verwertbare Erfindung	Schutzrecht für Stoffe für neue, gewerblich verwertbare Erfindung
Anmeldung und Eintragung: Patentamt München (Patentrolle)	Anmeldung und Eintragung: Patentamt München (Gebrauchsmusterrolle)
amtliche Prüfung zwingend vorgeschrieben	eine amtliche Prüfung nur im Streitfalle
Schutzdauer: 20 Jahre (Schutzgebühr fällig)	Schutzdauer: 10 Jahre (Schutzgebühr fällig)

 Checken Sie Ihre Kompetenz mit der **Ich-kann-Liste**.

Öffnen Sie hierzu den nebenstehenden **QR-Code** oder geben Sie folgenden Link ein: https://vel.plus/BHC14

ERARBEITUNGSAUFGABE

zu Kapitel 4 Produktpolitik

EA 1 Schlechtleistung: Produkthaftungsgesetz

Tanja Ploog, Studentin der Betriebswirtschaftslehre im 9. Semester, treibt leidenschaftlich Radsport. Sie kauft bei dem Zweiradzentrum **Link** ein Gelände-Tourenrad des bekannten Herstellers **Phönix-AG** zum Preis von 900 EUR. Am Tag nach dem Kauf macht sie mit ihrem Freund die erste größere Ausfahrt. Auf einem unebenen Waldweg bricht der Gabelschaft. Sie stürzt und zieht sich einen komplizierten Beckenbruch zu, der sie zu einem wochenlangen Krankenhausaufenthalt zwingt. Deshalb kann sie den geplanten Examenstermin nicht wahrnehmen und muss ein weiteres Semester studieren.

Tanjas Freund, der unmittelbar hinter ihr fuhr, versucht seiner stürzenden Freundin auszuweichen und fährt gegen einen am Wegrand lagernden Holzstoß. An seinem Rad wird dabei die Felge des Vorderrrads völlig verformt und die Pedalhalterung verbogen. Er selbst trägt keine Verletzungen davon.

BGB §§ 437, 440, 323

1. **Tanja Ploog** lässt das Fahrrad sofort nach dem Unfall durch ihren Freund zum Zweiradzentrum **Link** bringen und fordert den Kaufpreis zurück. Dazu ist Link nicht bereit. Er behauptet, ihn treffe kein Verschulden daran, dass der Gabelschaft des Fahrrads offensichtlich einen Materialfehler aufwies. Frau **Ploog** müsse sich an den Hersteller wenden; die genaue Geschäftsadresse der **Phönix-AG** teilt er schriftlich mit.

    ■ Ist **Link** im Recht?

§ 280

2. Der Freund hat sein beschädigtes Fahrrad ebenfalls zu **Link** gebracht. Er fordert die kostenlose Reparatur. Dies wird ihm verweigert. Die Reparaturkosten werden auf 200 EUR geschätzt.

    ■ Muss **Link** das Fahrrad kostenlos reparieren?

3. **Tanja Ploog** schreibt an den Hersteller, die **Phönix-AG,** und stellt folgende Forderungen:

ProdHaftG
§§ 1, 2, 3, 4, 8

- Kosten für eine Kur in einer orthopädischen Reha-Klinik
- Ersatz der Kosten für ein zusätzliches Studiensemester
- Schmerzensgeld

Prüfen Sie jede der Forderungen auf ihre Berechtigung.

4. Da Link sich geweigert hat, das Fahrrad des Freundes kostenlos zu reparieren, schreibt der Freund ebenfalls an die Phönix-AG und fordert Ersatz der Reparaturkosten von 200 EUR.

§ 11

- Muss die **Phönix-AG** zahlen?

WIEDERHOLUNG DES GRUNDWISSENS

vel.plus/BHC15

zu Kapitel 4 Produktpolitik

4.1   Maßnahmen der Produktpolitik

1. Geben Sie an, worauf Marketingmaßnahmen im Rahmen der Produktpolitik abzielen.
2. Unterscheiden Sie zwischen der Produktprogrammtiefe und -breite eines Bäckers.
3. Zählen Sie fünf Bereiche der Produktpolitik eines Unternehmens auf und nennen Sie jeweils ein Beispiel.

4.2   Produktinnovation

1. Erläutern Sie, was unter Produktinnovation zu verstehen ist.
2. Nennen Sie Gründe für eine Produktinnovation.
3. Zählen Sie Quellen auf, aus denen sich Produktideen gewinnen lassen.

4.3   Produktvariation

1. Erläutern Sie, was unter Produktvariation zu verstehen ist.
2. Beschreiben Sie Maßnahmen zur Produktveränderung.
3. Unterscheiden Sie zwischen Grundnutzen und Zusatznutzen eines Produkts.
4. Erläutern Sie die Funktionen einer Verpackung am Beispiel einer Milchpackung.
5. Beschreiben Sie, was unter Markenbildung zu verstehen ist und was mit einer Markenbildung beabsichtigt ist.
6. Nennen Sie Gesichtspunkte, die bei der Festlegung eines Markennamens bedeutsam sind.

4.4   Produktdifferenzierung

1. Geben Sie an, was unter Produktdifferenzierung zu verstehen ist und welches Ziel mit einer Produktdifferenzierung verfolgt wird.
2. Nennen Sie Beispiele für eine Produktdifferenzierung.

4.5   Produktdiversifikation

1. Geben Sie an, wodurch sich Produktdifferenzierung und Produktdiversifikation unterscheiden.
2. Erläutern Sie, was unter horizontaler, vertikaler und lateraler Diversifikation zu verstehen ist und nennen Sie jeweils ein Beispiel, ausgehend von einem Bettwäschehersteller.

4.6   Produkteliminierung

1. Geben Sie an, welche Gründe zu einer Produkteliminierung führen können.
2. Beschreiben Sie, in welchen Schritten vorzugehen ist, um die Entscheidung über eine Produkteliminierung herbei zu führen.

4.7   Produktnahe Dienstleistungen

1. Erläutern Sie, was unter produktnahen Dienstleistungen zu verstehen ist.
2. Nennen Sie Beispiele für produktnahe Dienstleistungen.

4.8   Rechtliche Aspekte der Produktpolitik

1. Erläutern Sie, was unter Produkthaftung zu verstehen ist.

2. Geben Sie an, wodurch sich Produkthaftung und Haftung aus mangelhafter Lieferung unterscheiden.

3. Erklären Sie, was unter verschuldensunabhängiger Gefährdungshaftung zu verstehen ist.

4. Nennen Sie die Frist, innerhalb derer Ansprüche aus einer Produkthaftung verjähren.

5. Erläutern Sie, was jeweils unter einem Patent und einem Gebrauchsmuster zu verstehen ist.

6. Geben Sie an, wo jeweils ein Patent und ein Gebrauchsmuster eingetragen wird.

7. Stellen Sie die Unterschiede von Patent und Gebrauchsmuster in einer Tabelle einander gegenüber.

8. Geben Sie an, wie lange ein Patent und ein Gebrauchsmuster jeweils nach Eintragung geschützt sind.

ANWENDUNGS- UND ÜBUNGSAUFGABEN

zu Kapitel 4   Produktpolitik

Aufgabe 1   Produktpolitik eines Mühlenbetriebs

Der Mühlenbetrieb Rubin GmbH hat bisher nur Mehle in unterschiedlichen Ausführungen im Produktionsprogramm, die unter der Marke „Sonnenstern" verkauft werden. Im Rahmen einer Marktforschungsaktion hat die Geschäftsleitung u. a. folgende Informationen erhalten:

■ wegen zunehmender Konkurrenz wird der Marktanteil bei der Weizenmehlsorte Type 802 sinken;

■ es ist sinnvoll, das Sortiment um Backmischungen für Kuchen zu erweitern;

■ die Profilierung der Marke „Sonnenstern" muss verbessert werden (das „Profil" einer Marke beinhaltet das äußere Erscheinungsbild der Marke sowie nicht sichtbare Merkmale und Eigenschaften);

■ durch Preissenkungen beim Vollkornmehl können die Absatzchancen verbessert werden.

1. Welche produktpolitische Maßnahme liegt vor, wenn Backmischungen für Kuchen in das Produktionsprogramm aufgenommen werden?

2. Nennen Sie zwei weitere Arten der Produktpolitik und bilden Sie dafür jeweils ein für den Mühlenbetrieb Rubin passendes Beispiel.

Aufgabe 2   Sortimentsbreite und -tiefe

1. Unterscheiden Sie zwischen Sortimentsprogramm und Produktionsprogramm.

2. Beurteilen Sie die Programmbreite und -tiefe für einen Doughnut-Shop im Vergleich zu einem Supermarkt.

3. Erläutern Sie, welche Vor- und Nachteile ein breites aber nicht sehr tiefes Sortiment eines Haushaltswarengeschäftes dem Kunden bietet.

© ruslan lusi/EyeEm – stock.adobe.com

Aufgabe 3   Produktpolitik: Produktinnovation – Produktvariation – Produktdifferenzierung – Produktdiversifikation – Produkteliminierung

Im Rahmen der Produktpolitik werden u. a. folgende Maßnahmen unterschieden:

a) **Produktinnovation:**	Entwicklung und Einführung völlig neuer Produkte und Techniken, die bisher noch von keinem anderen Unternehmen angeboten wurden (Marktneuheit).
b) **Produktvariation:**	Veränderung von Eigenschaften eines bereits auf dem Markt eingeführten Produkts (z. B. Qualität, Aussehen, Technik, Material o. Ä.).
c) **Produktdifferenzierung:**	Aufspaltung eines bereits am Markt eingeführten Produkts in verschiedene Ausführungen.
d) **Produktdiversifikation:**	Aufnahme von neuen Produkten ins Produktionsprogramm, die bisher nur von anderen Unternehmen angeboten wurden.
■ **Horizontale Diversifikation:**	Erweiterung des Produktionsprogramms um Produkte, die in Zusammenhang mit den bisherigen Produkten stehen.
■ **Vertikale Diversifikation:**	Erweiterung des Produktionsprogramms um Produkte aus vor- oder nachgelagerten Wirtschaftsstufen.

- **Laterale Diversifikation:**   Erweiterung des Produktionsprogramms um Produkte, die für das Unternehmen völlig neu sind und in keinem technischen oder wirtschaftlichen Zusammenhang mit den bisherigen Produkten stehen.

e) **Produkteliminierung:**   Entfernung von Produkten aus dem Produktionsprogramm.

Ordnen Sie die folgenden Beispiele den produktpolitischen Maßnahmen a) bis e) zu.

1. Ein Motorradhersteller nimmt auch Musikinstrumente in sein Produktionsprogramm auf.
2. Ein Fahrradhersteller verkauft seine Produkte unter verschiedenen Namen und zu unterschiedlichen Preisen sowohl an den Fachhandel als auch an große Handelsketten.
3. Erstmals wird auf dem Automobilmarkt ein 3-Liter-Auto angeboten.
4. Ein Margarinehersteller bietet unterschiedliche Margarinesorten für den Brotaufstrich als Back- und Bratenfett und als Diät-Margarine an.
5. Ein Fernseherhersteller stellt die Produktion von Schwarz-Weiß-Geräten ein.
6. Ein Stahlunternehmen kauft ein Softwarehaus.
7. Eine Fleischkonservenfabrik betreibt eine Schweinemästerei.
8. Eine Bierbrauerei stellt auch alkoholfreie Erfrischungsgetränke her.
9. Eine Bank vermittelt auch Versicherungen.
10. Der Markenname eines Waschmittels wird nach einer Qualitätsverbesserung mit dem Zusatz „Super 2000" versehen.
11. Eine Brauerei bietet ihr Bier in Fässern, in Mehrwegflaschen und in Dosen an.
12. Ein bestimmter Autotyp wird 2-türig und 4-türig angeboten.
13. Ein Buch wird als Leinenausgabe und als Taschenbuch angeboten.
14. Aufgrund gesetzlicher Vorschriften stellt ein Automobilwerk nur noch PKW mit geregeltem Katalysator her.
15. Ein Fußballclub verkauft auch Fan-Artikel.
16. Einem Batteriehersteller ist es gelungen, die Schadstoffe in den Batterien erheblich zu verringern.
17. Eine Papierfabrik nimmt auch Recyclingpapier in ihr Produktionsprogramm auf.
18. Der Markenname Coca-Cola wird durch den Namen Coke ergänzt.
19. Ein Arzneimittelhersteller bietet Medikamente mit den gleichen Wirkstoffen in Tabletten und in Tropfenform an.

Aufgabe 4 Maßnahmen der Produktpolitik

Nachstehende Tabelle enthält einige Unternehmensziele sowie die im Rahmen der Produktpolitik eines Unternehmens möglichen Maßnahmen.

Ziele / Maßnahmen	Risiko-streuung	Unternehmens-wachstum	Erhaltung und Verbesserung der Wettbewerbssituation	Ansehen in der Öffentlichkeit
Produktinnovation				
Produktvariation				
Produktdifferenzierung				
Produktdiversifikation				
Produkteliminierung				

Geben Sie in den einzelnen Tabellenfeldern an, inwieweit die einzelnen Maßnahmen geeignet sind, die vorgegebenen Ziele zu erreichen. Bewerten Sie die Maßnahmen mit den Bewertungsziffern 1–4 (1: sehr gut geeignet; 2: geeignet; 3: weniger gut geeignet; 4: ungeeignet). Begründen Sie jeweils Ihre Bewertungsentscheidung.

vel.plus/BHC16

Aufgabe 5 Produktnahe Dienstleistungen

Im Rahmen der Corona Pandemie stellt eine private Sprachschule auf Fernunterricht um. Zuvor wurde ausschließlich Präsenzunterricht erteilt und den Schülern ausgedruckte Arbeitsblätter zur Verfügung gestellt. In Videokonferenzen sollen die Lehrkräfte nun im Home-Office Einzel- und Gruppenunterricht erteilen. Dafür möchte die

Sprachschule eine einheitliche Plattform einführen, auf der Videokonferenzen, Chats und die Speicherung und der Austausch von Unterrichtsmaterialien möglich sind. Zusätzlich soll das E-Mail System mit den bestehenden Nutzern eingebunden werden.

1. Erläutern Sie, welche produktnahen Dienstleistungen die Sprachschule bei der Wahl des Plattformanbieters berücksichtigen sollte.

   Berücksichtigen Sie dabei den Zeitpunkt der Leistungserbringung.

2. Recherchieren Sie, inwieweit bestehende Plattformen (z.B. Microsoft Teams, Moodle) diese Kriterien erfüllen und machen Sie der Sprachschule einen begründeten Vorschlag.

Aufgabe 6 Produkthaftung

Renato da Silva kauft die Backmischung einer regionalen Mühle, um für ein Grillfest eigenes Brot zu backen. Das Brot ist ein voller Erfolg. Im Laufe des Abends klagen allerdings mehrere Gäste über Taubheitsgefühl in den Beinen und Kopfschmerzen. Als ein Gast zusammenbricht, ruft der Gastgeber den Notarzt. Im Krankenhaus wird festgestellt, dass die Gäste an einer seltenen Mutterkornvergiftung erkrankt sind, welche durch einen Schimmelpilz an Roggen und Hafer entstehen kann. Es stellt sich nachweislich heraus, dass der Roggen in der Brotmischung nicht ausreichend gereinigt wurde und mit dem Schimmelpilz befallen war.

Die erkrankten Gäste müssen mehrere Tage im Krankenhaus verbringen. Einer der Gäste kann daher einen Auftrag nicht ausführen und verlangt Schadenersatz für den Verdienstausfall. Renatos Mutter hat auch nach dem Krankenhausaufenthalt noch lange Schwindelanfälle und starke Kopfschmerzen und verlangt Schmerzensgeld. Renatos Freund hat beim Zusammenbruch seine teure Smartwatch irreparabel beschädigt und möchte Ersatz.

BGB § 823

ProdHaftG
§§ 2, 3, 4, 8, 11

ProdHaftG
§ 12

1. Beurteilen Sie, inwieweit Renato für die Schäden der Gäste haftet.

2. Prüfen Sie, inwieweit der Hersteller der Backmischung (die Mühle) für die Schäden der Gäste haftet.

3. Prüfen Sie, wie lange die Geschädigten Zeit haben, um Ihre Ansprüche geltend zu machen.

4. Diskutieren Sie, welche weiteren Folgen der Vorfall für die Mühle haben kann.

Aufgabe 7 Vor- und Nachteile von Patenten

Recherchieren Sie in Gruppen, welche positiven und negativen Konsequenzen die Patente für verschiedene Erzeugnisse haben können und präsentieren Sie Ihre Ergebnisse. Berücksichtigen Sie verschiedene Zielgruppen wie z.B. Verbraucher, das Unternehmen, das das Patent besitzt, dessen Wettbewerber, Entwicklungsländer, ...

Gruppe 1: genetisch verändertes Saatgut (www.bund.net; www.greenpeace.de)

Gruppe 2: Videokompressionstechnik (Schlagworte: Patent Videokompression *oder* Videostreaming)

Gruppe 3: Impfstoffe (www.amnesty.de; Schlagworte: Patent Impfstoffe; Patient vs. Patent)

5   Preispolitik

Kompetenzen:

- *Aufgaben und Instrumente der Preispolitik beschreiben*
- *Einflussgrößen auf den Preis analysieren und preispolitische Entscheidungen herausarbeiten*

5.1 Marktorientierte Preisbildung

5.2 Kostenorientierte Preisbildung

5.3 Preisdifferenzierung und Konditionenpolitik

5.4 Preisstrategien

- *verschiedene Preisstrategien unterscheiden*
- *den Einsatz verschiedener Preisstrategien in Abhängigkeit vom Produkt und von der Marktposition des Unternehmens beurteilen*

5.1   Marktorientierte Preisbildung

Voraussetzung für eine erfolgreiche Preispolitik ist die richtige Einschätzung der **Reaktion von Nachfragern und Konkurrenten** auf die preispolitischen Maßnahmen des Unternehmens.

Verhalten der Nachfrager

In den allermeisten Fällen reagieren Nachfrager auf eine Preissenkung mit einer Erhöhung, bei einer Preiserhöhung mit einer Verringerung der Nachfrage. Das Ausmaß der Reaktion ist jedoch bei verschiedenen Gütern ganz unterschiedlich. Die Reaktion der Nachfrager hängt u. a. davon ab, wie dringlich sie den Bedarf an diesem Gut empfinden, aber auch davon, ob Ersatzgüter zur Verfügung stehen. Einer gut eingeführten und bekannten Marke bleiben Konsumenten auch bei einer Preiserhöhung größtenteils treu. Das Ausmaß der mengenmäßigen Reaktion der Nachfrager auf Preisänderungen wird mit der **Preiselastizität der Nachfrage** gemessen.

Beispiele für Preiselastizitäten	
Salz	– 0,1
Benzin	– 0,2
Kaffee	– 0,25
Kino	– 0,9
Reifen	– 1,2
Restaurant Essen	– 2,3
Auslandsreisen	– 4

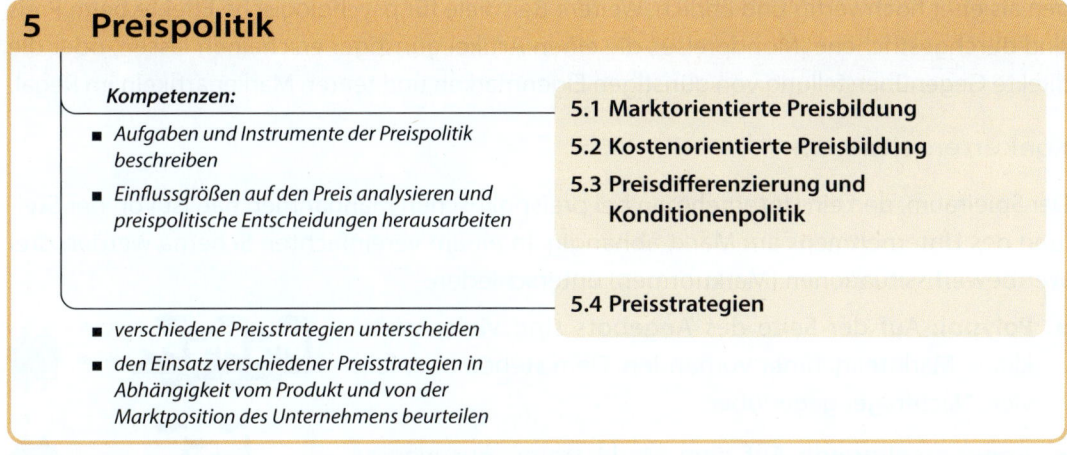

© dade72 – stock.adobe.com

Werden beispielsweise Auslandsreisen 1 % teurer sinkt die Nachfrage danach um 4 %.

Psychologische Preisschwellen wie z. B. 1 EUR werden von den meisten Einzelhändlern unterboten, weil beim Überschreiten besonders viele Kunden wegfallen. Der Großteil der Preise endet daher auf 99 Cent. Viele Konsumenten nehmen nur den Euro-Betrag wahr und merken ihn sich. Sie runden so fälschlicherweise einen Preis von 9,99 EUR auf 9 EUR ab; genauso von 799 EUR auf 790 EUR oder gar 700 EUR. Kunden sortieren gedanklich einen Preis von 99 EUR in eine niedrigere Klasse ein, als einen Preis von 105 EUR. Solche gebrochenen Preise werden psychologisch als Sonderangebote wahrgenommen. Glatte Preise gelten dagegen als eher hochwertig und ehrlich. Weitere Beispiele für psychologische Effekte beim Preis sind durchgestrichene „Mondpreise", die einen Artikel günstiger erscheinen lassen, oder die direkte Gegenüberstellung von günstigen Eigenmarken und teuren Markenartikeln im Regal.

Konkurrenzsituation

Der Spielraum, den ein Unternehmen bei preispolitischen Maßnahmen hat, ist von der Stellung des Unternehmens am Markt abhängig. In einem vereinfachten Schema werden drei Wettbewerbssituationen (Marktformen) unterschieden.

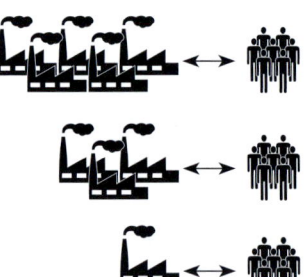

- **Polypol:** Auf der Seite des Angebots sind viele, relativ kleine Marktteilnehmer vorhanden. Dem stehen ebenfalls viele Nachfrager gegenüber.

- **Angebotsoligopol:** Auf dem Markt treten nur wenige große Anbieter, aber zahlreiche Nachfrager auf.

- **Angebotsmonopol:** Ein großer Anbieter steht zahlreichen Nachfragern gegenüber.

Die Situation eines reinen Angebotsmonopolisten ist selten. Am häufigsten kommen in der Realität die Marktformen des Polypols und des Oligopols vor.

Normalerweise verliert ein Polypolist nicht sofort alle Kunden, wenn er den Preis über den der Konkurrenz anhebt, da zwischen den **Polypolisten** nur ein **unvollkommener Wettbewerb** herrscht. Das liegt daran, dass die Kunden im Polypol auf dem unvollkommenen Markt i. d. R. keinen Überblick über den Markt haben, dass es zwischen den Produkten gewisse Unterschiede gibt und an einer oft zu beobachtenden Kundentreue. Er kann daher unter Berücksichtigung der Reaktion der Nachfrager in gewissem Rahmen Preispolitik betreiben. Allerdings muss er eine **obere Preisgrenze** beachten. Erhöht er den Preis über diese Grenze, verliert er nahezu alle Kunden an die Konkurrenz.

> ### Preispolitik im Polypol bei unvollkommenem Wettbewerb
>
> Die Pharma-Chemie GmbH stellt das patentierte Schmerzmittel Dolopyrin her, das auch zur Vorbeugung von Herzinfarkten verwendet wird. Der Markenname hat einen hohen Bekanntheitsgrad. Die Packung mit 24 Tabletten wird zum Preis von 9 EUR angeboten.
>
> Mittlerweile ist der Patentschutz abgelaufen. Die Karl Bauer KG bringt nun Tabletten nach dem gleichen Rezept auf den Markt. Sie werden unter der noch unbekannten Markenbezeichnung Antidolor zum Preis von 6 EUR für den gleichen Packungsinhalt angeboten.
>
> Die Pharma-Chemie ändert ihren Preis nicht und hat nur einen Absatzrückgang von 10 %. Ihr Gewinn wäre kleiner, wenn sie den Preis um $33\frac{1}{3}$ % gesenkt und damit den Absatzrückgang vermieden hätte.

Durch die zunehmende **Digitalisierung** nimmt die Preistransparenz zu. Bei vielen Produkten kann mithilfe von Vergleichsportalen mit wenig Aufwand ein Preisvergleich vorgenommen werden. Dadurch reduziert sich der Preisspielraum auf einigen Märkten.

Ein **Oligopolist** hat nicht nur mit der Reaktion der Nachfrage auf seine Preispolitik, sondern auch mit der seiner Konkurrenten zu rechnen. Die Preispolitik des Oligopolisten lässt sich kaum in einer festen Regel zusammenfassen. Es kann sein, dass einer der Oligopolisten versucht, mit ruinösem Wettbewerb die Konkurrenten vom Markt zu verdrängen, um eine Monopolstellung zu erringen. Dieser Versuch ist sehr risikoreich. Deshalb ist ein friedliches, abgestimmtes Verhalten viel häufiger. Einer der Oligopolisten wird als **Preisführer** aner-kannt und alle anderen passen sich seiner Preisgestaltung an. Wenn kein Unternehmen eine eindeutige Vormachtstellung einnimmt, kann die Preisführerschaft auch wechseln. In wech-selnder Reihenfolge wird dann ein Anbieter als Erster den Preis verändern und alle anderen passen sich dann an.

> ### Preisführerschaft beim Oligopol
>
> In einer Volkswirtschaft bieten vier große Mineralölkonzerne über eigene Tankstellennetze Benzin an. Regelmäßig ist folgendes Verhalten zu beobachten: Wenn die Gesellschaft A – die größte Anbieterin am Markt – ihren Preis erhöht, kündigen die anderen Mineralölfirmen an, in den nächsten Tagen ihre Preise ebenfalls zu erhöhen. Die Gesellschaft A ist offensichtlich auf Grund ihrer Größe der „geborene" Preis-führer.

5.2 Kostenorientierte Preisbildung

Kostenrechnung als Entscheidungshilfe für die betriebliche Preispolitik

In der Marktwirtschaft hat sich ein Unternehmen bei der Festlegung des Angebotspreises vor allem an der Marktsituation zu orientieren. Kann das Unternehmen bei vollkommenem Wettbewerb aus Kostengründen nicht zum jeweiligen Marktpreis anbieten, muss es Produk-tion und Absatz einstellen.

Mithilfe der Kostenrechnung wird deshalb eine Preisuntergrenze kalkuliert, die das Produkt auf dem Markt mindestens erbringen muss, wenn es in das Produktionsprogramm des Un-ternehmens aufgenommen werden soll.

Auch wenn der Wettbewerb nicht vollkommen ist, z.B. weil die Nachfrager das Produkt eines bestimmten Unternehmens für hochwertiger halten, ist das Entscheidungsfeld für die Preispolitik eingegrenzt. Die meisten Kunden akzeptieren nur eine bestimmten Preisspanne.

Nur wenn der auf dem Markt durchsetzbare Preis die Produktionskosten deckt und zusätz-lich einen positiven Beitrag zum Unternehmensgewinn erbringt lohnt es sich, das Produkt langfristig am Markt anzubieten. Kurzfristig kann es sinnvoll sein, zu einem geringeren Preis anzubieten, solange der Preis über den variablen Kosten liegt. Ist die Höhe der fixen und der variablen Kosten nicht bekannt, so kalkuliert das Unternehmen den Verkaufspreis mithilfe der Zuschlagskalkulation (vgl. Lernbereich B Kap. 6).

> **Die Kostenrechnung ist Grundlage für die betriebliche Preispolitik.**

> ### Kalkulierter Preis und Nachfragemenge (Absatz)
>
> Ein Pharmahersteller bringt das Nahrungsergänzungsmittel „Vitaquell" neu auf den Markt. Die Geschäftsleitung schätzt den möglichen Absatz auf 13 000 Flaschen, die variablen Kosten je Flasche auf 3 EUR und die fixen Kosten auf insgesamt 80.000 EUR. Die Selbstkostenkalkulation ergibt unter Berück-sichtigung eines Gewinnzuschlags von 20 % den Betrag von 10,98 EUR. Das Unternehmen legt den Preis auf 11,00 EUR fest.
>
> Bei diesem Preis konnten aber nur 9 000 Flaschen abgesetzt werden. Es entstand ein Verlust von 8.000 EUR.

Mit dem Ziel, die Gewinnzone zu erreichen, **erhöht das Unternehmen den Preis** auf 12,00 EUR. Der Absatz sinkt auf 7 000 Flaschen, der Verlust steigt auf 17.000 EUR.

Jetzt **senkt das Unternehmen den Preis** auf 6,00 EUR und erzielt einen Absatz von 30 000 Flaschen. Bei diesem Preis entsteht ein Gewinn von 10.000 EUR.

Kostenorientierte Preispolitik eines Einproduktunternehmens

Der kostenorientierte Angebotspreis kann auf einfache Weise festgestellt werden, wenn das Unternehmen nur eine Produktart herstellt (**Einproduktunternehmen**). Alle im Betrieb anfallenden Kosten können zu einer Summe zusammengefasst auf den Kostenträger (das Produkt) verrechnet werden. Die Gesamtkosten der Produktion geteilt durch die Produktionsmenge ergeben die Selbstkosten je Stück (Stückgesamtkosten). Wird auf die Selbstkosten der Gewinn zugeschlagen, den das Unternehmen anstrebt, ergibt sich der **kalkulierte Angebotspreis**.

> **!**
>
> $$\text{Selbstkosten je Stück} = \frac{\text{Gesamtkosten der Produktion}}{\text{Produktionsmenge}}$$
>
> kalkulierter Preis = Selbstkosten + Gewinnzuschlag

Produziert ein Unternehmen nur ein einziges Produkt, wird es langfristig nur anbieten, wenn der Marktpreis die Stückgesamtkosten deckt. Bei linearem Verlauf der Gesamtkosten erreicht das Unternehmen die Gewinnschwelle, wenn die Stückgesamtkosten so groß sind wie der Marktpreis.

Die Gesamtkosten setzen sich zusammen aus fixen und variablen Kosten. **Variable Kosten** ändern sich mit der Produktionsmenge, **fixe Kosten** bleiben bei einer Veränderung der Produktionsmenge konstant. Daraus ergibt sich ein Problem bei der Feststellung der Stückgesamtkosten. Die Kalkulation muss von einer geschätzten Absatzmenge ausgehen, auf die die fixen Gesamtkosten verteilt werden. Wird diese aus Vorsichtsgründen zu niedrig eingeschätzt, kann der Betrieb sich „aus dem Markt hinauskalkulieren". Das bedeutet, das Unternehmen kalkuliert einen Angebotspreis, der wegen der geringen Stückzahl so hoch ist, dass nur wenige Kunden kaufen. Umgekehrt kann der Betrieb sich mit einer optimistischen Einschätzung des möglichen Absatzes „in den Markt hineinkalkulieren".

Wegen der Unsicherheit über die bei der Kalkulation anzunehmende Absatzmenge müssen auch beim Einproduktunternehmen die Kostenarten in fixe und variable Bestandteile zerlegt werden.

Tabellarische und grafische Darstellung eines Kostenverlaufs

x (Stück)	K_f (EUR)	K_v (EUR)	K (EUR)	k (EUR)
1	50	10	60	60,00
2	50	20	70	35,00
3	50	30	80	26,67
4	50	40	90	22,50
5	50	50	100	20,00
6	50	60	110	18,33

x = Produktionsmenge; K_f = fixe Kosten insgesamt; K_v = variable Kosten insgesamt;
K = Kosten insgesamt; k = Kosten je Produktionseinheit (Stückgesamtkosten)

Gewinnschwelle:
Bei dem Preis von 35,00 EUR bei einer Produktionsmenge von 2.
Bei dem Preis von 22,50 EUR bei der Produktionsmenge 4.

Kurzfristige Preisuntergrenze:
10 EUR (variable Kosten je Stück)

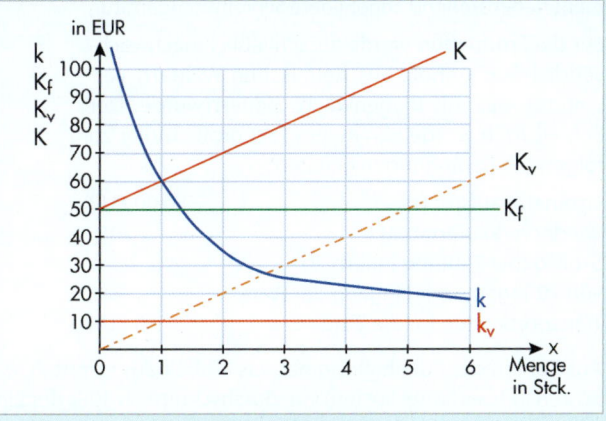

Ist die Produktionskapazität bereits eingerichtet, fallen die fixen Kosten auch dann an, wenn die Produktion völlig eingestellt wird. Sinkt in dieser Situation der Marktpreis unter den kalkulierten Angebotspreis, wird die produktpolitische Entscheidung des Unternehmens davon abhängen, ob in absehbarer Zukunft („kurzfristig") wieder mit einem Steigen des Marktpreises zu rechnen ist. **Kurzfristig** kann das Einproduktunternehmen sich mit einem Marktpreis zufrieden geben, der zumindest die variablen Kosten je Stück deckt, da die fixen Kosten auch bei völliger Einstellung der Produktion weiter anfallen würden.

Kostenorientierte Preispolitik eines Mehrproduktunternehmens

Stellt das Unternehmen mehrere Produktarten her **(Mehrproduktunternehmen)**, fallen fixe Kosten häufig für eine Produktgruppe gemeinsam an. In der Regel kann nicht festgestellt werden, welche Produktart wie viel fixe Kosten verursacht hat. Für Preisverhandlungen ist es von Vorteil, wenn die variablen Stückkosten jedes einzelnen Produktes und damit die kurzfristige Preisuntergrenze bekannt sind. Die Differenz aus erwartetem Preis und variablen Stückkosten wird häufig dafür benutzt, einem Kunden im Rahmen der **Rabattpolitik** Nachlässe zu gewähren, um den Auftrag zu erhalten.

Kostenorientierte Preispolitik eines Herstellers von Kosmetikartikeln

Ein Außendienstmitarbeiter erhält für die mit einer Kaufhauskette zu führenden Verkaufsverhandlungen von der Abteilung „Kostenrechnung/Kalkulation" folgende Informationen:

	Rasierwasser	Eau de Cologne	Deospray
variable Stückkosten/ kurzfristige Preisuntergrenze	3,00 EUR	3,80 EUR	2,40 EUR
Preisvorstellung	5,00 EUR	4,50 EUR	5,00 EUR
maximaler Preisspielraum	2,00 EUR	0,70 EUR	2,60 EUR

Kalkulation eines Handelsbetriebes

Das Möbelhaus Allöko führt in seinem Verkaufssortiment nebenstehend abgebildete Schreibtischgarnitur:

Für die Produktion wurde ausschließlich nachwachsendes Buchenholz aus heimischen Wäldern verwendet, das mit Bienenwachs poliert wurde. Der Schreibtisch wurde von einem Fachgroßhändler zu folgenden Bedingungen geliefert:

Listeneinkaufspreis:	380,00 EUR
Wiederverkäuferrabatt:	20 %
Skonto (bei Zahlung innerhalb von 10 Tagen nach Eingang der Ware):	3 %
Transportkosten für die Zufuhr:	30 EUR

© nidvoray – stock.adobe.com

Aus Zahlen der Buchhaltung hat das Möbelhaus ermittelt, dass für Lagerung, Verwaltung und Verkauf Kosten (= Handlungskosten) von durchschnittlich 30 % der Einstandspreise entstehen. Weiter wird in der Kalkulation des Verkaufspreises von einem Gewinnzuschlag von 25 % ausgegangen. Bei Zahlung innerhalb von 8 Tagen erhalten die Kunden 2 % Kundenskonto. Dieser „Barzahlungsrabatt" muss auf den Barverkaufspreis kalkuliert werden, da der Gewinn auch bei Kunden, die schnell zahlen, noch bei min. 25 % liegen soll.

Aufg. 1
S. 247

Aufg. 2
S. 249

Aufg. 3
S. 249

Aufg. 4
S. 249

Aus den vorliegenden Zahlen lässt sich für den Angebotspreis folgende **Handelskalkulation** erstellen:

	100 %	Listeneinkaufspreis	380,00 €
	20 %	– Liefererrabatt	76,00 €
100 %	80 %	= Zieleinkaufspreis	304,00 €
	3 %	– Liefererskonto	9,12 €
	97 %	= Bareinkaufspreis	294,88 €
		+ Bezugskosten	30,00 €
	100 %	= Einstandspreis (Bezugspreis)	324,88 €
	30 %	+ Handlungskosten	97,46 €
100 %	130 %	= Selbstkosten	422,34 €
	25 %	+ Gewinn	105,59 €
125 %	98 %	= Barverkaufspreis	527,93 €
	2 %	+ Skonto	10,77 €
	100 %	= Angebotspreis	538,70 €

5.3   Preisdifferenzierung und Konditionenpolitik

Preisdifferenzierung

Auf Märkten mit unvollkommenem Wettbewerb können Unternehmen zur Vergrößerung ihres Gewinns Preisdifferenzierung betreiben. Diese Politik geht von der Erfahrung aus, dass die Gesamtnachfrage nach einem Gut sich aus verschiedenen Gruppen von Nachfragern (Marktsegmente) zusammensetzt, die auf Preisänderungen unterschiedlich reagieren. Preissensiblen Kunden kann z. B. ein günstiges „Einstiegsmodell" angeboten werden, während markentreue Kunden ein technisch sehr ähnliches Modell zu einem wesentlich teureren Preis erhalten. Die Reaktion der Käufer kann mit der Preiselastizität gemessen werden.

Preisdifferenzierung besteht darin, dass unterschiedlichen Käufergruppen das gleiche oder ein sehr ähnliches Produkt zu unterschiedlichen Preisen angeboten wird.

Die Preisdifferenzierung kann nur erfolgreich sein, wenn es dem Anbieter gelingt, die aus der Aufspaltung des Gesamtmarkts entstandenen Teilmärkte (Marktsegmente) so zu trennen, dass die Käufergruppe aus dem Hochpreismarkt sich das Produkt nicht auch aus dem Niedrigpreismarkt beschaffen kann.

Arten der Preisdifferenzierung

■ **Räumliche Preisdifferenzierung:**

Verkauf von Waren/Erzeugnissen auf verschiedenen regional abgegrenzten Märkten zu unterschiedlichen Preisen.

> *Räumliche Preisdifferenzierung*
>
> Eine Automobilfabrik verlangt im Inland höhere Preise als im Ausland.

■ **Persönliche Preisdifferenzierung:**

Der Preis ist abhängig von der Person bzw. Personengruppe des Käufers.

> *Persönliche Preisdifferenzierung*
>
> Ärzte verlangen für Privatpatienten höhere Honorare als für Kassenpatienten.
> Ein Freizeitpark verlangt für Schüler niedrigere Eintrittspreise als für Erwachsene.

© Jacob Lund – stock.adobe.com

Aufg. 5
S. 250

■ **Zeitliche Preisdifferenzierung:**

Zu verschiedenen Zeiten gelten unterschiedliche Preise.

> *Zeitliche Preisdifferenzierung*
>
> Je nach Tageszeit müssen in einer Tennishalle unterschiedliche Hallenmieten bezahlt werden.

■ **Sachliche Preisdifferenzierung:**

Der Preis ist abhängig vom Verwendungszweck des Produkts.

> *Sachliche Preisdifferenzierung*
>
> Ein Elektrizitätswerk hat unterschiedliche Tarife für Unternehmen und Privatkunden.

Konditionenpolitik

Die Kunden eines Industrie- oder Handelsbetriebs berücksichtigen bei einem Angebotsvergleich auch besondere Bedingungen und Leistungen des Lieferbetriebs, die in den Listenpreisen nicht unmittelbar zum Ausdruck kommen. Alle diese besonderen Bedingungen und Leistungen werden unter der Bezeichnung „**Konditionenpolitik**" zusammengefasst.

■ Der **Rabatt** ist ein an bestimmte Bedingungen geknüpfter Nachlass auf den Listenpreis. Rabatt wird ohne Rücksicht auf den Zahlungszeitpunkt gewährt.

> *Mengenrabatt*
>
> Laser- und Kopierpapier:
>
> | ab | 1 Pack 4,00 EUR |
> |----|-----------------|
> | ab | 5 Pack 3,50 EUR |
> | ab | 10 Pack 3,00 EUR |
> | ab | 20 Pack 2,50 EUR |

Mengenrabatte sollen einen Anreiz zum Kauf größerer Mengen je Auftrag geben. Dadurch werden Bearbeitungskosten beim Verkäufer eingespart.

Der **Bonus** ist eine Variante des Mengenrabatts. Er wird dem Abnehmer am Ende einer Periode gewährt und ist abhängig von der gekauften Menge (Absatz) oder dem erreichten Umsatz (Preis mal Menge). Der Bonus enthält auch Elemente eines **Treuerabatts**.

> *Bonus*
>
> *„Bei einem jährlichen Lieferwert von mindestens 50.000,00 EUR gewähren wir am Ende des Jahres eine Rückvergütung (Bonus) in Höhe von 15 %".*

Wiederverkäuferrabatte werden gewährt, wenn der Industriebetrieb seine Produkte an den Groß- oder Einzelhandel zu empfohlenen Endverkaufspreisen liefert. Sie sollen die Kosten des Handelsbetriebs decken und einen angemessenen Gewinn enthalten.

> *Wiederverkäuferrabatt*
>
> Wiederverkäufer erhalten auf die Listenpreise einen Rabatt von 40 %.

- Der **Skonto** ist ein Preisnachlass, der bei Zahlung innerhalb einer gewissen Frist gewährt wird. Die Höhe des Preisvorteils zeigt sich für den Kunden bei Umrechnung des Skontosatzes in einen Jahreszinssatz.

> **Umrechnung des Skontosatzes in einen Jahreszinssatz**
>
> $$\text{Jahreszinssatz} = \frac{\text{Skontosatz} \cdot 360}{\text{Zahlungsziel} - \text{Skontoabzugsfrist}}$$

> *Skonto*
>
> Das Zahlungsziel für ein Fitnessgerät zum Bruttopreis von 1.200 EUR liegt bei 30 Tagen. Wer innerhalb von 10 Tagen bezahlt erhält 3 % Skonto.

> **Berechnung des Jahreszinssatzes**
>
> $$\text{Jahreszinssatz} = \frac{3 \cdot 360}{30 - 10} = 54\,\%$$

- **Zahlungsfristen**, die der Lieferer ohne Skonto gewährt, haben ebenfalls Auswirkungen auf die Kaufentscheidung. Wird eine Vorauszahlung verlangt, wirkt sich die Zahlungsbedingung verteuernd aus, weil der Kunde u. U. von der Bank einen Kredit aufnehmen muss.

- Der Preis kann auch über **Lieferbedingungen** beeinflusst werden, z. B. mit der Regelung, wer die Transportkosten zu tragen hat.

> *Lieferbedingungen*
>
> - **Lieferung frei Haus** (beim Angebotsvergleich sind keine Transportkosten zu berücksichtigen)
> - **Umtauschrecht** innerhalb 14 Tagen

- Bei der Auswahl des Lieferers werden neben dem Nettopreis, der sich aus dem Angebotsvergleich ergibt, auch besondere Serviceleistungen berücksichtigt. Um auf dem

Markt Vorteile gegenüber den Konkurrenten zu erringen, werden solche **Kundendienstleistungen** zum Teil sogar kostenlos erbracht. Bei den Kunden entstehen Präferenzen für einen bestimmten Anbieter. Sie sind bereit, innerhalb gewisser Grenzen auch Preisunterschiede gegenüber konkurrierenden Anbietern zu akzeptieren.

Der Kundendienst kann durch Serviceleistungen im kaufmännischen und im technischen Bereich erfolgen. Kundendienstleistungen im **technischen Bereich** können Reparatur, Wartung, Inspektion, Ersatzteilversorgung, die Anleitung zum Gebrauch des verkauften Produkts oder die Produktionsberatung für die Verwendung der gelieferten Materialien betreffen.

> ***Kundendienstleistung im technischen Bereich***
>
> Die Plastik AG stellt u. a. Folien für verschiedene Verwendungszecke her. Abnehmer sind überwiegend Industriebetriebe, die die Folien weiterverarbeiten. In der Plastik AG besteht eine eigene Abteilung „Anwendungsberatung". Chemieingenieure und Verfahrenstechniker stehen den Kunden zur umfassenden Beratung für die Auswahl der geeigneten Folien und ihre produktionstechnische Weiterverarbeitung zur Verfügung. In Sonderfällen wird die Entwicklung neuer, für den Kundenbedarf geeigneter Folien veranlasst.

Im **kaufmännischen Bereich** können Kundendienstleistungen u. a. in der Information und Beratung beim Kauf, in der Kreditbeschaffung für den Käufer oder in der Bereitstellung von besonderen Einkaufserleichterungen bestehen.

5.4 Preisstrategien

> **!** **Unter einer Preisstrategie ist die mittel- bis längerfristige Festlegung von Preisen für ein Produkt im Zeitablauf zu verstehen.**

Mit der Formulierung einer Preisstrategie bestimmt ein Unternehmen das Preisniveau bzw. den Preisrahmen, innerhalb dessen sich der Preis im Zeitablauf bewegen soll. Die Preisstrategie ist deshalb von maßgeblicher Bedeutung für den Marktauftritt und die Absatzchancen eines Unternehmens.

Die Preisstrategie dient der Erreichung bestimmter Unternehmensziele (z. B. Sicherung von Marktanteilen oder Umsatzmaximierung).

Exklusivpreispolitik (Hochpreisstrategie)

> **!** **Verfolgt ein Unternehmen eine Exklusivpreispolitik (Hochpreisstrategie), so legt es auf Dauer einen im Vergleich zur Konkurrenz hohen Preis fest.**

Die Exklusivpreispolitik ist nur dann erfolgreich, wenn das Produkt ein überdurchschnittlich hohes Qualitätsimage aufweist. Die hohe Produktqualität ist im Normalfall auch mit hohen Kosten verbunden, was potenziellen Kunden gegenüber häufig auch in der **Produkt-werbung** besonders herausgestellt wird. Zusätzlich ist es erforderlich, für **Exklusivprodukte** besondere Vertriebskanäle (z. B. Fachgeschäfte mit entsprechender Beratung) zu wählen.

Preissenkungen für Exklusivprodukte können unter bestimmten Voraussetzungen zu einer kurzfristigen Gewinnsteigerung führen. Allerdings ist damit aber auch häufig die Gefahr verbunden, dass dem Produktimage (Exklusivität) geschadet wird und somit der Wert für die angestrebte Käuferschicht (Zielgruppe) verloren geht.

Exklusivprodukte

Automobile:	Mercedes S-Klasse, Porsche
Kosmetik, Parfüm:	Chanel, Dior
Uhren:	Cartier, Rolex
Zigarren:	Davidoff

© EdNurg – stock.adobe.com

Werbung eines Herstellers von Champagner für ein Exklusivpreisprodukt

© Hanseatisches Wein- u. Sekt-Kontor

**Champagne
Louis Roederer Cristal**

Brut, in Etui

pro Flasche
198,00 EUR
EUR/Liter: 264,00

inkl. 19 % MwSt. und zzgl. Versandkosten

Der legendäre Cristal von Louis Roederer ist laut Hugh Johnson „einer der köstlichsten Champagner überhaupt". Seit Zar Alexander II. seinen persönliche Cuvée in Kristallglasflaschen bestellte, ist der Cristal zum Symbol für Noblesse und Prestige geworden. Ein Champagner der absoluten Spitzenklasse, eine Ikone.

Promotionspreispolitik (Niedrigpreisstrategie)

> **!** Verfolgt ein Unternehmen eine Promotionspreispolitik (Niedrigpreisstrategie), so beabsichtigt es, im Vergleich zur Konkurrenz am Markt dauernd mit niedrigeren Preisen aufzutreten.

Bei der Werbung werden die Preiswürdigkeit und die Preisgünstigkeit dieser Produkte besonders herausgestellt. Die Qualität ist an einem Mindeststandard orientiert.

Niedrigpreisprodukte

Discounter:	Aldi-Handelsgruppe (Werbung: „Alles zum ALDI Preis")
Elektronik:	Saturn (Werbung: „Geiz ist geil")
Möbel:	Ikea (Werbung: „Nachhaltigkeit darf kein Luxus sein")
Brillen:	Fielmann (Werbung: „Brillen zum Nulltarif")

Aufgrund der niedrigen Preise werden hohe Verkaufszahlen erwartet, so dass sich trotz der geringen Stückdeckungsbeiträge (Verkaufspreis – variable Kosten bzw. Einstandspreis) ein hoher Gesamtdeckungsbeitrag einstellen sollte. Der Erfolg dieser Maßnahme ist aber entscheidend davon abhängig, wie die Käufer auf die Niedrigpreisstrategie reagieren (elastische bzw. unelastische Reaktion).

Eine Sonderform der Niedrigpreisstrategie ist die **Penetrationspreisstrategie** (Marktdurchdringungsstrategie). Mit dieser Preisstrategie wird angestrebt, mit neu eingeführten Produkten schnell einen hohen Marktanteil zu erreichen. Ist die Markteinführung gelungen, so werden die Preise wieder angehoben. Diese Strategie wird demnach nur **kurz- oder mittelfristig** angewandt. Sie ist besonders bei Internet Start-ups zu beobachen, da sich oft nur der Anbieter durchsetzt, der rasch einen großen Marktanteil erzielt.

Abschöpfungspolitik (Skimmingstrategie)

> Verfolgt ein Unternehmen die Abschöpfungspolitik (Skimmingstrategie), so wird ein neues Produkt zu einem vergleichsweise hohen Preis eingeführt. Mit zunehmender Markterschließung und aufkommender Konkurrenz wird der Preis im Zeitablauf schrittweise gesenkt.

Mit der Anwendung der Skimmingstrategie ist beabsichtigt, die unterschiedliche Zahlungsbereitschaft der Kunden über den Zeitablauf hinweg abzuschöpfen. Diese Preisstrategie wird hauptsächlich in der Einführungs- und Wachstumsphase eines Produkts angewandt. Ist sie erfolgreich, so erzielt das Unternehmen kurzfristig hohe Gewinne. Die hohen Preise und damit verbundene hohe Gewinnaussichten können aber auch dazu führen, dass neue Wettbewerber auf den Markt kommen und damit die Chance, langfristig hohe Gewinne zu erzielen, wieder geringer wird.

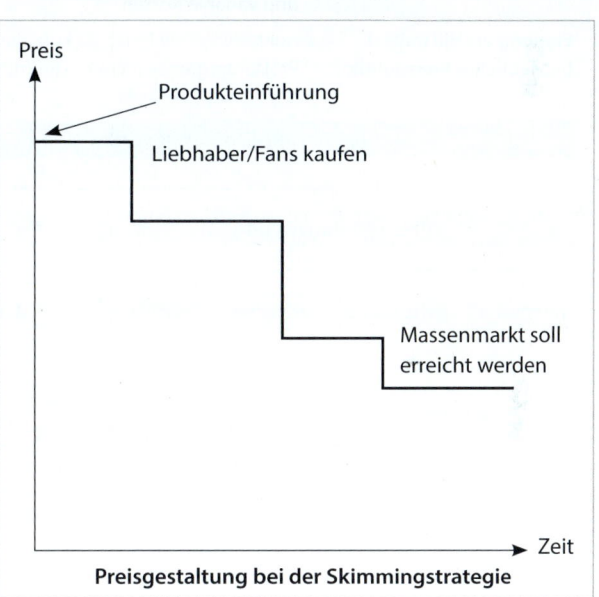

Preisgestaltung bei der Skimmingstrategie

Skimmingstrategie bei verschiedenen Produkten

Kamera-Drohnen, Freizeitartikel (z. B. Snowboards, Kickboards), Smartphones

Die Skimmingstrategie ist insbesondere bei der Markteinführung völlig neuartiger Produkte (Innovationen) und der Alleinstellung eines Unternehmens aussichtsreich.

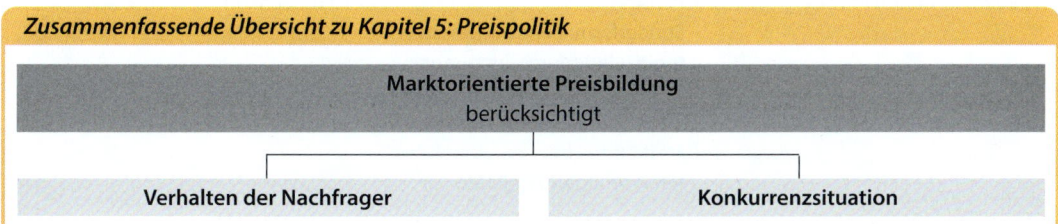

Kostenorientierte Preisbildung		
Zweck der Preiskalkulation	Der kalkulierte Preis ist eine Entscheidungshilfe für die betriebliche Preispolitik und die Produktprogrammpolitik.	
Kalkulationssystem	keine Aufteilung der Kosten in deren fixe und variable Bestandteile	Aufteilung der Kosten in fixe und variable Kosten
Kalkulationsregel	kalkulierter Angebotspreis = Selbstkosten pro Stück + Gewinnzuschlag	kalkulierter Angebotspreis = variable Stückkosten + fixe Stückkosten + Gewinnzuschlag
Probleme	■ Die geschätzte Nachfragemenge (Absatz) weicht von der tatsächlichen Nachfragemenge ab. Damit wird die Ergebnisrechnung in Bezug auf die einzelnen Produkte verfälscht. ■ Beim Mehrproduktunternehmen: Aufteilung der fixen Kosten auf die einzelnen Produkte nicht möglich.	■ Aufteilung der Gesamtkosten in fixe und variable Kosten schwierig
Preisuntergrenze	■ kurzfristige Preisuntergrenze nicht bestimmbar, da keine Aufteilung in fixe und variable Kosten	■ variable Stückkosten (kurzfristig) ■ Stückkosten (langfristig)
Eignung als Hilfsmittel betrieblicher Preispolitik	■ nur bedingt geeignet, da kurzfristige Preisuntergrenze nicht bestimmbar	■ gut geeignet, da Preisspielraum bestimmbar

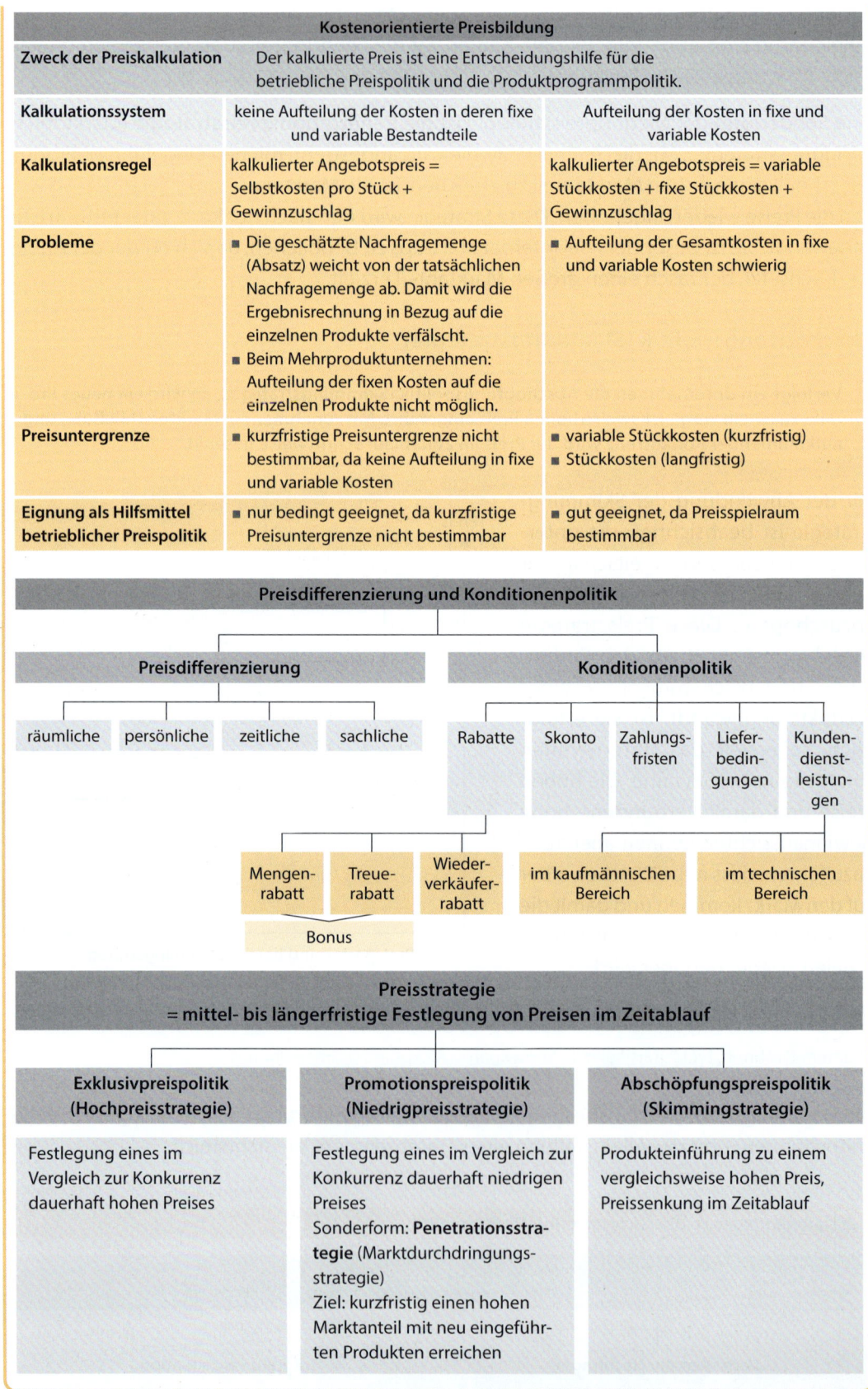

 Checken Sie Ihre Kompetenz mit der **Ich-kann-Liste**.

Öffnen Sie hierzu den nebenstehenden **QR-Code**
oder geben Sie folgenden Link ein: https://vel.plus/BHC19

WIEDERHOLUNG DES GRUNDWISSENS

vel.plus/BHC20

zu Kapitel 5 Preispolitik

5.1   Marktorientierte Preisbildung

1. Erläutern Sie, woran sich eine marktorientierte Preisbildung orientiert.

2. Beschreiben Sie Verhaltensweisen von Nachfragern auf Preisänderungen.

3. Erläutern Sie, in welcher Weise die Konkurrenzsituation bei der Preisbildung eine Rolle spielt.

5.2   Kostenorientierte Preisbildung

1. Geben Sie an, wie ein Einproduktunternehmen seinen kalkulierten Preis bestimmt.

2. Erklären Sie, wo die kurzfristige Preisuntergrenze bei einem Einproduktunternehmen liegt.

3. Erklären Sie, welche Kosten ein Einproduktunternehmen langfristig decken muss.

5.3   Preisdifferenzierung und Konditionenpolitik

1. Beschreiben Sie, was unter Preisdifferenzierung zu verstehen ist.

2. Nennen und beschreiben Sie die Arten der Preisdifferenzierung.

3. Geben Sie an, worin die Konditionenpolitik eines Unternehmens besteht.

4. Unterscheiden Sie Rabatt und Skonto.

5. Geben Sie an, wie sich mit unterschiedlichen Vereinbarungen zu den Lieferbedingungen der Preis beeinflussen lässt.

5.4   Preisstrategien

1. Erläutern Sie, was allgemein unter Preisstrategien zu verstehen ist.

2. Erklären Sie folgende Begriffe:

   - Exklusivpreispolitik (Hochpreisstrategie)
   - Promotionspolitik (Niedrigpreisstrategie und Penetrationspreisstrategie)
   - Abschöpfungspreispolitik (Skimmingstrategie)

ANWENDUNGS- UND ÜBUNGSAUFGABEN

zu Kapitel 5 Preispolitik

Aufgabe 1 Betriebliche Preispolitik bei vollständiger und unvollständiger Konkurrenz

1. Die Panther-Fahrzeugbau AG stellt Motorroller mit Benzinmotor her. Auf dem Markt herrscht ein starker Wettbewerb. Wenn die Panther AG einen Preis fordern würde, der über dem Preis der Konkurrenz liegt, müsste sie damit rechnen, innerhalb kürzester Zeit ihren gesamten Absatz zu verlieren.

vel.plus/BHC21

   Die Konkurrenz hat ein neues Modell auf den Markt gebracht, das jetzt mit Elektrostarter für den Benzinmotor und 3-Gang-Schaltung ausgestattet ist. Das neue Modell wird im Einzelhandel zu dem empfohlenen Verkaufspreis von 1.250 EUR angeboten. Um mitzuhalten, will die Panther AG ein Modell mit gleicher Ausstattung auf den Markt bringen.

   Die Vorkalkulation ergibt folgende Daten: zusätzliche Fixkosten 250.000 EUR; variable Kosten je Stück (proportional) 450 EUR.

   In Anpassung an den Preis der Konkurrenz soll das neue Modell zum Preis von 1.240 EUR auf den Markt kommen.

Die Panther AG vertreibt ihre Roller ohne Einschaltung des Großhandels direkt an den Einzelhandel. Dem Einzelhandel müssen auf den empfohlenen Verkaufspreis 40 % Rabatt gewährt werden, damit er das Produkt in sein Sortiment aufnimmt.

Berechnen Sie die Absatzmenge, die überschritten werden muss, damit Gewinn erzielt wird.

2. Der Panther-Fahrzeugbau AG ist die Entwicklung einer neuartigen Batterie für Elektro-Roller gelungen. Sie ist damit in der Lage, Elektro-Roller herzustellen, die den auf dem Markt eingeführten Konkurrenzprodukten technisch deutlich überlegen sind.

Technische Merkmale der Batterie	Konkurrenzprodukt	Neuentwicklung der Panther AG
Gewicht	46 kg	20 kg
Reichweite	50 km	75 km
Ladezeit	2,5 Std.	1,5 Std.

Das Unternehmen will die Produktion von Elektro-Rollern aufnehmen. Die für die Produktion der Elektro-Roller (jährlich) anfallenden Fixkosten werden auf 1.500.000 EUR geschätzt, die variablen Kosten je Stück (proportional) auf 500 EUR.

Der Einzelhandelsrabatt soll wie bei den Benzinmotor-Rollern 40 % betragen.

Im Rahmen der Absatzplanung werden in der Panther-Fahrzeugbau AG preispolitische Überlegungen angestellt. Eine Markterkundung hat ergeben, dass nach einer Einführungsphase mittelfristig folgender Zusammenhang zwischen dem Preis des Produkts und der Absatzmenge besteht:

empfohlener Endverbraucherverkaufspreis (EUR)	2.167	2.083	2.000	1.917	1.833	1.750	1.667	1.583	1.500	1.417	1.333
Absatzmenge (Stück)	2 000	2 500	3 000	3 500	4 000	5 000	5 800	6 500	7 100	7 600	8 000

In der Geschäftsleitung des Unternehmens werden folgende Ansatzpunkte für die Preisfestlegung diskutiert:

A Orientierung an der Konkurrenz

Der Preis wird an den Preis für Elektro-Roller angepasst, den die Konkurrenz gegenwärtig für ihr Produkt verlangt. Von dem neuen Produkt soll zunächst nur ein Modell auf den Markt gebracht werden (Automatik-Schaltung, Trommelbremse). Für ein Modell mit dieser Ausstattung verlangt die Konkurrenz 1.300 EUR.

B Orientierung an den Kosten

Der Preis soll die (Voll-)Kosten decken und einen Gewinn von 20 % erbringen. Die Verkaufsabteilung hält im ersten Jahr eine Verkaufsmenge von 3 000 Stück für realistisch.

C Orientierung am Nachfrageverhalten

Es wird der Preis festgesetzt, der auf Grundlage der Nachfrageanalyse mittelfristig den höchsten Gewinn verspricht. Dieser Preis soll auch mittelfristig Bestand haben. In der Einführungsphase wird jedoch nur eine Absatzmenge von 3 000 Stück erwartet.

Beurteilen Sie die drei preispolitischen Konzeptionen.

Für Ihre Überlegungen können Sie die folgende Übersichtstabelle benutzen.

empfohlener Endverbraucher-preis (EUR) 1	Absatz-menge (Stück) 2	Fabrik-abgabepreis (40 % Rabatt) (EUR) 3	fixe Kosten je Stück (EUR) 4	variable Kosten je Stück (EUR) 5	Gesamt-kosten je Stück (EUR) 6	Stück-gewinn (EUR) 7	Gesamt-gewinn (EUR) 8
2.167	2 000	1.300	750,00	500	1.250,00	50,00	100.000
2.083	2 500	1.250	600,00	500	1.100,00	150,00	375.000
2.000	3 000	1.200	500,00	500	1.000,00	200,00	600.000
1.917	3 500	1.150	428,57	500	928,57	221,43	775.000
1.833	4 000	1.100	375,00	500	875,00	225,00	900.000
1.750	5 000	1.050	300,00	500	800,00	250,00	1.250.000

empfohlener Endverbraucher-preis (EUR) 1	Absatz-menge (Stück) 2	Fabrik-abgabepreis (40 % Rabatt) (EUR) 3	fixe Kosten je Stück (EUR) 4	variable Kosten je Stück (EUR) 5	Gesamt-kosten je Stück (EUR) 6	Stück-gewinn (EUR) 7	Gesamt-gewinn (EUR) 8
1.667	5 800	1.000	258,62	500	758,62	241,38	1.400.000
1.583	6 500	950	230,77	500	730,77	219,23	1.425.000
1.500	7 100	900	211,27	500	711,27	188,73	1.340.000
1.417	7 600	850	197,37	500	697,37	152,63	1.160.000
1.333	8 000	800	187,50	500	687,50	112,50	900.000

Aufgabe 2 Preispolitik einer Restaurantkette

Eine Restaurantkette hat festgestellt, dass sich die Nachfrager für ein Sushigericht in Abhängigkeit vom Verkaufs-preis wie folgt verhalten:

Verkaufspreis in EUR	absetzbare Stückzahl
20,00	4 000
15,00	8 000
12,50	11 000
10,00	13 000
7,50	15 000

© MEV Agency UG

Die Restaurantkette will den Verkaufspreis so festsetzen, dass sie den größtmöglichen Umsatz erzielt. Der derzei-tige Verkaufspreis liegt bei 10,00 EUR.

1. Stellen Sie rechnerisch fest, ob das Unternehmen beim derzeitigen Verkaufspreis seinen maximalen Umsatz erreicht. Machen Sie gegebenenfalls einen Vorschlag, mit welchem Preis das vorgegebene Ziel zu erreichen ist.

2. Einem anderen Unternehmen liegen die vom Preis abhängigen Absatzmengen nicht vor. Schlagen Sie eine preispolitische Strategie vor, wenn ein maximaler Umsatz erzielt werden soll.

Aufgabe 3 Preispolitik – Kostendeckung

Die MillerTherm AG produziert Infrarot-Thermometer in drei Varianten. Dafür fallen gemeinsame fixe Kosten in Höhe von 375.000,00 EUR pro Jahr an. Die Daten für die einzelnen Produkte sind nachstehender Übersicht zu entnehmen:

HILFE

vel.plus/BHC22

	variable Stückkosten	Absatzmenge pro Jahr	Marktpreis
Produkt A	2,50 EUR	20 000 Stück	15,00 EUR
Produkt B	3,00 EUR	15 000 Stück	10,00 EUR
Produkt C	5,00 EUR	5 000 Stück	20,00 EUR

Es wird geprüft, ob ein Produkt D zur Anwendung in der Baubranche neu in das Produktionsprogramm aufge-nommen werden soll. Es wird damit gerechnet, dass von dem neuen Produkt bei einem Marktpreis von 20 EUR 10 000 Stück jährlich abgesetzt werden könnten. Die variablen Stückkosten werden auf 15 EUR geschätzt. Die Fixkosten bleiben dadurch unverändert.

Derzeit ist es Unternehmenspolitik, ein neues Produkt nur dann ins Produktionsprogramm aufzunehmen, wenn es mit demselben prozentualen Anteil, den es an den Gesamterlösen hat, auch zur Deckung der Fixkosten beitragen kann.

Als Alternative wird diskutiert, die Entscheidung über die Aufnahme eines Produkts lediglich von den variablen Kosten abhängig zu machen und auf eine Vollkostendeckung zu verzichten.

Beurteilen Sie (mit rechnerischem Nachweis), ob das zusätzliche Produkt aufgenommen werden soll.

Aufgabe 4 Kalkulation eines Textilgeschäftes (Handelskalkulation)

Der Textilgroßhändler „Textil-Fair" verkauft an den Einzelhandel ausschließlich Produkte, die mit unbedenklicher Baumwolle aus biologischem Anbau hergestellt wurden.

HILFE

vel.plus/BHC23

Quelle: https://utopia.
de/0/produktguide/
mode-35/bio-jeans-mit-
fairem-anspruch

Die abgebildeten Bio-Jeans wurden von einem zertifizierten Hersteller zu folgenden Bedingungen bezogen:

Listeneinkaufspreis für 100 Paar Jeans	7.600,00 EUR
Wiederverkäuferrabatt	10 %
Liefererskonto	3 %
Transportkosten für die Zufuhr	120,00 EUR

Bei der Kalkulation des Angebotspreises sind zudem nachstehende Zahlen zu berücksichtigen: Handlungskostenzuschlagssatz 30 %, Gewinnzuschlagssatz 20 %, Kundenskonto 2 %.

Erstellen Sie eine Handelskalkulation und ermitteln Sie den Angebotspreis, zu dem eine Jeans dem Einzelhandel angeboten werden kann.

Aufgabe 5 Bildung von Teilmärkten – Produktdifferenzierung – Preisstrategie

Die ROTTI AG ist ein traditionsreicher Süßwarenhersteller, der vor allem Lakritze in bisher sieben verschiedenen Geschmacksrichtungen anbietet. Die Lakritze besitzt ein hohes Qualitätsimage und wird unter renommiertem Markennamen mit bekannten Warenzeichen vertrieben.

Die Branchenentwicklung der letzten Jahre zeigt sich auch auf der Kölner Süßwarenmesse: Lakritze, die noch vor 60 Jahren als exklusive Süßigkeit galt, wird heute schon für weniger als 50 Cent pro 100 g verkauft. Die gleiche Menge Bonbons kostet im Schnitt zurzeit das Dreifache, wobei der Pro-Kopf-Verbrauch über sechs Kilogramm Zuckerwaren allgemein als nicht mehr steigerbar betrachtet wird.

Das Vordringen der Discounter und Lebensmittelhandelsriesen drückt auch auf diesem Markt die Preise. Da echte Innovationen selten sind, setzt die Branche auf Produkte mit Zusatznutzen, z.B. auf die Anreicherung mit Vitaminen und Mineralstoffen.

1. Die Verkaufsbemühungen der letzten 60 Jahre haben sich vom reinen Verkaufen hin zum Marketing entwickelt. Beschreiben Sie die Entwicklung vom Verkäufer- zum Käufermarkt.

2. Die ROTTI AG möchte sich mithilfe von „Marktsegmentierung" (= Bildung von Teilmärkten) Verkaufsvorteile verschaffen.
   a) Beschreiben Sie das damit verfolgte Ziel.
   b) Segmentieren Sie den Gesamtmarkt der ROTTI AG beispielhaft anhand eines selbstgewählten Kriteriums.

3. Der Vorstand der ROTTI AG hat erkannt, dass man im Lakritz-Markt kaum zusätzliche Umsätze erzielen kann und diskutiert verschiedene Vorschläge einer Diversifikation.
   a) Erklären Sie drei mögliche Ziele der Diversifikationsbemühungen.
   b) Ordnen Sie die folgenden Vorschläge den Diversifikationsarten horizontal, vertikal und lateral zu: Schokolade, Frühstücksflocken, Babynahrung, Verkaufsläden für eigene Produkte, Süßholzproduktion, Gummibonbons.
   c) Bei der Schokoladenproduktion wurden auch Produktdifferenzierungsmöglichkeiten besprochen. Machen Sie hierzu vier Vorschläge.

4. Die ROTTI AG hat sich entschlossen zusätzlich Fruchtgummibonbons in ihr Sortiment aufzunehmen und muss nun die Frage der Preisfestsetzung klären.
   Erklären und begründen Sie, welche Art der Preispolitik (preispolitische Strategie) Sie für die Einführung der neuen Produktgruppe wählen würden.

5. Es wird zunächst mit dem Absatz von 2 Tonnen des neuen Produktes pro Monat gerechnet. Dabei entstehen folgende Kosten: Rohstoffe: 2,00 EUR pro kg
   Fertigungslöhne: 10,00 EUR pro kg
   Fixkosten der Fertigung: 6.000 EUR im Monat
   a) Berechnen Sie die **kurzfristige** Preisuntergrenze für eine Verkaufsverpackung (100 g).
   b) Berechnen Sie die **langfristige** Preisuntergrenze für eine Verkaufsverpackung (100 g).
   c) Beschreiben Sie, in welcher Situation Kenntnisse über die kurzfristige Preisuntergrenze von Bedeutung sind.

6. Als weiteres Instrument der Preispolitik wird die Preisdifferenzierung diskutiert. Prüfen Sie die Arten der Preisdifferenzierung daraufhin, ob mit ihrer Hilfe zusätzliche Anreize für den Handel (= Kunden der ROTTI AG) geschaffen werden können.

6 Distributionspolitik

Kompetenzen:

- Aufgaben und Formen der Distributionspolitik beschreiben

- den Einsatz von internen und externen Absatzorganen vergleichen

- den Absatz über elektronische Vertriebswege erläutern

- Einsatz und Grenzen elektronischer Vertriebswege im Hinblick auf den nachhaltigen Umgang mit der Natur diskutieren

6.1 Aufgaben der Distributionspolitik

6.2 Absatzwege

6.3 Distribution und Logistik im E-Commerce

6.1 Aufgaben der Distributionspolitik

Eine noch so gute Werbung nützt nichts, wenn die Produkte eines Unternehmens die Abnehmer nicht erreichen. Mit der **Distributionspolitik** soll sichergestellt werden, dass die Produkte bzw. Leistungen eines Unternehmens beim Abnehmer zur richtigen Zeit, in mangelfreiem Zustand und in der erforderlichen Menge ankommen.

> **Die Distributionspolitik befasst sich mit den Entscheidungen, die erforderlich sind, um ein Produkt auf den Weg vom Produzenten zum Endverbraucher oder Verwender zu bringen.**

Im Rahmen der Distributionspolitik muss über zwei Problembereiche entschieden werden:

❶ Auf welchem **Absatzweg** soll ein Produkt den Endverbraucher oder Verwender erreichen? In diesem Zusammenhang ist z. B. die Frage zu beantworten, ob der Vertrieb über den Groß- und/oder Einzelhandel erfolgen soll (**indirekter Absatz**) oder ob der Endverbraucher ohne Einschaltung des Handels direkt beliefert wird (**direkter Absatz**).

❷ Welche Transport- und Lagervorgänge sind zu wählen, damit die Produkte die Kunden rechtzeitig und möglichst kostengünstig erreichen (**physische Distribution oder Marketinglogistik**)?

6.2 Absatzwege

Direkter Absatz

> **Direkter Absatz[1] liegt vor, wenn ein Unternehmen seine Produkte an die Endabnehmer ohne Einsatz des Handels vertreibt.**

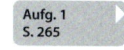
Aufg. 1
S. 265

Der Absatz kann durch unternehmenseigene **Distributionsorgane** (z. B. Geschäftsleitung, Reisende, Niederlassungen) oder durch Inanspruchnahme von **Absatzhelfern** (Handelsvertreter, Kommissionäre und Makler) erfolgen. Absatzhelfer begleiten die Ware auf dem Weg vom Hersteller zum Endabnehmer. Im Gegensatz zu den auf dem indirekten Absatzweg

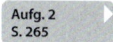
Aufg. 2
S. 265

---

1   Die Begriffe „direkter" und „indirekter" Absatz werden in der Literatur nicht einheitlich verwendet.

tätigen **Absatzmittlern** (Groß- und Einzelhandelsunternehmen) werden sie selbst nicht Eigentümer der Ware.

Vom direkten Absatzweg macht vorwiegend die Investitionsgüterindustrie Gebrauch. Häufig sind die von ihr hergestellten Produkte technisch kompliziert und damit erklärungsbedürftig. Eine qualifizierte Beratung und Bedienerschulung ist vielfach nur durch das Fachpersonal des Herstellers selbst möglich. Im Dienstleistungsbereich spielt der Direktabsatz bei den Banken und Versicherungen eine große Rolle. Entscheiden sich Unternehmen aus der Konsumgüterindustrie für diesen Absatzweg, so geschieht dies meist deshalb, weil sich diese Unternehmen den Einfluss auf den Vertrieb ihrer Produkte selbst vorbehalten wollen.

Der Direktabsatz kann über **unternehmenseigene** oder **unternehmensexterne Absatzorgane** sowie über **Marktveranstaltungen** erfolgen.

- Unternehmenseigene Absatzorgane

    - **Geschäftsleitung**
      Eine Verkaufsabwicklung durch Mitglieder der Geschäftsleitung kommt häufig dann vor, wenn hochwertige Investitionsgüter vertrieben werden. Bei kleineren Unternehmen holt die Geschäftsleitung die Aufträge selbst ein, wenn die Kundenzahl überschaubar ist.

    - **Reisende**
      Der Reisende ist als Außendienstmitarbeiter bei einem Unternehmen fest angestellt. Damit ist er Handlungsgehilfe nach HGB. Als Angestellte eines Unternehmens erhalten Reisende ein Gehalt sowie Aufwendungsersatz (Spesen). Zur Schaffung von Leistungsanreizen wird das Grundgehalt (Fixum) häufig mit der Zahlung einer umsatzabhängigen Provision kombiniert. Da der Reisende Handlungsgehilfe ist, unterliegt er dem gesetzlichen Wettbewerbsverbot. Er darf damit ohne Einwilligung keine Geschäfte auf eigene oder fremde Rechnung im Handelszweig des Arbeitgebers tätigen. Je nachdem, mit welcher Vollmacht der Reisende ausgestattet ist, lassen sich unterscheiden:

      Reisende mit Vermittlungsvollmacht
      Reisender und Industriebetrieb schließen einen Arbeitsvertrag, aus dem sich u. a. die Vollmacht zur **Vermittlung von Kaufverträgen** ableitet (Handlungsvollmacht als Artvollmacht). Der Reisende ist berechtigt, von den Kunden Bestellungen (Anträge) entgegenzunehmen, die er an seinen Arbeitgeber (Prinzipal) weiterleitet. Zur Entgegennahme von Zahlungen ist er nur berechtigt, wenn er dafür mit einer **Inkassovollmacht** ausgestattet ist.

      Reisende mit Abschlussvollmacht
      Anders als der Vermittlungsreisende ist der Abschlussreisende berechtigt, mit den Kunden **Kaufverträge abzuschließen**. Vertragspartner aus dem Verpflichtungsgeschäft sind z. B. Industriebetrieb und Kunde. Der Abschlussreisende schließt den Vertrag in fremdem Namen und auf fremde Rechnung ab.

HGB
§ 59

HGB
§§ 59, 60

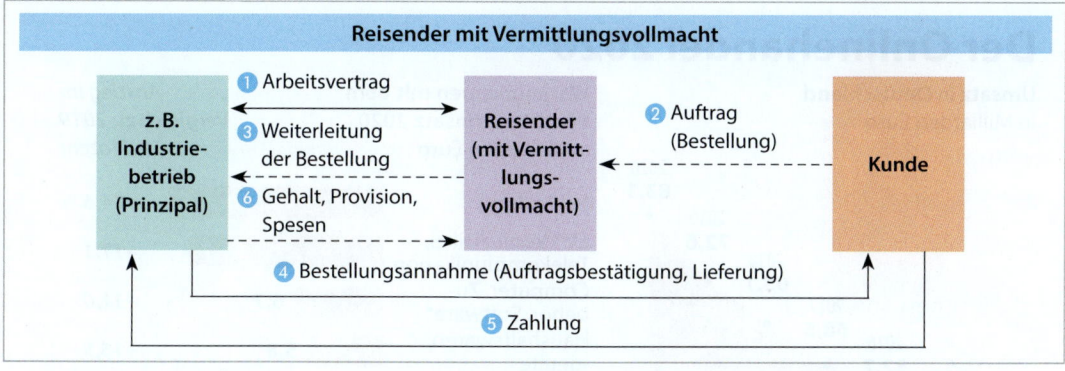

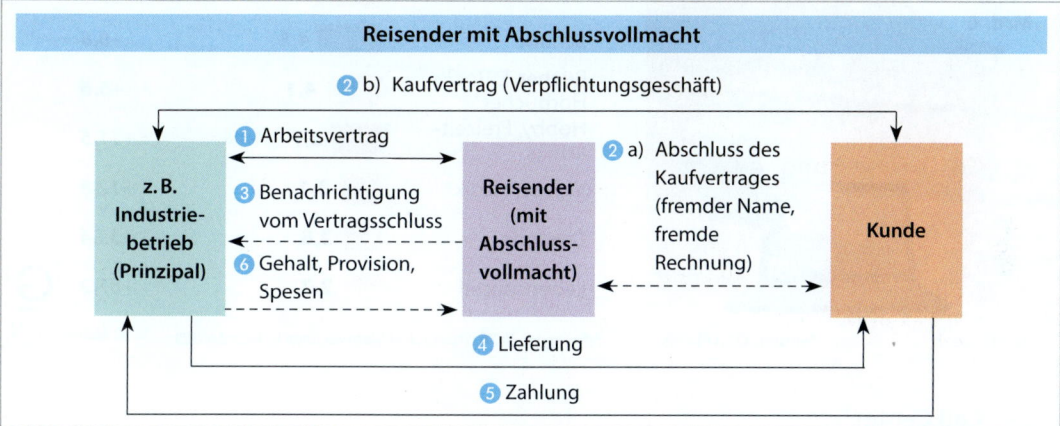

HGB
§ 61

- **Verkaufsniederlassungen**

  Verkaufsniederlassungen oder Filialen sind aus rechtlicher und wirtschaftlicher Sicht Teile des Unternehmens. Hauptsächlich große Unternehmen wählen dieses Absatzorgan, um ihre Abnehmer in der richtigen Weise – möglichst in Kundennähe – beraten zu können.

- **E-Commerce**[1]

  Auch ein unternehmenseigener Onlineshop gehört zum direkten Absatz. Dabei werden per elektronischer Datenübertragung Geschäfte getätigt. Der Käufer packt ausgewählte Artikel in einen virtuellen Warenkorb und schließt dann die Bestellung online durch Klicken auf den Bezahlbutton ab. Die Bezahlung selbst erfolgt mittels Bezahldiensten oder auch konventionell per Überweisung. Vorteile des E-Commerce sind insbesondere die 24-Stunden Einkaufsmöglichkeit, die Flexibilität und Kosteneinsparungen, da Präsenzkosten (Filialen) und Vertriebskosten reduziert werden können.

---

1 Electronic Commerce = Elektronischer Handel

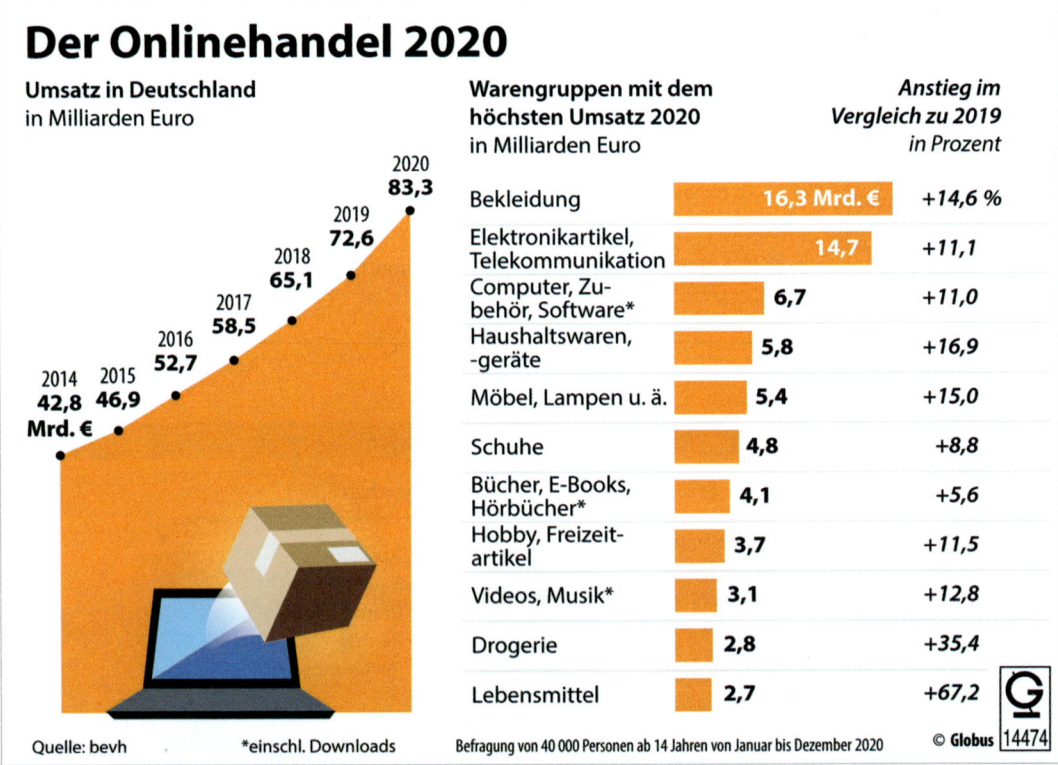

Der Onlinehandel 2020

Umsatz in Deutschland in Milliarden Euro

- 2014 42,8 Mrd. €
- 2015 46,9
- 2016 52,7
- 2017 58,5
- 2018 65,1
- 2019 72,6
- 2020 83,3

Warengruppen mit dem höchsten Umsatz 2020 in Milliarden Euro — **Anstieg im Vergleich zu 2019** in Prozent

Warengruppe	Umsatz	Anstieg
Bekleidung	16,3 Mrd. €	+14,6 %
Elektronikartikel, Telekommunikation	14,7	+11,1
Computer, Zubehör, Software*	6,7	+11,0
Haushaltswaren, -geräte	5,8	+16,9
Möbel, Lampen u. ä.	5,4	+15,0
Schuhe	4,8	+8,8
Bücher, E-Books, Hörbücher*	4,1	+5,6
Hobby, Freizeitartikel	3,7	+11,5
Videos, Musik*	3,1	+12,8
Drogerie	2,8	+35,4
Lebensmittel	2,7	+67,2

Quelle: bevh   *einschl. Downloads   Befragung von 40 000 Personen ab 14 Jahren von Januar bis Dezember 2020   © Globus 14474

- **Call Center**[1]

Zunehmend gehen die Unternehmen dazu über, sich ihren Kunden gegenüber „serviceorientiert" zu präsentieren und telefonische Service-Zentralen (**Call Center**) einzurichten. Ein Call Center kann dabei alle Tätigkeiten von der Verkaufsanbahnung bis zur Verkaufsabwicklung übernehmen. So rufen z. B. die Mitarbeiter eines Call Centers, die im Direktverkauf tätig sind (Call Agents), ihre Kunden an und bieten ihnen ein Produkt oder eine Dienstleistung zum Kauf an. Häufig stellen Call Center im Auftrag von Unternehmen auch Produkte am Telefon vor und versuchen, einen Termin für einen Außendienstmitarbeiter zu vereinbaren.

UWG
§ 7 (2)
Nr. 2,
§ 20

Telefonwerbung bei einem Verbraucher ist unzulässig, wenn diese ohne dessen Einwilligung erfolgt. Ein Werbeanruf ist aber zulässig, wenn der Angerufene vorher ausdrücklich erklärt hat, Werbeanrufe erhalten zu wollen.

Wird gegen das Verbot unerlaubter Telefonwerbung verstoßen, so handelt es sich dabei um eine Ordnungswidrigkeit, die gegebenenfalls mit einem Bußgeld bis zu 50.000 EUR geahndet werden kann.

Bei Werbeanrufen darf der Anrufer seine Rufnummer nicht unterdrücken, um seine Identität zu verschleiern. Solche Anrufe verstoßen gegen das Telekommunikationsgesetz (TKG) und können mit einer Geldbuße bis 10.000 EUR belegt werden.

---

1   Ob ein Call Center zu den unternehmensinternen oder unternehmensexternen Absatzorganen zählt, ist vom Einzelfall abhängig. Häufig richten mittelständische Unternehmen kein unternehmenseigenes Call Center ein, sondern beauftragen mit den gewünschten Lösungen ein externes Unternehmen, teilweise auch im Ausland.

■ **Unternehmensexterne Absatzorgane**

Entscheidet sich ein Unternehmen für den Einsatz **unternehmensexterner Vertriebsorgane**, so kommt diesen die Aufgabe zu, Kaufverträge abzuschließen oder zu vermitteln. Unternehmensexterne Absatzorgane sind rechtlich selbstständig und können daher in eigenem Namen handeln.

– **Handelsvertreter**

GewO
§ 64

Der Handelsvertreter ist als selbstständiger Gewerbetreibender damit betraut, für einen anderen Unternehmer (**fremder Name, fremde Rechnung**) Geschäfte zu vermitteln (**Vermittlungsvertreter**) oder in dessen Namen abzuschließen (**Abschlussvertreter**).

> **!** **Selbstständig ist, wer im Wesentlichen frei seine Tätigkeit gestalten und seine Arbeitszeit bestimmen kann.**

HGB
§ 84

Reisender und Handelsvertreter haben als Absatzhelfer die gleichen Aufgaben. Sie unterscheiden sich lediglich in ihrer Rechtsstellung: Der Reisende ist Angestellter eines Unternehmens mit einem Arbeitsvertrag und daher *unternehmensinternes Absatzorgan*. Der Handelsvertreter ist als selbstständiger Kaufmann *unternehmensexternes Absatzorgan* mit einem Geschäftsbesorgungsvertrag.

Kostenvergleich: Reisender – Handelsvertreter

Aufg. 3
S. 265

Aufg. 4
S. 267

Ein Unternehmen zahlt einem Reisenden ein Fixum von 2.000 EUR und eine Umsatzprovision in Höhe von 5 % des vermittelten Monatsumsatzes. Die gleichen Vertriebsaufgaben könnten von einem Handelsvertreter für eine Umsatzprovision in Höhe von 10 % übernommen werden. Wann wird sich das Unternehmen für den Reisenden, wann für einen Handelsvertreter entscheiden?

Rechnerische Lösung:

$$2.000 + 0,05\ x = 0,1\ x$$
$$0,05\ x = 2.000$$
$$x = 40.000$$

Grafische Lösung:

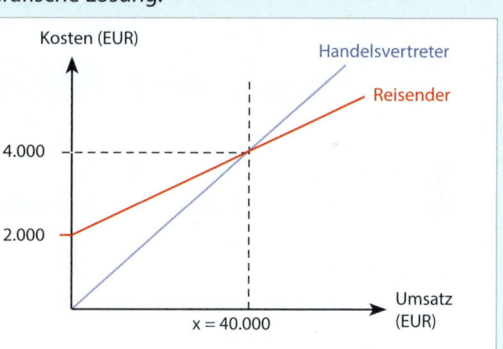

Ergebnis:
Bei einem Monatsumsatz von unter 40.000 EUR lohnt sich der Einsatz eines Handelsvertreters. Übersteigt der Umsatz den Betrag von 40.000 EUR, so ist der Einsatz eines Reisenden kostengünstiger.

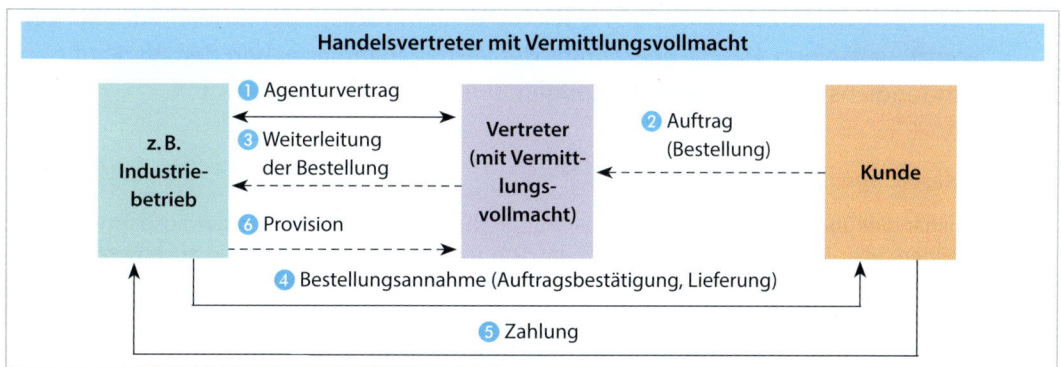

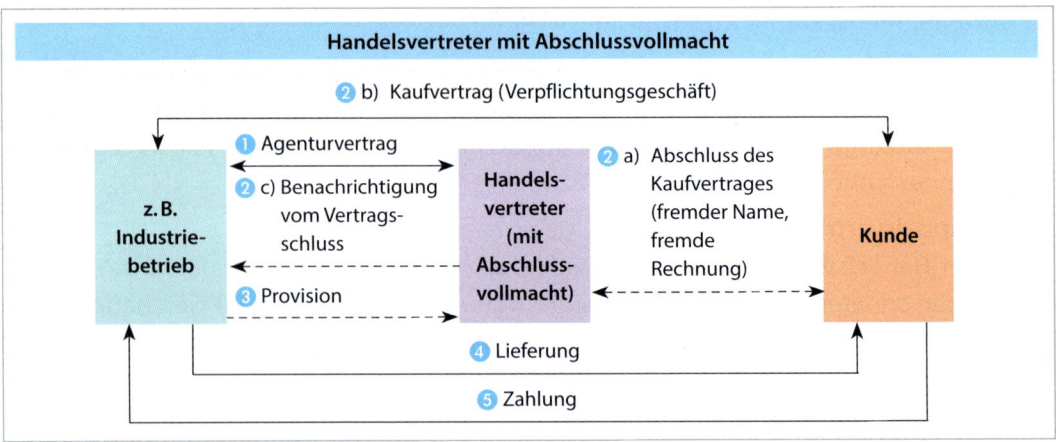

Auszug aus einem Agenturvertrag (Handelsvertretervertrag)

…

§ 3 Pflichten des Unternehmers

(1) Der Unternehmer hat dem Handelsvertreter die zur Ausübung seiner Tätigkeit erforderlichen Unterlagen wie Muster, Zeichnungen, Preislisten, Werbedrucksachen, Geschäftsbedingungen kostenlos zur Verfügung zu stellen. (2) Der Unternehmer hat den Handelsvertreter unverzüglich zu unterrichten, wenn er Geschäfte voraussichtlich nur in erheblich geringerem Umfange abschließen kann oder will, als der Handelsvertreter unter gewöhnlichen Umständen erwarten kann. (3) Der Unternehmer hat dem Handelsvertreter Kopien der mit Kunden geführten Korrespondenz zu überlassen.

Rechte und Pflichten des Handelsvertreters

Rechte:	*Pflichten:*
■ Recht auf Provision (§ 86b ff. HGB)	■ Pflicht, Geschäfte zu vermitteln oder abzuschließen (Bemühungspflicht) (§ 86 (1) HGB)
■ Anspruch auf Aufwendungsersatz (§ 87d HGB)	
■ Ausgleichsanspruch nach Beendigung des Vertragsverhältnisses (§ 89b HGB)	■ Benachrichtigungspflicht über vermittelte bzw. abgeschlossene Geschäfte (§ 86 (2) HGB)
■ Recht auf Bereitstellung von Unterlagen (Muster, Zeichnungen etc.) (§ 86a HGB)	■ Schweigepflicht (§ 90 HGB)
	■ Sorgfaltspflicht (§ 86 (1) HGB)

– **Vertragshändler**

Ein „quasi unternehmenseigenes" Absatzorgan ist der Vertragshändler. Er schließt als *rechtlich selbstständiges Unternehmen* einen Vertrag mit dem Hersteller und verpflichtet sich, dessen Erzeugnisse nach einer von diesem vorgegebenen Marketingkonzeption zu vertreiben. Häufig übernimmt der Vertragshändler neben dem Verkauf noch Kundendienst- und Reparaturleistungen.

Direktes Absatzorgan „Vertragshändler"

Automobilhändler übernehmen den Verkauf der Automobile und Ersatzteile ihrer Vertragspartner – der Automobilhersteller (BMW, Ford, VW u. a.) . Zusätzlich führen Sie für ihre Kunden auch noch Reparaturleistungen durch.

– **Franchising**

Franchising[1] (Konzessionsverkauf) ist ein Absatzsystem, bei dem zwei rechtlich selbstständige Unternehmen – **der Franchisegeber** und der **Franchisenehmer** – auf der Grundlage eines **Franchisevertrages** kooperieren. Der Franchisegeber ist ein Unternehmen, das durch seinen Firmen- oder Handelsnamen über einen großen – meist sogar weltweiten – Bekanntheitsgrad verfügt. Durch den Franchisingvertrag überträgt der Franchisegeber dem Fran-

Quelle: Deutscher Franchiseverband e.V.

Aufg. 5 S. 267

chisenehmer den Vertrieb seiner Produkte oder Dienstleistungen exklusiv für ein bestimmtes Gebiet. Der Franchisenehmer darf dabei eine gemeinsame Marke, ein gemeinsames Logo, ein gemeinsames Warenzeichen oder einen gemeinsamen Namen verwenden. Außenstehende gewinnen den Eindruck, dass es sich bei dem Betrieb des Franchisenehmers um eine Filiale des Franchisegebers handelt. Franchising ist eine Mischform zwischen direktem und indirektem Absatz, da einerseits die Funktionsweise dem direkten Absatz näher ist, andererseits aber ein rechtlich selbstständiges Handelsunternehmen zwischen Hersteller und Endverbraucher steht, was ein Merkmal von indirektem Absatz darstellt. Der Franchisenehmer räumt zwar dem Franchisegeber weitgehende Wei-

Die größten Franchise-Geber Deutschlands (Auszug)		
	Branche	**Standorte**
McDonald's	Gastronomie	1 450
TUI	Reise	1 070
Schülerhilfe	Bildung	1 000
Fressnapf	Einzelhandel	750
Burger King	Gastronomie	750
Clever Fit	Fitness	385
Kamps	Backwaren	380
Quick Schuh	Einzelhandel	369
OBI	Baumarkt	350
Town & Country	Bau	300

sungs- und Kontrollrechte ein, jedoch ist der Franchisenehmer als rechtlich selbstständiges Unternehmen in eigenem Namen und auf eigene Rechnung tätig. Strategische, organisatorische sowie beschaffungs- und absatzpolitische Entscheidungen werden jedoch weitgehend auf der Grundlage des Franchisingvertrages vom Franchisegeber getroffen. Damit ist der unternehmerische Handlungsspielraum des Franchisenehmers zwar eingeschränkt, jedoch profitiert er von den Stärken eines bereits bewährten Konzepts. Der Franchisenehmer erfährt Unterstützung in der Betriebsorganisation, der Werbung und Verkaufsförderung, der Sortimentsplanung sowie im Ermitteln von Beschaffungsmöglichkeiten zu entsprechenden Konditionen. Dafür bezahlt er eine meist umsatzabhängige Franchisegebühr und oft auch eine einmalige Gebühr zu Beginn der Geschäftsbeziehung.

1 von franchise = Konzession, Alleinverkaufsrecht

Franchising in Deutschland

Insgesamt gibt es derzeit in Deutschland ca. 1 075 000 Franchisegeber. Diese erzielten einen Umsatz von ca. 65 Mrd. EUR und beschäftigten 368 000 Arbeitnehmer. Durchschnittlich arbeiten bei einem Franchisenehmer 3,8 Voll- oder Teilzeitkräfte sowie 2,8 Aushilfen.

Für Europa wird geschätzt, dass ungefähr 10 % des Einzelhandelsumsatzes auf Franchise-Systeme entfallen. In den USA wird 1/3 des Einzelhandelsumsatzes über Franchisesysteme abgewickelt.

Franchising aus Sicht des Franchisegebers	
Vorteile und Chancen	**Nachteile und Risiken**
■ weniger Risiko und Kapital erforderlich, da v. a. der Franchisenehmer investiert ■ weniger Personalverantwortung ■ Franchisegeber profitiert von der Franchisegebühr auch, wenn der Franchisenehmer Verlust erzielt ■ Franchisegeber profitiert von Ortskenntnis und kulturellem Verständnis des Franchisenehmers ■ schnelles Wachstum möglich	■ ein Teil des Gewinns verbleibt beim Franchisenehmer ■ Franchisegeber leidet ggf. unter leistungsschwachen Franchisenehmern ■ Markenname gerät bei einem Skandal bei einem Franchisenehmer in Gefahr ■ keine direkte Weisungsbefugnis ■ Franchisegeber trägt Kosten und Risiken bei der Entwicklung des Franchisesystems ■ Franchisenehmer könnten das erworbene Wissen nutzen, um selbst in Konkurrenz zu treten

■ Marktveranstaltungen

> **!** **Marktveranstaltungen sind Einrichtungen, die dem Waren- und Informationsaustausch dienen.**

Als Marktveranstaltungen gelten z. B. Messen, Ausstellungen, Börsen und Auktionen.

> **!** **Messen sind Veranstaltungen mit Marktcharakter, auf denen normalerweise auf der Grundlage von Mustern für den Wiederverkauf oder für gewerbliche Verwendung verkauft wird.**

Häufig dienen Messen auch dazu, die wirtschaftliche Leistungsfähigkeit und die Kultur eines Landes darzustellen.

Messen in der Bundesrepublik Deutschland

Agritechnica	Hannover
Hannover Messe	Hannover
Internationale Möbelmesse	Köln
Internationale Spielwarenmesse	Nürnberg
Internationale Lederwarenmesse	Offenbach

> **!** **Ausstellungen sind Veranstaltungen, die sich aufklärend und werbend an die Allgemeinheit wenden.**

Ausstellungen

Internationale Automobilausstellung (IAA)	München
Internationale Funkausstellung	Berlin
Internationale Bootsausstellung	Düsseldorf

Auch Ausstellungen können dem Verkauf dienen.

Indirekter Absatz

 Indirekter Absatz liegt vor, wenn für die Distribution der Handel eingeschaltet wird, der im eigenen Namen und für eigene Rechnung kauft und weiterverkauft.

Wesentliche Gründe für die Wahl des indirekten Absatzes:

- Handel verfügt bereits über ein Marketingkonzept
- Hersteller kann aus Kostengründen die weit verstreuten Endverbraucher nicht beliefern
- Produkte werden erst durch das Angebot im Sortimentsverbund des Handels verkäuflich
- Distribution über den Handel verringert die Anzahl der Kontakte zu den Abnehmern

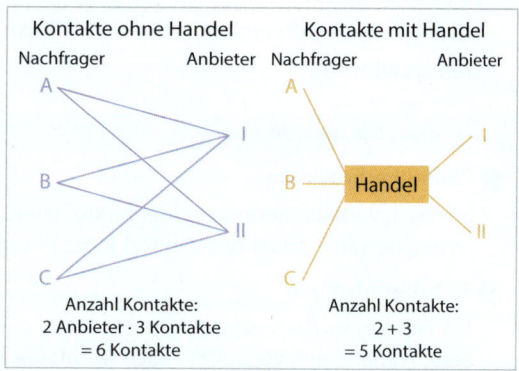

Bei 10 Anbietern und 100 Nachfragern würde sich die Anzahl der Kontakte von 1000 auf 110 verringern, wenn der Handel eingeschaltet würde.

Ein Hersteller hat folgende vier Möglichkeiten, den Handel einzuschalten:

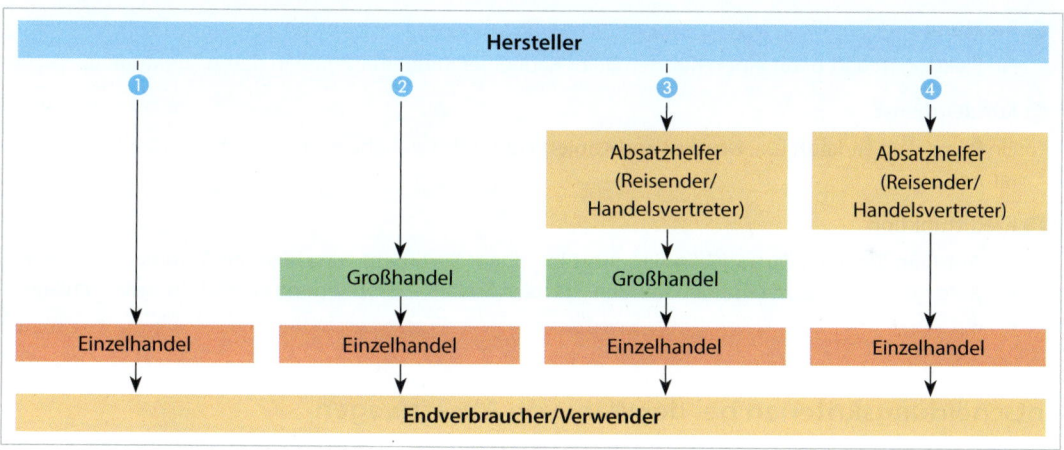

Der Handel übernimmt in der indirekten Absatzkette folgende wesentliche Funktionen:

- **Raumüberbrückung**
  Das Warenangebot durch Handelsbetriebe in Verwendernähe ermöglicht einfachen Einkauf.

© rufat119 – stock.adobe.com

- **Zeitüberbrückung**
  Die Lagerhaltung im Handel leistet einen Beitrag zur Überbrückung der Zeit, die zwischen Produktion und Verwendung eines Produktes liegt.

© pixelalex – stock.adobe.com

- **Sortimentsbildung**
  Der Handel wählt entsprechend den Bedürfnissen seiner Kunden verschiedene Produkte für sein Sortiment aus.

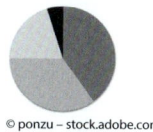
© ponzu – stock.adobe.com

- **Kundenberatung**
  Das Verkaufspersonal in den Handelsbetrieben berät die Abnehmer beim Kauf.

© martialred – stock.adobe.com

- **Kundendienst**

  Eine Ware lässt sich häufig nur dann an den Endverbraucher verkaufen, wenn der Handel gleichzeitig die Möglichkeit einräumt, Service- oder Kundendienstleistungen in Anspruch zu nehmen.

- **Kreditfunktion**

  Häufig lassen sich erst durch die Einräumung von Zahlungszielen durch den Handel Kunden gewinnen.

Funktionen des Handels

❶ Raumüberbrückung

In einem Verbrauchermarkt einer badischen Kleinstadt werden Waschmittel eines Herstellers angeboten, dessen Produktionsstandort in Hamburg ist.

❷ Zeitüberbrückung

Ein Obst- und Gemüsegroßhändler kauft seine Ware unmittelbar nach der Ernte ein, lagert sie entsprechend und verkauft je nach Nachfrage an den Einzelhandel.

❸ Sortimentsbildung

Das Einzelhandelsgeschäft „Raumausstattung Friesch" bietet seinen Kunden u. a. Bodenbeläge, Gardinen, Accessoires – also alle Produkte zur Ausstattung von Wohn- und Geschäftsräumen – an.

❹ Beratung

Ein Elektrogeschäft berät einen Kunden beim Kauf einer Kaffeemaschine in deren Funktionen.

❺ Kundendienst

Ein Büromarkt verkauft u. a. Drucker und Kopierer und führt gegebenenfalls auch erforderliche Reparaturen aus.

❻ Kreditfunktion

Ein Autohändler (kein Vertragshändler) führt in seinem Sortiment verschiedene Automarken. Damit er Käufer gewinnt, macht er seinen Kunden – je nach Bedarf – verschiedene Finanzierungsvorschläge.

Entscheidungskriterien bei der Wahl von Absatzwegen

Die Entscheidung, auf welchem Absatzweg die Produkte eines Industriebetriebs vertrieben werden, ist u. a. von den Vertriebskosten und den Produkteigenschaften abhängig. Teure Investitionsgüter wie z. B. Spezialmaschinen werden häufig erst nach genauen Vorgaben und Wünschen des Kunden hergestellt. Vielfach ist beim Einsatz solcher Produkte eine Beratung durch den Hersteller erforderlich, so dass für deren Vertrieb ausschließlich der direkte Absatzweg infrage kommt. Konsumgüter hingegen werden sowohl auf dem direkten wie auch indirekten Absatzweg vertrieben.

Ein eigenes Netz von Verkaufsniederlassungen bzw. Filialen aufrecht zu erhalten ist vergleichsweise kostenintensiv und lohnt sich nur bei Produkten mit großer Erklärungsbedürftigkeit und Bedarfshäufigkeit sowie relativ hohem Umsatz in der Fläche, z. B. im Baustoffhandel. Vertragshändler und Franchisenehmer übernehmen zumindest einen Teil der erforderlichen Investitionen und des Risikos. Diese Absatzwege sind daher eher kostengünstiger. Aber auch sie kommen nur bei besonders erklärungsbedürftigen und/oder bedarfshäufigen Produkten zum Einsatz, z. B. bei Autos oder in der Gastronomie. Der Einsatz von Reisenden, E-Commerce und eigenen Call-Centern kann von der Unternehmenszentrale aus erfolgen und erfordert daher die geringsten Investitionen, jedoch bedeutende Personalkosten. Sie eignen sich weniger bei Produkten, die Kunden gerne anschauen oder ausprobieren möchten bzw. eine ausführliche Beratung wünschen. Andererseits lässt sich auf diese Weise ein großer geografischer Markt zu vertretbaren Kosten bearbeiten.

© Bojan – stock.adobe.com

Handelsvertreter haben gegenüber Reisenden den Vorteil, dass sie kein Fixum erhalten, also nur im Erfolgsfall bezahlt werden.

Messen und Ausstellungen sind eine Möglichkeit, solche Waren erfahr- und erlebbar zu machen, für die es sich nicht lohnt, Verkaufsniederlassungen in der Fläche anzubieten z. B. Baumaschinen. Allerdings finden sie meist nur in jährlichem oder mehrjährlichem Turnus statt. Auch der Groß- und Einzelhandel macht dies möglich und eignet sich zudem für Waren, die häufig gebraucht werden. Allerdings hat der Hersteller dort keinen direkten Einfluss auf die Warenpräsentation, Preisgestaltung, Service etc. Dafür trägt der Händler das Verkaufs- und Preisrisiko.

Bei bestimmten Produkten kommen wegen eingeschränkter Lager- und Transportfähigkeit nicht alle Absatzwege in Betracht. Die schon vorhandenen Absatzwege sowie Absatzkanäle der Konkurrenz können die Entscheidung ebenfalls beeinflussen. Selbstverständlich müssen sich die gewählten Absatzwege stimmig in das Marketingkonzept des Unternehmens einfügen. Für die Zielgruppe „Rentner" und eine Exklusivpreisstrategie wäre E-Commerce beispielsweise auch bei großer geografischer Verteilung und geringer Erklärungsbedürftigkeit nur eingeschränkt geeignet.

Aufg. 6
S. 268

6.3   Distribution und Logistik im E-Commerce

> **!** Unter E-Commerce[1] sind alle Handelsbeziehungen zu verstehen, die über das World Wide Web abgewickelt werden.

Zu diesen Handelsbeziehungen zählen nicht nur Kauf- und Verkaufsvorgänge mit Waren, sondern auch mit Leistungen (z. B. Serviceleistungen, Online-Banking). Verkäufer und Käufer begegnen sich dabei häufig in **Online-Shops (Web-Shops)**. Bei dieser Form des Versandhandels wird der Verkauf zum Großteil über das Internet abgewickelt, von der Produktpräsentation bis zum Bestell- und Kaufvorgang. Damit entsteht ein Trend zum direkten Absatz unter Umgehung von Groß- und Einzelhandel. Gleichzeitig gewinnen **Plattformen** wie Uber oder Lieferando an Bedeutung, die zum indirekten Absatz zählen. Problematisch ist insbesondere der Trend zur Monopolisierung. Durch Netzwerkeffekte setzt sich ein einzelner Anbieter durch und es findet kein Wettbewerb mehr statt.

Eine der wichtigsten Eigenschaften des digitalen Handels ist es, dass Kaufprozesse im Normalfall ohne jegliche Verzögerung getätigt werden können. Der Kunde kann sich von zuhause aus in Online-Katalogen informieren, online bezahlen und das gewünschte Produkt wird ihm normalerweise sehr zeitnah zugeschickt. Kunden unterschätzen oft den Umfang

---

1   Electronic Commerce = elektronischer Handel

Aufg. 7
S. 269

an Logistik, der damit verbunden ist. **Ökologische Nachteile** durch den Versandhandel werden durch die zahlreichen Rücksendungen, die teilweise vernichtet werden, noch verstärkt.

Quelle: Bundesverband Paket und Expresslogistik e. V. (BIEK)[1]

© Andrey Popov – stock.adobe.com

Damit sich Marketingmaßnahmen im E-Commerce gezielt einsetzen lassen, ist vorab zu klären, welche Zielgruppe angesprochen werden soll. Privatpersonen müssen im Regelfall anders angesprochen und beliefert werden als Unternehmen. Demnach lassen sich für das Marketing im E-Commerce zwei Arten von Beziehungen unterscheiden:

- **das Business-to-Business-Marketing (kurz: B2B)** und
- **das Business-to-Consumer-Marketing (kurz: B2C).**

> **!** Unter **Business-to-Business (B2B) Marketing** sind alle Bereiche des Marketing zu verstehen, die nicht zum Konsumgütermarketing gehören bzw. sich nicht direkt an private Endabnehmer wenden.

> **!** Das **Business-to-Consumer (B2C) Marketing** beschreibt Marketing-Beziehungen bei Handelsbeziehungen zwischen Organisationen (z. B. Unternehmen, Vereine, öffentliche Verwaltung) und einzelnen Verbrauchern.

Während auf B2C-Märkten vorwiegend Produkte vertrieben werden, die **nicht oder kaum erklärungsbedürftig** sind, handelt es sich bei Produkten auf B2B-Märkten häufig um **technisch** komplizierte und damit erklärungsbedürftige Produkte. Deshalb spielen bei Verkaufsvorgängen auf B2B-Märkten besondere Dienstleistungen wie Beratung, Installation und Wartung eine oft entscheidende Rolle. Fehlt es an diesen Leistungen, so kommt ein Vertragsschluss häufig erst gar nicht zustande.

Anders als beim B2C-Geschäft ist der Kundenkreis beim B2B-Geschäft deutlich überschaubarer. Aus diesem Grunde, aber auch wegen der besonderen Erklärungsbedürftigkeit der gehandelten Erzeugnisse (z. B. nach Kundenwünschen gefertigte Anlagen) erfolgt der Vertrieb vorwiegend im **Direktvertrieb** mit eigenen technischen Verkäufern, die den Kunden alle technischen Produktmerkmale erklären können. Neben dem Direktvertrieb mit elektronischem Datenaustausch spielen **elektronische Marktplätze** (z. B. Mercateo, Amazon Business) eine immer größere Rolle im B2B-Bereich.

---

1 KEP-Markt = Markt für **K**urier-, **E**xpress- und **P**aketdienstleistungen.

Im E-Commerce ist die Beratungsleistung schwierig nachzuahmen. Möglichkeiten sind Onlineshops mit Filterfunktionen, ein Produktkonfigurator, Produkt-Videos, Call-Center und in jüngster Zeit auch Videokonferenzen und Virtual Reality. Im Rahmen von B2C hingegen handelt es sich vorwiegend um **Standardprodukte**, die auch problemlos über den **Zwischenhandel** (indirekter Vertrieb) verkauft werden können. Im B2C-Geschäft werden am häufigsten eigene **Online-Shops** aber auch Onlineversandhändler (z. B. Otto, Zalando, MediaMarkt) oder elektronische Marktplätze (z. B. Yatego) eingesetzt.

Wegen der großen Bedeutung der Versorgungssicherheit (termingerechte, verlässliche und beschädigungsfreie Lieferung) spielt beim B2B-Geschäft die **Vertriebslogistik** eine besondere Rolle. Diese muss sicherstellen, dass es beim Kunden nicht zu einem Produktionsstillstand mit erheblichen Kosten und Umsatzeinbußen kommt. Diese Versorgungssicherheit kann durch **Erbringung von Lagerleistungen** auf Seiten des Anbieters oder durch moderne Ansätze einer lagerlosen Fertigung (**Just-in-Time**-Produktion) sichergestellt werden.

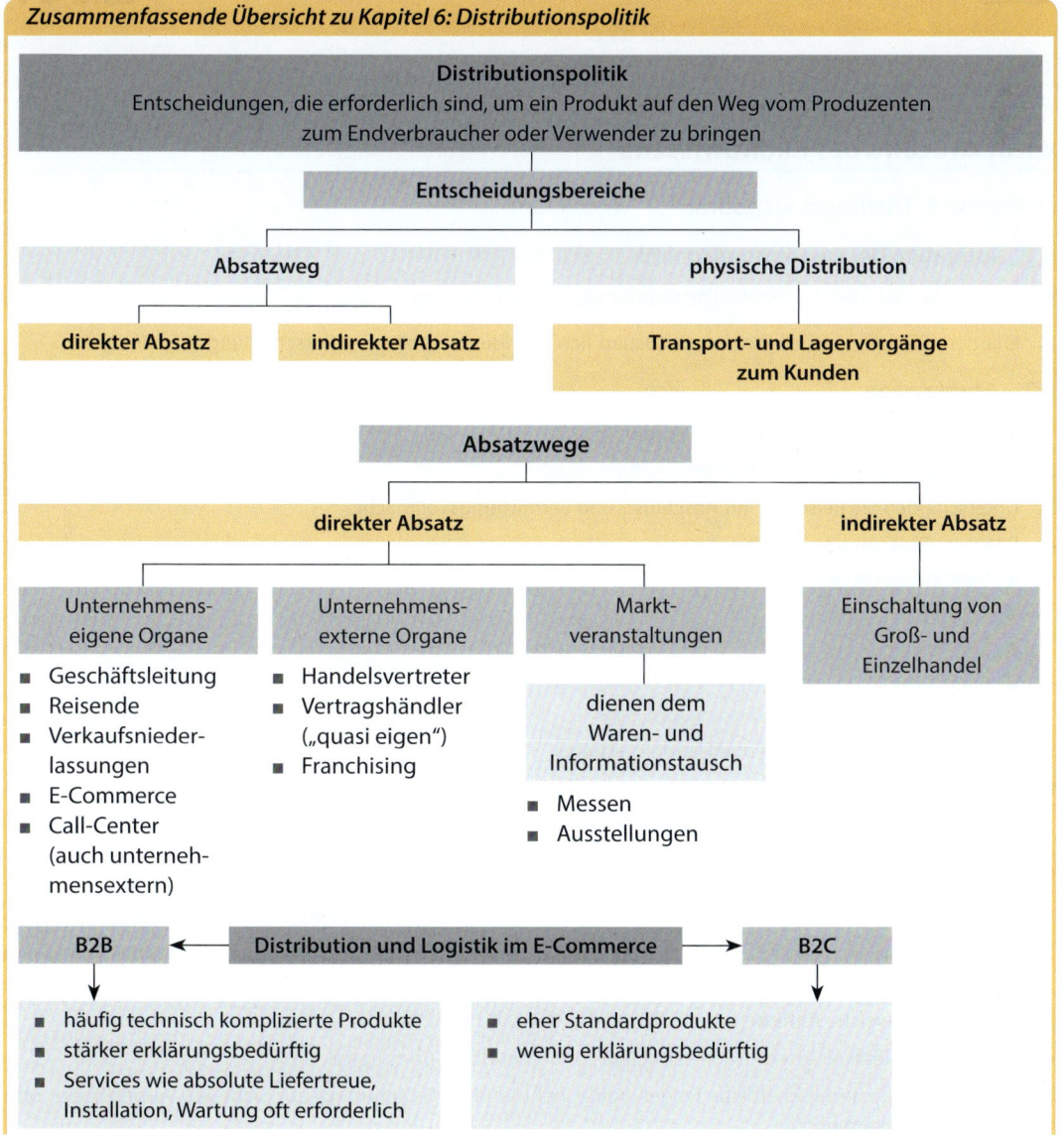

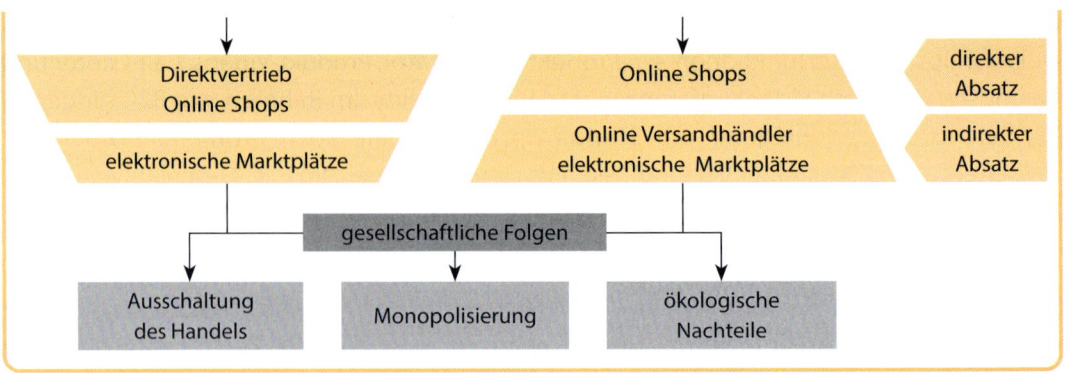

 Checken Sie Ihre Kompetenz mit der **Ich-kann-Liste**.

Öffnen Sie hierzu den nebenstehenden **QR-Code**
oder geben Sie folgenden Link ein: https://vel.plus/BHC24

vel.plus/BHC25

WIEDERHOLUNG DES GRUNDWISSENS

zu Kapitel 6   Distributionspolitik

6.1   Aufgaben der Distributionspolitik

1. Nennen Sie das Ziel, das mit der Distributionspolitik verfolgt wird.

2. Erläutern Sie, mit welchen Problembereichen sich distributionspolitische Entscheidungen befassen.

6.2   Absatzwege

1. Unterscheiden Sie direkten und indirekten Absatz.

2. Nennen Sie die unternehmenseigenen Absatzorgane.

3. Unterscheiden Sie Reisende mit Abschluss- und Vermittlungsvollmacht.

4. Erläutern Sie folgende Begriffe:
   - Verkaufsniederlassungen
   - Vertragshändler
   - Call-Center
   - Franchising
   - E-Commerce

5. Unterscheiden Sie Reisende und Handelsvertreter.

6. Erklären Sie, was unter Marktveranstaltungen und Messen jeweils zu verstehen ist.

7. Beschreiben Sie die Funktionen, die der Handel in der indirekten Absatzkette übernimmt.

6.3   Distribution und Logistik im E-Commerce

1. Erläutern Sie, welche Verkaufsvorgänge typischerweise über E-Commerce abgewickelt werden.

2. Beschreiben Sie, was unter Business-to-Business-Marketing (kurz: B2B) und Business-to-Consumer-Marketing (kurz: B2C) jeweils zu verstehen ist.

3. Erläutern Sie, welche Anforderungen die Vertriebslogistik bei B2B erfüllen muss.

4. Beschreiben Sie ökologische Nachteile durch zunehmenden E-Commerce.

5. Beschreiben Sie gesellschaftliche Folgen von zunehmendem E-Commerce aus Sicht von Verbrauchern und Handelsunternehmen.

ANWENDUNGS- UND ÜBUNGSAUFGABEN

zu Kapitel 6 Distributionspolitik

Aufgabe 1 Entscheidungen über den Absatzweg

Erläutern Sie, welchen Absatzweg (direkt bzw. indirekt) Sie bei nachstehenden Herstellern für die genannten Produkte für zweckmäßig halten:

1. Winzer   Wein
2. Lederwarenfabrik   Handtaschen
3. Maschinenfabrik   CNC-gesteuerte Fräsmaschinen
4. Waschmittelhersteller   Waschmittel
5. Traktorenfabrik   Traktorrasenmäher

Aufgabe 2 Absatzwege für Tablettaschen

Die Telbat-Case KG ist ein im vergangenen Jahr gegründetes Start-up Unternehmen, das Tablettaschen für alle gängigen Modelle aus Filz und Leder produziert und über den eigenen Webshop vertreibt. Das Angebot beinhaltet eine Vielzahl von Gestaltungsvarianten und Funktionen, z. B. besonders stoßgeschützt, mit Taschen für Zubehör wie Ladekabel und Stift oder mit Riemen, die die Tablettasche zur Handtasche machen. Auch eine individuelle Gestaltung z. B. mit Firmenfarben und Logo ist möglich. Im Zuge der Expansionsstrategie wollen die Gründer neue Zielgruppen ansprechen.

© dveovnore –
stock.adobe.com

Folgende zusätzliche Absatzwege werden in die engere Wahl genommen:

- Flagship Stores in den fünf größten deutschen Städten
- Teilnahme an Konsumentenmessen
- Einsatz von Handelsvertretern
- Vertrieb über den Lederwaren-Fachhandel

Die Marktforschung hat folgende Zielgruppen als besonders attraktiv identifiziert:

- Unternehmen, die ihre Mitarbeiter mit Tablets ausstatten
- Schüler, die eigene Tablets für die Schule verwenden
- Senioren, die Tablets v. a. für Online-Shopping und zum Zeitung lesen nutzen

Bearbeitet soll zunächst nur der deutsche Markt werden. Geografische Schwerpunkte sieht der Marktforschungsbericht bei keiner der Zielgruppen.

1. Ordnen Sie die genannten Absatzwege den Kategorien innerhalb des direkten Absatzes (Unternehmenseigene/unternehmensexterne Organe bzw. Marktveranstaltungen) oder dem indirekten Absatz zu.
2. Diskutieren Sie, welcher Absatzweg für welche Zielgruppe besonders geeignet ist. Berücksichtigen Sie dabei unterschiedliche Entscheidungskriterien.

Aufgabe 3 Absatz durch Reisende oder Handelsvertreter – Absatzkontrolle

vel.plus/BHC27

Die Möbelschreinerei Storz will als neues Produkt das Sportgerät VELOBIL herstellen. Das Sportgerät dient der Stärkung der Rückenmuskulatur und ist damit für eine gesundheitsbewusste Zielgruppe attraktiv. Die nachhaltig aus Buchenholz gefertigten Geräte wirken sehr hochwertig.

Nach der Phase der Produktgestaltung werden zu Testzwecken 50 Geräte hergestellt und im eigenen Möbelhaus verkauft, das an einer Bundesstraße steht.

Der Test führt zu einem positiven Ergebnis. Deshalb soll der Verkauf zunächst innerhalb eines begrenzten Absatzgebietes in Möbelhäusern gestartet werden. Inhaberin Jana Storz will wissen, wie viele Vertreter sie für den Absatz des VELOBILS in dem geplanten Gebiet einsetzen müsste. Für die Entscheidungsfindung hat sie folgende Informationen zum potenziellen Kundenkreis:

Gesamtumsatz des Möbelhauses pro Jahr in Mio. EUR	Anzahl der Möbelhäuser	Erwünschte Besuchszahl je Möbelhaus im Jahr	Gesamtzahl der erforderlichen Vertreterbesuche
bis 0,50	93	6	
bis 0,75	32	10	
über 0,75	4	15	
	129		

Ein Vertreter, der gleichzeitig auch für andere Spielwaren- und Sportartikelhersteller arbeitet, könnte im Jahr ungefähr 600 Besuche bei Möbelhäusern machen, die für den Verkauf des VELOBILS in Frage kommen. Ein Reisender, der ausschließlich für Storz tätig ist, könnte hingegen das Absatzgebiet alleine bearbeiten.

1. a) Stellen Sie fest, wie viele Vertreter zur Bearbeitung dieses Absatzgebietes notwendig wären.

b) Erläutern Sie, warum einige Möbelhäuser sechs Mal, andere hingegen fünfzehn Mal besucht werden sollen.

2. Die Inhaberin der Schreinerei, Frau Storz, rechnet anfangs mit einem monatlichen VELOBIL-Umsatz zwischen 11.000 EUR und 16.000 EUR.

Storz überlegt sich, ob sie einen reisenden Angestellten oder mehrere Vertreter auf Provisionsbasis für die Bearbeitung des Absatzgebietes einsetzen soll.

Ein Reisender erhält ein Monatsgehalt von 2.000 EUR brutto, außerdem gleichbleibende Vertrauensspesen in Höhe von 800 EUR für die Reisekosten. Ein Vertreter erhält 20 % Provision vom Umsatz.

a) Berechnen Sie, von welchem Monatsumsatz an sich der Einsatz eines Reisenden anstelle eines Handelsvertreters lohnt.

b) Tragen Sie auf der senkrechten Achse eines Koordinatensystems die Kosten
(1 cm = 500 EUR) und auf der waagerechten Achse die Umsätze (1 cm = 2.500 EUR) ein.
Zeichnen Sie in das Schaubild die vom Umsatz *un*abhängigen Kosten des Reisenden und die umsatzabhängigen Kosten des Vertreters (bis zu Umsätzen von 25.000 EUR) ein.
Prüfen Sie, ob die zeichnerische Lösung mit Ihrer rechnerischen übereinstimmt.

c) Der Reisende verlangt anstelle seiner Vertrauensspesen von 800 EUR eine Umsatzprovision von 10 %.
Zeichnen Sie in ein Koordinatensystem mit der gleichen Einteilung wie in Teilaufgabe 2 unter b) wiederum die Kosten des Reisenden und die Kosten des Vertreters ein.
Bestimmen Sie aus der Zeichnung den Umsatz, bei dem sich unter diesen Bedingungen der Einsatz eines Reisenden zu lohnen beginnt.
Kontrollieren Sie Ihre Lösung rechnerisch.

3. Jana Storz übernimmt den Vertrieb eines weiteren Sportgerätes: ROWBIL.
In der Absatzstatistik finden sich nach einigen Jahren folgende Zahlen:

Jahr	Velobil: Preis je Stück: 75 EUR			Rowbil: Preis je Stück: 125 EUR			Velobil + Rowbil		
	Absatz	Umsatz	Gewinn	Absatz	Umsatz	Gewinn	Gesamt-umsatz	Gesamt-gewinn	Gewinn in % des Umsatzes (Umsatz-Rentabilität)
1	3 000	225.000	75.000	2 000	250.000	25.000	475.000	100.000	21,05 %
2	2 900	217.500	72.500	2 500	312.500	31.250	530.000	103.750	19,58 %
3	2 800	210.000	70.000	3 000	375.000	37.500	585.000	107.500	18,38 %
4	2 700	202.500	67.500	3 500	437.500	43.750	640.000	111.250	17,38 %
5	2 600	195.000	65 000	4 000	500.000	50.000	695.000	115.000	16,55 %

Veränderung in %		Von Jahr ...			
		1 auf 2	2 auf 3	3 auf 4	4 auf 5
Velobil	Umsatz	− 3 1/3 %	− 3,45 %	− 3,57 %	− 3,70 %
	Gewinn	− 3 1/3 %	− 3,45 %	− 3,57 %	− 3,70 %
Rowbil	Umsatz	+ 25 1/3 %	+ 20,00 %	+ 16 2/3 %	+ 14,28 %
	Gewinn	+ 25 1/3 %	+ 20,00 %	+ 16 2/3 %	+ 14,28 %
Gesamt-	Umsatz	+ 11,58 %	+ 10,38 %	+ 9,40 %	+ 8,59 %
	Gewinn	+ 3,75 %	+ 3,61 %	+ 3,49 %	+ 3,48 %

Analysieren Sie die unterschiedliche Veränderung von Gesamtumsatz und Gesamtgewinn.

4. Storz führt diese Entwicklung auf den stärkeren Einsatz der Vertreter für das Rowbil zurück.

a) Begründen Sie, warum sich Vertreter stärker beim Vertrieb des Rowbils engagieren könnten.

C

b) Jana Storz schlägt ihren Vertretern aufgrund dieser Zahlen vor, die Vertreterprovision auf der Basis des mit dem Artikel zu erzielenden Gewinns zu berechnen. Erläutern Sie, warum Storz diesen Vorschlag unterbreitet.

Aufgabe 4 Vergleich Reisender – Handelsvertreter

Ein Hersteller von Haushaltswaren erzielt im Verkaufsgebiet IV (Hessen) derzeit einen Umsatz in Höhe von monatlich 90.000 EUR. Im Außendienst sind ausschließlich selbstständige Handelsvertreter eingesetzt. Diese erhalten eine Umsatzprovision von 5 %.

vel.plus/BHC28

vel.plus/BHC29

Einem erfahrenen und von der Geschäftsleitung angesehenen Mitarbeiter aus dem Vertrieb müsste wegen einer anstehenden Umstrukturierungsmaßnahme gekündigt werden. Es wird deshalb überlegt, ob dieser künftig anstelle der Handelsvertreter im Verkaufsgebiet IV als Reisender eingesetzt werden soll. Das Unternehmen wäre bereit, ihm ein monatliches Fixum in Höhe von 2.000 EUR sowie eine Umsatzprovision von 3 % zu zahlen.

1. Ermitteln Sie rechnerisch, ob unter Kostengesichtspunkten der Einsatz von Reisenden sinnvoll ist.
2. Berechnen Sie den Umsatz, bei dem die Kosten für Reisende und Handelsvertreter gleich hoch sind.
3. Beurteilen Sie anhand der in nachstehender Entscheidungstabelle (Nutzwertanalyse) aufgeführten Kriterien, was außer dem Kostengesichtspunkt jeweils für den Einsatz von Reisenden oder Handelsvertretern spricht. (Wichtigkeit W von 1 = unwichtig bis 5 = äußerst wichtig; Bewertung B von 0 = kein Nutzen bis 3 = sehr hoher Nutzen)
4. Fällen Sie ein Gesamturteil. Berücksichtigen Sie sowohl den Kostenvergleich als auch die Kriterien in der Entscheidungstabelle.

| Beurteilungskriterien | Wichtigkeit W | Absatzmittler | | | |
| | | Reisender | | Handelsvertreter | |
		B	G = W · B	B	G = W · B
Verkaufsfähigkeit					
Einsatzbereitschaft/Eigeninteresse					
Vertrautheit mit dem Produkt					
Kundenpflege/Kundenbetreuung					
Steuerung und Kontrolle durch das Unternehmen					
Flexibilität hinsichtlich der Einsatzmöglichkeiten					
Marktkenntnis/Marktbeobachtung					
Umfang des Sortiments/Vertrieb von Komplementärartikeln					
Betriebszugehörigkeit					
Summe					
Rang					

5. Vergleichen Sie die rechtliche Stellung der Handelsvertreter mit dem Reisenden (jeweils mit Abschlussvollmacht). Gehen Sie auf folgende Aspekte ein: rechtlich selbstständig/angestellt; Arbeitsvertrag/Geschäftsbesorgungsvertrag; Abgabe der Willenserklärungen bei Geschäften; Zahlungsansprüche an den Hersteller.

Aufgabe 5 Franchising – Verkaufsniederlassungen

Die Geschwister Regula und Reto Schmutz haben vor zwei Jahren die Zurich-Sneakers AG gegründet. Das Unternehmen entwickelt Sneakers, die fair, nachhaltig und vegan in Pakistan produziert werden. Es ist damit das einzige Schweizer Unternehmen mit einem solchen Produkt. Der Vertrieb wird zu 30 % über den Webshop des Unternehmens und zu 70 % über das Ladengeschäft in der Zürcher Innenstadt abgewickelt. Für die weitere Expansion des Unternehmens werden zwei Optionen diskutiert:

© LIGHTFIELD STUDIOS – stock.adobe.com

vel.plus/BHC30

- Aufbau von Filialen in süddeutschen Städten
- Aufbau eines Franchising Systems mit Partnern in diesen Städten

In beiden Fällen wird geschätzt, dass ein Jahresumsatz von 450.000 EUR pro Filiale bzw. Betrieb möglich ist. Dafür ist ein Wareneinsatz von 150.000 EUR erforderlich.

Aufbau einer weiteren eigenen Filiale	Vergabe einer Franchising Lizenz
Betriebskosten pro Filiale (Personalkosten, Miete, Finanzierungskosten etc.): 120.000 EUR	Lizenz-Gebühr 3,5 % des Umsatzes, Marketing-Gebühr: 1 % des Umsatzes, Andere Gebühren (Kassensystem, IT etc.) 0,5 % des Umsatzes Auf eine einmalige Franchise-Gebühr wird verzichtet.
	Warenverkauf an jede Franchise-Filiale: 300.000 EUR pro Jahr beim geschätzten Umsatz (Mindestabnahme: 200.000 EUR)
Kosten für Marketing, IT und andere zentrale Dienste: 10.000 EUR	Kosten für Marketing, IT und andere zentrale Dienste: 10.000 EUR

1. Beschreiben Sie das Verhältnis zwischen Franchisegeber und -nehmer.

2. Vergleichen Sie die beiden Möglichkeiten im Hinblick auf das dafür erforderliche Kapital, die Motivation des Leiters eines Geschäfts sowie die Kontrolle der Geschwister Schmutz über die Vertriebsorganisation.

3. Vergleichen Sie den prognostizierten Gewinn pro Filiale der beiden Optionen miteinander. Interpretieren Sie das Ergebnis. Berücksichtigen Sie neben dem Gewinn auch das unternehmerische Risiko.

4. Wägen Sie insgesamt ab, wofür sich die Geschwister entscheiden sollten.

Aufgabe 6 Distributionsentscheidung einer Winzergenossenschaft

Die Winzergenossenschaft Lindenhof eG produziert und vertreibt seit Jahrzehnten Weine der fränkischen Weingegend Rötelberg. Sie will ihre Marktstellung insbesondere bei den Rotweinen weiter ausbauen. In diesem Zusammenhang ist zu entscheiden, welche Absatzorgane für die Gastronomiebetriebe der Region Südbayern eingesetzt werden sollen. Zur Diskussion stehen zwei Alternativen:

Alternative 1:
Ein Vertreter, der gleichzeitig auch andere alkoholische und nichtalkoholische Getränke anbietet, könnte im Jahr maximal 450 Besuche bei Kunden machen. Er enthält 20 % vom Umsatz als Provision.

Alternative 2:
Ein Reisender, der ausschließlich für die Winzergenossenschaft Lindenhof eG tätig ist, könnte das Absatzgebiet alleine bearbeiten. Er erhält ein Monatsgehalt von 2.000 EUR (13 Monatsgehälter im Jahr), 80 EUR monatliche Reisespesen und eine Provision in Höhe von 5 % vom Umsatz.

Für die Entscheidungsfindung stehen außerdem folgende Informationen zur Verfügung:

Gesamtumsatz der Gastronomiebetriebe In Tsd. EUR/Jahr	Anzahl der Betriebe	Erwünschte Besuchszahl je Betrieb pro Jahr	Gesamtzahl der erforderlichen Vertreterbesuche pro Jahr
Bis 25	46	6	
Bis 50	20	10	
Über 75	3	15	

1. Stellen Sie fest, wie viele Vertreter zur Bearbeitung des Absatzgebietes Südbayern notwendig sind.

2. Weisen Sie rechnerisch nach, welche Alternative für die Winzergenossenschaft vorteilhafter ist.

Aufgabe 7 Nachhaltigkeit im Online-Handel

1. Recherchieren Sie zum Thema „Nachhaltigkeit im Online-Handel" und bereiten Sie eine Präsentation vor. Gehen Sie auf folgende Aspekte ein:

- CO_2-Emissionen eines Pakets

- Zustellversuche und Rücksendungen

- Vernichtung von Retouren

- CO_2-Kompensation

- Wie können Unternehmen und Verbraucher die Nachhaltigkeit verbessern?

7 Kommunikationspolitik

Kompetenzen:

- die Aufgaben und Instrumente der Kommunikationspolitik beschreiben

- die beabsichtigten Wirkungen der Kommunikationspolitik bewerten
- den Einsatz der Kommunikationspolitik unter wirtschaftlichen und ethischen Gesichtspunkten bewerten
- Entwicklungen im Bereich des E-Commerce diskutieren
- unter Beachtung der Werbegrundsätze einen einfachen Werbeplan erarbeiten

7.1 Aufgaben und Instrumente der Kommunikationspolitik

7.2 Werbung

7.3 Verkaufsförderung (Sales Promotion)

7.4 Öffentlichkeitsarbeit (Public Relations)

7.5 Sponsoring

7.6 Kommunikation im E-Commerce

7.7 Influencer-Marketing

7.8 Product Placement (Produktplatzierung)

7.1 Aufgaben und Instrumente der Kommunikationspolitik

EA 1 S. 288 Beginnen Sie Ihren Kompetenzerwerb zum Thema *Kommunikationspolitik* mit der Erarbeitungsaufgabe EA 1.

 Die Kommunikationspolitik umfasst alle Maßnahmen, mit denen die (potenziellen) Kunden über das Unternehmen und dessen Produkte informiert, hinsichtlich einer positiven Beurteilung beeinflusst und zum Kauf angeregt werden sollen.

Instrumente der Kommunikationspolitik					
Werbung	Verkaufsförderung (Sales Promotion)	Öffentlichkeitsarbeit (Public Relations)	Sponsoring	Influencer Marketing	Product Placement
gezielte Beeinflussung von Menschen und deren bewusster oder unbewusster Bedürfnisse, um auf Produkte aufmerksam zu machen und die potenziellen Nachfrager zum Kauf zu veranlassen	■ **Zielgruppe Absatzorgane:** Schulung, Verkaufstraining, Produktvorführung u. Ä. für Verkaufspersonal, Reisende, Vertreter, ... ■ **Zielgruppe Kunden:** Kundenzeitschriften, Proben, Produktvorführung, Preisausschreiben, ...	Ein Unternehmen informiert die Öffentlichkeit über sich selbst, mit dem Ziel, um Vertrauen zu werben (Imagebildung).	Ein Unternehmen (Sponsor) stellt einem Gesponserten (z. B. Sportverein, bekannter Sportler) Geld oder Sachmittel zur Verfügung. Der Gesponserte muss eine für den Sponsor imagefördernde Gegenleistung (z. B. Firmenlogo auf dem Trikot) erbringen.	Einsatz von Meinungsmachern (Personen mit Ansehen, Einfluss und Reichweite) zu Werbezwecken	gezielte Einbindung von Produkten, Marken und Dienstleistungen in Spielfilme, Serien, Zeitschriften- oder Zeitungsartikel

Kritisiert wird insbesondere Werbung bzw. Kommunikationspolitik im Allgemeinen, die vor allem Kinder anspricht. Werbende Unternehmen nutzen gezielt, dass Kinder bis etwa 5 Jahre

Werbung überhaupt nicht als solche erkennen können und Kinder bis ca. 11 Jahre subtile Werbebotschaften z. B. in sozialen Medien nicht durchschauen können. Das wirft u. a. die ethische Frage auf, ob es vertretbar ist, die Unerfahrenheit und Leichtgläubigkeit von Kindern auszunutzen. Darüber hinaus gilt Werbung als eine Hauptursache von Adipositas und Übergewicht bei Kindern. Eine weitere **Kritik** bezieht sich darauf, dass in Überflussgesellschaften, in denen die Grundbedürfnisse längst gestillt sind, Werbung weitere Bedürfnisse weckt, deren Befriedigung meistens ökologische Folgen hat, z. B. Fernreisen, schnell wechselnde Modetrends, exotische Nahrungsmittel oder ständige Verfügbarkeit mit „to go" Artikeln.

7.2 Werbung

Werbeziele

> ! Werbung ist die absichtliche und gesteuerte Beeinflussung von Menschen, damit diese sich im Sinne der Absatzziele des werbenden Unternehmens verhalten und zum Kauf veranlasst werden.

Aufg. 1
S. 291

Ziele verschiedener Werbearten			
Einführungswerbung	**Expansionswerbung**	**Erhaltungswerbung**	**Erinnerungswerbung**
Bekanntmachung neuer Produkte (Bedürfnisweckung)	Vergrößerung des Marktanteils (Gewinnung neuer Kunden, Zusatzkäufe bisheriger Kunden)	Stabilisierung des bisherigen Marktanteils (Verhinderung von Kundenabwanderung zur Konkurrenz)	ständige Bewusstmachung eines bereits eingeführten Produkts bei den Kunden

Werbegrundsätze

Werbemaßnahmen sind nur dann erfolgreich, wenn bei deren Durchführung bestimmte Grundsätze beachtet werden:

Werbegrundsätze				
Wirksamkeit	**Wirtschaftlichkeit**	**Wahrheit**	**Klarheit**	**Zielgruppenorientierung**
Werbeinhalt und Werbemittel müssen den Käufer in der beabsichtigten Weise beeinflussen (Farbe, Texte, Bilder, ...).	Die Kosten der Werbung sollen in einem vernünftigen Verhältnis zum Werbeerfolg stehen. Die Messung des Werbeerfolgs ist aber schwierig.	Die Werbung soll sachlich richtig informieren, nicht täuschen und nicht irreführen. Unwahre und irreführende Aussagen sind gesetzlich verboten.	Die Werbeaussagen müssen klar und leicht verständlich sein.	Die Werbung soll genau auf den Personenkreis (Zielgruppe), der umworben werden soll, abgestimmt sein.

■ **Grundsatz der Werbewirksamkeit**

Hinsichtlich der Wirksamkeit haben Werbepsychologen festgestellt, dass die Werbewirkungen dann besonders positiv sind, wenn die Werbemaßnahme die nebenstehenden Stufen durchläuft (**AIDA-Formel**):

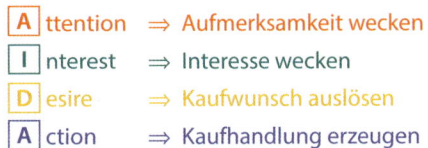

Attention	⇒ Aufmerksamkeit wecken
Interest	⇒ Interesse wecken
Desire	⇒ Kaufwunsch auslösen
Action	⇒ Kaufhandlung erzeugen

Werbung nach der AIDA-Formel

Ein Hersteller von elektrischen Saftpressen will die einzelnen Stufen der AIDA-Formel mit folgenden Aktivitäten durchlaufen:

Aufg. 2
S. 291

© venerala – stock.adobe.com

Stufe A : Die **Aufmerksamkeit** für die Saftpresse soll in dem Prospektentwurf durch den Hinweis erreicht werden: „Wie verbessere ich meine Gesundheit auf einfachstem Wege?"

Stufe I : Das **Interesse** der Kunden soll in eigens für Werbezwecke aufgebauten „Probierständen" in Einkaufsmärkten geweckt werden.

Stufe D : Zur Unterstützung des **Kaufwunsches** wird im Prospektentwurf auf den täglichen Vitaminbedarf des Menschen hingewiesen.

Stufe A : Die **Kaufhandlung** soll mit einer Einführungsaktion erreicht werden, bei der das Produkt 10 % unter Normalpreis angeboten wird.

Der **Erfolg einer Werbemaßnahme** wird zunächst nicht an erzielten Umsatzzuwächsen, steigenden Gewinnen oder höheren Marktanteilen gemessen. Für die Marketing-Abteilung eines werbenden Unternehmens ist es wichtiger, zu erfahren, welche Wirkungen eine nach der AIDA-Formel gestaltete Werbemaßnahme bei den Adressaten erzielt hat. Weil wirtschaftliche Größen bei dieser Bewertung keine Bedeutung haben, handelt es sich um eine **außerökonomische (indirekte) Werbeerfolgskontrolle.** Mit den ermittelten Ergebnissen können vor allem Erfahrungen für künftige Werbeaktionen gewonnen werden.

Außerökonomische (indirekte) Werbeerfolgskontrolle

Durch eine entsprechende Stichprobenerhebung mittels Fragebogen hat ein Unternehmen folgende Ergebnisse ermittelt:

Zielgruppe	280 Unternehmen
Aufmerksamkeit wurde erweckt bei	240 Unternehmen
Interesse gezeigt haben	220 Unternehmen
das Produkt kaufen wollten	180 Unternehmen
das Produkt gekauft haben	160 Unternehmen

Anhand nachstehender Fragen lässt sich feststellen, ob und inwieweit die gewählten Maßnahmen werbetechnisch erfolgreich waren:

A Aufmerksamkeit wecken

Wie viel % der Personen aus der Zielgruppe ...
sind durch die Werbung auf das Produkt aufmerksam geworden? (**Aufmerksamkeitsgrad**)

$$\text{Aufmerksamkeitsgrad} = \frac{\text{Zahl der von der Werbung Angesprochenen} \cdot 100}{\text{Zahl der Umworbenen (Zielgruppe)}}$$

$$\text{Aufmerksamkeitsgrad} = \frac{240 \cdot 100}{280} = 85{,}7\,\%$$

I Interesse wecken

interessieren sich für das beworbene Produkt? (**Interesseweckungsgrad**)

$$\text{Interesseweckungsgrad} = \frac{\text{Zahl der am Produkt Interessierten} \cdot 100}{\text{Zahl der Umworbenen (Zielgruppe)}}$$

$$\text{Interesseweckungsgrad} = \frac{220 \cdot 100}{280} = 78{,}6\,\%$$

D	Kaufwunsch auslösen

haben den Wunsch, das Produkt zu kaufen?
(Bedürfnisweckungsgrad)

$$\text{Bedürfnisweckungsgrad} = \frac{\text{Zahl der Personen mit Produktwunsch} \cdot 100}{\text{Zahl der Umworbenen (Zielgruppe)}}$$

$$\text{Bedürfnisweckungsgrad} = \frac{180 \cdot 100}{280} = 64{,}3\,\%$$

A	Kaufhandlung erzeugen

haben das beworbene Produkt aufgrund der Werbemaßnahme tatsächlich gekauft?
(Kaufauslösungsgrad)

$$\text{Kaufauslösungsgrad} = \frac{\text{Zahl der tatsächlichen Käufer} \cdot 100}{\text{Zahl der Umworbenen (Zielgruppe)}}$$

$$\text{Kaufauslösungsgrad} = \frac{160 \cdot 100}{280} = 57{,}1\,\%$$

- **Grundsatz der Wirtschaftlichkeit**

  Eine Werbemaßnahme ist von vornherein unwirtschaftlich, wenn deren Kosten genauso hoch oder höher sind als der damit erzielte Umsatzzuwachs. Das werbende Unternehmen muss nach dem Grundsatz der Wirtschaftlichkeit versuchen, ein angestrebtes Werbeziel mit den geringsten Kosten zu erreichen (**ökonomisches Prinzip**). Ob und inwieweit das mit einer Werbemaßnahme gesetzte Ziel erreicht wurde, kann mithilfe der nachstehenden Formeln zur **Werbeerfolgskontrolle** ermittelt werden:

!

$$\text{Werbewirtschaftlichkeit} = \frac{\text{Umsatzzuwachs in EUR}}{\text{Werbekosten in EUR}}$$

Welchen Einfluss eine Werbemaßnahme auf den Gewinn eines Unternehmens hat, lässt sich anhand der Kennzahl für die Werbewirtschaftlichkeit nicht ermitteln.

Die Veränderung des Marktanteils (gemessen am Umsatz oder an den Absatzzahlen) nach einer Werbemaßnahme kann ebenfalls zur Beurteilung der Effektivität beitragen.

!

$$\text{Marktanteil} = \frac{\text{Umsatz} \cdot 100}{\text{Gesamtumsatz des Marktes (Marktvolumen)}}$$

$$\text{oder} \quad \frac{\text{Absatz} \cdot 100}{\text{Gesamtabsatz des Marktes (Marktvolumen)}}$$

Wirtschaftlichkeit der Werbung

Ein Unternehmen erzielt mit einem seiner Produkte derzeit einen Umsatz von jährlich 6,8 Mio. EUR. Der Gesamtumsatz des Marktes beträgt 31 Mio. EUR. Dies entspricht einem Marktanteil von 21,9 %. Mithilfe von Werbemaßnahmen (Kosten 300.000,00 EUR) soll der Marktanteil erhöht werden. Nach Abschluss der Werbung hat sich der Umsatz auf 8 Mio. EUR erhöht, wobei der Gesamtumsatz des Marktes auf 38 Mio. EUR gestiegen ist.

Daraus lassen sich folgende Zahlen errechnen:

$$\text{Werbewirtschaftlichkeit} = \frac{1{,}2 \text{ Mio.}}{0{,}3 \text{ Mio.}} = 4$$

$$\text{Marktanteil} = \frac{8 \text{ Mio.} \cdot 100}{38 \text{ Mio.}} = 21{,}05\,\%$$

Ergebnis: Trotz hoher Werbewirtschaftlichkeit konnte das Werbeziel „Erhöhung des Marktanteils" nicht erreicht werden.

■ **Grundsatz der Wahrheit**

Aufg. 3
S. 292

UWG
§ 1 ff.

In der Werbung dürfen keine Behauptungen enthalten sein, die für das umworbene Produkt bzw. das werbende Unternehmen nicht zutreffen. Vorschriften des **Gesetzes gegen den unlauteren Wettbewerb (UWG)** schaffen Rechtssicherheit über erlaubte bzw. unerlaubte Methoden der Werbung. Über die Verhaltensregeln in der Werbung wacht auch der **Deutsche Werberat**. Er wurde im Interesse einer freiwilligen Selbstkontrolle von der Deutschen Werbewirtschaft gegründet und kann bei Streitigkeiten neben den Gerichten angerufen werden.

Die Werbung eines Unternehmens darf nicht sittenwidrig sein. **Verstöße gegen die guten Sitten** können mit Unterlassung und Schadenersatz geahndet werden. Wer **irreführende Angaben** insbesondere zur Beschaffenheit der Ware, deren Ursprung bzw. Herstellungsart etc. macht, kann auf Unterlassung in Anspruch genommen werden. Je nach Sachlage kann auch eine strafbare Handlung vorliegen, die mit Freiheitsstrafe oder Geldstrafe bestraft wird.

Sittenwidrige Werbung

Aufg. 4
S. 293

Der Textilhersteller Benetton hat in Werbeanzeigen einen menschlichen Körperteil mit dem Stempelaufdruck „HIV-POSITIVE" dargestellt. Diese Werbung wurde vom Bundesgerichtshof mit Urteil vom 06.07.1995 als sittenwidrig beanstandet, weil sie Gefühlsregungen des Mitleids und Schreckens für Werbezwecke nutzt.

Das Bundesverfassungsgericht hat mit Entscheidung vom 12.12.2000 dieses Urteil mit der Begründung aufgehoben, dass auch eine solche „Schockwerbung" vom Grundrecht auf freie Meinungsäußerung geschützt sei. Jedoch dürfen „Ekel erregende, Furcht einflößende oder jugendgefährdende Bilder" auch weiterhin nicht für Werbezwecke verwendet werden.

Irreführende Werbung

Ein Automobilhändler erklärt dem Käufer eines Gebrauchtwagens, dass der Benzinverbrauch wegen der elektronischen Einspritzung im Durchschnitt 6 l je 100 km beträgt. Wie sich später herausstellt, verbraucht das Fahrzeug trotz wirtschaftlichen Fahrens jedoch 8,5 l und verfügt darüber hinaus über keine elektronische Benzineinspritzung.

Kein Verstoß gegen geltendes Recht liegt vor, wenn in der Werbung nachprüfbare und typische Eigenschaften (z. B. Funktionen eines Gerätes, Preise) eines Produktes mit dem eines Wettbewerbers verglichen werden (**vergleichende Werbung**). Allerdings darf der Mitbewerber in einer vergleichenden Werbemaßnahme nicht herabgesetzt oder verunglimpft werden.

> *Vergleichende Werbung*
>
> Ein Verkäufer von kabellosen Kopfhörern wirbt: „Unsere In-Ear-Kopfhörer sind um 10 % günstiger als die der Konkurrenz." Die auf den Verkaufspreis bezogene vergleichende Werbung ist zulässig.

■ **Grundsatz der Klarheit**

Damit mit einer Werbeaussage bei den Adressaten die gewünschte Wirkung erzielt wird, muss sie klar und leicht verständlich sein. Lange und schwer verständliche Werbebotschaften sind nicht einprägsam. Sie entsprechen daher nicht dem Werbegrundsatz „Klarheit".

Werbemittel und Werbeträger

Der Inhalt einer Werbebotschaft kann den Adressaten über verschiedene **Werbemittel** vermittelt werden. Die Übertragung kann dabei über Bilder (**visuelle Werbemittel**), Töne (**akustische Werbemittel**) oder beides (**audiovisuelle Werbemittel**) erfolgen. Darüber hinaus gibt es noch eine ganze Reihe von Werbemitteln, die sich der obigen Einteilung nicht zuordnen lassen. Sie werden als **sonstige Werbemittel** zusammengefasst. Zusammen mit der Entscheidung über das geeignetste Werbemittel muss überlegt werden, welche Personen oder Dinge die Werbebotschaft an die Adressaten herantragen sollen (**Werbeträger oder Werbemedien**). Hierbei spielen neben der Reichweite (Leser, Zuschauer, …) auch **Streuverluste** eine wichtige Rolle. Damit sind Personen gemeint, die nicht zur Zielgruppe gehören. Z. B. hätte ein Elektronikhändler bei einer Anzeige in einem Computermagazin weniger Streuverluste als mit einem Fernsehspot.

Werbemittel		mögliche Werbeträger (Werbemedien)
visuelle Werbemittel	Anzeigen	Zeitungen, Zeitschriften, Illustrierte
	Werbedrucke	Zeitungsbeilagen, Prospekte, Kataloge
	Werbeplakate	Plakatwände, Säulen, Häuser, Veranstaltungen
	Werbebrief	Serienbrief, E-Mail, persönlicher Brief
	Internet	Unternehmenswebsite, Soziale Medien
akustische Werbemittel	Funkspots Gespräche	Radio; Verkaufsgespräche, Vorträge
audiovisuelle Werbemittel	Fernsehspots Filme	Fernsehen; Soziale Medien, Kino, Videoportale
sonstige Werbemittel	Werbegeschenke	Werbeverpackungen, Zugaben, Giveaways
	Kundendienst	werkseigene Wartung

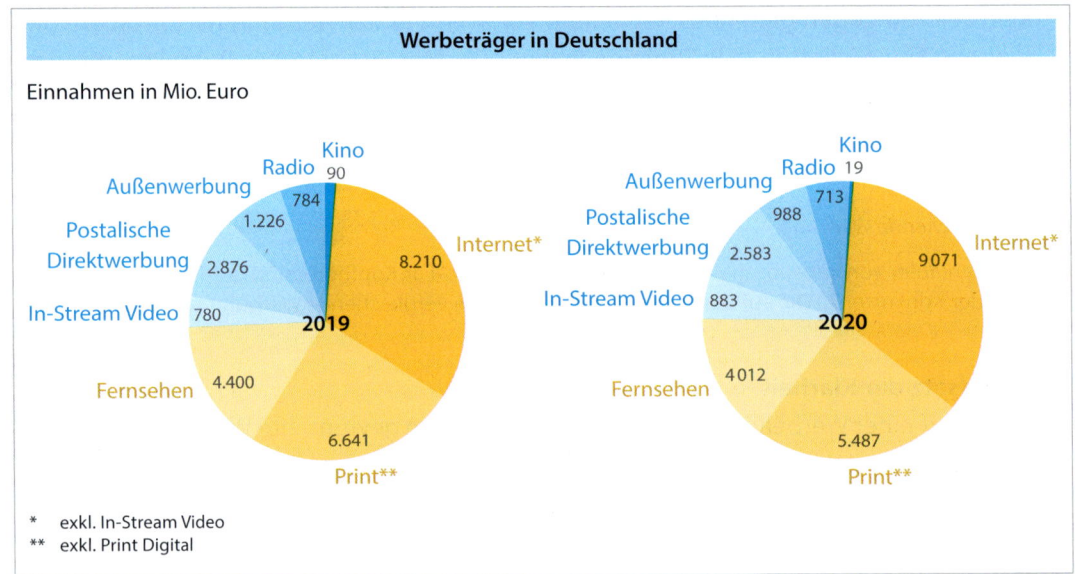

Werbeträger in Deutschland

Einnahmen in Mio. Euro

2019: Kino 90, Radio 784, Außenwerbung 1.226, Postalische Direktwerbung 2.876, In-Stream Video 780, Internet* 8.210, Fernsehen 4.400, Print** 6.641

2020: Kino 19, Radio 713, Außenwerbung 988, Postalische Direktwerbung 2.583, In-Stream Video 883, Internet* 9071, Fernsehen 4012, Print** 5.487

*   exkl. In-Stream Video
**   exkl. Print Digital

Werbearten

Arten der Werbung mit Beispielen							
Zahl der Werbenden		Zahl der Umworbenen		Gegenstand der Werbung		Zielgruppe	
Alleinwer-bung	Gemein-schafts-werbung	Einzel-werbung/ Direktwer-bung	Massen-werbung	Produkt-werbung	Firmen-werbung	Händler-werbung	Verbrau-cherwer-bung
Werbung für ein bestimmtes Smart-phone	Werbung für Boden-seeäpfel	Werbebrief an bestimmte Haushalte	Werbepro-spekt einer Lebens-mittelkette	Werbung für ein Wasch-mittel	Werbung für ein Pharma-unter-nehmen	Werbe- und Informa-tionsmate-rial für Händler	Fernseh-spot für ein bestimmtes Auto

- **Werbearten nach der Zahl der Werbenden**

   Abhängig davon, ob einzelne Personen bzw. Unternehmen oder eine Gruppe umworben wird, lassen sich folgende Werbearten unterscheiden:

   – **Alleinwerbung (Individualwerbung):** Die Werbemaßnahme betrifft die Produkte lediglich eines Unternehmens. Dabei kann das Unternehmen selbst bzw. dessen für die Werbung zuständige Abteilung oder eine Werbeagentur die Werbemaßnahme planen und durchführen.

   – **Kooperationswerbung:**

   Gemeinschaftswerbung: Mehrere Unternehmen werben gemeinsam für **gleiche** Pro-dukte. Die Namen der werbenden Unternehmen werden im Einzelnen nicht genannt.
   Sammelwerbung: Wie bei der Gemeinschaftswerbung werben auch hier mehrere Unternehmen gemeinsam. Jedoch werden die Namen der werbenden Unternehmen in der Werbung selbst genannt.

Werbearten nach der Zahl der Werbenden

Alleinwerbung: Die Deutsche Telekom AG wirbt für neue Smartphone-Tarife.

Gemeinschaftswerbung: Die Besitzer der Obstplantagen am Bodensee werben gemeinsam für ihr Bodenseeobst.

Sammelwerbung: Am Neubau einer kaufmännischen Berufsschule ist folgende Tafel angebracht (Auszug):

> **Neubau des Berufsschulzentrums …**
>
> **Planung:**
> Architektengruppe Schwarzwald/Hochrhein, …
>
> **Durchführung:**
>
> **Betonarbeiten:** Bauunternehmung Karl Meurer, …
>
> **Dachkonstruktion:** …

■ **Werbearten nach der Zahl der Umworbenen**

Nach der Zahl der Umworbenen lassen sich unterscheiden:

– **Einzelwerbung (Direktwerbung):** Die Werbemaßnahme ist direkt an eine einzelne Person oder an ein einzelnes Unternehmen gerichtet (One-to-One-Werbung).

– **Massenwerbung:** Die Werbemaßnahme ist an die Allgemeinheit insgesamt oder an eine Gruppe von Unternehmen bzw. Personen gerichtet.

Werbearten nach der Zahl der Umworbenen

Einzelwerbung: Die Außendienstmitarbeiter eines Herstellers von Staubsaugern suchen ausgewählte Haushalte persönlich auf und führen die Geräte vor. Weitere Beispiele: Werbebriefe, Werbung per E-Mail oder Telefon.

Massenwerbung: Eine Lebensmittelkette bewirbt samstags alle Haushalte in Hessen durch einen Prospekt mit den Angeboten für den folgenden Montag. Weitere Beispiele: Medienwerbung (Funk- und Fernsehwerbung, Werbeanzeigen, Beilagen in Zeitungen und Zeitschriften), Onlinewerbung und Außenwerbung (Plakatwerbung, Bandenwerbung in Stadien, Werbeaufschriften auf Bussen).

■ **Besondere Werbearten**

Als besondere Werbearten gelten **Product-Placements** (gezielte Einbringung von Markenprodukten in die Handlung von Filmen und literarischen Werken gegen entsprechende Bezahlung) und **Incentives** oder **Kaufanreize** (Geld- und Sachprämien, Veranstaltungen oder Reisen, die von Unternehmen eingesetzt werden, um Einzelpersonen – zum Beispiel Kunden, Mitarbeiter, Geschäftspartner und Politiker – zu beeinflussen, zu motivieren oder zu belohnen).

Besondere Werbearten

Incentives: Ein Mitarbeiter einer Bank erhält als Belohnung für die Erreichung eines bestimmten Umsatzes von einer Fondsgesellschaft eine Eintrittskarte zu einem Formel-1-Rennen.

Werbeplanung

„Ich weiß, die Hälfte meiner Werbung ist hinausgeworfenes Geld. Ich weiß nur nicht, welche Hälfte." lautet ein bekanntes Zitat in der Werbebranche. Bei keiner Werbemaßnahme ist im Voraus genau abzusehen, ob sich die gewünschten Wirkungen einstellen. Mit der Erstellung eines **Werbeplanes** wird beabsichtigt, auf der Grundlage von Werbezielen Maßnahmen zur Werbedurchführung genauer zu bestimmen. Damit werden die Voraussetzungen für eine wirksame Werbekontrolle geschaffen. So können gegebenenfalls Korrekturen vorgenommen werden, falls abzusehen ist, dass die Vorgaben aus dem Werbeplan nicht zum gewünschten Ergebnis führen. Der Werbeplan gibt im Normalfall über folgende Fragen Auskunft:

Aufg. 5
S. 293

Aufg. 6
S. 294

Streu-kreis **Wen** soll die Werbung ansprechen (z. B. Verbraucher, Einzelhandel, Fachhandel, Handwerker, Berater)?

Werbe-objekte **Wofür** soll geworben werden (Werbung für ein einzelnes Produkt oder ein Sortiment – **Produktwerbung**; Werbung für ein ganzes Unternehmen – **Firmenwerbung**)?

Werbe-subjekt **Wer** führt die Werbung durch (Unternehmen selbst, Werbeagentur)?

Werbe-inhalt **Welche** Botschaft soll die Werbung vermitteln (Produktinformationen, Unternehmensinformationen)?

Werbe-medien Über **welches** Medium – über welche Medienkombination – soll die Werbebotschaft vermittelt werden (Prospekt, Rundfunk, Fernsehen)? Grundsätzlich ist das Werbemedium zu wählen, das die Zielgruppe am treffendsten anspricht. Ein Kostenvergleich der Medien kann mithilfe der Formel über den **Tausenderpreis** (oder Tausender-Kontakt-Preis TKP) vorgenommen werden. Das ist der Preis, der bezahlt werden muss, wenn das eingesetzte Werbemedium 1 000 Adressaten (Leser, Zuhörer, Zuschauer) erreichen soll. Auch bei Online-Medien ist ein solcher Vergleich möglich. Dort wird meist unter der englischen Bezeichnung CPM (Cost per Mille) der Preis pro 1 000 Impressionen verglichen. Darüber hinaus sind noch weitere Kennzahlen ermittelbar, wie Verweildauer, Clicks oder daraus resultierende Käufe.

$$\text{Tausenderkontaktpreis} = \frac{\text{Kosten des Werbemediums} \cdot 1\,000}{\text{Zahl der Leser}}$$

Tausenderpreis für einen Werbespot im ZDF
(30 Sekunden, 14 Mio. Zuschauer)

$$\text{TKP} = \frac{678\,\text{EUR} \cdot 30\,\text{Sek} \cdot 1\,000}{14\,\text{Mio.}} = 1{,}45\,\text{EUR}$$

Werbeplan eines Herstellers von Gartengeräten

Streukreis:	Besitzer von Eigenheimen
Werbeobjekt:	Rasenmäher
Werbesubjekt:	Hersteller führt Werbung selbst durch
Werbeinhalt:	Produktinformationen
Werbemittel:	Prospekt
Streuzeit:	Frühjahr
Streugebiet:	Bayern
Reichweite:	500 000 Haushalte
Werbeetat:	80.000 EUR

Kosten ausgewählter Werbemedien als Grundlage für die Werbeplanung

	Sende-zeit	Sende-tage	ca. EUR/ Sekunde
Fernsehsender			
ARD	19:58 Uhr	Montag – Samstag	2.130
ZDF	18:25 Uhr	Montag – Freitag	678
ProSieben MAXX	19:45 Uhr	Montag – Freitag	57
Rundfunksender			
Südwest-rundfunk (SWR 3)	7:00 Uhr – 8:00 Uhr	Montag – Freitag	143
antenne1 Neckarburg Rock&Pop	5:00 Uhr – 24:00 Uhr	Montag – Sonntag	4,20

	Erschei-nungs-weise	Leser (ca.)	Seitenpreis (farbig) EUR
Tageszeitung			
Frankfurter Allgemeine Zeitung (FAZ)	täglich	960 000	69.920
Zeitschrift			
Spiegel	wöchent-lich	5,2 Mio.	82.700

Tausenderpreis für eine Seitenwerbung in der FAZ

$$\text{Tausenderpreis} = \frac{69.920 \cdot 1\,000}{960\,000} = 72{,}83\,\text{EUR}$$

Streuzeit: **Zu welchen Zeitpunkten** soll geworben werden? Bei Produkten, die saisonalen Schwankungen unterliegen, ist zu entscheiden, ob während der Saison (= **prozyklische Werbung**) oder außerhalb der Saison (= **antizyklische Werbung**) geworben werden soll.

Festlegung der Streuzeit einer Werbung

1 **eines Skiherstellers**

Ein Hersteller von Skiern wirbt während der laufenden Skisaison von Oktober bis Januar für einen neu entwickelten Ski – Modell Race Carver X/80 (= prozyklische Werbung).

© MEV Agency UG

2 **eines Vermieters von Ferienwohnungen in Spanien**

Ein Vermieter von Ferienwohnungen in Spanien wirbt außerhalb der Badesaison in der Zeit von Februar bis April (= antizyklische Werbung).

Streugebiet: **Auf welchen geografischen Raum** (Ort, Land) sollen sich die Werbemaßnahmen ziehen? Das Streugebiet ist jedoch keine feste Größe. Ist z. B. beabsichtigt, mit einer Werbemaßnahme einen Mitbewerber vom Markt zu verdrängen (**Expansionswerbung**), so muss das bislang beworbene Streugebiet geändert werden.

Reichweite: **Zahl der umworbenen Personen** (= abhängig vom Streukreis und Streugebiet). Hier kann zwischen zielgruppenspezifischer und Reichweite in der Gesamtbevölkerung unterschieden werden.

Werbeetat: **Welche finanziellen Mittel** stehen für Werbezwecke zur Verfügung?

Für die Festlegung der Höhe dieser Mittel sind folgende Methoden denkbar:

1. *Ausgabenorientierte Methode:* Zu Beginn der Werbeperiode steht ein bestimmter Betrag für Werbezwecke zur Verfügung. Die Höhe der zur Verfügung stehenden Mittel ist dabei abhängig vom Gewinn der Vorperiode.

2. *Prozentsatz-von …-Methode:* Die Höhe des Werbeetats wird als bestimmter Prozentsatz vom Umsatz oder Gewinn bestimmt.

3. *Konkurrenzorientierte Methode:* Der Werbeetat wird festgelegt in Abhängigkeit vom Werbeetat vergleichbarer Konkurrenzunternehmen.

4. *Ziel- und Aufgaben-Methode:* Der Werbeetat richtet sich nach den mit der Werbung verfolgten Zielen. Der finanzielle Spielraum des Unternehmens sowie die Konkurrenzsituation gehen als Nebenbedingungen in die Überlegungen ein.

Kosten für ausgewählte Online-Medien als Basis für die Planung von Werbeaktivitäten		
Plattform	durchschn. CPC	durchschn. CPM
Google Search Ads	$2.32	$38.40
Google Display Ads	$0.67	$3.12
Facebook Ads	$1.35	$8.60
Instagram Ads	$3.56	$8.96
Twitter Ads	$0.38	$6.46
LinkedIn Ads	$5.26	$6.59
Pinterest Ads	$1.50	$30.00

CPC = Cost Per Click, Kosten pro Klick

CPM = Cost Per Mille, Tausenderkontaktpreis

vgl. https://www.topdraw.com/insights/is-online-advertising-expensive

Aufg. 7
S. 295

> **Beispiele zur Bestimmung der Werbeausgaben**
>
> **Ausgabenorientierte Methode**
> Um die Umsätze zu stabilisieren, wirbt eine Brauerei während verschiedener Sportsendungen im Fernsehen für ihr Bier (Erinnerungswerbung). Es wird jeden Monat – unabhängig vom erzielten Umsatz – ein zuvor festgelegter konstanter Betrag für die Werbung eingesetzt.
>
> **Prozentsatz-von ...-Methode**
> Ein Hersteller von Schmuck bestimmt, dass im kommenden Geschäftsjahr für Werbung 2 % des Umsatzes aus dem vergangenen Geschäftsjahr eingesetzt werden sollen.
>
> **Konkurrenzorientierte Methode**
> Ein Hersteller modischer Damenkleidung ermittelt, welchen Betrag die Konkurrenz für Werbezwecke einsetzt. Der eigene Werbeetat beträgt dann 110 % des Etats der Konkurrenz.
>
> **Ziel- und Aufgaben-Methode**
> Ein Lebensmittelhersteller setzt den Werbeetat für ein neu einzuführendes Produkt, ein laktosefreies Speiseeis, in der Einführungsphase besonders hoch an.

© MEV Agency UG

7.3   Verkaufsförderung (Sales Promotion)

Die beste Werbung führt langfristig nicht zu dem gewünschten Ergebnis, wenn z. B. das Verkaufspersonal eines Unternehmens nicht in der Lage ist, dem Kunden eine qualifizierte Auskunft über die Eigenschaften eines Produktes zu geben oder wenn das Produkt im Verkaufsraum nicht entsprechend platziert ist.

Aufg. 8
S. 296

> **!**   **Maßnahmen, die dazu dienen, die Werbung eines Unternehmens zu unterstützen und damit den Absatz direkt am Ort des Verkaufs zu fördern, werden als Verkaufsförderung (Sales Promotion) bezeichnet.**

Während die Werbung die Aufgabe hat, Kunden an das Produkt heranzuführen, ist mit Maßnahmen zur Verkaufsförderung beabsichtigt, bei den Kunden den Kaufentschluss herbeizuführen.

Als Zielgruppen für Maßnahmen zur Verkaufsförderung kommen infrage:

- **Mitarbeiter im Außendienst (Außendienstpromotion)**
  Mit der Verkaufsförderung bei den Außendienstmitarbeitern wird das Ziel verfolgt, deren Leistungsfähigkeit zu steigern und ihre Verkaufsbemühungen zu unterstützen. Die Maßnahmen dienen damit in erster Linie dem **Reinverkauf** der Produkte in den Handel: Schulung von Außendienstmitarbeitern bei der Führung von Verkaufsgesprächen, optimale Ausstattung der Verkäufer mit entsprechenden Verkaufsunterlagen (Muster, Kataloge, Laptop etc.), fachliche Weiterbildung, Motivierung zu höheren Leistungen z. B. durch Gewährung von Prämien.

- **Handel (Händlerpromotion)**
  Wenn es dem Handel nicht gelingt, die Produkte an die Endabnehmer weiterzuverkaufen, stellt sich dauerhaft auch für den Hersteller kein zufriedenstellendes Ergebnis ein. Aus diesem Grunde sind Maßnahmen zur Verkaufsförderung häufig auch auf der Handelsstufe erforderlich. Sie fördern den **Rausverkauf**, d. h. den Verkauf an den Endabnehmer:

Schulung des Verkaufspersonals der Absatzmittler beim Führen von Verkaufsgesprächen, fachliche Weiterbildung der Verkäufer, Vorschläge zur Produktplatzierung im Verkaufsraum, Bereitstellung von Display-Material (z. B. Ständer, Regale, Plakate), Kalkulationshilfen, Verkaufsveranstaltungen.

Maßnahmen zur Verkaufsförderung einer Molkerei

Eine Molkerei hat einen neuartigen probiotischen Joghurt entwickelt. Bei dessen regelmäßigem Verzehr werden die natürlichen Abwehrkräfte des Körpers unterstützt.

Das Unternehmen führt folgende Maßnahmen zur Verkaufsförderung durch:

❶ Eigene Außendienstmitarbeiter
In einem Schulungsseminar werden die Mitarbeiter in der Führung von Verkaufsgesprächen zu dem neuen Produkt geschult. Dabei werden den Verkäufern insbesondere die biologischen Wirkungszusammenhänge der in dem Joghurt enthaltenen Bestandteile vermittelt. Alle Mitarbeiter im Außendienst erhalten ein „Sales Manual" mit Informationen zu den Bestandteilen (Eiweiß, Kohlenhydrate, Ballaststoffe etc.) des neuen Produkts. Für den Verkauf des neuen Produkts erhalten sie eine Umsatzprämie von 0,5 %.

❷ Absatzmittler/Verbraucher
Die Molkerei baut in verschiedenen Supermärkten Probierstände auf, an denen die Konsumenten kostenlose Joghurtproben erhalten können.

© missmimimina – stock.adobe.com

- **Verbraucher (Verbraucherpromotion)**
  Mit verbraucherorientierten Maßnahmen zur Verkaufsförderung wird das Ziel verfolgt, die Verbraucher in besonderer Weise auf das Produkt aufmerksam zu machen: Bedienungsanleitungen, Verteilung von Produktproben und Werbegeschenken, Zugaben, Preisausschreiben.

7.4 Öffentlichkeitsarbeit (Public Relations)

 Public Relations sind alle Maßnahmen zur Pflege der Beziehungen zur Öffentlichkeit.

Auf diese Weise will ein Unternehmen sein Bild (Image) pflegen – eventuell auch verbessern. Es wird also nicht für ein Produkt geworben, sondern für das Unternehmen selbst. Deshalb wird anstelle von Öffentlichkeitsarbeit häufig auch von **Meinungswerbung** gesprochen. Eine gute Öffentlichkeitsarbeit ist Voraussetzung dafür, dass andere Kommunikationsmittel besser greifen. Als **Public Relations**-Maßnahmen (**PR**) sind denkbar:

- Betriebsbesichtigungen,
- Tag der offenen Tür,
- finanzielle Unterstützung gemeinnütziger Organisationen,
- Vorträge über aktuelle Themen von allgemeinem Interesse,
- Pressekonferenzen über aktuelle Forschungsergebnisse,
- Berichte in Tageszeitungen und Zeitschriften,
- Herausgabe von Broschüren, Werks- und Kundenzeitschriften,
- Unternehmenswebsite, Unternehmensauftritt in sozialen Medien.

> **Öffentlichkeitsarbeit (Public Relations) verschiedener Unternehmen**
>
> **Die Aesculap AG** stellt den Schülern von kaufmännischen Schulen auf Wunsch Klassensätze ihrer Geschäftsberichte zur Verfügung.
>
> **Die Deutsche Bank AG** lädt zu einem kostenlosen Vortrag zum Thema „Erben und Vererben" in die Stadthalle einer Kleinstadt ein.
>
> **Papierhersteller Kohler GmbH** erläutert einer Schulklasse im Rahmen einer Betriebsbesichtigung die ökologischen Ziele des Unternehmens.

Das Thema PR gewinnt an Bedeutung, je mehr Kunden eine bestimmte Haltung von Unternehmen im Bereich gesellschaftliche Verantwortung (Corporate Social Responsibility) erwarten, etwa im Bereich Nachhaltigkeit oder Mitarbeiterführung.

7.5 Sponsoring

> **Sponsoring liegt vor, wenn ein Unternehmen als Förderer von Personen oder Organisationen auftritt, diesen Geld- oder Sachmittel zur Verfügung stellt und gleichzeitig Ziele der Kommunikationspolitik verfolgt.**

Als Gegenleistung für seine Unterstützung will der Sponsor öffentlichkeitswirksam genannt werden, z. B. auf der Kleidung oder Ausrüstung. Sponsoring kommt in den Bereichen Sport, Kultur sowie in gemeinnützigen Einrichtungen vor. Auf diese Weise soll Bekanntheit und Image des Sponsors verbessert und gesellschaftliche Verantwortung dargestellt werden. Im Idealfall passen Image des Gesponsorten und des Sponsors zusammen, sodass ein Imagetransfer gelingt, z. B. ein sportlich-modernes Image für ein Möbelhaus.

> *Sponsoring*
>
> Die Volksbank einer nordbadischen Kleinstadt kauft für die örtliche Sozialstation einen Kleinwagen, mit dem das „Essen auf Rädern" zugefahren wird. In einem großen Bericht mit Bild wird in der örtlichen Tageszeitung über die Spende berichtet. Zusätzlich ist auf der Lackierung des Kleinwagens das Volksbankemblem angebracht.

7.6 Kommunikation im E-Commerce

Kommunikation im E-Commerce ist äußerst vielfältig. Dazu zählen Online-Kommunikation, Social Media ebenso wie mobile Kommunikation. Digitale Medien ermöglichen **Interaktivität**, also die Möglichkeit, in beide Richtungen zu kommunizieren, z. B. auf „gefällt mir" zu klicken, anders als z. B. bei einem Fernsehspot. Eine Besonderheit bei Social Media ist hierbei, dass die Kommunikation nicht nur zwischen Unternehmen und

Kunde sondern auch zwischen Kunde und Kunde stattfinden kann. Inhalte des Unternehmens können sich mit Inhalten von Nutzern (z. B. Erfahrungsberichte) vermischen. Im Extremfall führt das zu **viralem** Marketing, also Werbung, die sich ohne weiteres Zutun des Unternehmens schnell ausbreitet und vom Unternehmen nicht bezahlt aber auch nicht mehr kontrolliert wird.

Apps können der Kommunikation oder Distribution dienen. Meist informieren sie über das aktuelle Angebot oder bieten Rabatte oder Boni wie eine Kundenkarte. Einige Apps ermöglichen einen direkten Einkauf oder bieten Zusatzservices wie Filialfinder, Einkaufslisten, Rechner, Rezepte oder Gewinnspiele. Für das Unternehmen sind Apps auch Instrumente zur Kundenbindung und Datenerhebung z. B. zu spezifischen Kundeninteressen oder Standortdaten.

Eine persönliche Kundenansprache zeichnet nicht nur Verkäufer im stationä-

Digitalisierung wirkt sich auf alle Bestandteile der AIDA-Formel aus.

A Online-Werbung z. B. in Videos oder auf Nachrichtenseiten schafft Aufmerksamkeit

I Interessierte geben oft bestimmte Suchbegriffe in Suchmaschinen oder Vergleichsportale ein. Das eigene Produkt sollte dann möglichst weit oben stehen.

D Auch kleine Anbieter können rationale oder emotionale Botschaften mit Bild und Ton transportieren und so den Kaufwunsch unterstützten.

A Sonderaktionen und Angebote können z. B. über Apps verbreitet werden und sollen direkt zur Kaufhandlung führen.

ren Handel aus. Auch im Internet ist eine gelungene Kundenansprache (Kommunikation) eine entscheidende Voraussetzung für den gewünschten Absatzerfolg.

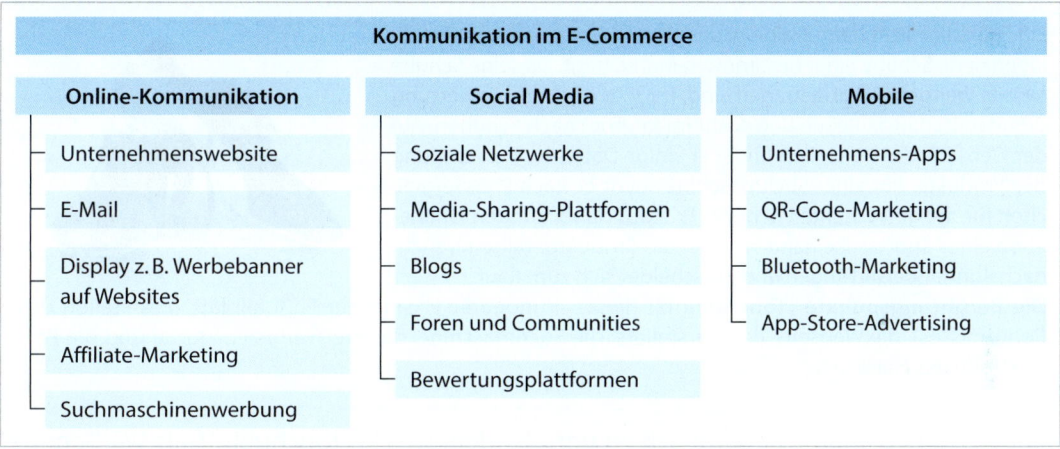

In erster Linie sind die Kunden an Hintergrundinformationen (Beschreibungen, Produkttests, Empfehlungen bzw. Bewertungen anderer Käufer) interessiert. Gleichzeitig wollen sie wissen, ob das angeklickte Buch, die Hifi Anlage oder die Trekking-Hose zu ihnen und ihren Bedürfnissen passt. Online-Shops, die diese Erkenntnis für sich nutzen, bieten ihren Kunden **interaktive Filter** an, um gezielt nach Produkten zu suchen. Dabei verweisen sie auf Produkte von Käufern, die ähnliche Interessen oder einen ähnlichen Kaufhintergrund haben. Das Hauptaugenmerk dieser Beurteilungen sollte dabei auf der **Qualität** der beworbenen Produkte liegen. So ist es für die meisten Käufer z. B. von Unterhaltungselektronik sehr wichtig, sich im Internet über das Produkt informieren zu können. Wollen sie hingegen Lebensmittel erwerben, so ist das Interesse, sich im Internet vorab zu informieren, deutlich geringer. Hier spielen der direkte Vergleich im Supermarkt, Anschauen und Anfassen eine große Rolle.

Kommunikation vor, während und nach dem Kauf

Kunden neigen im Regelfall dazu, mit dem Anbieter in Kontakt zu treten, weil sie entweder Fragen zu einem Produkt haben, Unterstützung bei der Kaufentscheidung suchen oder sich im Kaufprozess am Feedback anderer orientieren wollen. Unternehmen sollten deshalb ihren Kunden die Möglichkeit geben, eine Bewertung oder ein Feedback für ein gekauftes Produkt abzugeben, aber auch im Entscheidungsfindungsprozess eine Frage zu stellen – also vor dem Kauf. Aus diesen Dialogen können spezielle Plattformen Daten generieren, die für Händler und Dienstleister sehr wertvoll sind. Hieraus entwickelt sich ein 360-Grad-Blick auf den Kunden: nicht nur die Fakten, was hat wer wann gekauft, sondern auch, wie reagiert jemand auf das Sortiment, auf die Produkte und wo sind seine Bedenken, wo besteht Optimierungsbedarf? Durch eine Auswertung all dieser Informationen lassen sich die Erkenntnisse auf einzelne Zielgruppen herunter brechen. Unternehmen können individuell handeln und gezielt Marketing betreiben.

DSGVO
Art. 6

Für den Konsumenten stellt sich die Frage, wie viele Daten er über sich preisgeben möchte. Grundsätzlich ist eine Speicherung und Verwendung von personenbezogenen Daten nur mit ausdrücklicher Einwilligung der Person zulässig.

Bevor ein Kunde sich für eine Bestellung im Internet entscheidet, kommt er zuvor im Normalfall mehrfach mit dem Produkt in Kontakt.

Berührungspunkte (Touchpoints) bei E-Commerce-Bestellung

Ein Fußballer sieht beim Training, dass einer seiner Mannschaftskollegen neue Schuhe einer bestimmten Marke trägt. Da seine Schuhe bereits weitgehend abgetragen sind, fragt er nach der Bewertung des Mannschaftskollegen und sucht im Internet nach Schuhen. Auf der Webseite des Herstellers findet er einige Daten zur Verarbeitung des Produkts. Auf einer Suchmaschine sucht er nach Preisvergleichen für die gewünschten Schuhe. Er stößt dabei auf den Online-Shop eines Sportartikelhändlers, liest die Produktdetailseite, sucht nach Kundenbewertungen und entscheidet sich zum Kauf.

© Mikhail Basov - stock.adobe.com

Die **Berührungspunkte (Touchpoints)** dieser „Kundenreise" sind der Fußballplatz (Feststellen des Bedürfnisses), die Webseite des Herstellers, die Suchmaschine, das Preisvergleichsportal und die Produktseite des Händlers.

Bei der Werbeplanung ist demnach zu entscheiden, welche Touchpoints als Werbemittel infrage kommen. Hierunter fallen verschiedene Medien, wie z. B. Blogs, Foren, Social Media, Vergleichsportale, Anzeigen, Suchmaschinen oder Herstellerseiten. Welcher Touchpoint letztlich aber zur Kaufentscheidung geführt hat, lässt sich in vielen Fällen kaum nachvollziehen. Beim stark wachsenden **Affiliate Marketing**[1] ist das möglich. Das Werbemedium (z. B. eine Nachrichten-Website) wird zum Absatzhelfer, der eine Erfolgsbeteiligung für jeden Klick oder jeden Kauf bekommt, in der Regel ohne Fixum. Die vertragliche Konstellation ähnelt der beim Handelsvertreter mit Vermittlungsvollmacht. Ein Vorteil für den Werbetreibenden ist, dass er nur für erfolgreiche Werbung bezahlt, nicht für Streuverluste. Ein Vorteil für den sogenannten „Affiliate" ist, dass er nicht nur einmalig, sondern über einen längeren Zeitraum bezahlt wird.

---

1   Affiliate-Marketingsysteme (engl. affiliate „angliedern") sind internetgestützte Vertriebsarten, bei denen in der Regel ein kommerzieller Anbieter (engl. Merchant oder Advertiser) seinen Vertriebspartnern (engl. Affiliates oder Publisher) Provisionen anbietet. Der Produktanbieter stellt hierbei Werbemittel zur Verfügung, die der Affiliate auf seinen Websites verwendet.

7.7 Influencer[1]-Marketing

> **Beim Influencer-Marketing setzen Unternehmen gezielt Meinungsmacher (Influencer) und damit Personen mit Ansehen, Einfluss und Reichweite in ihrer Kommunikationspolitik ein. Die Meinungsmacher bewirken als Multiplikatoren (Vervielfältiger), dass die Maßnahmen eine große Reichweite haben.**

Unternehmen nutzen die Kompetenzen und Eigenschaften der Influencer für ihre mit der Kommunikation verfolgten Ziele. Die Influencer verfügen im Normalfall über ein hohes soziales Ansehen und Vertrauenswürdigkeit. Sie zeigen Hingabe, sind engagiert, fachlich kompetent und werden von ihren Followern (Anhängern) als Experten und „authentische" Vorbilder angesehen, deren Meinungen und Empfehlungen beachtet werden. Dadurch können sie den **Verkauf von Waren und Dienstleistungen beeinflussen** und zu einer **Verbesserung des Images einer Marke** beitragen. Als Influencer kommen z. B. Sportler, Journalisten, YouTuber, Prominente und Fachexperten infrage. Zur Verbreitung der Informationen werden hauptsächlich soziale Netzwerke wie Facebook oder Instagram sowie Media-Sharing Plattformen wie Youtube oder Tiktok genutzt.

Das Influencer-Marketing hat inzwischen einen deutlich größeren Einfluss auf das Konsumverhalten und -vertrauen als alle anderen Werbeformen.

© picture alliance / Photopress Mueller/Ralf Mueller

Eine deutsche Influencerin

Bibi Claßen ist eine der bekanntesten deutschen Influencerinnen. Sie betreibt „BibisBeautyPalace", einen der am meisten abonnierten Youtube-Kanäle und erreicht damit eine vorwiegend junge Zielgruppe zu Themen wie Mode und Kosmetik.

Bei Influencern mit hoher Reichweite werden ähnlich hohe Honorare bezahlt wie bei traditionellen Promi-Testimonials in klassischen Werbemedien. Bei geringeren Reichweiten kann die Bezahlung in der Zusendung von Gratisprodukten bestehen.

Aus **rechtlicher Sicht** ist bedeutend, dass Posts, für die die Influencer ein Honorar erhalten oder Gratisprodukte zugeschickt bekommen, als solche gekennzeichnet werden müssen. Zusätze wie „sponsored by" oder „unterstützt durch" machen die Unterstützung deutlich. Kritisiert wird immer wieder, dass eine Unterstützung nicht ausreichend transparent gemacht wird z. B. wenn ein Hersteller von Energiesparlampen einen Influencer dafür bezahlt, das Thema „Energie sparen im Alltag" aufzugreifen, aber nicht explizit genannt wird. Ein weiterer Kritikpunkt betrifft den Fokus auf leicht beeinflussbare Kundschaft wie Kinder und Jugendliche, denen eine freundschaftliche Empfehlung vorgegaukelt wird.

7.8 Product Placement (Produktplatzierung)

> **Unter Product Placement ist die gezielte Einbindung von Produkten, Marken, Dienstleistungen oder Unternehmen in die Handlung von Spielfilmen, TV-Serien, Videospielen, Musikvideos bzw. in Zeitschriften- oder Zeitungsartikel gegen Bezahlung zu verstehen, ohne dass dies unmittelbar von den Konsumenten als Werbung erkannt wird.**

---

1 Influencer-Marketing = englisch: to influence: beeinflussen.

> **Product Placement bei Car Sharing Berlin**
>
> Bei der Vorstellung eines Car Sharing-Konzepts in Berlin wird der VW-Polo in einem Kurzfilm verwendet.

Beim Product Placement wird die **Leitbildfunktion (Opinion Leader)** eines bekannten Darstellers zur Darstellung z. B. eines Produkts benutzt:

© MGM/Courtesy Everett Collectio

- Ein Filmheld wie James Bond fährt ein bestimmtes Auto, trägt eine bestimmte Kleidung oder Uhr.

- Einkleidung der Moderatoren in Serien oder Shows

Diese Art des Marketings ist für Konsumenten zunächst nicht auf den ersten Blick erkennbar und kann sich deshalb als besonders wirkungsvoll erweisen. Während die klassische Werbung häufig als störend empfunden und nicht aufmerksam verfolgt wird, sind die Zuschauer eines Films aufmerksam. Sie bezahlen ja für eine Kinokarte oder schalten ein Programm ein. Für das Unternehmen hat Product Placement den Vorteil, dass gerade bei international ausgerichteten Kinofilmen eine weltweite Präsenz des Produkts erreicht wird.

Die Abwicklung einer solchen Maßnahme erfolgt meist über spezialisierte Agenturen für Product Placement. Diese Agenturen treten als Vermittler zwischen der Filmwirtschaft und den Unternehmen auf. Sie erstellen Drehbücher für Placement-Möglichkeiten, planen, gestalten und überwachen den Placement-Einsatz.

Die Kosten für das Product-Placement sind davon abhängig, welchen Beitrag das betreffende Unternehmen leistet bzw. welche Leistungen erbracht werden:

> **Produktbeistellung:**
>
> Unternehmen stellen ihre Produkte kostenlos zur Verfügung, zum Beispiel ein Fahrzeug für einen Kinofilm. Die Produktionsfirma spart sich die Anschaffungskosten für dieses Auto, der Hersteller profitiert von kostenloser Werbung.

> **Product Placement gegen Entgelt:**
>
> In diesem Fall zahlen die Unternehmen für die Produktplatzierung. Für Filmemacher und andere stellen diese Entgelte eine willkommene Einkommensquelle dar.

Aus rechtlicher Sicht ist darauf zu achten, dass Product-Placement nur dann zulässig ist, wenn folgende Voraussetzungen erfüllt sind:

Medienstaats-
vertrag
(MStV)
§ 8 Abs. 7

- Es muss **deutlich darauf hingewiesen werden**, dass es sich um eine Produktplatzierung handelt. Sie ist zu Beginn und zum Ende einer Sendung sowie bei deren Fortsetzung nach einer Werbeunterbrechung oder im Hörfunk durch einen gleichwertigen Hinweis angemessen zu kennzeichnen.

- Im Zuge des Product Placements darf nicht unmittelbar zur Inanspruchnahme einer Ware oder Dienstleistung aufgefordert werden.

2010/13/EU

- Bestimmte Sendungen wie Nachrichten oder Kindersendungen dürfen nicht für Product Placement genutzt werden.

Sind diese Vorgaben erfüllt, so ist auch eine Geldleistung des werbenden Unternehmens an die Medien zulässig.

Vom Product Placement abzugrenzen ist die **Schleichwerbung**. Bei dieser Werbung handelt es sich um den Einsatz bzw. die Nennung von Markenprodukten, wobei die Verbraucher gar nicht wissen, dass es sich dabei um Werbung handelt. **Schleichwerbung ist immer unzulässig**. Mit Einblendungen wie „Werbevideo" oder „unterstützt durch [Produktname]" zu Beginn oder während des Videos soll deutlich gemacht, dass es sich hierbei nicht um eine Schleichwerbung handelt.

UWG
§ 5a (6)

Schleichwerbung in einer Fernsehsendung

Der Fernsehmoderator einer Diskussionsrunde weist in einer Sendung mehrfach darauf hin, dass das Magazin Delta Pro die interessantesten Reiseberichte enthält. Der Moderator erhält von Magazin Delta für diese Art der Darstellung ein Honorar.

Diese Werbung ist unzulässig.

Stärken und Schwächen der Instrumente der Kommunikationspolitik		
	Stärken	**Schwächen**
Werbung	■ größte Reichweite ■ sehr vielfältig ■ Steigerung der Bekanntheit und Absetzung von der Konkurrenz	■ relativ hohe Kosten ■ keine Feedbackmöglichkeit
Sales Promotion	■ Steigerung der Kaufabsicht bei Kunden ■ Motivation von Absatzmittlern	■ relativ hohe Kosten ■ nur in Verbindung mit anderen Maßnahmen sinnvoll
Public Relations	■ Verbesserung der Einstellung gegenüber dem Unternehmen ■ Darstellung des Unternehmens und Abgrenzung zur Konkurrenz	■ führt nicht direkt zu Verkaufserfolgen ■ begrenzte Reichweite
Sponsoring	■ Verbesserung der Einstellung gegenüber dem Unternehmen/Produkt ■ Vermittlung von Emotionen zur Marke	■ relativ hohe Kosten ■ Möglichkeiten zur Gestaltung beschränkt
Online-Kommunikation	■ zweiseitige Kommunikation möglich ■ detaillierte Information möglich	■ kaum Abgrenzung zum Wettbewerb möglich ■ Aufbau von Kundenloyalität schwierig
Influencer Marketing	■ besonders emotionale zielgruppenspezifische Ansprache ■ Interaktion möglich	■ Kosten teilweise recht hoch ■ Werbekontext wenig kontrollierbar
Product Placement	■ emotionale Kundenansprache ■ Aufbau einer positiven Einstellung gegenüber dem Produkt	■ geringe Reichweite ■ Kommunikationswirkung ist nur sehr eingeschränkt steuerbar

Aufg. 9
S. 296

Zusammenfassende Übersicht zu Kapitel 7: Kommunikationspolitik

Product Placement   Werbung

Influencer-Marketing → **Kommunikations-politik** ← Verkaufsförderung (Sales Promotion)

Sponsoring   Öffentlichkeitsarbeit (Public Relations)

Veränderungsdruck durch Digitalisierung/E-Commerce

Grundsätze
- Wirksamkeit
- Wirtschaftlichkeit
- Wahrheit
- Klarheit
- Zielgruppenorientierung

Werbung

Ziele
- Einführungswerbung
- Expansionswerbung
- Erhaltungswerbung
- Erinnerungswerbung

Werbemittel
- **visuell:** Anzeigen, Prospekte, Werbebriefe, Social Media Postings
- **akustisch:** Radiospots
- **audiovisuell:** Fernsehspots, Filme, Online-Werbung

Werbearten
- Allein – Gemeinschaft
- Einzel – Massen
- Produkt – Firmen
- Händler – Verbraucher

Werbeträger
- Zeitungen/Zeitschriften
- Rundfunk/Fernsehen
- Plakatwände/Plakatsäulen
- Website, Social Media

Werbeplan
- Streukreis
- Werbeobjekte
- Werbesubjekt
- Werbeinhalt
- Werbemittel
- Streuzeit
- Streugebiet
- Reichweite
- Werbeetat

Checken Sie Ihre Kompetenz mit der **Ich-kann-Liste**.

Öffnen Sie hierzu den nebenstehenden **QR-Code** oder geben Sie folgenden Link ein: https://vel.plus/BHC31

ERARBEITUNGSAUFGABE

zu Kapitel 7 Kommunikationspolitik

EA 1 Kommunikationspolitik eines Getränkeherstellers

Die Cabeza GmbH, ein Berliner Getränkehersteller, hat einen Energydrink entwickelt, da diese Produktgruppe nach wie vor stark wächst. Das neue Produkt, das noch keinen Markennamen hat, soll in der Zielgruppe der jungen Männer von 20–29 Jahren, die sportlich aber nicht besonders gesundheitsbewusst sind, platziert werden. Energydrinks gelten als Image- und Statussymbol. Wie bei vielen Konkurrenzprodukten warnen Experten auch bei Cabezas Rezeptur vor Herzkreislaufkrankheiten und Auswirkungen auf die Hirnentwicklung v. a. bei Jugendlichen.

© MicroOne – stock.adobe.com

Im Bereich Kommunikationspolitik werden folgende Möglichkeiten in Erwägung gezogen:

a) Der Öffentlichkeit soll über verschiedene Kanäle ein positives Bild des Unternehmens Cabeza vermittelt werden, beispielsweise als junges, innovatives Unternehmen, als Unternehmen mit sozialer Verantwortung und als zuverlässiger Arbeitgeber.

b) Geplant ist die Unterstützung von Vereinen oder Veranstaltungen, wenn im Gegenzug der Markenname des Energydrinks augenfällig platziert wird.

c) Getränke werden hauptsächlich über den Einzelhandel abgesetzt. Wichtig ist dem Unternehmen daher, in den Regalen präsent und ansprechend präsentiert zu werden. Dafür sollen gezielt Einzelhändler angesprochen werden.

d) Bei Lebensmitteln spielt der Geschmack eine wesentliche Rolle. Kunden soll daher zur Verkaufsförderung die Möglichkeit geboten werden, Cabezas Energydrink zu probieren.

e) Die Kunden sollen nicht nur informiert und emotional angesprochen werden. Sie sollen mit dem Unternehmen in Interaktion kommen. Eine Art Fangruppe oder Community im Internet soll aufgebaut werden, die den Markennamen weiterträgt.

f) Über eine Agentur sollen bekannte Persönlichkeiten aus den sozialen Netzwerken mit Gratisproben des Energydrinks versorgt werden. Gegebenenfalls sollen einzelne auch für eine positive Erwähnung bezahlt werden.

g) Das Unternehmen ist in Gesprächen mit einem Filmstudio. Ziel ist es, dass der Energydrink von Cabeza in die Handlung einer Produktion eingeflochten wird.

Arbeiten Sie in Gruppen von 3–4 Personen.

1. Überlegen Sie sich zunächst einen Markennamen, den es noch nicht gibt, und der positiv in der Zielgruppe wirkt. Erläutern Sie Ihre Überlegungen. Entwerfen Sie auch einen Werbeslogan.

2. Betrachten Sie die zusammenfassende Übersicht auf S. 288. Ordnen Sie die Bereiche der Kommunikationspolitik den oben genannten Möglichkeiten a)–g) zu.

3. Sammeln Sie Ideen, wie die Instrumente der Kommunikationspolitik konkret umgesetzt werden können, z. B. in welcher Serie, in welchem Film würde ein Product Placement besonders viel Wirkung in der Zielgruppe entfalten?

4. Die Marktforschung hat „gestresste Eltern" als ein weiteres interessantes Marktsegment ausgemacht. Die Produkt- und die Kommunikationspolitik müsste dafür an einigen Stellen anders ausgerichtet werden. Nennen Sie Beispiele für mögliche Änderungen, um die entsprechende Zielgruppe zu erreichen.

5. Informieren Sie sich über die „AIDA-Formel" in diesem Kapitel. Entwickeln Sie ein Konzept für ein kurzes Youtube-Werbevideo von 5 Sekunden, das sich an eine der beiden Zielgruppen „Männer 20–29" oder „gestresste Eltern" richtet. Alternativ: Setzen Sie das Video mit Ihrem Smartphone oder Tablet praktisch um.

6. Betrachten Sie das Konzept bzw. Video einer anderen Gruppe. Beurteilen Sie, ob die AIDA Grundsätze erfüllt sind.

7. Beurteilen Sie, ob die folgenden Werbegrundsätze erfüllt sind, wenn der von der anderen Gruppe vorgeschlagene Markenname, der Slogan und die Kommunikationspolitik umgesetzt werden: Wirksamkeit, Klarheit, Wahrheit, Zielgruppenorientierung.

8. Erläutern Sie, wie bei einer Werbemaßnahme gemessen werden könnte, ob dem Grundsatz der Wirtschaftlichkeit entsprochen wird.

9. Neben der Werbewahrheit stellen sich bei der Planung einer Werbekampagne weitere ethische Fragen. Beschreiben Sie, wo Grenzen bei der Werbung für einen Energydrink liegen könnten.

WIEDERHOLUNG DES GRUNDWISSENS

zu Kapitel 7   Kommunikationspolitik

7.1   Aufgaben und Instrumente der Kommunikationspolitik

1. Erläutern Sie, was unter Kommunikationspolitik zu verstehen ist.

2. Beschreiben Sie die Instrumente der Kommunikationspolitik und erklären Sie, welche Absicht ein Unternehmen mit dem Einsatz dieser Instrumente verfolgt.

vel.plus/BHC32

7.2 Werbung

1. Erläutern Sie, was unter Werbung zu verstehen ist.

2. Erklären Sie, was mit nachstehend aufgeführten Werbearten jeweils beabsichtigt ist:
   - Einführungswerbung
   - Expansionswerbung
   - Erhaltungswerbung
   - Erinnerungswerbung

3. Nennen Sie vier Werbegrundsätze.

4. Erklären Sie, was unter der AIDA-Formel zu verstehen ist.

5. Geben Sie an, mit welchen Formeln sich der ökonomische und außerökonomische Werbeerfolg kontrollieren lässt.

6. Erklären Sie, wann eine Werbemaßnahme wirtschaftlich ist.

7. Nennen Sie Beispiele für sittenwidrige Werbung.

8. Unterscheiden Sie Werbemittel und Werbeträger.

9. Nennen Sie die Ihnen bekannten Werbeträger (Werbemedien).

10. Grenzen Sie Alleinwerbung und Kooperationswerbung von Einzelwerbung und Massenwerbung ab.

11. Erläutern Sie die Bedeutung des „Tausenderkontaktpreises".

12. Beschreiben Sie, welche Inhalte ein Werbeplan für das neue E-Bike eines Fahrradherstellers enthalten sollte.

13. Zeigen Sie Verfahrensweisen auf, nach welchen sich die Höhe des Werbeetats festlegen lässt.

7.3 Verkaufsförderung (Sales Promotion)

1. Erläutern Sie, was unter Verkaufsförderung (Sales Promotion) zu verstehen ist.

2. Nennen Sie Maßnahmen, wie bei nachstehendem Personenkreis Verkaufsförderung betrieben werden kann:
   - Außendienstmitarbeiter (Außendienstpromotion)
   - Händler (Händlerpromotion)
   - Verbraucher (Verbraucherpromotion).

7.4 Öffentlichkeitsarbeit (Public Relations)

1. Grenzen Sie Öffentlichkeitsarbeit von Werbung und Verkaufsförderung ab und nennen Sie Beispiele für die jeweiligen Maßnahmen.

7.5 Sponsoring

1. Erläutern Sie, was unter Sponsoring zu verstehen ist.

2. Nennen Sie ein Beispiel für Sponsoring.

7.6 Kommunikation im E-Commerce

1. Beschreiben Sie, was bei der Kundenansprache im E-Commerce zu beachten ist.

2. Beschreiben Sie, bei welchen Bereichen von E-Commerce Interaktivität eine große Rolle spielt.

3. Erklären Sie, welche Rolle Touchpoints (Berührungspunkte) bei der Kommunikation im E-Commerce spielen.

4. Nennen Sie Probleme, die im Zusammenhang mit E-Commerce verstärkt auftreten.

7.7 Influencer-Marketing

1. Erläutern Sie, was unter einem Influencer-Marketing Konzept zu verstehen ist.

2. Geben Sie an, was sich Unternehmen durch den Einsatz von Influencern erhoffen.

3. Erläutern Sie, was unter rechtlicher Sicht beim Einsatz von Influencern zu beachten ist.

4. Beschreiben Sie die Funktionsweise von Affiliate Marketing.

7.8 Product-Placement

1. Erläutern Sie, was unter Product-Placement zu verstehen ist.

2. Geben Sie an, was aus rechtlicher Sicht beim Einsatz von Product-Placement zu beachten ist.

ANWENDUNGS- UND ÜBUNGSAUFGABEN

zu Kapitel 7 Kommunikationspolitik

Aufgabe 1 Werbeziele – Werbegrundsätze

Wilfried Werner erhält nachstehend abgebildete Postkarte:

Hallo Ihr lieben,
letzte Woche hat uns das Fernweh
nach Italien gepackt. Seit gestern
sind wir nun in Pasagus. Hier
habe ich diese wunderschöne
Skulptur von Canova entdeckt.
*   Diese schlichte Schönheit und*
Reinheit. Unglaublich. Kein
Wunder, dass die Italiener immer
noch Sinn für die schönen Dinge
im Leben haben. Unser neuer
Lancia Z ist der beste Beweis.
Liebe Grüße aus dem Veneto.

*   Euer Jürgen, Claudia und Kinder*

Herrn
Wilfried Werner
Bergstraeße 78
77933 Lahr

© dpa / Pacific Press

1. Nennen Sie das Produkt, das mit dieser Postkartennachricht beworben werden soll.
2. Begründen Sie, welches Werbeziel mit dieser Werbemaßnahme vermutlich verfolgt wird.
3. Überprüfen Sie, ob – gegebenenfalls in welcher Weise – die Werbemaßnahme in Einklang mit der AIDA-Formel steht.

Aufgabe 2 Werbewirksamkeit, AIDA-Formel

Die SmokyMarky AG ist unzufrieden mit den Verkaufszahlen. Trotz einer intensiven Werbekampagne für ihren Gasgrill „Marky200" konnte der Umsatz im Vergleich zum Vorjahr nur von 6 Millionen EUR auf 6.540.000 EUR gesteigert werden.

Die Werbekampagne in Zeitungen und Zeitschriften kostete 250.000 EUR. Die SmokyMarky AG erwartete dadurch eine Umsatzsteigerung von mindestens 750.000 EUR sowie einen Marktanteil von mindestens 10 % zu erreichen. Die Zielgruppe besteht aus Familien mit mittleren bis gehobenen Einkommen.

Die Marketingabteilung hat folgende Zahlen zur Werbewirksamkeit zusammengestellt:

© arinahabich – stock.adobe.com

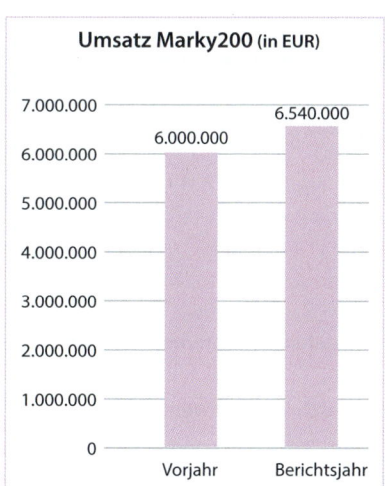

Umsatz Marky200 (in EUR)

- 6.000.000 (Vorjahr)
- 6.540.000 (Berichtsjahr)

- ■ Zahl der Umworbenen (Zielgruppe)
- ■ Zahl der von der Werbung Angesprochenen
- ■ Zahl der am Produkt Interessierten
- ■ Zahl der Personen mit Produktwunsch
- □ Zahl der tatsächlichen Käufer

- 60 000
- 25 000
- 18 000
- 12 000
- 5 450

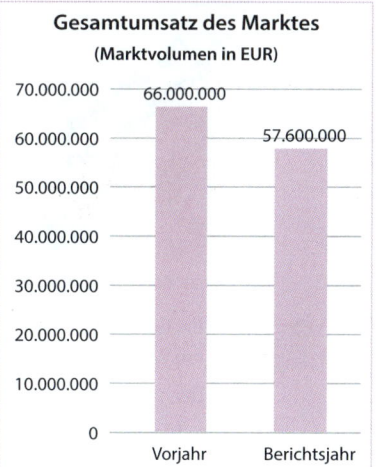

Gesamtumsatz des Marktes
(Marktvolumen in EUR)

- 66.000.000 (Vorjahr)
- 57.600.000 (Berichtsjahr)

1. Prüfen Sie, ob die erwartete Umsatzsteigerung erzielt werden konnte und nehmen Sie auf dieser Grundlage eine erste Beurteilung der Werbekampagne vor.

2. Ermitteln Sie folgende Kennzahlen zur Werbewirksamkeitskontrolle:
    - Aufmerksamkeitsgrad
    - Interesseweckungsgrad
    - Bedürfnisweckungsgrad
    - Kaufauslösungsgrad

3. Analysieren Sie die ermittelten Kennzahlen vor dem Hintergrund der AIDA-Formel. Schlagen Sie Maßnahmen zur Verbesserung der Werbewirksamkeit vor.

4. Berechnen Sie die Werbewirtschaftlichkeit. Vergleichen Sie das Ergebnis mit dem Zielwert des Unternehmens für diese Kennzahl.

5. Berechnen Sie den Marktanteil vor und nach der Werbekampagne. Beziehen Sie diese Kennzahl in Ihre Beurteilung in Teilaufgabe 1 ein.

6. Erarbeiten Sie einen Vorschlag aus den Bereichen E-Commerce, Influencer-Marketing oder Product-Placement mit dem Ziel, den Umsatz zu steigern.

Aufgabe 3 Werbewahrheit

In einer Online-Wahl hat die Verbraucherschutzorganisation foodwatch nach einer entsprechenden Stimmenauszählung dem Unternehmen Alete den Goldenen Windbeutel für die „dreisteste Werbelüge" verliehen:

„Der Goldene Windbeutel 2017 für die dreisteste Werbelüge des Jahres geht an Alete. Mehr als 73.000 Menschen haben bei unserer Online-Wahl mitgemacht – und jede zweite Stimme ging an den zuckrigen Alete-Babykeks!

Wir finden: Alete hat den Negativpreis wahrlich verdient. Der Babynahrungshersteller verkauft – entgegen ärztlichen Empfehlungen – einen überzuckerten Keks für Säuglinge. Fordern Sie Alete jetzt auf, nur noch Babylebensmittel zu verkaufen, die auch wirklich babygerecht sind!"

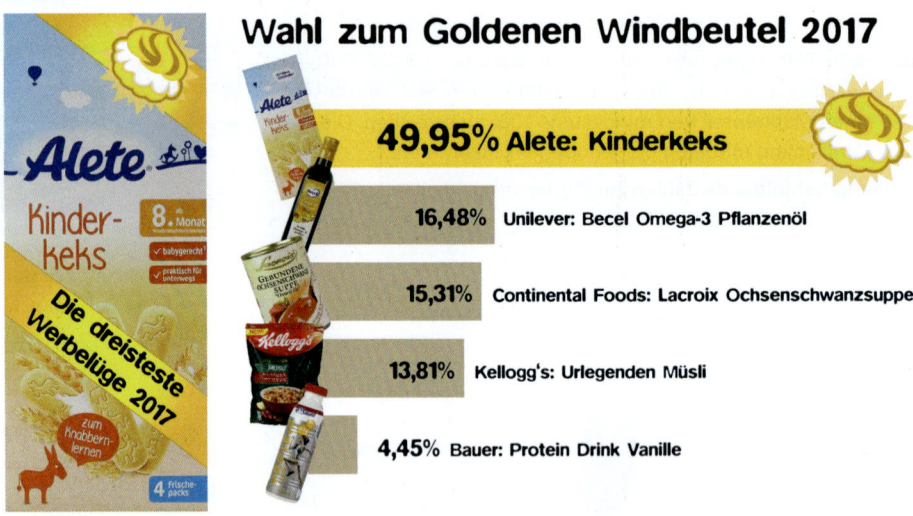

Quelle: Foodwatch Nov. 2017

1. Recherchieren Sie im Internet, welche „Werbelügen" den vier anderen aufgeführten Unternehmen vorgeworfen werden.

2. Recherchieren Sie auch, wofür Unternehmen im aktuellen Jahr von foodwatch kritisiert werden.

3. Schlagen Sie Instrumente der Kommunikationspolitik vor, mit dem Alete versuchen könnte, den erlittenen Imageschaden zu reparieren. Machen Sie konkrete Vorschläge zur Umsetzung.

Aufgabe 4 Grenzen der Werbung

Das italienische Modeunternehmen Benetton warb in der Vergangenheit u. a. mit nachstehenden Bildern:

❶ Papst Benedikt XVI. küsst den Imam von Kairo, Ahmed al-Tayyib (Fotomontage)

Quelle: Badische Zeitung vom 17.11.2011

❷ Todeskandidaten werben für Pullover

Quelle: Badische Zeitung vom 11.01.2011

1. Beurteilen Sie, welche Absicht Benetton mit dieser Art von Werbung verfolgt.

2. Begründen Sie, ob und gegebenenfalls warum Werbemaßnahmen dieser Art gegen ethische Grundsätze der Werbung verstoßen.

Aufgabe 5 Werbeplan – Werbemittel

Die Délibéré GmbH, ein Hersteller von Wimperntusche, hat entschieden, mittels Zeitschriftenwerbung seine Zielgruppen zu erreichen. Für die Werbung kommen insgesamt vier Zeitschriften in Betracht. Seitenpreise und Auflagen sind nachstehender Tabelle zu entnehmen.

vel.plus/BHC33

Zeitschrift	Seitenpreis in EUR	Auflage in Exemplaren
Modeliebling	26.000	400 000
Emy	24.000	350 000
Fit&Quick	28.000	500 000
Fashion Victim	22.000	300 000

Es ist davon auszugehen, dass die gesamte Auflage verkauft und jedes Exemplar nur von einer Person gelesen wird.

1. Entscheiden Sie, welches Werbemittel einzusetzen ist, wenn allein nach dem günstigsten Tausenderpreis entschieden wird.

2. Von den in Frage kommenden Zeitschriften ist bekannt, wie viel % der Leser weibliche Jugendliche bzw. Erwachsene sind. Im Einzelnen gelten folgende %-Sätze:

Zeitschrift Modeliebling: 60 %   Zeitschrift Fit & Quick: 50 %
Zeitschrift Emy: 70 %   Zeitschrift Fashion Victim: 75 %

Wie ist zu entscheiden, wenn lediglich Leserinnen als Zielgruppe in Frage kommen?

3. Für die Zeitschriftenwerbung steht für das erste Quartal ein Werbeetat in Höhe von 200.000 EUR zur Verfügung. Aus Gründen der Streuung hat die Geschäftsleitung entschieden, die beiden Zeitschriften mit dem günstigsten zielgruppenspezifischen Tausenderpreis einzusetzen.
Entscheiden Sie, welche beiden Zeitschriften einzusetzen sind und in welcher Häufigkeit die Werbeanzeigen geschaltet werden sollen.

4. Die Zeitschrift „Emy" bietet alternativ eine Anzeige auf der Website des Magazins zu CPM von 20 EUR an (Cost per 1 000 impressions). Stellen Sie Vor- und Nachteile dieser Alternative gegenüber.

5. Schlagen Sie weitere passende Werbemittel sowie eine Aktion zur Verkaufsförderung vor, um den Absatz von Wimperntusche anzukurbeln.

6. Der Anzeigentext soll lauten: „Halb so teuer und doppelt so schön wie die Wimperntusche von ZZL!" Beurteilen Sie die Formulierung des Anzeigentextes aus rechtlicher Sicht.

Aufgabe 6 Werbeplan – Auswahl von Werbeträgern – Zeitschriftenwerbung

vel.plus/BHC34

vel.plus/BHC35

Ein Waschmittelhersteller hat ein neues Feinwaschmittel auf den Markt gebracht. Es zeichnet sich dadurch aus, dass die Fasern der Kleidung geschont werden und ist das nachhaltigste Produkt am Markt. Dafür soll im kommenden Quartal intensiv geworben werden.

1. Im Folgenden ist das Ergebnis einer repräsentativen Umfrage wiedergegeben. Die Tabelle zeigt, anhand welcher Kriterien in Unternehmen üblicherweise die Höhe des Werbeetats ermittelt wird.

Wie die Praxis den Werbeetat ermittelt					
Kriterien für die Etatfestsetzung	**Häufigkeit der Verwendung**				
	ausschließlich %	vorwiegend %	manchmal %	selten %	gar nicht %
Prozent vom Umsatz	6	23	14	10	47
Prozent vom Gewinn/ Deckungsbeitrag	2	9	18	13	58
im Verhältnis zum Marktanteil	2	14	21	13	50
Höhe des Werbeetats der Konkurrenz	–	3	11	14	71
Marktziele, die mit der Werbung erreicht werden sollen	21	47	21	5	5
auf der Basis der verfügbaren finanziellen Mittel	18	35	20	5	22
andere Kriterien	5	8	12	4	71

Als Mitarbeiterin der Marketingabteilung ist es Ihre Aufgabe, einen Vorschlag für die Höhe des Werbeetats zu unterbreiten. Begründen Sie zunächst, welche der genannten Kriterien am geeignetsten sind, um im vorliegenden Fall die Höhe des Werbeetats für das neue Feinwaschmittel festzulegen.

2. Die Höhe des Werbeetats für Anzeigenwerbung wird für das kommende Quartal auf 165.000 EUR festgelegt. Mit diesem Betrag soll wiederholt über eine Werbeagentur in mehreren Frauenzeitschriften und Illustrierten bundesweit geworben werden. Es ist vorgesehen, die Anzeigen jeweils in drei aufeinander folgenden Monatsausgaben der ausgewählten Zeitschriften zu wiederholen. Für die in Frage kommenden Zeitschriften liegen folgende Daten vor:

Nr.	Zeitschrift	Preis für 1/1 Seite (vierfarbig) in EUR	Tausenderpreis (gesamte Leserschaft) in EUR[1]	Anteil der Zielgruppe (Hausfrauen) an der gesamten Leserschaft in %
1	Frauenjournal	13.000	81,25	90
2	Britta	38.000	118,75	80
3	Carmen	24.000	70,59	75
4	Heim und Haus	23.000	46,00	55
5	Neue Mode	17.500	54,69	70

Berechnen Sie für die einzelnen Zeitschriften die Gesamtzahl der Leser pro Ausgabe *(Rundung auf volle Tausend)*.

3. Entscheiden Sie, in welcher der Zeitschriften die drei Anzeigen jeweils erscheinen sollen.

Legen Sie für Ihre Entscheidung den Preis für 1 000 Leserkontakte bezogen auf die Zielgruppe „Hausfrauen" (= Tausenderpreis der Zielgruppe „Hausfrauen") zugrunde.

4. Fassen Sie den Werbeplan für die Einführungsphase kurz tabellarisch zusammen.

5. Nach der Einführungsphase hat das neue Feinwaschmittel bereits einen beachtlichen Marktanteil erreicht. Es soll jetzt darüber entschieden werden, ob die Anzeigenwerbung auch auf eine der überregionalen Boulevardzeitungen ausgedehnt werden soll. Dafür stehen die beiden Zeitungen ZAZ und Südexpress zur Auswahl:

Zeitung	tägliche Auflage (Stück)	Kosten für eine mehrtägige Werbekampagne (1/3 Seite schwarz/weiß)	Leser je Ausgabe	Anteil der Zielgruppe (Hausfrauen) an der gesamten Leserschaft
ZAZ	1 Mio.	120.000 EUR	2,5 Mio.	60 %
Südexpress	1 Mio.	100.000 EUR	2,2 Mio.	50 %

Wenn die Werbung in der Zeitung ZAZ erfolgt, wird damit gerechnet, dass 40 % der möglichen Kunden (Hausfrauen) tatsächlich im nächsten Quartal ein Paket des Feinwaschmittels zusätzlich kaufen. Für Südexpress wird dieser Anteil auf 50 % geschätzt.

Das Feinwaschmittel wird durchschnittlich zum Preis von 1,25 EUR je Paket an den Handel abgegeben. Die variablen Kosten je Stück betragen 0,50 EUR je Paket.

Weisen Sie in Form einer Tabelle nach folgendem Muster rechnerisch nach, ob sich die zusätzliche Anzeigenwerbung in einer der beiden Boulevardzeitungen im nächsten Quartal lohnt. Entscheiden Sie gegebenenfalls auch, ob die Anzeigen in der ZAZ oder im Südexpress erscheinen sollen.

	ZAZ	Südexpress
Zahl der lesenden Hausfrauen		
zusätzliche Absatzmenge im nächsten Quartal		
zusätzlicher Umsatz im nächsten Quartal		
– zusätzliche variable Kosten im nächsten Quartal		
– zusätzliche Kosten für die Anzeigenwerbung im nächsten Quartal		
= zusätzlicher Deckungsbeitrag im nächsten Quartal		

Aufgabe 7 Werbeerfolgskontrolle – Wirtschaftlichkeit der Werbung

vel.plus/BHC36

Ein Getränkehersteller hat vor einiger Zeit ein Pulver entwickelt, mit dem sich das künstliche Kaltgetränk „Sport agens" herstellen lässt. Das Getränk ist nach den Angaben des Herstellers geeignet, bei Sportlern die durch Schweiß verloren gegangenen Elektrolyte auszugleichen.

Ein von dem Hersteller beauftragtes Marktforschungsinstitut will feststellen, zu welchem Werbeerfolg eine eben durchgeführte Werbemaßnahme (Aufstellen von Displaymaterialien in ausgewählten Fitnesscentern) geführt hat. Für die Untersuchung werden deshalb eine Versuchsgruppe und eine Kontrollgruppe gebildet. Als Kontrollgruppe dienen jene Käufer, die das Pulver in Fitnesscentern gekauft haben, in denen nicht geworben wurde. Die Versuchsgruppe setzt sich aus den Käufern zusammen, die das Produkt in Fitnesscentern gekauft haben, in denen das Displaymaterial aufgestellt wurde.

© contrastwerkstatt – stock.adobe.com

Die Untersuchung brachte folgende Ergebnisse:

	monatlicher Absatz pro Besucher	
	Versuchsgruppe	Kontrollgruppe
Vor Beginn der Werbung	600 g	600 g
Nach Abschluss der Werbung	780 g	660 g
Änderungen	180 g	60 g

Der monatliche Absatz des Unternehmens ist im Betrachtungszeitraum von 8 t (13.333 Dosen) auf 10,2 t (17 000 Dosen) gestiegen.

Die Herstellung einer 600 g Dose verursacht variable Kosten in Höhe von 8 EUR.

1. Stellen Sie auf der Grundlage der vorliegenden Daten fest, welche Absatzsteigerung ursächlich auf die Werbemaßnahmen zurückzuführen ist.

2. Der Verkaufspreis für eine 600 g Dose beträgt 12,50 EUR. Die Werbemaßnahme hat Kosten in Höhe von 25.000,00 EUR verursacht. Berechnen Sie die Werbewirtschaftlichkeit.

3. Bestimmen Sie, wie sich der Gewinn aufgrund der Werbemaßnahme verändern wird. Bewerten Sie, in wie weit das auf Grundlage der Kennzahl für die Werbewirtschaftlichkeit möglich ist.

Aufgabe 8 Werbemaßnahmen – Sales Promotion – Preisstrategie eines Herstellers von Konfitüren

Die Westermann GmbH, ein mittelständischer Hersteller von Konfitüren und Marmeladen, konnte in den letzten Jahren nur noch geringe Umsatzzuwächse erzielen. Auf Vorschlag eines Außendienstmitarbeiters wurde vor mehreren Monaten u. a. mit der Entwicklung eines neuartigen fettarmen, auch für Diabetiker geeigneten Brotaufstrichs auf Frucht-Kokos-Basis begonnen. Das Produkt wurde inzwischen zur Marktreife entwickelt und soll zunächst ausschließlich über Reformhäuser abgesetzt werden.

Das für die Entwicklung einer Marketingstrategie beauftragte Marktforschungsinstitut GEKA räumt einem solchen Produkt nur dann Erfolgsaussichten ein, wenn es mit einem klaren Gesundheitsimage im oberen Qualitäts- und Preissegment platziert wird. Unerlässlich seien außerdem die Unterstützung der Markteinführung durch Sales-Promotion-Maßnahmen und eine intensive zielgruppenorientierte Werbung.

1. Unterbreiten Sie der Westermann GmbH Vorschläge zur Gestaltung der Sales-Promotion-Maßnahmen.

2. Begründen Sie, auf welche vier Zielgruppen die Werbemaßnahmen in erster Linie ausgerichtet werden sollten.

3. Nennen Sie Werbemittel und -träger, mit denen sich diese Zielgruppen mit möglichst geringen Streuverlusten erreichen lassen.

4. Die endgültige Markteinführung wurde – in Abstimmung mit den Wiederverkäufern – mit einem zeitlich auf acht Wochen begrenzten „Probierpreis" realisiert, der mit 1,98 EUR je 400 ml-Glas rund 20 % unter dem für später vorgesehenen Verkaufspreis von 2,48 EUR je Einheit lag.

© Pixel-Shot – stock.adobe.com

   a) Nennen Sie Ziele, die die Westermann GmbH mit dieser preispolitischen Strategie verfolgt.

   b) Nennen Sie Risiken, die mit der Verfolgung dieser Strategie verbunden sind (zwei Angaben).

   c) Beschreiben Sie, an welchen Kriterien sich die Westermann GmbH bei der Festsetzung des später regulären Verkaufspreises orientiert haben kann (vier Angaben).

5. Ein potenzieller Großkunde aus dem Discount-Bereich wäre bei deutlichen Preiszugeständnissen bereit, das Produkt in sein Sortiment aufzunehmen. Beschreiben Sie, unter welchen Voraussetzungen die Westermann GmbH darauf eingehen könnte.

Aufgabe 9 Instrumente der Kommunikationspolitik

1. Recherchieren Sie zu einem der folgenden Instrumente der Kommunikationspolitik:

   - Sales Promotion
   - Public Relations
   - Sponsoring
   - Kommunikation im E-Commerce
   - Influencer Marketing
   - Product Placement

   Wählen Sie ein konkretes Beispiel zur Illustration aus und gehen Sie sowohl auf Vorteile als auch auf kritische Punkte ein.

2. Bereiten Sie eine Präsentation vor der Klasse vor. Achten Sie besonders auf Struktur, Verständlichkeit und Visualisierung.

8   Marketing-Mix: Kombinierter Einsatz von Marketinginstrumenten

Kompetenzen:

- aus den Instrumenten des Marketing einen
  Marketing-Mix zusammenstellen und bewerten

8   Marketing-Mix

Die einem Unternehmen zur Verfügung stehenden Marketinginstrumente können zur Erreichung eines bestimmten absatzpolitischen Zieles nicht beliebig eingesetzt werden. In der konkreten Situation müssen im Wesentlichen zwei grundsätzliche Fragen beantwortet werden:

1. Welche Marketinginstrumente (Produktpolitik, Preispolitik, Kommunikationspolitik, Distributionspolitik) sind geeignet, um ein vorgegebenes Ziel zu erreichen?

2. Wie und in welchem Umfang sollen die infrage kommenden Marketinginstrumente eingesetzt werden?

Marketing-Mix der Däumler GmbH – Hersteller von Sport- und Fitnessartikeln

Produktpalette

Zielgruppen für die unterschiedlichen Produktlinien:
Sportler, Gesundheits- und Ernährungsbewusste, Schönheitsbewusste

Sportivdrink:
künstliches Mineralkaltgetränk in den Aromen schwarze Johannisbeere, Pfirsich, Erdbeere

Sportbasics:
Basisnahrung (Ergänzung zur Tagesnahrung) für den Sportler

Hometrainer:
Heimfahrrad mit integriertem Pulsmesser und Kleincomputer

...

Kommunikationsmix

Werbung: Sportzeitschriften, Fachzeitschrift „Gesünder leben", Illustrierte, Stellwände in Fitnesscentern;
zusätzlich: Einsatz von Promotionsartikeln mit Werbeaufdrucken (T-Shirts, Trinkbecher, Handtücher)

Werbeetat für das lfd. Jahr: 580.000 EUR

Werbeaussagen: Vorstellung der gesamten Produktlinien für jeweils spezielle Zielgruppen

Werbeziel: Konsumenten zu den Handelspartnern leiten, die das Produkt mit entsprechender Beratung anbieten

Distribution

Logistik: Die Däumler GmbH verfügt über eine bundesweite Vertriebsorganisation mit 32 Zentraldepots und 96 Regionallagern. Es ist geplant, in jedem Bundesland noch weitere Regionallager einzurichten.

Handelspartner: Einzelhandelsgeschäfte (vornehmlich Sportgeschäfte, Drogerien, Fitnesscenter); in Planung: „Gesundheitsmärkte", die in einem Franchisesystem als selbstständige Läden oder als „Shop in the Shop" in Kaufhäusern betrieben werden sollen

Preispolitik

Auf Preisdifferenzierung wird verzichtet, alle Produkte werden in einer gehobenen Preisklasse angeboten. Der gehobene Preis steht im Einklang mit dem angestrebten Produkt- und Firmenimage (kein Billiganbieter).

> ! **Die optimale Kombination der Marketinginstrumente, welche ein Unternehmen zur Erreichung seiner Marketingziele einsetzt, wird als Marketing-Mix bezeichnet.**

Aufg. 1
S. 299

Aufg. 2
S. 299

Aufg. 3
S. 299

In Abhängigkeit von den Marktbedingungen und den Zielen muss sich eine Unternehmung z. B. entscheiden, in welchem Umfang Werbung, Preispolitik, Garantiezusagen u. a. eingesetzt werden. Innerhalb der einzelnen Instrumente stellt sich diese Frage ein zweites Mal. So ist z. B. bei dem Marketinginstrument Werbung zunächst zu entscheiden, ob und gegebenenfalls mit welchem Werbebudget geworben werden soll. Danach muss festgelegt werden, welche Werbeträger einzusetzen sind. Schließlich ist zu entscheiden, zu welchem Zeitpunkt diese jeweils eingesetzt werden.

Welches die optimale Kombination der einzusetzenden Marketinginstrumente ist, lässt sich in den meisten Fällen nicht eindeutig beantworten. Einen Weg, eine allgemeingültige Lösung zu finden, gibt es nicht. Häufig lässt sich auch mit unterschiedlichen Kombinationen von Marketinginstrumenten ein angestrebtes Ergebnis erreichen. Die Veränderungen am Markt machen darüber hinaus eine fortlaufende Anpassung des Marketing-Mix erforderlich.

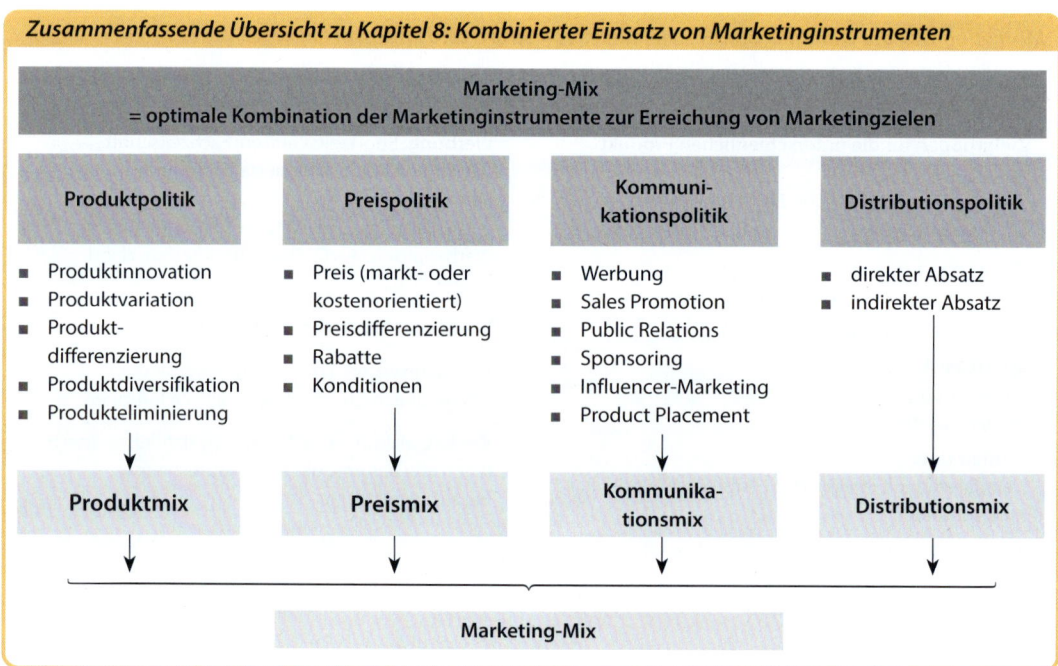

Zusammenfassende Übersicht zu Kapitel 8: Kombinierter Einsatz von Marketinginstrumenten

Marketing-Mix
= optimale Kombination der Marketinginstrumente zur Erreichung von Marketingzielen

Produktpolitik	Preispolitik	Kommunikationspolitik	Distributionspolitik
▪ Produktinnovation ▪ Produktvariation ▪ Produkt-differenzierung ▪ Produktdiversifikation ▪ Produkteliminierung	▪ Preis (markt- oder kostenorientiert) ▪ Preisdifferenzierung ▪ Rabatte ▪ Konditionen	▪ Werbung ▪ Sales Promotion ▪ Public Relations ▪ Sponsoring ▪ Influencer-Marketing ▪ Product Placement	▪ direkter Absatz ▪ indirekter Absatz
Produktmix	**Preismix**	**Kommunikationsmix**	**Distributionsmix**

Marketing-Mix

✓ Checken Sie Ihre Kompetenz mit der **Ich-kann-Liste**.

✓ Öffnen Sie hierzu den nebenstehenden **QR-Code**
✓ oder geben Sie folgenden Link ein: https://vel.plus/BHC37

vel.plus/BHC38

WIEDERHOLUNG DES GRUNDWISSENS

zu Kapitel 8 Marketing-Mix

1. Erklären Sie, was unter dem Begriff „Marketing-Mix" zu verstehen ist.

2. Begründen Sie, weshalb die optimale Kombination der einzusetzenden Marketinginstrumente häufig nicht gefunden werden kann.

ANWENDUNGS- UND ÜBUNGSAUFGABEN

zu Kapitel 8   Marketing-Mix

Aufgabe 1   Gestaltung eines Marketing-Mix

PlantzPower Ltd. bietet pflanzliche Nahrungsergänzungsmittel an. Dazu gehören insbesondere Proteinpulver, Vitaminpräparate und Superfood-Mixe. Das Unternehmen hat herausgefunden, dass ihre Produkte hauptsächlich von Sportlern zwischen 16 und 39 Jahren gekauft werden. Diese kaufen die Großpackungen online direkt beim Hersteller – was bisher auch der einzige Distributionsweg ist. Beworben werden die Produkte von männlichen Influencern, deren Fokus auf Bodybuilding und Sport liegt. Um vermehrt auch sportliche Frauen als Kunden zu gewinnen, möchte das Unternehmen seinen Marketing-Mix überarbeiten.

© Pixel-Shot – stock.adobe.com

Machen Sie für jedes Marketinginstrument einen Vorschlag, wie es auf sportliche Frauen zwischen 16 und 29 ausgerichtet werden könnte.

Aufgabe 2   Marketinginstrumente – Marketing-Mix

Die Bierbrauerei „Heinzelmann e. K." in Mannheim braut die beiden Biersorten „Export" und „Pils", die in unterschiedliche Flaschen abgefüllt werden. Zusätzlich wurde vor fünf Jahren „Heinzelmann alkoholfrei" eingeführt. Der Umsatz aller Biersorten konnte in den letzten Jahren nicht gesteigert werden. Der Gründer und Chef des Unternehmens, Paul Heinzelmann senior, erleidet mit 82 Jahren einen Schwächeanfall. Sein Sohn, Paul Heinzelmann junior, übernimmt die Geschäfte und wird neuer Einzelunternehmer. Paul Heinzelmann junior möchte einiges an der Produktpalette ändern.

1. Nennen und erläutern Sie die jeweiligen Fachbegriffe für die folgenden Maßnahmen:
   a) Das unrentable „Heinzelmann alkoholfrei" soll aus der Produktpalette gestrichen werden.
   b) Ein völlig neues, coffeinhaltiges, neongelbes Bier, das ausschließlich über Bars und Clubs vertrieben werden soll, soll für die jüngere Zielgruppe entwickelt werden.
   c) Heinzelmann-Export und Heinzelmann-Pils sollen zukünftig auch als Diät-Bier auf den Markt kommen: „Heinzelmann light".
   d) Der Trend zu gesunden Bio-Produkten soll ausgenutzt werden. Paul Heinzelmann jun. kauft einen Öko-Bauernhof und plant, neben der Brauerei einen Öko-Supermarkt zu errichten.

2. Heinzelmann jun. liest in einer Fachzeitschrift von der steigenden Bedeutung des Marketing für ein Unternehmen. Der Artikel geht insbesondere auf den „Marketing-Mix" ein.
   a) Nennen Sie Elemente des Marketing-Mix (Marketinginstrumente).
   b) Geben Sie der Firma Heinzelmann eine Empfehlung für einen Marketing-Mix. Begründen Sie, welche zwei Elemente Sie besonders hervorheben würden.
   c) Beurteilen Sie die Bedeutung der Marktforschung im Zusammenhang mit Entscheidungen über den Marketing-Mix eines Unternehmens.
   d) Die Heinzelmann Brauerei möchte selbst Marktforschung betreiben. Sie werden gebeten, einen Fragebogen zu erstellen. Formulieren Sie hierzu vier geeignete Fragen.

Aufgabe 3   Produktlebenszyklus – Einsatz der Marketinginstrumente

Ein Hersteller von Foto- und Filmgeräten hat bei einem seiner Produkte für die Zeit von der Produktentwicklung bis zum Ausscheiden aus dem Markt folgende Entwicklung festgestellt:

Phase	1	2	3	4	5	6
Abgabepreis an den Fachhandel (EUR je Stück)	0	1.000	900	800	650	500
Absatzmenge	0	10 000	35 000	75 000	70 000	40 000

1. Die Zahlen der Tabelle lassen den Einsatz eines bestimmten absatzpolitischen Instruments erkennen. Nennen Sie für jede Phase die hier ergriffene absatzpolitische Maßnahme.

2. Schlagen Sie absatzpolitische Maßnahmen aus den Bereichen
   a) Produktpolitik und   b) Werbepolitik
   für jede der einzelnen Phasen vor.

3. Schätzen Sie für jede Phase ab, wie sich die unter Teilaufgabe 2 genannten Maßnahmen auf Kosten und Gewinn auswirken.

Lernbereich D

Investitionsentscheidungen

---

1   Investitionsarten und Investitionsrechnung im Überblick

Kompetenzen:

- *verschiedene Arten von Sachinvestitionen unterscheiden*

- *verschiedene Investitionsrechnungsverfahren kennen*

1.1   Investitionsarten

1.2   Investitionsrechnungsverfahren

1.1   Investitionsarten

> **!**   Eine Investition liegt vor, wenn das im Rahmen der Finanzierung beschaffte Kapital in betrieblichem Vermögen angelegt wird. Die Aktivseite der Bilanz gibt Auskunft über die Verwendung des Kapitals (= Investition).

Die verschiedenen Formen von Investitionen lassen sich wie folgt unterscheiden:

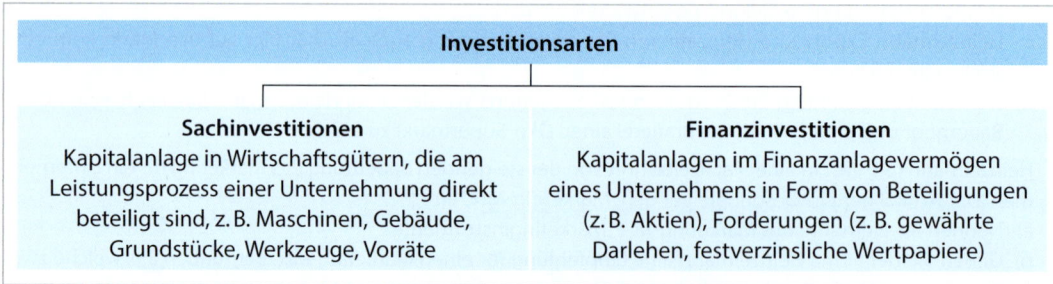

Investitionsarten	
Sachinvestitionen Kapitalanlage in Wirtschaftsgütern, die am Leistungsprozess einer Unternehmung direkt beteiligt sind, z. B. Maschinen, Gebäude, Grundstücke, Werkzeuge, Vorräte	**Finanzinvestitionen** Kapitalanlagen im Finanzanlagevermögen eines Unternehmens in Form von Beteiligungen (z. B. Aktien), Forderungen (z. B. gewährte Darlehen, festverzinsliche Wertpapiere)

Sachinvestitionen lassen sich folgendermaßen weiter untergliedern:

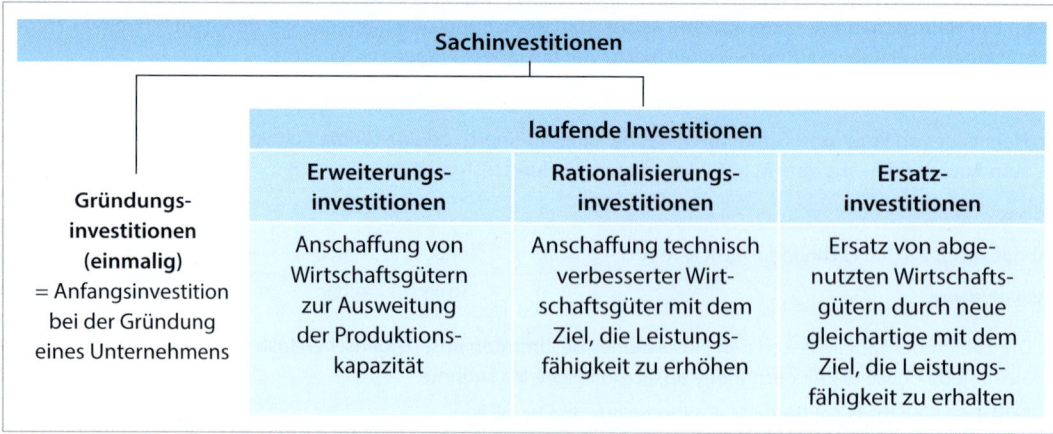

Sachinvestitionen			
	laufende Investitionen		
	Erweiterungs-investitionen	**Rationalisierungs-investitionen**	**Ersatz-investitionen**
Gründungs-investitionen (einmalig) = Anfangsinvestition bei der Gründung eines Unternehmens	Anschaffung von Wirtschaftsgütern zur Ausweitung der Produktions-kapazität	Anschaffung technisch verbesserter Wirtschaftsgüter mit dem Ziel, die Leistungsfähigkeit zu erhöhen	Ersatz von abgenutzten Wirtschaftsgütern durch neue gleichartige mit dem Ziel, die Leistungsfähigkeit zu erhalten

Bruttoinvestitionen	
Summe aller in einer Periode vorgenommenen Investitionen	
Nettoinvestitionen	**Ersatzinvestitionen**

Nur **Nettoinvestitionen** erhöhen die Produktionskapazität, weil sie über die bloße Ersatzbeschaffung hinausgehen.

> **!** Nettoinvestition = Bruttoinvestition – Ersatzinvestition

1.2 Investitionsrechnungsverfahren

> **!** Die Investitionsrechnung soll zeigen, ob geplante Investitionen unter rechnerischen Gesichtspunkten vorteilhaft sind. Sie liefert die Grundlage für betriebliche Investitionsentscheidungen.

Statische Investitionsrechnung	Dynamische Investitionsrechnung
Es werden nur die Daten einer Durchschnittsperiode in die Betrachtung einbezogen.	Es werden die Daten mehrerer künftiger Perioden und deren heutigen Werte (Barwerte) in die Betrachtung einbezogen.
▪ **Kostenvergleichsrechnung** ▪ Gewinnvergleichsrechnung ▪ Rentabilitätsvergleichsrechnung ▪ **Statische Amortisationsrechnung**	▪ **Kapitalwertmethode** ▪ Methode des internen Zinssatzes ▪ Annuitätenmethode

Im Folgenden werden nur die **Kostenvergleichsrechnung**, die **Amortisationsrechnung** und die **Kapitalwertmethode** beispielhaft behandelt.

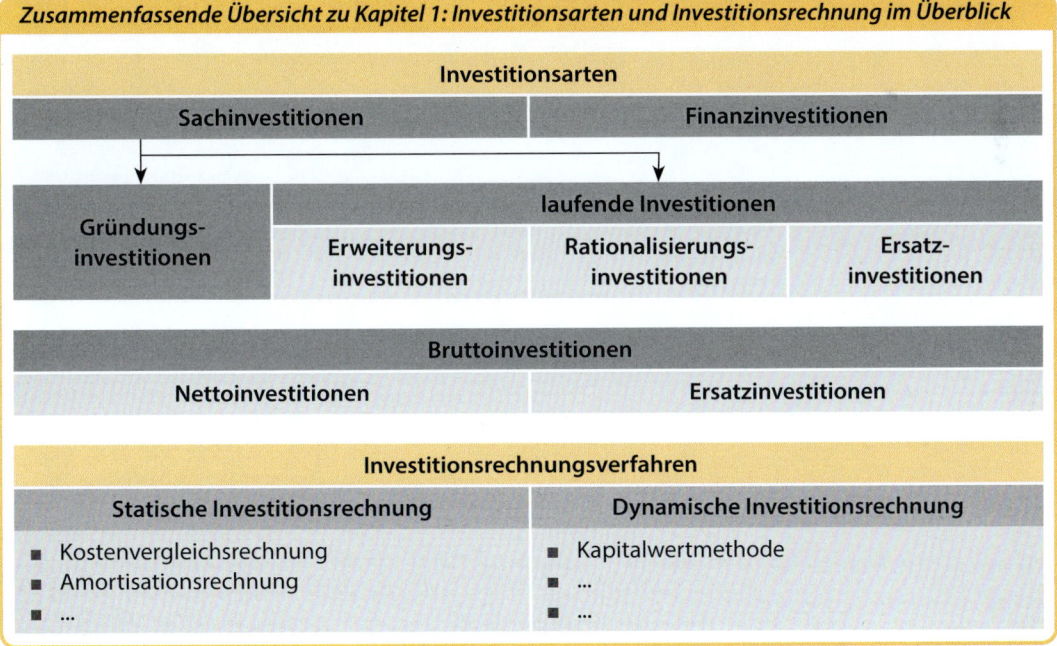

Zusammenfassende Übersicht zu Kapitel 1: Investitionsarten und Investitionsrechnung im Überblick

Investitionsarten

Sachinvestitionen	Finanzinvestitionen

Gründungsinvestitionen	laufende Investitionen		
	Erweiterungsinvestitionen	Rationalisierungsinvestitionen	Ersatzinvestitionen

Bruttoinvestitionen

Nettoinvestitionen	Ersatzinvestitionen

Investitionsrechnungsverfahren

Statische Investitionsrechnung	Dynamische Investitionsrechnung
▪ Kostenvergleichsrechnung ▪ Amortisationsrechnung ▪ …	▪ Kapitalwertmethode ▪ … ▪ …

 Checken Sie Ihre Kompetenz mit der **Ich-kann-Liste**.

Öffnen Sie hierzu den nebenstehenden **QR-Code**
oder geben Sie folgenden Link ein: https://vel.plus/BHD01

vel.plus/BHD02

WIEDERHOLUNG DES GRUNDWISSENS

zu Kapitel 1 Investitionsarten und Investitionsrechnung im Überblick

1.1   Investitionsarten

1. Erläutern Sie, was unter einer Investition zu verstehen ist.

2. Beschreiben Sie, was unter Sachinvestitionen zu verstehen ist und wie sie sich einteilen lassen.

3. Unterscheiden Sie zwischen Brutto-, Netto- und Ersatzinvestitionen.

1.2   Investitionsrechnungsverfahren

1. Beschreiben Sie den Zweck der Investitionsrechnung.

2. Unterscheiden Sie statische und dynamische Investitionsrechnungsverfahren.

2 Statische Investitionsrechnung am Beispiel der Kostenvergleichsrechnung

Kompetenzen:

- statische Investitionsrechnungsverfahren anwenden

- die aus der Kostenvergleichsrechnung folgenden Investitionsentscheidungen erläutern

- die Vor- und Nachteile der Kostenvergleichsrechnung beschreiben

2.1 Ermittlung der entscheidungsrelevanten Kosten

2.2 Vergleich von Investitionsalternativen – Kritische Produktionsmenge

2.3 Beurteilung der Kostenvergleichsrechnung

2.1 Ermittlung der entscheidungsrelevanten Kosten

> **Die Kostenvergleichsrechnung stellt die Kosten verschiedener Investitionsobjekte einander gegenüber. Diejenige Investitionsalternative, die die geringeren Kosten verursacht, ist die vorteilhaftere.**

In den Kostenvergleich werden üblicherweise die **Kapitalkosten** und die **Betriebskosten** einer Investition einbezogen.

Zu den **Kapitalkosten** gehören insbesondere die **kalkulatorischen Abschreibungen** und die **kalkulatorischen Zinsen**.

Kalkulatorische Abschreibungen

In der Investitionsrechnung werden die kalkulatorischen Abschreibungen üblicherweise **linear** vom **Anschaffungswert** und nicht vom Wiederbeschaffungswert berechnet. Falls sich ein **Restwert** (Schrottwert, Liquidationserlös) ergibt, muss dieser vom **Anschaffungswert abgezogen** werden, da während der Nutzungsdauer lediglich eine Wertminderung in Höhe der Differenz zwischen Anschaffungs- und Restwert eintritt.

$$\text{Abschreibung} = \frac{\text{Anschaffungswert} - \text{Restwert}}{\text{Nutzungsdauer}}$$

Kalkulatorische Abschreibung

AW: 100.000 EUR   tatsächliche ND: 10 Jahre
RW: 10.000 EUR

$$\frac{\text{Abschreibung}}{\text{pro Jahr}} = \frac{100.000 - 10.000}{10} = 9.000 \text{ EUR}$$

Kalkulatorische Zinsen

Für das im Investitionsobjekt gebundene Kapital werden **kalkulatorische Zinsen** ermittelt. Durch diese Zinskosten wird der entgangene Zinsertrag berücksichtigt, der erzielt worden wäre, wenn das Kapital nicht in Sachanlagen investiert, sondern anderweitig Zins bringend angelegt worden wäre (= **Alternativkosten, Opportunitätskosten**).

Das am Anfang investierte Kapital verringert sich während der Nutzungsdauer aufgrund der Wertminderung (Abschreibung) stetig. Am Ende der Nutzungsdauer ist es auf null oder auf einen sich möglicherweise ergebenden Restwert (Schrottwert, Liquidationserlös) gesunken.

In Höhe der Abschreibungen wird Kapital freigesetzt (= Desinvestition). Das geschieht, indem die Gegenwerte für die Abschreibungen, die in die Preise einkalkuliert sind, über die Umsatzerlöse als liquide Mittel zurückfließen. Nur der jeweilige Restwert stellt dann noch gebundenes Kapital dar. Die kalkulatorischen Zinsen werden daher üblicherweise auf der Basis des während der Nutzungsdauer **durchschnittlich gebundenen Kapitals** nach der Formel **(Anschaffungswert + Restwert)/2** berechnet.[1]

Ermittlung der kalkulatorischen Zinsen

$$\text{Zinsen} = \frac{(\text{Anschaffungswert} + \text{Restwert})}{2} \cdot \text{Zinssatz}/100$$

AW: 100.000 EUR
RW: 10.000 EUR
Zinssatz: 10 %

$$\text{Zinsen pro Jahr} = \frac{100.000 + 10.000}{2} \cdot 0,1 = \textbf{5.500 EUR}$$

Fixe und variable Kosten – Kostenfunktion

Alle übrigen im Zusammenhang mit der Investition anfallenden Kosten werden den **Betriebskosten** zugerechnet. **Kapital- und Betriebskosten** lassen sich wie folgt in **fixe und variable Kosten** aufteilen:

Kostenvergleichsrechnung bei der Metallbau GmbH

Ermittlung der für eine Investitionsentscheidung relevanten Kosten:
Produktionsanlage zur Herstellung von bisher fremdbezogenen Metallteilen

Anschaffungswert:	100.000 EUR	**Produktionsmenge:**	20 000 Stück/Jahr
Nutzungsdauer:	10 Jahre	**Zinssatz:**	10 %
Restwert:	10.000 EUR		

Kosten	insgesamt EUR	fixe Kosten EUR	variable Kosten EUR
Kapitalkosten pro Jahr			
▪ kalkulatorische Abschreibungen	9.000	9.000	
▪ kalkulatorische Zinsen	5.500	5.500	
Betriebskosten pro Jahr (bei 20 000 St.)			
▪ Gehälter	10.500	10.500	
▪ Löhne	110.000		110.000
▪ Materialverbrauch	200.000		200.000
▪ Instandhaltung	2.000	2.000	
▪ Raumkosten	1.000	1.000	
▪ Energieverbrauch	5.500		5.500
▪ sonstige Kosten	12.500	2.000	10.500
Gesamtkosten (K_g)	**356.000**	**30.000**	**326.000**
Stückkosten (k_g) bei 20 000 Stück/Jahr	**17,80**	**1,50**	**16,30**

---

1   Die Herleitung dieser Formel ist im Lehrerhandbuch erläutert.

Ziel ist die Herleitung einer **Kostenfunktion** folgender Art:

> **!** $$K_g = K_f + k_v \cdot x$$

> Für den vorliegenden Fall ergibt sich folgende Kostenfunktion: $K_g = 30.000 + 16{,}30 \cdot x$

2.2 Vergleich von Investitionsalternativen – Kritische Produktionsmenge

Ein Vergleich zwischen zwei Investitionsalternativen kann sich auf die Gesamtkosten K_g (= Kostenvergleich pro Periode) oder auf die Stückkosten k_g (= Kostenvergleich pro Leistungseinheit) beziehen.

Aufg. 1
S. 305

Kostenstruktur bei verschiedenen Produktionsverfahren (Rationalisierung)

	Anlage I		Anlage II	
Anschaffungswert (EUR)	100.000		200.000	
Nutzungsdauer (Jahre)	10		10	
Restwert (EUR)	0		10.000	
voraussichtliche tatsächliche Auslastung (Stück/Jahr)	20 000		20 000	
Zinssatz in %	10		10	
Kapitalkosten				
Abschreibungen pro Jahr (EUR)	10.000		19.000	
Zinsen vom Ø gebundenen Kapital (EUR)	5.000		10.500	
sonstige fixe Betriebskosten (EUR)	15.000		17.500	
fixe Kosten		30.000		47.000
variable Betriebskosten (EUR)		326.000		295.000
Gesamtkosten (EUR)		**356.000**		**342.000**
Kostendifferenz Gesamtkosten (EUR)		**14.000**		
Stückkosten (EUR)	356.000/20 000 = **17,80**		342.000/20 000 = **17,10**	
Kostendifferenz Stückkosten (EUR)		0,70		
variable Stückkosten (EUR)	326.000/20 000 = **16,30**		295.000/20 000 = **14,75**	
Kostenfunktion	$K_g \, I = 30.000 + 16{,}30 \cdot x$		$K_g \, II = 47.000 + 14{,}75 \cdot x$	

Ergebnis: Die Anlage II verursacht bei einer jährlichen Produktionsmenge von 20 000 Stück um 14.000 EUR geringere Kosten pro Jahr. Sie ist daher unter Kostengesichtspunkten der Anlage I vorzuziehen. Die Kostenstruktur der beiden Anlagen deuten darauf hin, dass es sich bei der Anlage I um ein arbeitsintensiveres Produktionsverfahren als bei Anlage II handelt: geringe Fixkosten, dafür aber höhere variable Stückkosten (z. B. Fertigungslöhne).

Entscheidungskriterium

Beim Vergleich zweier Investitionsalternativen auf der Basis der Kostenvergleichsrechnung gilt als Entscheidungskriterium:

> **!** **Entscheidungskriterium: K I $\lessgtr$ K II**

Wenn die voraussichtliche tatsächliche Produktionsmenge pro Jahr nicht der maximal möglichen Produktionsmenge entspricht, ist nur ein Kostenvergleich je Stück sinnvoll.

Kritische Menge

In der Praxis schwanken die jährlichen Produktionsmengen und entsprechen häufig nicht den maximal möglichen Produktionsmengen. Von besonderer Bedeutung ist deshalb die Frage, **ab welcher Produktionsmenge** die Anlage II günstiger als die Anlage I ist (= kritische Produktionsmenge, Übergangsmenge). Dafür muss die Menge bestimmt werden, bei der die Kosten beider Anlagen gleich sind.

Aufg. 2
S. 308

$$K_g\,I = K_g\,II$$
$$K_f\,I + k_v\,I \cdot x = K_f\,II + k_v\,II \cdot x$$
$$k_v\,I \cdot x - k_v\,II \cdot x = K_f\,II - K_f\,I$$

Kritische Menge x_0:

$$x_0 = \frac{K_f\,II - K_f\,I}{k_v\,I - k_v\,II}$$

Berechnung der kritischen Menge

$$30.000 + 16,30\,x = 47.000 + 14,75\,x$$
$$16,30\,x - 14,75\,x = 47.000 - 30.000$$

$$x_0 = \frac{47.000 - 30.000}{16,30 - 14,75} = \frac{17.000}{1,55} = 10\,968 \text{ Stück}$$

Grafische Ermittlung der kritischen Menge

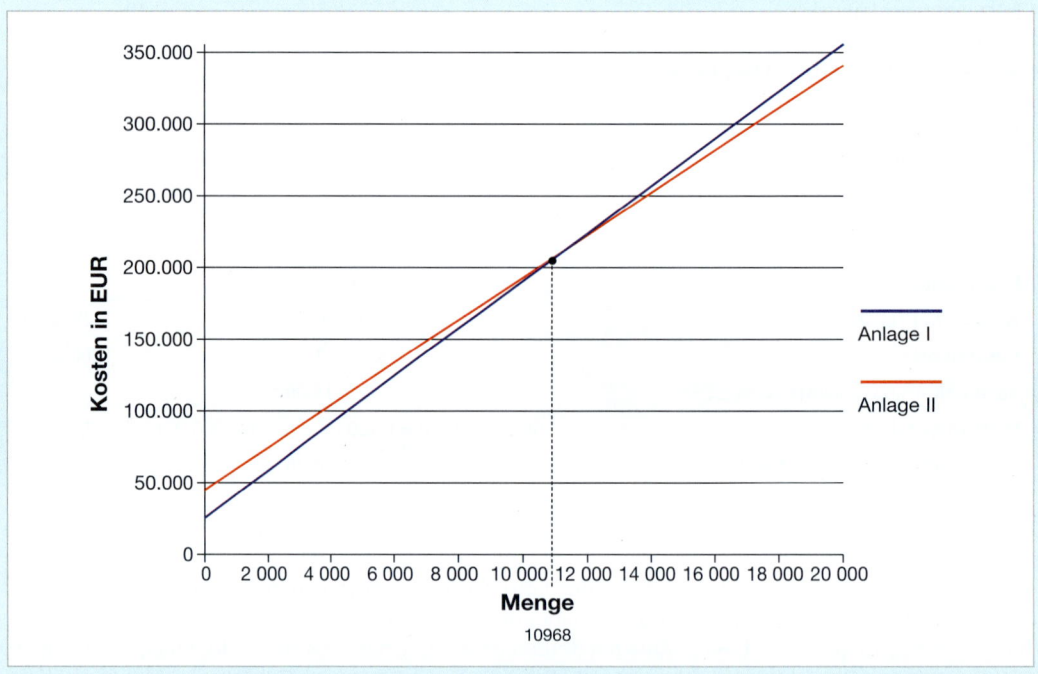

Aufg. 3
S. 309

Ergebnis: Bis zu einer Produktionsmenge von 10 967 Stück ist die Anlage I kostengünstiger. Das ist dadurch bedingt, dass bei Anlage I niedrigere Fixkosten und höhere variable Kosten anfallen als bei Anlage II. Ab einer Produktionsmenge von 10 969 Stück wird die Anlage II aufgrund der Fixkostendegression (= abnehmender Fixkostenanteil je Stück) kostengünstiger. Die kritische Menge (Übergangsmenge) liegt im Schnittpunkt der beiden Kostenkurven. Die Kostenkurve $K_g\,I$ beginnt wegen der geringeren Fixkosten (30.000 EUR) bei einem niedrigeren Y-Achsenabschnitt als die Kostenkurve $K_g\,II$ (Fixkosten: 47.000 EUR). Da die Kostenkurve $K_g\,I$ aber wegen der höheren variablen Stückkosten ($k_v\,I = 16,30$ EUR) eine größere Steigung als die Kostenkurve $K_g\,II$ hat ($k_v\,II = 14,75$ EUR), ergibt sich ein Schnittpunkt zwischen beiden Kurven. Bei der entsprechenden Produktionsmenge von 10 968 Stück sind die Kosten beider Anlagen gleich hoch.

2.3 Beurteilung der Kostenvergleichsrechnung

Die Kostenvergleichsrechnung ist ein in der Praxis weit verbreitetes und relativ leicht anwendbares Investitionsrechnungsverfahren. Sie kann eine grobe Grundlage für Investitionsentscheidungen liefern, zeichnet sich aber durch folgende Nachteile aus:

Nachteile der Kostenvergleichsrechnung
■ Kurzfristigkeit des Kostenvergleichs: Die Kostenentwicklung (z. B. Entwicklung der Lohn- und Energiekosten) im Zeitablauf bleibt unberücksichtigt.
■ Die Auflösung der Kosten in fixe und variable Bestandteile ist nicht immer einfach und genau.
■ Erträge aus der Investition bleiben unberücksichtigt. Daher bleiben sowohl Erlöse als auch Gewinne außer Acht.
■ Qualitäts- und Preisunterschiede zwischen den mit den alternativen Anlagen hergestellten Erzeugnissen bleiben unberücksichtigt.
■ Ein ggf. nach Ende der Investitionsdauer anfallender Restwert der Anlage wird nur bei der Ermittlung von Abschreibung und Zinsen, nicht aber als Erlös berücksichtigt.

Zusammenfassende Übersicht zu Kapitel 2: Statische Investitionsrechnung am Beispiel der Kostenvergleichsrechnung

Entscheidungsrelevante Kosten		
Kapitalkosten		**Betriebskosten**
kalkulatorische Abschreibungen	**kalkulatorische Zinsen**	■ Löhne, Gehälter, Personalnebenkosten
linear vom Anschaffungswert (ggf. abzüglich Restwert) $(AW - RW)/ND$	vom Ø gebundenen Kapital $(AW + RW)/2$	■ Materialverbrauch ■ Instandhaltung ■ Raumkosten ■ Energieverbrauch ■ …

fixe Kosten	**variable Kosten**

$$K_g = K_f + k_v \cdot x$$

Entscheidungskriterium bei Vergleich von zwei Investitionsalternativen:

$$K_g\,I \lessgtr K_g\,II$$

kritische Menge: $K_g\,I = K_g\,II \rightarrow x_0 = (K_f\,II - K_f\,I)/(k_v\,I - k_v\,II)$

Probleme der Kostenvergleichsrechnung
■ Künftige Kostenentwicklung wird nicht berücksichtigt.
■ Erträge, Erlöse, Gewinn, Rentabilität werden nicht berücksichtigt.
■ Kapitaleinsatz wird nur im Rahmen der Abschreibung berücksichtigt.
■ Kurzfristiger Vergleich: Ein Jahr ist u. U. nicht repräsentativ.
■ Aufteilung in fixe und variable Kosten ist schwierig.

Checken Sie Ihre Kompetenz mit der **Ich-kann-Liste**.

Öffnen Sie hierzu den nebenstehenden **QR-Code** oder geben Sie folgenden Link ein: https://vel.plus/BHD03

vel.plus/BHD04

WIEDERHOLUNG DES GRUNDWISSENS

zu Kapitel 2 Statische Investitionsrechnung am Beispiel der Kostenvergleichsrechnung

2.1 Ermittlung der entscheidungsrelevanten Kosten

1. Nennen Sie Beispiele für Kapitalkosten und Betriebskosten.
2. Erläutern Sie die Berechnungsweise der kalkulatorischen Abschreibungen.
3. Erläutern Sie die Berechnungsweise der kalkulatorischen Zinsen.
4. Leiten Sie die Kostenfunktion aus den entscheidungsrelevanten Kosten eines Investitionsobjekts her.

2.2 Vergleich von Investitionsalternativen – Kritische Produktionsmenge

1. Nennen Sie das Entscheidungskriterium bei Vergleich zweier Investitionsalternativen.
2. Erläutern Sie, was unter der „kritischen Produktionsmenge" zu verstehen ist und wie sie ermittelt wird.

2.3 Beurteilung der Kostenvergleichsrechnung

1. Nennen Sie Vor- und Nachteile der Kostenvergleichsrechnung.

ANWENDUNGS- UND ÜBUNGSAUFGABEN

zu Kapitel 2 Statische Investitionsrechnung am Beispiel der Kostenvergleichsrechnung

vel.plus/BHD05

Aufgabe 1 Vergleich von zwei Investitionsalternativen – Kritische Menge

In einem Metall verarbeitenden Betrieb steht die Anschaffung einer neuen Maschine zur Herstellung von Drehteilen an. Folgende beiden Investitionsalternativen stehen zur Wahl:

	Anlage I	Anlage II
Anschaffungswert (EUR)	180.000	240.000
Restwert (EUR)	0	0
Nutzungsdauer (Jahre)	8	8
Auslastung (Stück pro Jahr)	40 000	40 000
Zinssatz (%)	10	10
Raumkosten (EUR pro Jahr)	2.000	2.000
Instandhaltung (EUR pro Jahr)	2.200	2.500
Gehälter (EUR pro Jahr)	8.000	9.000
Löhne (EUR pro Jahr)	70.000	40.000
Material (EUR pro Jahr)	140.000	128.000
Energie (EUR pro Jahr)	7.700	11.200
sonstige fixe Betriebskosten (EUR pro Jahr)	3.000	4.500
sonstige variable Betriebskosten (EUR pro Jahr)	3.100	2.400

1. Welche der beiden Drehmaschinen ist bei einer Jahresproduktion von 40 000 Drehteilen kostengünstiger?
2. Berechnen Sie die kritische Produktionsmenge (Übergangsmenge).

vel.plus/BHD06

Aufgabe 2 Kostenstrukturen bei verschiedenen Produktionsverfahren

Die Feintechnik GmbH hat bisher bestimmte Metallteile von einem Zulieferer zum Stückpreis von 15,00 EUR bezogen. Der Lieferer hat eine Preiserhöhung auf 20,00 EUR je Stück angekündigt. Das veranlasst die Geschäftsführung, Überlegungen zur Eigenfertigung anstelle des bisherigen Fremdbezugs anzustellen. Dazu stehen zwei Produktionsanlagen zur Auswahl.

	Halbautomat	Vollautomat
Kapazität pro Jahr in Stück	10 000	10 000
Anschaffungswert in EUR	60.000	200.000
Restwert in EUR	0	0
Nutzungsdauer in Jahren	10	10
Fixkosten pro Jahr (außer Abschreibungen und kalk. Zinsen) EUR	2.000	5.000
Lohnkosten je Stück in EUR	7,00	0,50
Materialkosten je Stück in EUR	3,00	2,00
Kalkulationszinssatz in %	10	10

1. Ermitteln Sie die Gesamtkosten und die Kosten je Stück bei einem Jahresbedarf von 2 000 Stück für die Fälle a) Fremdbezug, b) Halbautomat, c) Vollautomat.

2. Ermitteln Sie die kritischen Mengen für die drei Alternativen. Für welche Alternative soll sich die Feintechnik GmbH entscheiden, wenn mit einem Anstieg des Jahresbedarfs gerechnet wird?

3. Stellen Sie die kritischen Mengen für die drei Alternativen in einem Koordinatensystem grafisch dar.

Aufgabe 3 Kostenvergleichsrechnung bei unterschiedlicher Auslastung

vel.plus/BHD07

Ein Transportunternehmen möchte einen neuen Lkw anschaffen. Wegen der unterschiedlichen Ausstattung und Einsatzmöglichkeiten ist die jährliche Kilometerleistung der beiden in Frage kommenden Fahrzeuge unterschiedlich.

	Lkw I	Lkw II
Anschaffungswert (EUR)	480.000	540.000
Nutzungsdauer (Jahre)	8	8
Restwert im Ende der Nutzungsdauer (EUR)	180.000	140.000
jährliche Kilometerleistung	250 000	200 000
Kalkulationszinssatz in %	10	10
variable Kosten je km (EUR)	1,75	1,70
fixe Kosten pro Jahr (ohne Abschreibungen und Zinsen) EUR	67.500	60.000

1. Nennen Sie Beispiele für variable und fixe Kosten, die für einen Lkw anfallen.

2. Erläutern Sie, warum im vorliegenden Fall ein Vergleich anhand der Gesamtkosten pro Jahr nicht aussagekräftig ist.

3. Ermitteln Sie, welcher Lkw kostengünstiger ist.

3   Statische Amortisationsrechnung

Kompetenzen:

- *statische Investitionsrechnungsverfahren anwenden*

- *die Amortisationszeit einer Einzelinvestition berechnen können*

- *bei Vorliegen mehrerer Investitionsalternativen eine begründete Investitionsentscheidung treffen*

- *die Amortisationszeit einer Rationalisierungs- investition berechnen können*

- *die Vor- und Nachteile der statischen Amortisa- tionsrechnung beschreiben*

3.1 Ziel der Amortisationsrechnung

3.2 Amortisationszeit für eine Einzelinvestition

3.3 Vergleich von Investitionsalternativen

3.4 Amortisationszeit für eine Rationalisierungsinvestition

3.5 Beurteilung der statischen Amortisationsrechnung

3.1   Ziel der Amortisationsrechnung

Im Rahmen der Amortisationsrechnung wird festgestellt, in welchem **Zeitraum** sich eine Investition amortisiert[1], d.h. wie lange es dauert, bis die ursprünglichen **Investitionsaus- gaben** durch daraus künftig folgende **Einzahlungsüberschüsse** (Einzahlungen – Auszah- lungen) gedeckt sind (= **Zeitraum des Kapitalrückflusses**)[2]. Der entsprechende Zeitraum wird als **Amortisationszeit** oder **Wiedergewinnungszeit** bezeichnet. Je kürzer die Amortisa- tionszeit ist, desto geringer erscheint das Investitionsrisiko. Deshalb sollen die Ausgaben für die Investition in möglichst kurzer Zeit durch Einzahlungsüberschüsse aus der Investition ausgeglichen werden.

> **!** Die Amortisationszeit ist der Zeitraum, innerhalb dessen das für die Investition eingesetzte Kapital (Investitionsausgaben) zurückgeflossen ist. Der Rückfluss erfolgt über die künftigen Ein- zahlungsüberschüsse, die durch die Investition entstehen. Diejenige Investitionsalternative mit der geringeren Amortisationszeit ist die vorteilhaftere.

3.2   Amortisationszeit für eine Einzelinvestition

Ermittlung der Einzahlungsüberschüsse

Bei der Amortisationsrechnung stehen die finanzwirtschaftlichen Größen **Einzahlungen** und **Auszahlungen** im Mittelpunkt. Als Anschaffungsauszahlung der Investition (= Kapital- einsatz) werden die **Anschaffungskosten** eines Investitionsobjektes herangezogen. Da bei den statischen Verfahren der Investitionsrechnung aber keine künftigen Zahlungsströme, sondern nur Kosten und Leistungen berücksichtigt werden, müssen die Einzahlungs- überschüsse der Investition auf indirektem Wege ermittelt werden. Ausgangspunkt ist der sich aus einer Investition ergebende jährliche Gewinn. Dieser ergibt sich aus der Differenz

---

1   amortir *(franz.)*: tilgen
2   Die Amortisationsrechnung wird daher auch als Kapitalrückflussrechnung, Pay-back-Rechnung oder Pay-off-Rechnung bezeichnet.

zwischen den mit der Investition einhergehenden Umsatzerlösen und den dabei entstandenen Kosten: G = E − K. Dieser Gewinn muss in **Einzahlungsüberschüsse** umgerechnet werden.

Kapitalrückfluss bei einer Erweiterungsinvestition

In einem Kunststoff verarbeitenden Betrieb wird für eine Erweiterungsinvestition mit einem Kapitaleinsatz von 1,4 Mio. EUR gerechnet. Durch die Investition steigt der Umsatz voraussichtlich um 800.000 EUR jährlich. Die jährliche Abschreibung für das Investitionsobjekt beträgt 280.000 EUR. Alle übrigen mit der Investition verbundenen Kosten (Löhne, Strom, Materialverbrauch) sind auszahlungswirksam und werden auf 440.000 EUR pro Jahr geschätzt.

Kosten		Gewinnermittlung für eine Erweiterungsinvestition	Leistungen
sonstige Kosten (z. B. Löhne, Material) = jährliche Auszahlungen aus der Investition		440.000 EUR	
Einzahlungsüberschuss 360.000 EUR	Abschreibungen	280.000 EUR	Umsatzerlöse = jährliche Einzahlungen aus der Investition
	Gewinn	80.000 EUR	
Summe		800.000 EUR	Summe

(Leistungen-Spalte: Umsatzerlöse 800.000 EUR; Summe 800.000 EUR)

Ergebnis: Von den aus der Erweiterungsinvestition erzielten Umsatzerlösen in Höhe von 800.000 EUR pro Jahr stehen nach Abzug der auszahlungswirksamen Kosten (440.000 EUR pro Jahr) Mittel in Höhe von 360.000 EUR/Jahr zur Verfügung.

Es wird unterstellt, dass alle durch die Investition entstehenden Umsatzerlöse zu **Einzahlungen** führen. Zur Ermittlung des jährlichen **Einzahlungsüberschusses** müssen von den **Umsatzerlösen** alle mit der Investition zusammenhängenden **auszahlungswirksamen Kosten** abgezogen werden. Die Berechnung kann auch auf der Basis des mit der Investition erzielten jährlichen **Gewinns** (= Beitrag zum Betriebsergebnis) erfolgen. Der Gewinn ergibt sich als Differenz zwischen Umsatzerlösen und Gesamtkosten. In diesen von den Umsatzerlösen abgezogenen Kosten ist aber auch die **nicht auszahlungswirksame Abschreibung** enthalten. Daher muss dieser Abschreibungsbetrag wieder zum Gewinn hinzugerechnet werden. Unter der Annahme, dass Gewinn und Abschreibung während der Nutzungsdauer im Durchschnitt unverändert bleiben (= konstanter Jahresgewinn und lineare kalkulatorische Abschreibung), stellt die Summe aus beiden Beträgen den **durchschnittlichen jährlichen Kapitalrückfluss** dar.[1]

Amortisationszeit

Die Amortisationszeit (t_W) einer Investition ergibt sich in diesem Fall wie folgt[2]:

$$\text{Amortisationszeit } (t_W) = \frac{\text{Anschaffungsauszahlung} - \text{Restwert}}{\varnothing \text{ Gewinn pro Jahr} + \text{jährl. Abschreibung}} = \frac{\text{Anschaffungsauszahlung} - \text{Restwert}}{\varnothing \text{ Kapitalrückfluss pro Jahr}}$$

---

1   Neben der kalkulatorischen Abschreibung müssten eigentlich auch die kalkulatorischen Zinsen, soweit sie die tatsächlichen Zinszahlungen übersteigen, zum Gewinn hinzugezählt werden. Im Rahmen der statischen Amortisationsrechnung bleiben diese Zinsen aber in der Regel unberücksichtigt. Die wegen der Abnahme des investierten Rest-Kapitals fallenden Zinsen widersprechen nämlich der Annahme jährlich konstanter Kapitalrückflüsse.

2   **t** steht für tempus *(lat.)*: Zeit; **w** steht für Wiedergewinnung

Wird auch ein **Restwert** (RW) des Investitionsobjektes berücksichtigt, muss in der obigen Formel die Anschaffungsauszahlung um den Restwert vermindert werden, da nur der Differenzbetrag zu amortisieren ist. Auch die kalkulatorischen Abschreibungen sind dann – wie bei der Kostenvergleichsrechnung – lediglich vom Differenzbetrag zwischen Anschaffungs- und Restwert zu berechnen.

Entscheidungskriterium

Bei einer Entscheidung über eine **Einzelinvestition** gilt jedes Investitionsobjekt als vorteilhaft, das die vorgegebene maximale Amortisationszeit $t_{W\,max}$ nicht überschreitet.

> **!** Entscheidungskriterium: $t_W \leq t_{W\,max}$

3.3 Vergleich von Investitionsalternativen

Aufg. 1
S. 316

Bei einem Vergleich zwischen zwei Investitionsalternativen I und II ist das Investitionsobjekt mit der kürzeren Amortisationszeit (t_W) das vorteilhaftere.

> **!** Entscheidungskriterium: $t_W\,I \lessgtr t_W\,II$

Amortisationsrechnung: Vergleich von Investitionsalternativen

Die Anschaffung einer neuen Kunststoffpresse in einem Kunststoff verarbeitenden Betrieb soll sich nach Vorgaben der Geschäftsleitung spätestens in 2,5 Jahren (= $t_{W\,max}$) amortisieren. Es stehen zwei Investitionsalternativen zur Auswahl:

	Anlage I	Anlage II
Anschaffungsauszahlung (EUR)	90.000	140.000
Restwert (EUR)	6.000	0
Nutzungsdauer (Jahre)	6	8
Gewinn pro Jahr (EUR)	28.000	38.000

Die Abschreibungen und Rückflussbeträge ergeben sich wie folgt:

	Anlage I	Anlage II
Gewinn pro Jahr (EUR)	28.000	38.000
Abschreibung pro Jahr (EUR)	14.000	17.500
Ø Kapitalrückfluss pro Jahr (EUR)	42.000	55.500

Daraus ergeben sich folgende Amortisationszeiten:

	Anlage I	Anlage II
Amortisationszeit	$t_W I = \dfrac{90.000 - 6.000}{42.000} = 2$ Jahre	$t_W II = \dfrac{140.000}{55.500} = 2{,}5$ Jahre

Ergebnis: Die Anlage I ist der Anlage II vorzuziehen, da sie eine um 0,5 Jahre kürzere Amortisationszeit aufweist und die Vorgaben der Geschäftsleitung (Amortisationszeit $t_{W\,max} \leq 2{,}5$ Jahre) erfüllt.

3.4   Amortisationszeit für eine Rationalisierungsinvestition

Ermittlung der Auszahlungsminderung

Für eine Rationalisierungsinvestition (= Ersatz einer noch funktionsfähigen Anlage) kann die Vorteilhaftigkeit statt an den Kapitalrückflüssen beider Anlagen vereinfachend anhand der **Auszahlungsminderung**, die durch die neue Anlage entsteht, beurteilt werden. Sind die Umsatzerlöse bei beiden Anlagen gleich hoch, wird zunächst festgestellt, um wie viel die Kosten der neuen Anlage niedriger als die der alten Anlage sind. In dieser Kostendifferenz ist aber auch die unterschiedliche Abschreibungshöhe der beiden Anlagen enthalten. Der nicht auszahlungswirksame Betrag, um den die Abschreibung der neuen Anlage höher als die der alten Anlage ist, muss als zusätzliche Auszahlungsminderung hinzugezählt werden.

Amortisationsrechnung bei einer Rationalisierungsinvestition

Aufg. 2
S. 316

	alte Anlage		neue Anlage		Differenz
Erlöse pro Jahr in EUR	50.000		50.000		0
− Gesamtkosten pro Jahr in EUR	30.000		20.000		(−) 10.000
davon Abschreibung		_3.000_		_5.000_	
= Gewinn pro Jahr in EUR	20.000		30.000		(+) 10.000
+ Abschreibung in EUR	3.000		5.000		(+) 2.000
= **Kapitalrückfluss pro Jahr in EUR**	**23.000**		**35.000**		(+) **12.000**

Der jährliche Kapitalrückfluss ist bei der neuen Anlage um 12.000 EUR höher.
Vereinfachte Berechnung: Wird der Vorteil der neuen Anlage nicht an der Höhe des Kapitalrückflusses, sondern an der Höhe der **Auszahlungsminderung** gemessen, ergibt sich folgende vereinfachte Berechnung, die aber zum selben Ergebnis führt:

in EUR	alte Anlage	neue Anlage	Kosten-einsparung durch neue Anlage	zusätzliche Abschreibung durch neue Anlage
Gesamtkosten pro Jahr	30.000	20.000	10.000	
Abschreibung pro Jahr	3.000	5.000		2.000
Auszahlungsminderung pro Jahr			12.000	

Bei Anschaffung der neuen Anlage ergibt sich eine jährliche Auszahlungsminderung in Höhe von 12.000 EUR.

Amortisationszeit

Die entscheidende Frage lautet: Wie lange dauert es, bis der mit der neuen Maschine verbundene **Kapitaleinsatz** durch die **Auszahlungsminderung** amortisiert wurde? Ist auch ein Liquidationserlös, der sich möglicherweise beim Verkauf der alten Anlage ergibt, zu berücksichtigen, wird die Anschaffungsauszahlung der neuen Anlage um den Restwert der alten Anlage (RW) vermindert, da nur der Differenzbetrag (= zusätzlicher Kapitaleinsatz) zu amortisieren ist.

> **!** Amortisationszeit bei Rationalisierungs-investition (t_w) $= \dfrac{\text{Anschaffungsauszahlung}_{neu} - \text{Restwert}_{alt}}{\text{Kosteneinsparung} + \text{zusätzliche Abschreibung}} = \dfrac{\text{zusätzlicher Kapitaleinsatz}}{\text{Ø jährliche Auszahlungsminderung}}$

Amortisationsrechnung bei einer Rationalisierungsinvestition (Fortsetzung)

Die Anschaffungsauszahlungen für die neue Anlage betragen 50.000 EUR. Die Nutzungsdauer beträgt 10 Jahre, so dass sich eine jährliche Abschreibung von 5.000 EUR ergibt. Die jährliche Kostenersparnis gegenüber der bisherigen Anlage beläuft sich auf 10.000 EUR. Die jährliche Abschreibung der alten Anlage beträgt 3.000 EUR. Für die alte Anlage kann mit einem Liquidationserlös von 2.000 EUR gerechnet werden.

$$(t_W) = \frac{50.000 - 2.000}{10.000 + (5.000 - 3.000)} = \frac{48.000}{12.000} = 4 \text{ Jahre}$$

Ergebnis: Das neue Investitionsobjekt hat sich nach 4 Jahren amortisiert.

Entscheidungskriterium

Bei Beurteilung einer Rationalisierungsinvestition auf der Basis der Amortisationsrechnung gilt die Regel:

> **!** **Eine Altanlage wird nur dann ausgetauscht, wenn sich die Neuanlage aufgrund der geringeren Auszahlungen innerhalb der gewünschten maximalen Amortisationszeit $t_{w\,max}$ amortisiert.**
> *Entscheidungskriterium: $t_w \leq t_{w\,max}$*

3.5   Beurteilung der Amortisationsrechnung

Die **Amortisationsrechnung** wird in der Praxis häufig **zusätzlich** zu den Ergebnissen anderer Investitionsrechnungsverfahren als **Entscheidungsgrundlage** herangezogen.

Vorteile	Nachteile
■ einfache und praxisnahe Anwendungsmöglichkeit ■ ermöglicht, das Risiko von Fehlinvestitionen einzuschätzen und zu verringern (insbesondere bei großer Unsicherheit der entscheidungsrelevanten Daten) ■ gibt bei Fremdfinanzierung Anhaltspunkte, für welchen Zeitraum Finanzierungsmittel bereit stehen müssen	■ Schätzung zukünftiger Kapitalrückflüsse schwierig ■ Zurechenbarkeit der Erlöse bzw. Gewinne auf ein bestimmtes Investitionsobjekt oft nicht genau möglich ■ Investitionen mit kurzer Laufzeit erscheinen gegenüber solchen mit langer Laufzeit als vorteilhafter (Nichtberücksichtigung unterschiedlicher Nutzungsdauern). ■ Oft wird die gewünschte Amortisationszeit ($t_{w\,max}$) willkürlich und zu kurz festgelegt. Eine Investition mit langer t_w kann aber **insgesamt** höhere Rückflüsse erbringen als bei niedriger t_w. ■ gibt keine Auskunft über die Rentabilität ■ Trotz gleicher t_w können Investitionen unterschiedliche Vorteilhaftigkeit haben.

Zusammenfassende Übersicht zu Kapitel 3: Statische Amortisationsrechnung

Ermittlung der Amortisationszeit (Wiedergewinnungszeit)

↓

Umrechnung von Erlösen und Kosten in Einzahlungen und Auszahlungen

Einzahlungsüberschuss = Ø Gewinn + nicht ausgabewirksame Kosten = Ø Kapitalrückfluss

$$\text{Amortisationszeit } t_w = \frac{\text{Anschaffungsauszahlung} - \text{Restwert}}{\text{Ø Kapitalrückfluss pro Jahr}}$$

Vergleich von Investitionsalternativen

Entscheidungskriterium t_w I $\lesseqgtr$ t_w II

Einzelinvestition	Rationalisierungsinvestition
Entscheidungskriterium $t_W \leq t_{W\,max}$	zusätzlicher Kapitaleinsatz $$\text{Amortisationszeit } t_w = \frac{(\text{Anschaffungsauszahlung}_{neu} - \text{Restwert}_{alt})}{\text{Ø Auszahlungsminderung pro Jahr}}$$ Entscheidungskriterium: $t_w \leq t_{w\,max}$

Probleme der statischen Amortisationsrechnung

- Schätzung der künftigen Kapitalrückflüsse schwierig
- Zurechenbarkeit von Erlösen und Gewinnen auf ein Investitionsobjekt schwierig
- gewünschte Amortisationszeit $t_{w\,max}$ wird oft willkürlich und zu kurz festgelegt

- Die Rentabilität wird nicht berücksichtigt. Eine Investition kann trotz kurzer Amortisationszeit unrentabel sein.
- Investitionen mit kurzer Laufzeit werden gegenüber Investitionen mit langer Laufzeit (u. U. ungerechtfertigt) begünstigt.

Checken Sie Ihre Kompetenz mit der **Ich-kann-Liste**.

Öffnen Sie hierzu den nebenstehenden **QR-Code** oder geben Sie folgenden Link ein: https://vel.plus/BHD08

WIEDERHOLUNG DES GRUNDWISSENS

vel.plus/BHD09

zu Kapitel 3 Statische Amortisationsrechnung

3.1 Ziel der Amortisationsrechnung

1. Beschreiben Sie das Ziel der Amortisationsrechnung.

3.2 Amortisationszeit für eine Einzelinvestition

1. Erläutern Sie die Ermittlung der Einzahlungsüberschüsse (Kapitalrückfluss).

2. Erläutern Sie die Ermittlung der Amortisationszeit.

3. Nennen Sie das Entscheidungskriterium für die Vorteilhaftigkeit einer Einzelinvestition.

3.3 Vergleich von Investitionsalternativen

1. Nennen Sie das Entscheidungskriterium für die Auswahl zwischen zwei Investitionsalternativen.

3.4 Amortisationszeit für eine Rationalisierungsinvestition

1. Beschreiben Sie die Berechnungsweise der Amortisationszeit, wenn es sich um eine Rationalisierungsinvestition handelt.

3.5 Beurteilung der Amortisationsrechnung

1. Nennen Sie Vor- und Nachteile der statischen Amortisationsrechnung.

ANWENDUNGS- UND ÜBUNGSAUFGABEN

zu Kapitel 3 Statische Amortisationsrechnung

vel.plus/BHD10

Aufgabe 1 Vergleich von zwei Investitionsalternativen anhand der Amortisationszeit

In einer Maschinenfabrik stehen zwei Investitionsobjekte zur Auswahl. Die Geschäftsleitung erwartet eine Amortisation innerhalb von drei Jahren.

	Anlage I	Anlage II
Anschaffungsauszahlung (EUR)	205.000	270.000
Nutzungsdauer (Jahre)	6	8
Restwert (EUR)	10.000	15.000
Gewinn pro Jahr (EUR)	42.000	48.000

1. Begründen Sie, warum die Abschreibungen bei der Berechnung der Amortisationszeit berücksichtigt werden müssen.

2. Ermitteln Sie die Amortisationszeit für beide Investitionsobjekte und treffen Sie eine Entscheidung.

vel.plus/BHD11

Aufgabe 2 Beurteilung einer Rationalisierungsinvestition anhand der Amortisationsrechnung

Ein Holz verarbeitender Betrieb plant eine Rationalisierungsinvestition. Die Anschaffungsauszahlung für die neue Anlage beläuft sich auf 540.000 EUR. Es wird von einer 10-jährigen Nutzungsdauer ausgegangen. Die jährliche Kosteneinsparung beträgt 104.000 EUR. Die alte Anlage mit einer Restnutzungsdauer von vier Jahren und einer jährlichen Abschreibung von 30.000 EUR würde derzeit einen Liquidationserlös von 100.000 EUR erbringen.

Die neue Anlage soll sich nach Möglichkeit innerhalb der Restnutzungsdauer der alten Anlage amortisiert haben. Prüfen Sie, ob diese vorgegebene Amortisationszeit erreicht werden kann.

4   Dynamische Investitionsrechnung am Beispiel der Kapitalwertmethode

Kompetenzen:

- den Einsatz dynamischer Investitionsrechnungsverfahren beurteilen

- Investitionsalternativen mithilfe der Kapitalwertmethode vergleichen

- die aus der Kapitalwertmethode folgenden Investitionsentscheidungen begründen

- die Vor- und Nachteile der Kapitalwertmethode beschreiben

4.1 Finanzmathematische Grundlagen

4.2 Kapitalwertmethode: Ermittlung des Kapitalwertes für eine Einzelinvestition

4.3 Vergleich von Investitionsalternativen – Differenzinvestition

4.4 Beurteilung der Kapitalwertmethode

4.1   Finanzmathematische Grundlagen

Die **statischen Verfahren** der Investitionsrechnung berücksichtigen vorrangig die je Periode durchschnittlich anfallenden **Kosten, Erlöse und Gewinne** einer Investition. Die **dynamischen Verfahren** der Investitionsrechnung beziehen dagegen periodengenau die **Ein- und Auszahlungen** (Zahlungsströme) **aller Perioden** ein, während derer das Investitionsgut genutzt wird. Durch **Abzinsung** der künftigen Ein- und Auszahlungen auf den Zeitpunkt des Investitionsbeginns wird der **Barwert** (Gegenwartswert zum Zeitpunkt t_0) ermittelt. Die zu unterschiedlichen Zeitpunkten und in unterschiedlicher Höhe anfallenden künftigen Ein- und Auszahlungen werden dadurch vergleichbar gemacht.

Der Grundgedanke der dynamischen Investitionsrechnung lautet:

> **!** Ein- oder Auszahlungen zu unterschiedlichen Fälligkeitszeitpunkten haben einen unterschiedlichen Wert. Heute verfügbares Geld ist mehr wert als künftiges. Der Unterschied ist durch den (Zinses-)Zins bedingt.

Kalkulationszinssatz

Grundlage aller dynamischen Investitionsrechnungsverfahren ist daher die **Zinseszinsrechnung** (Barwertberechnung). Für die Abzinsung wird ein **Kalkulationszinssatz** benötigt. Bei der Festlegung des Kalkulationszinssatzes kann sich der Investor an folgenden Vergleichsgrößen orientieren:

- gegenwärtiger Zinssatz am Kapitalmarkt vermehrt um einen Risikozuschlag,

- Zinssatz, mit dem sich das Eigen- oder Fremdkapital des Unternehmens derzeit verzinst,

- eine vom Investor vorgegebene **Mindestverzinsung**.

Barwertformel

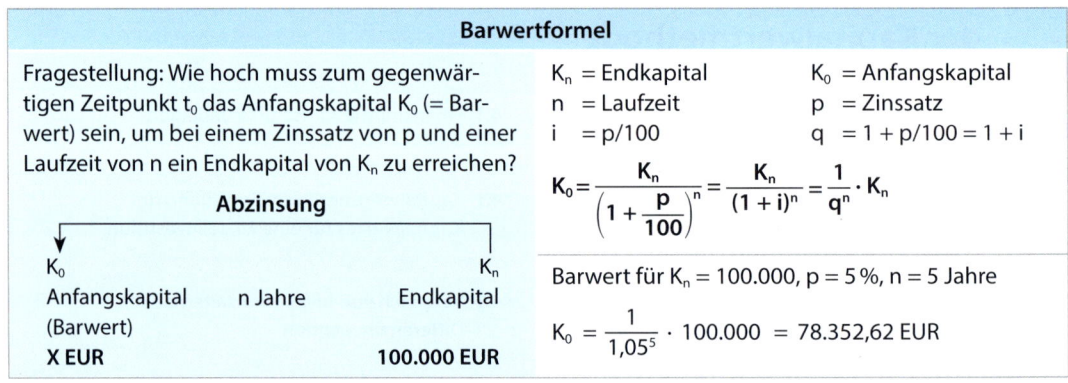

Barwertformel		
Fragestellung: Wie hoch muss zum gegenwärtigen Zeitpunkt t_0 das Anfangskapital K_0 (= Barwert) sein, um bei einem Zinssatz von p und einer Laufzeit von n ein Endkapital von K_n zu erreichen?	K_n = Endkapital n = Laufzeit i = p/100	K_0 = Anfangskapital p = Zinssatz q = 1 + p/100 = 1 + i

$$K_0 = \frac{K_n}{\left(1 + \frac{p}{100}\right)^n} = \frac{K_n}{(1+i)^n} = \frac{1}{q^n} \cdot K_n$$

Abzinsung

K_0 K_n

Anfangskapital   n Jahre   Endkapital
(Barwert)
X EUR   **100.000 EUR**

Barwert für K_n = 100.000, p = 5 %, n = 5 Jahre

$$K_0 = \frac{1}{1{,}05^5} \cdot 100.000 = 78.352{,}62 \text{ EUR}$$

4.2 Kapitalwertmethode: Ermittlung des Kapitalwertes für eine Einzelinvestition

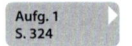

Aufg. 1
S. 324

Das am weitesten verbreitete Verfahren der dynamischen Investitionsrechnung ist die **Kapitalwertmethode.**

> ❗ Der Kapitalwert (C_0) einer Investition ist die Barwertsumme (Gegenwartswert) aller durch diese Investition verursachten Zahlungen (Einzahlungsüberschüsse – Anschaffungsauszahlungen).

Kapitalwertformel

Der Kapitalwert einer Investition ergibt sich wie folgt:

C_0 = Kapitalwert	A_0 = Anschaffungsauszahlungen
t_0 = heutiger Zeitpunkt (Gegenwart)	
Ü = Einzahlungsüberschuss:[1]	

$Ü_1, Ü_2, Ü_3, ... Ü_n$ = regelmäßige (jährliche) Einzahlungsüberschüsse während der Laufzeit n
t = 1, 2, ..., n = Zahlungszeitpunkte der Überschüsse (Jahresende 1 bis n)
p = Kalkulationszinssatz   i = p/100   q = 1 + p/100 = 1 + i
      $1/q^n$ bzw. q^{-n} = Abzinsungsfaktor L_t = Liquiditätserlös zum Zeitpunkt t

> ❗ $$C_0 = -A_0 + Ü_1 \cdot \frac{1}{q^1} + Ü_2 \cdot \frac{1}{q^2} + Ü_3 \cdot \frac{1}{q^3} + ... + Ü_n \cdot \frac{1}{q^n} = -A_0 + \sum_{t=1}^{n} Ü_t \cdot \frac{1}{q^t}$$

Ist ein **Liquidationserlös** L zum Zeitpunkt t zu berücksichtigen (z. B. beim Verkauf der Maschine am Ende der Laufzeit), so muss die Kapitalwertformel ergänzt werden, indem der auf den heutigen Tag (t_0) abgezinste Liquidationserlös ($L_t \cdot 1/q^t$) hinzugezählt wird:

> ❗ $$C_0 = -A_0 + \sum_{t=1}^{n} Ü_t \cdot \frac{1}{q^t} + L_t \cdot \frac{1}{q^t}$$

---

1   Auszahlungen im Zusammenhang mit der Finanzierung des Investitionsobjekts werden nicht gesondert berücksichtigt. Zinszahlungen sind durch den Kalkulationszinssatz und Tilgungszahlung durch die Anschaffungsauszahlungen erfasst.

Kriterium für die Wahl einer Investitionsalternative ist die Höhe des Kapitalwertes C_0. Eine Investition ist umso vorteilhafter, je höher ihr Kapitalwert ist.

Berechnung des Kapitalwerts

Aufg. 2
S. 324

Bei der METABA GmbH soll über die Anschaffung einer neuen Produktionsanlage entschieden werden. Die Anschaffungsauszahlungen betragen 100.000 EUR. Der Kalkulationszinssatz beträgt 10 %. Die während der 5-jährigen Nutzungsdauer anfallenden Ein- und Auszahlungen sind geschätzt.

Zahlungszeit-punkt (Jahresende) t	Einzahlungen (E) EUR	Auszahlungen[1] (A) EUR	Einzahlungs-überschüsse (Ü) EUR	Abzinsungs-faktor[2] $1/q^t$ bzw. q^{-t}	Barwerte EUR
1	100.000	70.000	30.000	0,909091	27.273
2	110.000	60.000	50.000	0,826446	41.322
3	100.000	70.000	30.000	0,751315	22.539
4	100.000	80.000	20.000	0,683013	13.660
5	110.000	80.000	30.000	0,620921	18.628
Barwertsumme der Einzahlungsüberschüsse:					123.422
– Anschaffungsauszahlungen: A_0					100.000
= Kapitalwert: C_0					+ 23.422

Ergebnis: Der Kapitalwert der Investition ist positiv. Die Investition ist daher vorteilhaft. Das eingesetzte Kapital bleibt erhalten und verzinst sich zum Kalkulationszinssatz von 10 %. Darüber hinaus wird ein Überschuss erzielt, dessen Barwert 23.422 EUR beträgt.

Entscheidungskriterium

Bei einer **Einzelinvestition** gilt jedes Investitionsobjekt als **vorteilhaft**, dessen Kapitalwert **größer** als 0 ist.

Entscheidungskriterium bei Einzelinvestition: $C_0 \geq 0$		
Höhe des Kapitalwertes	**Bedeutung**	**Vorteilhaftigkeit der Investition**
Kapitalwert ist positiv $C_0 > 0$ z. B. $C_0 = 10.000$ EUR	Der Investor erhält <ul><li>sein investiertes Kapital zurück,</li><li>eine Verzinsung des Kapitals in Höhe des Kalkulationszinssatzes,</li><li>einen zusätzlichen Überschuss, dessen Barwert 10.000 EUR beträgt.</li></ul>	**vorteilhaft**
Kapitalwert ist null $C_0 = 0$	Der Investor erhält <ul><li>sein investiertes Kapital zurück,</li><li>eine Verzinsung des Kapitals in Höhe des Kalkulationszinssatzes.</li></ul> Ein Überschuss wird nicht erzielt.	Es ist **gleichgültig**, ob diese Investition getätigt oder die Investitionssumme anderweitig zum Kalkulationszinssatz angelegt wird.
Kapitalwert ist negativ $C_0 < 0$ z. B. $C_0 = -10.000$ EUR	Der Investor erhält <ul><li>sein investiertes Kapital nicht bzw. nicht in vollem Umfang zurück und/oder</li><li>nicht die erwartete Verzinsung des Kapitals in Höhe des Kalkulationszinssatzes.</li></ul>	**nicht vorteilhaft**

---

1 Auszahlungen im Zusammenhang mit der Finanzierung des Investitionsobjekts werden nicht gesondert berücksichtigt. Zinszahlungen sind durch den Kalkulationszinssatz und Tilgungszahlung durch die Anschaffungsauszahlungen erfasst.
2 Eine Tabelle mit entsprechenden Auf- und Abzinsungsfaktoren ist im Anhang abgedruckt und wird auch in der Abiturprüfung bereit gestellt.

4.3   Vergleich von Investitionsalternativen – Differenzinvestition

Bei einem Vergleich zwischen zwei Investitionsalternativen I und II ist das Investitionsobjekt mit dem höheren Kapitalwert das vorteilhaftere.

Aufg. 3
S. 324

> **Entscheidungskriterium beim Vergleich zweier Investitionsobjekte: $C_0^I \lessgtr C_0^{II}$**
> **Dabei muss gelten: $C_0 \geq 0$**

Differenzinvestitionen

Zwei Investitionsobjekte sind aber nur dann direkt vergleichbar, wenn für beide Alternativen das während der Nutzungsdauer gebundene Kapital gleich hoch ist. Unterscheiden sich die Anschaffungsauszahlungen von zwei Investitionsobjekten, so muss in den Vorteilhaftigkeitsvergleich folgende Überlegung einbezogen werden: Der Differenzbetrag zwischen den Anschaffungsauszahlungen der beiden Alternativen kann (tatsächlich oder gedanklich) zinsbringend angelegt werden (= **Differenzinvestition**). Eine solche **Differenzinvestition** kann beispielweise in Form einer (fiktiven) **Finanzinvestition** (z. B. Anlage auf dem Kapitalmarkt in festverzinslichen Wertpapieren) erfolgen.

> **Eine Differenzinvestition ist eine zusätzliche Investition, um Investitionsalternativen mit unterschiedlichen Anschaffungsauszahlungen vergleichbar zu machen.**

> *Differenzinvestition bei unterschiedlichen Anschaffungsauszahlungen*
>
> Bei unterschiedlichen Anschaffungsauszahlungen von zwei Investitionsalternativen (z. B. Anlage I 120.000 EUR, Anlage II 80.000 EUR) wird davon ausgegangen, dass der Unterschiedsbetrag (Differenz) zwischen den Anschaffungsauszahlungen (hier: 40.000 EUR) in eine (fiktive) Anlage III investiert wird. Dahinter steckt folgende Überlegung: Um überhaupt eine Auswahl zwischen Anlage I und Anlage II treffen zu können, muss davon ausgegangen werden, dass der Investor in der Lage ist, jede der beiden Investitionsalternativen zu finanzieren. Wählt der Investor die Anlage I (Anschaffungsauszahlungen: 120.000 EUR), so verzichtet er nicht nur auf die Anlage II (Anschaffungsauszahlungen: 80.000 EUR), sondern zusätzlich auf auch eine dritte Investition (Anlage III) mit Anschaffungsauszahlungen in Höhe von 40.000 EUR (= Differenzbetrag der Anschaffungsauszahlungen von Anlage I und Anlage II). Die Wahl zwischen Anlage I und Anlage II beruht also in Wirklichkeit auf einem Vergleich zwischen Anlage I einerseits und Anlage II und III andererseits.

Der Kapitalwert der Differenzinvestition wird zum Kapitalwert des Investitionsobjekts mit den geringeren Anschaffungsauszahlungen hinzugezählt. Auf diese Weise können die Anschaffungsauszahlungen beider Investitionsalternativen einander angepasst und die Investitionsobjekte vergleichbar gemacht werden.[1]

> **Um zwei Investitionsobjekte mit unterschiedlichen Anschaffungsauszahlungen vergleichbar zu machen, wird der Kapitalwert der Differenzinvestition zum Kapitalwert des Investitionsobjekts mit den geringeren Anschaffungsauszahlungen hinzugezählt. Die Summe dieser beiden Kapitalwerte wird mit dem Kapitalwert der anderen Investitionsalternative verglichen.**

Wenn aber davon ausgegangen wird, dass bei Anwendung der Kapitalwertmethode überschüssige liquide Mittel immer zum Kalkulationszinssatz angelegt werden, brauchen für die Ermittlung der vorteilhaften Investitionsalternative keine Differenzinvestitionen berücksichtigt zu werden. Da die Kapitalwerte solcher zum Kalkulationszinssatz verzinsten Investitionen null sind, haben

---

1   Das gilt nicht nur bei Investitionsobjekten mit unterschiedlichen Anschaffungsauszahlungen, sondern auch bei unterschiedlicher Nutzungsdauer. Dies ist aber nicht Gegenstand des Bildungsplans.

sie keinen Einfluss auf die Investitionsentscheidung. Es genügt in diesem Fall vielmehr, die Kapitalwerte der Investitionsalternativen ohne Berücksichtigung einer Differenzinvestition miteinander zu vergleichen und die Investitionsalternative mit dem höheren Kapitalwert zu wählen.

Differenzinvestition in Form einer Finanzinvestition – Verzinsung zum Kalkulationszinssatz

Die Differenz der Anschaffungsauszahlungen zwischen Anlage I und Anlage II in Höhe von 40.000 EUR (siehe Bsp. oben) wird (gedanklich) in festverzinslichen Wertpapieren mit einer Verzinsung zum Kalkulationszinssatz von 10 % angelegt. Der Einfachheit halber wird angenommen, dass die Nutzungsdauern der Anlagen und damit auch die Anlagedauer der Finanzinvestition auf 2 Jahre beschränkt sind. Anders als bei Sachinvestitionen, die während der Nutzungsdauer an Wert verlieren und daher am Ende keinen oder nur einen geringeren Liquidationserlös als die Anschaffungsauszahlungen aufweisen, wird der in die festverzinslichen Wertpapiere investierte Betrag am Ende der Anlagedauer in voller Höhe zurückgezahlt. Der „Liquidationserlös" (L_t) der Finanzinvestition entspricht somit den „Anschaffungsauszahlungen" (A_0). Der Kapitalwert C_0 der Finanzinvestition in Höhe von 0 EUR lässt sich wie folgt nachweisen:

Anschaffungsauszahlungen (A_0): 40.000 EUR   Liquidationserlös ($L_{t=2}$): 40.000 EUR

jährliche Einzahlungsüberschüsse ($Ü_t$): 10 % von A_0 Kalkulationszinssatz: 10 %

$$C_0 = -A_0 \qquad\qquad +Ü1 \cdot 1/q^1 \qquad\quad +Ü_2 \cdot 1/q^2 \qquad +L_2 \cdot 1/q^2$$
$$C_0 = -40.000\ \text{EUR} +4.000\ \text{EUR} \cdot 0,909091 +4.000 \cdot 0,826446 +40.000 \cdot 0,826446$$
$$C_0 = -40.000\ \text{EUR} +3.636\ \text{EUR} \qquad\qquad +3.306\ \text{EUR} \qquad\quad +33.058\ \text{EUR} \qquad = 0$$

Der Kapitalwert beträgt deshalb null, weil die Ermittlung der Einzahlungsüberschüsse genau mit demselben Zinssatz erfolgt, der auch für Barwertermittlung (Abzinsung der Überschüsse) verwendet wird.

 Der Kapitalwert einer Investition, die sich zum Kalkulationszinssatz verzinst, ist null.

! **Wird angenommen, dass jederzeit in beliebigem Umfang ergänzende Investitionen getätigt werden können, die sich genau zum Kalkulationszinssatz verzinsen, kann auf die Berücksichtigung von Differenzinvestitionen verzichtet werden.**

Differenzinvestition mit Kapitalwert > 0

Wird dagegen davon ausgegangen, dass der Investor ausnahmsweise ergänzende Investitionen zu einem höheren als dem von ihm gewählten Kalkulationszinssatz tätigen kann, ist der Kapitalwert der **Differenzinvestition** – wie im folgenden Beispiel dargestellt – zu berücksichtigen.

Investitionsentscheidung mit Differenzinvestition

Bei der METABA GmbH stehen folgende beiden Investitionsobjekte zur Auswahl.

	Anlage I	Anlage II
Anschaffungsauszahlungen (EUR)	120.000	80.000
Nutzungsdauer (Jahre)	5	5
Liquidationserlös (EUR)	12.000	0
laufende Einzahlungsüberschüsse (Ü)	siehe nachfolgende Tabelle	
Kalkulationszinssatz	10 %	

Zur Ermittlung der Vorteilhaftigkeit ist es notwendig, die Differenz zwischen den Anschaffungsauszahlungen der beiden Anlagen in Höhe von 40.000 EUR durch eine Differenzinvestition zu berücksichtigen. Im vorliegenden Fall wird angenommen, dass diese fiktiven 40.000 EUR in eine Anlage investiert werden könnten, die ebenfalls 5 Jahre genutzt wird, danach einen geschätzten Liquidationserlös von 5.000 EUR erzielt und zu den in der folgenden Tabelle dargestellten geschätzten jährlichen Einnahmeüberschüssen führt.

Zeitpunkt (Jahres-ende)	Abzinsungs-faktor $1/q^t$ bzw. q^{-t}	Anlage I		Anlage II		Differenzinvestition	
		Überschüsse (Ü) in EUR	Barwert in EUR	Überschüsse (Ü) in EUR	Barwert in EUR	Überschüsse (Ü) in EUR	Barwert in EUR
1	0,909091	30.000	27.273	20.000	18.182	8.000	7.273
2	0,826446	45.000	37.190	25.000	20.661	10.000	8.264
3	0,751315	40.000	30.053	25.000	18.783	15.000	11.270
4	0,683013	45.000	30.736	25.000	17.075	20.000	13.660
5	0,620921	35.000	21.732	20.000	12.148	20.000	12.148
Summe		195.000	146.984	115.000	87.119	73.000	52.885
Liquida-tionserlös	0,620921	12.000	7.451	0	0	5.000	3.105
Barwertsumme der Überschüsse (EUR)			154.435		87.119		55.990
− Anschaffungsaus-zahlungen (EUR)			120.000		80.000		40.000
					7.119		15.990
= Kapitalwert			**34.435**		**23.109**		

Ergebnis: Für die Metallbau GmbH ist es günstiger, sich für die Anlage I zu entscheiden. Der Kapitalwert dieser Anlage beträgt 34.435 EUR. Er ist um 11.326 EUR höher als der sich aus der Summe der Kapitalwerte von Anlage II (7.119 EUR) und der Differenzinvestition (15.990 EUR) ergebende Kapitalwert von 23.109 EUR.

Bei Wahl der Anlage I erhält das Unternehmen

- die investierten 120.000 EUR zurück,
- eine Verzinsung dieses eingesetzten Kapitals in Höhe von 10 %.
- einen zusätzlichen Überschuss, dessen Barwert 34.435 EUR beträgt.

4.4 Beurteilung der Kapitalwertmethode

Im Gegensatz zu den Verfahren der statischen Investitionsrechnung werden bei der Kapitalwertmethode als einem dynamischen Investitionsrechnungsverfahren die zukünftigen Zahlungen zeitlich und betragsmäßig einzeln erfasst. Dadurch wird die Investitionsentscheidung erheblich sicherer. Allerdings ergeben sich bei der Anwendung der Kapitalwertmethode u. a. folgende Probleme:

Probleme bei Anwendung der Kapitalwertmethode

- Die Zahlungen sind häufig nicht einem einzigen Investitionsprojekt direkt zurechenbar.
- Ungewissheit der zukünftigen Zahlungen, die nach Höhe und zeitlichem Anfall prognostiziert werden müssen → Nicht alle jährlichen Ein- und Auszahlungen fallen am Ende der einzelnen Perioden $t_1, t_2, t_3 \dots t_n$ an.
- Die Wahl des Kalkulationszinssatzes hängt stark von den subjektiven Zielen (Mindestverzinsung) des Investors ab.
- Alle Zahlungen werden ein und demselben Zinssatz unterworfen (= Kalkulationszinssatz). Das beinhaltet die Annahme, dass zu diesem Kalkulationszinssatz beliebig viel Kapital beschafft und angelegt werden kann.
  Diese Annahme trifft nur für einen vollkommenen Kapitalmarkt, auf dem Soll- und Habenzinssatz gleich hoch sind, zu und ist nicht realistisch.

Zusammenfassende Übersicht zu Kapitel 4:
Dynamische Investitionsrechnung am Beispiel der Kapitalwertmethode

Kapitalwert

Kalkulationszinssatz p

$i = p/100$

$q = 1 + i = 1 + p/100$

Barwert (K_0) einer künftigen Zahlung: $K_0 = K_n \cdot 1/q^n$

$1/q^n$ bzw. q^{-n} = Abzinsungsfaktor

Kapitalwert (C_0) = Barwertsumme aller durch die Investition verursachten Zahlungen

A_0 = Anschaffungsauszahlungen

$Ü$ = Einzahlungsüberschüsse

$$C_0 = \sum_{t=1}^{n} Ü_t \cdot \frac{1}{q^t} - A_0 + L_t \cdot \frac{1}{q^t}$$

L_t = Liquidationserlös zum Zeitpunkt t

$C_0 > 0$	$C_0 = 0$	$C_0 < 0$
Investition ist vorteilhaft.	**Indifferenz**	**Investition ist nicht vorteilhaft.**

Vergleich von Investitionsalternativen

Je höher der Kapitalwert, desto vorteilhafter ist die Investition.

Differenzinvestition

- Die Differenzinvestition wird bei unterschiedlichen Anschaffungsauszahlungen der Investitionsobjekte berücksichtigt, um diese vergleichbar zu machen.
- Der Kapitalwert der Differenzinvestition wird dem Kapitalwert der Investitionsalternative mit den geringeren Anschaffungsauszahlungen hinzugezählt.

Checken Sie Ihre Kompetenz mit der **Ich-kann-Liste**.

Öffnen Sie hierzu den nebenstehenden **QR-Code**
oder geben Sie folgenden Link ein: https://vel.plus/BHD12

WIEDERHOLUNG DES GRUNDWISSENS

vel.plus/BHD13

zu Kapitel 4 Dynamische Investitionsrechnung am Beispiel der Kapitalwertmethode

4.1 Finanzmathematische Grundlagen

1. Vergleichen Sie die Verfahren der statischen und der dynamischen Investitionsrechnung.
2. Begründen Sie, warum in Zukunft zu zahlende Beträge weniger wert sind als gegenwärtige.
3. Erläutern Sie die Berechnungsweise des Barwertes (Gegenwartswertes) einer zukünftigen Zahlung.

4.2 Kapitalwertmethode: Ermittlung des Kapitalwertes für eine Einzelinvestition

1. Erläutern Sie, was unter dem Kapitalwert einer Investition zu verstehen ist.
2. Erläutern Sie die Berechnungsweise des Kapitalwertes einer Investition.
3. Nennen Sie das Entscheidungskriterium bei einer Einzelinvestition.
4. Vergleichen Sie die Fälle, wenn der Kapitalwert einer Investition a) positiv b) null c) negativ ist.

4.3 Vergleich von Investitionsalternativen – Differenzinvestition

1. Nennen Sie das Entscheidungskriterium bei mehreren Investitionsalternativen.
2. Beschreiben Sie, in welchen Fällen Differenzinvestitionen berücksichtigt werden müssen.
3. Beschreiben Sie die Besonderheit, die bei der Ermittlung des Kapitalwertes einer Finanzinvestition zu berücksichtigen ist.

4.4 Beurteilung der Kapitalwertmethode

1. Nennen Sie Vor- und Nachteile der Kapitalwertmethode.

ANWENDUNGS- UND ÜBUNGSAUFGABEN

zu Kapitel 4 Dynamische Investitionsrechnung am Beispiel der Kapitalwertmethode

Aufgabe 1 Kapitalwertmethode: Vergleich zwischen Sach- und Finanzinvestition

vel.plus/BHD14

Ein Unternehmen verfügt über liquide Mittel in Höhe von 200.000 EUR. Wegen mittelfristig geplanter anderweitiger Investitionen wird überlegt, ob dieser Betrag vorübergehend für zwei Jahre in festverzinslichen Wertpapieren mit einer Verzinsung von 8 % p. a. angelegt oder zur Anschaffung einer gebrauchten Produktionsanlage mit einer Restnutzungsdauer von 2 Jahren verwendet werden soll. Es wird geschätzt, dass im Zusammenhang mit der Produktionsanlage folgende Ein- und Auszahlungen anfallen:

	Anschaffungszeitpunkt t_0	Ende des ersten Jahres t_1	Ende des zweiten Jahres t_2
Auszahlungen in EUR	200.000	100.000	100.000
Einzahlungen in EUR		200.000	230.000

Ein Liquidationserlös für die Produktionsanlage fällt nicht an. Als Kalkulationszinssatz wird der Zinssatz für festverzinsliche Wertpapiere verwendet.

Ermitteln Sie die Kapitalwerte der beiden Investitionsalternativen und erläutern Sie das Ergebnis.

Aufgabe 2 Anwendung der Kapitalwertmethode beim Kauf eines Lkw

vel.plus/BHD15

Eine Spedition beabsichtigt ein neues Spezialfahrzeug zum Preis von 600.000 EUR anzuschaffen. Mit dem Lkw-Hersteller wird vereinbart, dass der Rechnungspreis in zwei gleichen Jahresraten bezahlt werden kann (erste Rate bei Auslieferung, zweite Rate ein Jahr später). Für den neuen Lkw wird eine Nutzungsdauer von 5 Jahren angenommen. Danach kann er voraussichtlich zum Restwert von 100.000 EUR verkauft werden.

Es wird mit folgenden Einzahlungsüberschüssen durch den Lkw-Einsatz gerechnet:

Jahr	01	02	03	04	05
Einzahlungsüberschüsse in EUR	100.000	150.000	200.000	150.000	170.000

Prüfen Sie mithilfe der Kapitalwertmethode, ob sich die Anschaffung bei einem Kalkulationszinssatz von 10 % lohnt.

Aufgabe 3 Vergleich von Investitionsalternativen mit unterschiedlichen Anschaffungsauszahlungen – Differenzinvestition

vel.plus/BHD16

Die METABA GmbH will eine neue Maschine anschaffen. Für die Investitionsentscheidung wird ein Kalkulationszinssatz von 10 % zugrunde gelegt. Es stehen zwei Alternativen zur Verfügung:

		Anlage I	Anlage II
Anschaffungsauszahlungen EUR		90.000	60.000
Einzahlungsüberschüsse während der 5-jährigen Nutzung EUR	$Ü_1$	20.000	20.000
	$Ü_2$	30.000	20.000
	$Ü_3$	40.000	20.000
	$Ü_4$	30.000	20.000
	$Ü_5$	15.000	15.000
erwarteter Liquidationserlös EUR		5.000	0

1. Ermitteln Sie die Kapitalwerte der beiden Investitionen.

2. Geschäftsführer Abele möchte aufgrund des Ergebnisses von 1. die Anlage I anschaffen. Geschäftsführer Bäuerle bezweifelt die Richtigkeit einer solchen Entscheidung und weist darauf hin, dass die Anschaffungsauszahlungen für die Anlage I um 50 % höher sind als bei Anlage II. Er schlägt vor, die Anlage II anzuschaffen und die ersparten 30.000 EUR in ein anderes Investitionsobjekt zu investieren.
   Beurteilen Sie die Einwände von Herrn Bäuerle.

3. Die 30.000 EUR könnten in ein anderes Investitionsobjekt investiert werden, das ebenfalls eine Laufzeit von fünf Jahren hat und zu folgenden Einzahlungsüberschüssen führen würde.

Jahr 1	Jahr 2	Jahr 3	Jahr 4	Jahr 5
5.000 EUR	6.000 EUR	10.000 EUR	15.000 EUR	15.000 EUR

Ermitteln Sie den Kapitalwert dieser Differenzinvestition. Welche Investitionsentscheidung sollte die METABA GmbH treffen?

4. Würde sich die Investitionsentscheidung ändern, wenn der Differenzbetrag in Höhe von 30.000 EUR zinsbringend zum Kalkulationszinssatz am Kapitalmarkt angelegt würde? Begründen Sie Ihre Aussage.

5. Wie hoch muss der Kapitalwert der Differenzinvestition mindestens sein, damit die Anlage II vorteilhafter ist?

1 Finanzierungsformen

Kompetenzen:

■ *verschiedene Finanzierungsformen unterscheiden*

1.1 Finanzierungsformen im Überblick

1.1 Finanzierungsformen im Überblick

Kapital im betriebswirtschaftlichen Sinne sind alle Geldmittel (Geldkapital), Produktionsmittel (Sachkapital) und Rechte (z. B. Patente, Lizenzen), die einem Unternehmen zur Verfügung stehen. Wird das Kapital von (Mit-)Eigentümern des Unternehmens zur Verfügung gestellt, handelt es sich um **Eigenkapital**. Wird das Kapital von Gläubigern des Unternehmens zur Verfügung gestellt, handelt es sich um **Fremdkapital**.

> **!** **Finanzierung** ist die Beschaffung des für betriebliche Vorgänge (z. B. Leistungserstellung, Unternehmensgründung) benötigten Kapitals (finanzielle Mittel, Sachgüter, Rechte). Die Passivseite der Bilanz gibt Auskunft über die Herkunft des Kapitals.

> **!** **Investition** ist die Anlage des im Rahmen der Finanzierung beschafften Kapitals in Betriebsvermögen. Die Aktivseite der Bilanz gibt Auskunft über die Verwendung des Kapitals.

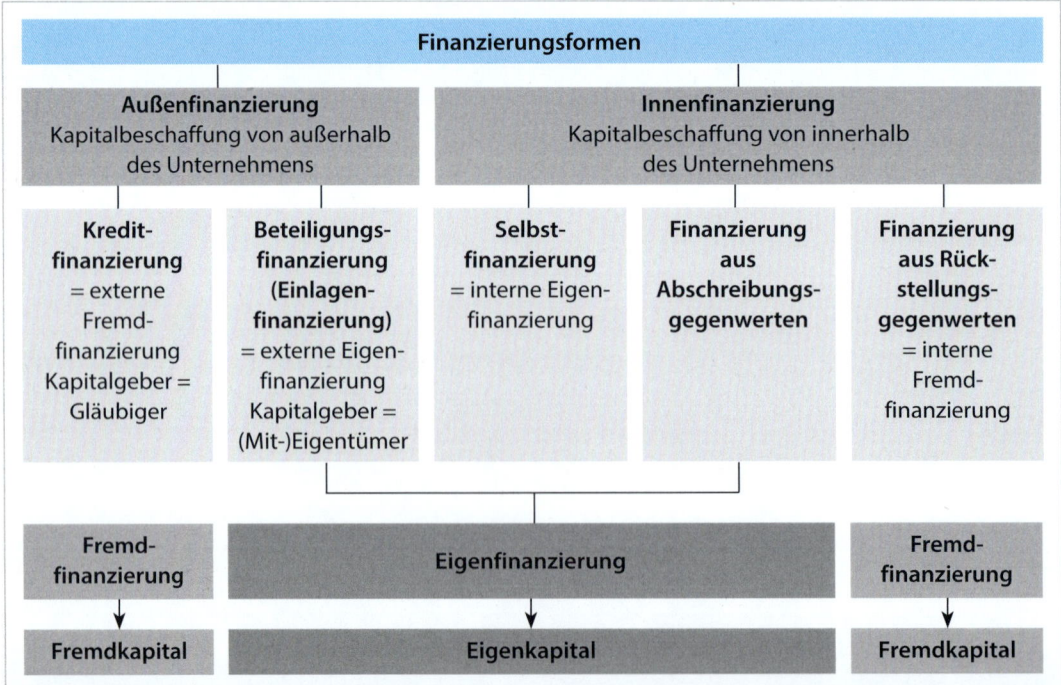

Die verschiedenen Formen der Finanzierung lassen sich anhand der folgenden beiden Kriterien unterscheiden:

- **Woher kommen die finanziellen Mittel?**
- **Welche Rechtsstellung zum Unternehmen hat derjenige, der die finanziellen Mittel zur Verfügung stellt (Kapitalgeber)?**

Außenfinanzierung – Innenfinanzierung

Außenfinanzierung	Innenfinanzierung
Die Finanzierungsmittel werden dem Unternehmen von außen in Form von Beteiligungen (Kapitaleinlagen) oder Krediten zugeführt.	Bei der Innenfinanzierung werden die Finanzierungsmittel vom Unternehmen selbst in Form von Umsatzerlösen erwirtschaftet.

Eigenfinanzierung

externe Eigenfinanzierung	interne Eigenfinanzierung	
Beteiligungsfinanzierung (Einlagenfinanzierung)	Selbstfinanzierung	Finanzierung aus Abschreibungsgegenwerten
Dem Unternehmen werden Finanzierungsmittel in Form von Eigenkapital durch Kapitaleinlagen zugeführt. Dabei kann es sich um Geldeinlagen, Sacheinlagen oder Rechte handeln. Die Kapitalgeber erwerben Beteiligungsrechte (z. B. Mitwirkungsrechte, Gewinnanspruch).	Die Finanzierungsmittel werden vom Unternehmen selbst durch Nichtausschüttung (= Einbehaltung) von Gewinnen beschafft (= Gewinnthesaurierung[1]) und führen zu einer Erhöhung des in der Bilanz offen ausgewiesenen Eigenkapitals (= offene Selbstfinanzierung).	Da die Aufwendungen für Abschreibungen, die in der gegenwärtigen Periode den Gewinn mindern und dadurch eine Gewinnausschüttung verhindern, erst bei der Ersatzbeschaffung in einer späteren Periode zu Ausgaben führen, können diese Mittel unter bestimmten Umständen zwischenzeitlich zur Finanzierung anderweitiger Investitionen dienen.

Fremdfinanzierung

Kreditfinanzierung
Dem Unternehmen werden Finanzierungsmittel von außen in Form von Fremdkapital zugeführt. Die Kapitalgeber erwerben Gläubigerrechte (z. B. Rückzahlungsanspruch, Verzinsung).

Außenfinanzierung

Bei der **Außenfinanzierung** ist der Finanzierungsvorgang leicht nachvollziehbar, da sich **Zeitpunkt, Höhe** und **Zweck** der Finanzierung i. d. R. eindeutig feststellen lassen.

Arten der Außenfinanzierung

(1) Außenfinanzierung in Form der Beteiligungsfinanzierung: Einlage eines OHG-Gesellschafters am 10. Mai in Höhe von 50.000 EUR (= Finanzierung). Es ist beabsichtigt, die Mittel zum Kauf eines Lieferwagens zu verwenden (= Investierung).

(2) Außenfinanzierung in Form der Kreditfinanzierung: Auszahlung eines Darlehens durch die Bank in Höhe von 200.000 EUR am 07. Juli (= Finanzierung). Dieser Betrag wird zur Bezahlung eines neu erworbenen Grundstücks verwendet (= Investierung).

---

1   thesaurieren *(gr.):* [Geld, Wertsachen] horten; hier: Gewinne nicht an die Eigentümer ausschütten, sondern im Unternehmen zurückhalten.

Innenfinanzierung in Form der Selbstfinanzierung

Bei der **Innenfinanzierung** ist der Finanzierungsvorgang wesentlich schwieriger nachzuvollziehen, da **Zeitpunkt, Höhe** und **Zweck** der Finanzierung häufig nicht genau feststellbar sind.

> ***Innenfinanzierung in Form der Selbstfinanzierung*** (= Finanzierung aus einbehaltenen Gewinnen)
>
> Für das Verständnis des Finanzierungsvorgangs muss man sich klar machen, dass der Gewinn nicht zu einem bestimmten Zeitpunkt, sondern durch den laufenden Geschäftsbetrieb während des gesamten Geschäftsjahres anfällt. Der Gewinn ist also keine Bestandsgröße, sondern eine Stromgröße. Voraussetzung für die Finanzierung aus einbehaltenen Gewinnen ist in jedem Fall, dass der Gewinn dazu geführt hat, dass dem Unternehmen über die Umsatzerlöse Geldmittel in entsprechender Höhe von außen zugeflossen sind. Diese dem Gewinn entsprechenden Geldmittel werden aber normalerweise schon während des Geschäftsjahres für Anschaffungen, Schuldentilgung oder – bei Einzelunternehmen und Personengesellschaften – für Privatentnahmen verwendet. Es ist also nicht in jedem Fall zutreffend, dass am Ende des Geschäftsjahres dem Gewinn entsprechende Einzahlungsüberschüsse als liquide Mittel für Investitionszwecke (oder zur Ausschüttung an die Eigentümer) zur Verfügung stehen. Die Höhe des Gewinns weicht zudem von den erzielten Einzahlungsüberschüssen ab, wenn solche Erträge und Aufwendungen die Gewinnhöhe beeinflusst haben, die nicht mit Einzahlungen und Auszahlungen verbunden (= nicht liquiditätswirksam) sind.

Checken Sie Ihre Kompetenz mit der **Ich-kann-Liste**.

Öffnen Sie hierzu den nebenstehenden **QR-Code** oder geben Sie folgenden Link ein: https://vel.plus/BHE01

vel.plus/BHE02

WIEDERHOLUNG DES GRUNDWISSENS

zu Kapitel 1 Finanzierungsformen

1. Unterscheiden Sie Finanzierungsformen nach der Herkunft der finanziellen Mittel.

2. Unterscheiden Sie Finanzierungsformen nach dder Rechtsstellung des Kapitalgebers.

3. Erläutern Sie, was unter Investition im Gegensatz zur Finanzierung zu verstehen ist.

4. Geben Sie an, woher die finanziellen Mittel bei der Innenfinanzierung stammen.

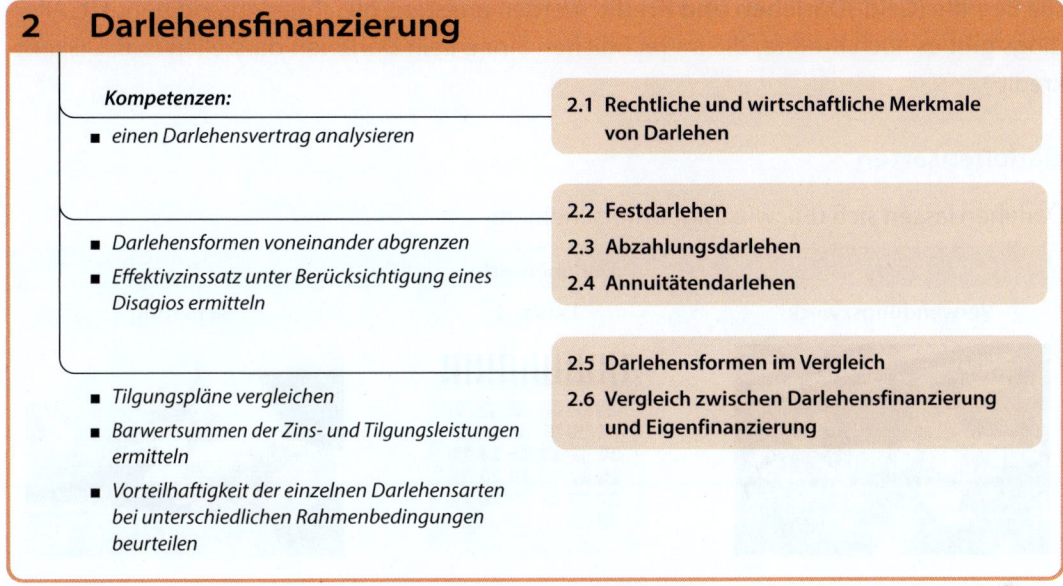

2 Darlehensfinanzierung

Kompetenzen:

- *einen Darlehensvertrag analysieren*

2.1 Rechtliche und wirtschaftliche Merkmale von Darlehen

- *Darlehensformen voneinander abgrenzen*
- *Effektivzinssatz unter Berücksichtigung eines Disagios ermitteln*

2.2 Festdarlehen

2.3 Abzahlungsdarlehen

2.4 Annuitätendarlehen

- *Tilgungspläne vergleichen*
- *Barwertsummen der Zins- und Tilgungsleistungen ermitteln*
- *Vorteilhaftigkeit der einzelnen Darlehensarten bei unterschiedlichen Rahmenbedingungen beurteilen*

2.5 Darlehensformen im Vergleich

2.6 Vergleich zwischen Darlehensfinanzierung und Eigenfinanzierung

2.1   Rechtliche und wirtschaftliche Merkmale von Darlehen

Darlehen sind eine Grundform der mittel- und langfristigen **Fremdfinanzierung**. Da das Kapital von außen beschafft wird, sind sie gleichzeitig eine Form der **Außenfinanzierung**. Üblicherweise werden Darlehen von **Banken** vergeben. Bankdarlehen stellen eine der wichtigsten Finanzierungsquellen für kleinere und mittelständische Unternehmen dar.

BGB
§ 488 ff.
§ 607 ff.

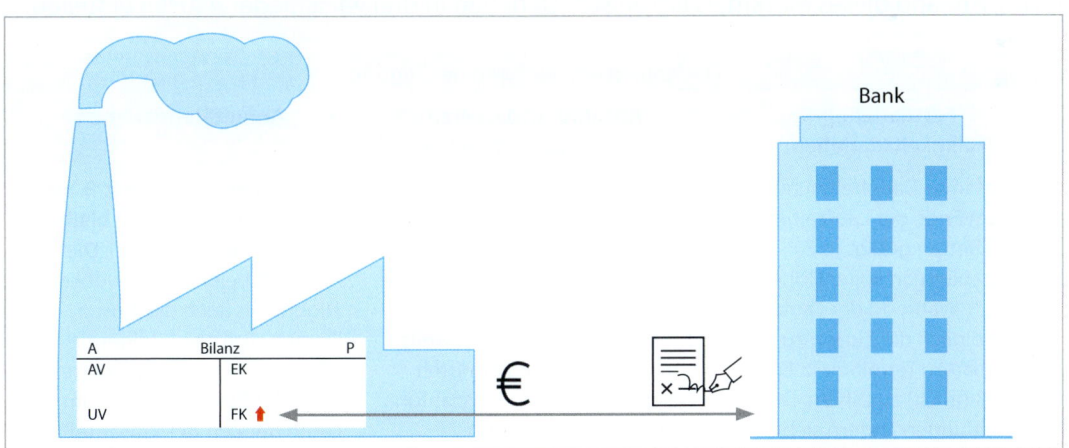

> **!** Rechtlich ist ein Darlehen ein Vertrag, durch den der Darlehensgeber verpflichtet wird, dem Darlehensnehmer einen bestimmten Geldbetrag (Gelddarlehensvertrag) oder eine vereinbarte Sache (Sachdarlehensvertrag) zur Verfügung zu stellen.

> **!** Beim Gelddarlehen überlässt der Darlehensgeber (Gläubiger) dem Darlehensnehmer (Schuldner) einen bestimmten Geldbetrag für einen festgelegten Zeitraum. Der Darlehensnehmer ist verpflichtet, dem Darlehensgeber das Darlehen zum vereinbarten Termin zurückzuzahlen. Für die Überlassung des Darlehens kann der Darlehensgeber dem Darlehensnehmer Zinsen berechnen.

Die Begriffe (Geld-)**Darlehen und Kredit**[1] werden meistens gleichbedeutend benutzt. Allerdings gibt es auch Kredite, die im rechtlichen Sinne kein Darlehen darstellen (z. B. Diskontkredit[2]).

Darlehensarten

Darlehen lassen sich u. a. wie folgt unterscheiden:

Darlehensarten		
Verwendungszweck	**Laufzeit**	**Sicherung**
▪ Investitionskredit (Finanzierung von Anlagevermögen) ▪ Betriebsmittelkredit (Finanzierung von Umlaufvermögen) ▪ Saisonkredit (Überbrückung von jahreszeitlichen Liquiditätsengpässen)	▪ kurzfristig (z. B. Lieferantenkredit) ▪ mittelfristig (z. B. Laufzeit bis zu 4 Jahren) ▪ langfristig (z. B. Laufzeit über 4 Jahre)	▪ Personalkredit (Sicherung z. B. durch eine Person in Form einer Bürgschaft) ▪ Realkredit (Sicherung z. B. durch eine Sache in Form einer Grundschuld)

Ein weiteres Unterscheidungsmerkmal ist die Form der Darlehensrückzahlung (**Tilgungsform**). Anhand dieses Merkmals lassen sich Darlehen in drei verschiedene Arten einteilen:

Darlehen nach der Form der Tilgung		
Festdarlehen (Fälligkeitsdarlehen)	**Abzahlungsdarlehen (Ratentilgungsdarlehen)**	**Annuitätendarlehen**
Die gesamte Darlehensschuld wird am Ende der Laufzeit in einem Betrag getilgt (z. B. „Rückzahlung in voller Höhe am 31.10…"). Während der Laufzeit sind lediglich die Zinsen zu den vereinbarten Terminen (z. B. vierteljährlich) zu zahlen. Die Zinszahlungen ändern sich während der Laufzeit nicht, da die Restschuld nicht sinkt.	Die Darlehensschuld wird in gleich bleibenden Raten zu den vereinbarten Terminen (z. B. vierteljährlich) getilgt. Die Restschuld sinkt mit jeder Tilgung. Da die Zinsen jeweils von der Restschuld ermittelt werden, sinken die Zinszahlungen nach jeder Tilgung.	Regelmäßige Zahlung (z. B. vierteljährlich) eines **gleich bleibenden** Betrages (Annuität). Die Annuität beinhaltet sowohl die Tilgung als auch die Zinsen. Daraus ergibt sich folgende Wirkung: Durch die Verringerung der Restschuld wird im Laufe der Zeit der Zinsanteil an der gleich bleibenden Annuität immer kleiner, während der Tilgungsanteil in gleichem Umfang steigt.

---

1 Den Begriff Kredit (abgeleitet von credere, *lat.*: glauben) gibt es im BGB nicht.
2 Kredit, bei dem eine Bank einen Wechsel als Sicherheit ankauft.

Darlehensvertrag zwischen Einzelhändler Peter Vogt e. K. und der Volksbank Mannheim

 Beginnen Sie Ihren Kompetenzerwerb zum Thema *Darlehensvertrag* mit der Erarbeitungsaufgabe EA 1.

EA 1
S. 344

Darlehensvertrag

Zur bankinterne Bearbeitung
Nr.

Darlehensnehmer (Name, Anschrift, Geburtsdatum)	Bank
Peter Vogt e.K. Lange Rötterstr. 14a 68167 Mannheim	Volksbank Mannheim-Seckenheim

Darlehensnehmer und Bank schließen folgenden Vertrag:

1   Höhe des Darlehens:
Die Bank stellt dem Darlehensnehmer ein Darlehen zur Verfügung in Höhe von   EUR   44.000

2   Verwendungszweck:

> Erweiterung des Warensortiments

3   Konditionen:

3.1 Verzinsung: Das Darlehen ist ab dem Tag der Auszahlung mit   4,5   % jährlich zu verzinsen.

Dieser Zinssatz ist   [x] variabel   [ ] festgeschrieben bis zum.

Wird ein variabler Zinssatz vereinbart, so erfolgt die Zinsanpassung entsprechend dem nachstehend beschriebenen Verfahren:

Die Anpassung des Sollzinssatzes richtet sich nach einer Veränderung des 3-Monats-Euribor[1] (Referenzzinssatz gemäß § 675g (3) Satz 2 BGB). Maßgeblich ist der am 30.12. d. J. ermittelte Referenzwert. Die Entwicklung des Referenzwertes wird die Volksbank regelmäßig vierteljährlich zum 30. d. M. überprüfen. Hat sich zu diesem Zeitpunkt der Referenzwert um mehr als 0,01 Prozentpunkte gegenüber seinem maßgeblichen Wert bei Vertragsschluss bzw. der letzten Anpassung des Sollzinssatzes verändert, sinkt oder steigt der Sollzinssatz um ebenso viele Prozentpunkte zum 1. des Folgemonats. Der Darlehensnehmer wird vierteljährlich über den geänderten Sollzinssatz unterrichtet.

Die Zinsen werden berechnet aus dem Darlehenssaldo jeweils zum

[x] Die Zinsen werden aus dem jeweiligen Darlehenssaldo berechnet.   [ ] _____ ; ersten auf die vollständige Auszahlung folgenden Stichtag werden die Zinsen aus dem jeweiligen Darlehenssaldo berechnet.

Die Zinsen sind fällig am   letzten Tag   eines jeden

[ ] Monats   [x] Kalendervierteljahres   [ ] Kalenderhalbjahres   [ ] Kalenderjahres

3.2 Auszahlung: Das Darlehen wird zu einem Auszahlungskurs   97,5   % ausgezahlt.

Das Disagio wird verrechnet auf einen Zeitraum von _____ und beträgt   EUR   1.100

Es ist fällig: [x] in voller Höhe bei Auszahlung des Darlehens oder eines ersten Teilbetrages   [ ] anteilig bei jeder Teilauszahlung   [ ] unabhängig vom Tag der Auszahlung am _____

4   Nebenleistungen:

[ ] Jährlicher Verwaltungskostenbeitrag   EUR _____

[x] Bereitstellungsprovision von   1/2   % pro   Monat   auf den ab   1.10.d.J.
nicht zur Auszahlung kommenden Betrag bis zur vollen Auszahlung jeweils fällig mit den Zinsen.

---

1   Der EURIBOR (Euro InterBank Offered Rate) ist ein Referenzzinssatz für den Handel mit Termingeldern in Euro im Interbankengeschäft (Geschäfte der Banken untereinander).

5   Darlehensrückzahlung: Das Darlehen ist wie folgt zurückzuzahlen:

5.1 ☐ in voller Höhe am [   ]

5.2 ☒ in Raten von EUR [5.500] jeweils fällig am [Quartalsende] erstmals am [31.12.d.J.]

Daneben sind in den Fällen 5.1 und 5.2 die Zinsen und Kosten zu den in 3.1 vereinbarten Fälligkeitsterminen zu zahlen.

5.3 ☐ in Höhe von [   ] % jährlich vom ursprünglichen Darlehensbetrag zzgl. der durch Tilgung ersparten Zinsen.

Demnach beträgt die Leistungsrate aus Zins, Tilgung und Kosten z.Zt. EUR [   ].

jeweils fällig am [   ], erstmals am [   ]
in gleichbleibenden Raten.

5.4 ☐ für Zins und Tilgung sowie anfallende Kosten von EUR [   ]

jeweils fällig am [   ], erstmals am [   ] mit vorrangiger Verrechnung auf Zinsen und Kosten.

Bei Zinsänderungen können die Leistungsraten in den Fällen von 5.3 und 5.4 entsprechend geändert werden. Die neuen Leistungsraten wird die Bank dem Darlehensnehmer mitteilen.

Soweit nichts anderes vereinbart wurde, werden die fälligen Beträge (z. B. Zinsen oder Leistungsraten) dem

Girokonto Nr. [7.82276.08] belastet.

6   Sicherheiten: Alle der Bank zustehenden Sicherheiten sichern alle bestehenden, künftigen und bedingten Ansprüche der Bank aus der Geschäftsverbindung mit dem Darlehensnehmer, soweit nicht im Einzelfall außerhalb dieses Vertrages etwas anderes vereinbart ist; dies gilt auch für hier nicht aufgeführte und aufgrund der Allgemeinen Geschäftsbedingungen haftende Sicherheiten. Zusätzlich stellt der Darlehensnehmer der Bank mit gesonderten Vereinbarungen noch folgende Sicherheiten:

> Selbstschuldnerische Bürgschaft des Kaufmanns Lothar Karle
> (Lieferant des Drogeriemarktes Peter Vogt) in Düsseldorf.

Bei einer Verschlechterung oder erheblichen Gefährdung der Vermögenslage des Darlehensnehmers, eines Mithaftenden oder eines Bürgen oder bei einer Veränderung des Sicherungswerts der im Vertrag vorgesehenen zu bestellenden Sicherheiten, durch die das Risiko der ordnungsgemäßen Rückführung des Darlehens gegenüber dem Zustand bei Vertragsabschluss nicht unwesentlich erhöht wird, kann die Bank vom Darlehensnehmer die Bestellung zusätzlicher geeigneter Sicherheiten nach ihrer Wahl verlangen, auch wenn bisher keine Bestellung von Sicherheiten vereinbart war. Das gleiche gilt, wenn die Angaben über die Vermögensverhältnisse des Darlehensnehmers, eines Mithaftenden oder eines Bürgen sich nachträglich als unrichtig herausstellen. Das Darlehen kann erst in Anspruch genommen werden, wenn sämtliche Bedingungen erfüllt sind, die vorgesehenen Sicherheiten bestellt werden und die Bank deren Ordnungsmäßigkeit geprüft hat.

Ergänzend gelten die **Allgemeinen Darlehensbedingungen** (ADB) und die **Allgemeinen Geschäftsbedingungen** (ASGB) der Bank. Die ADB sind beigefügt. Die AGB können in den Geschäftsräumen der Bank eingesehen werden; auf Verlangen werden sie ausgehändigt.

Ort, Datum	Ort, Datum
Mannheim, 18. Sept.	Mannheim, 18. Sept. ....
Darlehensnehmer	Bank
Peter Vogt	Volksbank Mannheim-Seckenheim

2.2   Festdarlehen (endfälliges Darlehen)

Merkmale

Aufg. 1
S. 345

Bei dieser Tilgungsform wird die Darlehensschuld am Ende der vereinbarten Laufzeit in voller Höhe getilgt (Einmal-Tilgung). Während der Laufzeit sind lediglich die Zinsen zu den vereinbarten Terminen zu zahlen. Die Restschuld ändert sich während der Laufzeit folglich nicht. Aus diesem Grund sind die Zinsen zu jedem Zahlungstermin gleich hoch, denn sie werden von der Restschuld berechnet.

! Bei einem Festdarlehen zahlt der Darlehensnehmer während der Laufzeit jährlich lediglich die Zinsen in gleich bleibender Höhe. Die Tilgung erfolgt in einer Summe am Ende der Laufzeit (Einmaltilgung).

Tilgungsplan

Festdarlehen

Für den Kauf einer Maschine gewährt die Hausbank der Ökotex GmbH zum 2.1. des Jahres ein Darlehen zu folgenden Bedingungen:

Darlehenssumme: 100.000 EUR

Zinssatz: 10 %

Laufzeit: 5 Jahre

Auszahlung: 100 %

Zinszahlungen: jährlich am Jahresende

Tilgung: in voller Höhe am Ende der Laufzeit

Tilgungsplan (Beträge in EUR)					
Jahr	Darlehensschuld am Jahresanfang	Zinsen 10 %	Tilgung	Schuldendienst (Liquiditätsbelastung)	Restschuld am Jahresende
1	100.000	10.000	0	10.000	100.000
2	100.000	10.000	0	10.000	100.000
3	100.000	10.000	0	10.000	100.000
4	100.000	10.000	0	10.000	100.000
5	100.000	10.000	100.000	110.000	0
Σ		50.000	100.000	150.000	

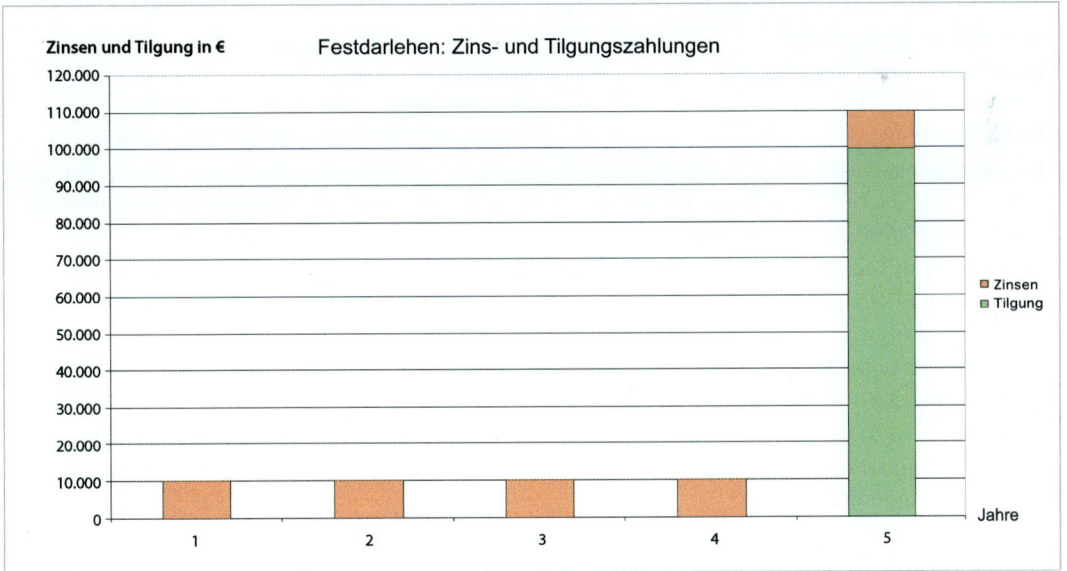

Festdarlehen: Zins- und Tilgungszahlungen

Effektivverzinsung bei Festdarlehen mit Disagio

Bei einer Darlehensgewährung hat der Darlehensnehmer üblicherweise neben den Zinsen noch weitere Kosten zu tragen, wie z. B. Gebühren und Spesen für die Abwicklung. Diese Kosten werden der Darlehensnehmerin angelastet und fließen neben dem vereinbarten Zinssatz (**Sollzinssatz, Nominalzinssatz**) in den **Effektivzinssatz** ein.

> **Der effektive Jahreszinssatz gibt die jährlichen Gesamtkosten eines Darlehens, die vom Darlehensnehmer zu tragen sind, an. Er wird in Prozent des Auszahlungsbetrages angegeben.**

Manchmal wird vereinbart, dass der Auszahlungsbetrag des Darlehens niedriger als die Darlehenssumme ist. Die Differenz zwischen dem zurückzuzahlenden Darlehensbetrag und dem niedrigeren **Auszahlungsbetrag** wird als **Disagio** (oder auch als Damnum oder Abgeld) bezeichnet. Dabei handelt es sich um einen „Vorauszins", den die Bank bereits bei der Auszahlung des Darlehens erhebt, indem sie einen Teil der Darlehenssumme einbehält.

> **Disagio ist der Differenzbetrag zwischen Darlehenssumme und Auszahlungssumme. Ein Disagio von 5 % bedeutet, dass von einem Darlehen nur 95 % ausgezahlt werden, aber 100 % zurückgezahlt werden müssen.**

Ein Disagio dient der Bank u. a. zur

- Deckung der mit der Darlehensbearbeitung verbundenen Kosten (Bearbeitungsgebühren),
- Feinsteuerung des Effektivzinssatzes (z. B. kann der Effektivzins ohne Änderung des Nominalzinses erhöht werden, indem der Auszahlungskurs gesenkt wird),
- „optisch vorteilhaften" Gestaltung von Darlehensangeboten, indem ein niedriger Nominalzins bei gleichzeitig niedrigem Auszahlungskurs ausgewiesen wird.

> **Bei einem Disagio handelt es sich um vorweggenommene Zinsen. Der Effektivzinssatz weicht dadurch vom Sollzinssatz (Nominalzinssatz) ab.**

Effektivverzinsung bei einem Festdarlehen

Für den Kauf einer Maschine gewährt die Hausbank der Ökotex GmbH zum 2.1. des Jahres ein Darlehen zu folgenden Bedingungen:

Darlehenssumme: 100.000 EUR	**Auszahlung:** 95 %
Zinssatz: 10 %	**Zinszahlungen:** jährlich am Jahresende
Laufzeit: 5 Jahre	**Tilgung:** in voller Höhe am Ende der Laufzeit

Der Tilgungsplan *(siehe Bsp. S. 333)* ändert sich durch die Berücksichtigung des Disagios nicht. Es müssen nach wie vor 100.000 EUR verzinst und an die Bank zurückgezahlt werden, obwohl der Darlehensnehmer nur 95.000 EUR erhalten hat.

Während beim Bsp. auf S. 333 der effektive Jahreszinssatz mit dem Sollzinssatz übereinstimmt und 10 % beträgt, lässt sich die Effektivverzinsung unter Berücksichtigung eines Disagios wie folgt ermitteln:

jährliche Zinsen	10.000 EUR
jährlicher Anteil des Disagios: 5.000 EUR/5 Jahre	1.000 EUR
gesamte jährliche Darlehenskosten	11.000 EUR

Diese jährlichen Gesamtkosten (Z) werden mithilfe der nach P aufgelösten Jahreszinsformel ins Verhältnis zum **verfügbaren** Kapital (K) gesetzt. Für K muss also der Auszahlungsbetrag und nicht der Darlehensbetrag eingesetzt werden.

$$P_{eff} = \frac{11.000 \cdot 100}{95.000} = 11,58\,\% \qquad \text{oder } P_{eff} = \frac{10\,(P_{Soll}) + \dfrac{5\,(\text{Disagio in \%, d})}{5\,(\text{Laufzeit, n})}}{95\,(\text{Auszahlungskurs})} \cdot 100 = 11,58\,\%$$

Die effektive Verzinsung des Darlehens beträgt 11,58 %.

> **Zur Berechnung des effektiven Jahreszinssatzes muss das Disagio auf die Laufzeit des Darlehens verteilt und der anteilige jährliche Disagiobetrag ermittelt werden.**
>
> $$P_{eff} = \frac{P_{Soll} + \dfrac{d}{n}}{\text{Auszahlungskurs}} \cdot 100$$

2.3   Abzahlungsdarlehen mit konstanten Tilgungsraten

Merkmale

Bei dieser Tilgungsform wird die Darlehensschuld in stets gleichen Beträgen getilgt. Die Restschuld sinkt folglich mit jeder Tilgung. Dadurch nehmen auch die von der Restschuld abhängigen Zinsen ab. Der Betrag (Summe aus Tilgung und Zinsen), der zu bestimmten Terminen an die Bank zu zahlen ist, sinkt von mal zu mal.

Aufg. 2
S. 345

 Bei einem Abzahlungsdarlehen (Ratentilgungsdarlehen) erbringt der Darlehensnehmer eine jährlich fallende Leistung. Während die Höhe der Tilgungsraten gleich bleibt, sinken wegen der fallenden Restschuld die jährlichen Zinsen.

Tilgungsplan

Abzahlungsdarlehen (Ratentilgungsdarlehen)

Für den Kauf einer Maschine gewährt die Hausbank der Ökotex GmbH zum 2.1. des Jahres ein Darlehen zu folgenden Bedingungen:

Darlehenssumme: 100.000 EUR

Sollzinssatz: 10 %

Laufzeit: 5 Jahre

Auszahlung: 100 %

Zins- und Tilgungszahlungen: jährlich am Jahresende

Tilgung: in fünf gleichen Raten fällig jeweils am Jahresende

Tilgungsplan (Beträge in EUR)					
Jahr	Darlehensschuld am Jahresanfang	Zinsen 10 %	Tilgung	Schuldendienst (Liquiditätsbelastung)	Restschuld am Jahresende
1	100.000	10.000	20.000	30.000	80.000
2	80.000	8.000	20.000	28.000	60.000
3	60.000	6.000	20.000	26.000	40.000
4	40.000	4.000	20.000	24.000	20.000
5	20.000	2.000	20.000	22.000	0
Σ		30.000	100.000	130.000	

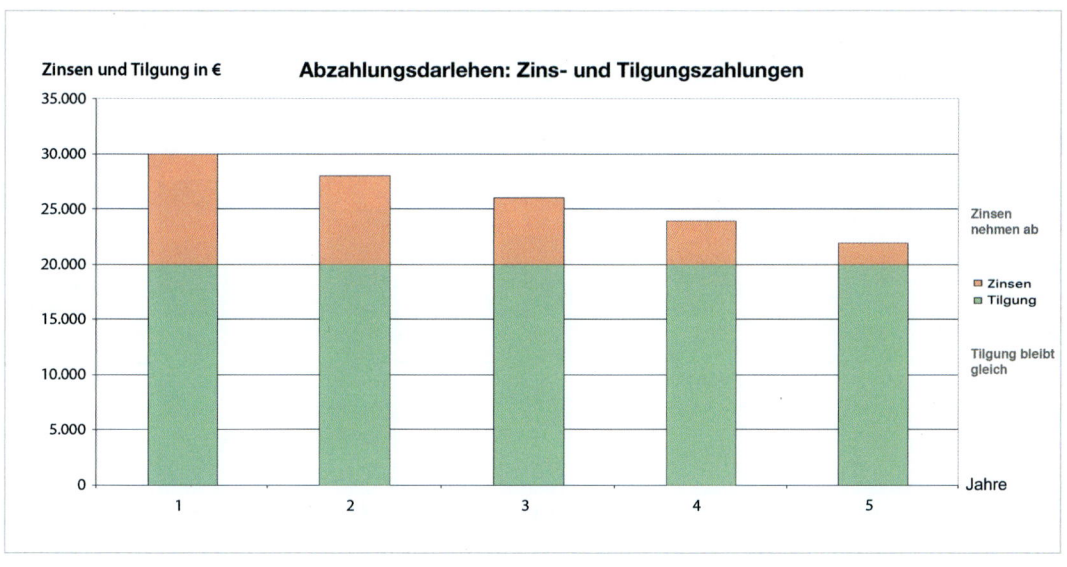

2.4 Annuitätendarlehen

Merkmale

Bei dieser Tilgungsform wird die regelmäßige Zahlung eines **gleich bleibenden Betrages** (= **Annuität**) vereinbart. Dieser Betrag umfasst sowohl die Zins- als auch die Tilgungszahlungen.

> **!** Bei einem Annuitätendarlehen erbringt der Darlehensnehmer regelmäßig eine (z. B. monatlich, vierteljährlich) gleich bleibende Leistung (Annuität), die sich aus einem Zins- und einem Tilgungsanteil zusammensetzt. Aufgrund der fallenden Restschuld sinkt der Zinsanteil an der Annuität, während der Tilgungsanteil in gleichem Umfang steigt.

Tilgungsplan

Annuitätendarlehen

Für den Kauf einer Maschine gewährt die Hausbank der Ökotex GmbH zum 2.1. des Jahres ein Darlehen zu folgenden Bedingungen:

Darlehenssumme: 100.000 EUR **Auszahlung:** 100 %
Sollzinssatz: 10 % **Zins- und Tilgungszahlungen:** jährlich am Jahresende
Laufzeit: 5 Jahre **Tilgung:** gleichbleibende Rate aus Zins und Tilgung (Annuität): 26.379,75 EUR.

Tilgungsplan (Beträge in EUR)

Jahr	Darlehensschuld am Jahresanfang	Zinsen 10 %	Tilgung	Schuldendienst (Liquiditätsbelastung)	Restschuld am Jahresende
1	100.000,00	10.000,00	16.379,75	26.379,75	83.620,25
2	83.620,25	8.362,03	18.017,72	26.379,75	65.602,53
3	65.602,53	6.560,25	19.819,50	26.379,75	45.783,03
4	45.783,03	4.578,30	21.801,45	26.379,75	23.981,58
5	23.981,58	2.398,16	23.981,58	26.379,74	0,00
Σ		31.898,74	100.000,00	131.898,74	

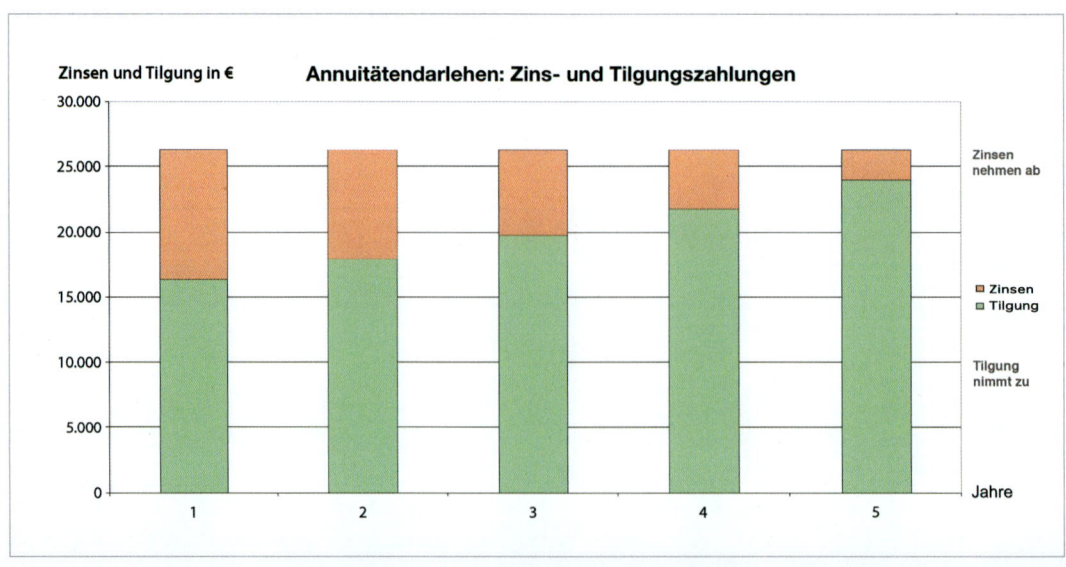

E

Ermittlung der Annuität

Die Höhe der Annuität wird mit der **Annuitätenformel** ermittelt:

A: Annuität   K: Anfangsdarlehen

$$A = K \cdot \frac{q^n \cdot (q-1)}{q^n - 1} = 100.000 \cdot \frac{1,1^5 \cdot (1,1-1)}{1,1^5 - 1} = 100.000 \cdot \frac{0,161051}{0,61051} = 26.379,75 \text{ EUR}$$

p: Zinssatz
n: Laufzeit in Jahren
$q = 1 + (p/100)$

Ist nicht die Laufzeit, sondern die Anfangstilgung bekannt, lässt sich die Annuität wie folgt berechnen:
Beträgt z. B. die Anfangstilgung 20 % und der Zinssatz 10 %, so ergibt sich eine Annuität von 30 %. Für eine Darlehenssumme von 100.000 EUR würde sich folgender Tilgungsplan ergeben:

Tilgungsplan (Beträge in EUR)				
Jahr	Darlehensschuld am Jahresanfang	Zinsen 10 %	Tilgung	Schuldendienst (Liquiditätsbelastung)	Restschuld am Jahresende
1	100.000	10.000	20.000	30.000	80.000
2	80.000	8.000	22.000	30.000	58.000
3	58.000	5.800	24.200	30.000	33.800
4	33.800	3.380	26.620	30.000	7.180
5	7.180	718	7.180	7.898	0
Σ		27.898	100.000	127.898	

2.5 Darlehensformen im Vergleich

Liquiditätsbelastung

Der Vergleich der Liquiditätsbelastung bei den drei verschiedenen Tilgungsformen führt bei

- gleicher Darlehenssumme,
- gleichem Zinssatz,
- gleicher Laufzeit

zu folgendem Ergebnis:

Aufg. 3 S. 346

Vergleich der Liquiditätsbelastung bei verschiedenen Tilgungsformen									
Darlehenssumme: 100.000 EUR			Sollzinssatz: 10 %			Laufzeit: 5 Jahre			
Jahr	Festdarlehen (EUR)			Abzahlungsdarlehen (EUR)			Annuitätendarlehen (EUR)		
	Zinsen	Tilgung	Liquiditätsbelastung	Zinsen	Tilgung	Liquiditätsbelastung	Zinsen	Tilgung	Liquiditätsbelastung
1	10.000	0	10.000	10.000	20.000	30.000	10.000,00	16.379,75	26.379,75
2	10.000	0	10.000	8.000	20.000	28.000	8.362,03	18.017,72	26.379,75
3	10.000	0	10.000	6.000	20.000	26.000	6.560,25	19.819,50	26.379,75
4	10.000	0	10.000	4.000	20.000	24.000	4.578,30	21.801,45	26.379,75
5	10.000	100.000	110.000	2.000	20.000	22.000	2.398,16	23.981,58	26.379,74
Σ	50.000	100.000	150.000	30.000	100.000	130.000	31.898,74	100.000,00	131.898,74

Beim Festdarlehen ist die Liquiditätsbelastung für die gesamte Laufzeit mit Abstand am höchsten. Das ist dadurch bedingt, dass während der gesamten Laufzeit Zinsen von der gleich bleibenden ursprünglichen Darlehenssumme gezahlt werden müssen. Da die Tilgung erst am Ende der Laufzeit erfolgt (Einmaltilgung), ist die Liquiditätsbelastung (nur Zinszahlungen) während der ersten vier Jahre wesentlich niedriger als bei den beiden anderen Darlehensarten.

Beim Abzahlungsdarlehen ist die Liquiditätsbelastung für die gesamte Laufzeit etwas niedriger als beim Annuitätendarlehen. Das ist dadurch bedingt, dass die Tilgungsleistungen in den ersten drei Jahren höher als beim Annuitätendarlehen sind, so dass die Restschuld schneller sinkt und die Zinszahlungen in allen Jahren etwas geringer sind als beim Annuitätendarlehen.

Steuerliche Auswirkungen der Zinsaufwendungen

Der zu versteuernde Gewinn eines Unternehmens wird durch Zinsaufwendungen verringert. Dadurch ergeben sich für die drei verschiedenen Tilgungsformen folgende Auswirkungen auf die Gewinnsteuern.

Vergleich der Steuerminderung bei verschiedenen Tilgungsformen

Darlehenssumme: 100.000 EUR   Sollzinssatz: 10%   Laufzeit: 5 Jahre

Annahmen:
1. Das Unternehmen erzielt einen Gewinn.
2. Die Zinsaufwendungen mindern den steuerpflichtigen Gewinn.
3. Der Gewinnsteuersatz (Einkommen- bzw. Körperschaftsteuer sowie Gewerbesteuer) beträgt 30%.

Jahr	Festdarlehen (EUR)			Abzahlungsdarlehen (EUR)			Annuitätendarlehen (EUR)		
	Liquiditätsbelastung vor Steuern	Steuerminderung (30% der Zinsen)	Liquiditätsbelastung nach Steuern	Liquiditätsbelastung vor Steuern	Steuerminderung (30% der Zinsen)	Liquiditätsbelastung nach Steuern	Liquiditätsbelastung vor Steuern	Steuerminderung (30% der Zinsen)	Liquiditätsbelastung nach Steuern
1	10.000	3.000	7.000	30.000	3.000	27.000	26.379,75	3.000,00	23.379,75
2	10.000	3.000	7.000	28.000	2.400[1]	25.600	26.379,75	2.508,61	23.871,14
3	10.000	3.000	7.000	26.000	1.800	24.200	26.379,75	1.968,08	24.411,67
4	10.000	3.000	7.000	24.000	1.200	22.800	26.379,75	1.373,49	25.006,26
5	110.000	3.000	107.000	22.000	600	21.400	26.379,74	719,45	25.660,29
Σ	150.000	15.000	135.000	130.000	9.000	121.000	131.898,74	9.569,63	122.329,11

Der Zinsaufwand mindert die Gewinnsteuern. Dadurch verringert sich der Unterschied der drei Darlehensformen hinsichtlich der Liquiditätsbelastung. Je höher der Zinsaufwand, desto höher ist die sich ergebende Steuerminderung. Daher ist die Steuerentlastung beim Festdarlehen am höchsten. Trotzdem bleibt die Rangfolge, gemessen an der Liquiditätsbelastung vor und nach Steuern, der drei Darlehensformen unverändert. Das Festdarlehen ist nach wie vor mit dem höchsten Liquiditätsabfluss verbunden, gefolgt vom Annuitätendarlehen und dem Abzahlungsdarlehen.

> **!** Zinsaufwendungen mindern den zu versteuernden Gewinn. Die Minderung der Gewinnsteuern ist umso höher, je höher die Zinsen sind. Beim Festdarlehen ergibt sich die höchste Steuerminderung.

[1] Rechenbeispiel: Jahr 2: 30% Gewinnsteuersatz auf 8.000 EUR Zinsen = 2.400 EUR

Barwertberechnung

Für die Beurteilung der Vorteilhaftigkeit bestimmter Darlehensformen kommt es nicht nur auf den Vergleich an, **wie viel** an den Darlehensgeber (Bank) **insgesamt** an Zinsen und Tilgung während der Laufzeit zu zahlen ist. Wichtig ist auch, **wann** diese Leistungen zu erbringen sind. Beim Festdarlehen ist die Liquiditätsbelastung während der ersten vier Jahre wesentlich niedriger als in den beiden anderen Fällen, da noch keine Tilgungsleistung zu erbringen ist. Der Darlehensnehmer könnte daher die Beträge, die er beim Festdarlehen im Vergleich zu den beiden anderen Darlehensformen in den ersten vier Jahren noch nicht für Tilgungsleistungen benötigt, zinsbringend anlegen. Der an der Liquiditätsbelastung gemessene Nachteil des Festdarlehens würde unter Berücksichtigung dieser Zinserträge etwas gemildert.

Sollen die zu unterschiedlichen Zeitpunkten anfallenden Zahlungen bei den drei Darlehensformen miteinander verglichen werden, muss der **heutige Wert** der **künftigen Zahlungen** ermittelt werden. Dieser Wert wird als Gegenwartswert oder **Barwert** bezeichnet. Zur Ermittlung des Barwertes werden mithilfe einer finanzmathematischen Formel (**Barwertformel**) alle künftigen Zahlungen auf den heutigen Tag abgezinst. Für die Abzinsung (Diskontierung) muss ein Zinssatz zugrunde gelegt werden. Dieser orientiert sich an dem Zinssatz, zu dem der Zahlungspflichtige überschüssige liquide Mittel zinsbringend anlegen könnte.

> **!** Der Barwert gibt an, welcher Betrag heute zinsbringend angelegt werden muss, damit unter Berücksichtigung von Zinsen und Zinseszinsen zum Fälligkeitstag der Zahlung der dann benötigte Betrag zur Verfügung steht (= Gegenwartswert einer zukünftigen Zahlung).

Barwertformel

Die **Barwertformel** ergibt sich durch Umformung der **Zinseszinsformel**.

Zinseszinsformel	Barwertformel
Fragestellung: Auf welches Endkapital (K_n) wächst ein heute angelegtes Anfangskapital (K_0) bei einem Zinssatz von p und einer Laufzeit von n Jahren an, wenn die Zinsen jährlich dem Kapital zugeschlagen und nicht ausgezahlt werden (Zinseszinseffekt)?	Fragestellung: Wie hoch muss das Anfangskapital (K_0 = Barwert) sein, um bei einem Zinssatz von p und einer Laufzeit von n ein Endkapital von K_n zu erreichen?
Aufzinsung Anfangskapital **100.000 EUR** — n Jahre — Endkapital **X EUR**	**Abzinsung** Barwert **X EUR** — n Jahre — Endkapital **100.000 EUR**
0 = heutiger Zeitpunkt (Gegenwart) K_n = Endkapital K_0 = Anfangskapital n = Laufzeit p = Zinssatz $$K_n = K_0 \cdot \left(1 + \frac{p}{100}\right)^n$$	0 = heutiger Zeitpunkt (Gegenwart) K_n = Endkapital K_0 = Anfangskapital n = Laufzeit p = Zinssatz $$K_0 = \frac{K_n}{\left(1 + \frac{p}{100}\right)^n}$$
Der Ausdruck p/100 wird häufig durch i ersetzt. Der Ausdruck 1+ p/100 bzw. 1 + i wird häufig durch q ersetzt.	
$$K_n = K_0 \cdot (1 + i)^n = K_0 \cdot q^n$$	$$K_0 = \frac{K_n}{(1 + i)^n} = \frac{1}{q^n} \cdot K_n$$

Zinseszinsformel	Barwertformel
q^n = **Aufzinsungsfaktor**[1]	$1/q^n$ = **Abzinsungsfaktor**[1]
Bsp.: K_0 = 100.000 EUR n = 5 Jahre p = 5%	**Bsp.:** K_n = 100.000 EUR n = 5 Jahre p = 5%
K_n = 100.000 · $1{,}05^5$ = 127.628,16 EUR	$K_0 = \dfrac{1}{1{,}05^5}$ · 100.000 = 78.352,62 EUR
Wenn heute 100.000 EUR zu 5% mit Zins und Zinseszinsen angelegt werden, ist das Kapital nach 5 Jahren auf 127.628,16 EUR angewachsen.	Um nach 5 Jahren einen Betrag von 100.000 EUR zu erhalten, müssen heute 78.352,62 EUR zu 5% mit Zins und Zinseszins angelegt werden. Der Barwert einer in 5 Jahren fälligen Zahlung in Höhe von 100.000 EUR beträgt bei einem Zinssatz von 5% also 78.352,62 EUR.
q^n für p = 5 und n = 5 lt. Tabelle: 1,276282	$1/q^n$ für p = 5 und n = 5 lt. Tabelle: 0,783526

Kalkulationszinssatz

Für die Barwertberechnung wird ein **Kalkulationszinssatz** benötigt. Die Höhe des verwendeten Kalkulationszinssatzes beruht auf der **subjektiven Entscheidung eines Kapitalanlegers** und spiegelt dessen erwartete **Mindestverzinsung** wider. Von der Höhe des Kalkulationszinssatzes hängt ab, wie stark die künftigen Zahlungen abgezinst werden und wie hoch deren Barwerte sind.

Vergleich der Barwerte der Liquiditätsbelastung vor Steuern bei verschiedenen Tilgungsformen (Bsp. S. 337)

Darlehenssumme: 100.000 EUR   **Sollzinssatz:** 10%   **Laufzeit:** 5 Jahre   **Abzinsungssatz:** 12%
Wird für die Barwertermittlung ein Zinssatz von 12% angenommen (**Abzinsungssatz**), ergeben sich für die künftigen Zahlungen (ohne Berücksichtigung der Steuerminderung) bei den drei Darlehensformen folgende Barwerte und **Barwertsummen:**

Jahr	Festdarlehen		Abzahlungsdarlehen		Annuitätendarlehen	
	Liquiditätsbelastung vor Steuern	Barwert	Liquiditätsbelastung vor Steuern	Barwert	Liquiditätsbelastung vor Steuern	Barwert
1	10.000	8.928,57	30.000	26.785,71	26.379,75	23.553,35
2	10.000	7.971,94	28.000	22.321,43	26.379,75	21.029,77
3	10.000	7.117,80	26.000	18.506,29	26.379,75	18.776,58
4	10.000	6.355,18	24.000	15.252,43	26.379,75	16.764,81
5	110.000	62.416,95	22.000	12.483,39	26.379,74	14.968,58
Σ	150.000	92.790,45	130.000	95.349,25	131.898,74	95.093,09

Ergebnis: Um sämtliche künftigen Zins- und Tilgungszahlungen vornehmen zu können, müssen zum gegenwärtigen Zeitpunkt folgende Beträge zu 12% mit Zins und Zinseszins angelegt werden:

Festdarlehen: 92.790,45 EUR   Abzahlungsdarlehen: 95.349,25 EUR
Annuitätendarlehen: 95.093,09 EUR

Ohne Berücksichtigung von Steuerminderungen und Barwerten beläuft sich der Unterschied bei der Liquiditätsbelastung zwischen Festdarlehen und Abzahlungsdarlehen auf 150.000 EUR – 130.000 EUR = 20.000 EUR. Bei Berücksichtigung von Barwerten kehrt sich bei einem Abzinsungssatz von 12% die Vorteilhaftigkeit um: Das Festdarlehen ist um einen Betrag, dessen Barwert sich auf 95.349,25 EUR – 92.790,45 EUR = 2.558,80 EUR beläuft, günstiger, weil die Tilgungszahlung erst am Ende der Laufzeit erfolgt.

---

1   Eine Tabelle mit entsprechenden Auf- und Abzinsungsfaktoren ist im Anhang abgedruckt und wird beim schriftlichen Abitur zur Verfügung gestellt.

Barwert als Entscheidungsgrundlage

> **!** Der Barwert einer künftigen Zahlung ist umso geringer,
> - je später die Zahlung erfolgt,
> - je höher der Abzinsungssatz ist.

> **!** Die Barwertsumme künftiger Zahlungen gibt an, welcher Betrag zum gegenwärtigen Zeitpunkt zinsbringend angelegt werden muss, um von diesem Betrag und den anfallenden Zinsen alle künftigen Zahlungen bestreiten zu können.

> **!** Je geringer die Barwertsumme eines Darlehens, desto vorteilhafter ist das Darlehen.

Wird neben den Barwerten auch die Steuerminderung berücksichtigt, verringern sich die Unterschiede zwischen den einzelnen Darlehensformen noch weiter.

Vergleich der Barwerte der Liquiditätsbelastung nach Steuern bei verschiedenen Tilgungsformen (Fortsetzung Bsp. von S. 340)

Darlehenssumme: 100.000 EUR **Sollzinssatz:** 10% **Laufzeit:** 5 Jahre
Abzinsung: 12% **Gewinnsteuersatz:** 30%

Jahr	Festdarlehen		Abzahlungsdarlehen		Annuitätendarlehen	
	Liquiditäts-belastung nach Steuern	Barwert	Liquiditäts-belastung nach Steuern	Barwert	Liquiditäts-belastung nach Steuern	Barwert
1	7.000	6.250,00	27.000	24.107,14	23.379,75	20.874,78
2	7.000	5.580,36	25.600	20.408,16	23.871,14	19.029,93
3	7.000	4.982,46	24.200	17.225,08	24.411,67	17.375,75
4	7.000	4.448,63	22.800	14.489,81	25.006,26	15.891,93
5	107.000	60.714,62	21.400	12.142,93	25.660,29	14.560,34
Σ	**135.000**	**81.976,12**	**121.000**	**88.373,14**	**122.329,11**	**87.732,72**

Ergebnis: Um unter Berücksichtigung von Steuerminderungen sämtliche künftigen Zins- und Tilgungszahlungen vornehmen zu können, müssen zum gegenwärtigen Zeitpunkt folgende Beträge zu 12% mit Zins und Zinseszins angelegt werden:

Festdarlehen: 81.976,12 EUR   Abzahlungsdarlehen: 88.373,14 EUR
Annuitätendarlehen: 87.732,72 EUR

Ohne Berücksichtigung von Steuerminderungen und Barwerten beläuft sich der Unterschied bei der Liquiditätsbelastung zwischen Festdarlehen und Abzahlungsdarlehen auf 150.000 EUR – 130.000 EUR = 20.000 EUR (vgl. Bsp. S. 337). Bei Berücksichtigung von Steuerminderungen und Barwerten kehrt sich bei einem Abzinsungssatz von 12% die Vorteilhaftigkeit um:
Das Festdarlehen ist um einen Betrag, dessen Barwert sich auf 88.373,10 EUR – 81.976,12 EUR = 6.397,02 EUR beläuft, günstiger.

E

Vergleich

Aufg. 4
S. 346

Vergleich verschiedener Darlehensformen (in EUR, Ergebnisse gerundet)

Darlehenssumme: 100.000 EUR   **Sollzinssatz:** 10 %   **Gewinnsteuersatz:** 30 %
Abzinsungssatz: 12 %

	Festdarlehen	Abzahlungsdarlehen	Annuitätendarlehen
Summe Tilgung (EUR)	100.000	100.000	100.000
Summe Zinsen (EUR)	50.000	30.000	31.899
Zahlung vor Steuern	150.000	130.000	131.899
Steuerminderung	15.000	9.000	9.570
Zahlung nach Steuern	135.000	121.000	122.329
Barwertsumme der Zahlungen vor Steuern	92.791	95.349	95.093
Barwertsumme der Zahlungen nach Steuern	81.976	88.373	87.733

Ergebnis: Je höher der Steuersatz und je höher der Abzinsungssatz, umso mehr verringert sich der Unterschied zwischen der Belastung beim Festdarlehen und den beiden anderen Darlehensformen. Überschreitet der Abzinsungssatz eine bestimmte Höhe, so wird das Festdarlehen sogar günstiger als die beiden anderen Darlehensformen. Im vorliegenden Fall liegt die Schwelle bei einem Abzinsungssatz von 10 % (ohne Berücksichtigung von Gewinnsteuern) bzw. 7 % (mit Berücksichtigung von 30 % Gewinnsteuern).

2.6 Vergleich zwischen Darlehensfinanzierung und Eigenfinanzierung

Aus Sicht eines Unternehmens können sich bei einer Darlehensfinanzierung (= Fremdfinanzierung) gegenüber einer Eigenfinanzierung (Beschaffung von Eigenkapital) folgende Vor- und Nachteile ergeben:

Vor- und Nachteile einer langfristigen Fremdfinanzierung (Bankdarlehen)

Vorteile	Nachteile
■ kein (rechtlich durchsetzbares) Mitspracherecht des Fremdkapitalgebers (Bank) ■ Zinsen schmälern den Gewinn und damit die gewinnabhängigen Steuern. ■ Bei hoher Gewinnausschüttung sind die Zinszahlungen möglicherweise geringer als eine entsprechende Dividendenzahlung (= geringerer Liquiditätsabfluss). ■ Fremdkapital ist rückzahlbar und kann durch anderes (Fremd-)kapital ersetzt werden.	■ möglicherweise große Abhängigkeit von Gläubigern (z. B. Hausbank) ■ Zins- und Tilgungszahlungen fallen auch bei ungünstiger Ertrags- und Liquiditätslage an. ■ Bei niedriger Gewinnausschüttung sind die Zinszahlungen möglicherweise höher als eine entsprechende Dividendenzahlung (= höherer Liquiditätsabfluss). Die Dividendenzahlung kann ausgesetzt werden. ■ Fremdkapital steht nur befristet zur Verfügung und muss verzinst und getilgt werden. ■ Risiko überraschender Kündigung und/oder Zinserhöhung, Problem der Anschlussfinanzierung ■ Kreditwürdigkeit erforderlich, Verwendung von Vermögensgegenständen zur Kreditsicherung

Zusammenfassende Übersicht zu Kapitel 2: Darlehensfinanzierung

Darlehensformen nach Art der Tilgung

Festdarlehen (Einmaltilgung)	Abzahlungsdarlehen (Ratentilgungsdarlehen)	Annuitätendarlehen
■ jährlich gleich hohe Zinszahlungen ■ Tilgung des Darlehens am Ende der Laufzeit in einer Summe Effektivverzinsung $P_{eff} = \dfrac{p_{Soll} + \dfrac{d}{n}}{\text{Auszahlungskurs}} \cdot 100$	■ jährlich gleiche Tilgungsbeträge ■ jährlich fallende Zinszahlungen aufgrund der abnehmenden Restschuld ■ fallende Jahresleistung bestehend aus Zins- und Tilgungsanteil	■ gleich bleibende Jahresleistung (Annuität) bestehend aus Zins- und Tilgungsanteil ■ jährlich fallende Zinszahlungen aufgrund der abnehmenden Restschuld ■ jährlich steigende Tilgungszahlungen in Höhe der ersparten Zinsen
Liquiditätsbelastung insgesamt wesentlich höher als beim Abzahlungs- und Annuitätendarlehen **Ursache: höhere Zinszahlungen**	**Liquiditätsbelastung insgesamt etwas niedriger als beim Annuitätendarlehen**	**Liquiditätsbelastung insgesamt etwas höher als beim Abzahlungsdarlehen**
Liquiditätsbelastung in den Jahren vor der Tilgung erheblich niedriger als beim Abzahlungs- und Annuitätendarlehen	**Liquiditätsbelastung in allen Jahren leicht fallend**	**Liquiditätsbelastung in allen Jahren gleich hoch (Annuität)**

Zinsen verringern den steuerpflichtigen Gewinn.

↓

Liquiditätsbelastung nach Steuern

↓

Unterschiede bei der Liquiditätsbelastung verringern sich.

↓

Vergleichskriterien

Wie hoch ist die Liquiditätsbelastung insgesamt?	Wann erfolgt die Liquiditätsbelastung?

↘ **Ermittlung der Barwertsummen** ↙

= Betrag, der zum gegenwärtigen Zeitpunkt zinsbringend angelegt werden muss, um von diesem Betrag und den anfallenden Zinsen alle künftigen Zahlungen leisten zu können.

Barwertformel $K_0 = \dfrac{K_n}{\left(1 + \dfrac{p}{100}\right)^n}$	**Je geringer die Barwertsumme eines Darlehens, desto vorteilhafter ist es.** ↓ **Unterschiede bei der Belastung durch die verschiedenen Tilgungsformen verringern sich.**

Checken Sie Ihre Kompetenz mit der **Ich-kann-Liste**.

Öffnen Sie hierzu den nebenstehenden **QR-Code**
oder geben Sie folgenden Link ein: https://vel.plus/BHE03

ERARBEITUNGSAUFGABE

zu Kapitel 2 Darlehensfinanzierung

EA 1 Analyse eines Darlehensvertrags

vel.plus/BHE04

vel.plus/BHE05

Analysieren Sie den Darlehensvertrag, der zwischen dem Einzelhändler Peter Vogt e. K. und der Volksbank Mannheim abgeschlossen wurde (*siehe Abb. S. 331 u. S. 332*). Beantworten Sie dafür folgende Fragen:

1. Wie hoch ist der Darlehensbetrag?

2. Peter Vogt e. K. möchte für die Sortimentserweiterung Waren im Wert von 42.900 EUR beschaffen. Als Darlehenssumme wurden allerdings 44.000 EUR vereinbart.
   Erklären Sie die höhere Darlehensaufnahme im Vergleich zum Kaufpreis der Waren.

3. Ermitteln Sie die Laufzeit des Darlehens.

4. Mit welchem Betrag belastet die Bank das Konto von Herrn Vogt am 31.12. des ersten Jahres, wenn er das Darlehen ab dem 1.10. in Anspruch genommen hat?

5. Erklären Sie, warum Herr Vogt davon ausgeht, die Tilgung in der vereinbarten Höhe leisten und damit die relativ kurze Laufzeit des Darlehens akzeptieren zu können.

6. Beschreiben Sie, wie das Darlehen zurückgezahlt (Tilgungsart) werden muss.

7. Welchen Tilgungsarten entsprechen die Vereinbarungen unter den Punkten 5.1 und 5.3 des Darlehensvertrags?

8. Welche Sicherheiten verlangt die Bank für dieses Darlehen?

9. Erklären Sie, was unter einem variablen Zins (vgl. Punkt 3.1 des Darlehensvertrags) zu verstehen ist und in welchem Fall eine solche Vereinbarung für den Darlehensnehmer vorteilhaft sein kann.

vel.plus/BHE06

WIEDERHOLUNG DES GRUNDWISSENS

zu Kapitel 2 Darlehensfinanzierung

2.1   Rechtliche und wirtschaftliche Merkmale von Darlehen

1. Nennen Sie fünf wesentliche Inhalte eines Darlehensvertrages.

2. Unterscheiden Sie die Darlehensarten nach der Form der Tilgung.

2.2   Festdarlehen (Fälligkeitsdarlehen)

1. Charakterisieren Sie ein Festdarlehen.

2. Erklären Sie die Berechnungsweise für den Effektivzinssatz.

3. Erläutern Sie, was unter einem Disagio (Damnum, Abgeld) zu verstehen ist.

4. Nennen Sie zwei Gründe für die Vereinbarung eines Disagios bei einem Bankdarlehen.

5. Beschreiben Sie, wie ein Disagio bei der Ermittlung des Effektivzinssatzes für ein Festdarlehen berücksichtigt wird.

2.3   Abzahlungsdarlehen mit konstanten Tilgungsraten

1. Charakterisieren Sie ein Abzahlungsdarlehen.

2. Unterscheiden Sie zwischen einem Abzahlungsdarlehen und einem Festdarlehen.

2.4   Annuitätendarlehen

1. Charakterisieren Sie ein Annuitätendarlehen.

2. Unterscheiden Sie zwischen einem Annuitätendarlehen und einem Abzahlungsdarlehen.

3. Beschreiben Sie, wie die Höhe der Annuität ermittelt wird, wenn die Anfangstilgung bekannt ist.

2.5   Darlehensformen im Vergleich

1. Vergleichen Sie Fest-, Abzahlungs- und Annuitätendarlehen hinsichtlich der Liquiditätsbelastung.
   Nennen Sie zwei Gründe für die Unterschiede.

2. Beschreiben Sie, wie sich die Berücksichtigung von Gewinnsteuern auf den Vergleich zwischen Fest-, Abzahlungs- und Annuitätendarlehen auswirkt.

3. Erläutern Sie, was der Barwert einer Zahlung angibt.

4. Geben Sie die Barwertformel wieder.

5. Geben Sie an, was die Barwertsumme künftiger Zins- und Tilgungszahlungen angibt.

6. Beschreiben Sie, wie sich die Berücksichtigung von Barwerten auf den Vergleich der Belastung bei Fest-, Abzahlungs- und Annuitätendarlehen auswirkt.

2.6 Vergleich zwischen Darlehensfinanzierung und Eigenfinanzierung

1. Nennen Sie je drei Vor- und Nachteile der Darlehensfinanzierung gegenüber einer Eigenfinanzierung.

ANWENDUNGS- UND ÜBUNGSAUFGABEN

zu Kapitel 2 Darlehensfinanzierung

Aufgabe 1 Fälligkeitsdarlehen: Effektivverzinsung – Tilgungsplan

Einem Unternehmen liegt für die Finanzierung eines Investitionsvorhabens folgendes Angebot einer Bank vor:

Darlehensbetrag: 100.000 EUR, Auszahlung 95 %, Zinssatz 8 %, Fälligkeit der Zinsen jeweils am Jahresende, Rückzahlung des Darlehensbetrages in einer Summe am Ende des 5. Jahres

vel.plus/BHE07

1. Berechnen Sie die Effektivverzinsung dieses Darlehens.

2. Ermitteln Sie, wie hoch die Darlehenssumme sein müsste, wenn das Unternehmen einen Finanzierungsbedarf in Höhe des **Auszahlungsbetrags** von 100.000 EUR hätte.

3. Erstellen Sie den Zins- und Tilgungsplan für die oben angegebenen Darlehenskonditionen bei einem **Darlehensbetrag** von 100.000 EUR.

vel.plus/BHE08

4. Stellen Sie die Zins-, Tilgungs- und Restschuldentwicklung als Säulendiagramm (*vgl. Bsp. S. 333*) grafisch dar.

5. Begründen Sie, warum Banken Darlehen mit Disagio anbieten.

Aufgabe 2 Abzahlungsdarlehen und Annuitätendarlehen im Vergleich

Ein Unternehmen möchte die Erweiterung des Fuhrparks mithilfe eines Darlehens finanzieren. Dazu liegen folgende Angebote vor:

vel.plus/BHE09

Bank A: Darlehenssumme: 200.000 EUR, Auszahlung: 100 %, Zinssatz: 10 %, Laufzeit: 5 Jahre, Tilgung: 5 gleiche Jahresraten

Bank B: Darlehenssumme: 200.000 EUR, Auszahlung: 100 %, Zinssatz: 10 %, Laufzeit: 5 Jahre, Annuität: 52.759,50 EUR

1. Überprüfen Sie die von Bank B angegebene Annuität mithilfe des Annuitätenfaktors:

$$\frac{q^n \cdot (q-1)}{q^n - 1} \qquad q = 1 + \frac{p}{100} = 1 + \frac{10}{100} = 1,1$$

2. Ermitteln Sie für beide Darlehensformen tabellarisch die Zins- und Tilgungsbeträge für die einzelnen Jahre sowie die sich insgesamt ergebende Liquiditätsbelastung.

3. Erklären Sie, worauf der Unterschied in der Liquiditätsbelastung zwischen den Darlehensformen zurückzuführen ist.

4. Stellen Sie die Zins-, Tilgungs- und Restschuldentwicklung für beide Darlehensformen als Säulendiagramm (*vgl. Beispiel S. 335 und S. 336*) grafisch dar.

5. Begründen Sie, für welche Darlehensform sich das Unternehmen unter dem Aspekt der Liquiditätsbelastung entscheiden sollte.

6. Prüfen Sie, ob sich die Entscheidung von 5. ändern würde, wenn folgende steuerlichen Auswirkungen berücksichtigt werden:

   ■ Die Zinsaufwendungen wirken sich in voller Höhe gewinnmindernd aus.

   ■ Der Gewinnsteuersatz beträgt 30 %.

vel.plus/BHE10

Aufgabe 3 Darlehensformen im Vergleich

Ein Unternehmen benötigt ein Darlehen über 100.000 EUR mit einer Laufzeit von vier Jahren. Der Zinssatz beträgt 8 %. Es stehen folgende drei Darlehensformen zur Auswahl, die sich durch einen unterschiedlichen Kapitaldienst (Zins- und Tilgungsleistungen) unterscheiden:

- Festdarlehen
- Abzahlungsdarlehen
- Annuitätendarlehen

vel.plus/BHE11

Das Unternehmen rechnet mit einem Gewinnsteuersatz von 30 %. Der Kalkulationszinssatz beträgt 10 %.

1. Stellen Sie den Zins- und Tilgungsverlauf für alle drei Darlehensformen tabellarisch dar. **Runden Sie Ihre Ergebnisse auf ganze EUR.**

   Hinweis: Beim Annuitätendarlehen beträgt die Tilgung im ersten Jahr 22.192 EUR.

2. Ermitteln Sie für alle drei Darlehensformen die gesamte Steuerentlastung, die sich durch die Zinsaufwendungen ergibt.

3. Beschreiben Sie (ohne rechnerischen Nachweis), wie sich die Liquiditätsbelastung nach Steuern bei den einzelnen Darlehensformen entwickeln würde, wenn der Steuersatz
   a) 40 % statt 30 %,
   b) 20 % statt 30 %
   betragen würde.

4. Begründen Sie, warum es im vorliegenden Fall sinnvoll ist, für eine Finanzierungsentscheidung die Barwertsummen für die Zins- und Tilgungsleistungen der einzelnen Darlehensformen miteinander zu vergleichen.

5. Ermitteln Sie für das Festdarlehen die Barwertsumme für die Liquiditätsbelastung nach Steuern. Interpretieren Sie das Ergebnis. **Runden Sie die Ergebnisse auf ganze EUR.**

6. Die Berechnungen für die drei Darlehensformen führen zu folgenden Ergebnissen:

	Festdarlehen	Abzahlungsdarlehen	Annuitätendarlehen
Summe der Zinsen	32.000 EUR	20.000 EUR	20.768 EUR
Liquiditätsbelastung vor Steuern	132.000 EUR	120.000 EUR	120.768 EUR
Steuerminderung	9.600 EUR	6.000 EUR	6.230 EUR
Liquiditätsbelastung nach Steuern	122.400 EUR	114.000 EUR	114.538 EUR
Barwertsumme nach Steuern	86.052 EUR	90.869 EUR	90.551 EUR

   Erklären Sie die Ergebnisse.
   Begründen Sie, für welche Darlehensform sich das Unternehmen entscheiden sollte.

7. Beschreiben Sie (ohne rechnerischen Nachweis), wie sich die Barwertsummen bei den einzelnen Darlehensformen verändern würden, wenn bei gleicher Darlehenssumme und gleichem Zinssatz
   a) die Laufzeit 10 statt 4 Jahre beträgt,
   b) der Kalkulationszinssatz 5 % statt 10 % beträgt,
   c) der Kalkulationszinssatz 20 % statt 10 % beträgt.

vel.plus/BHE12

Aufgabe 4 Vergleich von Festdarlehen mit unterschiedlichem Disagio

Eine Bank bietet ein Festdarlehen zu folgenden Bedingungen an:

Variante A	Variante B
Laufzeit: 4 Jahre Auszahlung: 100 % Nominalzinssatz: 6,25 %	Laufzeit: 4 Jahre Auszahlung: 96 % Nominalzinssatz: 5,00 %

1. Geben Sie den Effektivzinssatz für die Variante A und die Variante B an.

2. Eine Darlehensnehmerin benötigt zur Finanzierung einer Maschine einen Betrag von 300.000 EUR.
   Ermitteln Sie, wie hoch die Darlehenssumme sein müsste, wenn sie sich für die Variante B entscheidet.

3. Erstellen Sie einen Zins- und Tilgungsplan für die Varianten A und B.
   Begründen Sie, für welche Variante sich der Darlehensnehmer Ihrer Meinung nach entscheiden sollte.

4. Vergleichen Sie die Barwertsummen der Liquiditätsbelastung der beiden Alternativen bei einem Kalkulations-zinssatz von 5 % miteinander.

   Erläutern Sie das Ergebnis.

3   Leasing als spezielle Form der Fremdfinanzierung

Kompetenzen:

- *Leasing als spezielle Finanzierungsform beschreiben und beurteilen*

- *Leasing gegenüber der Darlehensfinanzierung abgrenzen*
- *beim rechnerischen Vergleich steuerliche Auswirkungen unter Anwendung eines pauschalen Gewinnsteuersatzes ermitteln*
- *zur Beurteilung der Finanzierungsentscheidung die Barwertsummen der Zahlungen vergleichen*

- *Leasing als spezielle Finanzierungsform beschreiben und beurteilen*
- *Leasing gegenüber der Darlehensfinanzierung abgrenzen*

3.1 Rechtliche und wirtschaftliche Merkmale von Leasingverträgen

3.2 Vergleich zwischen kreditfinanziertem Kauf und Leasing

3.3 Vor- und Nachteile des Leasings

3.1   Rechtliche und wirtschaftliche Merkmale von Leasingverträgen

Leasing als Finanzierungsform

> **Leasing[1] ist eine vertragliche Vereinbarung, durch die der Leasinggeber dem Leasingnehmer Wirtschaftsgüter (Leasingobjekte) gegen Zahlung eines Entgelts (Leasingrate) zur Nutzung überlässt.**

Rechtlich gelten Leasingverträge als Sonderform von **Mietverträgen**. Trotz dieser besonderen Art von Mietverhältnis kann **Leasing** aus wirtschaftlicher Sicht als **Alternative zum Kreditkauf** – und damit als **Finanzierungsform** – mit folgenden Merkmalen angesehen werden:

- Wie ein Kreditgeber ermöglicht der Leasinggeber einem Unternehmen Wirtschaftsgüter (z. B. Fuhrpark) im Unternehmen einzusetzen, ohne dass dafür eigene Mittel im Rahmen einer Eigenfinanzierung eingesetzt werden müssen.
- Die Leasingraten führen wie beim Kredit zu laufenden Belastungen während der Nutzungszeit des Wirtschaftsgutes.
- Zu einem vertraglich vereinbarten Zeitpunkt muss das Leasingobjekt an den Leasinggeber zurückgegeben oder zum Restwert gekauft werden.

Unterscheidung von Leasingverträgen nach dem Leasinggeber

In Abhängigkeit vom Leasinggeber lassen sich folgende Leasingarten unterscheiden:

direktes Leasing	indirektes Leasing
Hersteller des Wirtschaftsgutes ist gleichzeitig Leasinggeber (häufig ist der Leasinggeber eine Tochtergesellschaft des Herstellers)	Leasinggeber ist eine selbstständige Leasinggesellschaft

---

1   to lease *(engl.)*: mieten, pachten

Beziehungen zwischen den Beteiligten beim indirekten Leasing

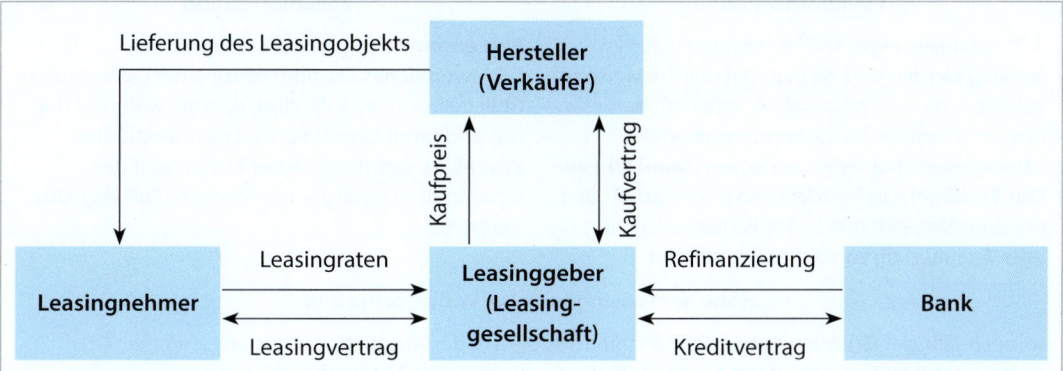

Unterscheidung von Leasingverträgen nach der Vertragsdauer und den vertraglichen Pflichten

Operate Leasing: kurzfristiges Leasing

- **kurzfristig kündbare** Leasingverträge ohne Grundmietzeit
- kurzfristige Überlassung von Wirtschaftsgütern (z.B. Lkw für einige Tage, Wochen oder Monate)
- Wegen der kurzen Vertragslaufzeit reichen die Leasingraten eines einzelnen Leasingnehmers nicht aus, um die Investitionsausgaben und Kosten des Leasinggebers zu decken.
- Nach Ablauf der Vertragszeit vermietet der Leasinggeber das Leasingobjekt erneut an andere Nutzer.
- Der **Leasinggeber trägt das Investitionsrisiko** (z.B. technische Veralterung oder Zerstörung).
- Eignet sich nur für Leasingobjekte, die jederzeit erneut vermietet werden können (z.B. Lkw, Universalmaschinen).
- Höhe der Leasingrate: je nach Laufzeit und Einzelfall

Finanzierungsleasing (Financial Leasing): mittel- und langfristiges Leasing

- **verbindet Vorteile des Kredits** (Kaufpreis muss nicht aus eigenen Mitteln aufgebracht werden) mit den **Vorteilen der Miete** (Nutzung gegen monatliche Leasingraten)
- Der Leasingvertrag ist **während der Grundmietzeit** (i.d.R. zwischen 40% und 90% der betriebsgewöhnlichen Nutzungsdauer) **nicht kündbar**.
- Der **Leasingnehmer trägt das Investitionsrisiko** (z.B. technische Veralterung oder Zerstörung) während der Grundmietzeit.
- Nach Ablauf der Grundmietzeit ergeben sich für den Leasingnehmer drei Möglichkeiten:
  (1) Rückgabe des Leasingobjekts
  (2) Verlängerung des Leasingvertrags zu günstigen Bedingungen
  (3) Kauf des Leasingobjekts zum Restbuchwert

Finanzierungsleasing (Financial Leasing): mittel- und langfristiges Leasing	
Teilamortisation[1]	**Vollamortisation**
Bei Leasingverträgen mit Privatleuten (z. B. Pkw-Leasing) werden die Leasingraten üblicherweise so kalkuliert, dass sie während der unkündbaren Grundmietzeit die Investitionsausgaben des Leasinggebers nur teilweise decken (**Non-Full-Pay-Out-Verträge**). Die Restdeckung muss nach Ablauf der Grundmietzeit durch eine Weitervermietung oder Veräußerung zum Restwert erfolgen.	Bei Leasingverträgen mit Unternehmen (= gewerbliches Leasing) werden die Leasingraten üblicherweise so kalkuliert, dass sie während der unkündbaren Grundmietzeit die Investitionsausgaben, sämtliche Nebenkosten und den Gewinn des Leasinggebers decken (**Full-Pay-Out-Verträge**).

Höhe der Leasingraten bei Vollamortisation

- bei 3-jähriger Grundmietzeit z. B. monatlich 3 % bis 4 % der Anschaffungskosten
- bei 5-jähriger Grundmietzeit z. B. monatlich 2 % bis 2,5 % der Anschaffungskosten

Der Leasinggeber berücksichtigt bei der Kalkulation der Leasingraten folgende Faktoren:

- **Werteverlust des Leasingobjekts** (= Abschreibung)
- **Risikoprämie** (z. B. für ein schnelles Veralten)
- **sonstige Verwaltungskosten** (auch für Service)
- **Verzinsung des eingesetzten Kapitals**
- **Gewinnzuschlag**

Häufig wird auch eine **einmalige Abschlussgebühr** (Mietsonderzahlung) von bis zu 20 % der Anschaffungskosten erhoben).

Unterscheidung von Leasingverträgen unter steuerlichen Gesichtspunkten – Verwertungsmöglichkeiten des Leasinggegenstandes nach Ablauf der Grundmietzeit

Unter steuerlichen Gesichtspunkten ist es für den Leasingnehmer vorteilhaft, wenn er die Leasingrate als Aufwand (Betriebsausgaben) geltend machen und dadurch seinen steuerpflichtigen Gewinn schmälern kann. Ob dies möglich ist, hängt davon ab, wem das Leasingobjekt steuerrechtlich zuzurechnen ist. Daraus ergibt sich auch, ob der Leasinggeber oder der Leasingnehmer diesen Vermögensgegenstand mit seinen Anschaffungs- oder Herstellungskosten in der Bilanz aktivieren und über die Nutzungsdauer abschreiben muss.

Leasingverträge sind in den meisten Fällen so gestaltet, dass

- der **Leasinggeber** die Anschaffungs- oder Herstellungskosten des Leasingobjekts **aktivieren** und über die Nutzungsdauer **abschreiben** muss,

- der **Leasingnehmer** die Leasingraten steuerlich als **Betriebsausgaben** geltend machen und durch diesen **Aufwand** seinen **steuerpflichtigen Gewinn** schmälern kann.

Einzelheiten über die steuerrechtliche Zurechnung des Leasingobjekts sind im sog. **Leasingerlass**[2] geregelt. Darin werden im Hinblick auf die Nutzung des Leasingobjekts nach Ablauf der Grundmietzeit drei Fälle unterschieden. Für jeden dieser Fälle sind die Bedingungen angegeben, unter denen das Leasingobjekt steuerrechtlich dem Leasinggeber zugerechnet wird und der Leasingnehmer die Leasingraten als steuermindernde Betriebsausgaben geltend machen kann.

---

1 Amortisation: von *franz.*: amortir: tilgen. Deckung der Anschaffungsauszahlungen einer bestimmten Investition durch die aus der Investition entstehenden Einzahlungen.

2 Leasingerlass für bewegliche Wirtschaftsgüter vom 19. April 1971 (BStBl. I S. 264) und für unbewegliche Wirtschaftsgüter vom 21. März 1972 (BStBl. I S. 188)

Finanzierungsleasing mit Vollamortisation während der Grundmietzeit		
	ohne Option[1] nach Ablauf der Grundmietzeit	**mit Mietverlängerungs-option nach Ablauf der Grundmietzeit**	**mit Kaufoption nach Ablauf der Grundmietzeit**

	ohne Option[1] nach Ablauf der Grundmietzeit	mit Mietverlängerungsoption nach Ablauf der Grundmietzeit	mit Kaufoption nach Ablauf der Grundmietzeit
Regelung nach Ablauf der Grundmietzeit	Der Leasingnehmer **muss** nach Ablauf der Grundmietzeit das **Leasingobjekt zu-rückgeben**. Er hat keinen Anspruch auf Verlänge-rung der Leasingzeit oder auf Kauf.	Der Leasingnehmer hat nach Ablauf der Grund-mietzeit das **Recht, den Leasingvertrag zu verlängern**. Die Leasingrate ist erheblich niedriger als in der Grundmietzeit.	Der Leasingnehmer hat nach Ablauf der Grund-mietzeit das **Recht, das Leasingobjekt zum kalkulierten Restwert zu kaufen.**
Bedingungen für die steuerrechtliche Zurechnung des Leasing-objekts zum Leasinggeber	Die Grundmietzeit beträgt mindestens 40 % und höchstens 90 % der Nutzungsdauer		
		und die Anschlussmiete ist mindestens so hoch wie sich ergebender linearer Abschreibungsbetrag.	**und** der Kaufpreis ist mindes-tens so hoch wie der Restbuchwert bei linearer Abschreibung.

> **!** **Grundvoraussetzung dafür, dass der Leasingnehmer die Leasingraten als Aufwendungen (Betriebsausgaben) ansetzen und dadurch seinen steuerpflichtigen Gewinn mindern kann, ist eine Grundmietzeit, die nicht kürzer als 40 % und nicht länger als 90 % der betriebsgewöhnlichen Nutzungsdauer ist.[2]**

Weicht die Grundmietzeit von dieser Regelung ab, wird unterstellt, dass dem Leasing-nehmer das wirtschaftliche Eigentum zuzurechnen ist. Dann muss das Leasingobjekt vom Leasingnehmer bilanziert und abgeschrieben werden.

3.2   Vergleich zwischen kreditfinanziertem Kauf und Leasing

Liquiditätsbelastung vor Steuern – Aufwandsvergleich

Vergleich zwischen Kreditfinanzierung und Leasing: Liquiditätsbelastung vor Steuern

Aufg. 1 S. 358

Eine Großhandlung steht vor der Alternative, zwei Lieferwagen mit Anschaffungskosten von insgesamt 60.000 EUR und einer betriebsgewöhnlichen Nutzungsdauer von 6 Jahren durch Kreditaufnahme zu kaufen oder einen Leasingvertrag abzuschließen.

---

1 Option *(lat.)*: Vorrecht, Anspruch
2 Bei längeren Grundmietzeiten wird angenommen, dass der Leasingnehmer von einer Mietverlängerungs- oder Kaufoption Ge-brauch macht und daher das Leasinggut auf Dauer nutzt. Bei kürzerer Grundmietzeit wird unterstellt, dass es sich um einen ver-deckten Ratenkauf handelt.

AO § 39

Kreditangebot der Hausbank

Darlehenssumme: 60.000 EUR   Auszahlung: 100 %   Laufzeit: 5 Jahre   Zinssatz: 10 % p.a.

Tilgung: in fünf gleichen Jahresraten, beginnend am Ende des ersten Jahres

Die Fahrzeuge werden linear über die Nutzungsdauer abgeschrieben.

Angebot der Leasinggesellschaft

Grundmietzeit: 4 Jahre   Mietverlängerungsoption: 2 Jahre
Leasingraten während der Grundmietzeit: 20.000 EUR (jährlich jeweils am Jahresende)
Leasingraten nach der Grundmietzeit: 10.000 EUR (jährlich jeweils am Jahresende)

Jahr	Kreditkauf (in EUR)						Leasing (in EUR)	Unterschied	
	1	2	3	4	5	6	7	8	9
	Rest-schuld am Jahres-anfang	Tilgung	Zinsen	Liquidi-tätsbe-lastung (2) + (3)	Abschrei-bung	Gesamt-aufwand (3) + (5)	Liquidi-täts-belas-tung = Aufwand	Liquidi-tätsbe-lastung (7) – (4)	Gesamt-aufwand (7) – (6)
1	60.000	12.000	6.000	18.000	10.000	16.000	20.000	+ 2.000	+ 4.000
2	48.000	12.000	4.800	16.800	10.000	14.800	20.000	+ 3.200	+ 5.200
3	36.000	12.000	3.600	15.600	10.000	13.600	20.000	+ 4.400	+ 6.400
4	24.000	12.000	2.400	14.400	10.000	12.400	20.000	+ 5.600	+ 7.600
5	12.000	12.000	1.200	13.200	10.000	11.200	10.000	– 3.200	– 1.200
6	0	0	0	0	10.000	10.000	10.000	+ 10.000	0
Σ		60.000	18.000	78.000	60.000	78.000	100.000	+ 22.000	+ 22.000

Erklärung:

(1) Kreditkauf: Die Liquiditätsbelastung setzt sich aus Tilgung und Zinsen zusammen (= Schulden-dienst). Der Gesamtaufwand besteht neben dem Zinsaufwand auch aus dem Abschreibungsaufwand, da das Anlagegut bilanziert und abgeschrieben wird.

(2) Leasing: Die Leasingraten stellen sowohl eine Liquiditätsbelastung als auch in gleicher Höhe Aufwand dar.

Ergebnis: Bei der Kreditfinanzierung sind Liquiditätsbelastung und Aufwand um 22.000 EUR niedriger.

> **!** Vergleichsrechnungen zwischen Leasing und Kreditfinanzierung zeigen in nahezu allen Fällen, dass Liquiditätsbelastung und Aufwand beim Leasing höher sind als bei einer Kreditfinanzierung.

Steuerliche Auswirkungen durch Berücksichtigung von Aufwendungen

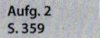
Aufg. 2
S. 359

Wenn einerseits bei der Kreditfinanzierung durch die Zins- und Abschreibungsaufwendungen und andererseits beim Leasing durch die Leasingraten der zu versteuernde Gewinn gesenkt wird, ergeben sich für die beiden Finanzierungsalternativen folgende Auswirkungen für die Gewinnsteuern:

Vergleich zwischen Kreditfinanzierung und Leasing: Liquiditätsbelastung nach Steuern

Annahmen:

1. Ausgangsdaten wie bei Beispiel S. 351 und S. 352
2. Das Unternehmen erzielt einen Gewinn.
3. Bei der Kreditfinanzierung mindern die Zins- und Abschreibungsaufwendungen den steuerpflichtigen Gewinn.
4. Beim Leasing mindern die Leasingraten den steuerpflichtigen Gewinn.
5. Der Gewinnsteuersatz (Einkommen- bzw. Körperschaftsteuer, Gewerbesteuer) beträgt 30 %.

Jahr	Kreditkauf (in EUR) *(vgl. S. 352)*				Leasing (in EUR) *(vgl. S. 352)*			Unterschied (in EUR)
	1	2	3	4	5	6	7	8
	Liquiditätsbelastung vor Steuern	Gesamtaufwand	Steuerminderung (30 % vom Aufwand)	Liquiditätsbelastung nach Steuern (1) – (3)	Liquiditätsbelastung vor Steuern = Aufwand	Steuerminderung (30 % vom Aufwand)	Liquiditätsbelastung nach Steuern (5) – (6)	Liquiditätsbelastung nach Steuern (7) – (4)
1	18.000	16.000	4.800	13.200	20.000	6.000	14.000	+ 800
2	16.800	14.800	4.440	12.360	20.000	6.000	14.000	+ 1.640
3	15.600	13.600	4.080	11.520	20.000	6.000	14.000	+ 2.480
4	14.400	12.400	3.720	10.680	20.000	6.000	14.000	+ 3.320
5	13.200	11.200	3.360	9.840	10.000	3.000	7.000	– 2.840
6	0	10.000	3.000	– 3.000	10.000	3.000	7.000	+ 10.000
Σ	78.000	78.000	23.400	54.600	100.000	30.000	70.000	+ 15.400

Erklärung: Im 6. Jahr ergibt sich beim Kreditkauf eine negative Liquiditätsbelastung nach Steuern. Das kommt dann vor, wenn die Steuerentlastung – bedingt durch die Abschreibungen – größer ist als der Liquiditätsabfluss (Summe aus Zins- und Tilgungsleistungen). Im vorliegenden Fall ist das durch die im Vergleich zur Nutzungsdauer kürzere Kreditlaufzeit bedingt. Diese negativen Beträge sind wie ein Liquiditätszufluss zu interpretieren, da sich die Steuerschuld in dieser Höhe verringert.

Ergebnis: Bei Berücksichtigung der sich durch die Aufwendungen ergebenden Minderung der Gewinnsteuern ist die Liquiditätsbelastung nach Steuern bei der Kreditfinanzierung um 15.400 EUR niedriger.

Je höher die Aufwendungen, desto höher ist auch die sich ergebende Steuerminderung. Daher ist die Steuerentlastung beim Leasing höher als bei der Kreditfinanzierung. Trotzdem ist Leasing nach wie vor mit einem höheren Liquiditätsabfluss verbunden als die Kreditfinanzierung. Allerdings hat sich der Unterschied verringert.

> **!** **Aufwendungen mindern den zu versteuernden Gewinn. Die Minderung der Gewinnsteuern ist umso höher, je höher die mit der jeweiligen Finanzierungsart verbundenen Aufwendungen sind. Beim Leasing ergibt sich eine höhere Steuerminderung als bei der Kreditfinanzierung.**

Vergleich der Barwertsummen

Für die Beurteilung der Vorteilhaftigkeit einzelner Finanzierungsformen kommt es nicht nur auf den Vergleich an, **wie hoch** der Liquiditätsabfluss im jeweiligen Fall ist. Wichtig ist auch, **wann** dieser Liquiditätsabfluss erfolgt. Um die zu unterschiedlichen Zeitpunkten anfallenden Zahlungen bei den verschiedenen Finanzierungsformen miteinander vergleichen zu können, muss der heutige Wert der künftigen Zahlungen (= **Barwert**) ermittelt werden.

© Ivanc – stock.adobe.com

> ! Der Barwert gibt an, welcher Betrag heute zinsbringend angelegt werden muss, damit unter Berücksichtigung von Zinsen und Zinseszinsen zum Fälligkeitstag der Zahlung der dann benötigte Betrag zur Verfügung steht (= Gegenwartswert einer zukünftigen Zahlung).

Für die beiden Finanzierungsalternativen ergeben sich folgende Barwerte und **Barwertsummen**:

Vergleich zwischen Kreditfinanzierung und Leasing: Barwerte der Liquiditätsbelastung

1. Ausgangsdaten wie bei Bsp. S. 351 und S. 352
2. Das Unternehmen erzielt einen Gewinn.
3. Bei der Kreditfinanzierung mindern die Zins- und Abschreibungsaufwendungen den steuerpflichtigen Gewinn.
4. Beim Leasing mindern die Leasingraten den steuerpflichtigen Gewinn.
5. Der Gewinnsteuersatz (Einkommen- bzw. Körperschaftsteuer, Gewerbesteuer) beträgt 30 %.
6. Der Abzinsungssatz (p) für die Barwertermittlung beträgt 5 %.
7. Die Barwertformel lautet: $K_0 = K_n / (1 + p/100)^n$

Jahr	Kreditkauf (in EUR, Ergebnisse gerundet)				Leasing (in EUR, Ergebnisse gerundet)				Unterschied
	1	2	3	4	5	6	7	8	9
	Liquiditätsbelastung vor Steuern	Barwert	Liquiditätsbelastung nach Steuern	Barwert	Liquiditätsbelastung vor Steuern	Barwert	Liquiditätsbelastung nach Steuern	Barwert	Barwert nach Steuern (8) – (4)
1	18.000	17.143	13.200	12.571	20.000	19.048	14.000	13.333	+ 762
2	16.800	15.238	12.360	11.211	20.000	18.141	14.000	12.698	+ 1.487
3	15.600	13.476	11.520	9.951	20.000	17.277	14.000	12.094	+ 2.143
4	14.400	11.847	10.680	8.786	20.000	16.454	14.000	11.518	+ 2.732
5	13.200	10.343	9.840	7.710	10.000	7.835	7.000	5.485	– 2.225
6	0	0	– 3.000	– 2.239	10.000	7.462	7.000	5.224	+ 7.463
Σ	78.000	68.047	54.600	47.990	100.000	86.217	70.000	60.352	12.362

Ergebnis: Um unter Berücksichtigung der Steuerminderungen sämtliche künftigen Zahlungen vornehmen zu können, müssen zum gegenwärtigen Zeitpunkt folgende Beträge zu 5 % mit Zins- und Zinseszins angelegt werden:

Kreditfinanzierung: 47.990 EUR   Leasing: 60.352 EUR

Bei Berücksichtigung von Barwerten verringert sich der Nachteil des Leasings gegenüber der Kreditfinanzierung, weil der Kredit innerhalb von fünf Jahren getilgt wird, während die Leasingraten sich über einen Zeitraum von 6 Jahren erstrecken. Aber auch unter Berücksichtigung der Barwerte der Zahlungen ist die Kreditfinanzierung nach wie vor günstiger als das Leasing.

Ergebnis

Vergleich zwischen Kreditfinanzierung und Leasing

Insgesamt ergibt sich für die beiden Finanzierungsalternativen Kreditfinanzierung und Leasing im vorliegenden Fall folgende Vergleichsrechnung:

Vergleichskriterium	Kreditfinanzierung	Leasing	Unterschied
Liquiditätsbelastung vor Steuern	78.000 EUR	100.000 EUR	+ 22.000 EUR
Liquiditätsbelastung nach Steuern	54.600 EUR	70.000 EUR	+ 15.400 EUR
Barwertsumme der Liquiditätsbelastung vor Steuern	68.047 EUR	86.217 EUR	+ 18.170 EUR
Barwertsumme der Liquiditätsbelastung nach Steuern	47.990 EUR	60.352 EUR	+ 12.362 EUR

Die Kreditfinanzierung ist unter dem Gesichtspunkt der Liquiditätsbelastung in jedem Fall günstiger als das Leasing. Allerdings verringert sich der Unterschied, wenn auch Steuerminderungen und Barwertsummen berücksichtigt werden.

> **!** **Je geringer die Barwertsumme einer Finanzierungsalternative, desto vorteilhafter ist sie.**

> **!** **Bei Berücksichtigung der Barwerte der künftigen Zahlungen verringert sich der Unterschied zwischen Kreditfinanzierung und Leasing hinsichtlich der Liquiditätsbelastung.**

> **!** **Je höher der Steuersatz und je höher der Abzinsungssatz, desto (relativ) günstiger wird Leasing im Vergleich zur Kreditfinanzierung. Trotzdem bleibt die Kreditfinanzierung hinsichtlich der Liquiditätsbelastung günstiger.**

3.3   Vor- und Nachteile des Leasings

Obwohl Leasing im Vergleich zur Kreditfinanzierung unter dem Gesichtspunkt der Liquiditätsbelastung ungünstiger ist, erfreut sich Leasing in der gewerblichen Wirtschaft einer großen Beliebtheit. Für einen umfassenden Vergleich müssen daher auch andere Entscheidungskriterien herangezogen werden, die sich großenteils nicht in Zahlen ausdrücken lassen (= qualitative Kriterien). Dazu eignet sich eine **Entscheidungsbewertungstabelle** *(vgl. Aufg. 1).*

Häufig werden allerdings Vorteile des Leasing genannt, die sich bei näherer Analyse als Werbeargumente von Leasinggesellschaften herausstellen und keinen wirklichen Vorteil gegenüber einer Kreditfinanzierung darstellen, z. B.:

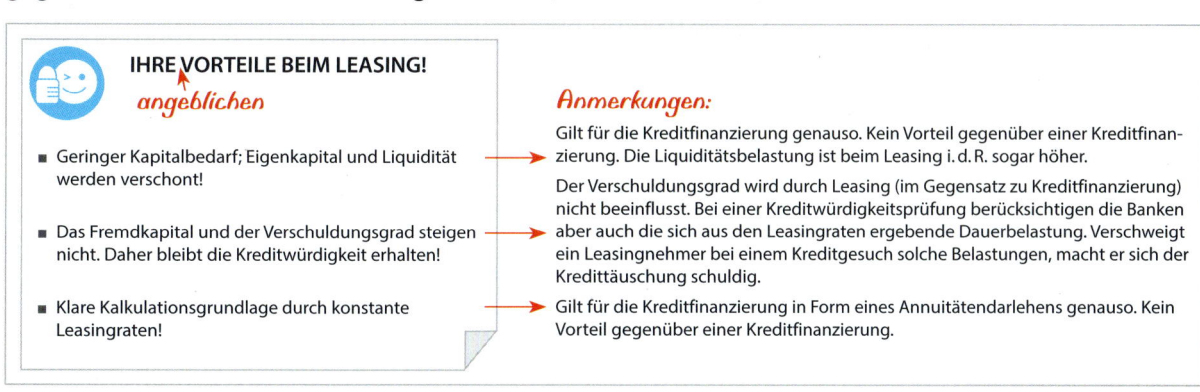

IHRE VORTEILE BEIM LEASING!
angeblichen

Anmerkungen:

- Geringer Kapitalbedarf; Eigenkapital und Liquidität werden verschont!

  Gilt für die Kreditfinanzierung genauso. Kein Vorteil gegenüber einer Kreditfinanzierung. Die Liquiditätsbelastung ist beim Leasing i. d. R. sogar höher.

- Das Fremdkapital und der Verschuldungsgrad steigen nicht. Daher bleibt die Kreditwürdigkeit erhalten!

  Der Verschuldungsgrad wird durch Leasing (im Gegensatz zu Kreditfinanzierung) nicht beeinflusst. Bei einer Kreditwürdigkeitsprüfung berücksichtigen die Banken aber auch die sich aus den Leasingraten ergebende Dauerbelastung. Verschweigt ein Leasingnehmer bei einem Kreditgesuch solche Belastungen, macht er sich der Kredittäuschung schuldig.

- Klare Kalkulationsgrundlage durch konstante Leasingraten!

  Gilt für die Kreditfinanzierung in Form eines Annuitätendarlehens genauso. Kein Vorteil gegenüber einer Kreditfinanzierung.

Vergleich Leasing – Kredit	
Vorteile Leasing	**Nachteile Leasing**
Leasingraten sind – sofern die Bedingungen des Leasingerlasses eingehalten werden – als Aufwand in voller Höhe steuerlich abzugsfähig und mindern die Gewinnsteuern.	Die Liquiditätsbelastung ist trotz steuerlicher Vorteile höher als beim Kreditkauf.
Die bei herkömmlicher Fremdfinanzierung zu beachtenden Beleihungsgrenzen entfallen. Das beleihbare Vermögen wird nicht beansprucht. Dem Leasinggeber reicht das Leasingobjekt als Sicherheit. Der Verschuldungsgrad steigt nicht (Bilanzneutralität).	Kein rechtlicher Eigentumserwerb → Daher kann das Leasingobjekt nicht verkauft oder zur Kreditsicherung (Sicherungsübereignung) verwendet werden.
Bei kurzfristigen Leasingverträgen ist eine schnelle Anpassung an den neuesten Stand der Technik möglich (Operate Leasing oder Sonderformen des Leasing). ■ Flexibilität durch Aneinanderreihung mehrerer Leasingverträge ■ Kauf und Kaufpreisbeschaffung entfallen ■ geringerer Verwaltungsaufwand als bei Kreditbeantragung	Ein unkündbarer Leasingvertrag in der Grundmietzeit beeinträchtigt die Flexibilität (kein Verkauf möglich). Die Leasingraten müssen auch dann gezahlt werden, wenn das Leasingobjekt nicht genutzt wird und eigentlich verkauft werden könnte (Ausnahme: „Pay per use"-Verträge).
Die Leasingraten stellen periodisch wiederkehrende Zahlungen dar, die parallel zur Nutzung des Leasingobjekts anfallen. Das Leasingobjekt finanziert sich laufend selbst („Pay as you earn"-Effekt), da sich die Laufzeit des Leasingvertrags an der betriebsgewöhnlichen Nutzungsdauer orientiert. Die Laufzeit von Krediten ist dagegen meistens kürzer als die Nutzungsdauer des Investitionsobjekts. Im Zuge von Industrie 4.0 mit Digitalisierung und Vernetzung smarter Maschinen ist eine weitere Flexibilisierung möglich: Leasingraten werden nicht pauschal berechnet sondern basieren auf den Daten über die tatsächliche Nutzung in einer Periode („Pay per use").	Obwohl der Leasingnehmer nicht Eigentümer wird, hat er (bei unkündbarer Grundmietzeit) trotzdem das volle Investitionsrisiko zu tragen.
Die Entsorgung des Leasingobjekts nach Vertragsende durch den Leasingnehmer entfällt.	

Zusammenfassende Übersicht zu Kapitel 3: Leasing als spezielle Form der Fremdfinanzierung

Leasingarten								
Leasinggeber		Laufzeit/ Vertragspflichten		Amortisation		nach Ablauf der Grundmietzeit		
direktes Leasing	indirektes Leasing	kurzfristig: Operate Leasing	mittel-/ langfristig: Finanzierungsleasing	Teil-amortisation	Voll-amortisation	ohne Option	mit Verlängerungs-option	mit Kauf-option

Leasingerlass

Bedingungen für steuerliche Zurechnung des Leasingobjekts zum Leasinggeber (Leasingnehmer kann Leasingraten als Aufwand steuermindernd geltend machen):
1. $40\,\% \leq$ Grundmietzeit $\leq 90\,\%$ der betriebsgewöhlichen Nutzungsdauer
2. Anschlussmiete $\geq$ linearer Abschreibungsbetrag **oder**
   Kaufpreis $\geq$ Restwert bei linearer Abschreibung

Vergleich

Kreditfinanzierung	Finanzierungsleasing mit Vollamortisation
Liquiditätsbelastung durch Zins- und Tilgungszahlungen	Liquiditätsbelastung durch Zahlung der Leasingraten
Aufwand durch Zinsen und Abschreibung	Aufwand durch Leasingraten

Aufwendungen verringern den steuerpflichtigen Gewinn.

Liquiditätsbelastung nach Steuern

Unterschiede bei der Liquiditätsbelastung verringern sich.

Vergleichskriterien zur Liquiditätsbelastung

Wie hoch ist die Liquiditätsbelastung insgesamt?	**Wann** erfolgt die Liquiditätsbelastung?

Ermittlung der Barwertsummen

Je höher der Steuersatz und je höher der Abzinsungssatz, umso geringer wird der Unterschied zwischen Leasing und Kreditfinanzierung bei der Liquiditätsbelastung.
Aber: Leasing ist unter Liquiditäts- und Kostengesichtspunkten immer ungünstiger als Kreditfinanzierung.

Weitere Kriterien zum Vergleich zwischen Leasing und Kreditfinanzierung

Auswirkungen auf die Bilanz: Bilanzneutralität/ Verschuldungsgrad	Eigentumserwerb, Verwendung des Wirtschaftsgutes als Kreditsicherheit	Flexibilität, (un-)kündbarer Vertrag, Veräußerungsmöglichkeit des Wirtschaftsgutes	zeitliche Übereinstimmung von Einnahmen und Ausgaben („pay as you earn"-Prinzip)

Checken Sie Ihre Kompetenz mit der **Ich-kann-Liste**.

Öffnen Sie hierzu den nebenstehenden **QR-Code**
oder geben Sie folgenden Link ein: https://vel.plus/BHE13

vel.plus/BHE14

WIEDERHOLUNG DES GRUNDWISSENS

zu Kapitel 3 Leasing als spezielle Form der Fremdfinanzierung

3.1   Rechtliche und wirtschaftliche Merkmale von Leasingverträgen

1. Beschreiben Sie, was unter Leasing zu verstehen ist.
2. Begründen Sie, warum es sich beim Leasing um eine Finanzierungsform handelt.
3. Beschreiben Sie den Unterschied zwischen direktem und indirektem Leasing.
4. Beschreiben Sie den Unterschied zwischen Operate Leasing und Finanzierungsleasing.
5. Beschreiben Sie den Unterschied zwischen Leasingverträgen mit Vollamortisation und mit Teilamortisation.
6. Beschreiben Sie den Vorteil für den Leasingnehmer, wenn das Leasingobjekt steuerlich dem Leasinggeber zugerechnet wird.
7. Nennen Sie die Voraussetzungen, die hinsichtlich der Dauer der Grundmietzeit erfüllt sein müssen, wenn das Leasingobjekt steuerlich dem Leasinggeber zugerechnet wird.
8. Nennen Sie die zusätzlichen Voraussetzungen, die bei Leasingverträgen mit Mietverlängerungsoption bzw. mit Kaufoption erfüllt sein müssen, wenn das Leasingobjekt dem Leasingnehmer zugerechnet wird.

3.2   Vergleich zwischen kreditfinanziertem Kauf und Leasing

1. Vergleichen Sie Kreditfinanzierung und Leasing hinsichtlich der Liquiditätsbelastung. Erklären Sie, worauf die Unterschiede zurückzuführen sind.
2. Beschreiben Sie, wie sich die Berücksichtigung von Gewinnsteuern auf den Vergleich der Liquiditätsbelastung bei Kreditfinanzierung und Leasing auswirkt.
3. Beschreiben Sie, wie sich die Berücksichtigung von Barwerten auf den Vergleich der Liquiditätsbelastung bei Kreditfinanzierung und Leasing auswirkt.

3.3   Vor- und Nachteile des Leasings

1. Nennen Sie neben der Liquiditätsbelastung weitere Entscheidungskriterien für den Vergleich zwischen Kreditfinanzierung und Leasing.
2. Nennen Sie Vorteile des Leasings gegenüber einer Kreditfinanzierung.
3. Nennen Sie Nachteile des Leasings gegenüber einer Kreditfinanzierung.

ANWENDUNGS- UND ÜBUNGSAUFGABEN

zu Kapitel 3 Leasing als spezielle Form der Fremdfinanzierung

vel.plus/BHE15

Aufgabe 1 Leasing und Kreditfinanzierung im Vergleich

Die WEMA AG stellt Werkzeugmaschinen her. Zur Erweiterung der Produktionskapazität soll eine weitere CNC-Fräsmaschine angeschafft werden: Anschaffungskosten 750.000 EUR, Nutzungsdauer 8 Jahre. Für die Mehrproduktion kann der Absatz zunächst nur für die ersten vier Jahre als gesichert angesehen werden. Folgende Finanzierungsangebote liegen vor:

vel.plus/BHE16

Angebot einer Leasinggesellschaft:

Jährliche Leasingrate von 228.000 EUR während der unkündbaren Grundmietzeit von 4 Jahren, bei Mietzeitverlängerung 100.000 EUR pro Jahr, Servicedienstleistung erfolgt durch den Leasinggeber.

Angebot der Hausbank:

Wegen der bereits bestehenden relativ hohen Kreditbelastung ist die Hausbank nur bereit, ein Kreditangebot mit kurzer Laufzeit und einem Risikozuschlag in Form eines erhöhten Zinssatzes abzugeben: Darlehen über 750.000 EUR mit 4 Jahren Laufzeit, 100 % Auszahlung, 12 % Zinsen, Tilgung in gleichen Raten am Jahresende.

1. Geben Sie an, um welche Art von Leasingvertrag es sich hinsichtlich der folgenden Kriterien handelt:
   a) Leasinggeber
   b) Laufzeit und vertragliche Pflichten
   c) Höhe der Leasingraten während der Grundmietzeit
   d) Verwertungsmöglichkeit des Leasinggegenstandes nach Ablauf der Grundmietzeit

2. Beschreiben Sie, welche Auswirkungen sich auf die Bilanz und die GuV-Rechnung der WEMA AG ergeben würden, wenn das Leasingangebot angenommen wird.

3. Beschreiben Sie, welche Auswirkungen sich auf die Bilanz und die GuV-Rechnung der WEMA AG ergeben würden, wenn das Kreditangebot angenommen wird.

4. Berechnen Sie für beide Finanzierungsalternativen die Höhe der Liquiditätsbelastung während
   a) der Grundmietzeit,   b) der gesamten Nutzungsdauer.
   Vergleichen Sie Ihre Ergebnisse.

5. Die Leasinggesellschaft wirbt mit folgenden Argumenten:

   > Durch Leasing ...
   > - bleibt Ihre Liquidität erhalten.
   > - wird Ihr Eigenkapital geschont.
   > - wird Ihr Kreditspielraum nicht belastet.
   > - erzielen Sie erhebliche Steuererleichterungen.
   > - zahlen Sie erst dann, wenn Sie mit dem Leasingobjekt verdienen („Pay as you earn"-Effekt).
   > - haben Sie eine sichere Kalkulationsbasis durch feste Leasingraten.

   Nehmen Sie zu diesen Werbeaussagen kritisch Stellung.

6. Für die endgültige Entscheidung zugunsten einer der beiden Finanzierungsalternativen soll eine Entscheidungsbewertungstabelle erstellt werden.
   Hinweis: Vorgehensweise zur Erstellung einer Entscheidungsbewertungstabelle siehe Arbeitsblatt.
   Treffen Sie auf der Grundlage der Ergebnisse der Entscheidungsbewertungstabelle und der Ergebnisse von 4. eine endgültige Entscheidung. Begründen Sie Ihre Entscheidung.

Aufgabe 2 Leasing – Kreditkauf – Berücksichtigung von steuerlichen Wirkungen und Barwerten

vel.plus/BHE17

Ein Unternehmen steht vor der Alternative, die Anschaffungskosten einer Maschine von 100.000 EUR durch einen Bankkredit zu finanzieren oder die Maschine zu leasen. Die betriebsgewöhnliche Nutzungsdauer beträgt 8 Jahre.

vel.plus/BHE18

Kreditangebot		Leasingangebot	
Kreditsumme:	100.000 EUR	Grundmietzeit:	4 Jahre
Auszahlung:	100 %	Leasingrate während der Grundmietzeit	
Tilgung jeweils am Jahresende in gleichen Raten		(zahlbar jeweils am Jahresende):	30.000 EUR
Laufzeit:	4 Jahre	Leasingrate nach Ablauf der Grundmietzeit	
Zinssatz:	12 % p. a.	(zahlbar jeweils am Jahresende):	12.500 EUR

1. Berechnen Sie die Höhe der Liquiditätsbelastung für beide Finanzierungsalternativen während
   a) der Grundmietzeit,   b) der gesamten Nutzungsdauer.
   Vergleichen Sie Ihre Ergebnisse.

2. Beschreiben Sie, aus welchen Gründen das Unternehmen das Leasingangebot der Kreditfinanzierung vorziehen könnte. Berücksichtigen Sie bei Ihrer Antwort die Ergebnisse von 1.

3. Die Maschine wird im Falle des Kreditkaufs linear abgeschrieben. Berechnen Sie die Höhe der Minderung der Gewinnsteuern bei einem Gewinnsteuersatz von 30 % und die Höhe der damit verbundenen Minderung der Liquiditätsbelastung. Begründen Sie Ihr Ergebnis.

4. Bei einer 8-jährigen Nutzungsdauer rechnet das Unternehmen mit einem Kalkulationszinssatz von 10 %. Berechnen Sie, welche Finanzierungsalternative für das Unternehmen damit unter Berücksichtigung von steuerlichen Wirkungen und Barwerten günstiger ist. Begründen Sie Ihr Ergebnis.

5. Prüfen Sie, wie sich das Ergebnis von 4. ändert, wenn das Unternehmen mit einem Kalkulationszinssatz von 25 % rechnet. Begründen Sie den Unterschied und Ihr Ergebnis.

6. Prüfen Sie, ob und ggf. wie sich
   a) Liquiditätsbelastung,   b) Steuerminderung,   c) Barwertsumme der Auszahlungen

   bei der Kreditfinanzierung verändern würden, wenn statt des Abzahlungsdarlehens zu gleichen Bedingungen (Laufzeit: 4 Jahre, Zinssatz 12 %) ein Festdarlehen in Anspruch genommen werden könnte. Begründen Sie Ihre Antwort (rechnerischer Nachweis nicht erforderlich).

4 Finanzierung aus Abschreibungsgegenwerten

Kompetenzen:

- *im Rahmen der Innenfinanzierung die Finanzierungswirkung von Abschreibungen herausarbeiten*

4.1 Finanzierungswirkungen von Abschreibungen

4.2 Abschreibungskreislauf

4.3 Substanzerhaltung, Scheingewinne und stille Rücklagen

4.1 Finanzierungswirkungen von Abschreibungen

Abschreibungen dienen der Erfassung von Wertminderung an den in einem Unternehmen eingesetzten abnutzbaren Gütern. Sie treten beispielsweise bei Maschinen, Werkzeugen und Gebäuden auf, da diese durch ihren Einsatz und Gebrauch im Produktionsprozess an Wert verlieren.

 Die Wertminderung des abnutzbaren Anlagevermögens wird durch Abschreibungen erfasst.

Abschreibungen	
bilanzielle Abschreibungen	kalkulatorische Abschreibungen

Bilanzielle Abschreibungen

Bilanzielle Abschreibungen erfassen die **ergebniswirksame Wertminderung** an Anlagegütern, d. h. sie wirken sich auf den Gewinn oder Verlust aus. Die **Ausgaben** für die Anschaffung von abnutzbaren Anlagegütern werden erst dann zu **Aufwand**, wenn diese Vermögensgegenstände während ihrer Nutzungsdauer zunehmend an Wert verlieren. Um diese Wertminderung als Aufwand zu erfassen, werden im Rahmen der Finanzbuchhaltung die Anschaffungs- und Herstellungskosten eines Anlagegutes als jährlicher Abschreibungsaufwand auf die (betriebsgewöhnliche) Nutzungsdauer des Anlagegutes (s. AfA-Tabellen) verteilt. Entscheidend ist, dass diese **Abschreibungsaufwendungen** – im Gegensatz zu den meisten anderen Aufwandsarten – **nicht in derselben Periode liquiditätswirksam** sind, da ihnen in dieser Periode **keine entsprechenden Auszahlungen** gegenüberstehen.

Wesentlich für die Finanzierungswirkung von bilanziellen Abschreibungen ist, dass Abschreibungsaufwendungen nicht in derselben Periode liquiditätswirksam werden, da ihnen keine entsprechenden Auszahlungen gegenüberstehen.

Die bilanziellen Abschreibungen verringern den ausgewiesenen Gewinn. Dadurch bewirken sie, dass Beträge, die andernfalls als Gewinn auszuweisen wären, weder besteuert noch ausgeschüttet werden. Damit wirken die bilanziellen Abschreibungen als **Ausschüttungssperre**. Sofern die auf diese Weise im Unternehmen verbleibenden Mittel in liquider Form vorliegen, stehen sie für **Finanzierungsmaßnahmen** (z. B. Finanzierung von Ersatzinvestitionen) zur Verfügung (= **Finanzierung aus Abschreibungsgegenwerten**).

E

> **!** Bilanzielle Abschreibungen wirken als Ausschüttungssperre. Sie verhindern, dass in Höhe der andernfalls als Gewinn ausgewiesenen Beträge liquide Mittel für Gewinnausschüttung und Gewinnsteuern aus dem Unternehmen abfließen.

Kalkulatorische Abschreibungen

Kalkulatorische Abschreibungen erfassen die **kostenwirksame Wertminderung**. Ihre Aufgabe ist es, die durch Nutzung eines Anlagegutes entstehenden Kosten zu erfassen. Kalkulatorische Abschreibungen sind Teil der Selbstkosten. Sie sollen gewährleisten, dass über die Absatzpreise der verkauften Produkte vom Markt mindestens die Beträge vergütet werden, die zur Ersatzbeschaffung des Anlagegutes nach Ende der (tatsächlichen) Nutzungsdauer nötig sind (Wiederbeschaffungskosten). Die kalkulatorischen Abschreibungen dienen somit der **Substanzerhaltung** eines Unternehmens. Voraussetzung dafür ist, dass am Markt kostendeckende Preise erzielt werden. In diesem Fall haben die in die Selbstkosten einkalkulierten kalkulatorischen Abschreibungen, folgende Wirkung: Dem Unternehmen fließt während der Nutzungsdauer über die Umsatzerlöse der Wiederbeschaffungswert der im Produktionsprozess verbrauchten Anlagegüter in liquider Form zu („verdiente Abschreibungen"). Die bilanziellen Abschreibungen auf der Aufwandsseite der GuV sorgen dafür, dass diese verdienten Abschreibungsgegenwerte im Unternehmen verbleiben und nicht als Gewinn ausgewiesen werden.

> **!** Die in die Selbstkosten einkalkulierten kalkulatorischen Abschreibungen haben bei kostendeckendenden Absatzpreisen folgende Wirkung: Dem Unternehmen fließt über die Umsatzerlöse der auf die Nutzungsdauer verteilte Wiederbeschaffungswert der im Produktionsprozess verbrauchten Anlagegüter in liquider Form zu („verdiente Abschreibungen").

Auf diese Weise wird fortlaufend Anlagevermögen in Umlaufvermögen (liquide Mittel) umgewandelt (= Vermögensumschichtung, Uminvestierung, **Kapitalfreisetzung**).

> **!** Die durch die kalkulatorischen Abschreibungen bewirkte Umwandlung von Anlagevermögen in liquide Mittel (= Umlaufvermögen) wird als Kapitalfreisetzung bezeichnet.

4.2   Abschreibungskreislauf

 Beginnen Sie Ihren Kompetenzerwerb zum Thema *Abschreibungskreislauf* mit der Erarbeitungsaufgabe EA 1.

EA 1
S. 369

Die folgende Übersicht zeigt die Zusammenhänge zwischen bilanziellen und kalkulatorischen Abschreibungen und die damit zusammenhängenden Finanzierungseffekte in Form eines Abschreibungskreislaufs.

© Pixabay

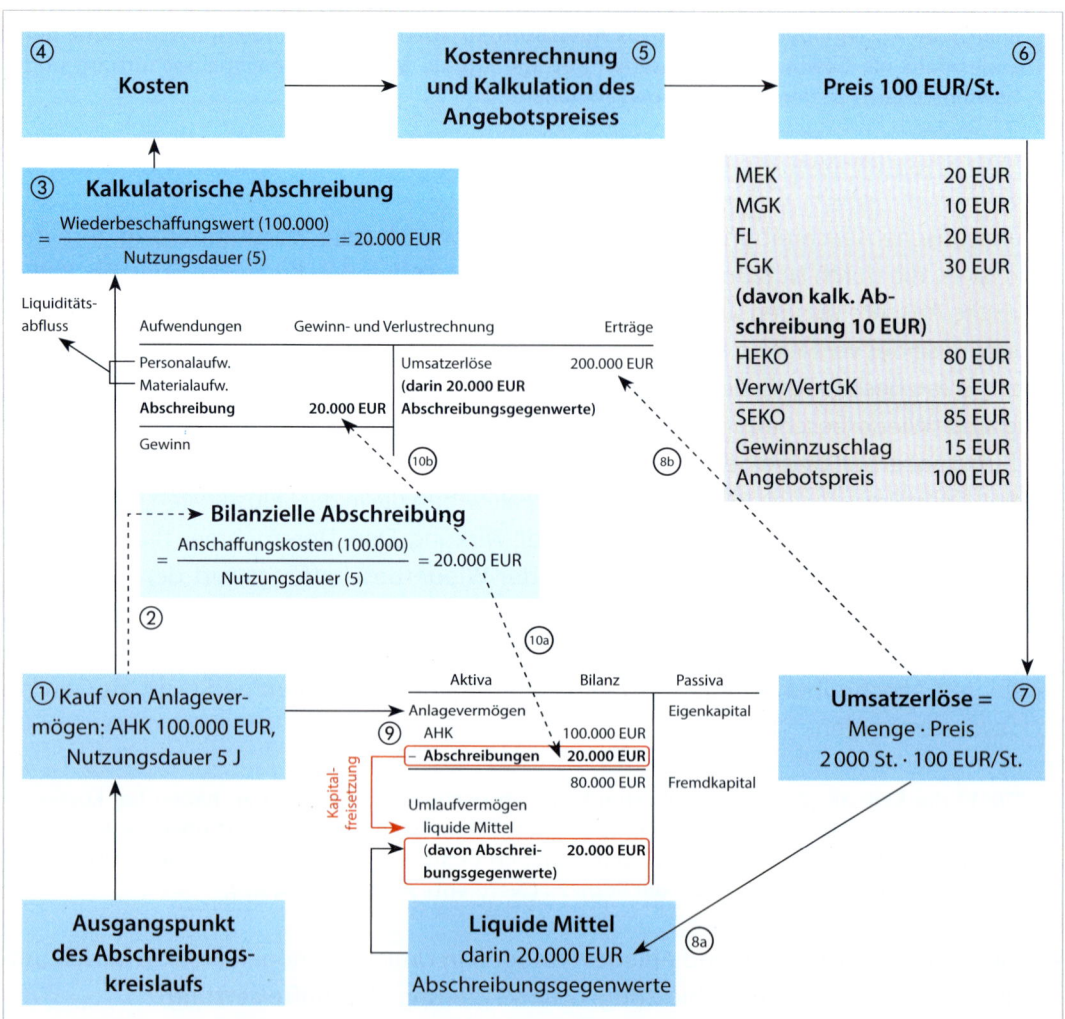

Finanzierungseffekt der Abschreibungen

Bei Anschaffung eines Anlagegutes (z. B. einer Maschine) ① fallen AHK in Höhe von 100.000 EUR an ②. Unter der Annahme, dass die Wiederbeschaffungskosten den derzeitigen Anschaffungskosten entsprechen, ergeben sich bei linearer Abschreibung über eine (betriebsgewöhnliche und tatsächliche) Nutzungsdauer von 5 Jahren bilanzielle und kalkulatorische Abschreibungen in Höhe von 20.000 EUR pro Jahr ③. Bei einer Produktionsmenge von 2 000 Stück gehen die kalkulatorischen Abschreibungen mit 10 EUR je Stück in die Selbstkosten ein ④ ⑤. Beträgt der Verkaufspreis 100 EUR ⑥, ergeben sich Umsatzerlöse in Höhe von 200.000 EUR (2 000 Stück · 100 EUR/St.) ⑦. Darin sind Gegenwerte für die in den Selbstkosten enthaltenen kalkulatorischen Abschreibungen in Höhe von insgesamt 20.000 EUR (2 000 Stück · 10 EUR) enthalten ⑧a. Die Umsatzerlöse werden auf der Ertragsseite der GuV-Rechnung ausgewiesen ⑧b.

Am Ende des Geschäftsjahres werden die bilanziellen Abschreibungen in Höhe von 20.000 EUR erfasst ⑨. Dadurch ergibt sich einerseits beim Anlagevermögen eine Minderung des Wertes der Maschine von bisher 100.000 EUR auf 80.000 EUR ⑩a und andererseits ein Abschreibungsaufwand, der auf der Aufwandseite der GuV ausgewiesen wird ⑩b. Im Gegensatz zu den meisten anderen Aufwandsarten ist dieser Abschreibungsaufwand in Höhe von 20.000 EUR nicht mit einem Liquiditätsabfluss verbunden. Durch diesen Abschreibungsaufwand wird der Gewinn um 20.000 EUR gemindert. Somit müssen für diesen Betrag keine Gewinnsteuern entrichtet werden. Außerdem wird dadurch eine Gewinnausschüttung verhindert, die andernfalls möglicherweise vorgenommen worden wäre. Durch die Wirkung der bilanziellen Abschreibungen als Ausschüttungssperre werden somit diese 20.000 EUR vor einer Versteuerung und Ausschüttung bewahrt.

Unter der Voraussetzung, dass dem Unternehmen Geldmittel in entsprechender Höhe zur Verfügung stehen (= Teil des Umlaufvermögens), können diese für Finanzierungszwecke verwendet werden. Da sich gleichzeitig der Wert des Anlagevermögens um diesen Betrag verringert hat, liegt in dieser Höhe eine Vermögensumschichtung von Anlage- in Umlaufvermögen vor (= **Kapitalfreisetzungseffekt**).

Finanzierungseffekt der bilanziellen Abschreibungen

Am vorliegenden Beispiel lässt sich zeigen, dass es für den Finanzierungseffekt der Abschreibungen in erster Linie auf die bilanziellen und nicht auf die kalkulatorischen Abschreibungen ankommt. Der Finanzierungseffekt kann nämlich auch dann eintreten, wenn die Abschreibungsgegenwerte (noch) nicht über den Markt „verdient" wurden und daher nicht als liquide Mittel über die Umsatzerlöse zugeflossen sind. Das ist beispielsweise dann der Fall, wenn

- das Unternehmen bei der Ermittlung der Selbstkosten keine kalkulatorische Abschreibung berücksichtigt oder

- die Erzeugnisse, bei deren Selbstkosten die kalkulatorischen Abschreibungen zwar berücksichtigt wurden, als Halb- oder Fertigerzeugnisse auf Lager liegen und noch nicht verkauft sind.

In beiden Fällen kommt es bei entsprechend hohen Umsatzerlösen (Umsatzerlöse > Aufwendungen) trotzdem zu einer Gewinnminderung. Die Folge ist, dass in Höhe der bilanziellen Abschreibungen keine liquiden Mittel für Gewinnausschüttung und Gewinnsteuern aus dem Unternehmen abfließen.

© Pixabay

> ❗ Der Finanzierungseffekt der Abschreibungen beruht auf den als Ausschüttungssperre wirkenden bilanziellen Abschreibungen.

4.3 Substanzerhaltung, Scheingewinne und stille Rücklagen

Nominale Kapitalerhaltung

Vermögensgegenstände dürfen **höchstens** mit ihren Anschaffungs- oder Herstellungskosten in der Bilanz angesetzt werden. Ihr Wert muss um planmäßige Abschreibungen vermindert werden. Demzufolge dürfen die bilanziellen Abschreibungen **höchstens** von den Anschaffungs- oder Herstellungskosten berechnet werden, obwohl sich die Wiederbeschaffungskosten aufgrund von Preissteigerungen möglicherweise erhöhen. Das Bewertungsprinzip, bei dem die Anschaffungskosten die Obergrenze des Bilanzansatzes bilden, entspricht dem Grundsatz der **nominalen**[1] **Kapitalerhaltung**.

Aufg. 1
S. 370

HGB
§ 253

---

1 nominal oder nominell *(lat.):* zum Nennwert (im Gegensatz zum realen Wert, bei dem die Wertveränderungen, die sich durch Preisänderungen ergeben, berücksichtigt werden)

Nominale Kapitalerhaltung durch bilanzielle Abschreibungen

Ein Unternehmen schreibt eine Maschine mit Anschaffungskosten in Höhe von 100.000 EUR und einer Nutzungsdauer von 10 Jahren bilanziell linear ab. Durch die bilanziellen Abschreibungen in Höhe von jährlich 10.000 EUR wird gleichzeitig ein Abfluss von Zahlungsmitteln in derselben Höhe verhindert. Werden diese Mittel regelmäßig angespart, steht dem Unternehmen am Ende der Nutzungsdauer ein den Anschaffungskosten entsprechender Betrag in Höhe von 100.000 EUR zur Verfügung (= nominale Kapitalerhaltung). Dieser Betrag reicht aber nur dann zur Ersatzbeschaffung aus, wenn die Anschaffungskosten der neuen Maschine zwischenzeitlich nicht gestiegen sind.

 Die nominale Kapitalerhaltung ist dann erreicht, wenn die Summe der Abschreibungsrückflüsse genau so groß ist wie die ursprünglichen Anschaffungs- oder Herstellungskosten.

Substanzielle Kapitalerhaltung

Die **Wiederbeschaffungskosten** von Vermögensgegenständen am Ende der Nutzungsdauer sind aber aufgrund von Preissteigerungen üblicherweise höher als die ursprünglichen **Anschaffungskosten**. Wird das Kapital lediglich in Höhe des Betrags der Anschaffungskosten erhalten (= nominale Kapitalerhaltung), so reicht bei gestiegenen Wiederbeschaffungskosten die Summe der Abschreibungsrückflüsse für die erforderliche Ersatzbeschaffung nicht aus. Die Summe der im Unternehmen verbliebenen Abschreibungsgegenwerte entspricht nämlich nur den von den Anschaffungskosten berechneten bilanziellen Abschreibungen. Die **Finanzierungslücke** ist umso größer, je höher die Preissteigerungsrate und je länger die (tatsächliche) Nutzungsdauer ist. Wenn im Rahmen der Ersatzbeschaffung am Ende der Nutzungsdauer nicht Vermögensgegenstände in mindestens gleicher Menge und Qualität wiederbeschafft werden, sinkt der tatsächliche (reale) Wert des Vermögens. Die **Substanz** des Unternehmens nimmt ab.

 Die Substanzerhaltung (substanzielle Kapitalerhaltung) ist nur dann erreicht, wenn mit den Abschreibungsrückflüssen eine Maschine mit gleichem Leistungsvermögen wieder beschafft werden kann.

Scheingewinne

Um die Substanzerhaltung zu gewährleisten und eine gleichwertige Ersatzbeschaffung bei gestiegenen Wiederbeschaffungskosten zu ermöglichen, müssten Abschreibungsgegenwerte in Höhe der **Abschreibungen vom Wiederbeschaffungswert** angesammelt werden. Das ist aber bei den bilanziellen Abschreibungen aufgrund der handelsrechtlichen Vorschriften nicht möglich. Die eigentlich für die Ersatzbeschaffung benötigten Abschreibungsgegenwerte entsprechen der Höhe der vom Wiederbeschaffungswert berechneten **kalkulatorischen Abschreibungen**. Immer dann, wenn die bilanziellen Abschreibungen niedriger sind als die kalkulatorischen Abschreibungen, werden wegen der gesetzlich vorgeschriebenen geringeren Abschreibungsaufwendungen zu hohe Gewinne ausgewiesen. Ein Teil der Gewinne ist nämlich für die Ersatzbeschaffung nötig und müsste eigentlich vor Gewinnbesteuerung und Ausschüttung bewahrt werden. Dieser Teil des Gewinns in Höhe des zu geringen Abschreibungsaufwands wird als **Scheingewinn** (Preissteigerungsgewinn) bezeichnet. Der Scheingewinn entspricht jährlich der jeweiligen **Differenz** zwischen **kalkula-**

torischen und **bilanziellen Abschreibungen**. Insgesamt entstehen während der Nutzungsdauer Scheingewinne in Höhe der **Differenz** zwischen **Wiederbeschaffungskosten** und **Anschaffungskosten**.

> **!** **Die Teile des Gewinns, die eigentlich für die Ersatzbeschaffung nötig sind und das Unternehmen nicht verlassen dürften, werden als Scheingewinn bezeichnet.**

> **!** **Scheingewinne entstehen dann, wenn die bilanziellen Abschreibungen lediglich von den Anschaffungskosten berechnet werden und sich gleichzeitig aber die Wiederbeschaffungskosten für die abgeschriebenen Vermögensgegenstände aufgrund von Preissteigerungen erhöhen.**

Scheingewinne: kalkulatorische Abschreibungen > bilanzielle Abschreibungen

Ein Unternehmen schreibt eine Maschine mit Anschaffungskosten in Höhe von 100.000 EUR und einer Nutzungsdauer von 10 Jahren bilanziell linear ab. Die Wiederbeschaffungskosten zum Ersatzbeschaffungszeitpunkt nach 10 Jahren werden auf 130.000 EUR geschätzt. Die jährlichen kalkulatorischen Abschreibungen betragen demzufolge 13.000 EUR.

Jahr	bilanzielle Abschreibung	kalkulatorische Abschreibung	Gewinnminderung durch bilanzielle Abschreibung (Zurückbehaltung von Abschreibungsgegenwerten)	Zahlungsmittel, die wegen der höheren Wiederbeschaffungskosten eigentlich für die Ersatzbeschaffung zurückbehalten werden müssten	zu hoch ausgewiesener Gewinn (Scheingewinn)
1	10.000 EUR	13.000 EUR	10.000 EUR	13.000 EUR	3.000 EUR
2	10.000 EUR	13.000 EUR	10.000 EUR	13.000 EUR	3.000 EUR
usw.					
10	10.000 EUR	13.000 EUR	10.000 EUR	13.000 EUR	3.000 EUR
Σ	100.000 EUR	130.000 EUR	100.000 EUR	130.000 EUR	30.000 EUR

Wegen der steigenden Wiederbeschaffungskosten ist der in der GuV mit jährlich 10.000 EUR angesetzte Abschreibungsaufwand zu gering, um aus den Abschreibungsgegenwerten die Ersatzbeschaffung in Höhe von 130.000 EUR finanzieren zu können. Die Differenz zwischen dem in der GuV-Rechnung angesetzten bilanziellen Abschreibungen und den eigentlich zur Ersatzbeschaffung notwendigen Beträgen (= kalkulatorische Abschreibungen) wird als Gewinn ausgewiesen, versteuert und möglicherweise ausgeschüttet.

Während der gesamten Nutzungsdauer von 10 Jahren ergibt sich im vorliegenden Fall ein Scheingewinn in Höhe von 30.000 EUR. Wenn dieser Betrag als Gewinn ausgeschüttet wird, müssen dem Unternehmen 30.000 EUR durch andere Finanzierungsmaßnahmen zugeführt werden, wenn die Substanz erhalten werden soll. Aber auch dann, wenn die Scheingewinne einbehalten werden, ergibt sich ohne zusätzliche Finanzierungsmaßnahmen ein Substanzverlust für das Unternehmen, da auch die einbehaltenen Gewinne der Gewinnbesteuerung unterliegen. Bei einem Gewinnsteuersatz für Kapitalgesellschaften (Körperschaftsteuer und Gewerbeertragsteuer) von ca. 30 % würde ohne anderweitige Finanzierungsmaßnahmen zur Ersatzbeschaffung ein Substanzverlust in Höhe von 9.000 EUR (30 % von 30.000 EUR) eintreten.

> **!** **Für die Substanzerhaltung eines Unternehmens sind bei steigenden Wiederbeschaffungskosten über die Finanzierung aus Abschreibungsgegenwerten hinaus zusätzliche Finanzierungsmaßnahmen nötig.**

Bildung stiller Rücklagen – Stille Selbstfinanzierung

> **!** Wenn der tatsächlich erzielte Gewinn größer ist als der in der GuV-Rechnung ausgewiesene Gewinn und dadurch ein Mittelabfluss in Höhe des tatsächlich erzielten Gewinns verhindert wird, dann werden stille Rücklagen gebildet (stille Selbstfinanzierung).

> **!** Eine stille Selbstfinanzierung durch Bildung stiller Rücklagen ergibt sich dann, wenn
> - der in der Bilanz ausgewiesene Buchwert von Vermögensgegenständen niedriger als ihr tatsächlicher Wert ist (= Unterbewertung von Aktiva)
> - der in der Bilanz ausgewiesene Buchwert von Verbindlichkeiten höher als ihr tatsächlicher Wert ist (= Überbewertung von Passiva).

Entstehung stiller Rücklagen

Stille Rücklagen entstehen durch **Bewertungsspielräume**, die das Handels- und Steuerrecht zulassen. Dabei ergeben sich insbesondere folgende Möglichkeiten:

Aktivposten werden in der Bilanz zu niedrig ausgewiesen	Passivposten werden in der Bilanz zu hoch ausgewiesen
Unterbewertung von Vermögensgegenständen, z. B. durch bilanzielle Abschreibungen, die die tatsächliche Wertminderung übersteigen (bilanzielle Abschreibungen > kalkulatorische Abschreibungen)	Überbewertung von Verbindlichkeiten, z. B. durch zu hohe Rückstellungen

Entstehen stille Rücklagen aufgrund der Unterbewertung von Aktivposten, so führt das zu einer Verringerung der Bilanzsumme (Bilanzverkürzung). Die stillen Rücklagen erscheinen nicht in der Bilanz.

Aufg. 2
S. 371

Beispiel: Stille Selbstfinanzierung durch Unterbewertung von Aktiva

Ein Unternehmen schafft im laufenden Geschäftsjahr eine Maschine an (Anschaffungskosten: 100.000 EUR, betriebsgewöhnliche Nutzungsdauer: 8 Jahre). Bei der tatsächlichen Nutzungsdauer wird von 10 Jahren ausgegangen. Die Maschine wird linear abgeschrieben.

Fall 1: Zusammengefasste GuV im Anschaffungsjahr (in EUR) für den Fall bilanzielle Abschreibung = kalkulatorische Abschreibung (kalk. Abschreibung mit 8 Jahren Nutzungsdauer)				Fall 2: Zusammengefasste GuV im Anschaffungsjahr (in EUR) für den Fall bilanzielle Abschreibung > kalkulatorische Abschreibung (kalk. Abschreibung mit 10 Jahren Nutzungsdauer)			
Abschreibung	12.500	Umsatzerlöse	200.000	Abschreibung	12.500	Umsatzerlöse	197.500
sonst. Aufw.	120.000			sonst. Aufw.	120.000		
Gewinn	67.500			Gewinn	65.000		
	200.000		200.000		197.500		197.500

Stille Selbstfinanzierung bei geringerer kalkulatorischer Abschreibung (Fall 2): 67.500 EUR – 65.000 EUR = 2.500 EUR

Es entsteht eine stille Rücklage in Höhe von 2.500 EUR, da der tatsächliche Wert der Maschine um diesen Betrag höher ist als der in der Bilanz ausgewiesene Buchwert. Die geringeren kalkulatorischen Abschreibungen führen zu einem geringer kalkulierten Verkaufspreis. Somit verringern sich die Umsatzerlöse um 2.500 EUR. Der ausgewiesene Gewinn verringert sich entsprechend von 67.500 EUR auf 65.000 EUR. Liegen die Umsatzerlöse in liquider Form vor, werden durch die Abschreibung finanzielle Mittel in Höhe von 12.500 EUR an den Betrieb gebunden. Somit stehen dem Unternehmen neben den für die Ersatzbeschaffung notwendigen Mittel von 10.000 EUR weitere 2.500 EUR durch stille Selbstfinanzierung zur Verfügung.

> **!** **Überhöhte bilanzielle Abschreibungen führen zur Bildung stiller Rücklagen. In dem Umfang, in dem die bilanziellen Abschreibungen den tatsächlichen Wertverlust eines Anlagegutes, der in den kalkulatorischen Abschreibungen zum Ausdruck kommt, übersteigen, liegt eine stille Selbstfinanzierung vor.**

Auflösung stiller Rücklagen

Die Bildung stiller Rücklagen bewirkt, dass Gewinne in Höhe dieser Rücklagen nicht ausgewiesen und damit deren Besteuerung und Ausschüttung verhindert werden. Dadurch wird der Abfluss liquider Mittel verhindert, die so zu Finanzierungszwecken zur Verfügung stehen. Allerdings wird dieser „versteckte" Gewinn zu einem späteren Zeitpunkt sichtbar, wenn die **stillen Rücklagen aufgelöst** werden.

Zum Zeitpunkt der **Auflösung der stillen Rücklagen** muss der bis dahin „versteckte" Gewinn nachträglich versteuert werden. Durch die Bildung stiller Rücklagen ergibt sich somit eine Verlagerung des Zeitpunkts der Steuerzahlung auf einen späteren Termin. Dies wirkt sich für das Unternehmen wie ein zinsloser Kredit aus. Wenn der Steuersatz unverändert bleibt und das Unternehmen keinen Verlust erzielt, ergibt sich aber **keine endgültige Steuerersparnis**, sondern lediglich ein Zinsvorteil aufgrund der späteren Steuerzahlung.

> **!** **Die stille Selbstfinanzierung durch nicht ausgewiesene Gewinne führt bei unverändertem Steuersatz in der Regel nicht zu einer endgültigen Steuerersparnis, sondern nur zu einer Verschiebung des Zeitpunkts der Steuerzahlung. Dadurch ergibt sich für das Unternehmen ein Zinsvorteil.**

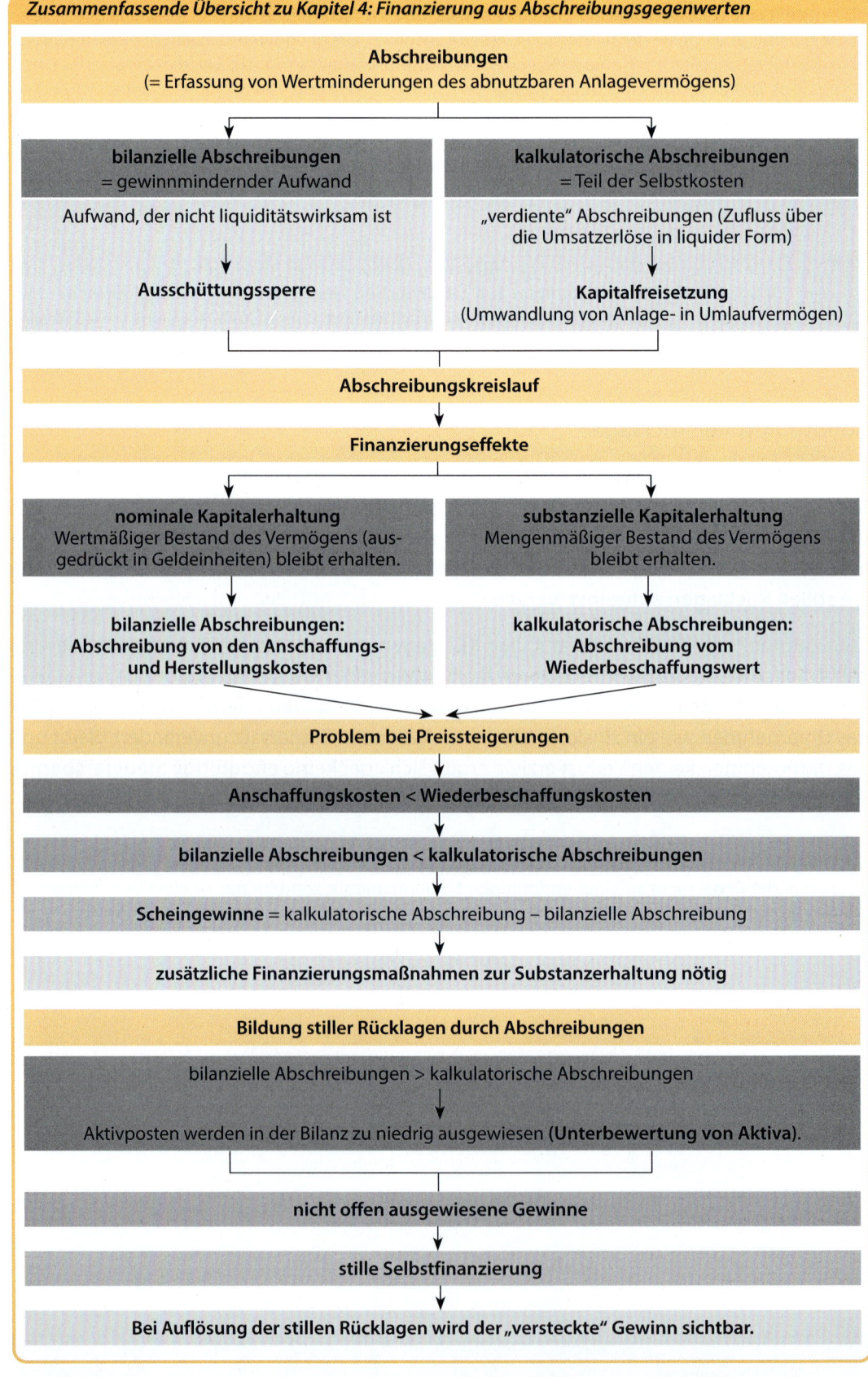

Zusammenfassende Übersicht zu Kapitel 4: Finanzierung aus Abschreibungsgegenwerten

Abschreibungen
(= Erfassung von Wertminderungen des abnutzbaren Anlagevermögens)

bilanzielle Abschreibungen
= gewinnmindernder Aufwand

Aufwand, der nicht liquiditätswirksam ist

Ausschüttungssperre

kalkulatorische Abschreibungen
= Teil der Selbstkosten

„verdiente" Abschreibungen (Zufluss über die Umsatzerlöse in liquider Form)

Kapitalfreisetzung
(Umwandlung von Anlage- in Umlaufvermögen)

Abschreibungskreislauf

Finanzierungseffekte

nominale Kapitalerhaltung
Wertmäßiger Bestand des Vermögens (ausgedrückt in Geldeinheiten) bleibt erhalten.

bilanzielle Abschreibungen:
Abschreibung von den Anschaffungs- und Herstellungskosten

substanzielle Kapitalerhaltung
Mengenmäßiger Bestand des Vermögens bleibt erhalten.

kalkulatorische Abschreibungen:
Abschreibung vom Wiederbeschaffungswert

Problem bei Preissteigerungen

Anschaffungskosten < Wiederbeschaffungskosten

bilanzielle Abschreibungen < kalkulatorische Abschreibungen

Scheingewinne = kalkulatorische Abschreibung – bilanzielle Abschreibung

zusätzliche Finanzierungsmaßnahmen zur Substanzerhaltung nötig

Bildung stiller Rücklagen durch Abschreibungen

bilanzielle Abschreibungen > kalkulatorische Abschreibungen

Aktivposten werden in der Bilanz zu niedrig ausgewiesen (**Unterbewertung von Aktiva**).

nicht offen ausgewiesene Gewinne

stille Selbstfinanzierung

Bei Auflösung der stillen Rücklagen wird der „versteckte" Gewinn sichtbar.

 Checken Sie Ihre Kompetenz mit der **Ich-kann-Liste**.

Öffnen Sie hierzu den nebenstehenden **QR-Code**
oder geben Sie folgenden Link ein: https://vel.plus/BHE19

ERARBEITUNGSAUFGABE

zu Kapitel 4 Finanzierung aus Abschreibungsgegenwerten

EA 1 Kapitalfreisetzungseffekt – Kreislauf der Abschreibungen

Für den Holz verarbeitenden Handwerksbetrieb Rebmann GmbH liegt zum Ende des Jahres 01 folgende zusammengefasste GuV-Rechnung vor:

vel.plus/BHE20

Aufwendungen	zusammengefasste GuV-Rechnung (in EUR)		Erträge
Materialaufwand	260.000	Umsatzerlöse	900.000
Personalaufwand	240.000		
Abschreibungen	110.000		
sonst. betriebliche Aufwendungen	30.000		
Steuern vom Einkommen u. Ertrag	60.000		
Gewinn	200.000		
	900.000		900.000

Handwerkerrechnungen sind grundsätzlich sofort nach Erhalt zahlbar. Aus diesem Grund sind die Umsatzerlöse des Jahres 01 bereits in voller Höhe als liquide Mittel zugeflossen. Kundenforderungen gibt es daher nicht. Andererseits begleicht die Rebmann GmbH ihre Liefererrechnung sowie die Rechnungen für andere bezogene Leistungen ebenfalls sofort nach Erhalt, so dass im Jahr 01 liquide Mittel in entsprechender Höhe abgeflossen sind.

1. Berechnen Sie, in welcher Höhe im Jahr 01 liquide Mittel nötig waren, um die sich aus den Aufwendungen ergebenden Zahlungsverpflichtungen begleichen zu können.

2. Die Rebmann GmbH plant die Anschaffung einer neuen Maschine im Wert von 80.000 EUR. Es soll aber weder eine Fremdfinanzierung noch eine Beteiligungsfinanzierung (Einlagenfinanzierung) vorgenommen werden. Prüfen Sie anhand der vorliegenden GuV-Rechnung, ob die Finanzierung der Maschine trotzdem gesichert ist, wenn der Gewinn

   a) in vollem Umfang einbehalten,

   b) in vollem Umfang ausgeschüttet

   wird.

3. Die Rebmann GmbH plant für das nächste Jahr die Anschaffung einer neuen Maschine zur Holzbearbeitung. Die Anschaffungskosten belaufen sich auf 100.000 EUR. Die betriebsgewöhnliche Nutzungsdauer lt. AfA-Tabelle und die voraussichtliche tatsächliche Nutzungsdauer betragen 14 Jahre. Die Preise, die die Rebmann GmbH ihren Kunden in Rechnung stellt, sind so kalkuliert, dass nicht nur alle Kosten gedeckt werden, sondern darüber hinaus noch ein angemessener Gewinn erzielt wird.

   Ermitteln Sie – unter Zuhilfenahme der Abb. auf S. 362 – für die folgenden beiden Fälle, in welcher Höhe durch die neue Maschine im ersten Jahr jeweils

   - Aufwendungen,
   - Erträge (in den Umsatzerlösen enthaltene Abschreibungsgegenwerte),
   - Kosten,
   - liquide Mittel aus Abschreibungsgegenwerten

   angefallen sind.

   a) Bilanzielle und kalkulatorische Abschreibungen werden vom Anschaffungswert berechnet.

   b) Die kalkulatorischen Abschreibungen werden vom Wiederbeschaffungswert, der auf 120.000 EUR geschätzt wird, berechnet.

4. Erklären Sie, worin der Kapitalfreisetzungseffekt besteht. Geben Sie die Höhe der Kapitalfreisetzung an, die im ersten Jahr entstanden ist.

5. Die kalkulatorischen Abschreibungen werden weiterhin von den Wiederbeschaffungskosten berechnet. Der Gewinn im ersten Nutzungsjahr der neuen Maschine soll in voller Höhe ausgeschüttet werden.

   Begründen Sie, in welcher Höhe der Rebmann GmbH danach noch liquide Mittel aus den Abschreibungsgegenwerten zur Verfügung stehen würden.

6. Beurteilen Sie, ob es bei der Finanzierung aus Abschreibungsgegenwerten in erster Linie auf die bilanziellen oder auf die kalkulatorischen Abschreibungen ankommt.

   Prüfen Sie dazu, welche Folgen sich jeweils ergeben würden, wenn die Rebmann GmbH

   a) auf die Berücksichtigung der kalkulatorischen Abschreibungen,

   b) (verbotenerweise) auf die Berücksichtigung der bilanziellen Abschreibungen

   verzichten würde.

WIEDERHOLUNG DES GRUNDWISSENS

vel.plus/BHE21

zu Kapitel 4 Finanzierung aus Abschreibungsgegenwerten

4.1   Finanzierungswirkungen von Abschreibungen

1. Beschreiben Sie, was unter Abschreibungen zu verstehen ist.

2. Unterscheiden Sie zwischen bilanziellen und kalkulatorischen Abschreibungen.

3. Begründen Sie, warum Abschreibungsaufwendungen nicht liquiditätswirksam sind.

4. Beschreiben Sie die Wirkung bilanzieller Abschreibungen als Ausschüttungssperre.

5. Beschreiben Sie, was unter „verdienten" Abschreibungen zu verstehen ist.

6. Erklären Sie den Kapitalfreisetzungseffekt.

4.2   Abschreibungskreislauf

1. Beschreiben Sie den Abschreibungskreislauf anhand der Abb. auf S. 362.

2. Erklären Sie den Finanzierungseffekt von Abschreibungen.

4.3   Substanzerhaltung, Scheingewinne und stille Rücklagen

1. Beschreiben Sie den Grundsatz der nominalen Kapitalerhaltung.

2. Beschreiben Sie den Grundsatz der substanziellen Kapitalerhaltung (= Substanzerhaltung).

3. Beschreiben Sie die Entstehung von Scheingewinnen.

4. Begründen Sie, warum bei steigenden Wiederbeschaffungskosten zusätzliche Finanzierungsmaßnahmen zur Substanzerhaltung nötig sind.

5. Beschreiben Sie, wie sich stille Rücklagen, die im Zusammenhang mit Aktivposten entstehen, auf die Bilanz auswirken.

6. Beschreiben Sie, wie es im Zusammenhang mit Abschreibungen zur Bildung stiller Rücklagen kommen kann.

7. Stellen Sie dar, wie sich die Auflösung stiller Rücklagen auf die Zahlung von Gewinnsteuern auswirkt.

ANWENDUNGS- UND ÜBUNGSAUFGABEN

zu Kapitel 4 Finanzierung aus Abschreibungsgegenwerten

Aufgabe 1 Abschreibungen bei steigenden Wiederbeschaffungspreisen – Substanzerhaltung – Scheingewinne

vel.plus/BHE22

Ein Industriebetrieb hat eine neue Maschine mit Anschaffungskosten von 100.000 EUR und einer betriebsgewöhnlichen Nutzungsdauer von 10 Jahren angeschafft. Es wird davon ausgegangen, dass die Anschaffungskosten der Maschine jährlich um 4 % steigen.

1. Dem Betrieb liegt das abgebildete Schaubild vor. Beschreiben Sie die im Schaubild dargestellten Zusammenhänge und weisen Sie die Höhe der in der Abbildung angegebenen prozentualen Finanzierungslücke am Beispiel der angeschafften Maschine nach.

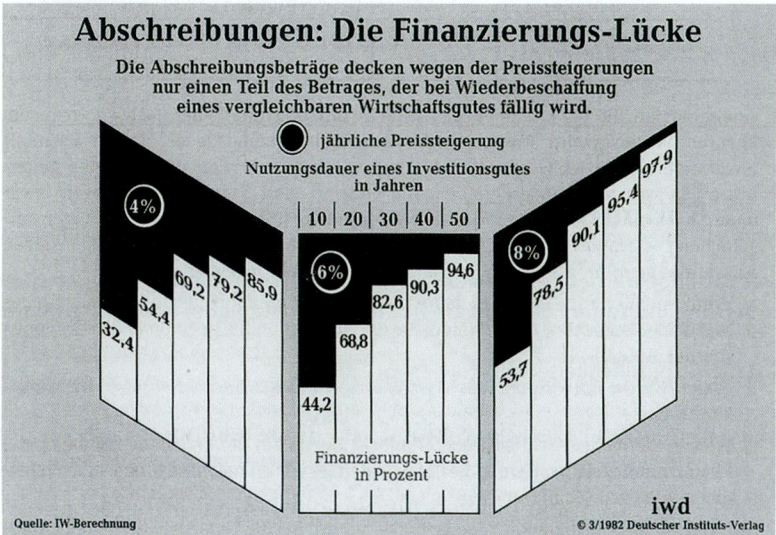

2. Der Industriebetrieb möchte trotz der Preissteigerungen die zum Wiederbeschaffungszeitpunkt (Anfang des 11. Jahres) notwendige Ersatzinvestition aus Abschreibungsgegenwerten finanzieren.

a) Berechnen Sie, wie hoch in diesem Fall die jährlichen kalkulatorischen Abschreibungen sein müssen, wenn das lineare Abschreibungsverfahren gewählt wird.

b) Berechnen und begründen Sie, wie hoch die jährlichen linearen bilanziellen Abschreibungen höchstens sein dürfen.

3. Begründen Sie, warum zum Ersatzbeschaffungszeitpunkt möglicherweise in Höhe der Differenz zwischen kalkulatorischen und bilanziellen Abschreibungen eine Finanzierungslücke vorliegt und die Substanz des Betriebes nicht erhalten werden kann.

4. Die drohende Finanzierungslücke soll durch Bildung einer Investitionsrücklage geschlossen werden.

a) Geben Sie an, welcher Betrag im vorliegenden Fall jährlich dieser Rücklage zugeführt werden müsste.

b) Begründen Sie, warum es sich bei diesen der Rücklage zuzuführenden Beträgen um Scheingewinne handelt.

c) Begründen Sie, warum durch die Rücklagenbildung allein noch nicht gesichert ist, dass zum Ersatzbeschaffungszeitpunkt die nötigen Finanzmittel zum Kauf der neuen Maschine tatsächlich zur Verfügung stehen.

5. Geben Sie an, um welche Finanzierungsarten es sich handelt, wenn bei steigenden Wiederbeschaffungspreisen die Ersatzinvestitionen aus Abschreibungsgegenwerten der kalkulatorischen Abschreibungen finanziert werden.

Aufgabe 2 Entstehung und Auflösung stiller Rücklagen durch Abschreibungen

Ein Metall verarbeitender Betrieb hat eine neue Maschine mit Anschaffungskosten von 100.000 EUR gekauft. Für die bilanzielle Abschreibung kann lt. AfA-Tabelle eine betriebsgewöhnliche Nutzungsdauer von acht Jahren unterstellt werden. In Wirklichkeit ist aber eine Nutzungsdauer von zehn Jahren zu erwarten.

vel.plus/BHE23

1. Stellen Sie die bilanziellen und kalkulatorischen Abschreibungen einerseits sowie die sich daraus ergebenden bilanziellen und kalkulatorischen Restwerte andererseits für die gesamte Nutzungsdauer in einer Tabelle gegenüber. Die Abschreibung erfolgt in beiden Fällen linear.

2. Der ausgewiesene Gewinn weicht von dem Gewinn, der sich bei der Berücksichtigung der tatsächlichen Nutzungsdauer der Maschine ergeben würde, ab.

   Begründen Sie, worauf diese Abweichung zurückzuführen ist. Geben Sie an, wie hoch diese Abweichung in den einzelnen Jahren ist.

3. Berechnen Sie die Gesamthöhe der entstehenden stillen Rücklagen. Geben Sie an, wie diese aufgelöst werden.

4. Beschreiben Sie, worin im vorliegenden Fall die stille Selbstfinanzierung besteht.

5   Finanzierung aus Rückstellungsgegenwerten

Kompetenzen:

- *im Rahmen der Innenfinanzierung die Finanzierungswirkung von Rückstellungen herausarbeiten*

5.1 Anlässe für die Bildung von Rückstellungen

5.2 Finanzierungswirkung von Rückstellungen

5.1   Anlässe für die Bildung von Rückstellungen

! Rückstellungen müssen gebildet werden für Aufwendungen, die dem laufenden Geschäftsjahr zuzurechnen sind, deren Höhe und/oder Fälligkeit am Abschlussstichtag aber noch nicht genau feststehen.
Sie werden in der Bilanz als Verbindlichkeiten ausgewiesen.

Das **Handelsrecht** schreibt in einigen Fällen die Bildung von Rückstellungen zwingend vor (**Passivierungspflicht**). Die Bildung von Rückstellungen dient einerseits der **perioden-gerechten Ergebnisermittlung**, indem die Aufwendungen der Periode zugerechnet werden, in der sie dem Grunde nach entstanden sind. Anderseits wird mit der Bildung von Rückstellungen auch dem Prinzip des **Gläubigerschutzes** durch den vollständigen Ausweis der Schulden Rechnung getragen.

Pflicht zur Bildung von Rückstellungen HGB § 249 (1)

HGB
§ 249

- **ungewisse Verbindlichkeiten** (z. B. Pensionszusagen, Zahlungsverpflichtungen aus noch nicht abgeschlossenen Gerichtsprozessen, Gewerbesteuernachzahlungen)
- **drohende Verluste aus schwebenden Geschäften** (z. B. unerwartete Erhöhung der Materialkosten für noch herzustellende Produkte, für die aber mit dem Käufer bereits ein Festpreis vereinbart wurde)
- **unterlassene Aufwendungen für Instandsetzungen**, die in den ersten drei Monaten des neuen Geschäftsjahres nachgeholt werden
- **Abraumbeseitigung**[1], die im folgenden Geschäftsjahr nachgeholt wird
- **Gewährleistungen ohne rechtliche Verpflichtung** (Kulanzleistungen)

Die Bildung anderer Rückstellungen ist **verboten**.

5.2   Finanzierungswirkung von Rückstellungen

Die Bildung von Rückstellungen führt zu einer Erhöhung der Aufwendungen in der Gewinn- und Verlustrechnung des laufenden Geschäftsjahres. Diese Aufwendungen führen jedoch erst in einer späteren Periode zu Ausgaben.

! Wesentlich für die Finanzierungswirkung von Rückstellungen ist, dass die dadurch entstehenden Aufwendungen nicht in derselben Periode liquiditätswirksam werden, da ihnen keine entsprechenden Ausgaben gegenüberstehen.

Da der Aufwand zu einer Gewinnminderung führt, werden auf diese Weise Mittel an das Unternehmen gebunden, die andernfalls als Gewinn erscheinen würden. In Form von Ge-

---

1 Abraum: Gestein, das beseitigt (abgeräumt) werden muss, um an die eigentlichen Bodenschätze (z. B. Kohle) heranzukommen.

winnsteuern und möglicherweise als ausgeschüttete Gewinne würden sie das Unternehmen verlassen. Bis zur Auszahlung für ihren eigentlichen Zweck können diese liquiden Mittel (= Rückstellungsgegenwerte) für Finanzierungszwecke verwendet werden.

> **!** Die mit der Bildung von Rückstellungen einhergehenden Aufwendungen wirken als Ausschüttungssperre, indem sie liquide Mittel, die andernfalls als Gewinn auszuweisen wären, vorläufig vor einer Besteuerung und Ausschüttung bewahren.

Die **Finanzierung aus Rückstellungsgegenwerten** ist eine Form der **Fremdfinanzierung**, bei der **keine Zinszahlungen** anfallen. Unter Finanzierungsgesichtspunkten haben die langfristigen **Pensionsrückstellungen**[1] die größte Bedeutung.

Aufg. 1
S. 375

Pensionszusagen stellen eine im Arbeits- oder Tarifvertrag geregelte vertragliche Verpflichtung des Unternehmens dar, seinen ausgeschiedenen Mitarbeitern eine Betriebsrente o. Ä. zu zahlen. Die späteren Zahlungsansprüche der Mitarbeiter werden während ihrer Betriebszugehörigkeit in Form von Pensionsrückstellungen angesammelt. Während der aktiven Tätigkeit der Mitarbeiter im Unternehmen entstehen somit für das Unternehmen zusätzliche Personalaufwendungen, die aber erst nach dem Ausscheiden der Mitarbeiter zu Auszahlungen werden. Bei Pensionsrückstellungen handelt sich um Fremdkapital, das aber nicht von außen zugeführt wird. Die Mittel stammen vielmehr aus dem Umsatzprozess, sofern die Umsatzerlöse hoch genug sind, um die als Aufwand verrechneten Beträge zu decken. Damit ist die Finanzierung aus Rückstellungsgegenwerten eine Form der **Innenfinanzierung**.

Ob und in welcher Höhe sich in einer bestimmten Periode die verfügbaren finanziellen Mittel eines Unternehmens durch die Bildung von Pensionsrückstellungen erhöhen, hängt u. a. von der Antwort auf folgende Fragen ab:

(1) **Ist die Zuführung zu den Pensionsrückstellungen größer als die laufende Pensionzahlung an bereits ausgeschiedene Mitarbeiter?**

(2) **Erwirtschaftet das Unternehmen einen Gewinn oder Verlust?**

(3) **Wird der Gewinn einbehalten (= offene Selbstfinanzierung) oder ausgeschüttet?**

❶ Voraussetzung für die Erhöhung der verfügbaren finanziellen Mittel durch Pensionsrückstellungen:

Erhöhung Personalaufwendungen durch Zuführung zu den Pensionsrückstellungen	>	in derselben Periode anfallende Pensionszahlungen an bereits ausgeschiedene Mitarbeiter

Einbehaltung liquider Mittel > Abfluss liquider Mittel

❷ Ein Finanzierungseffekt tritt nicht ein, wenn das Unternehmen bereits ohne Berücksichtigung der Pensionsrückstellungen einen Verlust erwirtschaftet. In diesem Fall erhöht sich durch den zusätzlichen Personalaufwand lediglich der Verlust. Es kommt weder zu einer

---

[1] Der Begriff Pension bezeichnet eigentlich eine Altersversorgung, die vom Staat an Beamte im Pensionsalter geleistet wird. Im vorliegenden Zusammenhang wird dieser Begriff aber im Sinne von betrieblichen Zahlungen zur Altersversorgung (Betriebsrente o. Ä.) verwendet.

© Pixabay

Minderung von Gewinnsteuern noch zu einer Zurückbehaltung solcher liquiden Mittel, die andernfalls als Gewinn ausgewiesen und möglicherweise ausgeschüttet worden wären.

❸ Bildung von Rückstellung führt zur Einbehaltung finanzieller Mittel durch ...	Gewinnsteuer-Ersparnis	Reduzierung von Gewinn-Ausschüttung
Gewinn wird in voller Höhe einbehalten:	ja	nein
→ Ohne Pensionsrückstellungen: Ausweis der Beträge als zusätzlicher, zu versteuernder Gewinn.		
Gewinn wird in voller Höhe ausgeschüttet:	ja	ja
→ Ohne Pensionsrückstellungen: Ausweis der Beträge als zusätzlicher, zu versteuernder Gewinn und Ausschüttung des zusätzlichen Gewinns.		

! Die Höhe des Finanzierungseffektes von Pensionsrückstellungen hängt u. a. von der Höhe der Pensionszahlungen, der Gewinn-/Verlustsituation des Unternehmens und der Gewinnverwendung ab.

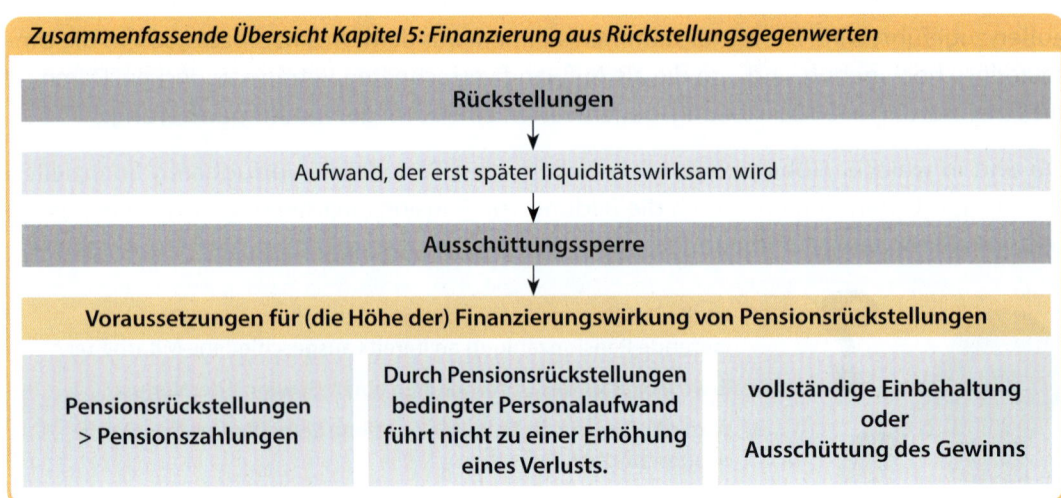

Zusammenfassende Übersicht Kapitel 5: Finanzierung aus Rückstellungsgegenwerten

Rückstellungen
↓
Aufwand, der erst später liquiditätswirksam wird
↓
Ausschüttungssperre
↓
Voraussetzungen für (die Höhe der) Finanzierungswirkung von Pensionsrückstellungen

| Pensionsrückstellungen > Pensionszahlungen | Durch Pensionsrückstellungen bedingter Personalaufwand führt nicht zu einer Erhöhung eines Verlusts. | vollständige Einbehaltung oder Ausschüttung des Gewinns |

 Checken Sie Ihre Kompetenz mit der **Ich-kann-Liste**.

Öffnen Sie hierzu den nebenstehenden **QR-Code** oder geben Sie folgenden Link ein: https://vel.plus/BHE24

vel.plus/BHE25

WIEDERHOLUNG DES GRUNDWISSENS

Kapitel 5 Finanzierung aus Rückstellungsgegenwerten

5.1 Anlässe für die Bildung von Rückstellungen

1. Nennen Sie Gründe für die Bildung von Rückstellungen.

2. Unterscheiden Sie Rückstellungen und Verbindlichkeiten aus Lieferungen und Leistungen.

3. Beschreiben Sie im Zusammenhang mit Rückstellungen die Begriff „Passivierungspflicht" und „Passivierungsverbot".

5.2   Finanzierungswirkungen von Rückstellungen

1. Beschreiben Sie den Finanzierungseffekt von Rückstellungen.

2. Erklären Sie die Aussage: „Die Finanzierung aus Rückstellungsgegenwerten ist eine Form der Fremdfinanzierung, bei der keine Zinszahlungen anfallen."

3. Beschreiben Sie, was unter Pensionsrückstellungen zu verstehen ist.

4. Beschreiben Sie, inwiefern die Personalaufwendungen im Zusammenhang mit Pensionsrückstellungen als Ausschüttungssperre wirken.

5. Begründen Sie, warum es sich bei der Finanzierung aus Rückstellungsgegenwerten um eine Fremdfinanzierung in Form der Innenfinanzierung handelt.

6. Erklären Sie, wovon das Ausmaß des Finanzierungseffekts von Pensionsrückstellungen abhängt.

ANWENDUNGS- UND ÜBUNGSAUFGABEN

zu Kapitel 5   Finanzierung aus Rückstellungsgegenwerten

Aufgabe 1   Finanzierungswirkungen von Pensionsrückstellungen

Eine GmbH weist vor Zuführung zu den Pensionsrückstellungen einen Gewinn von 100.000 EUR aus. Der Gewinnsteuersatz beträgt 30 %. Es wird eine Pensionsrückstellung in Höhe von 40.000 EUR gebildet. Es fallen in dieser Periode noch keine Zahlungen für Betriebsrenten an.

vel.plus/BHE26

1. Ermitteln Sie die Höhe der Innenfinanzierung (Einbehaltung von Gewinn = Selbstfinanzierung) ohne Berücksichtigung der Pensionsrückstellung, wenn der Gewinn

  a) in voller Höhe an die Gesellschafter ausgeschüttet,

  b) in voller Höhe einbehalten

  wird.

2. Ermitteln Sie die Höhe der Innenfinanzierung (Selbstfinanzierung und Finanzierung aus Rückstellungsgegenwerten) unter Berücksichtigung der Pensionsrückstellung, wenn der Gewinn

  a) in voller Höhe an die Gesellschafter ausgeschüttet,

  b) in voller Höhe einbehalten

  wird.

  Vergleichen Sie die Ergebnisse mit den Lösungen in 1 a) und 1 b).

3. Ermitteln Sie die Finanzierungswirkung der Pensionsrückstellung, indem Sie die Höhe des Finanzierungsvolumens von 2 a) und 2 b) vergleichen. Erklären Sie das Ergebnis.

Lernbereich F

Aktiengesellschaft und deren Eigenfinanzierung

---

1 Aktiengesellschaft (AG)

Kompetenzen:

- die Rechtsform der Aktiengesellschaft unter Zuhilfenahme von Gesetzestexten charakterisieren
- grundlegende rechtliche und wirtschaftliche Fragestellungen bei der Gründung und bei Finanzierungsanlässen analysieren
- Kapitalaufbringung ermitteln
- Aktienarten hinsichtlich deren Bedeutung unterscheiden
- die Aufgaben der Organe einer AG herausarbeiten

1.1 Begriff und Firmierung der AG
1.2 Kapitalaufbringung und Haftung
1.3 Aktienarten
1.4 Gründung und Entstehung
1.5 Organe
1.6 Pflichten und Rechte der Aktionäre
1.7 Vor- und Nachteile einer AG

1.1 Begriff und Firmierung der AG

EA 1
S. 388

 Beginnen Sie Ihren Kompetenzerwerb zum Thema *Aktiengesellschaft* mit der Erarbeitungsaufgabe EA 1.

AktG § 1

 Die Aktiengesellschaft (AG) ist eine Gesellschaft mit eigener Rechtspersönlichkeit (juristische Person), die über ein in Aktien zerlegtes Grundkapital verfügt und für deren Verbindlichkeiten nur die AG mit ihrem Gesellschaftsvermögen haftet.

Die Aktiengesellschaft ist eine **Kapitalgesellschaft**, an der sich viele Eigenkapitalgeber (= **Aktionäre**) gegebenenfalls auch mit jeweils kleinen Beträgen beteiligen können. Auf diese Weise ist es möglich, insgesamt ein hohes Eigenkapital aufzubringen. Die Gründung einer AG ist allerdings auch durch eine einzige Person möglich.

AktG § 2

Die an einer Aktiengesellschaft beteiligten Aktionäre können bei Bedarf ihre Anteile in Form von **Aktien** wieder veräußern, ohne dass dem Unternehmen dadurch Kapital entzogen wird.

AktG § 3 (1)

Die Aktiengesellschaft ist unabhängig vom Geschäftszweig, in dem sie tätig ist, stets eine **Handelsgesellschaft** und erlangt die Kaufmannseigenschaft kraft Rechtsform (**Formkaufmann**).

AktG § 4

Die Firma der AG kann eine **Sach-, Personen-, Misch- oder Fantasiefirma** sein und muss die Bezeichnung „Aktiengesellschaft" oder eine allgemein verständliche Abkürzung dieses Begriffs enthalten.

Firmierung einer Aktiengesellschaft

Volkswagen AG, Bayerische Motorenwerke Aktiengesellschaft, Bayer Aktiengesellschaft

1.2   Kapitalaufbringung und Haftung

Das **Grundkapital** ist der in der **Satzung** (= Gesellschaftsvertrag der AG) festgelegte Kapital-betrag. Es muss mindestens **50.000 EUR** betragen. In der Bilanz einer AG wird das Grund-kapital entsprechend den HGB-Vorschriften in der Bilanzposition **„Gezeichnetes Kapital"** ausgewiesen. Das Grundkapital einer Aktiengesellschaft ist **in Aktien** zerlegt.

AktG
§§ 1 (2), 6, 7
HGB
§ 266 (3)

> **!** Aktien sind Wertpapiere, die ein Anteilsrecht (Mitgliedschaftsrecht) an einer AG verbriefen[1]. Da der Eigentümer einer Aktie gleichzeitig auch Teilhaber an der AG ist, werden die Aktien auch als Teilhaberpapiere bezeichnet.

> **!** Die Aktionäre haften Gläubigern der Aktiengesellschaft gegenüber nicht. Lediglich die Aktien-gesellschaft als juristische Person haftet.

AktG
§ 1 (1), S. 2

ISIN DE000PAH0038 | WKN PAH003 | Stück 100

PORSCHE SE   Nr. 900058

Der Inhaber dieser Sammel-Vorzugsaktie ist an der Porsche Automobil Holding SE, Stuttgart,
mit einhundert Vorzugs-Stückaktien mit einem anteiligen Betrag am Grundkapital nach Maßgabe ihrer Satzung
als Aktionär beteiligt.

Porsche Automobil Holding SE
Stuttgart, im Februar 2008

100

Vorsitzender
des Aufsichtsrates

Vorsitzender
des Vorstandes

stellv. Vorsitzender
des Vorstandes

Kontrollunterschrift

---

1   Im Zusammenhang mit Aktien bedeutet Verbriefung: Zusicherung von Rechten mit einem auf dem Kapitalmarkt handelbaren Wertpapier.

Aktien werden heute in der Regel nur noch digital ausgegeben, d.h. es existieren keine Wertpapierurkunden mehr. Kauf und Verkauf von Aktien sowie die Buchung der Aktienbestände erfolgen über Aktiendepots.

| DEPOT-AUSZUG | | | | | | | | | GBE |

Genossenschaftsbank Esslingen eG

Depotinhaber*in: **Verena Weber**
Depotnummer: **276 807 552 24**
Depotauszug zum: **20.04.2021**

Bestand	Wert-papier	WKN	Währung	Kauf		Tageskurs 20.04.2021	Kurswert	Veränderung (%)
		ISIN		Datum	Einstands-kurs			
60 Stück	Lufthansa Aktie	823212	EUR	19.03. 2019	20,81	10,24	614,40	– 50,79
		DE0008232125						
25 Stück	adidas Aktie	A1EWWW	EUR	09.09. 2020	267,20	270,10	6.752,50	+ 1,09
		DE000A1EWWW0						
45 Stück	BioNTech Aktie	A2PSR2	EUR	20.01. 2021	85,30	123,90	5.575,50	+ 45,25
		US09075V1026						
3 Posten					Gesamtkurswert:		12.942,40	

© Pixabay

1.3   Aktienarten

Hinsichtlich der Beteiligungsrechte und der Übertragbarkeit lassen sich folgende Aktien unterscheiden:

Unterscheidung nach der Art der Beteiligung

Nennbetragsaktien	Stückaktien (= nennwertlose Aktien)
■ lauten auf einen **bestimmten Nennbetrag** in EUR, der auf den Aktien aufgedruckt ist. ■ Der Mindestnennbetrag einer Aktie beträgt 1 EUR. Höhere Nennbeträge müssen auf volle Euro lauten. ■ Der aufgedruckte Nennwert ist **als Anteil am Grundkapital unveränderlich**. Die Nennbeträge werden in der Satzung festgelegt. ■ Die **Nennwerte** der ausgegebenen Aktien können **unterschiedlich** sein. ■ Die Summe der Nennwerte aller ausgegebenen Aktien entspricht dem Grundkapital.	■ verkörpern einen **anteiligen Betrag** am Grundkapital, der nicht auf die Aktie gedruckt wird. Der Aufdruck auf der Aktie lautet z.B. „1 Aktie der XY AG". Der Aktieninhaber kann somit den Betrag seiner Beteiligung nicht unmittelbar der Aktie entnehmen. ■ Der Anteil am Grundkapital entspricht dem Anteil der von einem Aktionär gehaltenen Aktien an der Anzahl der insgesamt ausgegebenen Aktien. ■ Alle ausgegebenen Aktien haben einen **einheitlichen Anteilswert** (Beteiligungswert): Anteilswert (= **fiktiver**[1] **Nennwert einer Stückaktie**) $$= \frac{\text{Grundkapital}}{\text{Anzahl der Aktien}}$$ Der auf eine Stückaktie entfallende Anteil am Grundkapital (fiktiver Nennwert) darf 1 EUR nicht unterschreiten. *Hinweis: Gebrochene Werte z.B. 1,752 EUR sind möglich.*

AktG
§ 8

---

1   fiktiv: angenommen, nicht wirklich

Eine AG kann entweder Nennbetrags- oder Stückaktien ausgeben. Eine Kombination beider Aktienarten ist nicht möglich. Seit der Einführung des Euro haben Nennbetragsaktien an Bedeutung verloren. Heute werden fast nur noch Stückaktien ausgegeben.[1]

AktG
§ 8 (1)
§ 23 (3) Nr. 4

> **Bestimmung des anteiligen (= fiktiven) Nennbetrags bei Stückaktien**
>
> Die Stuttgarter Maschinenfabrik AG hat ein Grundkapital von 1.000.000 EUR. Es wurden 200 000 Stück-aktien ausgegeben. Der auf eine Aktie entfallende Anteilswert (= fiktiver Nennwert) beträgt damit 1.000.000 EUR/200 000 Aktien = 5 EUR/Aktie.

Die Aktien werden meistens zu einem Betrag ausgegeben, der höher ist als der (fiktive) Nenn-wert. Dieser Betrag, um den der Ausgabekurs (**Emissionskurs**) den (fiktiven) Nennwert über-steigt, wird als **Agio** (= Aufgeld) bezeichnet und in der Bilanz einer AG in der Eigenkapitalposition **Kapitalrücklage** erfasst. Das Agio stellt u. a. einen Ausgleich für die Beteiligung des Aktionärs an Vermögenswerten dar, die nicht in der Bilanz ausgewiesen sind (= **stille Rücklagen**, wie z. B. Image des Unternehmens, zu niedrig bewertete Vermögensgegenstände).

> **Ausgabekurs von Stückaktien**
>
> Die Stuttgarter Maschinenfabrik AG hat ermittelt, dass sich der bei der Gründung erforderliche Kapital-bedarf auf 1.800.000 EUR beläuft. Die 200 000 Stückaktien werden deshalb zu einem Kurs von 9 EUR/Stück ausgegeben (1.800.000 EUR/200 000 Stückaktien).
>
> | A | Bilanzauszug der Stuttgarter Maschinenfabrik AG | | P |
> |---|---|---|---|
> | Vermögen | 1,8 Mio. EUR | Gezeichnetes Kapital | 1,0 Mio. EUR |
> | | | Kapitalrücklage | 0,8 Mio. EUR |
>
> Das Eigenkapital (Gezeichnetes Kapital + Kapitalrücklage) beträgt 1,8 Mio. EUR.
>
> Fiktiver Nennwert: 1 Mio. EUR/200 000 Aktien = 5 EUR/Aktie. Das bedeutet, dass ein Aktionär, der beim Kauf einer Aktie 9 EUR bezahlt hat, pro Aktie einen Anteil von 5 EUR am gezeichneten Kapital hat. **Jede Aktie** gewährt ihm **eine Stimme** in der Hauptversammlung.

HGB
§ 272 (2)
Zi 1

Unterscheidung nach der Übertragbarkeit

AktG
§ 10 (1)

Aktien können auf den **Inhaber** oder auf einen **Namen** lauten.

Inhaberaktien	Namensaktien
■ lauten **nicht** auf einen **bestimmten Eigentümer**. ■ Das Eigentum an diesen Aktien wird wie bei beweglichen Sachen durch **Einigung und Übergabe** übertragen. ■ Die Papiere können ohne aufwendige Formalitäten sowohl im Börsenhandel als auch auf dem freien Markt gehandelt werden (Vorteil vor allem für bekannte börsennotierte Aktiengesellschaften).	■ lauten auf einen **bestimmten Eigentümer**. ■ Die Ausgabe von Namensaktien ist zwingend vorgeschrieben, wenn bei deren Ausgabe die Aktionäre nicht den vollen Ausgabebetrag leisten (§ 10 (2) AktG).  © Roman Lipovskiy – stock.adobe.com ■ Namensaktien sind in das Aktien-register, das bei der Gesellschaft geführt wird, einzutragen. Damit hat die Gesellschaft eine Kontrolle darüber, wer welchen Anteil am Grundkapital vertritt und in der Hauptversammlung mitentschei-det. Außerdem hat die AG die Möglichkeit, ihre Aktionäre direkt anzuschreiben und zur Hauptversammlung einzuladen. ■ Das Eigentum an Namensaktien wird durch **Einigung, Übergabe und Indossament** (= Übertragungsvermerk) übertragen.

BGB
§ 929

AktG
§ 10 (2), § 67
§ 68

---

1   Durch die Verwendung von Stückaktien konnte die umständliche Umrechnung der Nennwerte von alten Währungen in Euro ver-mieden werden.

Inhaberaktien	Namensaktien
	■ Das Indossament macht den neuen Eigentümer der Aktie kenntlich und weist ihn somit als Berechtigten aus.[1] Ist nach der Satzung die Übertragung einer Aktie an die Zustimmung der Aktiengesellschaft gebunden, so handelt es sich um **vinkulierte**[2] **Namensaktien** (§ 68 (2) AktG).

AktG
§ 23 (3) Nr. 4
und 5

Eine Kombination von Namens- und Inhaberaktien ist ebenso möglich wie die Umwandlung der einen Aktienart in die jeweils andere.

AktG
§ 12 (1)

Unterscheidung nach den Rechten

Stammaktien	Stimmrechtslose Vorzugsaktien
Dem Inhaber einer Stammaktie stehen hinsichtlich des **Stimmrechts** in der Hauptversammlung und der Höhe der **Dividende** die **normalen Rechte** (keine Sonderrechte) zu.	Der Inhaber einer Vorzugsaktie erhält z. B. eine **höhere Dividende** als der Inhaber einer Stammaktie. Dafür hat er aber **kein Stimmrecht** in der Hauptversammlung. Werden bei einer Erhöhung des Grundkapitals stimmrechtslose Vorzugsaktien ausgegeben, ändern sich die Machtverhältnisse in der Hauptversammlung nicht (Vorteil für die Stammaktionäre). Vorzugsaktien dürfen nur bis zur Hälfte des Grundkapitals ausgegeben werden.

AktG
§ 139 (2)

1.4 Gründung und Entstehung der AG

Die Gründung einer AG vollzieht sich in folgenden Schritten:

❶ Abschluss eines **Gesellschaftsvertrages (= Satzung)** zwischen den Gründern; die Gründung kann auch durch eine einzige Person erfolgen (**Ein-Personen-AG**). Gründer können natürliche oder juristische Personen sein. Nach der **notariellen Beurkundung** der Satzung ist die AG **gegründet**.

❷ **Übernahme der Aktien durch die Gründer**, damit ist die AG **errichtet**.

AktG
§§ 23 (1),
2, 29, 30,
32, 33

❸ **Bestellung des Aufsichtsrats und der Abschlussprüfer** mit anschließender Bestellung des ersten **Vorstands** durch den Aufsichtsrat.

❹ Erstellung eines **Gründungsberichts**; Vorstand und Aufsichtsrat haben den Ablauf der Gründung zu prüfen.

❺ **Einbringung der Einlagen**

AktG
§ 41 (1),
§§ 27 ff.,
36a, 36

❻ **Eintragung** in das Handelsregister, damit entsteht die AG als juristische Person (= **konstitutive Wirkung** der Eintragung). Wer vor der Eintragung der Gesellschaft in ihrem Namen handelt, haftet persönlich.

Die Anmeldung zum Handelsregister muss von allen Gründern sowie den Mitgliedern des Vorstandes und des Aufsichtsrates vorgenommen werden. Sie darf erst erfolgen, wenn die erforderlichen Einzahlungen (bzw. bei einer Sachgründung die Sacheinlagen) auf das Grundkapital erfolgt sind.

---

1 Trotz der komplizierten Eigentumsübertragung können Namensaktien problemlos an der Börse gehandelt werden. In diesem Fall sind die Namensaktien mit einem Blankoindossament versehen. Dadurch kann der ursprüngliche Eigentümer die Aktie an eine andere Person übertragen, ohne dessen Namen zu nennen. Die Eigentumsübertragung einer Namensaktie ist dann genauso einfach wie bei einer Inhaberaktie.
2 vinculare (*lat.*): binden, fesseln

Bei Bareinlagen müssen vor der Anmeldung einer AG zum Handelsregister mindestens 25 % des Nennwertes der Aktien eingezahlt worden sein. Ein Agio muss in voller Höhe eingezahlt worden sein.

 Sacheinlagen müssen vor der Anmeldung einer AG zum Handelsregister in voller Höhe geleistet worden sein.

Gründung einer AG mit Bar- und Sacheinlagen

Lydia Adamova, Tanja Benz und Okan Cengiz möchten zur Umsetzung einer neuen Produktidee eine Aktiengesellschaft gründen. Das Grundkapital soll 2 Mio. EUR betragen und in 400 000 Stückaktien (fiktiver Nennwert je Aktie: 5,00 EUR) aufgeteilt werden.

Fall 1:

Jeder der drei Gründer übernimmt 100 000 Aktien gegen Bareinlage. Außerdem ist die Hausbank wegen der überzeugenden Produktidee bereit, bei der Gründung 100 000 Aktien mit einem Aufpreis (Agio) von 1,00 EUR je Aktie zu 6,00 EUR je Aktie gegen Bareinlage zu übernehmen.

Stellen Sie dar, in welcher Höhe die Einlagen **vor der Anmeldung der AG ins Handelsregister mindestens** geleistet werden müssen.

Lösung:

Gem. §§ 36, 36a (1), (2) AktG gilt: Bei Bareinlagen müssen vor der Anmeldung mindestens 25 % des Nennwertes zuzüglich des vollen Agios geleistet sein.

	Mindesteinlagen
1. Gründer Adamova, Benz und Cengiz	
300 000 Aktien à 5,00 EUR fiktivem Nennwert gegen Bareinlage = 1.500.000 EUR	
Davon müssen mindesten 25 % (= 375.000 EUR) eingezahlt worden sein.	375.000 EUR
2. Hausbank	
100 000 Aktien à 5,00 EUR fiktivem Nennwert gegen Bareinlage = 500.000 EUR	
Davon müssen mindesten 25 % (= 125.000 EUR) eingezahlt worden sein.	125.000 EUR
Auf die von der Hausbank übernommenen 100 000 Aktien entfällt ein Agio in Höhe von 1,00 EUR je Aktie (= 100.000 EUR). Dieses muss voll eingezahlt worden sein.	100.000 EUR
Summe der vor der Anmeldung einzubringenden Einlagen	**600.000 EUR**

Da im vorliegenden Fall die Aktionäre ihre Einlagen zunächst nicht in voller Höhe leisten, müssen die Aktien gem. § 10 (2) AktG auf die Namen der Aktionäre lauten (= **Namensaktien**).

Fall 2:

Welche Änderungen würden sich gegenüber Fall 1 ergeben, wenn der Gründer Cengiz statt einer Bareinlage ein Patent im Wert von 500.000 EUR einbringen würde (= Sacheinlage in Form eines immateriellen Vermögensgegenstandes)?

Lösung:

Gem. § 36a (2) AktG gilt: Sacheinlagen müssen vor der Anmeldung vollständig geleistet sein.

	Mindesteinlagen
1. Gründerinnen Adamova, Benz	
200 000 Aktien à 5,00 EUR fiktivem Nennwert gegen Bareinlage = 1.000.000 EUR	250.000 EUR
Davon müssen mindesten 25 % (= 250.000 EUR) eingezahlt worden sein.	
2. Gründer Cengiz	
100 000 Aktien à 5,00 EUR fiktivem Nennwert gegen Sacheinlage = 500.000 EUR	500.000 EUR
Die Sacheinlage muss voll geleistet worden sein.	
3. Hausbank	
100 000 Aktien à 5,00 EUR fiktivem Nennwert gegen Bareinlage = 500.000 EUR	
Davon müssen mindesten 25 % (= 125.000 EUR) eingezahlt worden sein.	125.000 EUR
Auf die von der Hausbank übernommenen 100 000 Aktien entfällt ein Agio in Höhe von 1,00 EUR je Aktie (= 100.000 EUR). Dieses muss voll eingezahlt worden sein.	100.000 EUR
Summe der vor der Anmeldung einzubringenden Einlagen	**975.000 EUR**

mindestens einzubringendes Eigenkapital einer AG vor der Anmeldung zum Handelsregister		
Bareinlage		**Sacheinlage**
25 % des Aktiennennwertes § 36a (1) AktG	Agio in voller Höhe § 36a (1) AktG	in voller Höhe § 36a (2) AktG

1.5   Organe der AG

Wie alle juristischen Personen handelt die Aktiengesellschaft durch ihre Organe.

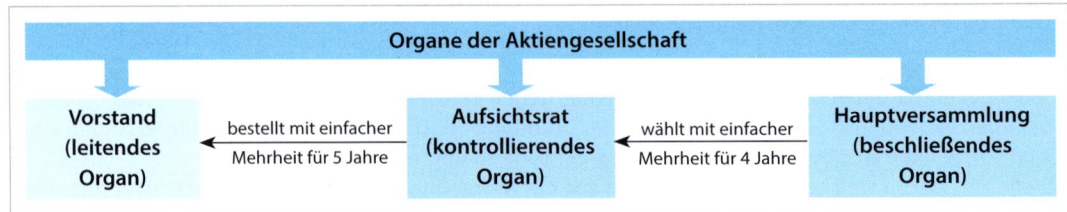

Organe der Aktiengesellschaft

Vorstand (leitendes Organ) ← bestellt mit einfacher Mehrheit für 5 Jahre — **Aufsichtsrat (kontrollierendes Organ)** ← wählt mit einfacher Mehrheit für 4 Jahre — **Hauptversammlung (beschließendes Organ)**

1.5.1 Vorstand

Aufg. 1 S. 390

> **!** **Der Vorstand der AG ist das geschäftsführende Organ der Gesellschaft. Er leitet die AG in eigener Verantwortung.**

Der Vorstand wird vom Aufsichtsrat für **höchstens fünf Jahre** bestellt. Der Vorstand kann aus einer Person oder aus mehreren Personen bestehen (bei einem Grundkapital von mehr als 3 Mio. EUR mindestens zwei Personen). Bei börsennotierten Gesellschaften, deren Vorstand aus mehr als drei Personen besteht, muss mindestens eine Frau und mindestens ein Mann Mitglied des Vorstands sein.

AktG § 76 (3a)

Die Vorstandsmitglieder unterliegen dem gesetzlichen **Wettbewerbsverbot** (keine Geschäfte im Geschäftszweig der AG, kein eigenes Handelsgewerbe).

AktG § 88

Aufgaben des Vorstands

AktG §§ 76–79, § 81

- Der Vorstand **leitet die Gesellschaft** und **führt deren Geschäfte in eigener Verantwortung.** Anders als der Geschäftsführer einer GmbH ist er nicht weisungsgebunden. Demnach kann auch ein Großaktionär, z.B. mit einem Aktienbesitz von 50 % des Grundkapitals, dem Vorstand keine Weisungen erteilen. Setzt sich der Vorstand aus mehreren Personen zusammen, besteht

Chief Executive Officer

© De_silVA – stock.adobe.com

AktG § 77 (1), § 78 (3)

Gesamtgeschäftsführungs- und Gesamtvertretungsbefugnis.[1] Vertraglich kann Einzelvertretungsbefugnis vereinbart werden, muss aber ins Handelsregister eingetragen werden.

AktG § 90, § 170

- Der Vorstand hat **dem Aufsichtsrat** regelmäßig über die Geschäftslage der AG zu **berichten**.

HGB § 264, § 267 (1)

- Nachdem der **Jahresabschluss** (Bilanz, Gewinn- und Verlustrechnung, Anhang) und der **Lagebericht** (enthält Ausführungen zum Geschäftsverlauf und zur Lage der AG) aufgestellt sind, muss der Vorstand diese unverzüglich **dem Aufsichtsrat vorlegen**. Kleine Kapitalgesellschaften brauchen den Lagebericht nicht aufzustellen.

---

[1] Das gilt für alle Kapitalgesellschaften. Bei der OHG und der KG gilt dagegen der Grundsatz der Einzelgeschäftsführungs- und Einzelvertretungsbefugnis.

- Er muss **mindestens einmal jährlich** eine **ordentliche Hauptversammlung** einberufen. Bei drohenden hohen Verlusten, bei Überschuldung oder bei Zahlungsunfähigkeit ist er verpflichtet, zu einer **außerordentlichen Hauptversammlung** einzuladen.

AktG
§ 121,
§ 92

Vergütung

Bei der Bemessung der Gesamtbezüge einzelner Vorstandsmitglieder (z. B. Gehalt, Gewinnbeteiligung, Aufwandsentschädigung) hat der Aufsichtsrat dafür zu sorgen, dass diese in einem angemessenen Verhältnis zu deren Aufgaben stehen. Über die Höhe der Gesamtbezüge des Vorstandes müssen im Anhang entsprechende Angaben gemacht werden.

AktG
§ 87

HGB
§ 285
Nr. 9

1.5.2 Aufsichtsrat

> ! Die Aufgabe des Aufsichtsrates besteht in der Überwachung der Geschäftsführung des Vorstandes.

Aufg. 1
S. 390

Aufg. 2
S. 391

Zahl der Mitglieder und Amtszeit

Im Normalfall besteht der Aufsichtsrat aus **drei Mitgliedern**. Die Satzung kann auch eine höhere Zahl (bis zu 21 Mitgliedern – je nach Höhe des Grundkapitals) festsetzen. Die Zahl muss durch drei teilbar sein, wenn dies zur Erfüllung mitbestimmungsrechtlicher Vorschriften erforderlich ist.

AktG
§ 95

Die Mitglieder des Aufsichtsrates werden von der Hauptversammlung mit einfacher Mehrheit für **vier Geschäftsjahre** gewählt.

AktG
§ 102

Aufgaben

Der Aufsichtsrat hat im Wesentlichen folgende Aufgaben:
- **Bestellung** (d. h. Wahl mit einfacher Mehrheit) und gegebenenfalls Abberufung **des Vorstands**
- **Überwachung der Geschäftsführung des Vorstands**. Dazu kann er u. a. die Geschäftsunterlagen der Gesellschaft einsehen und prüfen.
- **Prüfung** des **Jahresabschlusses samt Lagebericht** und Vorschlag für die **Verwendung** des Bilanzgewinns
- **Feststellung** des **Jahresabschlusses**

AktG
§ 84,
§ 111,
§ 171,
§ 172

Persönliche Voraussetzungen von Mitgliedern eines Aufsichtsrates

Ein Aufsichtsratsmitglied **kann im selben Unternehmen nicht zugleich Vorstandsmitglied** oder in anderer leitender Funktion (z. B. als Prokurist oder Handlungsbevollmächtigter) sein, weil dadurch Leitung und Kontrolle bei derselben Person vereinigt wären. Ein Mitglied des Vorstands einer AG kann aber gleichzeitig Mitglied des Aufsichtsrats bei einer anderen Kapitalgesellschaft sein.[1]

AktG
§ 105,
§ 100

Ein Vorstandsmitglied eines abhängigen Unternehmens (Tochtergesellschaft) darf nicht gleichzeitig Aufsichtsrat des übergeordneten, herrschenden Unternehmens (Muttergesellschaft) sein:

---

1 Allerdings ist die Zahl der Aufsichtsratsmandate pro Person auf zehn beschränkt.

AktG
§ 100 (2)
Nr. 2

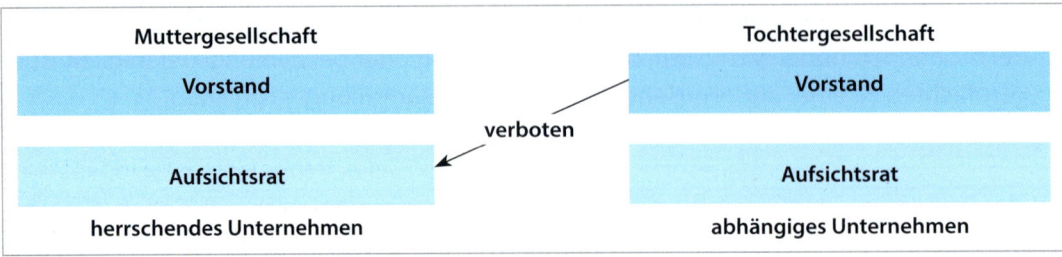

Auch die Entsendung von Vorstandsmitgliedern anderer Kapitalgesellschaften in den Aufsichtsrat einer AG ist nicht möglich, wenn ein Vorstandsmitglied dieser AG bereits dem Aufsichtsrat der anderen Kapitalgesellschaft angehört (**Überkreuzverflechtung**):

AktG
§ 100 (2)
Nr. 3

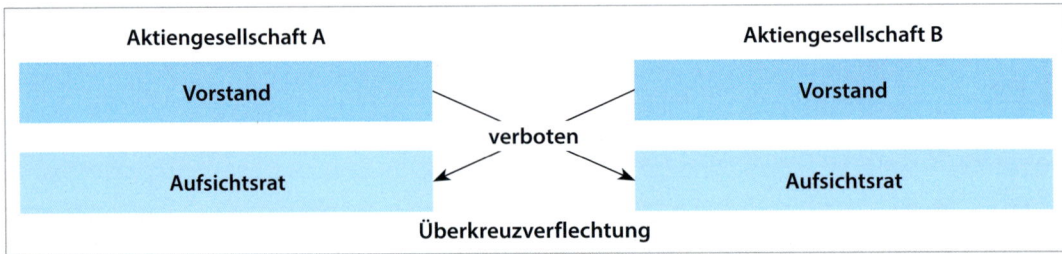

1.5.3 Hauptversammlung (HV)

> **!** Die Hauptversammlung ist das Organ der AG, durch das die Aktionäre ihre Rechte als Kapitaleigner ausüben.

Wesen und Rechtsstellung

AktG
§ 118,
§ 121 (2),
§ 120

Die Hauptversammlung ist das **beschließende Organ** einer Aktiengesellschaft. In ihr üben die Gesellschafter (Aktionäre) ihr Stimmrecht aus. Der Vorstand beruft die Hauptversammlung als Zusammenkunft der Aktionäre ein, die innerhalb der **ersten acht Monate** des Geschäftsjahres über die Entlastung von Vorstand und Aufsichtsrat beschließt. Mit einer erfolgreichen Abstimmung (d. h. der Vorstand wird entlastet) billigen die Anteilseigner die Geschäftsführung der Gesellschaft. Eine abgelehnte Entlastung des Vorstandes bedeutet einen Vertrauensentzug.

Rechte

AktG
§ 119

Der Hauptversammlung stehen folgende Rechte zu:

- **Wahl** der **Aufsichtsratsmitglieder der Kapitaleigner** (mit einfacher Mehrheit)
- Beschlüsse über die **Verwendung des Bilanzgewinns**
- **Entlastung** der Mitglieder des Vorstands und des Aufsichtsrats
- **Bestellung** der **Abschlussprüfer** für das laufende Geschäftsjahr
- Beschlüsse über **Satzungsänderungen** (z. B. Kapitalerhöhung, Zusammenschluss mit anderen Unternehmen, Auflösung)
- Beschluss über Billigung des vom Aufsichtsrat vorgelegten Vergütungssystem für die Vorstandsmitglieder einer börsennotierten Aktiengesellschaft

Stimmrecht und Beschlussfassung

Jedem Aktionär, der über Stammaktien verfügt, steht in der Hauptversammlung ein **Stimm-recht** zu. Der Aktionär kann sein Stimmrecht, z. B. im Fall einer Verhinderung am Tage der Hauptversammlung, auch an einen Dritten (z. B. eine Bank) durch Erteilung einer schrift-lichen Vollmacht abtreten.

AktG
§ 134 (3)

Beschlüsse der Hauptversammlung kommen in der Regel durch einfache Mehrheit der ab-gegebenen Stimmen zustande. Für einige Beschlüsse, die von besonderer Tragweite für die AG sind, ist eine **qualifizierte Mehrheit** (3/4 des bei der Beschlussfassung vertretenen Grundkapitals) erforderlich. Dies gilt z. B. für Maßnahmen der **Eigenkapitalbeschaffung** und andere Satzungsänderungen. Mit einem Stimmenanteil von mehr als 25 % können damit diese Entscheidungen verhindert werden (**Sperrminorität**).

AktG
§ 133,
§ 179,
§ 182 (1)

Beschlüsse der Hauptversammlung	
Wahl des Aufsichtsrates (AktG § 101)	**einfache Mehrheit**
Feststellung des Jahresabschlusses (AktG § 172)	**einfache Mehrheit**
Verwendung des Bilanzgewinns (AktG § 174)	**einfache Mehrheit**
Satzungsänderungen (AktG § 179) wie z. B. Kapitalerhöhung	**qualifizierte Mehrheit**
Auflösung der Gesellschaft (§ 262 (1) Nr. 2 AktG)	**qualifizierte Mehrheit**

AktG
§ 130 (1)

Organe einer Aktiengesellschaft
Vorstand (leitendes Organ) § 76 AktG

bestellt für 5 Jahre ↑

| **Aufsichtsrat (überwachendes Organ) § 95 AktG** |

wählt für 4 Jahre ↑

| **Hauptversammlung (beschließendes Organ) §§ 118 ff. AktG** |

1.6   Pflichten und Rechte der Aktionäre

1.6.1   Pflichten der Aktionäre

Aufg. 3
S. 391 ▶

Leistung der Einlage

Haben sich die Aktionäre zur Leistung von **Bareinlagen** verpflichtet, so muss **mindestens ein Viertel** des (fiktiven) Nennwertes der Aktien eingefordert und von den Aktionären ge-leistet werden. Werden die Aktien zu einem höheren Betrag ausgegeben, so muss auch der Mehrbetrag (**Agio**) eingezahlt werden. **Sacheinlagen** sind vollständig zu leisten.

AktG
§ 54,
§§ 36,
36a

Risiko des Verlustes des Aktienwertes

AktG
§ 1 (1)

In gleicher Weise wie bei der GmbH haftet für die Verbindlichkeiten der Gesellschaft ihren Gläubigern gegenüber nur das Gesellschaftsvermögen der AG. Die Aktionäre tragen aber das Risiko, einen Wertverlust zu erleiden oder ihre Beteiligung ganz oder teilweise zu verlieren, falls die AG z. B. wegen Überschuldung aufgelöst wird.

1.6.2 Rechte der Aktionäre

Die Rechte der Aktionäre lassen sich in **Verwaltungsrechte** und **Vermögensrechte** einteilen.

Verwaltungsrechte

AktG
§ 118

- **Recht auf Teilnahme an der Hauptversammlung**
  Mit der Teilnahme an der Hauptversammlung sind folgende Rechte verbunden:

AktG
§ 134

  - **Stimmrecht**[1]
    Grundsätzlich gewährt jede Stammaktie (Stückaktie und Nennwertaktie) eine Stimme. Nur wenn gleichzeitig Aktien mit unterschiedlichen Nennwerten ausgegeben wurden (z. B. Aktien mit 5,00 EUR Nennwert und gleichzeitig andere Aktien mit 100,00 EUR Nennwert), gilt folgende Regelung: Jede Aktie mit dem niedrigsten Nennwert gewährt jeweils eine Stimme. Aktien mit einem höheren Nennwert gewähren ein entsprechendes Vielfaches an Stimmen (z. B. Aktie mit 5,00 EUR Nennwert eine Stimme, Aktie mit 100 EUR Nennwert 20 Stimmen).

AktG
§ 131

  - **Auskunftsrecht**
    Der Aktionär kann in der Hauptversammlung vom Vorstand Auskunft über Angelegenheiten der Gesellschaft verlangen.

AktG
§ 122

- **Recht auf Einberufung der Hauptversammlung auf Verlangen einer Minderheit**
  Die Hauptversammlung muss einberufen werden, wenn Aktionäre, deren Anteile zusammen mindestens 5 % des Grundkapitals erreichen, dies verlangen.

AktG
§§ 243 ff.

- **Anfechtung eines Beschlusses der Hauptversammlung**
  Ein Beschluss der Hauptversammlung, der gegen die Satzung oder ein Gesetz verstößt, kann vom Aktionär angefochten werden.

Vermögensrechte

Anspruch auf Anteil am Gewinn (Dividende) §§ 58 (4), 60 AktG	Bezugsrecht bei der Ausgabe neuer Aktien § 186 AktG	Anspruch auf Beteiligung am Liquidationserlös § 271 AktG
Der Anteil eines Aktionärs am Gewinn (= Dividende) bestimmt sich nach seinem Anteil am Grundkapital.	Wird in der Hauptversammlung die Erhöhung des Grundkapitals beschlossen, steht den Aktionären ein Recht auf den Bezug neuer Aktien zu.	Bei Auflösung der AG steht den Aktionären das nach Abzug der Schulden verbleibende Vermögen entsprechend ihren Anteilen am Grundkapital zu.

---

1   Zu den einzelnen Beschlüssen siehe Kapitel 1.5.3.

1.7 Vor- und Nachteile einer Aktiengesellschaft

Vor- und Nachteile einer Aktiengesellschaft im Vergleich zu anderen Rechtsformen	
Vorteile	**Nachteile**
■ Durch Aufteilung des Grundkapitals in kleine Kapitalanteile ist die Aufbringung eines hohen Eigenkapitals möglich. ■ Die Kapitalgeber haben keine Verpflichtung zur Geschäftsführung und Vertretung (Trennung von Leitung und Eigentum); dadurch besteht die Möglichkeit des Einsatzes qualifizierter Fachleute. ■ Die Finanzkraft großer Aktiengesellschaften ermöglicht hohe Forschungs- und Entwicklungsausgaben (Entwicklung neuer Technologien) und häufig auch hohe soziale Leistungen für die Belegschaft. ■ Möglichkeit der Kapitalbeteiligung der Arbeitnehmer durch Belegschaftsaktien	■ wegen umfangreicher Vorschriften (Bildung von Organen, Kapitalbeschaffung, Jahresabschluss) für kleine und mittlere Unternehmen nicht geeignet ■ Pflicht zur Veröffentlichung des Jahresabschlusses ■ Bildung eines Aufsichtsrates zwingend vorgeschrieben ■ Vorstandsmitglieder haben kein Kapitalrisiko (Schadenersatzpflicht gegenüber der AG lediglich bei Verschulden); dadurch werden evtl. Fehlentscheidungen begünstigt. ■ Konzentration in der Wirtschaft (Missbrauch von Marktmacht) ■ Eine kurzfristige Maximierung des Shareholder Values kann nachhaltige und langfristig sinnvolle Management-Entscheidungen verhindern.

Zusammenfassende Übersicht zu Kapitel 1: Aktiengesellschaft mit rechtsformabhängiger Finanzierung

Aktiengesellschaft

Gründerzahl: mindestens 1 Gründer § 2 AktG

Merkmale:	**Firma:**	**Organe:**	**Grundkapital:**

■ Kapitalgesellschaft ist juristische Person § 1 (1) AktG
 	
■ keine Haftung der Aktionäre (Es haftet nur die AG mit ihrem Gesellschaftsvermögen.) § 1 (1) S. 2 AktG
 	
■ Formkaufmann § 6 HGB, Handelsgesellschaft § 3 (1) AktG
 	
■ Beteiligung der Aktionäre in Form von Aktien § 1 (2) AktG
	■ Sach-, Personen-, Misch- oder Fantasiefirma mit der Bezeichnung „Aktiengesellschaft" oder einer allgemein verständliche Abkürzung („AG") § 4 (1) AktG	**Vorstand (leitendes Organ) § 76 AktG** (bei mehreren Personen: Gesamtvertretung gem. § 78 (2) AktG, falls keine andere Vereinbarung in der Satzung)
		
		bestellt ↑ für 5 Jahre
		
		Aufsichtsrat (überwachendes Organ) § 95 AktG
		
		wählt ↑ für 4 Jahre
		
		Hauptversammlung (beschließendes Organ) §§ 118 ff. AktG
			■ Mindestbetrag: 50.000 EUR § 7 AktG
			
			■ Zerlegung in Aktien § 1 (2) AktG
			  – Stückaktien
			  – Nennbetragsaktien
			  – Inhaberaktien
			  – (vinkulierte) Namensaktien
			  – Stammaktien
			  – Vorzugsaktien § 8 AktG
			
			■ Aufbringung des Grundkapitals bei Gründung
			  – Bareinlagen: 25 % des Nennwertes zuzüglich volles Agio §§ 36, 36a (1) AktG
			  – Sacheinlagen: vollständig § 36a (2) AktG

Nennwert der Aktie: gibt den Anteil des Aktionärs am Grundkapital und damit seinen Einfluss in der Hauptversammlung an

Kurswert der Aktie: Wert, zu dem eine Aktie an der Börse gehandelt wird

Pflichten und Rechte der Aktionäre		
Pflichten	**Rechte**	
	Verwaltungsrechte	**Vermögensrechte**

■ Leistung der Einlage (Bar- oder Sacheinlage) §§ 54, 36, 36a AktG
■ Risiko des Wertverlusts der Aktie § 1 (1) AktG
	■ Teilnahme an HV § 118 AktG
	– Stimmrecht § 134 AktG
	  – Wahl und Abberufung des AR §§ 101, 103 AktG
	  – Entlastung von Vorstand und AR § 120 (1) AktG
	  – Bestellung der Abschlussprüfer § 119 (5). AktG
	  – Satzungsänderungen § 179 AktG
	  – Vergütungssystem Vorstand § 120 (4) AktG
	  – Verwendung des Bilanzgewinns § 174 AktG
	  – Auskunftsrecht § 131 AktG
	■ Einberufung der HV (Minderheitsvotum) § 122 AktG
	■ Anfechtung HV-Beschluss § 243 ff. AktG
		■ Anspruch auf Dividende §§ 58 (4), 60 AktG
		■ Bezugsrecht bei der Ausgabe neuer Aktien § 186 AktG
		■ Anspruch auf Beteiligung am Liquidationserlös § 271 AktG

Checken Sie Ihre Kompetenz mit der **Ich-kann-Liste**.

Öffnen Sie hierzu den nebenstehenden **QR-Code** oder geben Sie folgenden Link ein: https://vel.plus/BHF01

ERARBEITUNGSAUFGABE

zu Kapitel 1   Aktiengesellschaft (AG)

EA 1   AG: Gründung – Grundkapital – Eigenkapital – Aktie

M.Eng. Milena Krieger möchte ein Gesellschaftsunternehmen zur Herstellung von messtechnischen Geräten gründen. Der Kapitalbedarf wurde mit 6 Millionen EUR berechnet.

1. Neben Krieger finden sich die Allbank Stuttgart sowie zwei weitere Gründerinnen zusammen, die dieses Unternehmen als Aktiengesellschaft gründen und die Aktien für ein Grundkapital in Höhe von 5 Millionen EUR übernehmen wollen.
Prüfen Sie, ob damit die Mindestgründerzahl und das Mindestkapital erreicht sind.

AktG §§ 2, 7

2. Im Vorfeld der Gründung diskutieren die vier Gründerinnen darüber, ob das Grundkapital durch die Ausgabe von Inhaber- oder von Namensaktien aufgebracht werden soll.

AktG §§ 10, 67, § 10 (2)

  a) Beschreiben Sie, wodurch sich Inhaberaktien von Namensaktien unterscheiden.

  b) Stellen Sie dar, in welchem Fall die Ausgabe von Namensaktien zwingend vorgeschrieben ist.
    Begründen Sie diese Regelung.

  c) Die Gründerinnen entscheiden sich für die Ausgabe von Namensaktien.
    Beschreiben Sie, welche Vorzüge mit dieser Entscheidung verbunden sind.

3. Die vier Gründerinnen haben sich mündlich versprochen, das Grundkapital mit den vereinbarten Beträgen zu übernehmen und die Aktiengesellschaft zu gründen. Eine der Aktionärinnen schlägt die Firmenbezeichnung „Messtechnik Krieger" vor.

BGB §§ 714, 709

  a) Begründen Sie, warum diese Firmenbezeichnung nicht möglich ist.

AktG § 4

  b) Machen Sie einen begründeten Vorschlag für die Firmenbezeichnung.

4. Die Gründerinnen haben sich am 15.07. geeinigt, eine Aktiengesellschaft zu gründen. Am 25.08. wurde das gesamte Grundkapital in Höhe von 5 Millionen EUR von den Gründerinnen durch Einzahlung des entsprechenden EUR-Betrages aufgebracht. Am 15.09. desselben Jahres wollen die Gründerinnen zusammenkommen, um Aufsichtsrat und Vorstand zu wählen.

a) Begründen Sie, warum das Registergericht am 01.09. die Eintragung der Aktiengesellschaft ins Handelsregister noch ablehnen wird.

AktG §§ 36, 37

b) Am 15.12. wurde die Aktiengesellschaft ins Handelsregister eingetragen. Geben Sie an, wann die Aktiengesellschaft entstanden ist.

AktG § 41

5. a) Ermitteln Sie die wertmäßige Beteiligung (in EUR) am Grundkapital der AG, die mit dem Erwerb einer Aktie verbunden ist, wenn 2 Mio. Stückaktien ausgegeben werden.

b) Prüfen und begründen Sie, ob das vorhergesehene Grundkapital auch durch die Ausgabe von 6 Mio. Stückaktien aufgebracht werden könnte.

AktG § 8

c) Die vier Gründerinnen haben zur Ausgabe der Aktien folgende Vereinbarung getroffen: Die Allbank AG Stuttgart ist bereit, wegen des erfolgversprechenden Unternehmenskonzepts 500 000 Aktien zu einem Ausgabekurs von 3,00 EUR/Aktie zu übernehmen, während für die anderen drei Gründerinnen die Aktienausgabe zum Nennwert erfolgt.
Ermitteln Sie die Höhe des Eigenkapitals in EUR.

AktG § 8 (3)

d) Berechnen Sie, wie viel Prozent des Grundkapitals das Eigenkapital beträgt (Bilanzkurs).

e) Prüfen Sie, ob der errechnete Kapitalbedarf bei den vorgesehenen Ausgabekursen gedeckt werden kann. Weitere im Zusammenhang mit der Gründung anfallende Kosten bleiben unberücksichtigt.

6. Krieger ist mit 1 Mio. EUR am Grundkapital der AG beteiligt.

a) Ermitteln Sie, wie viele Aktien sie erhalten hat.

b) Berechnen Sie den Wert in EUR, den eine Aktie hätte, wenn von den aufgebrachten Mitteln noch Gründungskosten (z. B. Notariatskosten, Grundbuchgebühren, Kosten des Aktiendrucks) in Höhe von 100.000 EUR beglichen werden müssten.

WIEDERHOLUNG DES GRUNDWISSENS

vel.plus/BHF02

zu Kapitel 1 Aktiengesellschaft (AG)

1.1   Begriff und Firmierung der AG

1. Nennen Sie die Mindestanzahl der vorgeschriebenen Gründer einer AG.

2. Begründen Sie, weshalb eine Aktiengesellschaft den Kapitalgesellschaften zugeordnet wird.

3. Nennen Sie Möglichkeiten zur Firmierung einer AG.

1.2   Kapitalaufbringung und Haftung

1. Beschreiben Sie, was unter dem Grundkapital einer AG zu verstehen ist und wie hoch dieses mindestens sein muss.

2. Beschreiben Sie, was unter Aktien zu verstehen ist.

3. Legen Sie dar, wer bei einer Aktiengesellschaft haftet.

1.3   Aktienarten

1. Nennen Sie Merkmale, nach denen sich Aktien unterscheiden lassen.

2. Vergleichen Sie:

a) Stückaktien und Nennbetragsaktien;

b) Inhaberaktien, Namensaktien und vinkulierte Namensaktien;

c) Stammaktien und stimmrechtslose Vorzugsaktien.

1.4   Gründung und Entstehung einer AG

1. Geben Sie an, in welchen Schritten sich die Gründung einer AG vollzieht.

2. Beschreiben Sie, wann eine Aktiengesellschaft entsteht.

3. Geben Sie an, von wem eine AG zur Eintragung ins Handelsregister angemeldet werden muss.

4. Beschreiben Sie, welche unterschiedlichen Vorschriften zur Einbringung von Bar- und Sacheinlagen bei der Gründung einer AG zu beachten sind.

1.5   Organe der AG

1.5.1   Vorstand

1. Geben Sie an, wer den Vorstand einer AG bestellt und wie lange dessen Amtszeit höchstens dauert.

2. Nennen Sie die Aufgaben des Vorstands einer AG.

3. Beschreiben Sie, wie sich die Rechte von Geschäftsführern einer GmbH von den Rechten der Vorstandsmitglieder einer AG unterscheiden.

1.5.2   Aufsichtsrat

1. Beschreiben Sie, aus wie vielen Mitgliedern der Aufsichtsrat einer AG besteht bzw. bestehen kann. Geben Sie an, wie lange dessen Amtszeit dauert.

2. Nennen Sie die Aufgaben des Aufsichtsrates einer AG.

3. Beschreiben Sie die persönlichen Voraussetzungen, die Mitglieder des Aufsichtsrates erfüllen müssen.

4. Erläutern Sie den Begriff Überkreuzverflechtung.

1.5.3   Hauptversammlung (HV)

1. Geben Sie an, von wem und innerhalb welchen Zeitraums die Hauptversammlung einberufen wird.

2. Nennen Sie die Rechte, die der Hauptversammlung einer AG zustehen.

3. Geben Sie an, welche Stimmenmehrheit für die Beschlüsse einer Hauptversammlung in der Regel erforderlich ist.

1.6   Pflichten und Rechte der Aktionäre

1. Nennen und beschreiben Sie die Pflichten eines Aktionärs.

2. Nennen und beschreiben Sie die Rechte eines Aktionärs.

1.7   Vor- und Nachteile einer Aktiengesellschaft

1. Nennen Sie die Vorteile einer Aktiengesellschaft im Vergleich zu anderen Rechtsformen.

2. Nennen Sie die Nachteile einer Aktiengesellschaft im Vergleich zu anderen Rechtsformen.

ANWENDUNGS- UND ÜBUNGSAUFGABEN

zu Kapitel 1   Aktiengesellschaft (AG)

Aufgabe 1   AG: Hauptversammlung – Aufsichtsrat – Vorstand

vel.plus/BHF03

Die MediTec AG hat ein Grundkapital von 5 Millionen EUR und beschäftigt 1950 Arbeitnehmer.
Nach Ablauf eines Geschäftsjahres erfolgt die Einladung zur Hauptversammlung:

> **MediTec AG Stuttgart**
> Hiermit laden wir die Aktionärinnen und Aktionäre unserer Gesellschaft zu der am
> **Freitag, dem 26. Mai 20.., 10:30 Uhr**
> in der Schleyerhalle in Stuttgart stattfindenden ordentlichen
> **Hauptversammlung** ein.
> Die Tagesordnung ist in den Gesellschaftsblättern sowie im elektronischen Bundesanzeiger veröffentlicht.

1. Herr Klein ist Aktionär der MediTec AG und hat seinen Wohnsitz in Lörrach. Beschreiben Sie, wie sein Stimmrecht ausgeübt werden könnte, wenn er selbst nicht zur Hauptversammlung nach Stuttgart fahren will.

2. Auf der Hauptversammlung weist die Direktorin der Commerzbank Stuttgart nach, dass bei ihrer Bank Nennbetragsaktien mit einem Nennwert von insgesamt 375.000 EUR zur Aufbewahrung liegen. Die Aktionäre haben ihr schriftlich das Recht abgetreten, sie auf der Hauptversammlung zu vertreten.
Prüfen Sie, ob die Bankdirektorin stimmberechtigt ist.

3. Auf der Hauptversammlung werden 2/3 der Mitglieder des Aufsichtsrats gewählt.

   a) Begründen Sie, wie viele Mitglieder der Aufsichtsrat dieser Gesellschaft mindestens und wie viele er höchstens haben darf.

   b) Aktionärin Kaczmarek besitzt 20 Nennbetragsaktien zu 25 EUR Nennwert, Aktionär Günther 30 Aktien zu 50 EUR Nennwert.

   Stellen Sie dar, wie viele Stimmen Kaczmarek und Günther jeweils bei der Wahl des Aufsichtsrats haben, wenn alle anderen Aktien zum Nennwert von 25 EUR ausgegeben wurden.

   c) Diplom-Ingenieur Karim Acar – Mitglied des Vorstandes der MediTec AG – ist seit einiger Zeit im Aufsichtsrat der Datentechnik AG tätig.

   Diplom-Volkswirtin Dr. Ludmilla Zettel – Mitglied des Vorstandes der Datentechnik AG – beabsichtigt, in der Hauptversammlung vom 26. Mai 20.. für den Aufsichtsrat der MediTec AG zu kandidieren.

   Prüfen Sie, ob Frau Dr. Zettel die persönlichen Voraussetzungen erfüllt, die für eine Wahl in den Aufsichtsrat der MediTec AG erforderlich sind.

4. Aktionärin Schulz besitzt inzwischen 51 % aller Aktiennennbeträge.

   Erklären Sie, warum ihr damit Einfluss auf die Geschäftsführung des Vorstands möglich ist.

5. Die Satzung der MediTec AG sieht vor, dass der Vorstand aus einer Person besteht. Dr. Spiegel ist zum alleinigen Vorstand gewählt worden. Er kauft eine Großrechenanlage auf Rechnung der AG.

   a) Prüfen Sie, ob der Vertrag für die Messtechnik AG bindend ist.

   b) Prüfen Sie, ob die Hauptaktionärin Schulz zur Zahlung gezwungen werden kann, wenn der Verkäufer bei der Aktiengesellschaft vergeblich versucht hat, das Geld einzutreiben.

Aufgabe 2 AG: Firma – Entstehung – Stückaktien – Nennbetragsaktien – Aufsichtsrat

Zur Erschließung und Verwertung eines ehemaligen Militärgeländes wurde am 19.06.20.. (Abschluss des Gesellschaftsvertrages) die Lahrer Technopark AG gegründet und mit einem Grundkapital von 120 Mio. EUR am 16.10.20.. ins Handelsregister eingetragen. Das Grundkapital wurde auf 6 Mio. Stückaktien aufgeteilt. Am Grundkapital der AG sind die Schwarzwald-Bank AG mit 65 Mio. EUR und die Regionalentwicklung Baden GmbH mit 47 Mio. EUR beteiligt. Der Rest der Aktien wurde von den Initiatoren Lotta und Richard Kenner zu gleichen Teilen übernommen.

vel.plus/BHF04

1. Begründen Sie, zu welchem Zeitpunkt (genaues Datum) die Aktiengesellschaft als juristische Person entstanden ist.

2. Weisen Sie rechnerisch nach,

   a) welcher fiktive Nennwert auf eine Stückaktie entfällt und

   b) wie viele Aktien der AG Lotta Kenner besitzt.

3. Lotta und Richard Kenner wollten zunächst durchsetzen, dass ihr Familienname in der Firma der AG erscheint.

   a) Beschreiben Sie, unter welcher Voraussetzung dies betriebswirtschaftlich sinnvoll gewesen wäre.

   b) Weisen Sie anhand der Firmierungsvorschriften nach, dass die im Sachverhalt angegebene Firma den gesetzlichen Anforderungen entspricht.

HGB
§ 18, 30

4. Der erste Aufsichtsrat hat Lotta und Richard Kenner zu Vorständen der Lahrer Technopark AG bestellt. Lotta Kenner hat an das Tiefbauunternehmen Rheingrund GmbH einen Auftrag über die Geländeplanierung für eine Industriehalle vergeben. Der Vertrag wurde von Lotta Kenner und dem Geschäftsführer der Rheingrund GmbH unterzeichnet.

   Begründen Sie, unter welchen Voraussetzungen der Vertrag für die Lahrer Technopark AG bindend ist.

5. Vor Ablauf der Amtszeit des ersten Aufsichtsrates werden die Gründungsaktionäre der Lahrer Technopark AG vom Vorstand zur Hauptversammlung eingeladen. Es ist ein neuer Aufsichtsrat zu wählen.

   Ina Grasova, Vorständin der Schwarzwald-Bank AG, will sich in den neuen Aufsichtsrat wählen lassen.

   Beschreiben Sie die Absicht, die Grasova mit dieser Wahl verbindet, und prüfen Sie deren rechtliche Zulässigkeit.

Aufgabe 3 AG: Aktienarten – Rechtsfragen

An der Datex GmbH sind die Geschwister Karla Stancic und Fritz Benz sowie Eren Kars als Gesellschafter beteiligt. Da die Geschäftsentwicklung in den vergangenen Jahren einen günstigen Verlauf genommen hat, beabsichtigen die Gesellschafter, die GmbH in eine AG umzuwandeln.

vel.plus/BHF05

Das Grundkapital soll in

- Inhaberaktien (90 000 Stück, Nennwert je 50 EUR) und
- vinkulierte Namensaktien (3 200 Stück, Nennwert je 500 EUR)

zerlegt werden.

Die Geschwister Karla Stancic und Fritz Benz sowie Eren Kars wollen nur die vinkulierten Namensaktien selbst übernehmen. Der Rest soll von den mit der Aktienausgabe beauftragten Banken (= Bankenkonsortium) übernommen werden. Der Ausgabekurs für die Inhaberaktien wird auf 55 EUR pro Aktie (Nennwert 50 EUR) festgesetzt. Die vinkulierten Namensaktien werden zum Nennwert übernommen.

1. Beschreiben Sie, was unter vinkulierten Namensaktien zu verstehen ist.
   Legen Sie dar, welchen Zweck die Gründer mit der Übernahme derartiger Aktien im vorliegenden Fall verfolgen könnten.

2. Prüfen Sie, welchen Einfluss die drei Gründer mit der Übernahme der 3 200 Aktien auf Entscheidungen in der Hauptversammlung haben.

3. Berechnen Sie die Höhe des gesamten Agios und des gesamten Eigenkapitals der neuen AG.

4. Der Wert des eingebrachten Unternehmens, der den Gründern auf das insgesamt aufzubringende Eigenkapital der AG angerechnet wird, wird mit 450.000 EUR angesetzt.
   Ermitteln Sie für diesen Fall die Höhe der Mindesteinzahlung für die vinkulierten Namensaktien.

5. Im Vorfeld hatte der Mitgründer Eren Kars als Alternative vorgeschlagen, für die 3 200 vinkulierten Namensaktien lediglich einen Nennwert von je 450 EUR festzusetzen und die Aktien mit einem Agio von 50 EUR je Aktie als Ausgleich für die Beteiligung an den stillen Rücklagen zu übernehmen. Er begründet dies damit, dass sich dadurch die Höhe des von den drei Gründern aufzubringenden Eigenkapitals nicht ändere und möglicherweise die Mindesteinzahlung (vgl. 4.) geringer sei.

   a) Prüfen Sie, ob die Behauptung von Kars zutrifft, dass sich die Höhe des von den drei Gründern aufzubringenden Eigenkapitals nicht ändert.

   b) Ermitteln Sie, wie hoch in diesem Fall unter sonst gleichen Bedingungen wie bei 4. die Mindesteinzahlung für die vinkulierten Namensaktion hätte sein müssen.

   c) Beurteilen Sie unter Berücksichtigung der Mindesteinzahlung und der vom Anteil am Grundkapital abhängigen Aktionärsrechte folgende Frage: Ist für Gründer einer AG die Übernahme von Aktien mit niedrigerem Nennwert und Agio im Vergleich zur Übernahme von Aktien mit höherem Nennwert und ohne Agio sinnvoll?

6. Nachdem alle Gründungsprobleme ausgeräumt worden sind und die AG ins Handelsregister eingetragen wurde, kauft das Vorstandsmitglied Stancic (alleinige Vorständin) eine Spezialmaschine für 1,2 Mio. EUR. Der Aufsichtsrat ist gegen diesen Kauf. Begründen Sie, ob der Kaufvertrag für die AG bindend ist.

7. Nach Ablauf des ersten Geschäftsjahres findet die Hauptversammlung statt. Eren Kars besitzt 2 000 Stück der vinkulierten Namensaktien. Bei der Hauptversammlung sind 80 % des Grundkapitals vertreten.
   Prüfen Sie mit einem rechnerischen Nachweis, ob Eren Kars die Entlastung von Vorstand und Aufsichtsrat verhindern kann.

Aufgabe 4   Hauptversammlung

Nehmen Sie an einer (Online-) Hauptversammlung einer Aktiengesellschaft teil.

2 Offene Selbstfinanzierung am Beispiel einer Aktiengesellschaft

Kompetenzen:

- *Höhe der offenen Selbstfinanzierung ermitteln*

2.1 Offene Selbstfinanzierung als Form der Innenfinanzierung einer AG

- *Höhe der offenen Selbstfinanzierung ermitteln*
- *die Eigenkapitalpositionen in der Bilanz unterscheiden*
- *Gewinnverwendung in unterschiedlichen Unternehmenssituationen gestalten*

2.2 Offene Selbstfinanzierung der AG durch Bildung gesetzlicher und freiwilliger Rücklagen

- *die Eigenkapitalpositionen in der Bilanz einer AG unterscheiden*
- *Gewinnverwendung in unterschiedlichen Unternehmenssituationen gestalten*

2.3 Feststellung des Jahresabschlusses einer AG und Einfluss der Gewinnverwendung

- *Interessen und Rechte von Aktionären, Gläubigern und Unternehmensleitung erläutern*

2.4 Interessenkonflikt bei der Gewinnverwendung einer AG: maximaler und minimaler Bilanzgewinn

2.1 Offene Selbstfinanzierung als Form der Innenfinanzierung einer AG

Die **offene Selbstfinanzierung** ist eine Form der **Innen- und Eigenfinanzierung**. Sie erfolgt aus eigener Kraft des Unternehmens und erhöht das in der Bilanz ausgewiesene **Eigenkapital**.

Aufg. 1
S. 405

> **!** Wenn eine AG Geldmittel, die dem in der GuV ausgewiesenen Jahresüberschuss entsprechen, ganz oder teilweise zurückbehält und nicht an die Aktionäre ausschüttet, liegt eine Selbstfinanzierung vor.

Gewinnrücklagen

Bei Einzelunternehmen und Personengesellschaften werden die als Eigenkapital im Unternehmen verbleibenden Gewinnanteile dem Eigenkapitalkonto bzw. den Kapitalkonten der Gesellschafter gutgeschrieben. Da aber bei Aktiengesellschaften über das in der Bilanz ausgewiesene **gezeichnete Kapital (Grundkapital)**[1] Aktien ausgegeben wurden, kann sich diese Größe durch die Einbehaltung von Gewinnen nicht verändern. Vielmehr müssen die

© Pixabay

---

1 Der in der Satzung (= Gesellschaftsvertrag der AG) festgelegte Kapitalbetrag wird im **AktG** als **Grundkapital** bezeichnet. Das **HGB**, das für **alle Kapitalgesellschaften** gilt, verwendet dagegen für den Ausweis des entsprechenden Kapitals in der Bilanz den Begriff **gezeichnetes Kapital**. In einer AG-Bilanz findet sich daher nicht der Begriff Grundkapital, sondern gezeichnetes Kapital. Beide Begriffe werden aber bezogen auf die AG gleichbedeutend verwendet.

nach **Ausgleich** eines **Verlustvortrags** aus dem Vorjahr einbehaltenen Gewinnanteile in der Bilanzposition **Gewinnrücklagen** erfasst und gesondert ausgewiesen werden. Die **Gewinnrücklagen** sind ebenso wie das **gezeichnete Kapital** Bestandteil des **Eigenkapitals** einer AG.

> **!** Gewinnrücklagen sind der veränderliche Teil des Eigenkapitals, der durch die Einbehaltung von Teilen des Jahresüberschusses einer AG entsteht. Rücklagenbildung bedeutet also Erhöhung des Eigenkapitals. An den in der Bilanz ausgewiesenen Gewinnrücklagen lässt sich der Umfang der offenen Selbstfinanzierung einer AG erkennen.

AktG
§ 150 (1), (2)
§ 58 (2), (3)

Im Gegensatz zu Einzelunternehmen, Personengesellschaften und anderen Kapitalgesellschaften (z.B. GmbH) kann der Jahresüberschuss einer AG nicht ohne weiteres ausgeschüttet werden. Es bestehen vielmehr gesetzliche Vorschriften, die in bestimmten Fällen eine Zurückbehaltung von Teilen des Jahresüberschusses erzwingen (= gesetzlich erzwungene Selbstfinanzierung). Darüber hinaus können durch Beschluss von Vorstand und Aufsichtsrat einerseits sowie Hauptversammlung andererseits freiwillig weitere Teile des Jahresüberschusses einbehalten werden (= freiwillige Selbstfinanzierung). Dementsprechend werden die **Gewinnrücklagen** u.a. in die **gesetzliche Rücklage** und **andere Gewinnrücklagen** eingeteilt.

HGB
§ 266

> **!** Die Bildung von Gewinnrücklagen ist bei der AG teilweise gesetzlich erzwungen (gesetzliche Gewinnrücklage) und teilweise freiwillig (andere Gewinnrücklagen).

Bilanzgewinn und Gewinnvortrag

Der Teil des Jahresüberschusses, der nicht zur Bildung von Gewinnrücklagen verwendet wird, stellt den **Bilanzgewinn** dar. Er kann – falls die Hauptversammlung dies beschließt – als **Dividende** an die Aktionäre ausgeschüttet werden. Häufig wird als Dividende je Aktie der sich aus dem Bilanzgewinn ergebende höchstmögliche „runde Ausschüttungsbetrag" (= auf volle Cent gerundeter Betrag, z.B. 6,50 EUR je Aktie) berechnet. Der Bilanzgewinn ist in den meisten Fällen nicht ohne Rest durch die Gesamtdividende teilbar. Dieser kleine Rest wird als **Gewinnvortrag** auf das neue Jahr übertragen. Der Teil des Jahresüberschusses, der den **Gewinnrücklagen** zugeführt oder als **Gewinnvortrag** ausgewiesen wird, dient der **Selbstfinanzierung** der AG.

> **!** Neben den Teilen des Jahresüberschusses, die dem Ausgleich eines Verlustvortrags aus dem Vorjahr dienen oder den Gewinnrücklagen zugeführt werden, leistet auch der Gewinnvortrag einen Beitrag zur offenen Selbstfinanzierung der AG.

2.2   Offene Selbstfinanzierung einer AG durch Bildung gesetzlicher und freiwilliger Gewinnrücklagen

Aufg. 2
S. 405

Gesetzliche Gewinnrücklage: Gesetzlich erzwungene Selbstfinanzierung

AktG
§ 150 (1), (2)

© Pixabay

Das Aktiengesetz schreibt die Bildung einer gesetzlichen Rücklage zwingend vor (= **gesetzlich erzwungene Selbstfinanzierung**). Dabei gilt folgende Vorgehensweise:

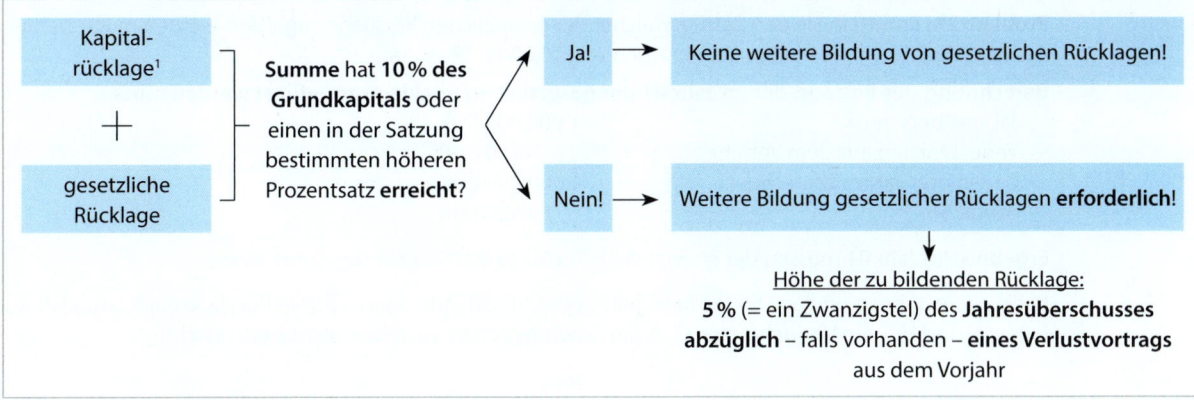

Wenn kein Jahresüberschuss vorhanden ist oder der Verlustvortrag aus dem Vorjahr den Jahresüberschuss übersteigt, kann folglich keine Gewinnrücklage gebildet werden.

Gesetzliche Rücklagen bei einer AG

Das Eigenkapital der Solar AG setzt sich zu Anfang des Jahres 01 wie folgt zusammen:

I. Gezeichnetes Kapital	20.000.000 EUR
II. Kapitalrücklage	500.000 EUR
III. Gewinnrücklagen	
1. gesetzliche Rücklage	1.200.000 EUR
2. andere Gewinnrücklagen	600.000 EUR

Im Jahr 01 wurde ein Jahresüberschuss von   1.000.000 EUR   erwirtschaftet.

Problem 1: Prüfen Sie, ob im Jahr 01 eine gesetzliche Rücklage gebildet werden muss.

10 % des Grundkapitals (gezeichneten Kapitals)		2.000.000 EUR
– bereits vorhandene		
gesetzliche Rücklage	1.200.000 EUR	
Kapitalrücklage	500.000 EUR	1.700.000 EUR
= an 10 % des Grundkapitals fehlender Betrag		300.000 EUR

Ergebnis: Für das Jahr 01 muss eine gesetzliche Rücklage gebildet werden.

Problem 2a: Ermitteln Sie den Betrag, welcher der gesetzlichen Rücklage zugeführt werden muss, wenn aus dem Vorjahr ein Verlustvortrag in Höhe von 500.000 EUR vorliegt.

Berechnung des Betrags, der im Jahr 01 der gesetzlichen Rücklage zugeführt werden muss

Jahresüberschuss	1.000.000 EUR
– Verlustvortrag aus dem Vorjahr	500.000 EUR
= bereinigter Jahresüberschuss	500.000 EUR
davon 5 % Einstellung in die gesetzliche Rücklage	25.000 EUR

Ergebnis: Im Jahr 01 müssen der gesetzlichen Rücklage 25.000 EUR zugeführt werden.

---

1   Die Kapitalrücklage wird im Zusammenhang mit der Aktienausgabe einer AG gebildet. Der Betrag, um den der Ausgabekurs (Emissionskurs) den (fiktiven) Nennwert übersteigt (= Agio), wird hier erfasst (AktG § 272 [2]).

Problem 2b: Ermitteln Sie den Betrag, welcher der gesetzlichen Rücklage zugeführt werden muss, wenn aus dem Vorjahr ein Gewinnvortrag in Höhe von 10.000 EUR vorliegt.

Berechnung des Betrags, der im Jahr 01 der gesetzlichen Rücklage zugeführt werden muss

	Jahresüberschuss	1.000.000 EUR
–	Verlustvortrag aus dem Vorjahr	0 EUR
=	bereinigter Jahresüberschuss	1.000.000 EUR
	davon 5 %	50.000 EUR

Ergebnis: Im Jahr 01 müssen der gesetzlichen Rücklage 50.000 EUR zugeführt werden.

In die Bemessungsgrundlage für die Berechnung der zu bildenden gesetzlichen Rücklage fließt **lediglich** – falls vorhanden – **ein Verlustvortrag** ein. Ein **Gewinnvortrag wird hier nicht berücksichtigt.**[1]

© Pixabay

 Solange die Summe aus Kapitalrücklage und gesetzlicher Rücklage weniger als 10 % des Grundkapitals beträgt, müssen 5 % des Jahresüberschusses der gesetzlichen Rücklage zugeführt werden. Liegt ein Verlustvortrags aus dem Vorjahr vor, muss der Jahresüberschuss zuvor um diesen Betrag verringert werden.

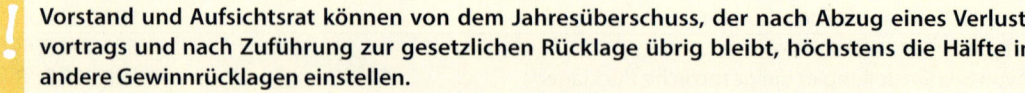 Beim Ausgleich eines Verlustvortrags und bei der Zuführung zur gesetzlichen Rücklage handelt es sich um eine gesetzlich erzwungene Selbstfinanzierung.

Andere Gewinnrücklagen: Freiwillig vorgenommene Selbstfinanzierung

AktG
§ 172
§ 58 (2)

Im Normalfall stellen Vorstand und Aufsichtsrat den Jahresabschluss fest[2,3]. In diesem Fall können diese beiden Organe weitere Teile des Jahresüberschusses, der nach Zuführung zur gesetzlichen Rücklage übrig bleibt, freiwillig den anderen Gewinnrücklagen zuführen. Dabei gilt folgende Vorgehensweise:

AktG
§ 58 (1)

❶ Vom **Jahresüberschuss** werden ein eventuell vorhandener **Verlustvortrag** aus dem Vorjahr sowie die eventuell in die **gesetzliche Rücklage** einzustellenden Beträge abgezogen.

❷ Vom Rest können **Vorstand und Aufsichtsrat höchstens die Hälfte in andere Gewinnrücklagen** einstellen.

❸ Diese Möglichkeit ist unabhängig von der bereits erreichten Höhe der sonstigen Gewinnrücklagen.

 Vorstand und Aufsichtsrat können von dem Jahresüberschuss, der nach Abzug eines Verlustvortrags und nach Zuführung zur gesetzlichen Rücklage übrig bleibt, höchstens die Hälfte in andere Gewinnrücklagen einstellen.

Der nach Einstellung durch Vorstand und Aufsichtsrat in die anderen Gewinnrücklagen verbleibende Betrag wird um einen eventuell vorhandenen **Gewinnvortrag** aus dem Vorjahr erhöht und als **Bilanzgewinn** ausgewiesen.

---

1 Das liegt daran, dass der Gewinnvortrag bereits im vorherigen Jahr Teil des Jahresüberschusses und damit Teil der Bemessungsgrundlage für die Berechnung der Gewinnrücklagen war.
2 Während mit dem Begriff „Aufstellung des Jahresabschlusses" die vorbereitenden Jahresabschlussarbeiten bis zur Beschlussfassung gemeint sind, bedeutet „Feststellung des Jahresabschlusses" die rechtsverbindliche Festlegung.
3 Die Fälle, in denen die Satzung etwas anderes bestimmt (AktG § 58 [1]), werden hier nicht behandelt, da die Behandlung der Besonderheiten von Satzungsbestimmungen im Bildungsplan nicht vorgesehen ist.

F

Andere Gewinnrücklagen bei einer AG

Problem 3a: Ermitteln Sie den Betrag, den Vorstand und Aufsichtsrat gem. AktG § 58 (2) höchstens in die anderen Gewinnrücklagen einstellen können, wenn aus dem Vorjahr ein Verlustvortrag in Höhe von 500.000 EUR vorliegt.

Jahresüberschuss	1.000.000 EUR
– Verlustvortrag aus dem Vorjahr	500.000 EUR
= bereinigter Jahresüberschuss	500.000 EUR
– davon 5 % Einstellung in die gesetzliche Rücklage	25.000 EUR
= Restbetrag	475.000 EUR
– davon maximal 50 % Einstellung in andere Gewinnrücklagen	237.500 EUR
= Bilanzgewinn	237.500 EUR

Ergebnis: Vorstand und Aufsichtsrat können höchstens 237.500 EUR den anderen Gewinnrücklagen gem. AktG § 58 (2) zuführen. Die Hauptversammlung kann darüber beschließen, ob und in welchem Umfang der Bilanzgewinn in Höhe von 237.500 EUR als Dividende ausgeschüttet oder zur Selbstfinanzierung der AG verwendet werden soll. Im letzteren Fall können entsprechende Teile des Bilanzgewinns den anderen Gewinnrücklagen zugeführt oder als Gewinnvortrag für das nächste Jahr ausgewiesen werden.

Problem 3b: Ermitteln Sie den Betrag, den Vorstand und Aufsichtsrat gem. AktG § 58 (2) höchstens in die anderen Gewinnrücklagen einstellen können, wenn aus dem Vorjahr ein Gewinnvortrag in Höhe von 10.000 EUR vorliegt.

Jahresüberschuss	1.000.000 EUR
– Verlustvortrag aus dem Vorjahr	0 EUR
= bereinigter Jahresüberschuss	1.000.000 EUR
– davon 5 % Einstellung in die gesetzliche Rücklage	50.000 EUR
= Restbetrag	950.000 EUR
– davon maximal 50 % Einstellung in andere Gewinnrücklagen	475.000 EUR
= Restbetrag	475.000 EUR
+ Gewinnvortrag aus dem Vorjahr	10.000 EUR
= Bilanzgewinn	485.000 EUR

Ergebnis: Vorstand und Aufsichtsrat können höchstens 475.000 EUR den anderen Gewinnrücklagen gem. AktG § 58 (2) zuführen. Die Hauptversammlung entscheidet über die Verwendung des Bilanzgewinns in Höhe von 485.000 EUR (Dividende oder andere Gewinnrücklagen bzw. Gewinnvortrag).

Die Hauptversammlung entscheidet mit einfacher Mehrheit, ob und ggf. in welcher Höhe weitere Teile des Bilanzgewinns in die **anderen Gewinnrücklagen** eingestellt oder als **Gewinnvortrag** für das nächste Jahr in der AG belassen werden. In beiden Fällen liegt eine **zusätzliche Selbstfinanzierung** vor.

AktG § 58 (3)

 Über die Verwendung des Bilanzgewinns entscheidet die im folgenden Geschäftsjahr einzuberufende Hauptversammlung. Diese kann auf eine (vollständige) Ausschüttung des Bilanzgewinns als Dividende verzichten und weitere Teile in die anderen Gewinnrücklagen einstellen oder als Gewinn für das neue Geschäftsjahr vortragen.

Gewinnverwendungstabelle der Solar AG

Fall 1: Die Hauptversammlung stellt keine weiteren Beträge in die anderen Gewinnrücklagen ein.

	Jahresüberschuss aus GuV	1.000.000 EUR
–	evtl. Verlustvortrag aus dem Vorjahr	0 EUR
=	bereinigter Jahresüberschuss	1.000.000 EUR
–	davon evtl. 5 % für gesetzliche Rücklage	50.000 EUR
=	Restbetrag	950.000 EUR
–	davon maximal 50 % für andere Gewinnrücklagen	475.000 EUR
=	Restbetrag	475.000 EUR
+	evtl. Gewinnvortrag aus dem Vorjahr	10.000 EUR
=	Bilanzgewinn	485.000 EUR
–	davon evtl. weitere Beträge für andere Gewinnrücklagen	0 EUR
=	Betrag für Dividendenausschüttung	485.000 EUR
–	„runder" Ausschüttungsbetrag z. B. 2,25 EUR je Aktie bei 200 000 Aktien	450.000 EUR
=	Gewinnvortrag für das nächste Jahr	35.000 EUR

Fall 2: Die Hauptversammlung stellt weitere 200.000 EUR in die anderen Gewinnrücklagen ein.

	Jahresüberschuss aus GuV	1.000.000 EUR
–	evtl. Verlustvortrag aus dem Vorjahr	0 EUR
=	bereinigter Jahresüberschuss	1.000.000 EUR
–	davon evtl. 5 % für gesetzliche Rücklage	50.000 EUR
=	Restbetrag	950.000 EUR
–	davon maximal 50 % für andere Gewinnrücklagen	475.000 EUR
=	Restbetrag	475.000 EUR
+	evtl. Gewinnvortrag aus dem Vorjahr	10.000 EUR
=	Bilanzgewinn	485.000 EUR
–	davon evtl. weitere Beträge für andere Gewinnrücklagen	200.000 EUR
=	Betrag für Dividendenausschüttung	285.000 EUR
–	„runder" Ausschüttungsbetrag z. B. 1,40 EUR je Aktie bei 200 000 Aktien	280.000 EUR
=	Gewinnvortrag für das nächste Jahr	5.000 EUR

2.3 Feststellung des Jahresabschlusses einer AG und Einfluss der Gewinnverwendung

HGB § 264 (1)	HGB §§ 316 ff.	AktG § 170	AktG §§ 171 ff.	AktG §§ 174, 175
Der Vorstand stellt den Jahresabschluss auf und legt ihn innerhalb von drei Monaten nach Ende des Geschäftsjahres vor.	Die von der Hauptversammlung bestimmten Wirtschaftsprüfer erstellen einen Prüfbericht.	Vorlage beim Aufsichtsrat. Der Vorstand macht einen Vorschlag zur Gewinnverwendung.	Der Aufsichtsrat prüft die Unterlagen. Stimmt er zu, sind Jahresabschluss und Bilanzgewinn festgestellt.[1] Die Hauptversammlung ist daran gebunden.	Der Vorstand beruft in den ersten acht Monaten des neuen Geschäftsjahres die Hauptversammlung ein.

Zeit →

---

1   Wenn der Aufsichtsrat die Zustimmung zum Jahresabschluss verweigert, stellt die Hauptversammlung den Jahresabschluss fest. Dies gilt auch, wenn die Satzung eine solche Regelung vorschreibt. Die Behandlung dieser Fälle ist im Bildungsplan nicht vorgesehen.

Je nachdem, ob die Gewinnverwendung bei der Aufstellung des Jahresabschlusses bereits berücksichtigt wird oder nicht, haben Bilanz und (gem. AktG § 158 erweiterte) GuV einer AG ein unterschiedliches Aussehen. Dabei sind folgende drei Möglichkeiten zu unterscheiden:

AktG
§ 158

Jahresabschluss
- **vor der Gewinnverwendung**
- **nach teilweiser Gewinnverwendung**
- **nach vollständiger Gewinnverwendung**

Jahresabschluss vor Gewinnverwendung

Der Jahresüberschuss beträgt 1.000.000 EUR. Vor der Gewinnverwendung wird dieser Betrag gem. HGB § 266 in der Bilanzposition Jahresüberschuss als Teil des Eigenkapitals ausgewiesen.

Gewinn- und Verlustrechnung HGB § 275 (2) in EUR		Gliederung des Eigenkapitals einer AG vor Gewinnverwendung gem. HGB § 266 in EUR	
	Jahr 01		Jahr 01
Erträge	15.000.000	A. Eigenkapital	
		I. Gezeichnetes Kapital	20.000.000
		II. Kapitalrücklage	500.000
		III.Gewinnrücklage	
		1. gesetzliche Rücklagen	1.200.000
		2. ...	
		3. ...	
		4. andere Gewinnrücklagen	600.000
– Aufwendungen	14.000.000	IV.Gewinnvortrag/Verlustvortrag	10.000
Jahresüberschuss	**1.000.000**	**V. Jahresüberschuss**	**1.000.000**
		Summe Eigenkapital	**23.310.000**

HGB
§§ 266,
275 (2)

Eigenkapitalgliederung nach teilweiser und vollständiger Gewinnverwendung

Gem. HGB § 268 (1) kann der Jahresabschluss auch unter Berücksichtigung der teilweisen oder vollständigen Gewinnverwendung aufgestellt werden.[1]

Gliederung des Eigenkapitals einer AG nach teilweiser Gewinnverwendung gem. HGB § 266, 268 (1) in EUR		Gliederung des Eigenkapitals und Veränderung des Fremdkapitals einer AG nach vollständiger Gewinnverwendung gem. HGB § 266, 268 (1) in EUR	
	Jahr 01		Jahr 01
A. Eigenkapital		A. Eigenkapital	
I. Gezeichnetes Kapital	20.000.000	I. Gezeichnetes Kapital	20.000.000
II. Kapitalrücklage	500.000	II. Kapitalrücklage	500.000
III. Gewinnrücklage		III. Gewinnrücklage	
1. gesetzliche Rücklagen	1.250.000	1. gesetzliche Rücklagen	1.250.000
2. ...		2. ...	
3. ...		3. ...	
4. andere Gewinnrücklagen	1.075.000	4. andere Gewinnrücklagen	1.075.000
IV. Bilanzgewinn	**485.000**	**IV. Gewinnvortrag**	**35.000**
Summe Eigenkapital	**23.310.000**	**Summe Eigenkapital**	**22.860.000**
		B. Verbindlichkeiten	
		1.	
		2. sonstige Verbindlichkeiten	450.000

HGB
§§ 268 (1)

---

1   Im Bildungsplan ist lediglich die Gliederung der EK-Positionen vorgesehen.

> **!** Die Dividendenzahlung stellt für die AG einen Abfluss von liquiden Mittel dar. Diese Mittel können nicht zur Selbstfinanzierung verwendet werden. Solange die beschlossene Dividende noch nicht ausgezahlt ist, handelt es sich um eine Verbindlichkeit der AG gegenüber ihren Aktionären, die auf der Passivseite der Bilanz ausgewiesen wird.

2.4   Interessenkonflikte bei der Gewinnverwendung einer AG: maximaler und minimaler Bilanzgewinn

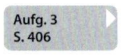

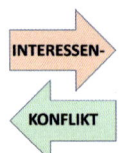

Aufg. 3
S. 406

Durch Einstellung von Teilen des Jahresüberschusses in die Gewinnrücklagen entsteht ein Interessenkonflikt zwischen der Geschäftsleitung und den Gläubigern der AG einerseits und den Aktionären andererseits.

Interessen der Geschäftsleitung, der Gläubiger (und der Großaktionäre)	Interessen der (Klein-)Aktionäre
Möglichst hohe Selbstfinanzierung zur Erhöhung des Eigenkapitals als Haftungsgrundlage und zur Stärkung der Finanzkraft. Folgen: ■ kein Liquiditätsabfluss ■ keine Finanzierungskosten z. B. für Fremd- oder Beteiligungsfinanzierung ■ unbefristet verfügbares Kapital ■ Kreditwürdigkeit steigt ■ Wert des Unternehmens steigt: möglicherweise Kurssteigerung	Auszahlung einer Dividende als Verzinsung der Kapitalanlage in Aktien. Folgen: ■ positive Stimmung der Aktionäre ■ Aktie wird möglicherweise wegen Dividendenzahlung attraktiv (Kurssteigerung)

AktG
§ 58 (4)
§ 174

Das Aktiengesetz versucht einen Kompromiss zwischen den häufig entgegengesetzten Interessen von Gläubigern/Geschäftsleitung und (Klein-)Aktionären zu finden. Einerseits wird der **Dividendenanspruch der Aktionäre** ausdrücklich betont. Die Hauptversammlung kann darüber beschließen, welcher Teil des Bilanzgewinns als Dividende an die Aktionäre ausgeschüttet werden soll. Andererseits wird **bis zu einem bestimmten Grad eine Selbstfinanzierung gesetzlich erzwungen**.

AktG
§ 150 (1), (2)
§ 150 (3), (4)

Stellt der Vorstand den maximal möglichen Betrag in die anderen Gewinnrücklagen ein, so ergibt sich – nach Berücksichtigung eines möglichen Gewinnvortrags aus dem Vorjahr – der **minimale Bilanzgewinn**. Da somit eine geringerer Betrag zur Dividendenausschüttung zur Verfügung steht, bleiben **mehr liquide Mittel im Unternehmen**.

Konflikt zwischen Bildung von Gewinnrücklagen und Dividende: minimaler Bilanzgewinn

Das Eigenkapital der Solar AG setzt sich zu Anfang des Jahres 01 wie folgt zusammen:

I. Gezeichnetes Kapital	20.000.000 EUR
II. Kapitalrücklage	500.000 EUR
III. Gewinnrücklagen	
1. gesetzliche Rücklage	1.200.000 EUR
2. andere Gewinnrücklagen	600.000 EUR
IV. Gewinnvortrag	10.000 EUR

Im Jahr 01 wurde ein Jahresüberschuss von 1.000.000 EUR erwirtschaftet.
Es wurden 200 000 Stückaktien ausgegeben.

Problem 1: Ermitteln Sie, welchen Bilanzgewinn Vorstand und Aufsichtsrat **mindestens** ausweisen **müssen.** Berechnen Sie in diesem Fall die diesjährige

a) gesetzlich erzwungene offene Selbstfinanzierung.
b) freiwillig vorgenommene offene Selbstfinanzierung.
c) offene Selbstfinanzierung insgesamt.

Aufg. 4

Jahresüberschuss	1.000.000 EUR
− Verlustvortrag aus dem Vorjahr	0 EUR
= bereinigter Jahresüberschuss	1.000.000 EUR
− davon 5 % Einstellung in die gesetzliche Rücklage	50.000 EUR
Restbetrag I	950.000 EUR
− davon maximal 50 % Einstellung in andere Gewinnrücklagen	475.000 EUR
Restbetrag II	475.000 EUR
+ Gewinnvortrag aus dem Vorjahr	10.000 EUR
(minimaler) Bilanzgewinn	485.000 EUR
− maximale Dividendenausschüttung: 2,40 EUR je Aktie (auf volle 10 Cent gerundeter Betrag)	480.000 EUR
Gewinnvortrag	5.000 EUR

Offene Selbstfinanzierung im Jahr 01:

a) gesetzlich erzwungene offene Selbstfinanzierung:		
Einstellung in gesetzliche Rücklage		50.000 EUR
b) freiwillig vorgenommene offene Selbstfinanzierung:		470.000 EUR
Einstellung in andere Gewinnrücklagen	*475.000 EUR*	
− *Gewinnvortrag aus dem Vorjahr*		
(= Teil der offenen SF des Vorjahres)	*10.000 EUR*	
+ *diesjähriger Gewinnvortrag (Jahr 01)*	*5.000 EUR*	
c) diesjährige offene Selbstfinanzierung (Jahr 01) insgesamt		520.000 EUR

> ! **Der Ausgleich eines Verlustvortrags und die Zuführung zur gesetzlichen Rücklage stellen eine gesetzlich erzwungene offene Selbstfinanzierung dar. Die Zuführung zu den anderen Gewinnrücklagen und der Gewinnvortrag für das nächste Jahr stellen eine freiwillig vorgenommene offene Selbstfinanzierung dar.**

> ! **offene Selbstfinanzierung = Jahresüberschuss − Dividende**
> **d. h. je höher die Dividende, desto geringer die Selbstfinanzierung**

Anders als die Kapitalrücklage und die gesetzliche Rücklage können andere Gewinnrücklagen vom Vorstand und Aufsichtsrat oder durch Beschluss der Hauptversammlung jederzeit aufgelöst werden.[1] Verzichtet der Vorstand auf die Bildung neuer anderer Gewinnrücklagen und löst darüber hinaus auch die bestehenden anderen Gewinnrücklagen auf, so ergibt sich – nach Berücksichtigung eines möglichen Gewinnvortrags aus dem Vorjahr – der **maximale Bilanzgewinn**. Durch die **Auflösung anderer Gewinnrücklagen verringert sich die Selbstfinanzierung** der AG. Gleichzeitig ermöglicht ein maximaler Bilanzgewinn eine **hohe Dividendenausschüttung** an die Aktionäre.

---

1 Die gesetzlich geregelte Auflösung der Kapitalrücklage und der gesetzlichen Rücklage ist im Bildungsplan nicht vorgesehen.

Konflikt zwischen Bildung von Gewinnrücklagen und Dividende: maximaler Bilanzgewinn

Problem 2: Ermitteln Sie den Bilanzgewinn, den Vorstand und Aufsichtsrat **höchstens** ausweisen **können**. Berechnen Sie in diesem Fall die diesjährige

a) gesetzlich erzwungene offene Selbstfinanzierung.

b) freiwillig vorgenommene offene Selbstfinanzierung.

c) offene Selbstfinanzierung insgesamt.

Jahresüberschuss	1.000.000 EUR
– Verlustvortrag aus dem Vorjahr	0 EUR
= bereinigter Jahresüberschuss	1.000.000 EUR
– davon 5 % Einstellung in gesetzliche Rücklagen	50.000 EUR
Restbetrag	950.000 EUR
+ Entnahme aus den anderen Gewinnrücklagen (s. Abb. S. 395)	600.000 EUR
+ Gewinnvortrag aus dem Vorjahr	10.000 EUR
(maximaler) Bilanzgewinn	1.560.000 EUR
– maximale Dividendenausschüttung: 7,80 EUR je Aktie	
(auf volle 10 Cent gerundeter Betrag)	1.560.000 EUR
Gewinnvortrag	0 EUR

Offene Selbstfinanzierung im Jahr 01:

a) gesetzlich erzwungene offene Selbstfinanzierung:

Einstellung in gesetzliche Rücklage	50.000 EUR

b) freiwillig vorgenommene offene Selbstfinanzierung:

Einstellung in andere Gewinnrücklagen	0 EUR
Gewinnvortrag	0 EUR

c) offene Selbstfinanzierung im laufenden Jahr insgesamt   50.000 EUR

Entnahme aus anderen Gewinnrücklagen	*600.000 EUR*	
Gewinnvortrag aus dem Vorjahr		
(= Teil der offenen SF des Vorjahres)	*10.000 EUR*	
Selbstfinanzierung aus früheren Jahren wird		
rückgängig gemacht		*(–) 610.000 EUR*
= Verringerung der Selbstfinanzierung insgesamt		*(–) 560.000 EUR*[1]

---

1   Die gesetzlich geregelte Auflösung der Kapitalrücklage und der gesetzlichen Rücklage ist im Bildungsplan nicht vorgesehen.

Zusammenfassende Übersicht zu Kapitel 2:
Offene Selbstfinanzierung am Beispiel einer Aktiengesellschaft

offene Selbstfinanzierung = Einbehaltung von Gewinnen

Bildung von Gewinnrücklagen (= Teil des Eigenkapitals)

gesetzliche Rücklage = gesetzlich erzwungene Selbstfinanzierung	**andere (freiwillige) Rücklagen** = freiwillig vorgenommene Selbstfinanzierung
AktG § 150 (1), (2): 5 % des (um einen eventuell vorhandenen Verlustvortrag verminderten) Jahresüberschusses bis die Summe aus gesetzlicher Rücklage und Kapitalrücklage 10 % des Grundkapitals erreicht hat	AktG § 58 (2): Vorstand und Aufsichtsrat können nach Einstellung in die gesetzliche Rücklage vom Rest bis zu 50 % in andere (freiwillige) Gewinnrücklagen einstellen. AktG § 58 (3): Die Hauptversammlung kann vom Bilanzgewinn weitere Beträge in andere (freiwillige) Gewinnrücklagen einstellen.

Verwendung des Jahresüberschusses

	Jahresüberschuss (JÜ)	
–	Verlustvortrag aus dem Vorjahr	
=	bereinigter Jahresüberschuss: Basis für Einstellung in die gesetzliche Rücklage	
–	Einstellung in gesetzliche Rücklage	AktG § 150
=	Restbetrag: Basis für Einstellung in andere Gewinnrücklagen	
–	Einstellung in andere Gewinnrücklagen	AktG § 58 (2)
+	Entnahme aus den anderen Gewinnrücklagen	
=	Restbetrag	
+	Gewinnvortrag aus Vorjahr	
=	Bilanzgewinn	
–	Einstellung weiterer Beträge in andere Gewinnrücklagen durch HV	AktG § 58 (3)
=	verfügbare Dividende	
–	ausgezahlte Dividende	
=	Gewinnvortrag/Verlustvortrag	

Aufstellung des Jahresabschlusses

	vor der Gewinnverwendung	**nach teilweiser Gewinnverwendung**	**nach vollständiger Gewinnverwendung**
EK-Positionen	Gewinn-/Verlustvortrag Vorjahr Jahresüberschuss/ Jahresfehlbetrag aktuelles Jahr	Bilanzgewinn	Gewinn-/Verlustvortrag nächstes Jahr
FK-Position	–	–	sonst. Verbindlichkeiten (noch auszuzahlende Dividende)

Interessenkonflikte bei der Gewinnverwendung

| Geschäftsführung/Gläubiger:
Bildung von Gewinnrücklagen
(= offene Selbstfinanzierung)
↓
minimaler Bilanzgewinn | ← Kompromiss durch AktG:
gesetzlich erzwungene
offene Selbstfinanzierung → | Aktionäre:
hohe **Dividendenzahlung**
↓
maximaler Bilanzgewinn |

Checken Sie Ihre Kompetenz mit der **Ich-kann-Liste**.

Öffnen Sie hierzu den nebenstehenden **QR-Code**
oder geben Sie folgenden Link ein: https://vel.plus/BHF06

vel.plus/BHF07

WIEDERHOLUNG DES GRUNDWISSENS

zu Kapitel 2 Offene Selbstfinanzierung am Beispiel einer Aktiengesellschaft

2.1 Offene Selbstfinanzierung als Form der Innenfinanzierung einer AG

1. Beschreiben Sie, wann bei einer AG eine offene Selbstfinanzierung vorliegt.

2. Beschreiben Sie, was unter Gewinnrücklagen zu verstehen ist.

3. Nennen Sie die Teile des Jahresüberschusses, die einen Beitrag zur offenen Selbstfinanzierung einer AG leisten.

4. Stellen Sie dar, wodurch sich Rücklagen von Rückstellungen unterscheiden.

2.2 Offene Selbstfinanzierung einer AG durch Bildung gesetzlicher und freiwilliger Gewinnrücklagen

1. Beschreiben Sie die im Aktiengesetz vorgesehene Vorgehensweise zur Bildung einer gesetzlichen Gewinnrücklage.

2. Nennen Sie die Bemessungsgrundlage für die Bildung der gesetzlichen Gewinnrücklage.

3. Beschreiben Sie die im Aktiengesetz vorgesehene Vorgehensweise zur Bildung freiwilliger Gewinnrücklagen (andere Gewinnrücklagen) durch Vorstand und Aufsichtsrat.

4. Nennen Sie die Bemessungsgrundlage für die Bildung anderer Gewinnrücklagen durch Vorstand und Aufsichtsrat.

5. Begründen Sie, warum bei der Bemessungsgrundlage für die Gewinnrücklagen nur ein Verlustvortrag, aber kein Gewinnvortrag berücksichtigt wird.

6. Beschreiben Sie, inwieweit durch Beschluss der Hauptversammlung zur offenen Selbstfinanzierung einer AG beigetragen werden kann.

2.3 Feststellung des Jahresabschlusses einer AG und Einfluss der Gewinnverwendung

1. Nennen Sie die Schritte von der Aufstellung des Jahresabschlusses durch den Vorstand bis zur Entscheidung durch die Hauptversammlung.

2. Stellen Sie dar, wie ein Gewinnvortrag für das nächste Jahr entsteht.

3. Nennen Sie die Bilanzpositionen, an denen sich erkennen lässt, ob der Jahresabschluss vor, nach teilweise oder nach vollständiger Gewinnverwendung aufgestellt wurde.

2.4 Interessenkonflikte bei der Gewinnverwendung einer AG: maximaler und minimaler Bilanzgewinn

1. Beschreiben Sie den Zusammenhang, der zwischen der Höhe der Dividende und der Höhe der offenen Selbstfinanzierung besteht.

2. Erörtern Sie den möglichen Interessenkonflikt zwischen Geschäftsleitung und Gläubigern (u. U. Großaktionären) einer AG einerseits und den (Klein-)Aktionären andererseits.

3. Stellen Sie dar, durch welche Regelungen des AktG versucht wird, einen Kompromiss zwischen den unterschiedlichen Interessen zu schaffen.

ANWENDUNGS- UND ÜBUNGSAUFGABEN

zu Kapitel 2.2 Offene Selbstfinanzierung am Beispiel einer Aktiengesellschaft

Aufgabe 1 Jahresabschluss und Gewinnverwendung einer AG

Für die CHEMIE AG liegt zum 31.12. ... folgende verkürzte Bilanz vor:

Aktiva				Passiva
A. Anlagevermögen	17.090.000	A. Eigenkapital		
B. Umlaufvermögen	8.500.000	I. gez. Kapital		10.800.000
		II. Kapitalrücklage		720.000
		III. Gewinnrücklagen		
			1. gesetzl. Rücklage	340.000
			2. andere Gew.rückl.	1.210.000
		IV. Gewinnvortrag		20.000
		V. Jahresüberschuss		900.000
		B. Verbindlichkeiten		11.600.000
	25.590.000			25.590.000

vel.plus/BHF08

vel.plus/BHF09

Das gezeichnete Kapital ist in 900 000 Stückaktien aufgeteilt.

HGB
§§ 264, 316
AktG
§ 170 ff.

1. Beschreiben Sie anhand von HGB und AktG den Weg der Jahresabschlusserstellung und -feststellung in fünf Schritten. Gehen Sie auch auf die rechtliche Konsequenz der Feststellung des Jahresabschlusses ein.

2. Angenommen, der Aufsichtsrat verweigert seine Zustimmung zu dem vom Vorstand vorgelegten Jahresabschluss. Geben Sie an, wie in diesem Fall zu verfahren ist.

3. Vorstand und Aufsichtsrat haben den Jahresabschluss festgestellt.

   a) Berechnen Sie die höchstmögliche Dividende (auf volle 10 Cent gerundet), wenn Vorstand und Aufsichtsrat einen möglichst hohen Betrag in die Rücklagen einstellen.

   b) Beschreiben Sie, welcher Zweck mit der Rücklagenbildung verfolgt wird.

4. Stellen Sie die Zusammensetzung des Eigenkapitals der CHEMIE AG nach teilweiser und vollständiger Ver-wendung des Jahresüberschusses dar, wenn die Hauptversammlung die Ausschüttung der ermittelten Dividende beschließt (siehe Ziffer 3).

5. Ermitteln Sie im vorliegenden Fall die Höhe der aus dem Jahresüberschuss des laufenden Jahres vorgenommenen

   a) gesetzlich erzwungenen Selbstfinanzierung,

   b) freiwilligen Selbstfinanzierung,

   c) Selbstfinanzierung insgesamt.

Aufgabe 2 Jahresüberschuss und offene Selbstfinanzierung

Gliederung des Eigenkapitals der Sanus AG nach vollständiger Gewinnverwendung (in EUR)		
	Jahr 00	**Jahr 01**
A. Eigenkapital		
I. Gezeichnetes Kapital	10.000.000	10.000.000
II. Kapitalrücklage	500.000	500.000
III. Gewinnrücklagen		
1. gesetzliche Rücklage	500.000	500.000
4. andere Gewinnrücklagen	600.000	1.150.000
IV. Gewinnvortrag	10.000	2.000
Summe Eigenkapital	11.510.000	12.052.000

Das Eigenkapital der Sanus AG hat sich durch offene Selbstfinanzierung im Jahr 01 im Vergleich zum Vorjahr 00 in der nebenstehenden Form verändert.

vel.plus/BHF10

1. Berechnen Sie die Höhe des Jahresüberschusses und des Bilanzgewinns im Jahr 01, wenn der Dividendensatz 4,5 % (bezogen auf das gezeichnete Kapital) betrug.

2. Ermitteln Sie die Höhe der offenen Selbstfinanzierung im Jahr 01.

Aufgabe 3 Gewinnverwendung einer AG

Die Buchhaltung des Maschinenherstellers WEMA AG weist folgende Zahlen aus:

vel.plus/BHF11

vel.plus/BHF12

Gezeichnetes Kapital	80.000.000 EUR
Kapitalrücklage	1.500.000 EUR
gesetzliche Rücklage	4.500.000 EUR
andere Gewinnrücklagen	2.000.000 EUR
Gewinnvortrag aus dem Vorjahr	100.000 EUR
Jahresüberschuss/Jahresfehlbetrag	15.100.000 EUR

1. Vorstand und Aufsichtsrat stellen den Jahresabschluss nach § 172 (1) AktG fest. Die Einstellung in die gesetzliche Rücklage erfolgt nach § 150 (2) AktG. Der von Vorstand und Aufsichtsrat erstellte Jahresabschluss wird im Geschäftsbericht der AG veröffentlicht und der Hauptversammlung vorgelegt. Das Grundkapital ist in 16 000 000 Stückaktien aufgeteilt.

   a) Bestimmen Sie für den Fall einer auf volle 10 Cent gerundeten Dividende auf der Basis des Jahresüberschusses des laufenden Geschäftsjahres die
   - Untergrenze der offenen Selbstfinanzierung;
   - Obergrenze der offenen Selbstfinanzierung, soweit Vorstand und Aufsichtsrat darüber beschließen;
   - Obergrenze der offenen Selbstfinanzierung, soweit die Zustimmung der Hauptversammlung hierfür erforderlich ist.

   b) Vorstand und Aufsichtsrat haben den anderen Gewinnrücklagen den gesetzlich höchstmöglichen Betrag (AktG § 58 [2] Satz 1) zugeführt. Die Geschäftsleitung will die Aktionäre auf der Hauptversammlung zusätzlich zu einem Dividendenverzicht bewegen.

   Berechnen Sie die Höhe der Selbstfinanzierung, wenn nur eine Dividende von 5 % ausgeschüttet würde.

   c) Nennen Sie Gründe, die gegen die maximale Ausschöpfung der offenen Selbstfinanzierung durch Vorstand und Aufsichtsrat sprechen.

   d) Vorstand und Aufsichtsrat haben den anderen Gewinnrücklagen den gesetzlich höchstmöglichen Betrag (AktG § 58 [2] Satz 1) zugeführt. Die Hauptversammlung beschließt, dass die höchstmögliche Dividende zur Ausschüttung kommt (glatter Prozentsatz bezogen auf das Grundkapital).
   - Ermitteln Sie die Höhe der auszuschüttenden Dividende.
   - Stellen Sie das Eigenkapital der AG nach vollständiger Gewinnverwendung dar.

2. Stellen Sie dar, welche Änderungen sich gegenüber der Ausgangssituation von 1d) jeweils in den folgenden Fällen ergeben:

   a) Es liegt kein Gewinnvortrag, sondern ein Verlustvortrag aus dem Vorjahr in Höhe von 100.000 EUR vor.

   b) Die Höhe der Kapitalrücklagen beträgt 3.500.000 EUR.

   c) Die Hauptversammlung beschließt gem. AktG § 58 (3), den Bilanzgewinn in voller Höhe den Gewinnrücklagen zuzuführen.

Aufgabe 4 Rücklagenbildung – Bilanzgewinn – Interessenkonflikte

vel.plus/BHF13

Die Helix AG weist zum 31.12. ... vor der Gewinnverwendung für das laufende Jahr folgendes Eigenkapital aus:

I. Gezeichnetes Kapital	5.000.000 EUR
II. Kapitalrücklage	100.000 EUR
III. Gewinnrücklagen	
1. gesetzliche Rücklage	180.000 EUR
2. andere Gewinnrücklagen	500.000 EUR
IV. Verlustvortrag	– 10.000 EUR
V. Jahresüberschuss	900.000 EUR

Der Nennwert einer Aktie beträgt 5,00 EUR.

1. Vorstand und Aufsichtsrat möchten auf der Basis des diesjährigen Jahresüberschusses den minimalen Bilanzgewinn ausweisen.

   a) Ermitteln Sie für diesen Fall die Höhe des Bilanzgewinns.

   b) Berechnen Sie die höchstmögliche Dividende je Aktie, wenn die Dividende einen ganzen Prozentsatz des Grundkapitals ergeben soll.

c) Ermitteln Sie in diesem Fall die Höhe der aus dem Jahresüberschuss des laufenden Jahres vorgenommene
- gesetzlich erzwungene Selbstfinanzierung,
- freiwillig veranlasste Selbstfinanzierung,.
- gesamte offene Selbstfinanzierung.

d) Berechnen Sie in diesem Fall die Höhe des durch offene Selbstfinanzierung entstandenen Teils des Eigenkapitals (in % des Eigenkapitals).

e) Prüfen Sie, ob und ggf. in welcher Höhe durch Beschluss der Hauptversammlung noch zusätzlich zur Selbstfinanzierung beigetragen werden kann.

2. Vorstand und Aufsichtsrat möchten auf der Basis des diesjährigen Jahresüberschusses einen maximalen Bilanzgewinn ausweisen.

a) Ermitteln Sie für diesen Fall die Höhe des Bilanzgewinns.

b) Berechnen Sie die höchstmögliche Dividende je Aktie, wenn die Dividende einen ganzen Prozentsatz des Grundkapitals ergeben soll.

c) Ermitteln Sie in diesem Fall die Höhe der aus dem Jahresüberschuss des laufenden Jahres vorgenommene
- gesetzlich erzwungene Selbstfinanzierung,
- freiwillig veranlasste Selbstfinanzierung,
- gesamte offene Selbstfinanzierung.

d) Berechnen Sie in diesem Fall die Höhe des durch offene Selbstfinanzierung entstandenen Teils des Eigenkapitals (in % des Eigenkapitals).

3. Durch Einstellung von Teilen des Jahresüberschusses in die Gewinnrücklagen entsteht ein Interessenkonflikt zwischen verschiedenen Gruppen.

a) Geben Sie an, um welche verschiedenen Gruppen es sich handelt. Prüfen Sie, wie sich die Rücklagenbildung auf folgende Größen auswirkt und für welche Gruppe eine positive Entwicklung dieser Größen jeweils von Bedeutung ist:
- Kreditwürdigkeit
- Eigenkapitalrentabilität
- Liquidität
- Dividende
- Unternehmenswachstum

b) Beschreiben Sie diesen Interessenkonflikt am vorliegenden Beispiel, indem Sie die Interessen unterschiedlicher Gruppen gegenüberstellen.

3 Beteiligungsfinanzierung am Beispiel einer Aktiengesellschaft: Kapitalerhöhung gegen Einlagen

Kompetenzen:

- die Kapitalerhöhung gegen Einlagen als eine Form der Außenfinanzierung darstellen
- die Auswirkungen herausarbeiten, die sich durch die Ausgabe von Aktien ergeben

3.1 Rechtliche Grundlagen einer Kapitalerhöhung gegen Einlagen

3.2 Emissionsverfahren

3.3 Finanzierungswirkungen

- den rechnerischen Mittelkurs und den rechnerischen Wert des Bezugsrechts ermitteln und beurteilen
- die Auswirkungen herausarbeiten, die sich durch die Ausgabe von Aktien ergeben

3.4 Bezugsrecht der Altaktionäre

- die Auswirkungen herausarbeiten, die sich durch die Ausgabe von Aktien ergeben

3.5 Vor- und Nachteile der Beteiligungsfinanzierung einer AG

3.1 Rechtliche Grundlagen der Kapitalerhöhung gegen Einlagen

Ordentliche Kapitalerhöhung

AktG
§ 182 bis 191

Eine AG hat die Möglichkeit, sich durch die Ausgabe **junger (neuer) Aktien** zusätzliches Eigenkapital zu beschaffen (= **Kapitalerhöhung gegen Einlagen**). Da dem Unternehmen die finanziellen Mittel von außen zufließen, handelt es sich bei der Kapitalerhöhung gegen Einlagen um eine Form der **Außenfinanzierung**.

Die Kapitalerhöhung gegen Einlagen wird auch als **ordentliche Kapitalerhöhung** bezeichnet.

AktG
§ 9
§ 8 (3)
§ 182 (1) S. 5

Durch die Ausgabe zusätzlicher Aktien ändert sich das in der **Satzung** eingetragene **Grundkapital** der AG. Das macht eine **Satzungsänderung** nötig. Diese setzt wiederum einen **Beschluss der Hauptversammlung** mit einer Dreiviertelmehrheit des bei der Beschlussfassung vertretenen Grundkapitals voraus. Setzt sich das Grundkapital aus verschiedenen Aktienarten zusammen, bedarf es der Dreiviertelmehrheit für jede Aktienart. Der Beschluss der Hauptversammlung wird ins Handelsregister eingetragen.

Aufg. 1
S. 421

Der Verkaufspreis der jungen Aktien darf bei **Nennbetragsaktien** nicht unter deren Nennwert liegen. Bei **Stückaktien** darf der auf eine Aktie entfallende Anteil am Grundkapital (= **fiktiver Nennwert**) einen Euro nicht unterschreiten. Gibt die Gesellschaft **Stückaktien** aus, muss sich die Zahl der Aktien im selben Verhältnis wie das Grundkapital erhöhen. Dadurch ist gewährleistet, dass der fiktive Nennwert der Stückaktien vor und nach der Kapitalerhöhung gleich ist.

AktG
§ 183

Statt mit Geldeinlagen ist eine Kapitalerhöhung auch mit Sacheinlagen (z. B. Grundstücke, Patente) möglich.

Genehmigte Kapitalerhöhung

AktG
§§ 202, 206

Die Hauptversammlung kann mit Dreiviertelmehrheit beschließen, den Vorstand zu ermächtigen, innerhalb von fünf Jahren das Grundkapital **um bis zu 50 %** des **bisherigen Grundkapitals** zu **erhöhen**.

Der Beschluss der Hauptversammlung stellt eine **Satzungsänderung** dar und muss in das Handelsregister eingetragen werden.

AktG
§ 181

Der Betrag, um den der Vorstand das Grundkapital erhöhen darf, wird als **genehmigtes Kapital** bezeichnet. Ob bzw. zu welchem Zeitpunkt und in welchem Umfang die Kapitalerhöhung durchgeführt wird, kann also der Vorstand bestimmen. Das Grundkapital kann innerhalb der fünf Jahre auch in mehreren Schritten erhöht werden. Insgesamt darf der von der Hauptversammlung genehmigte Betrag nicht überschritten werden.

AktG
§§ 202, 204

Aufg. 2
S. 422

Die Entscheidung über die Art der ausgegebenen Aktien sowie die Bedingungen, zu denen diese ausgegeben werden, trifft der Vorstand. Der Aufsichtsrat muss dieser Entscheidung zustimmen.

Auch bei der genehmigten Kapitalerhöhung sind Sacheinlagen möglich.

Mithilfe einer genehmigten Kapitalerhöhung kann kurzfristig das Eigenkapital erhöht oder eine günstige Kapitalmarktsituation für die Ausgabe neuer Aktien abgewartet werden. Der Vorstand kann dabei schnell ohne zusätzlichen Beschluss der Hauptversammlung handeln. Genehmigtes Kapital kann auch für die Ausgabe von Belegschaftsaktien verwendet werden.

AktG
§§ 205

3.2 Emissionsverfahren[1]

> ❗ Die Ausgabe von Wertpapieren wird als Emission bezeichnet. Bei dem Unternehmen, welches die Wertpapiere ausgibt, handelt es sich um den Emittenten.

Rolle der Banken bei der Aktienausgabe

Die Emission von Wertpapieren erfolgt in den meisten Fällen unter Mitwirkung von Banken, die die Beratung, Vorbereitung und Unterbringung (Platzierung[2]) der Wertpapiere übernehmen (= Fremdemission). Schaltet der Emittent mehrere Banken bei der Ausgabe von Wertpapieren ein, bilden diese ein **Emissionskonsortium**. Mehrere Banken verfügen über umfangreichere Verbindungen zu potenziellen Anlegern. Damit kann die Wahrscheinlichkeit einer erfolgreichen Platzierung der jungen Aktien gesteigert und das Risiko gestreut werden.

© Pixabay

> ❗ Bei einem Emissionskonsortium handelt es sich um eine zeitlich begrenzte Zusammenarbeit mehrerer Banken zur Durchführung eines bestimmten Emissionsgeschäftes.

Die Möglichkeiten der Unterbringung (Platzierung) der jungen Aktien hängen maßgeblich davon ab, wie viele junge Aktien zu welchem Preis (= **Emissionskurs**) am Kapitalmarkt verkauft werden sollen. Die Zahl der im Rahmen der Kapitalerhöhung auszugebenden jungen Aktien wird durch den Hauptversammlungsbeschluss bestimmt. Der **Ausgabekurs** muss dagegen in Abhängigkeit von den Absatzmöglichkeiten am Kapitalmarkt festgelegt werden. In welchem Umfang der AG Finanzierungsmittel durch die Kapitalerhöhung zufließen, ergibt sich daher erst, wenn die Emission abgeschlossen ist und festgestellt werden kann, zu welchem Kurs wie viele Aktien verkauft wurden.

---

1 Emission (*lat.*): Ausgabe (von Wertpapieren), emittere (*lat.*): hinausschicken
2 platzieren (*franz.*): an einen bestimmten Platz bringen; in der Kaufmannssprache: Wertpapiere unterbringen

Unter- und Obergrenze des Emissionskurses

AktG
§§ 8 (3)
9, 182 (1),
S. 5

Die **Untergrenze** des Emissionskurses ist gesetzlich festgelegt, da Aktien nicht unter ihrem (fiktiven) Nennwert ausgegeben werden dürfen. Die **Obergrenze** des Emissionskurses bildet zwangsläufig der Börsenkurs der alten Aktien zum Zeitpunkt der Kapitalerhöhung. Kein Kapitalanleger würde nämlich junge Aktien zu einem höheren Preis kaufen, als er für die gleichwertigen alten Aktien derzeit an der Börse bezahlen muss.

Die **Bestimmung** des **Emissionskurses** stellt ein wichtiges **Entscheidungsproblem** dar. Der Emittent bevorzugt wegen des möglichst großen Zuflusses an Finanzierungsmitteln einen hohen Emissionskurs. Für die Anleger ist der Kauf junger Aktien dagegen umso attraktiver, je geringer der Emissionskurs ist. Außerdem spielen auch die Interessen der beteiligten Banken an einer erfolgreichen Unterbringung der jungen Aktien eine Rolle.[1]

Bookbuilding-Verfahren

Die Festlegung des Emissionskurses erfolgt inzwischen in den meisten Fällen nach dem **Bookbuilding-Verfahren**. Bei diesem Verfahren orientiert sich die Festlegung des Emissionskurses vorrangig an der Nachfrage der Kapitalanleger.

In einer ersten Phase erkunden die an der Emission beteiligten Banken vorab das Interesse möglicher (Groß-)Anleger an den jungen Aktien. In Anlehnung an deren unverbindliche Preisangebote wird eine **Preisspanne** festgelegt und öffentlich bekannt gegeben. Danach haben alle interessierten Anleger innerhalb einer **Zeichnungsfrist** (z. B. 10 Tage) die Möglichkeit, ihre Kaufaufträge abzugeben. Diese Kaufaufträge beinhalten einen Preis (der innerhalb der Preisspanne liegen muss) und die gewünschte Anzahl an jungen Aktien, die der Anleger zu dem von ihm genannten Preis erwerben möchte. Am Ende dieser Phase wird aus den vorliegenden Zeichnungswünschen ein **Emissionspreis** festgelegt.[2] Alle Angebote, die zu einem Preis unter diesem Emissionspreis abgegeben wurden, werden von der Aktienvergabe ausgeschlossen. Anleger, die bereit gewesen wären, einen höheren Preis als den endgültigen Emissionspreis zu zahlen, erhalten die jungen Aktien nun zum günstigeren Emissionspreis. Sollte die vorgesehene Menge der auszugebenden jungen Aktien dabei überschritten werden (= Nachfrageüberhang durch **Überzeichnung**), muss die tatsächliche Zuteilung vom Emissionskonsortium festgelegt oder die Anzahl der auszugebenden Aktien erhöht werden.

> **!** **Beim Bookbuilding-Verfahren werden die möglichen Aktienkäufer unmittelbar in die Ermittlung des Emissionskurses einbezogen. Sie können Kaufangebote für die jungen Aktien zu einem von ihnen innerhalb einer vorgegebenen Preisspanne bestimmten Preis abgeben.**

---

1 Jede erfolgreiche Beteiligung an einer Emission verbessert den Ruf einer Bank und somit die Wahrscheinlichkeit, auch künftig bei (großen) Emissionen eingeschaltet zu werden.
2 Bei hoher Nachfrage wird ein vergleichsweise höherer Emissionspreis festgelegt. Bei einer niedrigeren Nachfrage fällt dieser auch vergleichsweise niedriger aus.

3.3 Finanzierungswirkungen

Kapitalerhöhung durch Ausgabe von Nennwertaktien

Kapitalerhöhung bei Ausgabe von Nennwertaktien

Für die **Alpha AG** gilt vor einer Kapitalerhöhung gegen Einlagen folgende vereinfachte Bilanz:

Zusammengefasste Bilanz der Alpha AG

Aktiva	vor der Kapitalerhöhung (in EUR)		Passiva
A. Anlagevermögen	7.000.000	**A. Eigenkapital**	
		I. Gezeichnetes Kapital	2.000.000
		II. Kapitalrücklage	100.000
B. Umlaufvermögen		III. Gewinnrücklagen	
1. Vorräte	1.500.000	1. gesetzliche Rücklage	150.000
2. Forderungen	1.000.000	2. andere Gewinnrücklagen	750.000
3. liquide Mittel (Bank, Kasse)	500.000	**B. Fremdkapital**	7.000.000
	10.000.000		10.000.000

Das Grundkapital der **Alpha AG** in Höhe von 2 Mio. EUR ist in 400 000 Aktien mit einem Nennwert von 5,00 EUR je Aktie aufgeteilt. Die Hauptversammlung hat beschlossen, eine Kapitalerhöhung gegen Einlagen vorzunehmen. Das Grundkapital soll durch die Ausgabe von 100 000 jungen Aktien mit einem Nennwert von 5,00 EUR je Stück um 500.000 EUR erhöht werden. Der Ausgabekurs beträgt 7,50 EUR je Aktie. Der Kurs der alten Aktien liegt bei 10,00 EUR. Bei erfolgreicher Durchführung der Kapitalerhöhung ergeben sich für die **Alpha AG** folgende Finanzierungswirkungen (ohne Berücksichtigung von Emissionskosten):

gesamter Mittelzufluss: 100 000 Aktien · 7,50 EUR je Stück = 750.000 EUR

Der Mittelzufluss schlägt sich zunächst auf der Aktivseite der Bilanz im Umlaufvermögen als zusätzliche liquide Mittel (Bankguthaben) nieder. Auf der Passivseite teilt sich der Betrag von 750.000 EUR im Rahmen des Eigenkapitals wie folgt auf:

	Erhöhung des Grundkapitals:	100 000 Aktien · 5,00 EUR Nennwert je Stück	= 500.000 EUR
+	Erhöhung der Kapitalrücklage:	100 000 Aktien · 2,50 EUR Agio (Aufgeld) je Stück	= 250.000 EUR
=	gesamte Erhöhung des Eigenkapitals	100 000 Aktien · 7,50 EUR je Stück	= 750.000 EUR

In Höhe der Summe der Nennbeträge aller ausgegebenen jungen Aktien erhöht sich das **Grundkapital** der AG (hier: 500.000 EUR). Der Teil der zugeflossenen Mittel, der über die Erhöhung des Grundkapitals hinausgeht (= **Agio**), schlägt sich in der Bilanzposition **Kapitalrücklage** nieder (hier: 250.000 EUR). Die Kapitalrücklage ist **Teil des Eigenkapitals**. In dieser Position werden Beträge erfasst, die nicht aus Gewinnen der AG stammen, sondern auf **Zuzahlungen der Kapitalgeber** zurückzuführen sind.

HGB
§ 272 (2)

> ! Der Betrag, um den der Ausgabekurs den (fiktiven) Nennwert übersteigt, wird als Agio (Aufgeld) bezeichnet.

> ! Die Kapitalrücklage ist Teil des Eigenkapitals. Sie umfasst Beträge, die der AG über das Grundkapital hinaus durch die Eigentümer von außen zufließen. Dies sind z. B. Beträge, die bei der Ausgabe von Aktien über den Nennbetrag hinaus erzielt werden.

Bilanzveränderungen und Bilanzkurs

Durch die Kapitalerhöhung gegen Einlagen ergeben sich für die **Alpha AG** folgende Bilanzveränderungen:

Aktiva	Zusammengefasste Bilanz der Alpha AG nach der Kapitalerhöhung (in EUR)		Passiva
A. Anlagevermögen	7.000.000	A. Eigenkapital	
		I. Gezeichnetes Kapital	2.500.000
		II. Kapitalrücklage	350.000
B. Umlaufvermögen		III. Gewinnrücklagen	
1. Vorräte	1.500.000	1. gesetzliche Rücklage	150.000
2. Forderungen	1.000.000	2. andere Gewinnrücklagen	750.000
3. liquide Mittel (Bank, Kasse)	1.250.000	B. Fremdkapital	7.000.000
	10.750.000		10.750.000

> **!** Das Verhältnis des in der Bilanz ausgewiesenen Eigenkapitals zum Grundkapital wird als Bilanzkurs bezeichnet (= Eigenkapital in % des Grundkapitals). Er kann auch als das auf *eine* Aktie entfallende Eigenkapital angegeben werden.

> **!** $$\text{Bilanzkurs (in \%)} = \frac{\text{bilanziertes Eigenkapital} \cdot 100}{\text{Grundkapital}}$$
>
> *oder*
>
> $$\text{Bilanzkurs (EK je Aktie)} = \frac{\text{bilanziertes Eigenkapital}}{\text{Zahl der Aktien}}$$

Der Bilanzkurs einer Aktie gibt den „inneren Wert" der Aktie an, aus dem sich ablesen lässt, wie viele in der Bilanz ausgewiesene (= offene) Rücklagen auf eine Aktie entfallen. Der Börsenkurs ist in der Regel wesentlich höher als der Bilanzkurs, da beim Bilanzkurs die (vermuteten) stillen Rücklagen nicht berücksichtigt sind.

Bilanzkurs vor der Kapitalerhöhung	Bilanzkurs nach der Kapitalerhöhung
$\text{Bilanzkurs (in \%)} = \dfrac{3.000.000}{2.000.000} \cdot 100 = 150\%$	$\text{Bilanzkurs (in \%)} = \dfrac{3.750.000}{2.500.000} \cdot 100 = 150\%$
$\text{Bilanzkurs (in EUR je Aktie)} = \dfrac{3.000.000}{400\,000} = 7{,}50 \text{ EUR/Aktie}$	$\text{Bilanzkurs (in EUR je Aktie)} = \dfrac{3.750.000}{500\,000} = 7{,}50 \text{ EUR/Aktie}$

Der Bilanzkurs einer Aktie mit 5 EUR Nennwert beträgt im vorliegenden Fall vor und nach der Kapitalerhöhung 7,50 EUR, d.h. jede Aktie ist mit 2,50 EUR an den Rücklagen beteiligt. Im vorliegenden Fall ist der Bilanzkurs nach der Kapitalerhöhung (ausnahmsweise) genauso hoch wie vor der Kapitalerhöhung. Das ist dadurch bedingt, dass der Ausgabekurs der jungen Aktien (7,50 EUR) genau dem bisherigen Bilanzkurs (150 % von 5,00 EUR) entspricht. Je nach Höhe des Ausgabekurses ist der Bilanzkurs nach der Kapitalerhöhung normalerweise höher oder niedriger als vorher.

Kapitalerhöhung durch Ausgabe von Stückaktien

Wenn das Grundkapital einer AG nicht in Nennwertaktien, sondern in Stückaktien (nennwertlose Aktien) zerlegt ist, ergeben sich bei einer Kapitalerhöhung folgende Auswirkungen:

Kapitalerhöhung durch Ausgabe von Stückaktien

Für die **Xenos AG** gilt vor einer Kapitalerhöhung gegen Einlagen folgende vereinfachte Bilanz:

Zusammengefasste Bilanz der Xenos AG
vor der Kapitalerhöhung (in EUR)

Aktiva		Passiva	
A. Anlagevermögen	9.000.000	A. Eigenkapital	
		I. Gezeichnetes Kapital	4.000.000
		II. Kapitalrücklage	200.000
B. Umlaufvermögen		III. Gewinnrücklagen	
1. Vorräte	1.500.000	1. gesetzliche Rücklage	200.000
2. Forderungen	1.000.000	2. andere Gewinnrücklagen	600.000
3. liquide Mittel (Bank, Kasse)	500.000	B. Fremdkapital	7.000.000
	12.000.000		12.000.000

Das Grundkapital der **Xenos AG** in Höhe von 4 Mio. EUR ist in 2 Mio. Stückaktien aufgeteilt. Der fiktive Nennwert je Aktie beträgt somit 2,00 EUR (4 Mio. EUR Grundkapital/2 Mio. Stückaktien). Die Hauptversammlung der **Xenos AG** hat eine Erhöhung des Grundkapitals gegen Einlagen um 1 Mio. EUR beschlossen. Das bedeutet eine Kapitalerhöhung im Verhältnis 4 : 1. Da die Zahl der Aktien im selben Verhältnis wie das Grundkapital erhöht werden muss, müssen 500 000 junge Aktien ausgegeben werden. Nach der Kapitalerhöhung beträgt dann der fiktive Nennwert je Aktie nach wie vor 2,00 EUR (5 Mio. EUR Grundkapital/2,5 Mio. Aktien). Der Ausgabekurs beträgt 3,00 EUR je Aktie. Der Kurs der alten Aktien liegt bei 4,00 EUR je Aktie. Bei erfolgreicher Durchführung der Kapitalerhöhung ergeben sich für die **Xenos AG** folgende Finanzierungswirkungen (ohne Berücksichtigung von Emissionskosten):

gesamter Mittelzufluss: 500 000 Aktien · 3,00 EUR je Stück = 1.500.000 EUR

Der Mittelzufluss schlägt sich zunächst auf der Aktivseite der Bilanz im Umlaufvermögen als zusätzliche liquide Mittel (Bankguthaben) nieder. Auf der Passivseite teilt sich der Betrag von 1,5 Mio. EUR im Rahmen des Eigenkapitals wie folgt auf:

	Erhöhung des Grundkapitals:	500 000 Aktien · 2,00 EUR fiktiver Nennwert je Stück	= 1.000.000 EUR
+	Erhöhung der Kapitalrücklage:	500 000 Aktien · 1,00 EUR Agio (Aufgeld) je Stück	= 500.000 EUR
=	gesamte Erhöhung des Eigenkapitals	500 000 Aktien · 3,00 EUR je Stück	= 1.500.000 EUR

Zusammengefasste Bilanz der Xenos AG
nach der Kapitalerhöhung (in EUR)

Aktiva		Passiva	
A. Anlagevermögen	9.000.000	A. Eigenkapital	
		I. Gezeichnetes Kapital	5.000.000
		II. Kapitalrücklage	700.000
B. Umlaufvermögen		III. Gewinnrücklagen	
1. Vorräte	1.500.000	1. gesetzliche Rücklage	200.000
2. Forderungen	1.000.000	2. andere Gewinnrücklagen	600.000
3. liquide Mittel (Bank, Kasse)	2.000.000	B. Fremdkapital	7.000.000
	13.500.000		13.500.000

! **Bei der Ausgabe von Stückaktien muss die Zahl der Stückaktien im selben Verhältnis wie das Grundkapital erhöht werden.**

AktG § 182 (1), S. 5

Bilanzkurs

Bilanzkurs vor der Kapitalerhöhung	Bilanzkurs nach der Kapitalerhöhung
Bilanzkurs (in %) = $\dfrac{5.000.000}{4.000.000} \cdot 100 = 125\%$	Bilanzkurs (in %) = $\dfrac{6.500.000}{5.000.000} \cdot 100 = 130\%$
Bilanzkurs (in EUR je Aktie) = $\dfrac{5.000.000}{2.000.000} = 2{,}50$ EUR/Aktie	Bilanzkurs (in EUR je Aktie) = $\dfrac{6.500.000}{2.500.000} = 2{,}60$ EUR/Aktie

Der Bilanzkurs einer Aktie mit einem fiktiven Nennwert von 2,00 EUR beträgt im vorliegenden Fall vor der Kapitalerhöhung 2,50 EUR und nach der Kapitalerhöhung 2,60 EUR. Vor der Kapitalerhöhung war jede Aktie mit 0,50 EUR und nach der Kapitalerhöhung mit 0,60 EUR an den Rücklagen beteiligt. Da der Ausgabekurs der jungen Aktien (3,00 EUR) über dem Bilanzkurs lag, sind die Rücklagen im Verhältnis zum Grundkapital stärker gestiegen. Der Bilanzkurs hat sich erhöht.

3.4   Bezugsrecht der Altaktionäre

Zweck des Bezugsrechts

Aufg. 3
S. 422

Jeder Altaktionär hat das Recht, eine bestimmte Anzahl junger Aktien zum Emissionskurs zu kaufen. Dieses Recht wird als **Bezugsrecht** bezeichnet. Jedem Altaktionär muss von den jungen Aktien ein solcher Anteil zum Kauf angeboten werden, der seinem bisherigen Anteil am Grundkapital entspricht.

> ### Bezugsrecht
>
> Von den 2 000 000 Aktien der **Xenos AG** hat ein Aktionär 200 000 Stück (= 10 %) erworben. Wenn im Rahmen einer Kapitalerhöhung 500 000 junge Aktien ausgegeben werden, verfügt der Aktionär nur noch über 8 % der auf insgesamt 2 500 000 Stück gestiegenen Aktienzahl, wenn er keine zusätzlichen Aktien kauft. Ihm wird daher die Möglichkeit gegeben, von den 500 000 jungen Aktien 10 % (= 50 000 Stück) zu beziehen. Anders ausgedrückt: Für vier alte Aktien kann er eine junge Aktie beziehen (Bezugsverhältnis 4 : 1). Nimmt er dieses Recht wahr, verfügt er über 250 000 Aktien und somit wieder über 10 % der neuen Aktienzahl von 2 500 000 Stück.

> **!** **Das Bezugsrecht bei einer Kapitalerhöhung ist das Recht eines Altaktionärs, junge Aktien zum Emissionskurs (= Bezugskurs) zu erwerben. Die Menge der jungen Aktien, die ein Altaktionär auf diese Weise erwerben kann, ist durch seinen bisherigen Anteil am Grundkapital bestimmt.**

Durch die Einräumung des Bezugsrechts wird zweierlei bewirkt:

Aufrechterhaltung der Beteiligungs- und Stimmrechtsverhältnisse	Ausgleich von Vermögensnachteilen
Die bisherigen **Beteiligungs- und Stimmrechtsverhältnisse** können sich aufgrund des Bezugsrechts nicht gegen den Willen eines Altaktionärs verändern.	**Vermögensnachteile** eines Altaktionärs können durch das Bezugsrecht ausgeglichen werden. Die Vermögensnachteile entstehen dadurch, dass der bisherige Börsenkurs der alten Aktien sinkt, wenn zusätzliche junge Aktien zu einem niedrigeren Preis als dem derzeitigen Börsenkurs angeboten werden.

© MEV Agency UG

© Pixabay

Bezugsverhältnis

Der Umfang der einem Altaktionär zustehenden jungen Aktien lässt sich auch durch das Verhältnis ausdrücken, in dem das bisherige Grundkapital durch die Kapitalerhöhung steigt.

Bezugsverhältnis

Das Grundkapital der **Xenos AG** in Höhe von 4 Mio. EUR ist in 2 Mio. Stückaktien mit einem fiktiven Nennwert von 2,00 EUR je Aktie aufgeteilt. Das Grundkapital soll durch die Ausgabe von 500 000 jungen Aktien mit einem fiktiven Nennwert von 2,00 EUR je Stück um 1 Mio. EUR erhöht werden. Das Grundkapital erhöht sich damit von bisher 4 Mio. EUR auf jetzt 5 Mio. EUR. Das entspricht einer Kapitalerhöhung im Verhältnis von 4 : 1. Jeder Altaktionär erhält somit das Recht, seinen Aktienbestand ebenfalls im gleichen Verhältnis zu erhöhen. Er kann für 4 alte Aktien 1 junge Aktie zum Emissionskurs (= Bezugskurs) erwerben. Dieses Verhältnis wird als **Bezugsverhältnis** bezeichnet.

> **Das Bezugsverhältnis gibt das Verhältnis der Anzahl der alten zu den jungen Aktien an, zu dem die jungen Aktien bezogen werden können. Bei einem Bezugsverhältnis von z. B. 4 : 1 kann für vier alte Aktien eine junge Aktie bezogen werden.**

Das Bezugsverhältnis entspricht dem Verhältnis der Kapitalerhöhung.

> **Bezugsverhältnis = altes Grundkapital : Kapitalerhöhung**

Jeder Altaktionär erhält also im gleichen Verhältnis wie das Grundkapital erhöht wird ein Vorkaufsrecht auf junge Aktien.

Kursverwässerung – Mittelkurs

Da der Emissionskurs der jungen Aktien unter dem bisherigen Börsenkurs der alten Aktien liegt, sinkt der bisherige Börsenkurs der alten Aktien (= **Kursverwässerung**). Es bildet sich ein **Mittelkurs ($K_\emptyset$)**, der unter dem Kurs der alten Aktien (K_a) und über dem Emissionskurs der jungen Aktien (K_j) liegt. Bei dem neuen Kurs erzielen folglich die Inhaber der jungen Aktien Kursgewinne, während die Inhaber der alten Aktien entsprechende Kursverluste hinnehmen müssen. Durch das Bezugsrecht sollen diese Kursgewinne und Kursverluste ausgeglichen werden.

Ermittlung des rechnerischen Mittelkurses

Der **rechnerische Mittelkurs** nach der Kapitalerhöhung ergibt sich als gewogenes arithmetisches Mittel aus den Kursen der alten und der jungen Aktien.

Ermittlung des rechnerischen Mittelkurses

Für die Kapitalerhöhung der **Xenos AG** liegen folgende Zahlen vor (vgl. Bsp. S. 414):

	Grundkapital in EUR	Zahl der Aktien	Kurs je Aktie in EUR	Gesamtkurs- wert in EUR
vor der Kapital- erhöhung	4.000.000	alte Aktien (a): 2 000 000	alte Aktien (K_a): 4,00	8.000.000
Kapital- erhöhung	1.000.000	junge (neue) Aktien (j): 500 000	junge (neue) Aktien (K_j): 3,00	1.500.000
nach der Kapital- erhöhung	2.500.000	insgesamt: 2 500 000	rechnerischer Mittelkurs ($K_\emptyset$)	?

Daraus lässt sich der rechnerische Mittelkurs wie folgt ermitteln:

$$\text{Mittelkurs } (K_\varnothing) = \frac{\underset{(a)}{2\,000\,000} \cdot \underset{(K_a)}{4{,}00} + \underset{(j)}{500\,000} \cdot \underset{(K_j)}{3{,}00}}{\underset{(a)}{2\,000\,000} + \underset{(j)}{500\,000}} = \begin{array}{l}\text{3,80 EUR je Aktie mit fiktivem}\\\text{Nennwert 2,00 EUR}\end{array}$$

!

$$\text{Mittelkurs } (K_\varnothing) = \frac{\underset{(a)}{\underset{\text{alten Aktien}}{\text{Zahl der}}} \cdot \underset{(K_a)}{\underset{\text{alten Aktien}}{\text{Kurs der}}} + \underset{\text{jungen Aktien } (j)}{\text{Zahl der}} \cdot \underset{\text{jungen Aktien } (K_j)}{\text{Kurs der}}}{\text{Zahl der alten Aktien (a) + Zahl der jungen Aktien (j)}}$$

Ermittlung des Mittelkurses mithilfe des Bezugsverhältnisses

Die Ermittlung des rechnerischen Mittelkurses kann auch mithilfe des Bezugsverhältnisses erfolgen. Das Bezugsverhältnis beträgt im vorliegenden Fall 4 : 1.

4 alte Aktien (a) zum Börsenkurs (K_a)	16,00 EUR
1 junge Aktie (j) zum Bezugskurs (K_j)	3,00 EUR
5 Aktien (Gesamtwert)	19,00 EUR
Durchschnittskurs (rechnerischer Mittelkurs $K_\varnothing$) je Aktie = 19,00 : 5	3,80 EUR

Der **rechnerische Mittelkurs** ist eine theoretische Größe. In Wirklichkeit erreicht der neue Kurs nach der Kapitalerhöhung oft den alten Börsenkurs oder überschreitet diesen sogar. Die **tatsächliche Entwicklung des Börsenkurses** hängt vom Angebots- und Nachfrageverhalten der Aktionäre ab, das durch unterschiedliche Erwartungen im Hinblick auf die Geschäftslage des Unternehmens beeinflusst wird.

Auswirkungen der Kapitalerhöhung der Xenos AG auf den Aktienkurs

1. Für jede alte Aktie ergibt sich im Vergleich zum bisherigen Börsenkurs (4,00 EUR) durch das Absinken auf den Mittelkurs (3,80 EUR) ein rechnerischer Kursverlust von 0,20 EUR.
2. Für jede junge Aktie ergibt sich im Vergleich zum Emissionskurs (3,00 EUR) durch die Herausbildung eines Mittelkurses (3,80 EUR) ein rechnerischer Kursgewinn von 0,80 EUR.

Bezugsrecht als Entschädigung für den Altaktionär

Aufg. 4
S. 423

Würde ein Altaktionär für den Kursverlust seiner Aktien keine Entschädigung erhalten, hätte er durch die Kapitalerhöhung einen Vermögensverlust. Durch die Einräumung eines **Bezugsrechts** wird dieser Vermögensverlust wieder ausgeglichen. Dabei sind **zwei Fälle** zu unterscheiden:

❶ **Der Altaktionär übt sein Bezugsrecht aus und erwirbt junge Aktien.**

❷ **Der Altaktionär möchte keine jungen Aktien erwerben und übt sein Bezugsrecht nicht aus.**

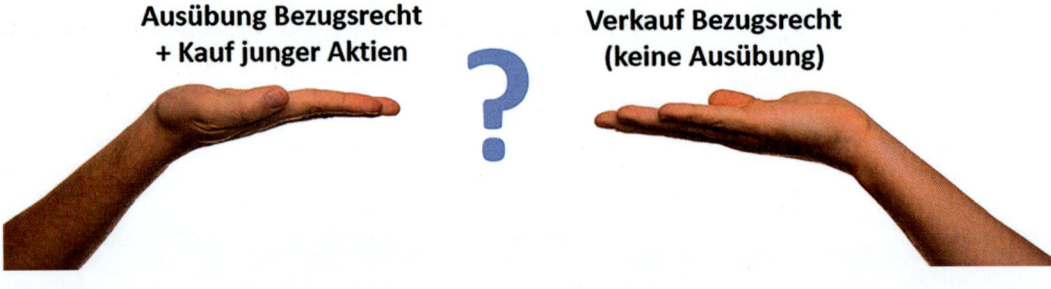

Ausübung Bezugsrecht + Kauf junger Aktien

?

Verkauf Bezugsrecht (keine Ausübung)

© Pixabay

Ausübung des Bezugsrechts: Altaktionär kauft junge Aktien

Wenn ein Altaktionär an der Kapitalerhöhung teilnehmen möchte, muss er innerhalb der Bezugsfrist (mindestens zwei Wochen) sein Bezugsrecht zum Kauf neuer Aktien ausüben. In diesem Fall ergibt sich folgende Situation:

Ausübung des Bezugsrechts bei der Kapitalerhöhung der Xenos AG

Börsenkurs (K_a): 4,00 EUR, Emissionskurs (K_j): 3,00 EUR, rechnerischer Mittelkurs ($K_\emptyset$): 3,80 EUR
Das Bezugsverhältnis beträgt 4 : 1.
Jeder Altaktionär kann also für 4 alte Aktien (= 4 Bezugsrechte) 1 junge Aktie zum Emissionskurs (Bezugskurs) erwerben.

	1	2	3	4	5	6	7
	Zahl	alter Kurs K_a	Emissionskurs (Bezugskurs) K_j	Mittelkurs $K_\emptyset$	Kurswert vor der Kapitalerhöhung (1) · (2) bzw. (1) · (3)	Kurswert nach der Kapitalerhöhung (1) · (4)	Differenz der Kurswerte (6) − (5)
alte Aktien (a)	4	4,00 EUR		3,80 EUR	16,00 EUR	15,20 EUR	− 0,80 EUR
junge Aktien (j)	1		3,00 EUR	3,80 EUR	3,00 EUR	3,80 EUR	+ 0,80 EUR
Insgesamt					19,00 EUR	19,00 EUR	0,00 EUR

Ergebnis: Bei Ausübung des Bezugsrechts erleidet der Altaktionär **keinen Vermögensnachteil**, da der Kursverlust der alten Aktien durch den Kursgewinn der jungen Aktien genau ausgeglichen wird.

 Nimmt ein Altaktionär sein Bezugsrecht wahr, wird der Kursverlust der alten Aktien rechnerisch durch den Kursgewinn der jungen Aktien ausgeglichen. Er erleidet also keinen Vermögensnachteil.

Verzicht auf die Ausübung des Bezugsrechts: Altaktionär verkauft seine Bezugsrechte

Wenn ein Altaktionär nicht an der Kapitalerhöhung teilnimmt und sein Bezugsrecht zum Kauf junger Aktien nicht ausübt, kann er die **Bezugsrechte an der Börse verkaufen** lassen.

Die Bezugsrechte werden mindestens zwei Wochen lang an der Börse gehandelt. Am letzten Tag des Bezugsrechthandels werden automatisch alle Bezugsrechte der Aktionäre verkauft, die an der Kapitalerhöhung nicht teilnehmen wollen.

 Ein Altaktionär erhält genauso viele Bezugsrechte, wie er alte Aktien hat. Die Bezugsrechte zum Erwerb junger Aktien können an der Börse veräußert werden.

Der Preis, der sich an der **Börse** für das **Bezugsrecht** ergibt, entspricht rechnerisch der Differenz zwischen dem Kurs der alten Aktien und dem rechnerischen Mittelkurs (= **rechnerischer Wert des Bezugsrechts**).

 rechnerischer Wert des Bezugsrechts = Kurs der alten Aktie (K_a) − rechnerischer Mittelkurs ($K_\emptyset$)

Rechnerischer Wert des Bezugsrechts bei der Kapitalerhöhung der Xenos AG

Börsenkurs (K_a): 4,00 EUR, Emissionskurs (K_j): 3,00 EUR, rechnerischer Mittelkurs ($K_\varnothing$): 3,80 EUR
Wert des Bezugsrechts = 4,00 EUR – 3,80 EUR = 0,20 EUR

Verzicht auf die Ausübung des Bezugsrechts bei der Kapitalerhöhung der Xenos AG

Ein Altaktionär mit 4 Aktien erhält 4 Bezugsrechte. Der Altaktionär veräußert diese Bezugsrechte an der Börse. Bei einem Bezugsverhältnis von 4 : 1 muss ein neuer Aktionär, der sich im Rahmen der Kapitalerhöhung an der AG beteiligen möchte, für 1 junge Aktie 4 Bezugsrechte als „Eintrittsgeld" an der Börse erwerben.

neuer Aktionär		alter Aktionär	
Kauf: 4 Bezugsrechten zu je 0,20 EUR	0,80 EUR	**vorher:** 4 alte Aktien zum Kurs von je 4,00 EUR	16,00 EUR

Kauf: 1 junge Aktie zum Emissionskurs	3,00 EUR	– Kursrückgang:
		   4 alte Aktien · 0,20 EUR
		+ Verkauf der Bezugsrechte:
		   4 Bezugsrechte · 0,20 EUR
			0,80 EUR
			
			0,80 EUR

Gesamtkosten für 1 junge Aktie	3,80 EUR	**nachher:** 4 Aktien zum Kurs von je 3,80 EUR zuzüglich Verkaufserlös 0,80 EUR	16,00 EUR

Ergebnis: Wenn ein Altaktionär nicht an der Kapitalerhöhung teilnimmt, sondern die ihm zustehenden Bezugsrechte an der Börse verkauft, erleidet er **keinen Vermögensnachteil**, da der Erlös aus dem Verkauf der Bezugsrechte den Kursverlust der alten Aktien genau ausgleicht.

> ! Verkauft ein Altaktionär seine Bezugsrechte anstatt an der Kapitalerhöhung teilzunehmen, so wird der Kursverlust der alten Aktien rechnerisch durch den Erlös aus dem Verkauf der Bezugsrechte ausgeglichen. Er erleidet also keinen Vermögensnachteil.

Formel zur Ermittlung des Werts des Bezugsrechts (Bezugsrechtsformel)

Der rechnerische **Wert des Bezugsrechts** lässt sich auch mithilfe einer **Formel** ermitteln, die sich aus den bereits dargestellten Zusammenhängen wie folgt ergibt:

Herleitung der Bezugsrechtsformel

a = Zahl der alten Aktien j = Zahl der jungen Aktien a/j = Bezugsverhältnis
K_a = Kurs der alten Aktien K_j = Kurs der jungen Aktien $K_\varnothing$ = Mittelkurs
B = rechnerischer Wert des Bezugsrechts

(1) Mittelkurs $K_\varnothing = \dfrac{a \cdot K_a + j \cdot K_j}{a + j}$ (2) Wert des Bezugsrechts: $B = K_a - K_\varnothing$

Durch Einsetzen von (1) in (2) ergibt sich:

$$B = K_a - \frac{a \cdot K_a + j \cdot K_j}{a + j} = \frac{(a+j) \cdot K_a}{a + j} - \frac{a \cdot K_a + j \cdot K_j}{a + j} = \frac{(a+j) \cdot K_a - (a \cdot K_a + j \cdot K_j)}{a + j}$$

$$= \frac{a \cdot K_a + j \cdot K_a - a \cdot K_a - j \cdot K_j}{a + j} = \frac{j \cdot K_a - j \cdot K_j}{a + j} = \frac{j \cdot (K_a - K_j)}{a + j} = \frac{j \cdot (K_a - K_j)}{j \cdot \left(\dfrac{a}{j} + 1\right)}$$

$$= \frac{K_a - K_j}{\dfrac{a}{j} + 1} \; ; \left(\frac{a}{j} = \text{Bezugsverhältnis}\right)$$

! **Wert des Bezugsrechts (B)** $= \dfrac{K_a - K_j}{\dfrac{a}{j} + 1}$ $B = \dfrac{4{,}00\ \text{EUR} - 3{,}00\ \text{EUR}}{\dfrac{4}{1} + 1} = \dfrac{1{,}00\ \text{EUR}}{5} = 0{,}20\ \text{EUR}$

! **Der Wert des Bezugsrechts hängt vom Börsenkurs der alten Aktien, dem Emissionskurs (Bezugs-kurs) und dem Bezugsverhältnis ab.**

Aufg. 5
S. 423

3.5 Vor- und Nachteile der Beteiligungsfinanzierung einer AG

Im Vergleich zu einer Kreditfinanzierung ergeben sich für die Beteiligungsfinanzierung einer AG u. a. folgende Vor- und Nachteile:

Vorteile der Beteiligungsfinanzierung	Nachteile der Beteiligungs-finanzierung
■ Vergrößerung der Eigenkapital- und damit der Haftungs-basis ■ verbesserte Chancen der Fremdkapitalbeschaffung durch Verbesserung der Kreditwürdigkeit ■ keine Rückzahlungspflichten ■ Im Falle eines Jahresfehlbetrages besteht kein Dividen-denanspruch der Aktionäre (allerdings ist eine Auflösung von Gewinnrücklagen möglich).	■ Mitspracherecht der Aktionäre ■ Bei schlechter Kapitalmarktsituation kann die Eigenkapitalbeschaffung schwierig sein.

Zusammenfassende Übersicht zu Kapitel 3: Beteiligungsfinanzierung am Beispiel einer Aktiengesellschaft: Kapitalerhöhung gegen Einlagen

Aufg. 6
S. 424

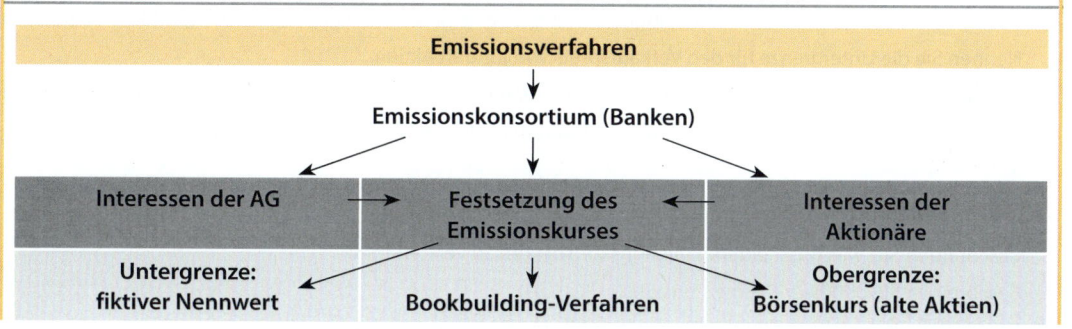

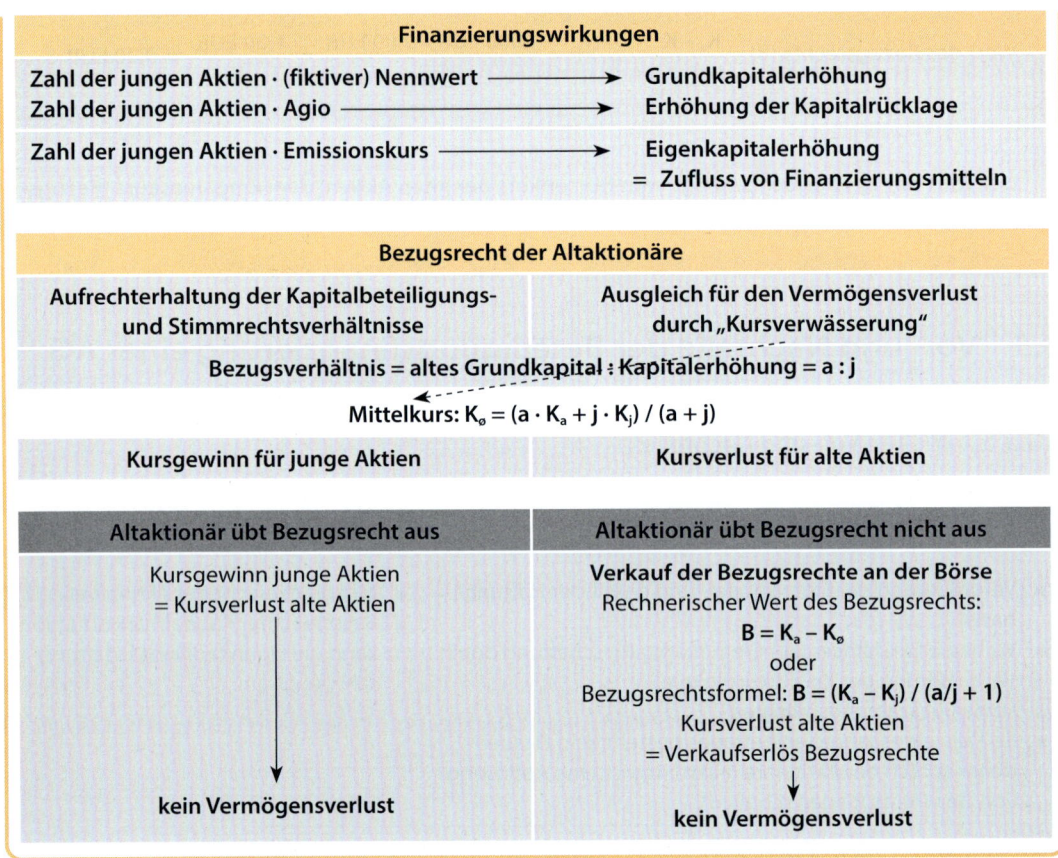

Finanzierungswirkungen	
Zahl der jungen Aktien · (fiktiver) Nennwert ⟶	Grundkapitalerhöhung
Zahl der jungen Aktien · Agio ⟶	Erhöhung der Kapitalrücklage
Zahl der jungen Aktien · Emissionskurs ⟶	Eigenkapitalerhöhung = Zufluss von Finanzierungsmitteln

Bezugsrecht der Altaktionäre

Aufrechterhaltung der Kapitalbeteiligungs- und Stimmrechtsverhältnisse	Ausgleich für den Vermögensverlust durch „Kursverwässerung"

Bezugsverhältnis = altes Grundkapital : Kapitalerhöhung = a : j

Mittelkurs: $K_\varnothing = (a \cdot K_a + j \cdot K_j) / (a + j)$

Kursgewinn für junge Aktien	Kursverlust für alte Aktien

Altaktionär übt Bezugsrecht aus	Altaktionär übt Bezugsrecht nicht aus
Kursgewinn junge Aktien = Kursverlust alte Aktien	Verkauf der Bezugsrechte an der Börse Rechnerischer Wert des Bezugsrechts: $B = K_a - K_\varnothing$ oder Bezugsrechtsformel: $B = (K_a - K_j) / (a/j + 1)$ Kursverlust alte Aktien = Verkaufserlös Bezugsrechte
kein Vermögensverlust	kein Vermögensverlust

Checken Sie Ihre Kompetenz mit der **Ich-kann-Liste**.

Öffnen Sie hierzu den nebenstehenden **QR-Code**
oder geben Sie folgenden Link ein: https://vel.plus/BHF14

WIEDERHOLUNG DES GRUNDWISSENS

vel.plus/BHF15

zu Kapitel 3   Beteiligungsfinanzierung am Beispiel einer Aktiengesellschaft: Kapitalerhöhung gegen Einlagen

3.1   Rechtliche Grundlagen der Kapitalerhöhung gegen Einlagen

1. Nennen Sie die rechtlichen Voraussetzungen, welche für eine ordentliche Kapitalerhöhung erfüllt sein müssen.

2. Nennen Sie die Untergrenze für den Verkaufspreis von jungen Aktien.

3. Geben Sie an, welche rechtlichen Voraussetzungen für eine genehmigte Kapitalerhöhung erfüllt sein müssen.

4. Beschreiben Sie Vorteile einer genehmigten Kapitalerhöhung im Vergleich zu einer ordentlichen Kapitalerhöhung.

3.2   Emissionsverfahren

1. Beschreiben Sie, was unter einem Emissionskonsortium zu verstehen ist.

2. Beschreiben Sie den Begriff „Emissionskurs".

3. Begründen Sie, welche Größe die Obergrenze für den Emissionskurs bildet.

4. Beschreiben Sie die verschiedenen Interessen, die der Emittent und die (zukünftigen) Aktionäre bei der Festlegung des Emissionskurses verfolgen.

5. Beschreiben Sie das Bookbuilding-Verfahren zur Ermittlung des Emissionskurses.

3.3   Finanzierungswirkungen

1. Beschreiben Sie den Begriff „Agio".

2. Stellen Sie dar, wie die Bilanzposition Kapitalrücklage bei einer AG zustande kommt.

3. Nennen Sie die Bilanzpositionen, welche sich bei einer Emission junger Aktien über dem (fiktiven) Nennwert ändern.

4. Geben Sie an, welche Vorschrift bei der Ausgabe von Stückaktien für die Zahl der Aktien im Zusammenhang mit einer Kapitalerhöhung gegen Einlagen gilt.

3.4   Bezugsrecht der Altaktionäre

1. Beschreiben Sie, was unter dem Bezugsrecht zu verstehen ist und welche Zwecke es erfüllt.

2. Beschreiben Sie, was unter dem Bezugsverhältnis zu verstehen ist und wie es ermittelt wird.

3. Beschreiben Sie, was unter einer Kursverwässerung zu verstehen ist. Erklären Sie, wie sie im Zusammenhang mit der Kapitalerhöhung gegen Einlagen entsteht.

4. Bescheiben Sie, was unter dem rechnerischen Mittelkurs zu verstehen ist und wie er ermittelt wird.

5. Begründen Sie, warum ein Altaktionär keinen Vermögensverlust erleidet, wenn er sein Bezugsrecht wahrnimmt.

6. Beschreiben Sie, was unter dem rechnerischen Wert des Bezugsrechts zu verstehen ist und wie es ermittelt wird.

7. Begründen Sie, warum ein Altaktionär keinen Vermögensverlust erleidet, wenn er sein Bezugsrecht nicht selbst wahrnimmt.

3.5   Vor- und Nachteile der Beteiligungsfinanzierung der AG

1. Nennen Sie Vorteile einer Beteiligungsfinanzierung der AG im Vergleich zu einer Kreditfinanzierung.

2. Nennen Sie Nachteile einer Beteiligungsfinanzierung der AG im Vergleich zu einer Kreditfinanzierung.

ANWENDUNGS- UND ÜBUNGSAUFGABEN

zu Kapitel 3 Beteiligungsfinanzierung am Beispiel einer Aktiengesellschaft: Kapitalerhöhung gegen Einlagen

Aufgabe 1 Kapitalerhöhung gegen Einlagen – Festlegung des Ausgabekurses

Zur Erschließung eines Gewerbegebietes wurde die Südbaden-Technologiepark AG gegründet und mit einem Grundkapital von 120 Mio. EUR in das Handelsregister eingetragen. Das Grundkapital ist auf 6 Mio. Stückaktien aufgeteilt. Am Grundkapital der AG sind die Südbaden Bank AG mit 65 Mio. EUR und die Gesellschaft zur Technologieförderung Regio Breisgau mbH mit 47 Mio. EUR beteiligt. Der Rest der Aktien wurde von den Grundstückseigentümern des Gewerbegebietes Joemi und Jona Dreisamtäler zu gleichen Teilen übernommen.

vel.plus/BHF16

1. Berechnen Sie,
   a) den fiktiven Nennwert einer Stückaktie,
   b) wie viele Aktien der AG Joemi Dreisamtäler besitzt.

2. Die Aktie wird zum amtlichen Börsenhandel zugelassen. Nach einiger Zeit wird deutlich, dass das Kapital der AG für das ehrgeizige Projekt eines Technologieparks nicht ausreicht. Die Finanzierungslücke von 19,2 Mio. EUR soll durch eine Kapitalerhöhung gegen Einlagen geschlossen werden. Dazu wird das Grundkapital um 10 % erhöht. Emissionskosten in Höhe von 600.000 EUR sollen ebenfalls durch die Kapitalerhöhung gedeckt werden. Der Kurs der alten Aktie liegt bei 40,50 EUR.
   a) Nennen Sie die Gesichtspunkte, die bei der Festlegung des Ausgabekurses berücksichtigt werden müssen.

b) Geben Sie im vorliegenden Fall die (theoretische) Ober- bzw. Untergrenze für den Ausgabekurs an. Begründen Sie jeweils Ihre Entscheidung.

c) Berechnen Sie, zu welchem Kurs die jungen Aktien im vorliegenden Fall mindestens ausgegeben werden müssen, um den Kapitalbedarf zu decken.

3. Ein Bankenkonsortium übernimmt alle aus der Kapitalerhöhung stammenden Aktien. Der Ausgabekurs soll im Bookbuilding-Verfahren ermittelt werden.

a) Beschreiben Sie, welche Aufgabe dem Bankenkonsortium bei der Kapitalerhöhung zukommt.

b) Begründen Sie, warum vom Bankenkonsortium für die Ausgabe der jungen Aktien (zunächst) kein fester Ausgabekurs festgelegt wird.

c) Nachdem alle interessierten Kapitalanleger ihr Kaufangebot abgegeben haben, wird der Ausgabekurs je junge Stückaktie auf 35,00 EUR festgelegt. Ermitteln Sie den rechnerischen Mittelkurs der Aktie nach der Kapitalerhöhung.

Aufgabe 2   Genehmigtes Kapital

vel.plus/BHF17

Die Lebensmittelhandels AG hat ein Grundkapital von 50 Mio. EUR. Sie plant, durch Übernahme bestehender Lebensmittelhandelsketten zu expandieren. Dafür will der Vorstand im geeigneten Augenblick die erforderlichen Finanzmittel verfügbar haben. Er möchte deshalb einen Beschluss der Hauptversammlung herbeiführen, der ihm den notwendigen Handlungsspielraum gibt.

1. Begründen Sie, warum eine sofortige Kapitalerhöhung gegen Bareinlage für diesen Zweck nicht geeignet ist.

2. Der Vorstand möchte für die vorgesehene Expansion einen finanziellen Verfügungsrahmen von 25 Mio. EUR schaffen. Er schlägt deshalb der Hauptversammlung vor, ihn zu ermächtigen, im Bedarfsfall das Grundkapital bis zum Nennbetrag von 20 Mio. EUR durch Ausgabe neuer Nennbetragsaktien gegen Bareinlagen zu erhöhen. Die Festlegung der Ausgabebedingungen soll ihm überlassen bleiben.

a) Begründen Sie, warum der Vorstand das Grundkapital nur um 20 Mio. EUR erhöhen will, obwohl er sich einen Verfügungsrahmen von 25 Mio. EUR schaffen möchte.

b) Geben Sie an, wie der Vorstand seinen Vorschlag begründen kann, dass ihm die Ausgabebedingungen der neuen Aktien überlassen bleiben sollen.

3. Die Hauptversammlung stimmt dem Vorschlag des Vorstandes zu. Begründen Sie, welche Mehrheit dafür erforderlich ist.

4. Der Vorstand benötigt zum Kauf einer Handelskette 12 Mio. EUR. Zur Finanzierung will er aus dem genehmigten Kapital Aktien zum Kurs von 3 EUR je 2 EUR Nennwert ausgeben. Die bisher ausgegebenen Aktien lauten auf einen Nennwert von 20 EUR.

a) Berechnen Sie, zu welchem Kurs die jungen Aktien ausgegeben hätten werden müssen, wenn man den bisherigen Nennwert beibehalten hätte und das angestrebte Verhältnis von Kurswert und Nennwert gelten soll.

b) Berechnen Sie, welchem Gesamtnennwert die auszugebenden jungen Aktien entsprechen.

c) Erklären Sie, welche Absicht der Vorstand mit der Festsetzung des Nennwerts der jungen Aktien auf 2 EUR verfolgen könnte.

Aufgabe 3   Kapitalerhöhung gegen Einlagen – Bezugsrecht

vel.plus/BHF18

In der Hauptversammlung der Solar AG schlägt der Vorstand eine Erhöhung des Grundkapitals um 6 Mio. EUR auf 30 Mio. EUR vor. Die jungen Aktien nehmen an der Dividende des laufenden Jahres in vollem Umfang teil. Die voraussichtliche Dividendenausschüttung beträgt wie im Vorjahr 0,70 EUR je Aktie. Ein Bankenkonsortium unter Führung der Invest Bank AG soll die jungen Aktien, die einen Nennwert von 5,00 EUR aufweisen, zu einem Ausgabekurs von 7,00 EUR je Aktie anbieten. Der Kurs der alten Aktie liegt zum Zeitpunkt der Kapitalerhöhung bei 20,00 EUR je 5,00 EUR Nennwert.

1. Ermitteln Sie unter der Annahme, dass der Vorschlag des Vorstands realisiert wird,

a) das Bezugsverhältnis,

b) den rechnerischen Mittelkurs,

c) den rechnerischen Wert des Bezugsrechts,

d) den Zufluss an flüssigen Mitteln und die Höhe des Agios,

e) die notwendigen liquiden Mittel für die Dividendenzahlung.

2. Die Vereinigung zum Schutz der Kleinaktionäre hat in der Hauptversammlung folgenden Vorschlag für die Kapitalerhöhung zur Diskussion gestellt, der aber abgelehnt wurde: Kapitalerhöhung im Verhältnis 3 : 1, Ausgabekurs der jungen Aktien: 6,00 EUR je 5,00 EUR-Aktie.

a) Vergleichen Sie den Vorschlag mit dem Vorschlag des Vorstandes.

b) Begründen Sie, warum die Kleinaktionäre vermutlich für diesen Vorschlag gestimmt haben.

c) Bei der Hauptversammlung waren 20 Mio. EUR Grundkapital vertreten. Geben Sie an, wie viele Stimmen für die Durchsetzung des Vorschlags der Kleinaktionäre nötig gewesen wären.

d) Berechnen Sie, wie hoch der Zufluss an flüssigen Mitteln und das Agio in diesem Fall gewesen wären.

e) Berechnen Sie, wie viel liquide Mittel in diesem Fall für die Dividendenzahlung nötig gewesen wären.

3. Der Vorschlag des Vorstands wird wie geplant angenommen und umgesetzt. Beantworten Sie auf dieser Basis folgende Fragen im Zusammenhang mit dem Erwerb junger Aktien:

a) Nennen Sie die Gründe, aus denen der Gesetzgeber ein Bezugsrecht auf junge Aktien vorgeschrieben hat.

b) Aktionärin Aydin verfügt über 100 alte Aktien. Ermitteln Sie, wie viele Bezugsrechte sie hinzukaufen muss, wenn sie 50 junge Aktien erwerben möchte.

c) Aktionär Bayer verfügt über 80 alte Aktien. Ermitteln Sie, wie viele junge Aktien er kaufen kann, wenn er noch insgesamt 1.010 EUR anlegen will.

4. Aktionärin Casiani verfügt über 24 000 Aktien.

a) Berechnen Sie den Vermögensverlust je Aktie, den sie durch die Kapitalerhöhung erleidet.

b) Ermitteln Sie, wie viele junge Aktien sie erwerben muss, um nach der Grundkapitalerhöhung den gleichen Anteil am Grundkapital zu haben wie vorher.

c) Weisen Sie nach, dass Casiani durch die Kapitalerhöhung rechnerisch keinen Vermögensnachteil erlitten hat.

d) Casiani möchte unter Verwendung ihrer Bezugsrechte 6 000 junge Aktien erwerben. Berechnen Sie, wie viel EUR sie dafür bezahlen muss.

Aufgabe 4 Kapitalerhöhung – Zahl der Aktien – Bezugsrecht

Für verschiedene Fälle von Kapitalerhöhungen gegen Einlagen stehen folgende Angaben zur Verfügung.

Fall 1:

Kurs der Aktien (Nennwert: 5,00 EUR)		Grundkapital	
alte Aktien	junge Aktien	vorher	nachher
180 EUR/Aktie	160 EUR/Aktie	20 Mio. EUR	25 Mio. EUR

Fall 2:

Kurs der Stückaktien		Grundkapital	
alte Aktien (25 Mio. Stück)	junge Aktien	vorher	nachher
245 EUR/Aktie	210 EUR/Aktie	50 Mio. EUR	70 Mio. EUR

Berechnen Sie für beide Fälle

a) die Zahl der Aktien vor und nach der Kapitalerhöhung,

b) den rechnerischen Wert des Bezugsrechts.

Aufgabe 5 Kapitalerhöhung und Beteiligungsquote

Die Alpha AG ist am Grundkapital der Xenos AG, das 10 Mio. EUR beträgt, mit 24 % beteiligt. Der Kurs der 5 Mio. Xenos-Stückaktien notiert derzeit bei 10 EUR. Aufgrund von Übernahmegerüchten ist er in jüngster Zeit erheblich gestiegen. Der Vorstand der Xenos AG schlägt der Hauptversammlung eine Erhöhung des Grundkapitals um 10 % vor. Der Ausgabekurs der jungen Aktien soll bei 9,50 EUR liegen.

vel.plus/BHF19

1. Begründen Sie, warum die Alpha AG ein Interesse daran haben könnte, ihre Beteiligung auf knapp über 25 % zu erhöhen.

2. Berechnen Sie, auf wie viel Prozent die Beteiligung der Alpha AG an der Xenos AG sinken würde, wenn die Alpha AG keine jungen Aktien kauft.

3. An der Börse wird weiterhin eine Übernahme der Xenos AG durch ein anderes Unternehmen vermutet. Daraufhin steigt der Börsenkurs der Xenos-Aktie auf 14,00 EUR. Berechnen Sie, welchen Betrag die Alpha AG im vorliegenden Fall aufbringen müsste, wenn sie durch den Kauf junger Aktien eine Sperrminorität erreichen möchte und die Bezugsrechte zu ihrem rechnerischen Wert gehandelt werden.

4. Bei einem aktuellen Börsenkurs der Xenos-Stückaktien von 10 EUR sollen die jungen Aktien nun zu einem Kurs von 7,80 EUR ausgegeben werden. Die Alpha AG möchte durch den Kauf junger Aktien eine Sperrminorität erreichen. Berechnen Sie den Betrag, der dafür erforderlich ist, wenn die Bezugsrechte zu ihrem rechnerischen Wert gehandelt werden.

Aufgabe 6 Kapitalerhöhung gegen Einlagen – Änderung der Bilanz – Bezugsrecht

vel.plus/BHF20

Vom Baumaschinenhersteller BAUMA AG liegt zum 31.12. ... folgende verkürzte Bilanz vor:

Aktiva	Bilanz zum 31.12.20. ... (Angaben in EUR)		Passiva
verschiedene Aktivposten	6.118.000	Gezeichnetes Kapital	3.600.000
liquide Mittel	860.000	Kapitalrücklage	800.000
		gesetzliche Rücklage	300.000
		andere Gewinnrücklagen	778.000
		übrige Passiva (FK)	1.500.000
Summe	6.978.000	Summe	6.978.000

Das Grundkapital ist in 600 000 Stückaktien aufgeteilt.

Um die Produktionskapazitäten der weltweit gestiegenen Nachfrage anpassen zu können, soll eine Kapitalerhöhung gegen Einlagen zur Finanzierung einer Erweiterungsinvestition vorgenommen werden. Der Börsenkurs der alten Aktien liegt bei 18,00 EUR je Stückaktie.

1. Der Vorstand schlägt in der Hauptversammlung vor, das Grundkapital auf 4.200.000 EUR zu erhöhen.
   a) Ermitteln Sie das Bezugsverhältnis der vorgeschlagenen Kapitalerhöhung. Beschreiben Sie die Bedeutung des Bezugsverhältnisses.
   b) In der Hauptversammlung sind 3 Mio. EUR Grundkapital vertreten. Berechnen Sie, wie viele Stimmen mindestens für die Kapitalerhöhung abgegeben werden müssen.
   c) Geben Sie an, wie viele Aktien neu ausgegeben werden müssen.

2. Ein Bankenkonsortium übernimmt alle aus der Kapitalerhöhung stammenden Aktien. Der Ausgabekurs soll im Bookbuilding-Verfahren ermittelt werden.

   Nachdem alle interessierten Kapitalanleger ihr Kaufangebot abgegeben haben, wird der Ausgabekurs je junge Stückaktie auf 11,50 EUR festgelegt.
   a) Berechnen Sie den gesamten Mittelzufluss (ohne Berücksichtigung von Emissionskosten) und das Agio.
   b) Berechnen Sie den rechnerischen Mittelkurs der Aktie nach der Kapitalerhöhung.
   c) Ermitteln Sie den rechnerischen Wert des Bezugsrechts.
   d) Stellen Sie die Bilanz nach der Kapitalerhöhung dar (ohne Berücksichtigung von Emissionskosten).
   e) Berechnen Sie den Bilanzkurs vor und nach der Kapitalerhöhung (in % und in EUR je Aktie). Interpretieren Sie das Ergebnis.

3. Altaktionärin Neumann besitzt 900 Aktien der BAUMA AG.
   a) Berechnen Sie, mit wie viel Prozent Frau Neumann vor der Kapitalerhöhung am Grundkapital der BAUMA AG beteiligt war.
   b) Berechnen Sie, auf wie viel Prozent des Grundkapitals ihr Anteil absinken würde, wenn sie keine jungen Aktien erwirbt.
   c) Ermitteln Sie, wie viele junge Aktien Frau Neumann erwerben müsste, um nach der Kapitalerhöhung den gleichen Anteil am Grundkapital zu haben wie vorher.
   d) Ermitteln Sie, wie viele junge Stückaktien die Altaktionärin Neumann erwerben könnte, wenn sie keine Bezugsrechte hinzukaufen möchte. Berechnen Sie ihre finanzielle Belastung für diesen Fall.
   e) Überprüfen Sie rechnerisch, ob Neumann einen Vermögensverlust erleidet, wenn sie auf die Teilnahme an der Kapitalerhöhung verzichtet.
   f) Prüfen Sie, ob ihre Nichtteilnahme an dieser Kapitalerhöhung sonstige Auswirkungen für Neumann hat.

Lernbereich G

Jahresabschluss der Aktiengesellschaft

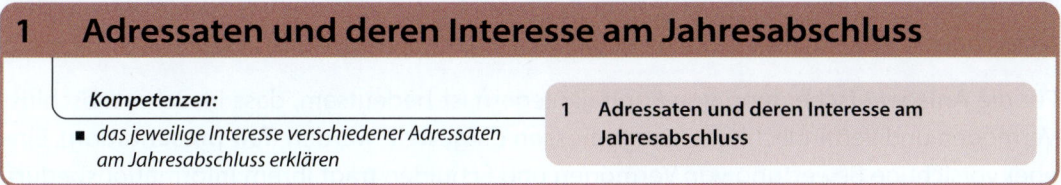

1 Adressaten und deren Interesse am Jahresabschluss

Kompetenzen:

- *das jeweilige Interesse verschiedener Adressaten am Jahresabschluss erklären*

| 1 | Adressaten und deren Interesse am Jahresabschluss |

Der Jahresabschluss richtet sich an verschiedene Adressaten, die jeweils ein unterschiedliches Interesse an den Informationen haben, die einem Jahresabschluss zu entnehmen sind.

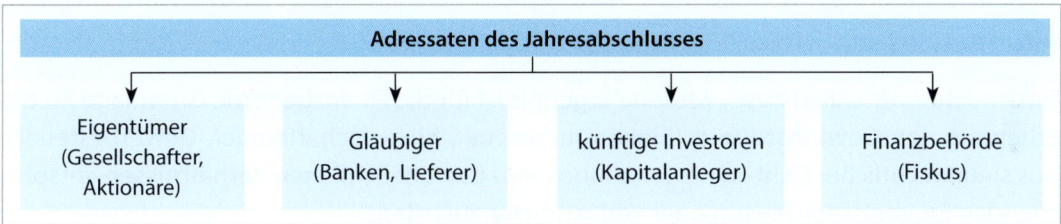

Adressaten des Jahresabschlusses

| Eigentümer (Gesellschafter, Aktionäre) | Gläubiger (Banken, Lieferer) | künftige Investoren (Kapitalanleger) | Finanzbehörde (Fiskus) |

Informationsbedürfnis der Eigentümer

Die **Eigentümer eines Unternehmens** (z. B. Aktionäre, Gesellschafter) haben in erster Linie ein Interesse, dem Jahresabschluss **Informationen zur Vermögens- und Gewinnsituation** für das zurückliegende Geschäftsjahr entnehmen zu können. Dem Jahresabschluss kommt deshalb die Aufgabe zu, die nach den Regeln ordnungsmäßiger Buchführung[1] erfassten Geschäftsvorfälle zu **dokumentieren (Dokumentationsfunktion des Jahresabschlusses)**. Damit auch zu einem späteren Zeitpunkt noch auf diese Informationen zurückgegriffen werden kann, müssen die Unterlagen geordnet aufbewahrt werden. Darüber hinaus soll der Jahresabschluss aber auch Informationen über zu **erwartende Ergebnisse (Erfolgspotenziale)** liefern.

HGB §§ 238–245

HGB §§ 257–261

> **!** Eigentümer eines Unternehmens sind besonders an Informationen zur Vermögens- und Gewinnsituation interessiert. Diese sind dem Jahresabschluss zu entnehmen.

Informationsbedürfnis der Gläubiger

Die Gläubiger (Lieferer, Banken) erwarten aus dem Jahresabschluss Informationen zur **wirtschaftlichen Lage** sowie zur **Zahlungsfähigkeit (Liquidität)** eines Unternehmens. Auf der Grundlage dieser Informationen entscheiden sie über die Gewährung oder Verlängerung von Krediten. Vor dem Hintergrund einer möglichst problemlosen Tilgung eines Kredits durch

---

1   Bei den Grundsätzen ordnungsmäßiger Buchführung (GoB) handelt es sich um Regeln, nach denen Geschäftsvorfälle aufzuzeichnen und im Jahresabschluss darzustellen sind. Sie sind nicht in Gesetzen formuliert, sondern leiten sich aus den Gepflogenheiten ab, die sich im Laufe der Zeit hinsichtlich Buchführung und Jahresabschluss ergeben haben und von einem „ordentlichen und gewissenhaften Kaufmann" zu beachten sind. Sie sind in gleicher Weise wie Gesetze rechtsverbindlich.

den Schuldner sind die Gläubiger daran interessiert, dass die dem Jahresabschluss zu entnehmende Vermögens- und Gewinnsituation keinesfalls zu günstig ausgewiesen wird.

> **!** **Gläubiger (Kreditgeber) entscheiden u. a. auf der Grundlage der Informationen aus dem Jahresabschluss über eine Kreditgewährung.**

Informationsbedürfnis der künftigen Investoren (Kapitalanleger)

Für die Anlageentscheidung von Kapitalanlegern ist bedeutsam, dass im Jahresabschluss Vermögen und Verbindlichkeiten **angemessen** dargestellt werden **(fair presentation)**. Eine eher vorsichtige Bewertung von Vermögen und Schulden trägt ihrem Informationsbedürfnis weniger Rechnung. Allerdings ist es auch im Interesse der Kapitalanleger, dass im Jahresabschluss ein **realistischer (also kein überhöhter)** Gewinn ausgewiesen wird.

Informationsbedürfnis der Finanzbehörde (Fiskus)

Das im Jahresabschluss ausgewiesene Ergebnis ist für die Finanzbehörde Grundlage für die Erhebung von **Gewinnsteuern** (Einkommensteuer, Körperschaftsteuer, Gewerbesteuer). Aus steuerrechtlicher Sicht ist die Erfassung eines den **tatsächlichen Verhältnissen** entsprechenden Ergebnisses (Gewinn oder Verlust) sicherzustellen.

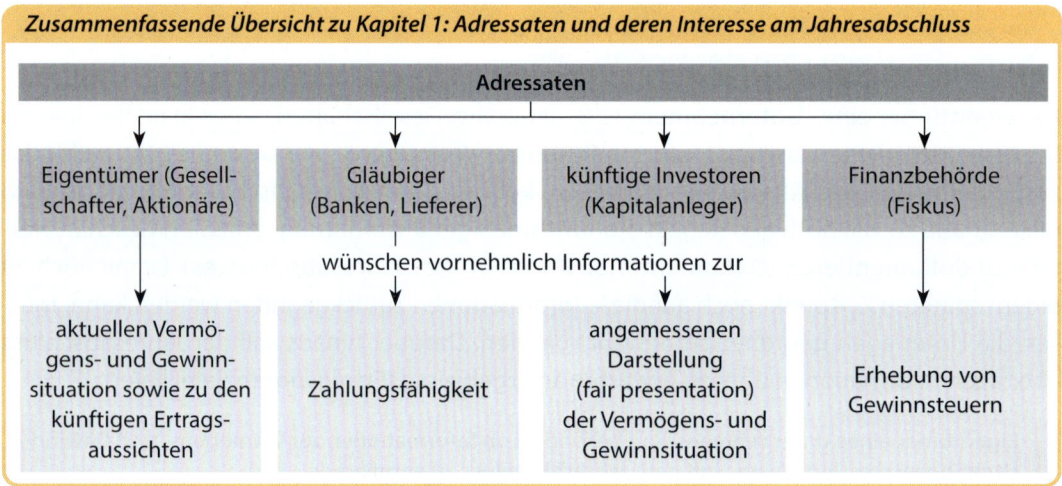

Zusammenfassende Übersicht zu Kapitel 1: Adressaten und deren Interesse am Jahresabschluss

Adressaten			
Eigentümer (Gesellschafter, Aktionäre)	Gläubiger (Banken, Lieferer)	künftige Investoren (Kapitalanleger)	Finanzbehörde (Fiskus)
wünschen vornehmlich Informationen zur			
aktuellen Vermögens- und Gewinnsituation sowie zu den künftigen Ertragsaussichten	Zahlungsfähigkeit	angemessenen Darstellung (fair presentation) der Vermögens- und Gewinnsituation	Erhebung von Gewinnsteuern

 Checken Sie Ihre Kompetenz mit der **Ich-kann-Liste**.

Öffnen Sie hierzu den nebenstehenden **QR-Code** oder geben Sie folgenden Link ein: https://vel.plus/BHG01

WIEDERHOLUNG DES GRUNDWISSENS

zu Kapitel 1 Adressaten und deren Interesse am Jahresabschluss

1. Nennen Sie die Adressaten eines Jahresabschlusses.

2. Beschreiben Sie, welches Informationsbedürfnis am Jahresabschluss die einzelnen Adressaten jeweils haben.

2   Grundlegende Vorschriften zur Erstellung von Jahresabschlüssen

Kompetenzen:

- sich mit den rechtlichen Grundlagen des Jahresabschlusses einer großen Aktiengesellschaft vertraut machen

> 2   Grundlegende Vorschriften zur Erstellung von Jahresabschlüssen

Handelsbilanz[1]

 Die auf der Grundlage handelsrechtlicher Vorschriften erstellte Bilanz ist die Handelsbilanz[1]. Die gesetzlichen Grundlagen sind im Handelsgesetzbuch (HGB) enthalten.

HGB
§ 238 ff.

Der Jahresabschluss eines einzelnen im Handelsregister eingetragenen Unternehmens (**Einzelabschluss**) muss in jedem Fall auf der Grundlage der HGB-Vorschriften erstellt werden.[2]

Mit der Handelsbilanz wird der wirtschaftliche Erfolg eines Geschäftsjahres festgestellt. Den handelsrechtlichen Vorschriften liegt das **Prinzip des Gläubigerschutzes** zugrunde. Die **Fremdkapitalgeber** werden im HGB als wichtige Zielgruppe angesehen. Gleichzeitig wird aber auch dem **Informationsbedürfnis** der **Eigenkapitalgeber** Rechnung getragen.

Das nach den Vorschriften des Handelsrechts ermittelte und in der **Handelsbilanz** ausgewiesene Jahresergebnis bildet die Grundlage für die **Gewinnausschüttung** an die Kapitaleigner (z. B. Aktionäre einer AG).

Die Beachtung der Vorschriften im HGB hat folgende Auswirkungen auf die Bilanz und die Gewinn- und Verlustrechnung:

1. Das **Vermögen** in der Bilanz ist eher zu niedrig ausgewiesen.
2. Das **Fremdkapital** in der Bilanz ist eher zu hoch ausgewiesen.
3. In der Gewinn- und Verlustrechnung wird ein **vorsichtig** ermitteltes (tatsächlich realisiertes) **Ergebnis** ausgewiesen.

Steuerbilanz

Der in der Gewinn- und Verlustrechnung ermittelte Gewinn ist **Grundlage der Besteuerung**. Zusätzlich zu den handelsrechtlichen Vorschriften enthält das **Einkommensteuergesetz (EStG)** eine Reihe ergänzender Vorschriften, die im Wesentlichen bewirken, dass der Gewinn eines Unternehmens **nicht zu niedrig** ausgewiesen wird.

 Die für Zwecke der Besteuerung erstellte Bilanz (Steuerbilanz) ist eine aus der Handelsbilanz abgeleitete Bilanz. Die gesetzlichen Grundlagen für deren Erstellung sind im Einkommensteuergesetz (EStG) enthalten.

EStG
§ 5 ff.

---

1   Der Ausdruck „Handelsbilanz" ist missverständlich. Damit ist nicht nur die Bilanz gemeint, sondern der gesamte Jahresabschluss, der neben der Bilanz auch noch die Gewinn- und Verlustrechnung und – je nach Rechtsform des Unternehmens – noch weitere Bestandteile enthält.

2   Vom Einzelabschluss ist der Konzernabschluss zu unterscheiden.

Kaufleute, die nach dem HGB buchführungspflichtig sind, müssen nicht nur eine **Handelsbilanz**, sondern zusätzlich eine **Steuerbilanz** erstellen.

 Checken Sie Ihre Kompetenz mit der **Ich-kann-Liste**.

Öffnen Sie hierzu den nebenstehenden **QR-Code**
oder geben Sie folgenden Link ein: https://vel.plus/BHG03

vel.plus/BHG04

WIEDERHOLUNG DES GRUNDWISSENS

zu Kapitel 2 Grundlegende Vorschriften zur Erstellung von Jahresabschlüssen

1. Erläutern Sie, was unter einer Handelsbilanz zu verstehen und welche gesetzliche Grundlage für deren Erstellung zu beachten ist.

2. Geben Sie an, welche Zielsetzungen mit den handelsrechtlichen Vorschriften verfolgt werden.

3. Geben Sie an, was unter einer Steuerbilanz zu verstehen ist und welche gesetzliche Grundlage für deren Erstellung beachtet werden muss.

3 Jahresabschluss: Bestandteile und Offenlegung

Kompetenzen:

- sich mit den rechtlichen Grundlagen des Jahresabschlusses einer großen Aktiengesellschaft vertraut machen

- handelsrechtliche Vorschriften hinsichtlich Umfang, Aufstellung und Offenlegung des Jahresabschlusses analysieren

3.1 Bestandteile des Jahresabschlusses

3.2 Aufstellung und Offenlegung (Publizität)

3.1 Bestandteile des Jahresabschlusses

3.1.1 Überblick – Kapitalgesellschaften nach Größenklassen

Kapitalgesellschaften (und damit auch Aktiengesellschaften) sind verpflichtet, einen umfangreicheren Jahresabschluss als buchführungspflichtige Einzelunternehmen und Personengesellschaften zu erstellen.

Der Umfang des Jahresabschlusses ist u.a. davon abhängig, ob die Kapitalgesellschaft als **kleinst, klein, mittelgroß oder groß** einzustufen ist. Für die Zuordnung zu einer bestimmten Größenklasse müssen **mindestens zwei der drei** nachstehenden Merkmale an zwei aufeinander folgenden Abschlussstichtagen erfüllt sein:

HGB § 267, § 267a

	Kleinste Kapitalgesellschaft	Kleine Kapitalgesellschaft	Mittelgroße Kapitalgesellschaft	Große Kapitalgesellschaft
Bilanzsumme (nach Abzug eines auf der Aktivseite ausgewiesenen Fehlbetrags)	≤ 350.000 EUR	≤ 6.000.000 EUR	> 6.000.000 EUR ≤ 20.000.000 EUR	> 20.000.000 EUR
Umsatzerlöse (in den zwölf Monaten vor dem Abschlussstichtag)	≤ 700.000 EUR	≤ 12.000.000 EUR	> 12.000.000 EUR ≤ 40.000.000 EUR	> 40.000.000 EUR
Arbeitnehmer (im Jahresdurchschnitt)	≤ 10 Arbeitnehmer	≤ 50 Arbeitnehmer	> 50 Arbeitnehmer ≤ 250 Arbeitnehmer	> 250 Arbeitnehmer

Eine Kapitalgesellschaft (und damit auch eine Aktiengesellschaft) gilt stets als **groß**, wenn sie einen **organisierten Markt** (z.B. Wertpapierbörse) durch von ihr ausgegebene Wertpapiere (z.B. Aktien) in Anspruch nimmt oder die Zulassung zum Börsenhandel beantragt hat.

HGB 267 (3), 264d

Bestandteile des Jahresabschlusses[1]					
§ 264 (1) S. 4, § 267 HGB ■ **Mittelgroße und große Kapitalgesellschaften**	Bilanz § 266 HGB	GuV-Rechnung § 275 HGB	Anhang §§ 284 ff. HGB	Lage-bericht* § 289 HGB		
§ 264 (1) S. 2, § 264d HGB ■ **Kapitalmarktorientierte Kapitalgesellschaften**[1]	Bilanz § 266 HGB	GuV-Rechnung § 275 HGB	Anhang §§ 284 ff. HGB	Lage-bericht* § 289 HGB	Kapital-fluss-rechnung	Eigen-kapital-spiegel

*   Der Lagebericht gehört nicht zum Jahresabschluss im engeren Sinne.

HGB
§ 284 (1)

Unabhängig von ihrer Größe müssen Kapitalgesellschaften ihren Jahresabschluss um einen **Anhang** erweitern. Davon sind Kleinstkapitalgesellschaften unter bestimmten Voraussetzungen ausgenommen. Der Anhang bildet mit der **Bilanz** und der **Gewinn- und Verlustrechnung** eine **Einheit**. Er enthält Erläuterungen zu den einzelnen Posten der Bilanz und der Gewinn- und Verlustrechnung. Insbesondere muss dort angegeben werden, wie die einzelnen Werte des Vermögens und der Schulden ermittelt wurden (Bewertungsmethoden).

HGB
§ 264d

Kapitalmarktorientierte Kapitalgesellschaften[3] sind darüber hinaus noch verpflichtet, den Jahresabschluss um eine **Kapitalflussrechnung** und einen **Eigenkapitalspiegel** zu erweitern.[4]

> **!** Kapitalgesellschaften (außer Kleinstkapitalgesellschaften unter bestimmen Voraussetzungen) sind verpflichtet, ergänzend zur Bilanz und GuV-Rechnung in einem Anhang zu erläutern, wie die einzelnen Werte des Vermögens und der Schulden ermittelt wurden. Der Anhang ist bei diesen Gesellschaften Bestandteil des Jahresabschlusses. Kapitalmarktorientierte Kapitalgesellschaften erstellen zusätzlich noch eine Kapitalflussrechnung und einen Eigenkapitalspiegel.

1   Laut aktuellem Bildungsplan sind die Vorschriften hinsichtlich Umfang, Aufstellung und Offenlegung des Jahresabschlusses lediglich bei großen Aktiengesellschaften zu betrachten.

2   Die Gliederungsvorschriften der §§ 266, 275 HGB sind nur für Kapitalgesellschaften verbindlich. Im Rahmen der Grundsätze ordnungsmäßiger Buchführung und Bilanzierung lehnen sich andere Unternehmen aber daran an.

3   Als kapitalmarktorientiert gelten alle Unternehmen und gegebenenfalls deren Tochtergesellschaften, deren Wertpapiere jeglicher Art (z. B. Aktien) auf einem organisierten Kapitalmarkt (z. B. Wertpapierbörse) zugelassen sind.

4   Nach dem derzeit gültigen Bildungsplan wird die eigenständige Erstellung einer Kapitalflussrechnung sowie eines Eigenkapital- und Anlagespiegels nicht verlangt.

3.1.2 Bilanz

Gliederung der Bilanz für große und mittelgroße Kapitalgesellschaften gem. § 266 HGB:

HGB
§ 266

Aufg. 1
S. 441

Aktiva	BILANZ	Passiva

A. Anlagevermögen:
  I.   **Immaterielle Vermögensgegenstände:**
    1. Selbstgeschaffene gewerbliche Schutzrechte und ähnliche Rechte und Werte;
    2. entgeltlich erworbene Konzessionen, gewerbliche Schutzrechte und ähnliche Rechte und Werte sowie Lizenzen an solchen Rechten und Werten;
    3. Geschäfts- oder Firmenwert;
    4. geleistete Anzahlungen;
  II. **Sachanlagen:**
    1. Grundstücke, grundstücksgleiche Rechte und Bauten einschließlich der Bauten auf fremden Grundstücken;
    2. technische Anlagen und Maschinen;
    3. andere Anlagen, Betriebs- und Geschäftsausstattung;
    4. geleistete Anzahlungen und Anlagen im Bau;
  III. **Finanzanlagen:**
    1. Anteile an verbundenen Unternehmen;
    2. Ausleihungen an verbundene Unternehmen;
    3. Beteiligungen;
    4. Ausleihungen an Unternehmen, mit denen ein Beteiligungsverhältnis besteht;
    5. Wertpapiere des Anlagevermögens;
    6. sonstige Ausleihungen.

B. Umlaufvermögen:
  I.   **Vorräte:**
    1. Roh-, Hilfs- und Betriebsstoffe;
    2. unfertige Erzeugnisse, unfertige Leistungen;
    3. fertige Erzeugnisse und Waren;
    4. geleistete Anzahlungen.
  II. **Forderungen und sonstige Vermögensgegenstände:**
    1. Forderungen aus Lieferungen und Leistungen;
    2. Forderungen gegen verbundene Unternehmungen;
    3. Forderungen gegen Unternehmen mit denen ein Beteiligungsverhältnis besteht;
    4. sonstige Vermögensgegenstände.
  III. **Wertpapiere:**
    1. Anteile an verbundenen Unternehmen;
    2. sonstige Wertpapiere.
  IV. **Kassenbestand, Bundesbankguthaben, Guthaben bei Kreditinstituten, Schecks.**

C. Rechnungsabgrenzungsposten.

D. Aktive latente Steuern.

E. Aktiver Unterschiedsbetrag aus der Vermögensverrechnung.

A. Eigenkapital:
  I.   **Gezeichnetes Kapital;**
  II. **Kapitalrücklage;**
  III. **Gewinnrücklagen:**
    1. gesetzliche Rücklage;
    2. Rücklage für Anteile an einem herrschenden oder mehrheitlich beteiligten Unternehmen;
    3. satzungsmäßige Rücklagen;
    4. andere Gewinnrücklagen;
  IV. **Gewinnvortrag/Verlustvortrag;**
  V. **Jahresüberschuss/Jahresfehlbetrag.**

B. Rückstellungen:
  1. Rückstellungen für Pensionen und ähnliche Verpflichtungen;
  2. Steuerrückstellungen;
  3. sonstige Rückstellungen.

C. Verbindlichkeiten:
  1. Anleihen, davon konvertibel;
  2. Verbindlichkeiten gegenüber Kreditinstituten
  3. erhaltene Anzahlungen auf Bestellungen;
  4. Verbindlichkeiten aus Lieferungen und Leistungen;
  5. Verbindlichkeiten aus der Annahme gezogener Wechsel und der Ausstellung eigener Wechsel;
  6. Verbindlichkeiten gegenüber verbundenen Unternehmen;
  7. Verbindlichkeiten gegenüber Unternehmen mit denen ein Beteiligungsverhältnis besteht;
  8. sonstige Verbindlichkeiten, davon aus Steuern, davon im Rahmen der sozialen Sicherheit.

D. Rechnungsabgrenzungsposten.

E. Passive latente Steuern.

Erläuterungen einzelner Bilanzpositionen:

Aktivseite

A. Anlagevermögen (= Vermögensgegenstände, die dazu bestimmt sind, dem Unternehmen langfristig zur Verfügung zu stehen)

I. 1. **Selbst geschaffene gewerbliche Schutzrechte etc.:** *z. B. selbst entwickeltes Patent*

I. 2. **entgeltlich erworbene Konzessionen, gewerbliche Schutzrechte etc:** *Rechte, die entgeltlich erworben wurden (z. B. Produktionsrechte in Form einer Lizenz).*

I. 3. **Geschäfts- oder Firmenwert:** *Betrag, der beim Kauf eines Unternehmens über den Substanzwert (tatsächliches Eigenkapital) hinaus bezahlt werden musste (= derivativer Firmenwert).*

III. 1. **Anteile an verbundenen Unternehmen:** *Anteile z. B. in Form von Aktien an einem verbundenen Unternehmen (vgl. § 271 (2) HGB). Wesentlich: Die Anteile müssen dazu bestimmt sein, dauernd dem Geschäftsbetrieb zu dienen. Ist das nicht der Fall, dann müssen Anteile an einem verbundenen Unternehmen im Umlaufvermögen ausgewiesen werden (vgl. Position B. III, 1.).*

III. 2. **Ausleihungen an verbundene Unternehmen:** *Wie bei den Anteilen muss es sich beim Schuldner um ein verbundenes Unternehmen gem. § 271 (2) HGB handeln. Zusätzliche Bedingung: Daueranlage (falls kurzfristige Ausleihung erfolgt Bilanzierung unter Pos. B. III, 2 – Umlaufvermögen).*

III. 3. **Beteiligungen:** *Anteile an anderen Unternehmen, die dazu bestimmt sind, dem eigenen Geschäftsbetrieb im Rahmen einer dauerhaften Geschäftsverbindung zu dienen (vgl. § 271 (1) HGB).*

III. 5. **Wertpapiere des Anlagevermögens:** *Wertpapiere, die einer längerfristigen Kapitalanlage dienen (z. B. Bundesanleihen, Industrieobligationen, Aktien).*

B. Umlaufvermögen (= Vermögensgegenstände, die dazu bestimmt sind, dem Unternehmen nur kurzfristig zur Verfügung zu stehen)

III. 2. **sonstige Wertpapiere:** *z. B. Geldmarktpapiere.*

C. Rechnungsabgrenzungsposten

Aktive Rechnungsabgrenzungsposten: *Aufwendungen, die ein künftiges Geschäftsjahr betreffen, aber bereits im alten Geschäftsjahr zu Auszahlungen geführt haben (z. B. Miete für Januar des neuen Geschäftsjahres wird bereits im Dezember des alten Geschäftsjahres an den Vermieter überwiesen).*

HGB
§ 274 (1)

D. Aktive latente Steuern:
Künftige Steuerentlastung aufgrund von unterschiedlichen Wertansätzen in Handels- und Steuerbilanz.

E. Aktiver Unterschiedsbetrag aus der Vermögensverrechnung:
Vermögensgegenstände zur Erfüllung von Schulden aus Altersvorsorgeverpflichtungen. Diese Vermögensgegenstände sind im Insolvenzfall dem Zugriff aller Gläubiger entzogen. Sie entstehen, wenn der Zeitwert dieser Vermögensgegenstände den Betrag der Schulden übersteigt (§ 246 (2) S. 2 HGB).

Passivseite

C. Verbindlichkeiten

1. **Anleihen, davon konvertibel:** *Anleihen = langfristige, am öffentlichen Kapitalmarkt aufgenommene Verbindlichkeiten (z. B. Schuldverschreibungen). Konvertible (austauschbare) Anleihen = Wandelschuldverschreibungen, bei denen den Gläubigern ein Umtausch- oder Bezugsrecht auf Aktien zusteht.*

D. Rechnungsabgrenzungsposten

Passive Rechnungsabgrenzungsposten: *Erträge, die ein künftiges Geschäftsjahr betreffen, aber bereits im alten Geschäftsjahr zu Einzahlungen geführt haben (z. B. Zinserträge, die erst im Januar des neuen Geschäftsjahres fällig sind, gehen bereits im Dezember des alten Geschäftsjahres ein).*

E. Passive latente Steuern:

Künftige Steuerbelastung aufgrund von unterschiedlichen Wertansätzen in Handels- und Steuerbilanz.

HGB
§ 274 (1)

Anlagenspiegel

Kapitalgesellschaften sind verpflichtet, in den Anhang einen **Anlagenspiegel** aufzunehmen, aus dem hervorgeht, wie sich die einzelnen Bilanzpositionen **des Anlagevermögens** vom Zeitpunkt der Anschaffung bis zum Ausscheiden entwickelt haben. Dadurch wird die Aussagefähigkeit des Jahresabschlusses verbessert.

HGB
§ 284 (3)

> **!** Der Anlagenspiegel zeigt, wie sich die einzelnen Bilanzpositionen des Anlagevermögens vom Zeitpunkt der Anschaffung bis zum Bilanzstichtag bzw. bis zum Ausscheiden entwickelt haben.

3.1.3 Gewinn- und Verlustrechnung

Kapitalgesellschaften sind verpflichtet, die Gewinn- und Verlustrechnung in **Staffelform** aufzustellen. Gegenüber der Kontoform hat die Staffelform den Vorteil größerer Übersichtlichkeit. Das Zustandekommen der einzelnen Ergebnisse (gewöhnliche Geschäftstätigkeit, außerordentliches Ergebnis, Jahresüberschuss) ist sofort erkennbar.

HGB
§ 275

Demgegenüber können buchführungspflichtige **Einzelkaufleute** und **Personenhandelsgesellschaften** zwischen **Staffelform** und **Kontoform** wählen.

Gewinn- und Verlustrechnung in Kontoform

Zum 31.12. des Geschäftsjahres erstellt die Metallwarenfabrik AG folgende **interne** Gewinn- und Verlustrechnung (Kontoform):

Aufwendungen		Interne Gewinn- und Verlustrechnung (in Tsd. EUR)			Erträge
6000	Aufwendungen für Rohstoffe	17.000	5000	Umsatzerlöse	100.000
6020	Aufwendungen für Hilfsstoffe	4.000	5220	Bestandsveränderungen FE	2.950
6200	Löhne	24.000	5300	andere aktivierte	
6300	Gehälter	14.000		Eigenleistungen	7.000
6400	soziale Abgaben	15.000	5480	Erträge a. d. Auflösung	
6500	Abschreibungen auf			v. Rückstellungen	2.000
	Sachanlagen	13.000	5500	Erträge aus Beteiligungen	3.000
6710	Leasingaufwendungen	6.950			
6770	Rechts- und Beratungskosten	1.000			
6800	Aufwendungen für				
	Büromaterial	200			
6900	Versicherungsbeiträge	800			
7000	betriebliche Steuern	2.000			
7500	Zinsaufwendungen	5.000			
7700	Gewerbesteuer	1.600			
7710	Körperschaftsteuer	1.800			
	Jahresüberschuss	**8.600**			
		114.950			114.950

Erläuterung: Der Jahresüberschuss vor Berücksichtigung der Körperschaft- und Gewerbesteuer beträgt 12.000 EUR (8.600 + 1.800 + 1.600). Dieser Betrag steht aber zur Ausschüttung an die Aktionäre nicht in vollem Umfang zur Verfügung, da die AG von diesem Betrag noch Körperschaftsteuer (15 %) und Gewerbesteuer abführen muss. Im Gegensatz zu den betrieblichen Steuern (z. B. Kfz-Steuer) handelt es sich bei diesen Steuern nicht um „abzugsfähige" Steuern (Steuern mit Aufwandscharakter), sondern um vom Gewinn zu berechnende Steuern (= Gewinnsteuern).

Die Umwandlung der Kontenform in die Staffelform nach dem Gesamtkostenverfahren[1] führt zu folgendem Ergebnis:

---

1 Nach § 275 (1) HGB kann die Gewinn- und Verlustrechnung wahlweise nach dem Gesamtkostenverfahren und nach dem Umsatzkostenverfahren dargestellt werden. Die großen Kapitalgesellschaften verwenden vorwiegend das Umsatzkostenverfahren. Dieses ist aber nicht Gegenstand des Bildungsplans.

HGB
§ 275 (2)

Aufg. 2
S. 441

	Gewinn- und Verlustrechnung der Metallwarenfabrik AG in Staffelform (Gesamtkostenverfahren) nach § 275 (2) HGB (in Tsd. EUR)		
1.	Umsatzerlöse (5000)	100.000	
2.	Erhöhung oder Verminderung des Bestandes an fertigen und unfertigen Erzeugnissen (5220)	+ 2.950	
3.	andere aktivierte Eigenleistungen (5300)	+ 7.000	
4.	sonstige betriebliche Erträge (5480)[1]	+ 2.000	
5.	Materialaufwand a) Aufwendungen für Roh-, Hilfs- und Betriebsstoffe (6000, 6020) b) Aufwendungen für bezogene Leistungen	– 21.000	
6.	Personalaufwand a) Löhne und Gehälter (6200, 6300) b) soziale Abgaben (6400)	– 38.000 – 15.000	
7.	Abschreibungen a) auf immaterielle Vermögensgegenstände des Anlagevermögens und Sachanlagen (6500) b) auf Vermögensgegenstände des Umlaufvermögens	– 13.000	
8.	sonstige betriebliche Aufwendungen[1] (6710, 6770, 6800, 6900)	– 8.950	
9.	Erträge aus Beteiligungen (5500)	+ 3.000	
10.	Erträge aus anderen Wertpapieren		
11.	sonstige Zinsen und ähnliche Erträge		
12.	Abschreibungen auf Finanzanlagen		
13.	Zinsen und ähnliche Aufwendungen (7500)	– 5.000	
14.	Steuern vom Einkommen und vom Ertrag (7700, 7710)	– 3.400	
15.	Ergebnis nach Steuern[2]	– 10.600	
16.	sonstige Steuern (7000)	– 2.000	
17.	Jahresüberschuss	**8.600**	

Ergebnis nach Steuern (vertikale Beschriftung rechte Spalte)

Hinweis: *Die Ziffern in Klammern geben die jeweiligen Kontennummern an.*

3.1.4 Anhang

! **Der Anhang hat die Aufgabe, bestimmte in der Bilanz und Gewinn- und Verlustrechnung ausgewiesene Positionen zu erläutern, um damit den Adressaten des Jahresabschlusses zusätzliche Informationen zur Vermögens- und Ertragslage der Kapitalgesellschaft zu verschaffen.**

---

1 Die in den sonstigen betrieblichen Erträgen und sonstigen betrieblichen Aufwendungen enthaltenen außerordentlichen Aufwendungen und Erträge sind im Anhang anzugeben (§ 285 Nr. 31 HGB). Aufwendungen und Erträge sind dann außerordentlich, wenn sie ungewöhnlich, selten und von einigem Gewicht sind.
2 Diese Postenbezeichnung ist irreführend, da es sich gerade nicht um ein Ergebnis **nach allen Steuern** handelt, sofern auch noch Beträge unter dem Posten „sonstige Steuern" ausgewiesen werden.

In den Anhang müssen z. B. folgende Angaben aufgenommen werden:

- Angaben zu einzelnen Posten der Bilanz oder Gewinn- und Verlustrechnung, für die ein **Bewertungswahlrecht** wahrgenommen wurde;

- die angewandten Bilanzierungs- und Bewertungsmethoden (z. B. Abschreibungsmethode, Festlegung der Nutzungsdauer für abzuschreibende Vermögensgegenstände);

- die Grundlagen für die Umrechnung z. B. von Fremdwährungsverbindlichkeiten in Euro.

HGB § 285

Da aus der Bilanz nicht ersichtlich ist, wann (innerhalb welchen Zeitraums) die Verbindlichkeiten des Unternehmens fällig und wie diese gegebenenfalls gesichert sind, muss der Anhang auch Angaben enthalten über

- den Gesamtbetrag der Verbindlichkeiten mit einer Restlaufzeit von mehr als fünf Jahren und

- den Gesamtbetrag der Verbindlichkeiten, die durch Pfandrechte oder ähnliche Rechte gesichert sind.

3.1.5 Lagebericht

HGB § 289

HGB § 264 (1) S. 4

Mittelgroße und große Kapitalgesellschaften müssen **neben dem Jahresabschluss** noch einen **Lagebericht** aufstellen. Der **Lagebericht** enthält Angaben zum Geschäftsverlauf der Kapitalgesellschaft, wobei aber auf einzelne Positionen des Jahresabschlusses kein Bezug genommen wird. Das Ziel des Lageberichts besteht vielmehr in einer **umfassenden Gesamtwürdigung** des Unternehmens.

 Der Lagebericht ist nicht Bestandteil des Jahresabschlusses einer Kapitalgesellschaft.

Lagebericht	
muss eingehen auf:	**soll** eingehen auf:
<ul><li>den Umfang und die Komplexität des Geschäftsverlaufs und dessen Analyse sowie auf die Lage der Kapitalgesellschaft</li><li>die voraussichtliche Entwicklung mit ihren Chancen und Risiken</li></ul>	<ul><li>Vorgänge von besonderer Bedeutung, die nach dem Schluss des Geschäftsjahres eingetreten sind</li><li>Maßnahmen zur Absicherung von Risiken (z. B. Preisänderungs-, Ausfall- und Liquiditätsrisiken)</li><li>Tätigkeiten in der Forschung und Entwicklung</li></ul>

HGB § 264d § 289

Kapitalmarktorientierte Aktiengesellschaften müssen im Lagebericht u. a. zusätzlich Angaben machen über:

- die Zusammensetzung des gezeichneten Kapitals (Stammaktien, Namensaktien etc.) und die mit jeder Aktiengattung verbundenen Rechte und Pflichten;

- direkte oder indirekte Beteiligungen am Kapital, die 10 Prozent der Stimmrechte überschreiten;

- die gesetzlichen Vorschriften und Bestimmungen der Satzung über die Ernennung und Abberufung der Mitglieder des Vorstands und über die Änderung der Satzung;

- die Befugnisse des Vorstands insbesondere hinsichtlich der Möglichkeit, Aktien auszugeben oder zurückzukaufen.

Große, kapitalmarktorientierte Kapitalgesellschaften, die mehr als 500 Arbeitnehmer beschäftigen, müssen ihren Lagebericht um eine **nichtfinanzielle Erklärung** erweitern. Darin ist das **Geschäftsmodell** der Kapitalgesellschaft kurz zu beschreiben. Darüber hinaus muss diese Erklärung u. a. zumindest auf folgende Aspekte eingehen:

HGB
§ 267 (3) S. 1,
§ 289b,
§ 289c

- Umweltbelange (Treibhausgasemissionen, Wasserbrauch, Luftverschmutzung, Nutzung von erneuerbaren und nicht erneuerbaren Energien, Schutz der biologischen Vielfalt);

- Arbeitnehmerbelange (z. B. Maßnahmen zur Gewährleistung der Geschlechtergleichstellung, Arbeitsbedingungen);

- Achtung der Menschenrechte (z. B. Angaben zur Vermeidung von Menschenrechtsverletzungen);

- Bekämpfung von Korruption und Bestechung.

3.1.6 Kapitalflussrechnung

Mithilfe der **Kapitalflussrechnung** soll die Liquiditätslage eines Unternehmens abgebildet werden. Durch die Gegenüberstellung der innerhalb eines Geschäftsjahres erfolgten Ein- und Auszahlungen wird die Veränderung der liquiden Mittel dargestellt.

HGB
§ 264 (1) S. 2

Erstellung einer vereinfachten Kapitalflussrechnung der Süßwaren AG

Die vereinfachte Gewinn- und Verlustrechnung der Süßwaren AG (Großhandel) enthält zum 31.12. d. J. folgende Informationen:

S	(Vereinfachte) Gewinn- und Verlustrechnung		H
Warenaufwand	400.000	Umsatzerlöse	700.000
Abschreibung	120.000	Erträge aus der Auflösung	20.000
Jahresüberschuss	200.000	von Rückstellungen	
	720.000		720.000

Aus der vorliegenden Gewinn- und Verlustrechnung lässt sich nachstehende vereinfachte Kapitalflussrechnung (= Cashflow-Rechnung) erstellen:

Cashflow =	Jahresüberschuss	Jahresüberschuss	200.000
+	nicht zahlungswirksamer Aufwand (z. B. Abschreibungen)	+ nicht zahlungswirksamer Aufwand (z. B. Abschreibung)	120.000
−	nicht zahlungswirksamer Ertrag (z. B. Erträge aus der Auflösung von Rückstellungen)	− nicht zahlungswirksamer Ertrag (z. B. Erträge aus der Auflösung von Rückstellungen)	20.000
		= Cashflow	300.000

Ergebnis: Die flüssigen Mittel der Süßwaren AG haben im abgelaufenen Geschäftsjahr um 300.000 EUR zugenommen.

3.1.7 Eigenkapitalspiegel

Der **Eigenkapitalspiegel** zeigt die Veränderungen des Eigenkapitals innerhalb eines Geschäftsjahres durch die Gegenüberstellung der Zu- und Abgänge auf. Dadurch sollen die Quellen der Eigenkapitalveränderungen des abgelaufenen Geschäftsjahres deutlich werden.

HGB
§ 264 (1) S. 2

Eigenkapitalspiegel einer AG (in Tsd. EUR)					
	Gezeichne-tes Kapital	Kapital-rücklage	Gewinn-rücklagen	Gewinn-/ Verlustvortr. JÜ lfd. Jahr	Summe
Eigenkapital 01.01.2022	1.500	200	300	– 10	1.990
Kapitalerhöhung 2022	300	50			350
Jahresüberschuss 2022				210	210
Gewinnrücklagen (+/–)			+ 100	– 100	0
Dividende 2022				– 95	– 95
Eigenkapital 31.12.2022	1.800	250	400	5	2.455

3.2   Aufstellung und Offenlegung des Jahresabschlusses

HGB
§ 243 (3)

Für alle Unternehmen – unabhängig von der Rechtsform – gilt, dass der Jahresabschluss innerhalb der einem ordentlichen Geschäftsgang entsprechenden Zeit aufzustellen ist. Da **Kapitalgesellschaften** als juristische Personen selbst nicht handlungsfähig sind, sind deren gesetzliche Vertreter (bei der AG: Vorstand) für die Erstellung (= Aufstellung) des Jahresabschlusses verantwortlich. Der Jahresabschluss einer AG ist **festgestellt** und damit **rechtsverbindlich**, wenn er vom Aufsichtsrat gebilligt wird. Damit ist auch die Höhe des **Bilanzgewinns** festgestellt, der der Hauptversammlung zur Beschlussfassung über die Verwendung vorgelegt wird.

HGB
§ 264 (1)

Je nach Art und Größe des Unternehmens sind für den Zeitraum der Aufstellung und Offenlegung besondere Vorschriften zu beachten.

Große und mittelgroße Kapitalgesellschaften

HGB
§ 264 (1) S. 3

HGB
§ 316 (1)

HGB
§ 325 (1a)

Der Jahresabschluss sowie der Lagebericht **großer und mittelgroßer Kapitalgesellschaften** sind **innerhalb der ersten drei Monate** des neuen Geschäftsjahres für das vergangene Geschäftsjahr **aufzustellen**. Darüber hinaus sind die gesetzlichen Vertreter verpflichtet, den mit dem **Bestätigungsvermerk des Abschlussprüfers** versehenen Jahresabschluss sowie weitere Unterlagen (z. B. Lagebericht, Bericht des Aufsichtsrats, Vorschlag und Beschluss über Ergebnisverwendung) einzureichen. Das muss in elektronischer Form beim **Betreiber des elektronischen Bundesanzeigers**[1] erfolgen und hat **unverzüglich** nach Vorlage an die Gesellschafter – spätestens jedoch **innerhalb von 12 Monaten** – zu geschehen. Der Betreiber des elektronischen Bundesanzeigers übermittelt die Informationen an das **Unternehmensregister**[2], wo sie der Öffentlichkeit auch im Internet zugänglich gemacht werden.

---

www

1   Betreiber des elektronischen Bundesanzeigers ist die Bundesanzeiger Verlagsgesellschaft mbH in Köln: https://www.bundesanzeiger.de/
2   Abruf von Daten publikationspflichtiger Unternehmen: www.unternehmensregister.de
    Abruf von Namen/Adressen insolventer Unternehmen/Personen: www.insolvenzbekanntmachungen.de

Kapitalmarktorientierte Kapitalgesellschaften

Kapitalmarktorientierte Kapitalgesellschaften (z. B. Aktiengesellschaften, deren Aktien am Kapitalmarkt gehandelt werden) sind verpflichtet, ihren Jahresabschluss **innerhalb von drei Monaten** aufzustellen und **innerhalb von vier Monaten** offen zu legen.

HGB
§ 264 (1) S. 3
HGB
§ 325 (4)

Zusammenfassende Übersicht zu Kapitel 3: Jahresabschluss

Bestandteile des Jahresabschlusses

für Kapitalgesellschaften
(§ 264 HGB)

Bilanz (§ 266 HGB)	**Gewinn- und Verlust-rechnung** (§ 275 HGB)	**Anhang** (§ 284 HGB) (Sonderregelung bei Kleinstkapitalgesellschaften § 264 (1) S. 5 HGB)

bei kapitalmarktorientierten Kapitalgesellschaften zusätzlich
(§ 264 HGB)

Kapitalflussrechnung	**Eigenkapitalspiegel**

zusätzlich bei mittelgroßen und großen Kapitalgesellschaften:

Lagebericht

(nicht Bestandteil des Jahresabschlusses)

Aufstellung und Offenlegung von Jahresabschlüssen der Kapitalgesellschaften

	Kapitalgesellschaften	
	große und mittelgroße	**kapitalmarktorientierte**
Aufstellung innerhalb des neuen Geschäftsjahres	innerhalb von **drei Monaten** HGB § 264 (1) S. 3	
Offenlegung innerhalb des neuen Geschäftsjahres	spätestens bis zum Ablauf des **zwölften** Monats HGB § 325 (1a)	spätestens bis zum Ablauf des **vierten** Monats HGB § 325 (4)

Checken Sie Ihre Kompetenz mit der **Ich-kann-Liste**.

Öffnen Sie hierzu den nebenstehenden **QR-Code** oder geben Sie folgenden Link ein: https://vel.plus/BHG05

WIEDERHOLUNG DES GRUNDWISSENS

zu Kapitel 3 Jahresabschluss: Bestandteile und Offenlegung

3.1   Bestandteile des Jahresabschlusses

3.1.1 Überblick – Kapitalgesellschaften nach Größenklassen

1. Geben Sie an, wovon es abhängig ist, ob eine Kapitalgesellschaft als kleinst, klein, mittelgroß oder groß einzustufen ist.

2. Geben Sie an, wann eine Kapitalgesellschaft auf jeden Fall als groß einzustufen ist.

3. Nennen Sie die Bestandteile, aus den sich der Jahresabschluss von großen und kapitalmarktorientierten Kapitalgesellschaften zusammensetzt.

4. Nennen Sie zwei Rechtsformen, bei welchen es sich um Kapitalgesellschaften handelt.

3.1.2 Bilanz

1. Beschreiben Sie, wie die Bilanz einer großen Kapitalgesellschaft aufgebaut ist.

2. Geben Sie an, welche Informationen dem Anlagespiegel entnommen werden können.

3.1.3 Gewinn- und Verlustrechnung

1. Geben Sie an, in welcher Form Kapitalgesellschaften ihre Gewinn- und Verlustrechnung aufstellen müssen.

2. Unterscheiden Sie zwischen dem Ergebnis nach Steuern und dem Jahresüberschuss.

3.1.4 Anhang

1. Beschreiben Sie, welche Aufgabe der Anhang hat.

2. Nennen Sie Beispiele für Angaben, die in den Anhang aufzunehmen sind.

3.1.5 Lagebericht

1. Geben Sie an, welche Kapitalgesellschaften einen Lagebericht erstellen müssen.

2. Nennen Sie die Informationen, die dem Lagebericht zu entnehmen sind.

3.1.6 Kapitalflussrechnung

1. Geben Sie an, bei welchen Kapitalgesellschaften eine Kapitalflussrechnung zum Jahresabschluss gehört.

2. Nennen Sie das Ziel, das mit einer Kapitalflussrechnung verfolgt wird.

3. Beschreiben Sie, auf welche Weise sich der Cash-Flow ermitteln lässt.

3.1.7 Eigenkapitalspiegel

1. Nennen Sie die Kapitalgesellschaften, bei denen ein Eigenkapitalspiegel Bestandteil des Jahresabschlusses ist.

2. Beschreiben Sie den Aufbau eines Eigenkapitalspiegels.

3.2   Aufstellung und Offenlegung des Jahresabschlusses

1. Geben Sie an, wer für die Erstellung des Jahresabschlusses bei Aktiengesellschaften verantwortlich ist.

2. Geben Sie an, wann der Jahresabschluss einer AG festgestellt und damit rechtsverbindlich ist.

3. Nennen Sie die Frist, innerhalb derer der Jahresabschluss und der Lagebericht großer und mittelgroßer Kapitalgesellschaften aufgestellt werden müssen.

4. Nennen Sie die Frist, innerhalb derer der Jahresabschluss eingereicht werden muss.

5. Erläutern Sie, was kapitalmarktorientierte Kapitalgesellschaften hinsichtlich Erstellung und Offenlegung des Jahresabschlusses zu beachten haben.

ANWENDUNGS- UND ÜBUNGSAUFGABEN

zu Kapitel 3 Jahresabschluss: Bestandteile und Offenlegung

Aufgabe 1 Bilanz einer Kapitalgesellschaft

Erstellen Sie aus den nachfolgenden Angaben die Bilanz einer Kapitalgesellschaft nach § 266 (1) Satz 3 HGB:

vel.plus/BHG07

HGB
§ 266 (1)

	EUR
Vorräte	190.000
Gezeichnetes Kapital	200.000
Forderungen und sonstige Vermögensgegenstände	125.000
Gewinnrücklagen	25.000
Wertpapiere	40.000
flüssige Mittel	28.000
Verbindlichkeiten gegenüber Kreditinstituten	173.000
Finanzanlagen	76.000
immaterielle Vermögensgegenstände	17.500
Passive Rechnungsabgrenzungsposten	6.000
Kapitalrücklage	40.000
Jahresüberschuss	?
sonstige Verbindlichkeiten	21.000
Sachanlagen	222.500
Verbindlichkeiten aus Lieferungen und Leistungen	98.500
Rückstellungen	40.000
aktive Rechnungsabgrenzungsposten	4.500

Aufgabe 2 Erstellung einer Gewinn- und Verlustrechnung

Der Werkzeug- und Metallbau AG liegen für die Erstellung der Gewinn- und Verlustrechnung 2016 folgende Zahlen vor:

vel.plus/BHG08

HGB
§ 275 (1) u. (2)

	EUR
Verlustvortrag aus dem Vorjahr	5.000.000
andere aktivierte Eigenleistungen	9.000.000
Umsatzerlöse	125.800.000
Verluste aus Anlageabgängen	9.000.000
Erträge aus Beteiligungen	12.000.000
Einstellung in die Gewinnrücklagen	8.000.000
Abschreibungen auf Sachanlagen	16.000.000
Aufwendungen für einen ungewöhnlichen Schadensfall	1.400.000
Löhne und Gehälter	50.000.000
Bestand an fertigen Erzeugnissen lt. Inventur	14.000.000
Bestand an unfertigen Erzeugnissen lt. Inventur	9.000.000
Zinsen und ähnliche Aufwendungen	4.000.000
Auflösung von Rückstellungen	1.600.000

	EUR
Körperschaftsteuer und Gewerbesteuer	18.000.000
sonstige Steuern	1.000.000
soziale Abgaben	12.000.000
Aufwendungen für Roh-, Hilfs- und Betriebsstoffe	28.000.000
Aufwendungen für bezogene Leistungen	2.400.000
Erhöhung des Bestandes an fertigen und unfertigen Erzeugnissen	12.000.000
Bestand an Pensionsrückstellungen	60.000.000

Stellen Sie die Gewinn- und Verlustrechnung nach dem Gesamtkostenverfahren auf und ermitteln Sie nach den handelsrechtlichen Gliederungsvorschriften

- das Ergebnis nach Steuern,
- den Jahresüberschuss/Jahresfehlbetrag,
- den Bilanzgewinn/Bilanzverlust.

4   Grundsätze der Rechnungslegung nach HGB

Kompetenzen:

- *die Bedeutung der Grundsätze ordnungsmäßiger Rechnungslegung nach HGB beschreiben*
- *das Stichtagsprinzip sowie die aus dem Prinzip der kaufmännischen Vorsicht abgeleiteten Bewertungsprinzipien erklären*

4.1 Grundsätze ordnungsmäßiger Bilanzierung

4.2 Grundsätze ordnungsmäßiger Bewertung (Bewertungsprinzipien)

4.1   Grundsätze ordnungsmäßiger Bilanzierung

Die Bilanzadressaten (z. B. Anteilseigner, Gläubiger, Staat, Mitarbeiter) sind daran interessiert, einen **möglichst genauen Einblick in die Vermögens- und Ertragslage** eines Unternehmens zu erhalten. Deshalb ist es erforderlich, bei der Erstellung des Jahresabschlusses (= Bilanzierung) bestimmte Regeln zu beachten. Diese Regeln werden als **Grundsätze ordnungsmäßiger Bilanzierung bezeichnet** und leiten sich aus den Grundsätzen ordnungsmäßiger Buchführung ab.

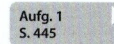 Aufg. 1
S. 445

HGB
§ 243 (1)

 Die Regeln, die bei der Erstellung des Jahresabschlusses (= Bilanzierung) zu beachten sind, werden als Grundsätze ordnungsmäßiger Bilanzierung bezeichnet[1].

Grundsatz der Bilanzklarheit

 Der Grundsatz der Bilanzklarheit verlangt, dass der Jahresabschluss klar und übersichtlich aufzustellen ist.

Da für **Kapitalgesellschaften** je nach Größe eine Mindestgliederung von Bilanz und Gewinn- und Verlustrechnung vorgeschrieben ist, entsprechen diese Unternehmen dem Grundsatz der Bilanzklarheit bereits durch die Einhaltung der entsprechenden Gliederungsvorschriften. Darüber hinaus wird der Bilanzklarheit durch die Angaben im Anhang zusätzlich entsprochen.

HGB
§ 243 (1)
und (2)

Buchführungs- und bilanzierungspflichtige Einzelunternehmen und Personenhandelsgesellschaften sind gesetzlich nicht verpflichtet, die für Kapitalgesellschaften vorgegebene Gliederung einzuhalten. Die Grundsätze ordnungsmäßiger Buchführung (GoB) verpflichten diese Unternehmen jedoch zu einer Gliederung, die es erlaubt, die Vermögens- und Kapitalstruktur sowie die Ertragslage eines Unternehmens zu beurteilen. Deshalb lehnen sich diese Unternehmen an die für Kapitalgesellschaften geltenden Gliederungsvorschriften an.

Verstöße gegen den Grundsatz der Bilanzklarheit

- Änderung der Gliederung von Periode zu Periode
- Wechsel der Bezeichnung für einzelne Vermögensgegenstände und Schulden

---

1   Im Gesetz (HGB §§ 264, 278, 463, EStG § 5) wird von den **Grundsätzen ordnungsmäßiger Buchführung (GoB)** gesprochen. Die Grundsätze ordnungsmäßiger **Bilanzierung** sind Bestandteil der GoB.

Grundsatz der Bilanzwahrheit

Die Einhaltung dieses Bilanzierungsgrundsatzes soll bewirken, dass die **Vermögenslage eines Unternehmens** nicht zu günstig dargestellt wird.

> **Eine Bilanz gilt als wahr, wenn sie alle Werte vollständig und richtig erfasst.**

Eine Bilanz wird als richtig angesehen, wenn die nach Handels- und Steuerrecht gültigen Bewertungsvorschriften eingehalten werden.

Verstöße gegen den Grundsatz der Bilanzwahrheit

- Bilanzierung nicht oder nicht mehr vorhandener Bestände an Erzeugnissen
- Bildung unerlaubter Rückstellungen

Werden Sachverhalte in der Bilanz **vorsätzlich** unwahr oder irreführend ausgewiesen, um die Vermögens- und Ertragslage des Unternehmens zu verfälschen, so liegt eine **Bilanzfälschung** vor. Bilanzfälschungen gelten als strafbare Handlungen.

Grundsatz der Bilanzkontinuität

HGB
§ 252 (1)
Nr. 1

Damit die Bilanzadressaten zeitlich aufeinander folgende Bilanzen vergleichen können, dürfen die für die Bilanzerstellung geltenden Regeln von Periode zu Periode nicht unterschiedlich angewandt werden.

Die **formelle Bilanzkontinuität** ist gewahrt, wenn das äußere Bild des Jahresabschlusses nicht verändert wird (Beibehaltung der Gliederung für die Bilanz und die Gewinn- und Verlustrechnung). Darüber hinaus muss die Schlussbilanz eines Geschäftsjahres identisch mit der Eröffnungsbilanz des kommenden Jahres sein (**Bilanzidentität**).

Verstöße gegen die formelle Bilanzkontinuität

- Der Bilanzstichtag wird von Jahr zu Jahr willkürlich geändert.
- Die Bilanz ist gegenüber der Vorperiode weniger tief gegliedert (Zusammenfassung von Vermögensgegenständen).

HGB
§ 246 (3)
§ 252 (1)
Nr. 6

Die **materielle Bilanzkontinuität** (Prinzip des Wertzusammenhangs) ist gewahrt, wenn die Methoden zur Bewertung von Vermögen und Schulden (Bewertungsmethoden) und die Ansatzmethoden beibehalten werden (= **Bewertungs- bzw. Ansatzstetigkeit**).

Verstöße gegen die materielle Bilanzkontinuität

Ohne sachlichen Grund und ohne Hinweis im Anhang werden die neu erworbenen Fahrzeuge im laufenden Geschäftsjahr linear abgeschrieben, obwohl solche Vermögensgegenstände bislang degressiv abgeschrieben wurden.

Hinweis: *In der Handelsbilanz darf ungeachtet steuerlicher Vorschriften wahlweise linear, degressiv oder nach der Leistung abgeschrieben werden.*

Zusammenfassende Übersicht zu Kapitel 4.1: Grundsätze ordnungsmäßiger Bilanzierung

Grundsätze ordnungsmäßiger Bilanzierung			

Bilanzklarheit	Bilanzwahrheit	Bilanzkontinuität	
klare und übersichtliche Gliederung des Jahresabschlusses (Bilanz und Gewinn- und Verlustrechnung)	vollständige und richtige Erfassung von Vermögen und Schulden	**formelle** ■ Beibehaltung der gewählten Bilanzgliederung ■ Bilanzidentität (Schlussbilanz = Eröffnungsbilanz)	**materielle** ■ Stetigkeit der Bilanzierungs- und Bewertungsmethoden (Wertzusammenhang) ■ Ansatzstetigkeit ■ Bewertungsstetigkeit

---

Checken Sie Ihre Kompetenz mit der Ich-kann-Liste.

Öffnen Sie hierzu den nebenstehenden **QR-Code**
oder geben Sie folgenden Link ein: https://vel.plus/BHG09

WIEDERHOLUNG DES GRUNDWISSENS

vel.plus/BHG10

zu Kapitel 4.1 Grundsätze ordnungsmäßiger Bilanzierung

1. Erläutern Sie, was unter den Grundsätzen ordnungsmäßiger Bilanzierung zu verstehen ist.

2. Erläutern Sie den Grundsatz der Bilanzklarheit.

3. Erläutern Sie den Grundsatz der Bilanzwahrheit.

4. Erklären Sie, was jeweils unter formeller und materieller Bilanzkontinuität zu verstehen ist.

5. Nennen Sie Beispiele für Verstöße gegen die formelle und materielle Bilanzkontinuität.

ANWENDUNGS- UND ÜBUNGSAUFGABEN

vel.plus/BHG11

zu Kapitel 4.1 Grundsätze ordnungsmäßiger Bilanzierung

Aufgabe 1 Grundsätze ordnungsmäßiger Bilanzierung

Prüfen Sie, ob die Textilmaschinen AG bei der Erstellung des Jahresabschlusses den Bewertungsgrundsätzen für die Handelsbilanz entsprochen hat.

HGB
§ 246

1. Es wird festgestellt, dass die Wertansätze der Eröffnungsbilanz des Geschäftsjahres nicht mit den Wertansätzen der Schlussbilanz des vergangenen Geschäftsjahres übereinstimmen.

2. Das Unternehmen weist im Umlaufvermögen Wertpapiere zum Kaufkurs aus, obwohl zwischenzeitlich der Kurs erheblich gesunken ist. Mit dem Bilanzausweis zum höheren Betrag soll erreicht werden, dass die Vermögenslage günstig dargestellt wird.

HGB
§ 252

3. Die Wertansätze für das Vorratsvermögen (fertige und unfertige Erzeugnisse) wurden im laufenden Geschäftsjahr unter Einbeziehung der Verwaltungsgemeinkosten berechnet, während im Vorjahr darauf verzichtet wurde.

4. Am 15. Dezember d. J. erhält die Textilmaschinen AG von einem Lieferer Steuergeräte (Fertigteile). Da die Rechnung für diese Sendung erst im Januar des neuen Jahres eingeht, wird der Geschäftsvorfall erst im neuen Geschäftsjahr gebucht.

4.2 Grundsätze ordnungsmäßiger Bewertung (Bewertungsprinzipien)

4.2.1 Prinzip der kaufmännischen Vorsicht

Zu hoch bewertetes Vermögen bzw. zu niedrig bewertete Schulden haben einen zu günstigen Ergebnisausweis zur Folge.

> ***Zusammenhang von Vermögensbewertung und Ergebnisausweis***
>
> Eine GmbH hat auf einen Pkw wegen falsch geschätzter Nutzungsdauer 8.400 EUR abgeschrieben. Die nach der tatsächlichen Nutzungsdauer sich ergebende Abschreibung beläuft sich auf 14.400 EUR.
>
> Der Pkw wird in der Bilanz um 6.000 EUR zu hoch ausgewiesen. Der in der Gewinn- und Verlustrechnung ausgewiesene Abschreibungsaufwand ist um diesen Betrag zu niedrig. Demnach wird die Vermögens- und Ertragslage des Unternehmens zu günstig dargestellt.
>
> **Mögliche Folgen:**
> - Substanzverlust des Unternehmens, falls zu hoch ausgewiesener Gewinn an die Unternehmenseigner ausgeschüttet wird.
> - Gläubiger gewähren auf der Grundlage nicht vorhandener Vermögenswerte Kredite, die bei zutreffender Bewertung nicht gewährt worden wären.

HGB
§ 252 (1)
Nr. 4

Insbesondere unter dem Gesichtspunkt des **Gläubigerschutzes** aber auch im Interesse der Erhaltung der **Unternehmenssubstanz** verlangt das **Prinzip der kaufmännischen Vorsicht**, dass die Vermögensgegenstände und die Verbindlichkeiten vorsichtig zu bewerten sind. Alle **vorhersehbaren Risiken und Verluste**, die bis zum Abschlussstichtag entstanden sind, müssen berücksichtigt werden.

> **Das Stichtagsprinzip besagt, dass das Vermögen und die Schulden grundsätzlich zu den zu einem bestimmten Bilanzstichtag geltenden Werten anzusetzen sind.**

HGB
§ 252 (1)
Nr. 4

Aber auch Risiken und Verluste, die zwischen dem Bilanzstichtag und dem Tag der Aufstellung der Bilanz bekannt werden, müssen bei der Bilanzerstellung berücksichtigt werden (Durchbrechung des Stichtagsprinzips).

> ***Bewertung einer Kundenforderung bei Eröffnung eines Insolvenzverfahrens***
>
> Bilanzstichtag: 31.12.2021   Bilanzerstellung: 31.03.2022
>
> Am 12.01.2022 erhält eine Metallwarenfabrik die Nachricht, dass über das Vermögen eines Kunden das Insolvenzverfahren eröffnet wurde. Es ist davon auszugehen, dass die Kundenforderung in Höhe von 8.600 EUR vollständig ausfällt.
>
> Obwohl diese Information erst nach dem Bilanzstichtag (31.12.2021) eingeht, muss sie für die Bilanzerstellung noch berücksichtigt werden, weil davon auszugehen ist, dass die Zahlungsschwierigkeiten des Kunden bereits zum Zeitpunkt des Bilanzstichtages vorhanden waren.
> **Folge:** Die Forderung muss abgeschrieben werden und darf in der Schlussbilanz nicht mehr als Vermögensgegenstand erscheinen.

> **Das Stichtagsprinzip wird durchbrochen, wenn dem Unternehmen zwischen Bilanzstichtag und dem Tag der Bilanzerstellung Informationen zugehen, die im Rahmen einer vorsichtigen Bewertung zu berücksichtigen sind.**

Aus der Beachtung des **Prinzips der kaufmännischen Vorsicht** lassen sich vier **Bewertungsprinzipien** ableiten:

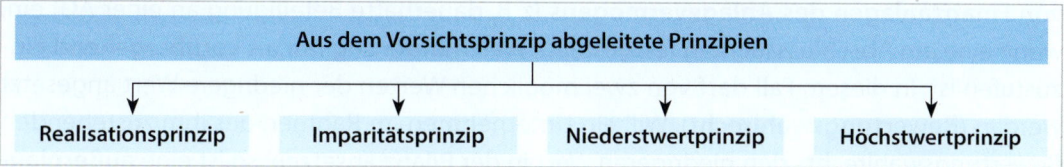

Aus dem Vorsichtsprinzip abgeleitete Prinzipien			
Realisationsprinzip	Imparitätsprinzip	Niederstwertprinzip	Höchstwertprinzip

4.2.2 Realisations- und Imparitätsprinzip

Realisationsprinzip

Gewinne dürfen im Normalfall nur ausgewiesen werden, wenn sie z. B. durch einen tatsächlichen Verkauf von Vermögensgegenständen bis zum Bilanzstichtag bereits realisiert sind.

> **Nicht realisierte Gewinne**
>
> Wertpapiere, die vor einiger Zeit für 60.000 EUR gekauft wurden, haben am Bilanzstichtag einen Wert von 68.000 EUR.
> Der Unterschiedsbetrag von 8.000 EUR stellt einen noch nicht realisierten Gewinn dar, weil ein Verkauf noch nicht stattgefunden hat. Die Wertpapiere dürfen daher lediglich mit dem Betrag von 60.000 EUR in der Schlussbilanz berücksichtigt werden.

HGB
§ 252 (1)
Nr. 4

Imparitätsprinzip

Das **Imparitätsprinzip**[1] verlangt, dass nicht realisierte Gewinne und **drohende Verluste** jeweils anders behandelt werden müssen. Im Sinne einer vorsichtigen Bewertung müssen **drohende Verluste** – anders als noch nicht realisierte Gewinne – auch dann schon berücksichtigt werden, wenn sie noch gar nicht eingetreten, aber wahrscheinlich sind.

HGB
§ 252 (1)
Nr. 4

> **Drohender Verlust**
>
> Ein Kaufmann hat im Jahre 2019 ein Grundstück für 200.000 EUR erworben. 2021 erleidet das Grundstück eine erhebliche Werteinbuße, da in unmittelbarer Nähe eine Müllverbrennungsanlage gebaut wird. Das Grundstück lässt sich nach dem Bau der Müllverbrennungsanlage nur noch für 160.000 EUR verkaufen. Der sich abzeichnende Verlust in Höhe von 40.000 EUR muss ausgewiesen werden. Das Grundstück muss außerplanmäßig abgeschrieben werden, auch wenn es der Kaufmann in der Hoffnung auf einen späteren Wertzuwachs jetzt nicht verkaufen will.

HGB
§ 253 (3)
S. 5

4.2.3 Niederstwertprinzip

> **!** Das Niederstwertprinzip besagt, dass von zwei oder mehreren in Frage kommenden Werten der niedrigere Wert genommen werden muss (= strenges Niederstwertprinzip) oder genommen werden darf (= gemildertes Niederstwertprinzip).

Aufg. 1
S. 452

Aufg. 2
S. 452

Niederstwertprinzip	
gemildertes Niederstwertprinzip	strenges Niederstwertprinzip

---

1 Imparität *(lat.)*: Ungleichheit

Gemildertes Niederstwertprinzip

HGB
§ 253 (3)
S. 6

Das gemilderte Niederstwertprinzip räumt Unternehmen ein **Wahlrecht** bei der Bewertung von **Finanzanlagen des Anlagevermögens** (z. B. dauerhafte Beteiligung an einer AG) ein, wenn eine am Abschlussstichtag festgestellte **Wertminderung** nur als **vorübergehend** einzustufen ist. In diesem Fall **darf** von zwei möglichen Werten der niedrigere Wert angesetzt werden (**Bewertungswahlrecht**). Will ein Unternehmen im Rahmen des ihm zustehenden Bewertungswahlrechts den niedrigeren Wert in der Bilanz ansetzen, so ist eine **außerplanmäßige Abschreibung** vorzunehmen. Bei allen anderen Formen des Anlagevermögens besteht bei vorübergehender Wertminderung kein Wahlrecht.

Dadurch soll die übermäßige Bildung stiller Rücklagen vermieden werden. Diese würden nämlich den Aktionären einer AG oder den Gesellschaftern einer GmbH als nicht ausschüttungsfähiger Gewinn vorenthalten (Anlegerschutz).

> **!** Für die Bewertung von Finanzanlagen des Anlagevermögens gilt das gemilderte Niederstwertprinzip (Bewertungswahlrecht). Wertpapiere des Anlagevermögens sind – anders als Wertpapiere des Umlaufvermögens – dazu bestimmt, dem Unternehmen längerfristig zu dienen.

Bewertungsmöglichkeiten von Wertpapieren des Anlagevermögens bei einer vorübergehenden Wertminderung

HGB
§ 253 (3)
S. 6

Die Automobil AG ist an einem ihrer Zulieferer – der Felgen und Reifen AG – in Höhe von 860.000 EUR durch Aktienbesitz beteiligt. Wegen einer Absatzschwäche ist der Wert der Beteiligung zum Ende des laufenden Geschäftsjahres **vorübergehend** um 10 % gesunken. Die Automobil AG hat gem. § 253 (3) S. 6 HGB folgende Bewertungsmöglichkeiten:

❶ Beibehaltung des bisherigen Wertansatzes (Verzicht auf eine außerplanmäßige Abschreibung)   860.000 EUR
oder (Wahlrecht)

❷ Ansatz des niedrigen Wertes (Vornahme einer außerplanmäßigen Abschreibung in Höhe von 86.000 EUR)   774.000 EUR

Strenges Niederstwertprinzip

Aufg. 3
S. 452

Aufg. 4
S. 452

HGB
§ 253 (4),
§ 253 (3)
S. 5

Das **strenge Niederstwertprinzip** ist grundsätzlich für die **Bewertung des Umlaufvermögens** anzuwenden. Bei der Bewertung von **Vermögensgegenständen des Anlagevermögens** muss das strenge Niederstwertprinzip dagegen nur beachtet werden, wenn die eingetretene Wertminderung **von Dauer** ist.

Anhaltspunkt für eine dauernde Wertminderung ist, dass diese mehr als die Hälfte der Restnutzungsdauer oder länger als 5 Jahre anhält.

Bewertung von Wertpapieren des Umlaufsvermögens bei einer vorübergehenden Wertminderung

HGB
§ 253 (4)
S. 1

Die Automobil AG (siehe oben) hat mit derzeit nicht benötigten flüssigen Mitteln in Höhe von 600.000 EUR Aktien der Siemens AG gekauft. Zum Ende des laufenden Geschäftsjahres ist der Wert der kurzfristigen Kapitalanlage auf 580.000 EUR gesunken.

Die Automobil AG muss gem. § 253 (4) S. 1 HGB eine außerplanmäßige Abschreibung vornehmen und die Wertpapiere – auch bei einer nur vorübergehenden Wertminderung – mit dem niedrigeren Wert von 580.000 EUR in ihrem Jahresabschluss ausweisen.

> **!** **Tritt bei Vermögensgegenständen des Anlagevermögens eine dauernde Wertminderung ein, so muss eine außerplanmäßige Abschreibung vorgenommen werden. Bei einer vorübergehenden Wertminderung ist eine außerplanmäßige Abschreibung nur bei Finanzanlagen möglich (Wahlrecht).**

HGB
§ 253 (4)

Im Unterschied zur Bewertung von Finanzanlagen des Anlagevermögens (gemildertes Niederstwertprinzip) gilt für das **Umlaufvermögen** auch bereits bei **vorübergehender Wertminderung** das **strenge Niederstwertprinzip**: Von zwei möglichen Werten (z. B. ursprüngliche bzw. fortgeführte Anschaffungskosten, niedrigerer Börsen- oder Marktpreis am Abschlussstichtag) **muss immer der niedrigere** angesetzt werden.

HGB
§ 253 (4)

Strenges Niederstwertprinzip: Wertminderungen bei Vermögensgegenständen des Umlaufvermögens

Zur vorübergehenden Kapitalanlage hat die Heilbronner Chemie GmbH im Oktober 2021 3 000 Aktien der Erfurter Schuhfabrik AG zu 120 EUR/Stück erworben.
Hinweis: Anschaffungsnebenkosten wie z. B. Kaufspesen bleiben unberücksichtigt.

1. Zu welchem Betrag sind die Aktien in der Schlussbilanz des Geschäftsjahres 2021 auszuweisen, wenn der Börsenkurs **am Bilanzstichtag** (31.12.)
    a) 140 EUR/Stück
    b) 110 EUR/Stück
    beträgt?

2. Zu Beginn des Monats Februar 2022 veröffentlicht die Erfurter Schuhfabrik AG die Ergebnisse für das vierte Quartal des Geschäftsjahres 2021. Daraufhin sinkt der Aktienkurs. Er beträgt am 8. Februar 2022 (Tag der Bilanzerstellung) 115 EUR/Stück. Zu welchem Betrag sind die Aktien in der Schlussbilanz des Geschäftsjahres 2021 in diesem Fall auszuweisen?
    Wie wird durch die Bewertung das Unternehmensergebnis jeweils beeinflusst?

Lösung:
Für die Bewertung des Umlaufvermögens ist das strenge Niederstwertprinzip anzuwenden. Dies gilt auch dann, wenn die Wertminderung nur vorübergehend ist.

1. a) **Kurs am Bilanzstichtag ist auf 140 EUR/Stück gestiegen:**
       Bewertung zu den niedrigeren Anschaffungskosten (Wertobergrenze).
       3 000 Aktien à 120 EUR/Aktie = 360.000 EUR (= Bilanzansatz)
       Das Unternehmensergebnis wird nicht beeinflusst, da der Bilanzansatz den Anschaffungskosten entspricht.

    b) **Kurs am Bilanzstichtag ist auf 110 EUR/Stück gefallen:**
       Der Bewertung muss zwingend der niedrigere Börsenkurs zugrunde gelegt werden (Vorsichtsprinzip, strenges Niederstwertprinzip).
       3 000 Aktien à 110 EUR/Aktie = 330.000 EUR (= Bilanzansatz)
       Das Unternehmensergebnis wird negativ beeinflusst, da eine außerplanmäßige Abschreibung auf den niedrigeren Börsenpreis am Abschlussstichtag in Höhe von 30.000 EUR vorgenommen werden muss.

2. **Kurs am Tag der Bilanzerstellung (08. Febr. 2022) ist auf 115 EUR/Stück gefallen, da Ende Januar 2022 bekannt wurde, dass ein im Dezember 2021 angenommener Großauftrag nur mit Verlust abgewickelt werden kann.**
    Obwohl sich der niedrigere Börsenkurs erst nach dem Bilanzstichtag eingestellt hat, stellt auch in diesem Fall der niedrigere Börsenkurs die Grundlage der Bewertung dar. Im Rahmen des Vorsichtsprinzips werden Verluste, die zwischen Bilanzstichtag und dem Tag der Bilanzerstellung eingetreten sind, bereits am Bilanzstichtag berücksichtigt (Verlustantizipation gem. § 252 (1) Nr. 4 HGB), wenn der Grund für deren Entstehung im alten Geschäftsjahr liegt. Das führt im vorliegenden Fall zu einer Durchbrechung des Stichtagsprinzips.
    3 000 Aktien à 115 EUR/Aktie = 345.000 EUR (= Bilanzansatz)
    Das Unternehmensergebnis wird negativ beeinflusst, da eine außerplanmäßige Abschreibung in Höhe von 15.000 EUR vorgenommen werden muss.

HGB
§ 253 (4)

> **!** Für die Bewertung des Umlaufvermögens gilt das strenge Niederstwertprinzip: Von zwei infrage kommenden Werten (ursprüngliche bzw. fortgeführte Anschaffungskosten oder Tageswert) ist stets der niedrigere anzusetzen.

4.2.4 Höchstwertprinzip

HGB
§ 253 (1) S. 2

Die Beachtung des Vorsichtsprinzips führt bei der Bewertung von Verbindlichkeiten dazu, dass von zwei oder mehreren infrage kommenden Werten der jeweils höhere anzusetzen ist (Höchstwertprinzip). Außerdem sind Verbindlichkeiten zu ihrem Erfüllungsbetrag anzusetzen.

> **!** Für die Bewertung von Verbindlichkeiten gilt das Höchstwertprinzip: Von zwei infrage kommenden Werten ist stets der höhere anzusetzen.

Fremdwährungsverbindlichkeiten

Aufg. 5
S. 453

> **Höchstwertprinzip bei der Bewertung von Verbindlichkeiten**
>
> Die Firma Heinz Berger KG hat am 03. August d. J. bei einer amerikanischen Bank einen Kredit in Höhe von 30.000 USD und einer Laufzeit von zwei Jahren aufgenommen. Anhand des am Tag der Kreditaufnahme geltenden Dollarkurses von 1,30 USD/EUR lässt sich eine Darlehensverbindlichkeit von 23.076,92 EUR errechnen (30.000 USD/1,30 USD/EUR).
> Aufgrund einer zum 31.12. d. J. eingetretenen Änderung des Dollarkurses auf 1,25 USD/EUR beträgt der Wert der Verbindlichkeit zum Ende des Geschäftsjahres umgerechnet 24.000 EUR.
>
> **Ergebnis**: Die Verbindlichkeit muss nach dem Höchstwertprinzip bewertet werden. Die Beachtung dieses Prinzips führt in der Schlussbilanz zum 31.12. d. J. zu einem Wertansatz der Verbindlichkeiten in Höhe von 24.000 EUR.

HGB
§ 256a

Das Höchstwertprinzip muss ausnahmsweise nicht eingehalten werden, wenn Verbindlichkeiten in fremder Währung (Fremdwährungsverbindlichkeiten) eine Restlaufzeit von einem Jahr oder weniger haben. In diesem Fall sind die Fremdwährungsverbindlichkeiten mit dem Wert am Abschlussstichtag zu bewerten, unabhängig davon, ob dieser höher oder niedriger als der Wert zum Zeitpunkt des Zugangs ist.

Zusammenfassende Übersicht zu Kapitel. 4.2: Grundsätze ordnungsmäßiger Bewertung (Bewertungsprinzipien)

Prinzip der kaufmännischen Vorsicht
Gläubigerschutz

Vermögen:
eher niedrige Bewertung

Verbindlichkeiten:
eher höhere Bewertung

aus dem Vorsichtsprinzip abgeleitete Prinzipien

Realisations-prinzip	Imparitäts-prinzip	Niederstwert-prinzip	Höchstwert-prinzip

Realisations-prinzip

Verbot des Ausweises nicht realisierter Gewinne

Imparitäts-prinzip

Ungleichbehandlung von nicht realisierten Gewinnen und nicht realisierten Verlusten

Verpflichtung zum Ausweis drohender Verluste

Niederstwert-prinzip

gemildertes

Niedrigerer Wert **kann** angesetzt werden.

Abschrei-bungswahl-recht

vorüber-gehende Wert-minderung

Finanzan-lagen des Anlagever-mögens (§ 253 (3) S. 6 HGB)

strenges

Niedrigerer Wert **muss** angesetzt werden.

Abschrei-bungs-pflicht

■ Umlauf-vermögen (§ 253 (4) HGB)

■ Anlagever-mögen bei dauernder Wertmin-derung (§ 253 (3) S. 5 HGB)

Höchstwert-prinzip

Verpflichtung zum Ansatz des höheren Wertes

Anwendung: Verbindlichkeiten (§ 253 (1) S. 2 HGB)

Sonderregelung: Fremdwährungs-verbindlichkeiten mit einer Restlaufzeit ≤ 1 Jahr (§ 256a HGB)

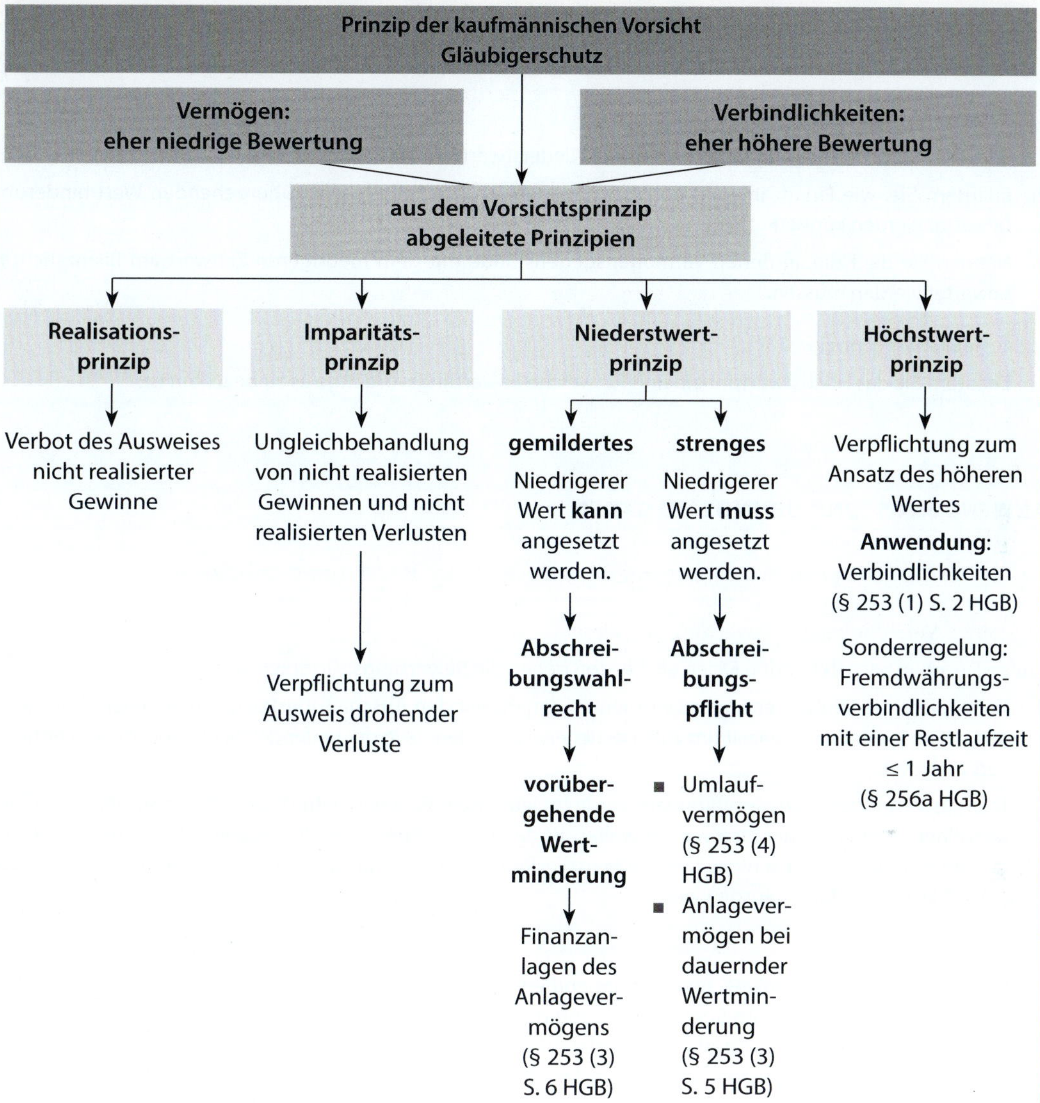

Checken Sie Ihre Kompetenz mit der **Ich-kann-Liste**.

Öffnen Sie hierzu den nebenstehenden **QR-Code**
oder geben Sie folgenden Link ein: https://vel.plus/BHG12

WIEDERHOLUNG DES GRUNDWISSENS

zu Kapitel 4.2 Grundsätze ordnungsmäßiger Bewertung (Bewertungsprinzipien)

vel.plus/BHG13

4.2.1 Prinzip der kaufmännischen Vorsicht

1. Erklären Sie, weshalb zu hoch bewertetes Vermögen bzw. zu niedrig bewertete Schulden zu einem günstigeren Ergebnisausweis führen.

2. Geben Sie an, was das Stichtagsprinzip besagt.

3. Nennen Sie ein Beispiel für die Durchbrechung des Stichtagsprinzips.

4. Nennen Sie vier Prinzipien, die aus dem Vorsichtsprinzip abgeleitet werden.

4.2.2 Realisations- und Imparitätsprinzip

1. Erläutern Sie anhand je eines Beispiels das Realisationsprinzip und das Imparitätsprinzip.

4.2.3 Niederstwertprinzip

1. Erläutern Sie das strenge und das gemilderte Niederstwertprinzip.

2. Erläutern Sie, wie Finanzanlagen des Anlagevermögens im Fall einer vorübergehenden Wertminderung bewertet werden können.

3. Nennen Sie die Fälle, in denen Vermögensgegenstände mit dem niedrigeren Zeitwert am Bilanzstichtag bewertet werden müssen.

4.2.4 Höchstwertprinzip

1. Erläutern Sie das Höchstwertprinzip und für welche Bewertungsvorgänge es zu beachten ist.

ANWENDUNGS- UND ÜBUNGSAUFGABEN

zu Kapitel 4.2 Grundsätze ordnungsmäßiger Bewertung (Bewertungsprinzipien)

vel.plus/BHG14

HGB
§ 252 (1)

Aufgabe 1 Verstöße gegen Bewertungsprinzipien

Prüfen Sie, ob in nachstehenden Fällen ein Verstoß gegen die Bewertungsprinzipien vorliegt.

1. Wertpapiere des Umlaufvermögens wurden im Vorjahr mit den Anschaffungskosten in der Bilanz angesetzt. Da der Kurs in der Zwischenzeit um 20 % gestiegen ist, werden sie in der laufenden Schlussbilanz zum höheren Wert bewertet.

2. Über das Vermögen eines Großkunden wurde im laufenden Geschäftsjahr das Insolvenzverfahren eröffnet. Nach einer Information des Insolvenzverwalters ist damit zu rechnen, dass die gesamte Forderung verloren ist. Bis zum endgültigen Abschluss des Insolvenzverfahrens in ca. 2 Jahren wird die Forderung in Höhe von 240.000 EUR in der Bilanz ausgewiesen.

vel.plus/BHG15

HGB
§ 249 (1)

Aufgabe 2 Bewertungsprinzipien – Vorsichtsprinzip

Die Heidelberger Zementfabrik AG musste dringend erforderliche Instandhaltungsmaßnahmen an ihren technischen Anlagen, die eigentlich im Sommer während der Betriebsferien hätten durchgeführt werden sollen, verschieben. Im laufenden Geschäftsjahr musste darauf verzichtet werden, weil dem Serviceunternehmen versehentlich kein Auftrag erteilt wurde. Deshalb werden die erforderlichen Arbeiten erst im nächsten Geschäftsjahr durchgeführt. Die Kosten dieser Instandhaltungsmaßnahmen werden auf 150.000 EUR geschätzt.

Erläutern Sie die Auswirkungen auf den Jahresabschluss des laufenden Jahres, wenn die Arbeiten voraussichtlich

1. im Februar des nächsten Jahres,

2. im Mai des nächsten Jahres durchgeführt werden.

vel.plus/BHG16

HGB
§ 253 (3)

Aufgabe 3 Außerplanmäßige Abschreibung eines Unfallwagens

Ein Unternehmen hat im Januar 2021 einen Pkw zum Nettopreis von 54.000 EUR angeschafft. Die betriebsgewöhnliche Nutzungsdauer beträgt sechs Jahre. Der Pkw wird linear abgeschrieben. Im Laufe des Jahres 2022 wird der Pkw durch einen Unfall beschädigt. Nach Vornahme der Reparatur wird dessen Wert von einem Sachverständigen auf 30.000 EUR geschätzt.

Erstellen Sie den Abschreibungsplan.

Aufgabe 4 Bewertung von Wertpapieren bei sinkendem Wert

Die Ehinger Schuhfabrik AG hat in der Bilanz des Jahres 2021 folgende Kapitalanlagen zu bewerten:

HGB
§ 253 (3)

Anlagevermögen (Pos. Finanzanlagen): Beteiligungen an der Offenbacher Lederwarenfabrik AG in Höhe von 360.000 EUR. Im Jahr 2021 ist der Wert der Beteiligung dauerhaft um 20 % gesunken.

Umlaufvermögen (Pos. Wertpapiere): Aktien der Heidelberger Baumaschinenfabrik AG in Höhe von 68.000 EUR. Zum 31.12.2021 beträgt der Wert dieser Aktien 64.000 EUR. Es ist davon auszugehen, dass die Wertminderung nur vorübergehend ist und der Kurs der Aktien im Laufe des Geschäftsjahres 2022 wieder steigen wird.

1. Mit welchem Wert sind die Wertpapiere des Anlage- und Umlaufvermögens jeweils in der Bilanz der Schuhfabrik zum 31.12.2021 anzusetzen?

2. Wie müsste bewertet werden, wenn davon auszugehen ist, dass die Wertminderung bei der Beteiligung nicht dauerhaft ist?

HGB
§ 253 (3)
S. 6

Aufgabe 5 Bewertungsfragen im Zusammenhang mit einem Exportauftrag

Die Solar AG hat im Sommer 2021 von einem Kunden aus den USA einen Exportauftrag über 500 Sonnenkollektoren zum Stückpreis von 2.500 USD erhalten. Nach den vertraglichen Vereinbarungen sollen die Sonnenkollektoren im Februar 2022 geliefert werden. Die Herstellungskosten je Stück betragen 2.150 EUR. Der Dollarkurs am 31.12.2021 beträgt 1,25 USD/EUR.

HGB
§ 249 (1)

Welche Auswirkungen hat der Vertragsschluss gegebenenfalls auf die Schlussbilanz des Geschäftsjahres 2021?

5 Bewertung und Bewertungswahlrechte nach HGB

Kompetenzen:

- erkennen, dass gleichartige Bilanzpositionen bei verschiedenen Unternehmen nach einheitlichen Prinzipien bewertet werden müssen
- Anschaffungs- und Herstellungskosten ermitteln
- handelsrechtliche Vorschriften der Zugangs- und Folgebewertung auf ausgewählte Bilanzpositionen anwenden
- planmäßige und außerplanmäßige Abschreibungen sowie Zuschreibungen ermitteln
- erkennen, dass es Bewertungsspielräume gibt, welche in Abhängigkeit der jeweiligen Zielsetzung unterschiedlich ausgeübt werden können
- den Grundsatz der Bewertungsstetigkeit begründen

5.1 Bewertung des beweglichen Sachanlagevermögens

5.2 Bewertung des Finanzanlagevermögens

5.3 Bewertung unfertiger und fertiger Erzeugnisse

5.4 Bewertung von Verbindlichkeiten in fremder Währung

5.5 Bewertungswahlrechte: Bildung stiller Rücklagen

5.1 Bewertung des beweglichen Sachanlagevermögens

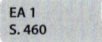

EA 1
S. 460

Beginnen Sie Ihren Kompetenzerwerb zum Thema *Bewertung des beweglichen Sachanlagevermögens* **mit der Erarbeitungsaufgabe EA 1.**

Bestandteile des beweglichen Sachanlagevermögens

Das bewegliche Sachanlagevermögen ist in nachstehenden Bilanzpositionen enthalten:

HGB
§ 266 (2)

Bewegliches Sachanlagevermögen § 266 (2) HGB

A. Anlagevermögen

…

II. Sachanlagen:

…

2. technische Anlagen und Maschinen

3. andere Anlagen, Betriebs- und Geschäftsausstattung

…

Die **technischen Anlagen und Maschinen** umfassen alle Betriebsvorrichtungen, die direkt der Herstellung dienen. Bei den **anderen Anlagen und Maschinen** handelt es sich um Vermögensgegenstände, die nicht unmittelbar der betrieblichen Leistungserstellung dienen.

Bewegliches Sachanlagevermögen eines Industriebetriebes

Technische Anlagen: Transportsysteme wie z. B. Fließbänder, Rohrleitungen, chemische Produktionsanlagen

Maschinen: Arbeitsbühnen, Transformatoren

Andere Anlagen: Fuhrpark, Gleisanlagen, Verteilungsanlagen

Betriebs- und Geschäftsausstattung: Büroausstattung, Einrichtungen der Werkstatt, der Labore und der Kantinen sowie Werkzeuge.

Zugangsbewertung

In Abhängigkeit davon, ob das bewegliche Sachanlagevermögen gekauft oder selbst hergestellt wird, ist es **beim Zugang** mit den **Anschaffungs- oder Herstellungskosten** zu bewerten. Die **Anschaffungs- oder Herstellungskosten** bilden die **Bewertungsobergrenze**, die bei keiner nachfolgenden Bewertung überschritten werden darf.

HGB
§ 253 (1)

> **!** **Zum Zeitpunkt ihres Zugangs sind Vermögensgegenstände höchstens mit dem Anschaffungs- oder Herstellungskosten zu bewerten.**[1]

Um einen **Anschaffungsvorgang** handelt es sich beispielsweise, wenn ein Unternehmen Vermögensgegenstände von einem Dritten (z. B. Lieferer) kauft.

> **!** **Anschaffungskosten entstehen, wenn ein Unternehmen Mittel aufwendet, um einen Vermögensgegenstand zu erwerben und ihn in einen betriebsbereiten Zustand zu versetzen.**
>
>   **Anschaffungspreis (Nettopreis ohne Umsatzsteuer)**
> **+ Anschaffungsnebenkosten (z. B. Überführungskosten, Transportkosten)**
> **– Anschaffungsminderungen (z. B. Skonto)**
> _____
> **= Anschaffungskosten**

HGB
§ 255 (1)

Werden Vermögensgegenstände im Unternehmen **selbst hergestellt** (z. B. selbst erstellte Maschinen, Erzeugnisse), so müssen diese mit **Herstellungskosten** bewertet werden.

HGB
§ 255 (2)

> **!** **Herstellungskosten sind die durch den Verbrauch von Gütern und die Inanspruchnahme von Diensten für die Herstellung eines Vermögensgegenstandes entstandenen Kosten.**

Die Anschaffungs- oder Herstellungskosten stellen für die Vermögensgegenstände die **Bewertungsobergrenze** dar, die auch in nachfolgenden Jahren **nie überschritten** werden darf (Ausnahme: Forderungen in fremder Währung mit Restlaufzeit bis zu einem Jahr).

HGB
§ 256a

Aufg. 1
S. 461

Anschaffungskosten eines Lkw

Ein Unternehmen kauft bei einem Händler einen Lkw für 140.000 EUR + 19 % USt. Für die Überführung werden 600 EUR + USt. in Rechnung gestellt. Die Zulassungsstelle berechnet 40 EUR Zulassungskosten. Für die Kennzeichen zahlt das Unternehmen bei einer Schilderwerkstatt 30 EUR + USt.

Die Rechnung an den Lkw-Händler wird mit 2 % Skontoabzug beglichen.

Anschaffungspreis	140.000 EUR	
+ Anschaffungsnebenkosten:		
Überführung		600 EUR
Zulassungskosten		40 EUR
Kennzeichen		30 EUR
=		140.670 EUR
– Anschaffungspreisminderungen:		
2 % Skonto von 140.000	2.800 EUR	
= Anschaffungskosten		137.870 EUR

---

1   In § 255 (1) und (2) HGB wird von Anschaffungs- bzw. Herstellungs**kosten** gesprochen. Diese **Kosten** werden ihrerseits wiederum als **Aufwendungen** definiert.
§ 255 (1) HGB: „Anschaffungskosten sind Aufwendungen, die geleistet werden, um einen Vermögensgegenstand zu erwerben und ihn in einen betriebsbereiten Zustand zu versetzen."
§ 255 (2) HGB: „Herstellungskosten sind die Aufwendungen, die durch den Verbrauch von Gütern und die Inanspruchnahme von Diensten für die Herstellung eines Vermögensgegenstandes ... entstehen."
Bei diesen Größen handelt es sich aber weder um Kosten im Sinne der Kosten- und Leistungsrechnung noch um Aufwendungen im Sinne der GuV-Rechnung. Vielmehr sind damit **Vermögenswerte** gemeint, zu denen angeschaffte oder hergestellte Wirtschaftsgüter auf der Aktivseite der Bilanz ausgewiesen (= aktiviert) werden.

HGB
§ 255 (2)

Werden Vermögensgegenstände im Unternehmen selbst hergestellt (z. B. selbst erstellte Maschinen oder Anlagen), so müssen diese mit den **Herstellungskosten** bewertet werden.

Folgebewertung

Planmäßige Abschreibung

Das bewegliche Sachanlagevermögen unterliegt – anders als z. B. unbebaute Grundstücke – der **Abnutzung** und **muss** daher seiner Nutzungsdauer entsprechend **planmäßig** abgeschrieben werden. **Planmäßig** bedeutet, dass die Abschreibung nicht willkürlich erfolgt, sondern auf der Grundlage eines genauen Planes (z. B. linear, degressiv, nach Leistungseinheiten[1]). Den Ausgangswert bilden die aktivierten **Anschaffungs- oder Herstellungskosten**.

Beginn der Abschreibung

Die Abschreibung beginnt

- bei angeschafften Anlagen mit dem Zeitpunkt der Lieferung bzw. mit Herstellung der Betriebsbereitschaft,
- bei selbst hergestellten Anlagen mit dem Zeitpunkt der Fertigstellung.

Für den Beginn der Abschreibung ist die **Vollendung** des Anschaffungs- oder Herstellungsvorgangs entscheidend und nicht der Beginn der tatsächlichen Nutzung.

Abschreibungen auf Vermögensgegenstände, die im Laufe des Jahres angeschafft oder hergestellt wurden, werden im Jahr der Anschaffung oder Herstellung grundsätzlich **zeitanteilig** (pro rata temporis) auf Monatsbasis vorgenommen. Dabei ist eine Aufrundung auf volle Monate möglich.

Ende der Abschreibung

Die Abschreibung **endet** mit Einstellung der tatsächlichen Nutzung, möglicherweise also auch unterjährig während eines Geschäftsjahres. In gleicher Weise wie beim Abschreibungsbeginn wird auch in dem Geschäftsjahr, in welchem die Abschreibung endet, der Abschreibungsbetrag **zeitanteilig** ermittelt.

Die betriebsgewöhnliche oder voraussichtlich **Nutzungsdauer** eines Vermögensgegenstandes entspricht der Anzahl an Jahren, in denen gleiche oder ähnliche Anlagen nach den bisherigen Erfahrungen in dem betreffenden Betrieb genutzt wurden. Fehlen solche Erfahrungen, so können die für die Steuerbilanz geltenden **AfA[2]-Tabellen** auch in der Handelsbilanz zur Schätzung der Nutzungsdauer herangezogen werden. Alternativ können Herstellerangaben zur Schätzung der wirtschaftlichen Nutzungsdauer verwendet werden. Bei der Berechnung der Abschreibung ist ein **Schrottwert** zu berücksichtigen, wenn er im Vergleich zu den Anschaffungs- oder Herstellungskosten wesentlich ist (z. B. bei Seeschiffen). Die Anschaffungs- oder Herstellungskosten werden bei der Ermittlung der Bemessungsgrundlage für die Abschreibung um den Schrottwert gekürzt. Nur der verbleibende Restbetrag wird auf die voraussichtliche Nutzungsdauer verteilt.

---

1 Bei der Abschreibung nach Leistungseinheiten wird die Höhe der Abschreibung aufgrund der tatsächlichen Inanspruchnahme (z. B. gefahrene Kilometer eines Pkw im Verhältnis zu der Gesamtleistung aufgrund der Angaben des Herstellers) berechnet.
2 AfA = Absetzung für Abnutzung. Der im EStG verwendete Begriff „AfA" entspricht dem im HGB verwendeten Begriff „planmäßige Abschreibung".

Abschreibungsplan für einen Lkw

Die Horst Hellwig AG hat am 13. März 2019 einen Lkw zu Anschaffungskosten in Höhe von 108.000 EUR gekauft. Aus der AfA-Tabelle lässt sich für den Lkw eine betriebsgewöhnliche Nutzungsdauer von 9 Jahren ermitteln. Bei Anwendung der linearen Abschreibungsmethode ergibt sich folgender Abschreibungsverlauf:

Jahr	Abschreibung	Buchwert Ende des Jahres
2019	(12.000) · 10/12 = 10.000 EUR	98.000 EUR
2020	12.000 EUR	86.000 EUR
2021	12.000 EUR	74.000 EUR
2022	12.000 EUR	62.000 EUR
2023	12.000 EUR	50.000 EUR
2024	12.000 EUR	38.000 EUR
2025	12.000 EUR	26.000 EUR
2026	12.000 EUR	14.000 EUR
2027	12.000 EUR	2.000 EUR
2028	(12.000) · 2/12 = 2.000 EUR	0

HGB
§ 253 (1)

Da der Lkw im März 2019 angeschafft wurde, darf im Jahr 2019 lediglich ein Betrag von 10.000 EUR abgeschrieben werden. Monatsgenaue Abschreibung (= Abschreibung pro rata temporis) bedeutet, dass der Abschreibungsbeginn durch den Monat der Anschaffung oder Herstellung bestimmt wird.

Gemischte Abschreibung

Um eine planmäßige Abschreibung im **handelsrechtlichen Sinne** handelt es sich auch dann, wenn ein Unternehmen zunächst degressiv abschreibt und zu gegebener Zeit auf die lineare Abschreibung übergeht **(gemischte Abschreibung)**.

Außerplanmäßige Abschreibung

Sind Gründe bekannt, die neben der betriebsgewöhnlichen Abnutzung eine zusätzliche Wertminderung verursacht haben, so sind unter bestimmten Voraussetzungen weitere Abschreibungen **(außerplanmäßige Abschreibungen)** erforderlich. Im Falle einer außerplanmäßigen Abschreibung werden die Vermögensgegenstände mit dem (niedrigeren) Wert angesetzt, der ihnen am Abschlussstichtag beizulegen ist (Tageswert). Ob Vermögensgegenstände des Sachanlagevermögens außerplanmäßig abgeschrieben werden müssen, ist davon abhängig, ob die eingetretene Wertminderung nur vorübergehend oder von Dauer ist.[1]

 Tritt bei einem Vermögensgegenstand des Sachanlagevermögens eine dauernde Wertminderung ein, so muss eine außerplanmäßige Abschreibung (Abwertung) vorgenommen werden.

HGB
§ 253 (3)
S. 5

---

1   Eine Wertminderung gilt üblicherweise als **vorübergehend**, wenn die zum Abschlussstichtag eingetretene Wertminderung voraussichtlich **weniger als die halbe Restnutzungsdauer** bestehen wird. Wenn also der Stichtagswert länger als die genannte Frist unter dem jeweiligen Buchwert liegt, so ist auf diesen **außerplanmäßig** abzuschreiben.

Planmäßige und außerplanmäßige Abschreibung bei Fahrzeugen

Bewertung eines Lkws bei vorübergehender Wertminderung

Die Ludwig Fleig GmbH hat im Januar 2021 einen Lkw zum Nettopreis von 144.000 EUR gekauft. Das Fahrzeug hat eine betriebsgewöhnliche Nutzungsdauer von 9 Jahren und soll linear abgeschrieben werden.

Wegen einer Absatzkrise bei Lkws sind die Lkw-Preise gesunken, so dass der Marktpreis für den Lkw zu Ende des zweiten Geschäftsjahres (31.12.2022) bei 100.000 EUR liegt. Es ist davon auszugehen, dass es sich hierbei um eine **vorübergehende** Wertminderung handelt.

HGB
§ 253 (3)

Bewertung zum 31.12.2022

	Anschaffungskosten	144.000 EUR
–	planmäßige Abschreibung Jahr 2021	16.000 EUR
=	fortgeführte Anschaffungskosten zum 31.12.2021	128.000 EUR
–	planmäßige Abschreibung Jahr 2022	16.000 EUR
=	fortgeführte Anschaffungskosten 31.12.2022	112.000 EUR

Der Lkw wird planmäßig abgeschrieben und erscheint mit den fortgeführten Anschaffungskosten in Höhe von 112.000 EUR in der Bilanz.
Da die Wertminderung nur **vorübergehend** ist, darf eine außerplanmäßige Abschreibung auf den niedrigeren Wert (Marktpreis 100.000 EUR) **nicht** vorgenommen werden.

Aufg. 2
S. 461

Aufg. 3
S. 461

Aufg. 4
S. 462

Strenges Niederstwertprinzip: Dauernde Wertminderung bei Vermögensgegenständen des Anlagevermögens

Die Erwin Trotter GmbH hat am 26. Jan. 2021 einen Pkw zum Nettopreis von 42.000 EUR gekauft (betriebsgewöhnliche Nutzungsdauer 6 Jahre). Der Pkw wird linear abgeschrieben.
Aufgrund eines Verkehrsunfalls im September 2022 gilt das Fahrzeug als Unfallwagen, dessen Wert nach vorgenommener Reparatur von einem Sachverständigen zum 31.12.2022 auf 25.000 EUR geschätzt wird.

	Anschaffungskosten	42.000 EUR
–	planmäßige Abschreibung Jahr 2021	7.000 EUR
=	fortgeführte Anschaffungskosten zum 31.12.2021	35.000 EUR
–	planmäßige Abschreibung Jahr 2022	7.000 EUR
–	außerplanmäßige Abschreibung Jahr 2022	3.000 EUR
=	Bilanzansatz am 31.12.2022	25.000 EUR

HGB
§ 253 (3)
S. 5

Ergebnis: Da die Wertminderung von Dauer ist, **muss** das Fahrzeug mit 25.000 EUR in der Schlussbilanz des Jahres 2022 ausgewiesen werden.

Zuschreibung nach Wegfall der Gründe für den niedrigeren Wertansatz

HGB
§ 253 (5)
S. 1

Bestehen die Gründe für eine in früheren Geschäftsjahren vorgenommene außerplanmäßige Abschreibung nicht mehr, so ist eine Zuschreibung erforderlich. Mit der Verpflichtung zur Zuschreibung soll die Bildung stiller Rücklagen durch Unterbewertung von Vermögensgegenständen verhindert und damit die Aussagefähigkeit der Bilanz verbessert werden.

Zuschreibung nach vorausgegangener außerplanmäßiger Abschreibung

Die Reutlinger Fahrrad AG erleidet bei dem vor einiger Zeit neu in das Produktionsprogramm aufgenommenen Elektrobike erhebliche Umsatzeinbußen, weil ein Mitbewerber ein in der Qualität vergleichbares Produkt wesentlich preiswerter anbietet. Eine Spezialmaschine, die im Januar 2017 für die Herstellung des Elektrobikes zu Anschaffungskosten von 120.000 EUR erworben wurde, kann deshalb nicht mehr genutzt werden. Es ist zu diesem Zeitpunkt davon auszugehen, dass der Wiederverkaufswert der Maschine dauerhaft gesunken ist. Die Maschine hat eine betriebsgewöhnliche Nutzungsdauer von 10 Jahren und wird linear abgeschrieben. Am Ende des Jahres 2019 wird eine außerplanmäßige Abschreibung auf den von einem Schätzer festgelegten Wert von 28.000 EUR vorgenommen. Während des Jahres 2022 gelingt es dem Unternehmen, ein neues Modell zu entwickeln, wodurch der Einsatz der Maschine wieder möglich ist.

Abschreibungsplan

Aufg. 5
S. 462

Aufg. 6
S. 462

Anschaffungskosten/Restbuchwerte bei 10 %iger linearer Abschreibung	Bilanzansatz bei planmäßiger und außerplanmäßiger Abschreibung	„Fiktive" Abschreibung bei planmäßiger Abschreibung
Anschaffungskosten 2017	120.000 EUR	120.000 EUR
– planmäßige Abschreibung 2017	12.000 EUR	12.000 EUR
Restbuchwert Ende 2017	108.000 EUR	108.000 EUR
– planmäßige Abschreibung 2018	12.000 EUR	12.000 EUR
Restbuchwert Ende 2018	96.000 EUR	96.000 EUR
– planmäßige Abschreibung 2019	12.000 EUR	12.000 EUR
– **außerplanmäßige Abschreibung 2019**	**56.000 EUR**	
Restbuchwert Ende 2019	28.000 EUR	84.000 EUR
– planmäßige Abschreibung 2020 (1/7 von 28.000 EUR)[1]	4.000 EUR	12.000 EUR
Restbuchwert Ende 2020	24.000 EUR	72.000 EUR
– planmäßige Abschreibung 2021	4.000 EUR	12.000 EUR
Restbuchwert Ende 2021	20.000 EUR	60.000 EUR
– planmäßige Abschreibung 2022	4.000 EUR	12.000 EUR
+ **Zuschreibung**	**32.000 EUR**	
Restbuchwert Ende 2022	**48.000 EUR** ←——→	**48.000 EUR**
– planmäßige Abschreibungen	12.000 EUR	12.000 EUR
(2022 bis 2025: 4 · 12.000 EUR)	...	...

1 Der Restbuchwert Ende 2019 muss auf die noch verbleibenden 7 Jahre Restnutzungsdauer verteilt werden, da die betriebsgewöhnliche Nutzungsdauer insgesamt 10 Jahre beträgt, die Maschine jedoch bereits 3 Jahre abgeschrieben wurde.

Zusammenfassende Übersicht zu Kapitel. 5.1: Bewertung des beweglichen Sachanlagevermögens

Bewegliches Sachanlagevermögen
(technische Anlagen und Maschinen, andere Anlagen, Betriebs- und Geschäftsausstattung)

Bewertung
Anschaffungs- oder Herstellungskosten (§ 253 (1), 255 (1), (2) HGB)

Zeitpunkt der Anschaffung oder Herstellung (Zugangsbewertung) ⟶	Anschaffungspreis + Anschaffungsnebenkosten – Anschaffungspreisminderungen = ursprüngliche Anschaffungskosten	Kosten, die durch den Verbrauch von Gütern und die Inanspruchnahme von Diensten für die Herstellung eines Erzeugnisses entstehen = ursprüngliche Herstellungskosten

Abschlussstichtag (Folgebewertung)	– planmäßige Abschreibung (§ 253 (1) HGB)
	= fortgeführte Anschaffungs- bzw. Herstellungskosten
	– außerplanmäßige Abschreibung (= Abwertung) bei voraussichtlich dauernder Wertminderung (§ 253 (3) S. 5 HGB)
	= Bilanzansatz

Nach Wegfall der Gründe für den niedrigeren Wertansatz

↓

Zuschreibung (Wertaufholung) auf den Wert, der sich bei planmäßiger Abschreibung zu diesem Zeitpunkt ergeben hätte § 253 (5) S. 1 HGB

✓ Checken Sie Ihre Kompetenz mit der **Ich-kann-Liste**.

✓ Öffnen Sie hierzu den nebenstehenden **QR-Code**

✓ oder geben Sie folgenden Link ein: https://vel.plus/BHG17

ERARBEITUNGSAUFGABE

zu Kapitel 5.1 Bewertung des beweglichen Sachanlagevermögens

EA 1 Anschaffungskosten einer Stanzmaschine

Die Iris-Nadellager GmbH erhält folgende Rechnung (Auszug):

HGB
§ 255 (1)

Chemnitz, 24. Nov. ...

Maschinenfabrik Meier GmbH
Rechnung

Wir lieferten Ihnen:

1 Stanzmaschine einschl. Bedienersoftware	260.000 EUR
– 10 % Rabatt	26.000 EUR
	234.000 EUR
+ Montage	12.000 EUR
Rechnungsbetrag (netto)	246.000 EUR
+ Umsatzsteuer 19 %	46.740 EUR
Rechnungsbetrag brutto	292.740 EUR

Zahlungsbedingungen: 30 Tage netto oder 14 Tage 2 % Skonto von 292.740 EUR

Im Zusammenhang mit der Investitionsentscheidung sind der Iris-Nadellager GmbH noch folgende Kosten entstanden:

für Wirtschaftlichkeitsberechnungen und Angebotsvergleich . . . . 800 EUR

für Besichtigung und Messebesuche . . . . 2.400 EUR

Berechnen Sie die Anschaffungskosten der Maschine, wenn die Rechnung

1. unter Ausnutzung des Zahlungsziels netto Kasse bezahlt wird,

2. unter Ausnutzung des Zahlungsziels und Skonto beglichen wird.

WIEDERHOLUNG DES GRUNDWISSENS

zu Kapitel 5.1 Bewertung des beweglichen Sachanlagevermögens

1. Nennen Sie die Bilanzpositionen, die bewegliches Sachanlagevermögen enthalten.

2. Geben Sie die Bewertungsregel für die Zugangsbewertung von beweglichem Sachanlagevermögen an.

3. Geben Sie die Bewertungsobergrenze bei der Bewertung des Sachanlagevermögens an.

4. Unterscheiden Sie Anschaffungs- und Herstellungskosten.

5. Unterscheiden Sie planmäßige und außerplanmäßige Abschreibungen.

6. Erläutern Sie, wann beim Sachanlagevermögen eine außerplanmäßige Abschreibung vorzunehmen ist.

vel.plus/BHG18

ANWENDUNGS- UND ÜBUNGSAUFGABEN

zu Kapitel 5.1 Bewertung des beweglichen Sachanlagevermögens

Aufgabe 1 Anschaffungskosten einer Produktionsmaschine

Eine GmbH kauft eine Maschine zum Listenpreis von 238.000 EUR einschließlich 19 % Umsatzsteuer. Der Lieferant der Maschine gewährt der GmbH einen Rabatt von 5 % auf den Listenpreis. Da die GmbH sich bereit erklärt, den Rechnungsbetrag innerhalb einer Woche zu bezahlen, werden ihr auf den Zieleinkaufspreis außerdem noch 3 % Skonto eingeräumt.

Für den Transport der Maschine muss die GmbH 2.200 EUR zuzüglich 19 % Umsatzsteuer an Eingangsfrachten bezahlen. Weiterhin hält sie es für notwendig, eine Transportversicherung abzuschließen. Die entsprechende Versicherungsprämie beläuft sich auf 250 EUR. Der Betrag wird aber erst im folgenden Geschäftsjahr von der GmbH durch Banküberweisung beglichen. Die Maschine wird in der Fabrikhalle der GmbH auf einem eigens dafür gegossenen massiven Betonsockel montiert. Dabei fallen Materialkosten in Höhe von 3.200 EUR zuzüglich 19 % Umsatzsteuer und Lohnaufwand in Höhe von 4.000 EUR an.

An Feuerversicherungsprämie für die Maschine zahlt die AG im Voraus 800 EUR für einen Zeitraum von insgesamt 12 Monaten.

Berechnen Sie die Anschaffungskosten.

vel.plus/BHG19

HGB
§ 253 (1)

Aufgabe 2 Bewertung einer Abkantmaschine bei technischer Neuentwicklung

In der Schlussbilanz zum 31.12.2021 der Württembergischen Leinenindustrie AG ist unter der Bilanzposition „technische Anlagen und Maschinen" u. a. eine Maschine mit fortgeführten Anschaffungskosten in Höhe von 150.000 EUR enthalten. Die Maschine wurde am 06.04.2018 angeschafft, hat eine betriebsgewöhnliche Nutzungsdauer von 10 Jahren und wird linear abgeschrieben. Aufgrund technischer Neuentwicklungen vergleichbarer Maschinen ist das Preisniveau derartiger Maschinen um 30 % gesunken.

1. Berechnen Sie die Anschaffungskosten der Maschine.

2. Mit welchem Wert ist die Maschine in der Schlussbilanz für das Geschäftsjahr 2022 auszuweisen?

vel.plus/BHG20

HGB
§ 253 (3)
S. 5

Aufgabe 3 Bewertung eines Lkws bei gesunkenem Listenpreis

Die Sigmaringer Hammerwerke AG haben im Januar des Geschäftsjahres 2021 einen neuen Lkw (Nutzungsdauer 6 Jahre) gekauft. In der Schlussbilanz des Geschäftsjahres 2022 ist der Lkw unter der Bilanzposition „Andere Anlagen, Betriebs- und Geschäftsausstattung" mit 55.200 EUR ausgewiesen. Die Sigmaringer Hammerwerke schreibt ihren Fuhrpark grundsätzlich linear ab. Zwischenzeitlich wird das gleiche Modell mit einem erheblich günstigeren Kraftstoffverbrauch produziert. Der Marktwert für vergleichbare Modelle der früheren Baureihe ist dadurch um 25 % gesunken.

1. Wie hoch ist die jährliche vorzunehmende Abschreibung.

2. Berechnen Sie die Anschaffungskosten des Lkw.

vel.plus/BHG21

HGB
§ 253 (3)

3. Berechnen Sie den Bilanzansatz, mit dem der Lkw in die Schlussbilanz des Geschäftsjahres 2022 aufgenommen wird.

Aufgabe 4 Bewertung eines Pkws nach Unfall

Eine Papierfabrik kauft zu Beginn des laufenden Geschäftsjahres einen PKW als Firmenwagen für einen Außendienstmitarbeiter:

HGB
§ 253 (3)

Listenpreis netto	33.000 EUR
Überführungskosten	600 EUR
	33.600 EUR
+ 19 % USt	6.384 EUR
Rechnungsbetrag	39.984 EUR

1. Wie hoch sind die Anschaffungskosten?

2. Wie hoch ist der Wertansatz des Pkws zu Beginn des dritten Geschäftsjahres bei linearer Abschreibung und einer Nutzungsdauer von 6 Jahren?

3. Ein Außendienstmitarbeiter verursacht während des dritten Nutzungsjahres einen selbstverschuldeten Unfall, wodurch bei dem Fahrzeug nach amtlicher Schätzung ein Wertverlust in Höhe von 3.000 EUR eintritt.

Mit welchem Wert ist das Fahrzeug am Ende des dritten Geschäftsjahres zu bilanzieren?

Aufgabe 5 Bewertung einer Fertigungsanlage – Entscheidung über das Abschreibungsverfahren

Die Badische Elektrowerke AG ist ein Industrieunternehmen, das elektronische Apparate und Steuerungsanlagen baut. Nach zwei schwierigen Geschäftsjahren, in denen jeweils Verluste erzielt wurden, weisen die vorläufigen Zahlen der Buchführung für das laufende Geschäftsjahr erstmalig wieder einen Gewinn aus. Im September d.J. hat die AG im Zusammenhang mit der Aufnahme einer neuen Produktlinie eine Fertigungsanlage in Betrieb genommen. Der Kaufpreis betrug 1.740.000 EUR netto zuzüglich 19 % USt. Zusätzlich fielen für den Transport der Anlage 20.000 EUR sowie für die Montage 40.000 EUR jeweils zuzüglich 19 % USt, an. Für die Finanzierung einer Anzahlung sind Fremdkapitalzinsen in Höhe von 5.000 EUR entstanden.

HGB
§ 255 (1)

HGB
§§ 253,
252 (1) Nr. 6
und (2)

1. Ermitteln Sie die Anschaffungskosten für die Fertigungsanlage.

2. Die AG hat bislang die Fertigungsanlagen linear abgeschrieben. Es soll entschieden werden, ob auf die neu installierte Fertigungsanlage über die voraussichtliche Nutzungsdauer von 12 Jahren das degressive Abschreibungsverfahren angewendet werden soll. Es ist beabsichtigt, degressiv mit dem Zweifachen des linearen Satzes abzuschreiben.

   a) Prüfen Sie, ob unter den gegebenen Bedingungen eine Wahlmöglichkeit zwischen der linearen und der degressiven Abschreibung besteht.

   b) Berechnen Sie für beide Abschreibungsverfahren den Abschreibungsbetrag im Jahr der Anschaffung.

   c) Nennen Sie jeweils zwei Argumente, die für die lineare bzw. die degressive Abschreibung sprechen. Entscheiden Sie sich vor dem Hintergrund der aktuellen Unternehmenssituation begründet für eine der beiden Abschreibungsarten.

Aufgabe 6 Zuschreibung nach außerplanmäßiger Abschreibung

vel.plus/BHG22

HGB
§ 253 (5)
S. 1

Die Lörracher Solar AG hat zu Beginn des Geschäftsjahres 2015 eine Maschine (Nutzungsdauer: 10 Jahre) für 100.000 EUR angeschafft. Der Wert der Maschine wird zum Ende des Jahres 2018 aufgrund eines erheblichen Schadens mit 42.000 EUR veranschlagt. Am Ende des Jahres 2022 wird der Wert der Maschine auf nunmehr 24.000 EUR geschätzt, da sie nach einigen Umbaumaßnahmen zur Herstellung eines neu in das Produktionsprogramm aufgenommenen Erzeugnisses verwendet werden kann.

1. Erstellen Sie einen Abschreibungsplan bis zum Ende des Jahres 2019, wenn linear abgeschrieben wird.

2. Welche Bilanzansätze ergeben sich für die Maschine jeweils zum Ende der Jahre 2020, 2021 und 2022?

5.2 Bewertung des Finanzanlagevermögens

Inhalt der Bilanzposition Finanzanlagen

Von den anderen Gegenständen des Anlagevermögens (immaterielle Vermögensgegenstände und Sachanlagen) unterscheiden sich Finanzanlagen insbesondere dadurch, dass mit dem darin investierten Kapital nicht im eigenen Unternehmen, sondern in fremden Unternehmen gearbeitet wird. Auch **Finanzanlagen** müssen dazu **bestimmt** sein, **dauernd dem Geschäftsbetrieb** zu dienen.

HGB
§ 266 (2)

Nach der Untergliederung des § 266 (2) A. III handelt es sich bei den nachstehend aufgeführten Positionen um Finanzanlagevermögen:

Finanzanlagen gemäß § 266 (2) HGB

III. Finanzanlagen
1. Anteile an verbundenen Unternehmen,[1]
2. Ausleihungen an verbundene Unternehmen,
3. Beteiligungen,
4. Ausleihungen an Unternehmen, mit denen ein Beteiligungsverhältnis besteht,
5. Wertpapiere des Anlagevermögens,
6. sonstige Ausleihungen.

HGB
§ 271

Finanzanlagevermögen der Reutlinger Textil AG

Anteile an verbundenen Unternehmen	Ausleihungen an verbundene Unternehmen	Beteiligungen (Vgl. § 271 (1) S. 3 HGB)
Die Reutlinger Textil AG (Muttergesellschaft) ist am Grundkapital der Balinger Trikotagen AG (Tochtergesellschaft) mit 51 % beteiligt.	Die Reutlinger Textil AG (Muttergesellschaft) gewährt der Balinger Trikotagen AG (Tochtergesellschaft) ein Darlehen in Höhe von 1 Mio. EUR.	Die Reutlinger Textil AG ist am Grundkapital der Sigmaringer Maschinenfabrik AG mit 26 % beteiligt.

Wertpapiere des Anlagevermögens	Sonstige Ausleihungen
Die Reutlinger Textil AG hat langfristig den Betrag von 100.000 EUR in Bundesanleihen und Industrieobligationen (fest verzinsliche Wertpapiere) angelegt.	Die Reutlinger Textil AG hat ihrem Zulieferer Max Frisch e.K. ein langfristiges Darlehen in Höhe von 60.000 EUR gewährt.

Beteiligungen sind Anteile an anderen Unternehmen, die dazu bestimmt sind, dem eigenen Geschäftsbetrieb durch die Herstellung einer **dauerhaften Verbindung** zu dienen (z. B. Aktien als Anteile am Grundkapital einer AG, GmbH-Anteile oder Komplementär- oder Kommanditanteile an einer KG). Entscheidend für das Vorliegen einer **Beteiligung** ist die **Beteiligungsabsicht** und **nicht die Beteiligungshöhe**. Im Zweifel handelt es sich um eine Beteiligung, wenn ein **maßgeblicher Einfluss** auf ein Unternehmen ausgeübt wird. Ein solcher Einfluss wird ab einer Beteiligungsquote von 20 % vermutet. Besteht die Absicht einer Daueranlage nicht mehr oder wird sie nicht mehr vermutet, so sind bislang im Anlagevermögen ausgewiesene Wertpapiere künftig im Umlaufvermögen (Position B. III. § 266 (2) HGB) auszuweisen.

HGB
§ 271 (1)

---

[1] Verbundene Unternehmen sind solche Unternehmen, die als Mutter- oder Tochterunternehmen in einen Konzernabschluss einbezogen sind (§ 271 (2) HGB).

Zugangsbewertung

HGB
§ 255 (1)

Die Bewertung von Finanzanlagen erfolgt bei deren Zugang zu den **Anschaffungskosten**. Als Anschaffungsnebenkosten können bei Anteils- oder Beteiligungserwerben z. B. Notariatskosten, Provisionen oder Spesen anfallen.

HGB
§ 255 (1)

Anschaffungskosten festverzinslicher Wertpapiere

Zur längerfristigen Anlage derzeit nicht benötigter flüssiger Mittel hat der Finanzvorstand der Klattmann AG entschieden, am 01. Okt. d. J. festverzinsliche Wertpapiere zu Anschaffungskosten von 50.000 EUR an der Börse zu kaufen.

Zugangsbewertung: 50.000 EUR (Anschaffungskosten) Bilanzposition: A. III. 5: Wertpapiere des Anlagevermögens, da die Absicht einer langfristigen Kapitalanlage besteht.

Folgebewertung

Bei der Folgebewertung von Vermögensgegenständen des Finanzanlagevermögens muss geprüft werden, ob eine gegebenenfalls eingetretene Wertminderung voraussichtlich dauerhaft oder nur vorübergehend ist. Handelt es sich um eine **dauernde Wertminderung**, so muss zwingend eine **außerplanmäßige Abschreibung** vorgenommen werden. Bei einer nur **vorübergehend eingetretenen Wertminderung** hingegen besteht unter Beachtung des Stetigkeitsprinzips ein **Bewertungswahlrecht (Abschreibungswahlrecht)**.

> **!** Bei Finanzanlagen können außerplanmäßige Abschreibungen auch bei einer nur vorübergehend eingetretenen Wertminderung vorgenommen werden (= gemildertes Niederstwertprinzip). Bei einer dauernden Wertminderung[1] hingegen besteht Abschreibungspflicht (= strenges Niederstwertprinzip).

HGB
§ 253 (5)

Bestehen die Gründe für einen niedrigeren Wertansatz nach einer außerplanmäßig vorgenommenen Abschreibung nicht mehr, so darf dieser Wertansatz nicht mehr beibehalten werden. In diesem Fall ist eine **Zuschreibung** erforderlich **(Wertaufholungsgebot)**. Die **Bewertungsobergrenze** ist festgelegt durch die **Anschaffungskosten**, die nicht überschritten werden dürfen.

HGB
§ 253 (3)
S. 6

Aufg. 1
S. 466

Aufg. 2
S. 466

Aufg. 3
S. 466

HGB
§ 252 (1)
Nr. 6

HGB
§ 253 (5)
S. 1

HGB
§ 253 (1)
S. 1

Folgebewertung festverzinslicher Wertpapiere *(Fortsetzung des obigen Beispiels)*

1. Zum 31.12. d. J. (Ende des Geschäftsjahres) ist der Börsenwert (Kurs) der Wertpapiere auf 49.600 EUR gesunken. Die Restlaufzeit beträgt noch 2 Jahre. Nach den Anleihebedingungen ist der Schuldner verpflichtet, den gesamten Anleihebetrag bereits in zwei Jahren (Restlaufzeit) in voller Höhe zurückzuzahlen. Deshalb handelt es sich bei dem zwischenzeitlich eingetretenen Kursrückgang um **keine dauerhafte** Wertminderung.
   Folgebewertung am 31.12. d. J.: Da die Wertminderung **nicht von Dauer** ist, besteht ein **Abwertungswahlrecht**.
   Bewertungsmöglichkeit 1: Anschaffungskosten **(50.000 EUR) oder**
   Bewertungsmöglichkeit 2: Niedriger Wert **(49.600 EUR)**

2. Zum 31.12. n. J. ist der Kurs auf 50.300 EUR gestiegen.
   Folgebewertung zum 31.12. n. J.: 50.000 EUR
   Gemäß § 253 (5) S. 1 ist die Klattmann AG zur Wertaufholung verpflichtet, da die Gründe für die außerplanmäßige Abschreibung nicht mehr bestehen. Da die Anschaffungskosten die **Bewertungsobergrenze** darstellen, dürfen die Wertpapiere höchstens mit 50.000 EUR bewertet werden.

---

1 Im Zweifel ist von einer dauerhaften Wertminderung auszugehen, wenn eines der beiden nachstehenden Kriterien erfüllt ist:
   1. Der Buchwert wurde in den letzten sechs Monaten vor dem Bilanzstichtag dauerhaft um mehr als 20 % unterschritten.
   2. Der Durchschnittswert der täglichen Börsen- oder Marktpreise der letzten zwölf Monate hat den Buchwert um mehr als 10 % unterschritten.

Zusammenfassende Übersicht zu Kapitel 5.2: Bewertung des Finanzanlagevermögens

Finanzanlagevermögen (z. B. Beteiligungen) = langfristige Anlage
Bilanzposition: A. III § 266 (2) HGB

Zeitpunkt der Anschaffung (Zugangsbewertung)	**Anschaffungspreis**
	+ Anschaffungsnebenkosten (z. B. Spesen)
	= Anschaffungskosten gem. § 255 (1) HGB

Abschlussstichtag (Folgebewertung)

Wertminderung voraussichtlich

dauernd   **vorübergehend**

strenges Niederstwertprinzip,   **gemildertes Niederstwertprinzip,**
d. h. Pflicht zu einer außerplanmäßigen Abschreibung (= Abwertung) § 253 (3) S. 5 HGB   d. h. keine Pflicht zu einer außerplanmäßigen Abschreibung

Abschreibungswahlrecht
§ 253 (3) S. 6 HGB

bei Wegfall der Gründe für außerplanmäßige Abschreibung

Pflicht zur **Zuschreibung** (Wertaufholung) § 253 (5) S. 1 HGB
Bewertungsobergrenze: Anschaffungskosten

Gesamtübersicht zu Kapitel 5.2: Bewertung und Bewertungswahlrechte bei Vermögensgegenständen des Anlagevermögens

	Sachanlagen	Finanzanlagevermögen
Basiswert und Wertobergrenze	Anschaffungs- bzw. Herstellungskosten § 253 (1) HGB	
dauernde Wertminderung	Abwertungspflicht (strenges Niederstwertprinzip) gem. § 253 (3) HGB	
vorübergehende Wertminderung	Abwertungsverbot	Abwertungswahlrecht (gemildertes Niederstwertprinzip gem. § 253 (3) S. 6)
Wertsteigerungen	Zuschreibungsgebot § 253 (5) HGB	

 Checken Sie Ihre Kompetenz mit der **Ich-kann-Liste**.

Öffnen Sie hierzu den nebenstehenden **QR-Code**
oder geben Sie folgenden Link ein: https://vel.plus/BHG23

WIEDERHOLUNG DES GRUNDWISSENS

vel.plus/BHG24

zu Kapitel 5.2 Bewertung des Finanzanlagevermögens

1. Erläutern Sie den Unterschied von Finanzanlagen zu Sachanlagen hinsichtlich ihrer Bewertung. Nennen Sie jeweils Beispiele.

2. Nennen Sie die Vorschriften, welche bei der Zugangs- und Folgebewertung von Finanzanlagevermögen sind jeweils zu beachten sind.

ANWENDUNGS- UND ÜBUNGSAUFGABEN

zu Kapitel 5.2 Bewertung des Finanzanlagevermögens

Aufgabe 1 Bewertung einer Beteiligung

HGB
§ 253 (3)
S. 5 u. S. 6

Die Villinger Möbelfabrik AG hat in der Bilanz des Jahres 2020 im Anlagevermögen eine Beteiligung an der börsennotierten Holzbau AG in Höhe von 3.200.000 EUR ausgewiesen. Im Jahr 2021 sinkt der Wert der Beteiligung wegen drohender Zahlungsschwierigkeiten der Holzbau AG dauerhaft um 20 %.

1. Begründen Sie, mit welchem Wert die Beteiligung in der Bilanz der Möbelfabrik zum 31.12.2021 anzusetzen ist.

2. Wie wäre Aufgabe 1 zu entscheiden, wenn davon auszugehen ist, dass die Wertminderung nicht dauerhaft ist?

Aufgabe 2 Beteiligung eines Computerherstellers an einem Softwareunternehmen

HGB
§ 266 (2)

Der Computerhersteller Compak AG hat im laufenden Geschäftsjahr Aktien der Frankfurter Software AG im Wert von 480.000 EUR gekauft. Die Compak AG verfügt nunmehr über 22 % des Grundkapitals der Software AG.

1. In welcher Bilanzposition muss die Compak AG das Aktienpaket in ihrer Schlussbilanz ausweisen?

HGB
§ 253 (4)

2. Da sich die von der Frankfurter Software AG hergestellten EDV-Programme zwischenzeitlich nicht mehr gut verkaufen lassen, ist der Aktienkurs stark gesunken, so dass das Aktienpaket nur noch einen Wert von 400.000 EUR aufweist.

   a) Welche Bewertungsentscheidung ist unter den gegebenen Bedingungen zum 31.12. d. J. zu treffen?

   b) Im Laufe des neuen Geschäftsjahres haben die Softwareentwickler der Frankfurter Software AG neue Programme entwickelt. Daraufhin ist der Aktienkurs wieder gestiegen, so dass das Aktienpaket nunmehr einen Wert von 440.000 EUR aufweist.

   Welche Bewertungsentscheidung ist zu treffen, wenn die Compak AG in der Vergangenheit ihre Beteiligungen zum niedrigst möglichen Wert ausgewiesen hat?

Aufgabe 3 Bewertung von Aktien des Anlagevermögens

In der Schlussbilanz des Jahres 2020 der Württembergischen Turbinen AG sind in der Bilanzposition „A. III. 5. Wertpapiere des Anlagevermögens" 5 000 Stückaktien der Ravensburger Maschinenfabrik AG ausgewiesen. Die Aktien wurden am 05. Okt. 2020 zu 28,50 EUR/ Stück gekauft.

1. Welcher Betrag ist in der Handelsbilanz anzusetzen, wenn der Kurs am 31.12.2020 (Ende des Geschäftsjahres) auf 26,10 EUR gesunken und zu Beginn des Jahres 2021 wieder auf 29,10 EUR gestiegen ist?

2. Wie sind die Aktien in der Schlussbilanz des Jahres 2021 zu bewerten, wenn der Kurs am 31.12.2021 28,00 EUR beträgt und in der Bilanz für das Geschäftsjahr 2020 der niedrigere Wert angesetzt wurde?

HGB
§ 253

3. Am 01. Februar 2022 veröffentlicht die Ravensburger Maschinenfabrik AG die Ergebnisse für das vierte Quartal des Geschäftsjahres 2021. U. a. geht aus dem Quartalsbericht hervor, dass das Unternehmen mehrere Großaufträge nicht erhalten hat, weil die nach Kundenwünschen produzierten Maschinen von asiatischen Konkurrenzunternehmen zu einem erheblich günstigeren Preis angeboten werden. Daraufhin sinkt der Aktienkurs zum 10. Februar 2022 (Tag der Bilanzerstellung) auf 20 EUR/Aktie. Es ist davon auszugehen, dass es sich nicht nur um einen vorübergehenden Kurseinbruch handelt.

   Zu welchem Betrag sind die Aktien in der Schlussbilanz des Geschäftsjahres 2021 auszuweisen?

5.3 Bewertung unfertiger und fertiger Erzeugnisse

Inhalt der Bilanzpositionen unfertige und fertige Erzeugnisse

Als **unfertige Erzeugnisse** werden Vorräte bezeichnet, die zwar noch nicht verkaufsfertig sind, für deren Be- oder Verarbeitung im eigenen Unternehmen aber bereits Aufwendungen (z. B. Materialaufwand, Löhne) angefallen sind. Die unfertigen Erzeugnisse[1] sind in der Bilanzposition B. I. 2. enthalten.

HGB
§ 266 (2)

Als **fertige Erzeugnisse** werden verkaufsfertige Vorräte bezeichnet, die im eigenen Unternehmen be- oder verarbeitet wurden. Im Unterschied hierzu handelt es sich um **Waren**, wenn Handelsartikel fremdbezogen und ohne wesentliche Weiterverarbeitung weiterveräußert werden.

Zugangsbewertung

Bezieht ein Unternehmen von einem anderen Unternehmen z. B. Handelswaren oder Rohstoffe, so müssen diese Vermögensgegenstände mit deren **Anschaffungskosten** bewertet werden. Ganz oder teilweise im Unternehmen hergestellte Gegenstände des Anlagevermögens (z. B. Gebäude, Geschäftseinrichtungen, Maschinen) oder des Umlaufvermögens (unfertige und fertige Erzeugnisse) sind hingegen mit den **Herstellungskosten** zu bewerten.

Aufg. 1
S. 473

> **!** Herstellungskosten fallen an, wenn ein Unternehmen Vermögensgegenstände des Anlagevermögens (z. B. Maschinen für den eigenen Gebrauch) oder des Umlaufvermögens (z. B. fertige oder unfertige Erzeugnisse) selbst herstellt.

Während sich die Anschaffungskosten meist problemlos anhand der Zahlen aus den Eingangsrechnungen ermitteln lassen, erfolgt die Berechnung der **Herstellungskosten** auf der Grundlage von Zahlen, die der Kosten- und Leistungsrechnung entnommen werden können.

> **!** Herstellungskosten sind die Kosten, die durch den Verbrauch von Gütern und die Inanspruchnahme von Diensten für die Herstellung eines Vermögensgegenstandes entstehen.

Die **nach Handelsrecht** zu ermittelnden **Herstellungskosten** sind **nicht identisch** mit den **Herstellkosten** aus der **Kostenrechnung**. Die handelsrechtlichen Herstellungskosten müssen **mindestens** die **Einzelkosten** und die **wesentlichen** (= angemessenen) **Gemeinkosten** beinhalten (Wertuntergrenze). Nach dem Prinzip der Angemessenheit dürfen nur tatsächlich angefallene Kosten (= aufwandsgleiche Kosten) berücksichtigt werden. Somit gehören weder kalkulatorische Zusatzkosten noch neutraler Aufwand (z. B. außerplanmäßige Abschreibungen) zu den Herstellungskosten. Bei der Berechnung der Gemeinkosten ist von **normalen Beschäftigungsverhältnissen** auszugehen.

---

1 Neben den unfertigen Erzeugnissen sind in der Bilanzposition B. I. 2 auch unfertige Leistungen enthalten. Darunter fallen z. B. unfertige Leistungen eines Bauunternehmers auf fremdem Grund und Boden.
Forderungen können in diesem Fall noch nicht ausgewiesen werden, da diese erst mit der Fertigstellung der Arbeiten entstehen.

Berechnung der Herstellungskosten nach Handelsrecht gemäß § 255 (2) HGB

HGB
§ 255 (2)

		Einzelkosten	Berücksichtigung bei Wertansatz (Aktivierung)
1		Materialeinzelkosten[1]	Pflicht
2	+	Fertigungseinzelkosten	Pflicht
3	+	Sondereinzelkosten der Fertigung	Pflicht
		Gemeinkosten	
4	+	Materialgemeinkosten	Pflicht
5	+	Fertigungsgemeinkosten	Pflicht
6	+	Verwaltungsgemeinkosten des Material- und Fertigungsbereichs, sofern nicht bereits in den Material- und Fertigungsgemeinkosten enthalten	Pflicht
7	+	Werteverzehr des Anlagevermögens[2]	Pflicht
8	=	**Wertuntergrenze**	
9	+	Kosten der allgemeinen Verwaltung	Wahlrecht
10	+	Aufwendungen für freiwillige soziale Leistungen	Wahlrecht
11	+	Aufwendungen für soziale Einrichtungen des Betriebs	Wahlrecht
12	+	Aufwendungen für die betriebliche Altersversorgung	Wahlrecht
13	+	Fremdkapitalzinsen (Voraussetzungen: § 255 (3) HGB)	Wahlrecht
14	=	**Wertobergrenze**	
15		Forschungs- und Vertriebskosten	Verbot

Erläuterungen zur Berechnung der Herstellungskosten nach § 255 (2) HGB

(1) Materialeinzelkosten: Verbrauch von Roh- und Hilfsstoffen sowie von selbst erstellten und fremd bezogenen (Einbau-)Fertigteilen.

(2) Fertigungseinzelkosten: Fertigungseinzelkosten umfassen im Wesentlichen die im Rahmen der Produktion anfallenden **Löhne und Lohnnebenkosten (Sozialabgaben).** Gegebenenfalls zählen zu den Fertigungseinzelkosten auch Kosten, die durch den Einsatz von fremden Arbeitskräften für den Produktionsprozess entstanden sind. Zu den **Löhnen** rechnen die Bruttolöhne einschließlich Sonderzulagen, Leistungs- und Abschlussprämien sowie gesetzliche Sozialabgaben. **Freiwillige Sozialleistungen**, Ergebnisbeteiligungen und Aufwendungen für die betriebliche Altersversorgung gehören **nicht zu den Fertigungskosten**.

(3) Sondereinzelkosten der Fertigung: z. B. Kosten für Modelle, Spezialwerkzeuge, Vorrichtungen und Entwürfe.

(4) Materialgemeinkosten: Dabei handelt es sich überwiegend um **Personal- und Raumkosten**, soweit sie im Zusammenhang mit der Beschaffung, Lagerung, Wartung oder Verwaltung des Materials verursacht werden. Da die Materialgemeinkosten **laut Kostenrechnung** häufig kalkulatorische Zusatzkosten enthalten, sind sie nicht in jedem Fall identisch mit den **handelsrechtlichen Materialgemeinkosten**. Falls die in der Kostenrechnung ermittelten Materialgemeinkosten zur Berechnung der Herstellungskosten verwendet werden sollen, sind gegebenenfalls entsprechende Korrekturen erforderlich.

---

1 Mit den in § 255 (2) HGB erwähnten Material-, Fertigungs- und Sonderkosten sind grundsätzlich die Einzelkosten gemeint.
2 Beim Werteverzehr des Anlagevermögens, der durch die Abschreibungen erfasst wird, handelt es sich zwar um Fertigungsgemeinkosten. Trotzdem werden diese üblicherweise bei der Berechnung der Herstellungskosten gesondert ausgewiesen. Außerplanmäßige Abschreibungen bleiben unberücksichtigt.

Erläuterungen zur Berechnung der Herstellungskosten nach § 255 (2) HGB

(5) *Fertigungsgemeinkosten: Die **handelsrechtlichen Fertigungsgemeinkosten** beinhalten hauptsächlich Kosten der Werkstattverwaltung, der Kraftanlagen, der Reinigung der Produktionsräume und der Geräte, Energie- und Brennstoffkosten, Betriebsstoffkosten und soziale Aufwendungen. Wie bei den Materialgemeinkosten müssen bei Verwendung der **kostenrechnerischen Fertigungsgemeinkosten** gegebenenfalls Korrekturen vorgenommen werden.*

(6) *Verwaltungsgemeinkosten des Material- und Fertigungsbereichs: Die in der Kostenrechnung ermittelten Material- und Fertigungsgemeinkosten enthalten i. d. R. bereits die Verwaltungsgemeinkosten des Material- und Fertigungsbereichs. In diesem Falle ist eine gesonderte Berechnung dieser Kosten nicht mehr erforderlich.*

(7) *Wertverzehr des Anlagevermögens: Der Wertverzehr des Anlagevermögens (Abschreibungen) ist Bestandteil der Fertigungsgemeinkosten. Bei der Berechnung der Herstellungskosten wird dieser Betrag jedoch üblicherweise gesondert ausgewiesen.*
   Eine Aktivierungspflicht der Abschreibungen in den Herstellungskosten ist von zwei Voraussetzungen abhängig:

   1. *Es muss sich um **angemessene Teile** des **Wertverzehrs** handeln (keine außerplanmäßigen Abschreibungen, keine Zusatzkosten).*
   2. *Die Abschreibungen müssen durch die Fertigung veranlasst sein.*

(9) *Kosten der allgemeinen Verwaltung: Hierunter fallen insbesondere (anteilige) Löhne und Gehälter (z. B. für das Personalbüro, die Geschäftsleitung), Büromaterial, Abschreibungen, Kosten des Personalwesens, der Rechts-, Versicherungs- und sonstigen Abteilungen.*

(10)– (12) *Freiwillige Soziale Aufwendungen:*
   Dabei handelt es sich um solche Aufwendungen, die nicht arbeitsvertraglich oder tariflich vereinbart wurden. Dazu gehören u. a.:
   *– (10): **Aufwendungen für freiwillige soziale Leistungen** (z. B. Jubiläumsgeschenke, Weihnachtszuwendungen).*
   *– (11): **Aufwendungen für soziale Einrichtungen des Betriebs** (z. B. Kantinen, Ferienerholungsheime),*
   *– (12): **Aufwendungen für die betriebliche Altersversorgung** (z. B. Zuwendungen an Pensions- und Unterstützungskassen, Zuführungen zu Pensionsrückstellungen).*
   ***„Aufwendungen" für die Beteiligung der Arbeitnehmer am Ergebnis** des Unternehmens sind,*

   - *soweit sie von einem Unternehmen **freiwillig** gewährt werden, aktivierungsfähig (Wahlrecht),*
   - *soweit sie vertraglich vereinbart und auf im Fertigungsbereich beschäftigte Arbeitnehmer entfallen, als Bestandteil der Fertigungsgemeinkosten **aktivierungspflichtig**,*
   - *soweit sie vertraglich vereinbart wurden und auf anderweitig beschäftigte Arbeitnehmer entfallen, **aktivierungsfähig (Wahlrecht).***

(13) *Zinsen für Fremdkapital gehören nicht zu den Herstellungskosten. Sie **können** aber in die Herstellungskosten einbezogen werden (Wahlrecht), soweit sie der Herstellungsfinanzierung dienen, direkt zurechenbar sind und auf den Herstellungszeitraum entfallen.*

(15)
   - *Vertriebskosten: Diese Kosten fallen im Zusammenhang mit dem Absatz der produzierten Erzeugnisse (z. B. übernommene Fracht bei der Zufuhr von Erzeugnissen, Vertreterprovision) an.*
   - *Forschungskosten: Kosten, die im Zusammenhang mit der Suche nach neuen wissenschaftlichen oder technischen Erkenntnissen entstanden sind.*

Herstellungskosten nach Handelsrecht

Für die Herstellung von Kugellagern sind in einem Industriebetrieb folgende Kosten entstanden:

Materialeinzelkosten	90.000 EUR
Materialgemeinkostenzuschlag	6 %
Fertigungseinzelkosten	30.000 EUR
Fertigungsgemeinkostenzuschlag	80 %
Verwaltungsgemeinkostenzuschlag (Verwaltungsbereich)	15 %
Vertriebsgemeinkostenzuschlag	10 %

In den Gemeinkostenzuschlägen sind keine kalkulatorischen Zusatzkosten enthalten. Die produktions- und materialbedingten Verwaltungsgemeinkosten sind in den Material- und Fertigungsgemeinkosten enthalten. Sämtliche Zuschlagssätze wurden bei Normalbeschäftigung ermittelt (= angemessene Gemeinkosten). Freiwillige soziale Aufwendungen sind nicht angefallen. Sämtliche Kugellager liegen am Abschlussstichtag noch auf Lager und werden voraussichtlich erst im folgenden Geschäftsjahr verkauft.

	Kosten	Herstellungskosten nach Handelsrecht	
		Mindestansatz (EUR)	Höchstansatz (EUR)
1	Materialeinzelkosten	90.000	90.000
2	Materialgemeinkosten 6 %	5.400	5.400
=	**(1 + 2)**	**95.400**	**95.400**
3	Fertigungseinzelkosten	30.000	30.000
4	Fertigungsgemeinkosten 80 %	24.000	24.000
=	**(3 + 4)**	**54.000**	**54.000**
5	Verwaltungsgemeinkosten 15 %		22.410[1]
6	Vertriebsgemeinkosten 10 %		
=	**Herstellungskosten**	**149.400**	**171.810**

Aufg. 2
S. 473

Aufg. 3
S. 474

Werden die am Abschlussstichtag auf Lager liegenden Kugellager (= fertige Erzeugnisse) zum niedrigeren Wert (149.400 EUR) angesetzt, so führt das gegenüber dem Ansatz mit dem höheren Wert (171.810 EUR) zu einer Schmälerung des Ergebnisses in Höhe von 22.410 EUR. In diesem Fall werden in Höhe der nicht aktivierten Beträge Aufwendungen in der Gewinn- und Verlustrechnung ausgewiesen, denen auf der Ertragsseite keine entsprechende Bestandserhöhung gegenübersteht.

Aufwand	GuV-Konto bei Mindestansatz in EUR		Ertrag
Einzelkosten (z. B. Fert. Mat., Fert. Löhne) und	171.810	Bestandserhöhung (FE, UE)	149.400
Gemeinkosten (z. B. Abschr., Gehälter, Hilfsstoffe)		„Mehraufwand" bzw. Mindergewinn	22.410

Buchungssatz: Fertige Erzeugnisse (akt. Bestandskonto)   149.400 EUR
                an Bestandsveränderungen fertige Erzeugnisse (Ergebniskonto)   149.400 EUR

Aufwand	GuV-Konto bei Höchstansatz in EUR		Ertrag
Einzelkosten (z. B. Fert. Mat., Fert. Löhne) und	171.810	Bestandserhöhung (FE, UE)	171.810
Gemeinkosten (z. B. Abschr., Gehälter, Hilfsstoffe)			

Buchungssatz: Fertige Erzeugnisse (akt. Bestandskonto)   171.810 EUR
                an Bestandsveränderungen fertige Erzeugnisse (Ergebniskonto)   171.810 EUR

---

1   Berechnung: 15 % von (95.400 + 54.000) = 22.410

Unterscheidung: Herstellkosten und Herstellungskosten

Enthalten die aus der Kostenrechnung entnommenen Gemeinkosten **kalkulatorische Kosten**, denen in der Geschäftsbuchführung **kein Aufwand** gegenübersteht (= **kalkulatorische Zusatzkosten**), so dürfen diese Kosten bei der Berechnung der Herstellungskosten **nicht** berücksichtigt werden.

HGB
§ 255 (2)

Herstellkosten in der Kostenrechnung – Herstellungskosten in der Bilanz

Die Farbenfabrik Gottfried Glanzmann OHG hat für das Erzeugnis Teerfarben die handelsrechtlichen Herstellungskosten wie folgt ermittelt:

Materialeinzelkosten	90.000 EUR	
+ Materialgemeinkosten 20 %	18.000 EUR	
+ Fertigungseinzelkosten	160.000 EUR	
+ Fertigungsgemeinkosten 30 %	48.000 EUR	
+ Verwaltungsgemeinkosten 25 %	79.000 EUR	(25 % von 316.000 EUR)
= **vorläufige** Herstellungskosten	395.000 EUR	(= Herstellkosten lt. Kostenrechnung)

In den Verwaltungsgemeinkosten ist kalkulatorischer Unternehmerlohn in Höhe von 48.000 EUR enthalten. Die bilanzielle Abschreibung (angemessener Wertverzehr) für den Fertigungsbereich beläuft sich auf 20.000 EUR, kalkulatorisch wurden 28.000 EUR abgeschrieben.

Herstellkosten nach Handelsrecht	mindestens	höchstens
Materialeinzelkosten	90.000 EUR	90.000 EUR
+ Materialgemeinkosten 20%	18.000 EUR	18.000 EUR
+ Fertigungseinzelkosten	160.000 EUR	160.000 EUR
+ Fertigungsgemeinkosten (48.000 EUR – 8.000 EUR)	40.000 EUR	40.000 EUR
+ Verwaltungsgemeinkosten (79.000 EUR – 48.000 EUR)		31.000 EUR
= **Herstellkosten**	**308.000 EUR**	**339.000 EUR**

Ergebnis: Unter der Voraussetzung, dass nach dem strengen Niederstwertprinzip kein niedrigerer Wertansatz erforderlich ist, dürfen die Teerfarben (Bilanzposition: Fertige Erzeugnisse) **höchstens** mit 339.000 EUR in der Bilanz angesetzt werden. Der **niedrigste** Wertansatz liegt bei 308.000 EUR.

Bewertungsstetigkeit

Macht ein Unternehmen von dem ihm zustehenden Wahlrecht, bestimmte Kostenarten als Teil der Herstellungskosten zu aktivieren, Gebrauch, so führt das in der Bilanz zu einem höheren Vermögensausweis. Damit wird auch das in der Gewinn- und Verlustrechnung ausgewiesene Gesamtergebnis positiv beeinflusst. Die Einhaltung des Bilanzierungsgrundsatzes **Bewertungsstetigkeit (materielle Bilanzkontinuität)** verlangt aber, dass die Methode zur Berechnung der Herstellungskosten **nicht** in jedem Geschäftsjahr **beliebig** geändert werden darf. Die Veränderung der Kostenstruktur (Verhältnis von Einzel- und Gemeinkosten) kann ein möglicher Grund für die Änderung der Methode zur Bewertung der fertigen und unfertigen Erzeugnisse sein. Wird die Bewertungsmethode geändert, so muss beim Jahresabschluss der **Anhang** gegebenenfalls eine entsprechende Begründung enthalten.

HGB
§ 252 (1)
Nr. 6,
§ 284 (1)
u. (2) Nr. 1

Folgebewertung

> **!** **Für die Bewertung der unfertigen und fertigen Erzeugnisse gilt das strenge Niederstwertprinzip. Ist der Börsen- oder Marktpreis am Abschlussstichtag niedriger als die Herstellungskosten, so muss – unabhängig davon, ob die Wertminderung von Dauer ist – der niedrigere Wert angesetzt werden (Abwertungsgebot).**

HGB
§ 253 (4)

HGB
§ 253 (5)

Wurde auf die unfertigen oder fertigen Erzeugnisse eine außerplanmäßige Abschreibung auf den niedrigeren Wert vorgenommen und bestehen die Gründe dafür nicht mehr, so besteht **Zuschreibungsgebot (Wertaufholungsgebot)**. Übersteigt der **Börsen- oder Marktpreis** die Herstellungskosten, so sind die **niedrigeren** Herstellungskosten (= Bewertungsobergrenze) anzusetzen.

Zusammenfassende Übersicht zu Kapitel 5.3: Bewertung unfertiger und fertiger Erzeugnisse	
Herstellungskosten =	
Einzelkosten Fertigungsmaterial, Fertigungslöhne, Sondereinzelkosten der Fertigung	**Aktivierungspflicht**
Gemeinkosten Materialgemeinkosten, Fertigungsgemeinkosten, Verwaltungsgemeinkosten des Material- und Fertigungsbereichs, Wertverzehr des Anlagevermögens	
= Wertuntergrenze	
Kosten der allgemeinen Verwaltung, Aufwendungen für freiwillige soziale Leistungen, Aufwendungen für soziale Einrichtungen des Betriebs, Aufwendungen für die betriebliche Altersversorgung, Fremdkapitalzinsen (Voraussetzung: § 255 (3) HGB)	**Aktivierungswahlrecht**
= Wertobergrenze	
Forschungs- und Vertriebskosten	**Aktivierungsverbot**

Zeitpunkt der Herstellung der fertigen oder unfertigen Erzeugnisse (Zugangsbewertung)

Abschlussstichtag (Folgebewertung)

Tageswert am Abschlussstichtag < HK	Tageswert am Abschlussstichtag > HK
(außerplanmäßige Abschreibung zwingend)	
niedrigerer Tageswert	niedrigere HK

strenges Niederstwertprinzip

Auch bei nur vorübergehender Wertminderung muss der niedrigere Wert angesetzt werden. § 253 (4) HGB

Bei Wegfall der Gründe für außerplanmäßige Abschreibung

Zuschreibung (Wertaufholung) höchstens bis zu den Herstellungskosten § 253 (5) HGB

Checken Sie Ihre Kompetenz mit der **Ich-kann-Liste**.

Öffnen Sie hierzu den nebenstehenden **QR-Code**
oder geben Sie folgenden Link ein: https://vel.plus/BHG25

WIEDERHOLUNG DES GRUNDWISSENS

vel.plus/BHG26

zu Kapitel 5.3 Bewertung fertiger und unfertiger Erzeugnisse

1. Unterscheiden Sie unfertige und fertige Erzeugnisse.

2. Unterscheiden Sie Anschaffungs- und Herstellungskosten.

3. Geben Sie an, aus welchen Bestandteilen sich die Herstellungskosten nach HGB mindestens und höchstens zusammensetzen (Mindestansatz und Höchstansatz).

4. Erläutern Sie, wie sich die in der Kostenrechnung ermittelten Herstellkosten von den Herstellungskosten nach HGB unterscheiden.

5. Erläutern Sie den Begriff „Bewertungsstetigkeit".

6. Erläutern Sie im Zusammenhang mit der Bewertung von unfertigen und fertigen Erzeugnissen das strenge Niederstwertprinzip.

7. Geben Sie an, was unter „Zuschreibung" zu verstehen ist.

ANWENDUNGS- UND ÜBUNGSAUFGABEN

zu Kapitel 5.3 Bewertung unfertiger und fertiger Erzeugnisse

Aufgabe 1 Bewertung von fertigen Erzeugnissen – bilanzpolitischer Spielraum

vel.plus/BHG27

Der Karlsruher Metallwarenfabrik AG liegen für die Ermittlung des Bilanzansatzes für den Inventurbestand der fertigen Erzeugnisse zum 31.12. d. J. folgende Zahlen vor:

Fertigungsmaterialverbrauch für den Inventurbestand	200.000 EUR
Fertigungslöhne für den Inventurbestand	180.000 EUR
Sondereinzelkosten der Fertigung für den Inventurbestand	5.000 EUR
Sondereinzelkosten des Vertriebs	10.000 EUR

HGB
§ 255 (2)

Gemeinkostenzuschlagssätze:

Materialgemeinkosten	10%	Verwaltungsgemeinkosten (Verwaltungsbereich)	30%
Fertigungsgemeinkosten	100%	Vertriebsgemeinkosten	15%

Bei den Gemeinkosten handelt es sich um angemessene Gemeinkosten. Freiwillige soziale Aufwendungen sind nicht angefallen.

1. Ermitteln Sie den Bilanzansatz für diese Bilanzposition nach Handelsrecht, wenn angestrebt wird, einen möglichst hohen Gewinn auszuweisen.

2. Um welchen Betrag würde sich der Gewinn ändern, wenn der Vorstand einen möglichst geringen Gewinn ausweisen wollte?

Aufgabe 2 Ermittlung der Herstellungskosten auf der Grundlage eines BAB

vel.plus/BHG28

Dem Betriebsabrechnungsbogen der Werkzeugfabrik Franz Maurer KG sind für das laufende Geschäftsjahr folgende Informationen zu entnehmen (siehe nächste Seite):

Nach Informationen der **Kostenrechnung** sind für die Herstellung des zum 31.12. d. J. noch vorhandenen Inventurbestandes an fertigen Erzeugnissen folgende Einzelkosten entstanden:

Materialkosten	4.800 EUR	Fertigungslöhne	3.600 EUR
Sondereinzelkosten der Fertigung	800 EUR		

Die bilanziellen Abschreibungen (angemessener Wertverzehr) lt. Finanzbuchhaltung betragen 24.000 EUR.

vel.plus/BHG52

HGB
§ 255 (2)

Zu welchem Wert müssen die fertigen Erzeugnisse in der Handelsbilanz angesetzt werden, wenn das Unternehmen unter Berücksichtigung der Bewertungsstetigkeit

- einen möglichst hohen Jahresüberschuss,
- einen möglichst niedrigen Jahresüberschuss ausweisen will?

Betriebsabrechnungsbogen der Werkzeugfabrik Franz Maurer KG

Gemeinkosten	Kosten	Verteilungsschlüssel				Kostenstellen			
						Material	Fertigung	Verwaltung	Vertrieb
	EUR	M	F	Vw	Vt	EUR	EUR	EUR	EUR
Hilfsstoffe	70.000,00	2	7		1	14.000,00	49.000,00	–	7.000,00
Energiekosten	36.000,00	2	8	1	1	6.000,00	24.000,00	3.000,00	3.000,00
Hilfslöhne	44.000,00	1	10	0	0	4.000,00	40.000,00	–	–
Gehälter	77.770,00	2	5	6	1	11.110,00	27.775,00	33.330,00	5.555,00
Mieten, Pachten	25.620,00	2	5	6	1	3.660,00	9.150,00	10.980,00	1.830,00
Instandhaltungen	27.900,00	1	5	1	2	3.100,00	15.500,00	3.100,00	6 200,00
kalk. Abschreibungen	26.160,00	1	8	2	1	2.180,00	17.440,00	4.360,00	2.180,00
kalk. Unternehmerlohn	77.000,00	1	7	2	1	7.000,00	49.000,00	14.000,00	7.000,00
sonstige Kosten	38.950,00	2	10	5	3	3.895,00	19.475,00	9.737,50	5.842,50
Summe Gemeinkosten						54.945,00	251.340,00	78.507,50	38.607,50
Zuschlagsgrundlagen						219.780,00	209.450,00	735.515,00	
Zuschlagssätze in %						25,00	120,00	10,67	5,25

vel.plus/BHG29

HGB
§ 255 (2)

Aufgabe 3   Bewertung unfertiger Erzeugnisse

In einem Industriebetrieb entfallen auf den durch Inventur festgestellten Endbestand an unfertigen Erzeugnissen folgende Aufwendungen bzw. Kosten:

Fertigungsmaterial	300.000 EUR
Prüfung des Fertigungsmaterials	2.000 EUR
Lagerung	20.000 EUR
Fertigungslöhne	200.000 EUR
Lineare Abschreibung auf Maschinen in der Fertigung	160.000 EUR
Außerplanmäßige Abschreibung auf Maschinen in der Fertigung	35.000 EUR
Gehälter in der Abteilung Einkauf	30.000 EUR
Lohnbüro für Lohnabrechnungen Material- und Fertigungsbereich	18.000 EUR
Forschungskosten	15.000 EUR
Freiwillige Sozialleistungen	26.000 EUR
Betriebliche Altersversorgung	4.000 EUR
Allgemeine Verwaltung	40.000 EUR
Produktbezogene Werbung	7.000 EUR

Zu welchem Wert sind die unfertigen Erzeugnisse in der Bilanz anzusetzen, wenn

- ein möglichst hohes Jahresergebnis,
- ein möglichst niedriges Jahresergebnis angestrebt wird?

5.4   Bewertung von Verbindlichkeiten in fremder Währung

Rechnungsstellung in Auslandwährung: Berücksichtigung eines Währungsrisikos

Wenn ein deutsches Unternehmen Erzeugnisse aus einem Land mit einer anderen Währung (z. B. den USA) bezieht, so ergeben sich für die Rechnungsstellung (Fakturierung) grundsätzlich zwei Möglichkeiten:

- Fakturierung in Euro oder
- Fakturierung in der Währung des ausländischen Geschäftspartners (z. B. USD).

Bei einer Fakturierung einer Importlieferung in Euro gelten für die Bewertung der Auslandsverbindlichkeit die gleichen Bewertungsvorschriften wie für eine Inlandsverbindlichkeit. In diesem Fall entsteht für das deutsche Unternehmen kein Währungsrisiko, da die jeweilige Rechnung in Euro beglichen werden muss. Wird jedoch vertraglich vereinbart, dass der ausstehende Rechnungsbetrag in der Währung des ausländischen Handelspartners beglichen wird, so ist bereits bei Rechnungseingang der auf die Auslandswährung lautende Rechnungsbetrag in Euro umzurechnen. Da die Buchführung auf Euro basiert, wäre andernfalls eine Buchung der Rechnung nicht möglich.

HGB
§ 244

Wechselkurs

> ! Der Wechselkurs gibt an, welche Menge ausländischer Währungseinheiten (z. B. USD) für eine Einheit der inländischen Währung (z. B. EUR) getauscht wird.

Inländische Geschäftsbanken **kaufen Euro** zum niedrigeren Ankaufskurs und **verkaufen Euro** zum höheren Verkaufskurs. Der für eine Umrechnung anzuwendende Kurs ist zusätzlich davon abhängig, ob **Sorten oder Devisen** getauscht werden.

> ! Devisen sind Zahlungsanweisungen (bargeldlose Zahlungsmittel) in fremder Währung wie z. B. Schecks und Überweisungen, die im Ausland zahlbar sind.

> ! Sorten sind ausländisches Bargeld (Banknoten und Münzen) und damit gesetzliches Zahlungsmittel des fremden Landes.

Die in einer Kurstabelle angegebenen Kurse enthalten demnach immer die **An- und Verkaufskurse** aus Sicht einer Bank. Forderungen, die auf eine ausländische Währung lauten, werden grundsätzlich zum **Devisenkurs** abgerechnet.

Auszug aus der Kurstabelle einer Bank				
Preise (je 1 EUR)	Devisenkurse		Sortenkurse	
	Geld	Brief	Ankauf	Verkauf
US-Dollar (USD)	1,1727	1,1823	1,129	1,235
Britisches Pfund (GBP)	0,8500	0,8580	0,818	0,886

Auszug aus der Kurstabelle einer Bank				
Preise (je 1 EUR)	**Devisenkurse**		**Sortenkurse**	
	Geld	**Brief**	**Ankauf**	**Verkauf**
Schweizer Franken (CHF)	1,0757	1,0853	1,054	1,108
Dänische Kronen (DKK)	7,4060	7,4700	7,110	7,810
Norwegische Kronen (NOK)	10,4060	7,4700	7,110	7,810
Schwedische Kronen (SEK)	10,1220	10,2000	9,710	10,780
Japanische Yen (JPY)	129,1200 ↓	130,0800 ↓	124,500 ↓	137,500 ↓
Aus der Sicht der inländischen Bank	Ankauf von 1 EUR gegen **Verkauf** von **Devisen**	Verkauf von 1 EUR gegen **Ankauf** von **Devisen**	Ankauf von 1 EUR gegen **Verkauf** von **Sorten**	Verkauf von 1 EUR gegen **Ankauf** von **Sorten**

An- und Verkauf von amerikanischem Dollar

Geldkurs USD: 1,1727   Die inländische Bank **kauft** 1 EUR für 1,1727 USD
Briefkurs USD: 1,1822   Die inländische Bank **verkauft** 1 EUR für 1,1822 USD

Aus dem Unterschied von niedrigerem Geldkurs und höherem Briefkurs decken die Banken ihre Kosten aus dem Devisenhandel. Darüber hinaus beinhaltet diese Spanne auch noch einen Gewinn.

Wechselkurs = Preis für ausländische Zahlungsmittel	
Geldkurs (Devisen)	**Briefkurs** (Devisen)
Ankauf (Sorten)	**Verkauf** (Sorten)
Die inländische Bank **kauft** 1 EUR gegen die angegebene **Menge** der ausländischen Währung.	Die inländische Bank **verkauft** 1 EUR gegen die angegebene **Menge** der ausländischen Währung.
Wechselkurs = Preisangabe in ausländischer Währung für 1 EUR	

HGB
§ 256a

Bei Forderungen und Verbindlichkeiten in Fremdwährungen ist es erforderlich, ein möglicherweise zum Bilanzstichtag bestehendes Währungsrisiko zu berücksichtigen. Das gilt sowohl für Forderungen bzw. Verbindlichkeiten aus Lieferungen und Leistungen als auch für Darlehensforderungen bzw. Darlehensverbindlichkeiten.

Dazu ist die jeweilige Forderung oder Verbindlichkeit zunächst zu dem am Bilanzstichtag geltenden Devisenkassamittelkurs in EUR umzurechnen. Der **Devisenkassamittelkurs** ist das **arithmetische Mittel** aus

- **Geldkurs** (= Kurs, zu dem Banken in Deutschland EUR ankaufen und ausländische Währungen verkaufen) und

- **Briefkurs** (= Kurs, zu dem Banken in Deutschland EUR verkaufen und ausländische Währungen ankaufen).

Bewertung von Fremdwährungsverbindlichkeiten: Zugangsbewertung

Zum Zeitpunkt des **Zugangs** (Eingangsrechnung, Tag der Kreditaufnahme) einer Verbindlichkeit in fremder Währung (z. B. Liefererverbindlichkeiten, Darlehensverbindlichkeiten) ist eine Umrechnung in Euro zu dem an diesem Tag geltenden **Devisenkassamittelkurs** erforderlich (**Zugangsbewertung**).[1]

$$\text{Devisenkassamittelkurs} = \frac{\text{Geldkurs} + \text{Briefkurs}}{2}$$

Bewertung von Fremdwährungsverbindlichkeiten: Folgebewertung

Das **Vorsichtsprinzip** muss gleichermaßen bei der Bewertung des Vermögens und der Verbindlichkeiten beachtet werden. Für die Bewertung von Verbindlichkeiten in fremder Währung bedeutet dies, dass von zwei infrage kommenden Werten im Normalfall **der höhere Wert** angesetzt werden muss. Außerdem schreibt das Handelsrecht vor, dass **Verbindlichkeiten zum Erfüllungsbetrag** anzusetzen sind.

HGB
§ 252 (1) Nr. 4
§ 253 (1)
S. 2

Für die Bewertung der Verbindlichkeiten gilt im Normalfall das Höchstwertprinzip.

Von der Bewertung nach dem Höchstwertprinzip sind Verbindlichkeiten in fremder Währung ausgenommen, deren Restlaufzeit ein Jahr oder weniger beträgt. In diesem Fall muss die Fremdwährungsverbindlichkeit **zwingend** mit dem Betrag bewertet werden, der sich durch Umrechnung mit dem am Bilanzstichtag geltenden **Devisenkassamittelkurs** ergibt.

HGB
§ 256a
S. 2

Restlaufzeit der Verbindlichkeit > 1 Jahr	Restlaufzeit der Verbindlichkeit ≤ 1 Jahr	
Vergleich der Euro-Beträge bei Entstehung der Verbindlichkeit und am Bilanzstichtag (Berechnung auf der Basis des **Devisenkassamittelkurses**).	Die Verbindlichkeit wird **in jedem Fall** mit dem Euro-Betrag bewertet, der sich am **Bilanzstichtag** auf der Basis des **Devisenkassamittelkurses** ergibt.	
Die Verbindlichkeit muss zwingend mit dem höheren Euro-Betrag (= niedrigerer Kurs) bilanziert werden. **Höchstwertprinzip**	Kurs am Bilanzstichtag im Vergleich zum Kurs bei Entstehung der Verbindlichkeit	
	niedriger (Verbindlichkeit in EUR ist am 31.12. mehr wert.)	**höher** (Verbindlichkeit in EUR ist am 31.12. weniger wert.)
	Kursverlust muss als sonst. betriebl. Aufwand erfasst werden.	**Kursgewinn** (= *nicht realisierter Gewinn*) muss als sonst. betriebl. Ertrag erfasst werden.

Aufg. 1
S. 480

Aufg. 2
S. 480

Aufg. 3
S. 481

Aufg. 4
S. 481

Bei einer Restlaufzeit der Verbindlichkeit von weniger als einem Jahr kann es somit – abweichend vom Höchstwert- und Imparitätsprinzip – zu einem **Ausweis nicht realisierter Kursgewinne** kommen.

---

1   In § 256a HGB ist nur für die **Folgebewertung** am Ende des Geschäftsjahres die Bewertung zum Devisenkassamittelkurs vorgeschrieben. Aus Gründen der Bewertungsstetigkeit erfolgt aber – entsprechend dem üblichen Vorgehen in der Praxis – auch zum **Zugangszeitpunkt** die Währungsumrechnung zum Devisenkassamittelkurs und nicht zum Geldkurs.

Bewertung einer Liefererverbindlichkeit in USD

Die Industriebau AG hat aus den USA am 15. Dezember 2021 Rohstahl für 260.000 USD gekauft. Nach den im Vertrag getroffenen Vereinbarungen ist die Verbindlichkeit in USD zu begleichen. Aufgrund der seit langem bestehenden Geschäftsverbindung gewährt der US-amerikanische Lieferer einen Liefererkredit bis zum 15. Jan. des übernächsten Jahres (2023).

1. Zugangsbewertung der Verbindlichkeiten am 15. Dezember 2021 (Devisenkassamittelkurs 1,25 USD/EUR)

Erfüllungsbetrag: 208.000 EUR (260.000 USD : 1,25 USD/EUR) (§ 253 (1) S. 2 HGB)

Konten	Soll/EUR	Haben/EUR
Rohstoffe	208.000	
an Verbindlichkeiten		208.000

2. Bewertung der Verbindlichkeit zum 31. Dez. 2021 (Folgebewertung), falls der Devisenkassamittelkurs zum Abschlussstichtag 1,20 USD/EUR beträgt:

Da die Verbindlichkeit eine Restlaufzeit von mehr als einem Jahr hat, ist das **Höchstwertprinzip** anzuwenden (§§ 256a, 252 (1) Nr. 4 HGB). Demnach muss die Fremdwährungsverbindlichkeit mit 216.666,67 EUR (260.000 USD : 1,20 USD/EUR) angesetzt werden.

Konten	Soll/EUR	Haben/EUR
Sonstige betriebliche Aufwendungen (Kursverlust)	8.666,67	
an Verbindlichkeiten		8.666,67

3. Bewertung der Verbindlichkeit zum 31. Dez. 2022 (Folgebewertung), falls der Devisenkassamittelkurs zum Abschlussstichtag 1,30 USD/EUR) beträgt:

Da die Restlaufzeit der Verbindlichkeit weniger als 1 Jahr beträgt, **muss** sie **zwingend** zum Devisenkassamittelkurs am Bilanzstichtag (31.12.) bewertet werden. Wegen der Veränderung des Wechselkurses ist die Verbindlichkeit am 31.12.2022 200.000 EUR (260.000 USD : 1,30 USD/EUR) wert. Die Verbindlichkeit muss zu diesem gegenüber der Vorjahresbilanz um 16 666,67 EUR (216.666,67 EUR – 200.000 EUR) niedrigeren Wert angesetzt werden. Das führt – abweichend von dem sonst gültigen Anschaffungskosten- und Imparitätsprinzip – zum Ausweis eines **nicht realisierten Gewinns** in Höhe von 16.666,67 EUR.

In diesem Fall muss die Differenz zwischen den beiden Euro-Beträgen für die Verbindlichkeit am Ende des Geschäftsjahres als nicht realisierter Gewinn erfasst werden. Dazu ist u. a. folgende Buchung erforderlich:

Konten	Soll/EUR	Haben/EUR
Verbindlichkeiten	16.666,67	
an sonstige betriebliche Erträge		16.666,67

HGB
§ 284 (2)
Nr. 2 Kapitalgesellschaften sind verpflichtet, die Grundlagen für die Umrechnung von Fremdwährungsverbindlichkeiten in Euro im Anhang anzugeben.[1]

---

1 Wurde im Zusammenhang mit der Gewährung eines Auslandskredits für ein Disagio ein aktiver Rechnungsabgrenzungsposten gebildet (= Ausübung des Aktivierungswahlrechts), so führen Wechselkursänderungen nicht zu einer Veränderung des aktiven Rechnungsabgrenzungspostens. Der aktive Rechnungsabgrenzungsposten stellt keinen Vermögensgegenstand im Sinne des HGB dar. Deshalb ist für dessen Bewertung auch nicht § 253 HGB anzuwenden.

Bewertung von Fremdwährungsverbindlichkeiten am Abschlussstichtag (Folgebewertung)

Restlaufzeit länger als ein Jahr	Restlaufzeit ein Jahr oder weniger

Bewertung immer zum **höheren Betrag**

1. Schritt: Vergleich: Wert in Euro zum Zeitpunkt des Zugangs und Wert in Euro am Abschlussstichtag jeweils zum Devisenkassamittelkurs.

Immer: Bewertung zu dem am Abschlussstichtag geltenden Devisenkassamittelkurs, unabhängig davon, ob dieser höher oder niedriger als der Kurs zum Zeitpunkt des Entstehens der Verbindlichkeit (= Zugangsbewertung) ist.

2. Schritt:
Ansatz des höheren Euro-Betrages.
(Dieser ergibt sich bei Umrechnung mit dem niedrigeren Kurs.)

Höchstwertprinzip **muss** beachtet werden.

Höchstwertprinzip **gilt nicht**.

Verbot des Ausweises eines nicht realisierten Gewinnes.

Gegebenenfalls Ausweis eines nicht realisierten Gewinns, falls in Euro umgerechnete Fremdwährungsverbindlichkeit zum Bilanzstichtag geringer als deren Wert bei der Zugangsbewertung ist.

Realisationsprinzip, Imparitätsprinzip, Vorsichtsprinzip **finden immer Anwendung.**

Realisationsprinzip, Imparitätsprinzip, Vorsichtsprinzip **gelten nicht**.

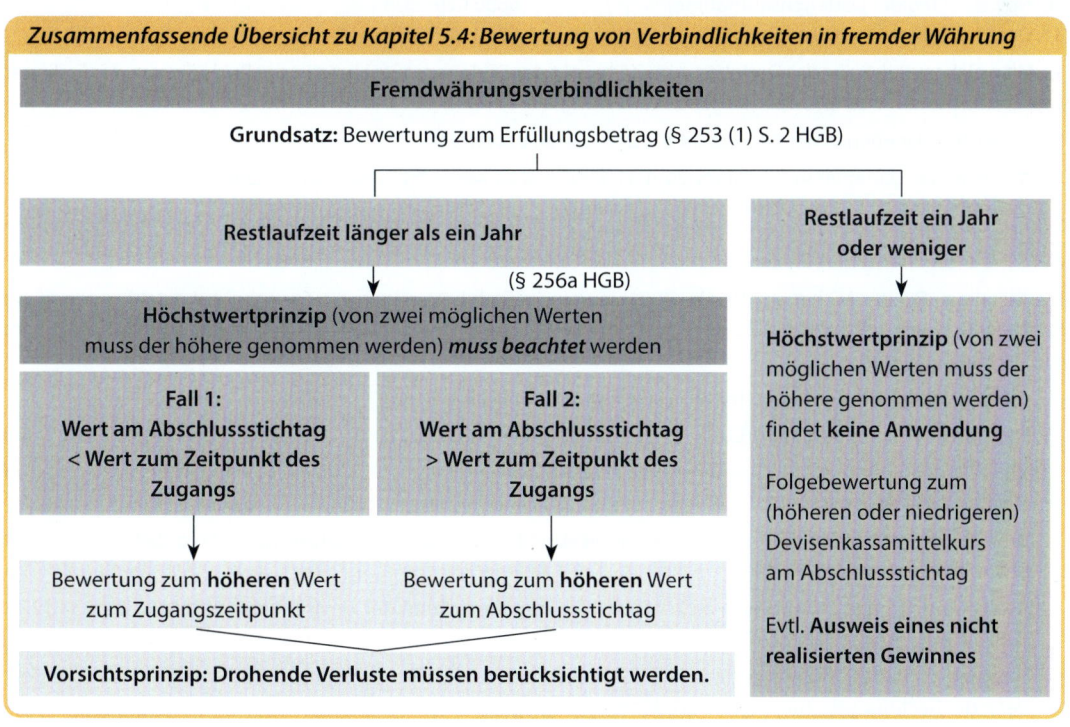

Zusammenfassende Übersicht zu Kapitel 5.4: Bewertung von Verbindlichkeiten in fremder Währung

Fremdwährungsverbindlichkeiten

Grundsatz: Bewertung zum Erfüllungsbetrag (§ 253 (1) S. 2 HGB)

Restlaufzeit länger als ein Jahr	Restlaufzeit ein Jahr oder weniger

(§ 256a HGB)

Höchstwertprinzip (von zwei möglichen Werten muss der höhere genommen werden) *muss beachtet* werden

Fall 1:
Wert am Abschlussstichtag
< Wert zum Zeitpunkt des Zugangs

Fall 2:
Wert am Abschlussstichtag
> Wert zum Zeitpunkt des Zugangs

Bewertung zum **höheren** Wert zum Zugangszeitpunkt

Bewertung zum **höheren** Wert zum Abschlussstichtag

Höchstwertprinzip (von zwei möglichen Werten muss der höhere genommen werden) findet **keine Anwendung**

Folgebewertung zum (höheren oder niedrigeren) Devisenkassamittelkurs am Abschlussstichtag

Evtl. **Ausweis eines nicht realisierten Gewinnes**

Vorsichtsprinzip: Drohende Verluste müssen berücksichtigt werden.

Checken Sie Ihre Kompetenz mit der **Ich-kann-Liste**.

Öffnen Sie hierzu den nebenstehenden **QR-Code**
oder geben Sie folgenden Link ein: https://vel.plus/BHG30

WIEDERHOLUNG DES GRUNDWISSENS

vel.plus/BHG31

zu Kapitel 5.4 Bewertung von Verbindlichkeiten in fremder Währung

1. Geben Sie an, zu welchem Wert Verbindlichkeiten bei der Zugangs- und Folgebewertung jeweils angesetzt werden müssen.

2. Geben Sie an, mit welchem Wert Fremdwährungsverbindlichkeiten mit einer Restlaufzeit von mehr als einem Jahr in der Bilanz anzusetzen sind, wenn der Wert am Abschlussstichtag

   a) kleiner ist als der Wert zum Zeitpunkt des Zugangs,

   b) größer ist als der Wert zum Zeitpunkt des Zugangs.

3. Geben Sie an, wie Fremdwährungsverbindlichkeiten mit einer Restlaufzeit von einem Jahr oder weniger am Bilanzstichtag zu bewerten sind.

ANWENDUNGS- UND ÜBUNGSAUFGABEN

zu Kapitel 5.4 Bewertung von Verbindlichkeiten in fremder Währung

Aufgabe 1 Bewertung eines Darlehens einer schweizerischen Bank

vel.plus/BHG32

Die Esslinger Kartonagenfabrik AG hat am 20. Nov. d. J. bei der Swissbank in Zürich ein Fälligkeitsdarlehen in Höhe von 200.000 Schweizer Franken (CHF) aufgenommen. Das Darlehen ist nach einer Laufzeit von vier Jahren zur Rückzahlung in einem Betrag fällig. Es wird zu 100 % ausbezahlt (kein Disagio) und mit einem Zinssatz von 7 % verzinst. Die Zinsen sind jeweils am Ende eines Geschäftsjahres zu zahlen. Es liegen folgende Devisenkassamittelkurse vor:

HGB
§ 253 (1)

20. Nov. d. J. (Tag der Darlehensaufnahme)	1,5800 CHF/EUR
31. Dez. d. J. (Abschlussstichtag)	1,6010 CHF/EUR

1. Mit welchem Betrag ist das Darlehen zum Zeitpunkt der Darlehensaufnahme in der Buchführung der Esslinger Kartonagenfabrik zu erfassen (Zugangsbewertung)?

2. Wie ist das Darlehen in der Bilanz zum 31. Dez. d. J. zu bewerten?

HGB
§ 252 (1) Nr. 4,
§ 253 (1)

3. Wie wäre das Darlehen in der Bilanz zum 31. Dez. d. J. zu bewerten, wenn zu diesem Zeitpunkt ein Devisenkassamittelkurs von 1,5600 CHF/EUR gelten würde?

Aufgabe 2 Lieferantenkredit eines norwegischen Stahlherstellers

vel.plus/BHG33

Die Metallbau Person AG hat am 19. Mai 2021 von einem Stahlhersteller aus Norwegen Rundstahl bezogen. Im Kaufvertrag wurde vereinbart, dass der Rechnungsbetrag in Höhe von 840.000 Norwegischen Kronen (NOK) am 31. März 2022 fällig ist.

Für die Norwegische Krone liegen folgende Devisenkassamittelkurse vor:

HGB
§ 256a

19. Mai 2021:	8,71488 NOK/EUR	31. Dezember 2021:	9,14122 NOK/EUR

1. Mit welchem Betrag ist die Gewährung des Lieferantenkredits am 19. Mai 2021 buchhalterisch zu erfassen (Zugangsbewertung)?

2. Mit welchem Betrag muss der Kredit im Jahresabschluss des Geschäftsjahres 2021 (Folgebewertung) ausgewiesen werden?

3. Welche Änderungen im Vergleich zu 2. würden sich ergeben, wenn der Devisenkassamittelkurs zum 31.12.21 8,58762 NOK/EUR betragen würde?

4. Zu welchem Betrag müsste der Kredit im Jahresabschluss des Geschäftsjahres 2021 ausgewiesen werden, wenn der Rechnungsbetrag erst am 31. März 2023 fällig wäre?

vel.plus/BHG34

Aufgabe 3 Kauf einer Maschine von einem englischen Lieferer

Am 14. Dezember 2021 kauft die Plastikwaren AG von der British Steel Corporation eine Maschine zum Rechnungsbetrag von 120.000 brit. Pfund (GBP). Der Pfundkurs (Devisenkassamittelkurs) beträgt an diesem Tag 0,6570 GBP/EUR.

Am 31.12.2021 werden 80 % des Rechnungsbetrages überwiesen (Kurse: GBP/EUR: Geld 0,6600, Brief 0,6650).

1. Wie ist der Eingang der Rechnung am 14. Dezember 2021 (ohne USt.) zu buchen?

2. Wie ist bei der Zahlung am 31.12.2021 zu buchen?

3. Mit welchem Wert ist die am 14. Januar 2022 fällige Auslandsverbindlichkeit in der Bilanz zum 31.12.2021 anzusetzen?

4. Stellen Sie fest, ob und gegebenenfalls welche Angabe im Anhang bezüglich der Auslandsverbindlichkeit erforderlich ist.

HGB
§ 253 (1)

HGB
§ 284 (2)

Aufgabe 4 Einkauf von Rohstoffen aus dem Ausland

Am 03.11.2021 (Liefer- und Rechnungsdatum) bezog die Metallbau Mannheim AG 500 Tonnen Aluminium aus dem Ausland. Der Einkaufspreis betrug 1.500 USD je Tonne. Am Ende des Jahres sind noch 200 Tonnen des Stoffes im Lager. Der Marktpreis für Aluminium betrug am 31.12.2021 1.800 USD je Tonne. Am Ende des Jahres ist die Rechnung, die in USD gestellt wurde, noch nicht bezahlt.

Der Devisenkassamittelkurs für den USD (USD/EUR) betrug am:

03.11.2021:   1,2920 USD/EUR   31.12.2021:   1,2810 USD/EUR

HGB
§ 253 (3)

1. Ermitteln Sie den Bilanzansatz für die Bilanzposition „Rohstoffe" zum 31.12.2021 und erläutern Sie das zugrunde liegende Bewertungsprinzip.

2. Prüfen Sie, ob bei der Position „Rohstoffe" ein Bewertungsspielraum vorhanden ist.

3. Mit welchem Betrag sind die am 20. Februar 2022 fälligen Verbindlichkeiten der Metallbau Mannheim in der Bilanz zum 31.12.2021 anzusetzen?

5.5   Bewertungswahlrechte: Bildung stiller Rücklagen

 Bewertungswahlrechte ermöglichen es dem bilanzierenden Unternehmen, zwischen zwei oder mehreren handelsrechtlich zulässigen Wertansätzen zu wählen.

Stille Rücklagen entstehen dadurch, dass
- **Vermögensgegenstände nicht aktiviert oder unterbewertet werden und/oder**
- **Schulden überbewertet werden.**

Für die Ausübung von **Bewertungswahlrechten** gilt der **Grundsatz der Stetigkeit**, d. h. eine einmal gewählte Bewertungsmethode darf nicht zu jedem Bilanzstichtag beliebig geändert werden. Wird die Bewertungsmethode geändert, so muss der Anhang eine entsprechende Begründung enthalten.

Bewertungswahlrechte bestehen nach HGB bei der

❶ Wahl des Abschreibungsverfahrens,

❷ Ermittlung der Herstellungskosten,

❸ vorübergehenden Wertminderung von Finanzanlagen.

❶ Wahl des Abschreibungsverfahrens

HGB
§ 253 (3)

Nach HGB § 253 (3) **müssen** abnutzbare Gegenstände des Anlagevermögens planmäßig abgeschrieben werden. Es besteht aber ein **Wahlrecht** zwischen verschiedenen planmäßigen Abschreibungsverfahren (z. B. lineare oder degressive Abschreibung).

Eine Maschinenfabrik hat eine neue Produktionsanlage mit einer betriebsgewöhnlichen Nutzungsdauer von 10 Jahren angeschafft. Die Anschaffungskosten betrugen 100.000 EUR. Es stehen die lineare oder die degressive Abschreibung (2½-faches des linearen Satzes) zur Auswahl.

HGB
§ 256a

Lineare Abschreibung (10 % vom AW)		Degressive Abschreibung (25 % vom RW)	
Buchungssatz (1. Jahr):		**Buchungssatz** (1. Jahr):	
Abschreibungen	10.000 EUR	Abschreibungen	25.000 EUR
an Betriebs- und Geschäftsausstattung	10.000 EUR	an Betriebs- und Geschäftsausstattung	25.000 EUR
Restwert der Maschine nach dem 1. Jahr:	90.000 EUR	Restwert der Maschine nach dem 1. Jahr:	75.000 EUR
ausgewiesener Gewinn sinkt um	10.000 EUR	ausgewiesener Gewinn sinkt um	25.000 EUR
		stille Rücklage	**15.000 EUR**

❷ Ermittlung der Herstellungskosten

HGB
§ 255 (2), (3)

Selbsterstellte Anlagen sowie auf Lager liegende fertige und unfertige Erzeugnisse **müssen** mit den **Herstellungskosten** bewertet und aktiviert werden. Nach HGB § 255 (2) und (3) bestehen bei der Ermittlung der Herstellungskosten **Wahlrechte**. Bei der Berechnung der Herstellungskosten **dürfen** u. a. allg. Verwaltungsgemeinkosten sowie Aufwendungen für soziale Einrichtungen, freiwillige Sozialleistungen, die betriebliche Altersversorgung und evt. Fremdkapitalzinsen einbezogen werden.

Eine Maschinenfabrik muss seine unfertigen Erzeugnisse, die auf Lager liegen, zum Bilanzstichtag aktivieren. Die Herstellungskosten für diese Erzeugnisse betragen unter Berücksichtigung aller ansetzbaren Kosten 300.000 EUR (Wertobergrenze). Werden die anteiligen allg. Verwaltungsgemeinkosten nicht berücksichtigt, ergeben sich Herstellungskosten in Höhe von 250.000 EUR (Wertuntergrenze).

Bilanzierung der unfertigen Erzeugnisse mit der Wertobergrenze der Herstellungskosten		Bilanzierung der unfertigen Erzeugnisse mit der Wertuntergrenze der Herstellungskosten	
Buchungssatz		**Buchungssatz**	
Unfertige Erzeugnisse	300.000 EUR	Unfertige Erzeugnisse	250.000 EUR
an Bestandserhöhungen		an Bestandserhöhungen	
unfertige Erzeugnisse *(Ertrag)*	300.000 EUR	unfertige Erzeugnisse *(Ertrag)*	250.000 EUR
Unfertige Erzeugnisse werden mit	300.000 EUR	Unfertige Erzeugnisse werden mit	250.000 EUR
auf der Aktivseite ausgewiesen.		auf der Aktivseite ausgewiesen.	
Erträge und ausgewiesener		Erträge und ausgewiesener	
Gewinn erhöhen sich um	300.000 EUR	Gewinn erhöhen sich um	250.000 EUR
		stille Rücklage:	**50.000 EUR**

❸ Vorübergehende Wertminderung von Finanzanlagen

Nach HGB § 253 (3) S. 4 **können** Finanzanlagen bei nicht dauerhafter Wertminderung außerplanmäßig abgeschrieben werden.

Eine Maschinenfabrik hält eine auf Dauer angelegte Beteiligung an einem anderen Unternehmen in Form eines Aktienpakets. Bisheriger Börsenpreis des Aktienpakets: 2,5 Mio. EUR. Durch einen allgemeinen Kurssturz an der Börse, der nach Einschätzung von Experten als vorübergehend einzuschätzen ist, beträgt der Wert des Aktienpakets am Bilanzstichtag nur 2,3 Mio. EUR.

Bewertungswahlrecht wird nicht ausgeübt.		Bewertungswahlrecht wird ausgeübt.	
		Buchungssatz:	
keine Buchung		Abschreibungen auf Finanzanl.	200.000 EUR
		an Finanzanlagen	200.000 EUR
Die Finanzanlagen werden mit dem bisherigen Wert in Höhe von 2,5 Mio. EUR in der Bilanz ausgewiesen.		Die Finanzanlagen werden mit ausgewiesen.	2,3 Mio. EUR
		Aufwendungen steigen um	200.000 EUR
		ausgewiesener Gewinn sinkt um	200.000 EUR
		stille Rücklage:	**200.000 EUR**

Aufg. 1
S. 483 ▶

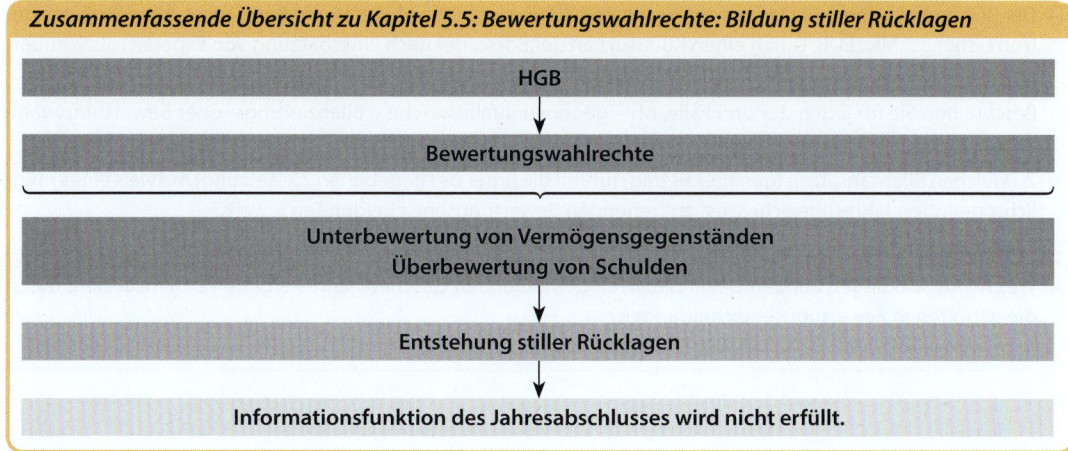

Zusammenfassende Übersicht zu Kapitel 5.5: Bewertungswahlrechte: Bildung stiller Rücklagen

HGB

↓

Bewertungswahlrechte

Unterbewertung von Vermögensgegenständen
Überbewertung von Schulden

↓

Entstehung stiller Rücklagen

Informationsfunktion des Jahresabschlusses wird nicht erfüllt.

Checken Sie Ihre Kompetenz mit der **Ich-kann-Liste**.

Öffnen Sie hierzu den nebenstehenden **QR-Code**
oder geben Sie folgenden Link ein: https://vel.plus/BHG35

WIEDERHOLUNG DES GRUNDWISSENS

vel.plus/BHG36

zu Kapitel 5.5 Bewertungswahlrechte: Bildung stiller Rücklagen

1. Unterscheiden Sie zwischen Bilanzierungs- und Bewertungswahlrecht.

2. Nennen Sie Beispiele für Bilanzierungs- und Bewertungswahlrechte nach HGB.

3. Erläutern Sie, wie es zur Bildung von stillen Rücklagen durch die Wahrnehmung von Bilanzierungs- und Bewertungswahlrechten kommen kann.

ANWENDUNGS- UND ÜBUNGSAUFGABEN

zu Kapitel 5.5 Bewertungswahlrechte: Bildung stiller Rücklagen

Aufgabe 1 Ausübung von Bewertungswahlrechten

Unter Beachtung der Ansatz- und Bewertungsstetigkeit haben die Württembergischen Drahtwerke AG in der Vergangenheit ihre Bilanzierungs- und Bewertungswahlrechte immer so ausgeübt, dass ein möglichst geringer Jahresüberschuss ausgewiesen wurde.

vel.plus/BHG37

Für die Erstellung des Jahresabschlusses für das laufende Geschäftsjahr sind noch folgende Bewertungsentscheidungen zu treffen:

❶ Am 28. Jan. des laufenden Geschäftsjahres wurde eine CNC-gesteuerte Fräsmaschine mit einer betriebsgewöhnlichen Nutzungsdauer von 10 Jahren angeschafft. Die Anschaffungskosten betrugen 120.000 EUR. Als Abschreibungsmethoden kommen die lineare oder die degressive Abschreibung (2½-faches des linearen Satzes) in Betracht.

HGB
§ 253 (3)

❷ Der Wert, zu dem die im Laufe des Geschäftsjahres auf Lager produzierten fertigen und unfertigen Erzeugnisse in der Bilanz ausgewiesen werden sollen, wurde noch nicht ermittelt. Unter Berücksichtigung aller ansetzbaren Kosten betragen die Herstellungskosten für diese Erzeugnisse 250.000 EUR (Wertobergrenze). Werden die anteiligen allgemeinen Verwaltungsgemeinkosten sowie die Kosten für soziale Einrichtungen nicht berücksichtigt, ergeben sich Herstellungskosten von 210.000 EUR (Wertuntergrenze).

HGB
§ 255 (2)

HGB
§ 253 (3)

❸ Der Börsenpreis einer auf Dauer angelegten Beteiligung an einem Zulieferer in Form eines Aktienpaketes betrug bisher 3,2 Mio. EUR. Durch einen Kurssturz an der Börse, der nach Einschätzung von Experten als vorübergehend einzuschätzen ist, beträgt der Wert des Aktienpaketes zum Abschlussstichtag nur noch 2,8 Mio. EUR.

1. Beschreiben Sie für jeden der drei Fälle, ob – gegebenenfalls welche – Bilanzierungs- oder Bewertungswahlrechte die AG jeweils ausüben kann.

2. Zu welchen Bilanzansätzen (genauer Betrag) führen die unter der gegebenen Zielsetzung „Ausweis eines möglichst geringen Jahresüberschusses" zu treffenden Bewertungsentscheidungen jeweils?

3. Geben Sie für jeden der drei Fälle an, in welcher Höhe gegebenenfalls stille Rücklagen gebildet werden.

4. Welche Auswirkungen auf den Gewinnausweis des laufenden Geschäftsjahres ergeben sich insgesamt durch die getroffenen Bewertungsentscheidungen?

6 Jahresabschlussanalyse

Kompetenzen:

- *Strukturbilanz und aufbereitete Ergebnisrechnung verstehen*

6.1 Ziele und Mittel der Jahresabschlussanalyse

6.2 Aufbereitung von Bilanz und Ergebnisrechnung

- *anhand einer vorgegebenen Strukturbilanz ausgewählte Bilanzkennzahlen ermitteln*
- *Beurteilung der Lage eines Unternehmens im Branchen- und Zeitvergleich*

6.3 Auswertung der Bilanz (Bilanzanalyse)

- *anhand einer vorgegebenen aufbereiteten Ergebnisrechnung ausgewählte Ergebnis- kennzahlen ermitteln*
- *Beurteilung der Lage eines Unternehmens im Branchen- und Zeitvergleich*

6.4 Auswertung der Gewinn- und Verlustrechnung (Ergebnisanalyse)

- *zur Aussagekraft der Jahresabschlussanalyse kritisch Stellung nehmen*

6.5 Aussagekraft der Jahresabschlussanalyse

6.1 Ziele und Mittel der Jahresabschlussanalyse

Ziele der Jahresabschlussanalyse

> **!** Unter Jahresabschlussanalyse wird die Aufbereitung und Auswertung des Jahresabschlusses zur Beurteilung der gegenwärtigen und zur Prognose der zukünftigen Unternehmenslage verstanden.

Die Jahresabschlussanalyse erfüllt insbesondere für die Eigenkapitalgeber folgende drei Funktionen:

Funktionen der Jahresabschlussanalyse		
Informationsfunktion	**Kontrollfunktion**	**Steuerungsfunktion**
Die Jahresabschlussanalyse ist ein Verfahren zur Gewinnung von Informationen über die wirtschaftliche Lage eines Unternehmens.	Die Jahresabschlussanalyse ermöglicht den Kapitalgebern, ihre Zielgrößen mit den tatsächlichen Istgrößen zu vergleichen und nach Abweichungsursachen zu suchen.	In Abhängigkeit von den Ursachen für die Abweichung von Ziel- und Istgrößen ziehen Kapitalgeber möglicherweise ihr Kapital aus dem Unternehmen ab oder stellen kein neues Kapital zur Verfügung.

> **!** Schwerpunkt einer Jahresabschlussanalyse ist es, die schwer überschaubaren Datenmengen eines Jahresabschlusses zu aussagekräftigen Kennzahlen zu verdichten.

Außer für die Eigenkapitalgeber sind die Informationen aus einer Jahresabschlussanalyse auch für andere Interessengruppen bedeutsam.

Interessengruppen	Bedeutsame Informationen einer Jahresabschlussanalyse
Eigenkapitalgeber	Gewinnentwicklung, künftige Möglichkeit zur Gewinnausschüttung, derzeitiger und künftiger Wert der Unternehmensbeteiligung
Fremdkapitalgeber	Fähigkeit des Unternehmens, den Zins- und Tilgungsverpflichtungen pünktlich nachzukommen
Lieferer	Fähigkeit des Unternehmens, den Zahlungsverpflichtungen pünktlich nachzukommen
Kunden	Fähigkeit des Unternehmens, günstige Einkaufskonditionen zu gewähren und den Lieferverpflichtungen vertragsgemäß nachzukommen
Arbeitnehmer	Fähigkeit des Unternehmens, sichere Arbeitsplätze und eine angemessene Entlohnung zu garantieren
Staat	Beitrag des Unternehmens zum Steueraufkommen und zur Schaffung von Arbeitsplätzen

Kennzahlen als Hilfsmittel der Jahresabschlussanalyse

Kennzahlen verdichten die komplexe betriebswirtschaftliche Realität.

 Kennzahlen sind zu Maßgrößen verdichtete Informationen, die in konzentrierter Form Auskunft über zahlenmäßig erfassbare Sachverhalte geben.

Arten von Kennzahlen		
absolute Zahlen	**Verhältniszahlen**	
Absolute Zahlen sind Einzelzahlen, Summen, Differenzen oder Mittelwerte. Sie werden direkt dem Jahresabschluss ohne Umformung entnommen (z. B. Umsatzerlöse) oder entstehen im Rahmen der Jahresabschlussanalyse (z. B. Cashflow). Die Aussagekraft von absoluten Kennzahlen ist meist begrenzt, weil ein Beurteilungsmaßstab fehlt.	Verhältniszahlen entstehen bei der Durchführung der Jahresabschlussanalyse, indem zwei absolute Zahlen in Quotientenform zueinander in Beziehung gesetzt werden. Es lassen sich verschiedene Arten von Verhältniszahlen unterscheiden:	
	Gliederungszahlen	**Beziehungszahlen**
	Es werden Teilmengen zur Gesamtmenge ins Verhältnis gesetzt. Die Gesamtmenge wird dabei gleich 100 gesetzt. *Beispiel: Eigenkapitalquote: Anteil des Eigenkapitals am Gesamtkapital*	Es werden Größen zueinander ins Verhältnis gesetzt, zwischen denen ursächliche Zusammenhänge bestehen. *Beispiel: Verschuldungsgrad: Verhältnis von Fremdkapital zu Eigenkapital*

Kennzahlenvergleich

Da Kennzahlen für sich allein betrachtet nur eine begrenzte Aussagekraft haben, schließt sich an die Ermittlung der Kennzahlen ein **Kennzahlenvergleich** an. Dazu können u. a. folgende Vergleichsgrößen herangezogen werden:

Zeit- und Entwicklungs- vergleich	Betriebs- und Branchen- vergleich	Soll-Ist-Vergleich
Vergleich mit Kennzahlen vergangener Perioden	Vergleich mit Kennzahlen anderer Unternehmen	Vergleich der tatsächlichen Werte mit „Normalgrößen"

Umstrukturierung von Bilanz und GuV-Rechnung

Die nach den Vorschriften von HGB erstellten und veröffentlichten Bilanzen und GuV-Rechnungen eignen sich wegen der Fülle der oft unübersichtlichen und unstrukturierten Daten nicht unmittelbar für die Ermittlung aussagekräftiger Kennzahlen. Dazu müssen Bilanz und GuV-Rechnung durch Zusammenfassung einzelner Positionen vereinfacht, anders gegliedert (umstrukturiert) und unter Berücksichtigung von Angaben aus dem Anhang ergänzt werden.

Zusammenfassende Übersicht zu Kapitel 6.1: Ziele und Mittel der Jahresabschlussanalyse

Funktion der Jahresabschlussanalyse		
Information	Kontrolle	Steuerung

Verwendung von
Kennzahlen

absolute Kennzahlen	Verhältniszahlen	
z. B. Umsatz, Jahresüberschuss, Cashflow	z. B. vertikale Bilanzkennzahlen	z. B. horizontale Bilanzkennzahlen
	Fremdkapital/ Eigenkapital	Anlagevermögen/ Eigenkapital

Verwendung von
Kennzahlen

Zeit und- Entwicklungsvergleiche	Betriebs- und Branchenvergleiche	Soll-Ist-Vergleiche

---

Checken Sie Ihre Kompetenz mit der **Ich-kann-Liste**.

Öffnen Sie hierzu den nebenstehenden **QR-Code** oder geben Sie folgenden Link ein: https://vel.plus/BHG38

WIEDERHOLUNG DES GRUNDWISSENS

vel.plus/BHG39

zu Kapitel 6.1 Ziele und Mittel der Jahresabschlussanalyse

1. Erläutern Sie, was unter einer Jahresabschlussanalyse zu verstehen ist.

2. Nennen Sie Funktionen, die eine Jahresabschlussanalyse erfüllt.

3. Unterscheiden Sie verschiedene Interessengruppen, für die die Informationen einer Jahresabschlussanalyse bedeutsam sind.

4. Unterscheiden Sie verschiedene Arten von Kennzahlen.

5. Unterscheiden Sie verschiedene Arten von Kennzahlenvergleichen.

6.2   Aufbereitung von Bilanz und Ergebnisrechnung

6.2.1   Strukturbilanz als Grundlage der Bilanzanalyse

Bilanz der HAGA AG

Die HAGA AG stellt Rasenmäher und andere Arbeitsgeräte für Haus und Garten her. Zum 31.12.2022 liegt folgende Bilanz vor.

Bilanz der HAGA AG zum 31.12.2022

in (Mio. EUR)

Aktiva	2022	2021	Passiva	2022	2021
A. Anlagevermögen			**A. Eigenkapital**		
I. Sachanlagen			I. Gez. Kapital	100	90
1. Grundstücke, Bauten	68	51	II. Kapitalrücklage	15	10
2. techn. Anlagen, Maschinen	110	91	III. Gewinnrücklagen		
3. Betr. u. Geschäftsausst.	9	10	1. gesetzl. Rücklage	5	5
			2. andere Gewinnrücklagen	57	55
II. Finanzanlagen			IV. Gewinnvortrag	0	0
1. Beteiligungen	30	18	V. Jahresüberschuss	21	−1
B. Umlaufvermögen			**B. Rückstellungen**		
I. Vorräte			1. Pensionsrückstellungen	11	10
1. Roh-, Hilfs- und Betriebsst.	10	5	2. sonst. Rückstellungen	1	2
2. unfertige Erzeugnisse	31	15			
3. fertige Erzeugnisse	40	25	**C. Verbindlichkeiten**		
II. Forderungen			1. Anleihen	13	1
1. Ford. aus Lieferungen	95	70	2. Verb. g. Kreditinstituten	81	78
III. Kasse, Bankguthaben	2	7	3. Verb. aus Lieferungen	91	37
	395	292		395	292

Auszüge aus den Erläuterungen zur Bilanz im Anhang

1. *Das Grundkapital ist in 2 Mio. auf den Inhaber lautende nennwertlose Stammaktien aufgeteilt.*

2. *Bei den Anleihen und den Bankverbindlichkeiten handelt es sich um Verbindlichkeiten mit einer Restlaufzeit von mehr als fünf Jahren.*

3. *Die Pensionsrückstellungen sind langfristig. Die sonstigen Rückstellungen haben eine Restlaufzeit von unter einem Jahr.*

4. *Der Wegfall einer als voraussichtlich dauerhaft angesehenen Wertminderung auf Grundstücke machte es erforderlich, den Buchwert der Grundstücke innerhalb der gesetzlichen Bewertungsvorschriften um 17 Mio. EUR zu erhöhen.*

5. *Die für den geplanten Expansionskurs notwendigen Investitionen im Maschinenpark beliefen sich auf 38 Mio. EUR. Die Finanzierung erfolgte durch die Ausgabe junger Aktien im Verhältnis 9:1 zu einem Emissionskurs von 75,00 EUR.*

6. *Zum Erwerb einer Mehrheitsbeteiligung an der Solo AG, die 12 Mio. EUR erforderte, sowie zur Tilgung einer Restschuld in Höhe von 1 Mio. EUR wurde eine Anleihe in Höhe von 13 Mio. EUR aufgelegt.*

7. *Der Vorstand empfiehlt, den sich nach der höchstmöglichen Zuführung zu den anderen Gewinnrücklagen ergebenden Bilanzgewinn wie im Vorjahr vollständig an die Aktionäre auszuschütten.*

Aufbereitung der Bilanz – Strukturbilanz

Damit die im Rahmen des Jahresabschlusses erstellte Bilanz gezielt analysiert und ausgewertet werden kann, muss sie durch **Zusammenfassung von Bilanzpositionen** und eine **vereinfachte Gliederung** aufbereitet werden. Dazu wird aus der ursprünglichen Bilanz eine **Strukturbilanz**[1] abgeleitet, aus der die wesentlichen Vermögens- und Kapitalverhältnisse deutlich werden.

> **!** **Durch Aufbereitung der Originalbilanz kann eine Strukturbilanz erstellt werden. Dadurch wird die Bilanz besser analysierbar und mit den Bilanzen anderer Perioden und/oder Unternehmen vergleichbar.**

Auf der Aktivseite wird zwischen Anlage- und Umlaufvermögen und auf der Passivseite zwischen Eigen- und Fremdkapital unterschieden. Das Umlaufvermögen wird üblicherweise nach dem Grad der Flüssigkeit in Vorräte, Forderungen und liquide Mittel und das Fremdkapital nach der Fristigkeit in langfristiges und kurzfristiges Fremdkapital unterteilt.

Aktiva	Strukturbilanz	Passiva
Anlagevermögen Umlaufvermögen	Eigenkapital Fremdkapital	
■ Vorräte	■ langfristiges Fremdkapital	
■ Forderungen		
■ liquide Mittel	■ kurzfristiges Fremdkapital	

Für die HAGA AG ergibt sich daraus folgende Strukturbilanz:

Strukturbilanz als Grundlage der Bilanzanalyse

Aktiva					Strukturbilanz der HAGA AG zum 31.12.2022 *(in Mio. EUR)*					Passiva
	2022		2021			2022		2021		
	in Mio. EUR	in %	in Mio. EUR	in %		in Mio. EUR	in %	in Mio. EUR	in %	
Anlagevermögen					**Eigenkapital**	198*	50,1	164	56,2	
1. Sachanlagen	187	47,3	152	52,1	langfristiges					
2. Finanzanlagen	30	7,6	18	6,2	Fremdkapital	105	26,6	89	30,5	
gesamtes Anlagevermögen	**217**	**54,9**	**170**	**58,2**	kurzfristiges Fremdkapital	92*	23,3	39	13,4	
					gesamtes Fremdkapital	**197**	**49,9**	**128**	**43,8**	
Umlaufvermögen										
1. Vorräte	81	20,5	45	15,4						
2. Forderungen	95	24,1	70	24,0						
3. liquide Mittel	2	0,5	7	2,4						
gesamtes Umlaufvermögen	**178**	**45,1**	**122**	**41,8**						
Gesamtsumme Aktiva	**395**	**100,0**	**292**	**100,0**	**Gesamtsumme Passiva**	**395**	**100,0**	**292**	**100,0**	

---

*   Es wird davon ausgegangen, dass die Ausschüttung des Bilanzgewinns (10,5 Mio. EUR) noch nicht beschlossen ist.

---

1   Der Bildungsplan sieht vor, dass die Strukturbilanz nicht selbst erstellt werden muss. Vielmehr ist sie in den Aufgaben bereits vorgegeben.
2   Die Gliederungsvorschriften der §§ 266, 275 HGB sind nur für Kapitalgesellschaften verbindlich. Im Rahmen der Grundsätze ordnungsmäßiger Buchführung und Bilanzierung lehnen sich andere Unternehmen aber daran an.

6.2.2 Strukturierte Gewinn- und Verlustrechnung als Grundlage der Ergebnisanalyse

Gewinn- und Verlustrechnung der HAGA AG

Für die HAGA AG liegt für das Jahr 2022 folgende Gewinn- und Verlustrechnung vor:

Gewinn- und Verlustrechnung 2022

(in Mio. EUR)

1.	Umsatzerlöse	386
2.	Erhöhung des Bestands an fertigen und unfertigen Erzeugnissen	31
3.	sonstige betriebliche Erträge	25
4.	Aufwendungen für Roh-, Hilfs- und Betriebsstoffe	− 217
5.	Löhne und Gehälter	− 179
6.	Aufwendungen für Altersversorgung	− 1
7.	Abschreibungen	− 16
8.	sonstige betriebliche Aufwendungen	− 1
9.	Zinsaufwendungen	− 10
10.	Erträge aus Beteiligungen	13
11.	Steuern vom Einkommen und vom Ertrag	− 9
12.	**Ergebnis nach Steuern**	**22**
13.	sonstige Steuern	− 1
14.	**Jahresüberschuss**	**21**

Auszüge aus den Erläuterungen zur GuV-Rechnung im Anhang

1. *Die „sonstigen betrieblichen Erträge" enthalten Erträge in Höhe von 17 Mio. EUR aus der Zuschreibung auf die Position Grundstücke nach Wegfall einer als voraussichtlich dauerhaft angesehenen Wertminderung auf Grundstücke. Die übrigen sonstigen betrieblichen Erträge sind zahlungswirksam.*

2. *Die Abschreibungen enthalten außerplanmäßige Abschreibungen auf Maschinen in Höhe von 4 Mio. EUR.*

3. *Die „sonstigen betrieblichen Aufwendungen" ergeben sich aus den Verlusten aus dem Abgang von Vermögensgegenständen des Anlagevermögens.*

4. *Die Erträge aus Beteiligungen stammen aus einer Mehrheitsbeteiligung an der Solo AG.*

Strukturierte GuV-Rechnung

Für eine betriebswirtschaftliche Analyse ist das in § 275 HGB für den Jahresabschluss vorgeschriebene Gliederungsschema nicht ausreichend. Um den **nachhaltig erzielbaren Erfolg** zu ermitteln (= Ziel der Ergebnisanalyse), müssen beispielsweise die folgenden in der GuV-Rechnung ausgewiesenen Positionen korrigiert werden (siehe nächste Seite).

- Die betrieblichen Steuern (GuV-Position 16) sind betriebsbedingte Aufwendungen und müssen in das **Betriebsergebnis** eingehen.

- Die in den sonstigen betrieblichen Erträgen (GuV-Position 4) und in den Abschreibungen (GuV-Position 7) enthaltenen ungewöhnlichen und untypischen Geschäftsvorfälle müssen herausgefiltert und dem **außerordentlichen Ergebnis** zugeordnet werden (z. B. Abschreibungen auf Gegenstände des Umlaufvermögens, Zuschreibungen nach Wegfall einer vermuteten Wertminderung bei Aktiva, erfolgswirksame Auflösung von Rückstellungen).

- Die sonstigen betrieblichen Aufwendungen müssen um neutrale Aufwendungen korrigiert werden.

- Bei Abschreibungen auf Finanzanlagen und Wertpapiere des Umlaufvermögens (GuV-Position 12) handelt es sich um außerplanmäßige Abschreibungen, die nicht mit dem eigentlichen Geschäftszweck („gewöhnliche Geschäftstätigkeit") zusammenhängen.

Durch eine entsprechende Umgliederung ergibt sich das folgende Schema einer strukturierten Ergebnisrechnung:

❶ Ordentliches Betriebsergebnis:

Gegenüberstellung der regelmäßig anfallenden Aufwendungen und Erträge, die sich aus der Erzeugung und dem Vertrieb der dem Geschäftszweck dienenden Erzeugnisse ergeben. Dieses ordentliche (im Gegensatz zum außerordentlichen) Betriebsergebnis wird auch als **operatives Ergebnis** bezeichnet. Es gibt den Gewinn bzw. Verlust aus dem **Kerngeschäft**, also dem eigentlichen Geschäftszweck eines Unternehmens an.

❷ Finanzergebnis:

Zusammenfassung aller Finanzgeschäfte, die durch die betriebliche Tätigkeit verursacht werden (z. B. Erträge aus Beteiligungen und Wertpapieren, Zinsen aus Einlagen bei Banken, Zinsaufwendungen für Kredite).

❸ Außerordentliches Ergebnis:

Zusammenfassung aller periodenfremden, außerordentlichen, nicht betrieblichen oder ausschließlich bewertungsbedingten Aufwendungen und Erträge, soweit diese nicht im Finanzergebnis enthalten sind. Dazu gehören u. a. Abschreibungen auf das Umlaufvermögen sowie Erträge durch Zuschreibung auf Aktiva und erfolgswirksame Auflösungen von Rückstellungen.

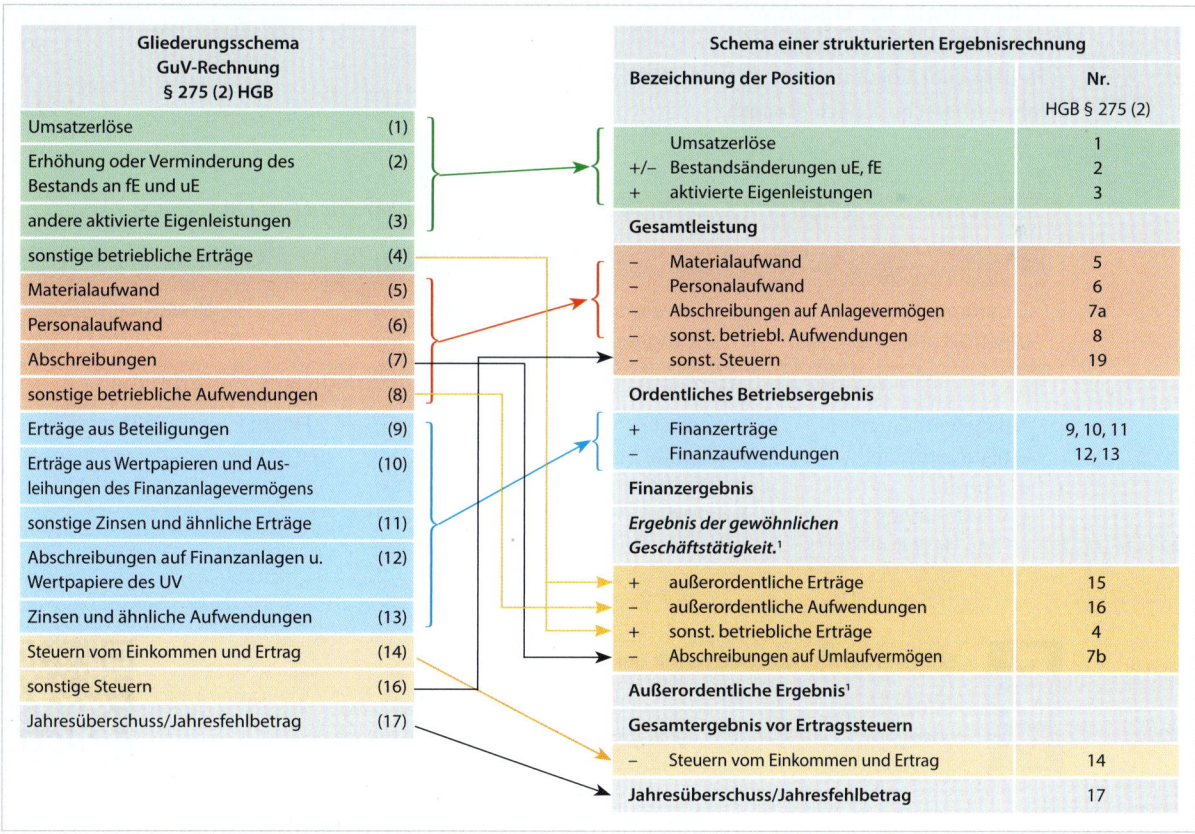

1 Die GuV-Gliederung nach § 275 HGB wurde erstmals für das Geschäftsjahr 2016 so geändert, dass weder das *Ergebnis der gewöhnlichen Geschäftstätigkeit* noch das *Außerordentliche Ergebnis* ausgewiesen werden. Die außerordentlichen Erträge/Aufwendungen sind vielmehr künftig in den GuV-Positionen „sonstige betriebliche Erträge" bzw. „sonstige betriebliche Aufwendungen" enthalten. Diese HGB-Änderung hat aber keinen Einfluss auf eine zum Zweck der Ergebnisanalyse aufbereitete GuV. In einer solchen strukturierten GuV werden diese Zwischenergebnisse nach wie vor ermittelt und ausgewiesen.

> ❗ Eine strukturierte Ergebnisrechnung zeigt die einzelnen Erfolgsquellen, aus denen sich das Gesamtergebnis zusammensetzt.

Aufbereitete Gewinn- und Verlustrechnung der HAGA AG (vgl. Bsp. S. 490)

für 2022 in Mio. EUR			
Umsatzerlöse	386		
Erhöhung des Bestands an fertigen und unfertigen Erzeugnissen	31		
Gesamtleistung	**417**		
Materialaufwand	– 217		
Personalaufwand	– 180		
planmäßige Abschreibungen	– 12		
betriebliche Steuern	– 1		
Ordentliches Betriebsergebnis		**7**	
Erträge aus Beteiligungen	13		
Zinsaufwendungen	– 10		
Finanzergebnis		**3**	
Ergebnis der gewöhnlichen Geschäftstätigkeit			**10**
Zuschreibungen	17		
Verluste aus Anlagenabgang	– 1		
außerplanmäßige Abschreibungen	– 4		
sonstige betriebliche Erträge	8		
Außerordentliches Ergebnis			**20**
Gesamtergebnis vor Steuern			**30**
Steuern vom Einkommen und Ertrag (KSt, GewSt)			– 9
Jahresüberschuss nach Steuern			**21**

Zusammenfassende Übersicht zu Kapitel 6.2: Aufbereitung von Bilanz und Ergebnisrechnung

Bilanz nach HGB § 266		GuV-Rechnung nach HGB § 275	
Zusammenfassung Umstrukturierung	Vereinfachung Umgliederung	Umgliederung	Umstrukturierung
Strukturbilanz		**strukturierte Ergebnisrechnung**	
Anlagevermögen Umlaufvermögen ■ Vorräte ■ Forderungen ■ liquide Mittel	Eigenkapital Fremdkapital ■ langfristig ■ kurzfristig	ordentliches Betriebs- ergebnis (operatives Ergebnis)	Finanz- ergebnis außerordent- liches Ergebnis

Checken Sie Ihre Kompetenz mit der Ich-kann-Liste.

Öffnen Sie hierzu den nebenstehenden **QR-Code**
oder geben Sie folgenden Link ein: https://vel.plus/BHG40

WIEDERHOLUNG DES GRUNDWISSENS

vel.plus/BHG41

zu Kapitel 6.2 Aufbereitung von Bilanz und Ergebnisrechnung

6.2.1 Strukturbilanz als Grundlage der Bilanzanalyse

1. Erläutern Sie den Aufbau einer Strukturbilanz und den damit verfolgten Zweck.

6.2.2 Strukturierte Gewinn- und Verlustrechnung als Grundlage der Ergebnisrechnung

1. Beschreiben Sie, welche Änderungen an einer nach § 275 (2) HGB erstellten GuV-Rechnung vorgenommen werden müssen, um den nachhaltig erzielbaren Erfolg auszuweisen.

2. Erläutern Sie, was unter dem operativen Ergebnis bzw. dem ordentlichen Betriebsergebnis zu verstehen ist.

3. Nennen Sie Geschäftsvorfälle, die das Finanzergebnis in einer Strukturergebnisrechnung beeinflussen.

4. Nennen Sie Geschäftsvorfälle, die das außerordentliche Ergebnis in einer Strukturergebnisrechnung beeinflussen.

6.3 Auswertung der Bilanz (Bilanzanalyse)

6.3.1 Analyse der Kapitalstruktur

Eigenkapitalquote, Fremdkapitalquote, Verschuldungsgrad

Zur Analyse der Kapitalstruktur werden Positionen der Passivseite zueinander ins Verhältnis gesetzt (= vertikale Kennzahlen).

Kennzahlen zur Kapitalstruktur	Kapitalstruktur der HAGA AG 2018
$\text{Eigenkapitalquote} = \dfrac{\text{Eigenkapital}}{\text{Gesamtkapital}} \cdot 100$	$\text{Eigenkapitalquote} = \dfrac{198\ \text{Mio.}}{395\ \text{Mio.}} \cdot 100 = 50{,}1\ \%$
$\text{Fremdkapitalquote} = \dfrac{\text{Fremdkapital}}{\text{Gesamtkapital}} \cdot 100$	$\text{Fremdkapitalquote} = \dfrac{197\ \text{Mio.}}{395\ \text{Mio.}} \cdot 100 = 49{,}9\ \%$
$\text{Verschuldungsgrad} = \dfrac{\text{Fremdkapital}}{\text{Eigenkapital}} \cdot 100$	$\text{Verschuldungsgrad} = \dfrac{197\ \text{Mio.}}{198\ \text{Mio.}} \cdot 100 = 99{,}5\ \%$

Aufg. 1
S. 499

Insbesondere der Verschuldungsgrad (= Verschuldungsquote) wird häufig auch statt als Prozentwert als reine Verhältniszahl angegeben (z. B. Verschuldungsgrad 0,9).

 Kennzahlen der Kapitalstruktur geben Auskunft über die Herkunft und Zusammensetzung des Kapitals.

Für potenzielle Kapitalgeber (Eigentümer, Gläubiger, Lieferer) geben diese Kennzahlen erste Anhaltspunkte für ein mögliches Finanzierungsrisiko. Anhand dieser Kennzahlen lässt sich einschätzen, inwieweit das Unternehmen künftig in der Lage sein wird, seinen Verpflichtungen zur Begleichung von Schulden nachzukommen.

Grundsätzlich gilt:

 Ein Unternehmen ist finanziell umso stabiler, weniger krisenanfällig und unabhängiger, je höher der Eigenkapitalanteil ist.

Ein hoher Fremdkapitalanteil hat nicht nur Tilgungs- sondern auch Zinsbelastungen zur Folge.

Beurteilungsmaßstab und Aussagekraft

Banken beurteilen bei Kreditwürdigkeitsprüfungen die **Eigenkapitalquote** häufig anhand folgender Kriterien:

Branchenabhängige Vorgaben für die Eigenkapitalquote			
Branche	gut	mittel	schlecht
produzierendes Gewerbe	> 30 %	20–30 %	< 20 %
Handel	> 25 %	15–25 %	< 15 %
sonst. Dienstleistungen	> 25 %	20–25 %	< 20 %

Kapitalstruktur bei der HAGA AG

Bei der HAGA AG *(vgl. S 489)* besteht des Gesamtkapital 2022 zu 50,1 % aus Eigenkapital und zu 49,9 % aus Fremdkapital. Das Fremdkapital beträgt 99,5 % des Eigenkapitals. Die Kennzahlen der HAGA AG zur Kapitalstruktur sind damit überdurchschnittlich gut. Allerdings ist auffällig, dass die Eigenkapitalquote trotz der 2022 vorgenommenen Kapitalerhöhung gegen Einlagen von 56,2 % (2021) auf 50,1 % (2022) gesunken und damit der Verschuldungsgrad von 77,6 % (2021) auf 99,5 % (2022) gestiegen ist. Das ist dadurch bedingt, dass im Jahr 2022 Fremdkapital mehr als doppelt so stark zugenommen hat wie das Eigenkapital.

Zum Vergleich: Bei deutschen Unternehmen liegt die durchschnittliche Eigenkapitalquote bei 18 % bis 20 %. Ein solcher Eigenkapitalanteil wird als zu gering angesehen. Dieser Wert wird stark durch die häufig unterkapitalisierten mittelständischen GmbHs beeinflusst. Die meisten börsennotierten Aktiengesellschaften haben eine Eigenkapitalquote von mehr als 30 %.

Aussagekraft von Kennzahlen zur Kapitalstruktur	
Stärken	Schwächen
▪ leicht zu ermittelnde Kennzahlen, die Art und Zusammensetzung des Kapitals darstellen ▪ bei Vergleich mit anderen Unternehmen und den Branchendurchschnitten hilfreiche Kennzahlen für die relative finanzielle Stärke eines Unternehmens	▪ stark branchen- und bewertungsabhängig, branchenübergreifende Vergleiche kaum möglich ▪ stille Rücklagen als Teil des Eigenkapitals werden nicht ausgewiesen ▪ nicht bilanzwirksame Finanzierungsformen (z. B. Leasing) werden nicht berücksichtigt

6.3.2 Finanzierungsanalyse

Deckungsgrade

Während die Analyse der Kapitalstruktur auf vertikale Kennzahlen zurückgreift, wird die Finanzlage anhand horizontaler Kennzahlen beurteilt. Bei dieser Betrachtung steht die Forderung nach **fristenkongruenter[1] Finanzierung** im Vordergrund. Damit ist gemeint, dass die Dauer der Kapitalbindung die Dauer der Kapitalüberlassung nicht überschreiten soll.

 Langfristig an das Unternehmen gebundenes Anlagevermögen soll durch langfristig verfügbares Kapital (insbesondere Eigenkapital) gedeckt sein.

---

1   kongruent *(lat.)*: übereinstimmend, deckungsgleich

Andernfalls kann ein Unternehmen gezwungen sein, Anlagevermögen zu veräußern, um kurzfristige Verbindlichkeiten tilgen zu können.

Die Überprüfung der Einhaltung der Fristengleichheit erfolgt mithilfe der **Goldenen Finanzierungsregel** bzw. der durch einzelne Bilanzpositionen konkretisierten **Goldenen Bilanzregel**.

Goldene Finanzierungsregel	Goldene Bilanzregel
$\dfrac{\text{langfristiges Kapital}}{\text{langfristiges Vermögen}} \geq 1$	$\dfrac{\text{Eigenkapital + langfr. Fremdkapital}}{\text{Anlagevermögen + langfr. Umlaufvermögen}} \geq 1$

Bei langfristig gebundenem Umlaufvermögen handelt es sich um Mindestbestände an Fertigungsmaterial (eiserne Reserve).

Aus diesen Regeln ergeben sich folgende Finanzierungskennzahlen (Deckungsgrade):

Finanzierungskennzahlen (Deckungsgrade)	Deckungsgrade der HAGA AG 2022
$\text{Anlagendeckungsgrad I} = \dfrac{\text{Eigenkapital}}{\text{Anlagevermögen}} \cdot 100$	$\text{Anlagendeckungsgrad I} = \dfrac{198 \text{ Mio.}}{217 \text{ Mio.}} \cdot 100 = 91{,}2\,\%$
$\text{Anlagendeckungsgrad II} = \dfrac{\text{Eigenkap. + langfr. Fremdkap.}}{\text{Anlagevermögen}} \cdot 100$	$\text{Anlagendeckungsgrad II} = \dfrac{303 \text{ Mio.}}{217 \text{ Mio.}} \cdot 100 = 139{,}6\,\%$

 Finanzierungskennzahlen (Deckungsgrade) geben Auskunft darüber, in welchem Umfang das langfristig gebundene Vermögen durch langfristig verfügbares Kapital gedeckt ist.

Je höher der Deckungsgrad, umso mehr wird der Forderung nach Fristenkongruenz entsprochen. Beträgt der Anlagendeckungsgrad mehr als 100 %, werden auch Teile des Umlaufvermögens langfristig finanziert.

Beurteilungsmaßstab und Aussagekraft

Banken beurteilen bei Kreditwürdigkeitsprüfungen die **Anlagendeckung** für das produzierende Gewerbe häufig anhand folgender Kriterien:

Vorgaben für Anlagendeckungsgrade			
Deckungsgrade	gut	mittel	schlecht
Anlagendeckungsgrad I	> 90 %	60–90 %	< 60 %
Anlagendeckungsgrad II	> 150 %	110–150 %	< 110 %

Anlagendeckung (vgl. Bsp. S. 489)

Bei der HAGA AG ist 2022 das Anlagevermögen zu 91,2 % durch Eigenkapital und zu 139,6 % durch Eigen- und langfristiges Fremdkapital gedeckt. Der Anlagendeckungsgrad I hat sich von 96,5 % (2021) auf 91,2 % (2022) und der Anlagendeckungsgrad II von 148,8 % (2021) auf 139,6 % (2022) verringert. Die bei der Analyse der Kapitalstruktur aufgedeckte Verschlechterung der langfristigen Finanzierung der HAGA AG wird durch diese Veränderung der Anlagendeckungsgrade bestätigt. Es ergeben sich allerdings noch keine negativen Auswirkungen auf die fristenkongruente Finanzierung, da der Anlagendeckungsgrad II größer als 100 % ist.

| Aussagekraft von Finanzierungskennzahlen (Deckungsgrade) ||
Stärken	Schwächen
■ Berechnung der Einhaltung des Grundsatzes der Fristenkongruenz ■ Kontrollinstrument zur Aufrechterhaltung der Liquidität	■ stille Rücklagen als Teil des Eigenkapitals werden nicht berücksichtigt ■ Beim Anlagendeckungsgrad II wird unterstellt, dass aus der Nutzung des Vermögens Kapital freigesetzt wird, das für Verzinsung und Tilgung des langfristigen Fremdkapitals genutzt werden kann. Möglicherweise erfolgt die Kapitalfreisetzung aber nicht rechtzeitig oder nicht in der erforderlichen Höhe, um daraus den Kapitaldienst zu finanzieren.

6.3.3 Liquiditätsanalyse

Liquiditätskennzahlen

Unter Liquidität ist die Fähigkeit eines Unternehmens zu verstehen, seinen Zahlungsverpflichtungen fristgerecht nachkommen zu können.

Zur Berechnung der **Liquidität 1. Grades** werden die liquiden Mittel (Kassenbestand, Bankguthaben) ins Verhältnis zu den kurzfristigen Verbindlichkeiten gesetzt. Diese Kennzahl wird auch als **Barliquidität** bezeichnet.

$$\text{Liquidität 1. Grades (Barliquidität)} = \frac{\text{liquide Mittel (Kassenbestand, Bankguthaben)}}{\text{kurzfristige Verbindlichkeiten}} \cdot 100$$

Die **Liquidität 2. Grades** berücksichtigt zusätzlich zu den liquiden Mitteln (und ggf. den Wertpapieren des Umlaufvermögens) auch die kurzfristigen Forderungen. Diese Kennzahl wird auch als **einzugsbedingte Liquidität** bezeichnet, da die kurzfristigen Forderungen erst eingezogen und dadurch in liquide Mittel umgewandelt werden müssen. Das Zahlungsverhalten der Kunden spielt bei dieser Kennzahl eine besondere Rolle.

$$\text{Liquidität 2. Grades (einzugsbedingte Liquidität)} = \frac{\text{liquide Mittel + kurzfr. Forderungen}}{\text{kurzfristige Verbindlichkeiten}} \cdot 100$$

Liquiditätskennzahlen geben Auskunft darüber, in welchem Umfang am Bilanzstichtag kurzfristige Zahlungsausgänge (kurzfristige Verbindlichkeiten) durch liquide Mittel oder durch mehr oder weniger leicht in liquide Mittel umwandelbare Gegenstände des Umlaufvermögens gedeckt sind.

Beurteilungsmaßstab und Aussagekraft

Für die Beurteilung der Liquiditätskennzahlen werden häufig folgende Mindestwerte zugrunde gelegt:

Liquidität 1. Grades (Barliquidität)	Liquidität 2. Grades (einzugsbedingte Liquidität)
1 : 5-Regel (Cash Ratio)	**1 : 1-Regel (Quick Ratio)**
Mindestens ein Fünftel der kurzfristigen Verbindlichkeiten soll durch liquide Mittel gedeckt sein.	Die kurzfristigen Verbindlichkeiten sollen in vollem Umfang durch liquide Mittel und kurzfristige Forderungen gedeckt sein.
Richtwert: mindestens 20 % (Vorgabe ist aber schwierig)	Richtwert: mindestens 100 %

Abweichend von diesen Regeln beurteilen Banken bei Kreditwürdigkeitsprüfungen die Liquidität häufig anhand folgender Kriterien:

Vorgaben für die Liquidität			
Liquidität	gut	mittel	schlecht
Liquidität 1. Grades	> 90 %	50–90 %	< 50 %
Liquidität 2. Grades	> 110 %	90–110 %	< 90 %

Liquidität der HAGA AG zum 31.12.2022 (vgl. Bsp. S. 489)

Bei der HAGA AG hat sich die Liquiditätslage verschlechtert.

	2021	2022
Liquidität 1. Grades	17,9 %	2,1 %
Liquidität 2. Grades	197,4 %	105,4 %

$$\text{Liquidität 1. Grades (Barliquidität)} = \frac{2\ \text{Mio.}}{92\ \text{Mio.}} \cdot 100 = 2,1\%$$

$$\text{Liquidität 2. Grades (einzugsbedingte Liquidität)} = \frac{97\ \text{Mio.}}{92\ \text{Mio.}} \cdot 100 = 105,4\%$$

Die kurzfristigen Verbindlichkeiten sind erheblich schneller gestiegen als das Umlaufvermögen. Während die Liquidität 2. Grades auch 2022 annähernd die Norm erfüllt, liegt die Liquidität 1. Grades erheblich darunter. Wenn sich diese Tendenz nach 2022 fortsetzt, sind ernsthafte Liquiditätsschwierigkeiten zu erwarten.

Aufg. 2 S. 499 ▶

Aussagekraft von Liquiditätskennzahlen
Schwächen

- **Zeitpunkt**betrachtung zum Bilanzstichtag (Stichtagsliquidität)
- keine Aussagen über künftige Liquidität
- GuV-Rechnung wird nicht berücksichtigt. Die Bilanz enthält aber nicht alle Größen, die Auswirkung auf die Liquidität haben (z. B. fällige Lohn-, Miet- und Steuer**nachzahlungen**)
- Konflikt zwischen Liquidität und Rentabilität nicht berücksichtigt (hohe Liquidität belastet die Rentabilität, da die liquiden Mittel nicht zinsbringend angelegt sind)

Die beschränkte Aussagekraft der aus der Bilanz abgeleiteten Liquiditätskennzahlen hat zu einer dynamischen Betrachtung der Liquidität mithilfe der **Cashflow-Analyse** (siehe Kap. 6.4.3) geführt.

Zusammenfassende Übersicht zu Kapitel 6.3: Auswertung der Bilanz (Bilanzanalyse)

Bilanzkennzahlen		
Kapitalstruktur	**Finanzierung**	**Liquidität**
Eigenkapitalquote $= \dfrac{\text{Eigenkapital}}{\text{Gesamtkapital}} \cdot 100$	**Goldene Finanzierungsregel** $= \dfrac{\text{langfristiges Kapital}}{\text{langfristiges Vermögen}} \geq 1$	**Liquidität 1. Grades** $= \dfrac{\text{liquide Mittel}}{\text{kurzfr. Verbindlichk.}} \cdot 100$
Fremdkapitalquote $= \dfrac{\text{Fremdkapital}}{\text{Gesamtkapital}} \cdot 100$	**Goldene Bilanzregel** $= \dfrac{\text{Eigenkap. + langfr. Fremdkapital}}{\text{Anlageverm. + langfr. Umlaufvermögen}} \geq 1$	**Liquidität 2. Grades** $= \dfrac{\text{liquide Mittel + kurzfr. Forderungen}^{*)}}{\text{kurzfr. Verbindlichk.}} \cdot 100$ $^{*)}$ einschließlich WP des UV
Verschuldungsgrad $= \dfrac{\text{Fremdkapital}}{\text{Eigenkapital}} \cdot 100$	**Anlagendeckungsgrad I** $= \dfrac{\text{Eigenkapital}}{\text{Anlagevermögen}} \cdot 100$	
	Anlagendeckungsgrad II $= \dfrac{\text{Eigenkap. + langfr. Fremdkapital}}{\text{Anlagevermögen}} \cdot 100$	

 Checken Sie Ihre Kompetenz mit der **Ich-kann-Liste**.

Öffnen Sie hierzu den nebenstehenden **QR-Code**
oder geben Sie folgenden Link ein: https://vel.plus/BHG42

vel.plus/BHG43

WIEDERHOLUNG DES GRUNDWISSENS

zu Kapitel 6.3 Auswertung der Bilanz (Bilanzanalyse)

6.3.1 Analyse der Kapitalstruktur

1. Nennen Sie drei Bilanzkennzahlen zur Analyse der Kapitalstruktur und deren Berechnungsweise.

2. Geben Sie an, welche Werte diese Kennzahlen in einem Industriebetrieb mindestens aufweisen sollen, damit sie als „gut" angesehen werden können.

3. Nennen Sie Stärken und Schwächen der Aussagekraft von Kennzahlen zur Kapitalstruktur.

6.3.2 Finanzierungsanalyse

1. Beschreiben Sie, was unter der „goldenen Finanzierungsregel" bzw. unter der „goldenen Bilanzregel" zu verstehen ist.

2. Unterscheiden Sie zwischen Anlagendeckungsgrad I und Anlagendeckungsgrad II. Erläutern Sie die Berechnungsweise dieser Kennzahlen.

3. Geben Sie an, welche Werte die Deckungsgrade in einem Industriebetrieb mindestens aufweisen sollen, damit sie als „gut" angesehen werden können.

4. Nennen Sie Stärken und Schwächen der Aussagekraft von Finanzierungskennzahlen.

6.3.3 Liquiditätsanalyse

1. Erläutern Sie, was unter Liquidität zu verstehen ist.

2. Beschreiben Sie den Unterschied zwischen den beiden Kennzahlen zur Liquidität ersten und zweiten Grades.

3. Geben Sie an, welche Werte die Liquiditätsgrade mindestens aufweisen sollen, damit sie als „gut" angesehen werden können.

4. Nennen Sie Schwächen der Aussagekraft von Liquiditätskennzahlen.

ANWENDUNGS- UND ÜBUNGSAUFGABEN

zu Kapitel 6.3 Auswertung der Bilanz (Bilanzanalyse)

Aufgabe 1 Bilanzanalyse

Die aufbereitete Schlussbilanz des Fahrradherstellers Mobil AG weist folgende Daten auf:

Aktiva			Strukturbilanz der Mobil AG zum 31.12.20.. (in Tsd. EUR)		Passiva
	Berichtsjahr	**Vorjahr**		**Berichtsjahr**	**Vorjahr**
Anlagevermögen			**Eigenkapital**	1.800	2.000
1. Sachanlagen	1.800	1.800	kurzfristiges Fremdkapital	620	520
2. Finanzanlagen	200	300	langfristiges Fremdkapital	1.580	1.280
gesamtes Anlageverm.	**2.000**	**2.100**	**gesamtes Fremdkapital**	**2.200**	**1.800**
Umlaufvermögen					
1. Vorräte	1 200	1.000			
2. kurzfr. Forderungen	600	400			
3. liquide Mittel	200	300			
gesamtes Umlaufverm.	**2.000**	**1.700**			
Gesamtsumme Aktiva	**4.000**	**3.800**	**Gesamtsumme Passiva**	**4.000**	**3.800**

1. Ermitteln Sie für das Vorjahr und das Berichtsjahr folgende Bilanzkennzahlen:
   - Eigenkapitalquote, Fremdkapitalquote, Verschuldungsgrad;
   - Anlagendeckungsgrad I und II;
   - Liquidität 1. und 2. Grades.

   Was sagen diese Kennzahlen aus?

2. Vergleichen Sie die ermittelten Werte mit den von Banken bei der Kreditwürdigkeitsprüfung von Industriebetrieben zugrunde gelegten Richtwerten (vgl. Kap. 6.3).

3. Beurteilen Sie anhand der Kennzahlen die wirtschaftliche Lage und Entwicklung der MOBIL AG. Begründen Sie Ihre Aussagen.

Aufgabe 2 Bilanzkennzahlen – Strukturbilanz

Das Anlagevermögen eines Industriebetriebes beträgt 2 Mio. EUR. Das sind 50 % des Gesamtvermögens. Der Anlagendeckungsgrad I beträgt 70 %.

vel.plus/BHG44

1. Berechnen Sie die Eigenkapitalquote, die Fremdkapitalquote und den Verschuldungsgrad.

2. Berechnen Sie den Anlagendeckungsgrad II, wenn 60 % des Fremdkapitals langfristig zur Verfügung stehen.

3. Berechnen Sie die Liquidität 1. und 2. Grades, wenn die Forderungen 35 % des Umlaufvermögens betragen.

4. Warum ist insbesondere die Aussagekraft von Liquiditätskennzahlen sehr eingeschränkt?

5. Beurteilen Sie die wirtschaftliche Lage des Unternehmens anhand der Kennzahlen.

Aufgabe 3 Kreditwürdigkeit und Prüfung

Laden Sie einen Experten zu einem Fachvortrag „Kreditwürdigkeitsprüfung und Rating" ein.

6.4   Auswertung der Gewinn- und Verlustrechnung (Ergebnisanalyse)

6.4.1 Rentabilität

Rentabilitätskennzahlen

Das Verhältnis von Gewinn zu eingesetztem Kapital wird als Rentabilität bezeichnet.

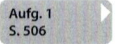

> **Die Rentabilität ist ein Beurteilungsmaßstab für die Verzinsung des eingesetzten Kapitals.**

Je nach Betrachtungsweise lassen sich auf der Grundlage von Bilanz und Gewinn- und Verlustrechnung verschiedene Rentabilitätskennzahlen ermitteln.

Eigenkapitalrentabilität

Zur Ermittlung der Eigenkapitalrentabilität wird der Gewinn als Prozentsatz des Eigenkapitals ausgedrückt.

$$\text{Eigenkapitalrentabilität} = \frac{\text{Gewinn}}{\text{Eigenkapital}} \cdot 100$$

Sofern das Eigenkapital am Jahresanfang und am Jahresende bekannt ist, sollte nach Möglichkeit statt des Anfangskapitals das durchschnittliche Eigenkapital zwischen den beiden Bilanzstichtagen als Bezugsgrundlage gewählt werden. Der während des Jahres anfallende Gewinn erhöht nämlich laufend das Eigenkapital, so dass auf diese Weise das während eines Geschäftsjahres **durchschnittlich** eingesetzte Eigenkapital berücksichtigt wird.

$$\text{Ø Eigenkapital} = (\text{Anfangsbestand} + \text{Endbestand}) / 2$$

> **Die Eigenkapitalrentabilität gibt an, mit wie viel Prozent sich das von den Eigentümern eines Unternehmens zur Verfügung gestellte Kapital (= Eigenkapital) verzinst.**

Gesamtkapitalrentabilität

Zur Ermittlung der Gesamtkapitalrentabilität wird der Gewinn zuzüglich der Fremdkapitalzinsen als Prozentsatz des Gesamtkapitals ausgedrückt.

Auch in diesem Fall sollte nach Möglichkeit statt des Anfangskapitals das durchschnittliche Gesamtkapitals als Bezugsgrundlage gewählt werden.

$$\text{Gesamtkapitalrentabilität} = \frac{\text{Gewinn} + \text{Fremdkapitalzinsen}}{\text{Gesamtkapital}} \cdot 100$$

Das insgesamt eingesetzte Kapital hat neben dem Jahresüberschuss auch die Mittel zur Begleichung der Fremdkapitalzinsen erwirtschaftet. Da diese Zinsen bei der Gewinnermittlung als Aufwand abgezogen wurden, werden sie bei der Ermittlung der Gesamtkapitalrentabilität zum Jahresüberschuss hinzugerechnet.

> **Die Gesamtkapitalrentabilität gibt an, mit wie viel Prozent sich das in einem Unternehmen insgesamt eingesetzte Kapital verzinst.**

Umsatzrentabilität

Zur Ermittlung der Umsatzrentabilität wird der Gewinn als Prozentsatz des Umsatzes ausgedrückt.

Aufg. 2
S. 507

$$\text{Umsatzrentabilität} = \frac{\text{Gewinn}}{\text{Umsatz}} \cdot 100$$

Die Umsatzrentabilität gibt an, wie viel Prozent des Umsatzes auf den Gewinn entfallen (Umsatzrendite).

Die Umsatzrentabilität eignet sich insbesondere zur Beurteilung des wirtschaftlichen Erfolgs eines Unternehmens im Vergleich zu anderen Unternehmen der Branche.

Beurteilungsmaßstab und Aussagekraft

Banken beurteilen bei Kreditwürdigkeitsprüfungen die **Rentabilität** häufig anhand folgender Kriterien:

Vorgaben für die Eigenkapitalrentabilität			
Branche	**gut**	**mittel**	**schlecht**
alle Branchen	> 30 %	10–30 %	< 10 %

Die Eigenkapitalrentabilität wird als ausreichend angesehen, wenn der marktübliche Zinssatz (Kapitalmarktzinssatz für langfristig angelegtes Kapital) und eine dem Unternehmensrisiko entsprechende Prämie (ggf. einschließlich eines Unternehmerlohns) erwirtschaftet wurde. Langfristig soll die Eigenkapitalrentabilität deutlich über dem Kapitalmarktzinssatz liegen.

Branchenabhängige Vorgaben für die Gesamtkapitalrentabilität			
Branche	**gut**	**mittel**	**schlecht**
produzierendes Gewerbe	> 12 %	8–10 %	< 8 %
Handel	> 14 %	8–14 %	< 8 %
sonst. Dienstleistungen	> 12 %	6–12 %	< 6 %

Branchenabhängige Vorgaben für die Umsatzrentabilität			
Branche	**gut**	**mittel**	**schlecht**
produzierendes Gewerbe	> 8 %	4–8 %	< 4 %
Handel	> 5 %	2–5 %	< 2 %
sonst. Dienstleistungen	> 12 %	6–12 %	< 6 %

Rentabilität der HAGA AG (vgl. Bsp. S. 489 u. S. 492)

Bei der HAGA AG hat sich 2022 das durchschnittliche Eigenkapital mit 11,6 % und das durchschnittliche Gesamtkapital mit 9,0 % verzinst. Das kann als gerade noch zufriedenstellend angesehen werden. 5,4 % des Umsatzes entfielen auf den Gewinn. Auch dieser Wert liegt im mittleren Branchendurchschnitt.

$$\text{Eigenkapitalrentabilität} = \frac{21 \text{ Mio.}}{181 \text{ Mio.}} \cdot 100 = 11,6 \text{ %}$$

$$\text{Gesamtkapitalrentabilität} = \frac{21 \text{ Mio.} + 10 \text{ Mio.}}{343,5 \text{ Mio.}} \cdot 100 = 9,0 \text{ %}$$

$$\text{Umsatzrentabilität} = \frac{21 \text{ Mio.}}{386 \text{ Mio.}} \cdot 100 = 5,4 \text{ %}$$

Aussagekraft von Rentabilitätskennzahlen	
Stärken	**Schwächen**

■ Eigenkapitalrentabilität: für branchenüber-greifende Vergleiche geeignet
■ Gesamtkapitalrentabilität: für branchenüber-greifende Vergleiche geeignet
■ Umsatzrentabilität:
  – Umsatz weitgehend frei von bilanzpoliti-schen Einflüssen
  – reagiert sensibel auf Veränderungen und signalisiert Fehlentwicklungen frühzeitig, da sowohl Markteinflüsse (Absatzmenge, Preis) als auch betriebsinterne Faktoren (Aufwendungen) berücksichtigt werden
  – gut geeignet für Betriebsvergleiche innerhalb derselben Branche
	■ Eigenkapitalrentabilität:
	  – Verschuldung wird nicht berücksichtigt
	  – bilanzpolitische Maßnahmen (Bilanzie-rungswahlrechte) können Ergebnis verfälschen
	■ Gesamtkapitalrentabilität:
	  stark abhängig von bilanzpolitischen Maßnah-men (s. o.)
	■ Umsatzrentabilität:
	  stark produkt- und branchenabhängig

6.4.2 Zusammenhang zwischen Verschuldungsgrad und Eigenkapitalrentabilität: Leverage-Effekt

Aufg. 3
S. 507

Die Höhe der Eigenkapitalrentabilität hängt u. a. von der Höhe des eingesetzten Fremd-kapitals und dessen Verzinsung ab. Die Wirkungen vermehrten Fremdkapitaleinsatzes (= Erhöhung des Verschuldungsgrades) auf die Eigenkapitalrentabilität wird als **Leverage[1]-Effekt** (Hebel-Effekt) bezeichnet. Das folgende Beispiel verdeutlicht den Zusammenhang zwischen Verschuldungsgrad, Eigen- und Gesamtkapitalrentabilität.

Positive Hebelwirkung des Fremdkapitals

> *Leverage-Effekt*
>
> Ein Unternehmen mit einem Gesamtkapital von 100.000 EUR, das vollständig aus Eigenkapital besteht, erzielt einen Gewinn von 10.000 EUR (Fall 1). Eigen- und Gesamtkapitalrentabilität betragen in diesem Fall 10 %. Werden Teile des Eigenkapitals unter sonst unveränderten Bedingungen nach und nach durch Fremdkapital (Zinssatz 7 %) ersetzt (Fälle 2 bis 4), ergeben sich folgende Eigenkapitalrentabilitäten:
>
> | | Fall 1 | Fall 2 | Fall 3 | Fall 4 |
> |---|---|---|---|---|
> | Gesamtkapital in EUR | 100.000 | 100.000 | 100.000 | 100.000 |
> | Fremdkapital in EUR | 0 | 25.000 | 50.000 | 75.000 |
> | Eigenkapital in EUR | 100.000 | 75.000 | 50.000 | 25.000 |
> | Verschuldungsgrad (FK/EK) in % | 0 | 33 | 100 | 300 |
> | Gewinn vor Zinsen in EUR | 10.000 | 10.000 | 10.000 | 10.000 |
> | Fremdkapitalzinsen in EUR (7 % vom FK) | 0 | 1.750 | 3.500 | 5.250 |
> | Gewinn nach Zinsen in EUR | 10.000 | 8.250 | 6.500 | 4.750 |
> | Eigenkapitalrentabilität in % | 10 | 11 | 13 | 19 |
> | Gesamtkapitalrentabilität in % | 10 | 10 | 10 | 10 |
>
> **Ergebnis:** Mit zunehmendem Verschuldungsgrad steigt die Eigenkapitalrentabilität. Das Fremdkapital wirkt wie ein Hebel zur Erhöhung der EK-Rentabilität (Leverage-Effekt). Das ist aber nur möglich, weil im vorlie-genden Beispiel der Zinssatz für das Fremdkapital (7 %) geringer als die Gesamtrentabilität (10 %) ist. Der mit dem Fremdkapital erzielte Gewinn ist also höher als die Kosten für die Überlassung des Fremdkapitals.

---

1   Leverage *(engl.)*: Hebelwirkung

Der Leverage-Effekt besagt, dass bei zusätzlichem Einsatz von Fremdkapital anstelle von Eigenkapital (= steigender Verschuldungsgrad) die Eigenkapitalrentabilität zunimmt, solange der Zinssatz für das gesamte Fremdkapital niedriger als die Gesamtkapitalrentabilität ist.

Dieser Zusammenhang lässt sich auch durch folgende Formel darstellen:

EK = Eigenkapital
FK/EK = Verschuldungsgrad
R_{EK} = Eigenkapitalrentabilität
P_{FK} = Zinssatz für Fremdkapital

Leverage Formel

$$R_{EK} = R_{GK} + \frac{FK}{EK} \cdot (R_{GK} - P_{FK})$$

FK = Fremdkapital
R_{GK} = Gesamtkapitalrentabilität

Ist der Zinssatz (P_{FK}) für das gesamte Fremdkapital kleiner als die Gesamtrentabilität (R_{GK}), lässt sich durch die Erhöhung des Verschuldungsgrades (FK/EK) die Eigenkapitalrentabilität R_{EK} erhöhen.

Negative Hebelwirkung des Fremdkapitals (Leverage risk)

Der Leverage-Effekt kann sich aber auch in umgekehrter Richtung auswirken. Sinkt die Gesamtkapitalrentabilität unter den Fremdkapitalzinssatz, so **sinkt** die Eigenkapitalrentabilität umso stärker, je höher der Verschuldungsgrad ist. Es kann sogar zu einer Verminderung des Eigenkapitals kommen, wenn durch die Fremdkapitalzinsen Verluste entstehen.

 Liegt der Zinssatz für das gesamte Fremdkapital über der Gesamtrentabilität, sinkt mit zunehmendem Einsatz von Fremdkapital zulasten vom Eigenkapital (= zunehmender Verschuldungsgrad) die Eigenkapitalrentabilität (Leverage risk).

Grenzen des Leverage-Effekts in der Praxis

Das theoretische Ziel, durch eine Erhöhung des Verschuldungsgrades eine möglichst hohe Eigenkapitalrentabilität zu erzielen, ist in Wirklichkeit nicht erreichbar. Ein Kreditgeber würde bei zunehmendem Verschuldungsgrad

- wegen des erhöhten Risikos höhere Zinsen verlangen, so dass eine negative Wirkung des Leverage-Effektes eintreten kann,

- aus Sicherheitsgründen auf der Einhaltung bestimmter horizontaler Finanzierungsregeln (z. B. Anlagendeckungsgrad I) bestehen. Dadurch wird die Möglichkeit zur Ausnutzung des Leverage-Effektes eingeschränkt.

6.4.3 Cashflow-Analyse

 Der Cashflow ist der Überschuss der Einzahlungen über die Auszahlungen (Einzahlungsüberschuss) in einer Periode.

 Aufg. 4
S. 508

Dieser Einzahlungsüberschuss steht für die Finanzierung von Investitionen, zur Schuldentilgung oder zur Aufrechterhaltung der Liquidität zur Verfügung.

Der Cashflow gibt darüber Auskunft, in welchem Umfang ein Unternehmen Mittel aus eigener Kraft zur Finanzierung von Investitionen oder zur Tilgung von Schulden aufbringen kann (Innenfinanzierungskraft).

Ermittlung des Cashflows anhand der indirekten Methode (Praktikerformel)

Zur direkten Ermittlung des Cashflows müssten von den Einzahlungen eines Geschäftsjahres die Auszahlungen abgezogen werden. Da die dafür erforderlichen Daten für Außenstehende nicht zugänglich sind, wird der Cashflow meistens **indirekt** aus den Größen der GuV-Rechnung wie folgt ermittelt.

Ausgangspunkt ist der in der GuV-Rechnung ausgewiesene Gewinn bzw. Jahresüberschuss. Der Gewinn gibt aber keine Auskunft über die **Zahlungsfähigkeit** des Unternehmens. Einerseits mindern Abschreibungen und die Bildung von Rückstellungen den Gewinn, ohne dass sie im selben Jahr zu einem Zahlungsmittelabfluss wie bei den anderen Aufwandsarten (z. B. Löhne, Materialaufwand, Energie) führen. Andererseits erhöhen Zuschreibungen und die erfolgswirksame Auflösung von Rückstellungen den Gewinn, ohne dass sie zu einem Zahlungsmittelzufluss führen. Um vom Gewinn auf den Einzahlungsüberschuss schließen zu können, muss der Gewinn um nicht liquiditätswirksame Aufwendungen und Erträge korrigiert werden. In der einfachsten und zugleich gebräuchlichsten Form der Cashflow-Berechnung beschränkt sich die Korrektur auf Abschreibungen/Zuschreibungen einerseits und auf die Erhöhung/Verminderung langfristiger Rückstellungen (insbesondere Pensionsrückstellungen) andererseits[1]. Abschreibungen und Rückstellungen, die den Gewinn zwar verringern, nicht aber zu Auszahlungen geführt haben, werden wieder hinzugezählt. Zuschreibungen und die erfolgswirksame Auflösung von Rückstellungen, die den Gewinn zwar erhöht, nicht aber zu Einzahlungen geführt haben, werden wieder abgezogen. Diese Form der Cashflow-Berechnung wird auch als **Praktikerformel** bezeichnet.

Cashflow-Berechnung anhand der indirekten Methode (Praktikerformel)	
	Gewinn nach Steuern (Jahresüberschuss)
+	Abschreibungen
–	Zuschreibungen
+	Erhöhung der langfristigen Rückstellungen
–	Verminderung der langfristigen Rückstellungen
=	**Brutto-Cashflow**
–	Gewinnausschüttung
=	**Netto-Cashflow**

 Der Cashflow gibt Auskunft über die Ertrags- und Innenfinanzierungskraft eines Unternehmens.

---

1   Auf die Berücksichtigung anderer nicht zahlungwirksamer Aufwendungen (z. B. Bestandsminderungen an FE und UE) und Erträge (z. B. Bestanderhöhungen an FE und UE, aktivierte Eigenleistungen) wird bei dieser einfachen Form der Cashflow-Berechnung verzichtet.

Cashflow der HAGA AG

Für die HAGA AG *(vgl. Bsp. S. 490)* ergibt sich im Jahr 2022 folgender Cashflow:

Der HAGA AG stehen im Jahr 2022 10,5 Mio. EUR zur Innenfinanzierung, Schuldentilgung und Liquiditätssicherung zur Verfügung. Das ist angesichts des langfristigen Fremdkapitals in Höhe von 94 Mio. EUR, für das Zins- und Tilgungsleistungen erbracht werden müssen, sehr wenig.

Jahresüberschuss	21,0 Mio. EUR
+ Abschreibungen	16,0 Mio. EUR
− Zuschreibungen	17,0 Mio. EUR
+ Erhöhung der langfr. Rückstellungen	1,0 Mio. EUR
= **Brutto-Cashflow**	**21,0 Mio. EUR**
− Gewinnausschüttung	10,5 Mio. EUR
= **Netto-Cashflow**	**10,5 Mio. EUR**

Aussagekraft des Cashflows

Aussagekraft des Cashflows	
Stärken	**Schwächen**
■ Cashflow ist weniger durch bilanzpolitische Maßnahmen manipulierbar als der Jahresüberschuss ■ Ein steigender JÜ bei weniger stark steigendem oder sogar sinkendem Cashflow gilt als Warnsignal (Ausnützung von Bewertungsspielräumen zu JÜ-Erhöhung). ■ Der Cashflow zeigt, inwieweit z.B. Abschreibungen den JÜ beeinflussen.	■ Häufig wird stillschweigend unterstellt, der Cashflow sei in liquider Form vorhanden. Teile des Cashflow können aber schon wieder oder noch investiert sein (z.B. in Erzeugnissen oder Forderungen). ■ Für den Vergleich von Unternehmen mit unterschiedlich hohem Anlagevermögen und unterschiedlich hohen Abschreibungen liefert der Cashflow keine vergleichbaren Informationen. ■ Im Gegensatz zum JÜ, dessen Art der Ermittlung im HGB genau festgelegt ist, gibt es über 20 verschiedene Arten zur Berechnung eines Cashflows.

Zusammenfassende Übersicht zu Kapitel 6.4:
Auswertung der Gewinn- und Verlustrechnung (Ergebnisanalyse)

Rentabilitätskennzahlen		
Eigenkapitalrentabilität	**Gesamtkapitalrentabilität**	**Umsatzrentabilität**
$\frac{\text{Gewinn}}{\text{Eigenkapital}} \cdot 100$	$\frac{\text{Gewinn} + \text{Fremdkapitalzinsen}}{\text{Gesamtkapital}} \cdot 100$	$\frac{\text{Gewinn}}{\text{Umsatz}} \cdot 100$

Leverage-Effekt	**Innenfinanzierungskraft**
Eigenkapitalrentabilität kann bei zunehmendem Verschuldungsgrad steigen, wenn der Fremdkapitalzinssatz niedriger als die Gesamtkapitalrentabilität ist.	**Cashflow** Gewinn (Jahresüberschuss) + Abschreibungen − Zuschreibungen + Erhöhung der langfristigen Rückstellungen − Verminderung der langfristigen Rückstellungen <hr>= Brutto-Cashflow − Gewinnausschüttung = Netto-Cashflow

Checken Sie Ihre Kompetenz mit der **Ich-kann-Liste**.

Öffnen Sie hierzu den nebenstehenden **QR-Code**
oder geben Sie folgenden Link ein: https://vel.plus/BHG45

vel.plus/BHG46

WIEDERHOLUNG DES GRUNDWISSENS

zu Kapitel 6.4 Auswertung der Gewinn- und Verlustrechnung (Ergebnisanalyse)

6.4.1 Rentabilität

1. Erläutern Sie den Begriff Rentabilität.
2. Beschreiben Sie die Berechnungsweise der Eigenkapitalrentabilität und die Aussagekraft dieser Größe.
3. Beschreiben Sie die Berechnungsweise der Gesamtkapitalrentabilität und die Aussagekraft dieser Größe.
4. Beschreiben Sie die Berechnungsweise der Umsatzrentabilität und die Aussagekraft dieser Größe.
5. Geben Sie an, welche Werte die drei Rentabilitätskennzahlen in einem Industriebetrieb mindestens aufweisen sollen, damit sie als „gut" angesehen werden können.
6. Nennen Sie Stärken und Schwächen der Aussagekraft von Rentabilitätskennzahlen.

6.4.2 Zusammenhang zwischen Eigenkapitalrentabilität und Verschuldungsgrad: Leverage-Effekt

1. Beschreiben Sie, was unter dem Leverage-Effekt zu verstehen ist.
2. Nennen Sie die Voraussetzung, unter der sich der Leverage-Effekt negativ auswirkt (Leverage-risk).
3. Begründen Sie, warum der Ausnutzung des Leverage Effekts in der Praxis enge Grenzen gesetzt sind.

6.4.3 Cashflow-Analyse

1. Beschreiben Sie, was unter dem Cashflow zu verstehen ist und was diese Größe aussagt.
2. Beschreiben Sie die Berechnungsweise des Cashflows nach der indirekten Methode (Praktikerformel).

ANWENDUNGS- UND ÜBUNGSAUFGABEN

zu Kapitel 6.4 Auswertung der Gewinn- und Verlustrechnung (Ergebnisanalyse)

Aufgabe 1 Rentabilitätskennzahlen

vel.plus/BHG47

Aus dem Jahresabschluss einer Maschinenfabrik sind folgende Informationen zu entnehmen:

(in 1.000 EUR)	Berichtsjahr	Vorjahr
Gezeichnetes Kapital	4.000	4.000
Gesamtes Eigenkapital	6.600	6.400
Fremdkapital	14.100	13.100
Jahresüberschuss	920	
Bilanzgewinn	720	
Umsatzerlöse	43.200	
Zinsaufwendungen	330	

1. Ermitteln Sie für das Berichtsjahr
    - die Eigenkapitalrentabilität,
    - die Gesamtkapitalrentabilität,
    - die Umsatzrentabilität.
2. Was sagen diese Kennzahlen jeweils aus?
3. Welche Auswirkung haben stille Rücklagen bei der Beurteilung von Rentabilitätskennzahlen?

4. Eine Branchenfachzeitschrift gibt die durchschnittliche Umsatzrentabilität für diese Branche mit 4,0 an. Auf welche Ursachen kann die Abweichung zurückzuführen sein und mit welchen Maßnahmen könnte die Umsatzrentabilität verbessert werden?

Aufgabe 2 Rentabilität des Kapitals und des Umsatzes einer Aktiengesellschaft

Auszug aus den zusammengefassten Jahresabschlüssen einer AG (in Mio. EUR):

vel.plus/BHG48

Aktiva	Jahr 3	Jahr 2	Jahr 1
Anlagevermögen	8,0	8,5	8,5
Umlaufvermögen	22,0	20,0	17,5
Summe	**30,0**	**28,5**	**26,0**

Passiva	Jahr 3	Jahr 2	Jahr 1
Gezeichnetes Kapital	11,0	11,0	11,0
Gewinnrücklagen	5,5	5,0	4,5
Bilanzgewinn	3,0	2,0	1,5
Rückstellungen	5,5	5,0	4,0
Verbindlichkeiten	5,0	5,5	5,0
Summe	**30,0**	**28,5**	**26,0**
Zinsaufwendungen	**0,5**	**0,6**	**0,55**

Der ausgewiesene Bilanzgewinn wurde jeweils im ersten Quartal des Folgejahres in voller Höhe an die Aktionäre ausgeschüttet.

1. Berechnen Sie die Rentabilität des Eigenkapitals für die Jahre 2 und 3.

2. Berechnen Sie die Rentabilität des Gesamtkapitals für die Jahre 2 und 3.

3. Welche Auswirkungen auf die Eigen- und Gesamtkapitalrentabilität hätten sich im Jahr 3 ergeben, wenn während des Jahres im Rahmen einer Kapitalerhöhung Fremdkapital teilweise durch Eigenkapital ersetzt worden wäre?

4. Wie hoch muss im Jahr 3 der Umsatz gewesen sein, wenn die Umsatzrentabilität 2,5 % betrug?

5. In welcher Branche ist die AG vermutlich tätig ist, wenn die ermittelten Kennzahlen als branchenüblich angesehen werden können? Begründen Sie Ihre Aussage.

Aufgabe 3 Leverage-Effekt

Eine Textilfabrik plant die Errichtung eines neuen Zweigwerkes. Dafür entsteht voraussichtlich ein Kapitalbedarf von 10 Mio. EUR. Es bestehen folgende Finanzierungsmöglichkeiten:

vel.plus/BHG49

a) vollständige Eigenfinanzierung

b) Finanzierung je zur Hälfte mit Eigen- und Fremdkapital

c) Finanzierung mit 75 % Fremdkapital und 25 % Eigenkapital

Das Fremdkapital kann zu einem Zinssatz von 8,0 % beschafft werden. Es wird damit gerechnet, dass sich durch diese Investition ein zusätzlicher Gewinn (vor Abzug der zusätzlichen Fremdkapitalzinsen) in Höhe von 1,2 Mio. EUR ergibt.

1. Ermitteln Sie für alle drei Alternativen die Eigenkapitalrentabilität.

2. Ermitteln Sie für alle drei Alternativen die Gesamtkapitalrentabilität.

3. Welcher Zusammenhang zwischen Eigenkapitalrentabilität und Fremdfinanzierung lässt sich im vorliegenden Fall feststellen? Worauf ist diese Entwicklung zurückzuführen?

4. Die Unternehmensleitung entschließt sich für die Finanzierungsalternative c) (75 % Fremdkapital und 25 % Eigenkapital). Schon im Jahr der Produktionsaufnahme zeichnet sich ab, dass der Gewinn vor Abzug der Zinsen voraussichtlich nicht 1,2 Mio. EUR, sondern nur 0,7 Mio. EUR betragen wird. Ermitteln Sie für diesen Fall die Eigen- und Gesamtkapitalrentabilität. Worauf ist diese Entwicklung zurückzuführen?

5. Formulieren Sie die Bedingung für eine positive Wirkung des Leverage-Effekts.

6. Überprüfen Sie die bei 1. und 4. ermittelte Eigenkapitalrentabilität mithilfe der Leverage-Formel (vgl. S. 503).

Aufgabe 4 Cashflow (Praktikerformel)

Für eine Motorenfabrik liegen für die letzten drei Geschäftsjahre folgende Daten vor.

vel.plus/BHG50

	03	02	01
Umsatzerlöse	70,0 Mio. EUR	66,0 Mio. EUR	56,0 Mio. EUR
Jahresüberschuss	5,4 Mio. EUR	4,8 Mio. EUR	3,4 Mio. EUR
Abschreibungen auf Sachanlagen	1,4 Mio. EUR	1,2 Mio. EUR	0,9 Mio. EUR
Erhöhung der langfristigen Rückstellungen	0 EUR	0,2 Mio. EUR	0,1 Mio. EUR

1. Ermitteln Sie für alle drei Jahre den Brutto- und den Netto-Cashflow mithilfe der Praktikerformel, wenn jeweils die Hälfte des Jahresüberschusses einbehalten wird.

2. Welche Rückschlüsse auf die Unternehmenslage lässt die Entwicklung des Cashflows zu?

Aufgabe 5 Cashflow

Für die MIXTA AG liegt folgende Gewinn- und Verlustrechnung vor:

Gewinn- und Verlustrechnung (in Mio. EUR)	
1. Umsatzerlöse	15
2. sonstige betriebliche Erträge	2
4. Aufwendungen für Roh-, Hilfs- und Betriebsstoffe	– 3,8
5. Löhne und Gehälter	– 6,0
6. Abschreibungen	– 3,0
7. sonstige betriebliche Aufwendungen	– 1,7
8. Zinsaufwendungen	– 0,5
9. Steuern vom Einkommen und vom Ertrag	– 0,7
10. Ergebnis nach Steuern	**1,3**
11. sonstige Steuern	– 0,1
12. Jahresüberschuss	**1,2**

Zusatzinformationen:

1. Alle Erträge sind zahlungswirksam.

2. In den Personalaufwendungen ist eine Zuführung zu den Pensionsrückstellungen in Höhe von 1,0 Mio. EUR enthalten.

3. Die Abschreibungen enthalten außerplanmäßige Abschreibungen auf Maschinen in Höhe von 0,2 Mio. EUR.

4. Die „sonstigen betrieblichen Aufwendungen" ergeben sich aus den Verlusten aus dem Abgang von Vermögensgegenständen des Anlagevermögens.

1. Ermitteln Sie den Brutto-Cashflow der Mixta AG für diese Periode (Praktikerformel).

2. Worüber gibt der Brutto-Cashflow Auskunft?

6.5   Begrenzte Aussagekraft der Jahresabschlussanalyse

Die Jahresabschlussanalyse soll Aussagen über Vermögens-, Finanz- und Ertragslage eines Unternehmens ermöglichen. Dabei muss aber die aus folgenden Gründen begrenzte Aussagekraft der Ergebnisse berücksichtigt werden.

Unvollständige Daten	Vergangenheitsbezogene Informationen
Bilanz und GuV-Rechnung enthalten ausschließlich quantitative Daten. Zwar geben Anhang und Lagebericht möglicherweise Auskunft über Forschungs- und Entwicklungsaktivitäten, Marktstellung und andere Sachverhalte, die für die Beurteilung der wirtschaftlichen Lage eines Unternehmens wichtig sind. In die kennzahlenorientierte Jahresabschlussanalyse gehen diese Informationen aber ebenso wenig ein wie die quantitativen Aspekte hinsichtlich Innovationsfähigkeit, Kundentreue, Qualifikation der Mitarbeiter und des Managements. Über die Eigentumsverhältnisse gibt eine Bilanz ebenfalls keine Auskunft. Einerseits werden unter Eigentumsvorbehalt erworbene oder sicherheitsübereignete Vermögensgegenstände bilanziert, während andererseits beispielsweise Leasingobjekte nicht in der Bilanz erscheinen.	Die Informationen sind vergangenheitsbezogen. Die Daten des Jahresabschlusses zeigen die Lage des Unternehmens während des abgelaufenen Geschäftsjahres auf. Demgegenüber soll die Jahresabschlussanalyse aber auch Aussagen für die Zukunft ermöglichen. Dieses Problem wird oft noch dadurch verstärkt, dass die Daten erst mit großer zeitlicher Verzögerung verfügbar sind. Da der Jahresabschluss für mittelgroße und große Gesellschaften erst neun Monate nach Ende des Geschäftsjahres beim Handelsregister eingereicht sein muss und kleine Kapitalgesellschaften wegen fehlender Sanktionsmöglichkeiten ihren Offenlegungspflichten oft nur unzureichend nachkommen, erfolgt die Jahresabschlussanalyse durch externe Analysten oft auf der Basis von veraltetem Material.
Bewertungsabhängigkeit der Daten	**Fehlende Vergleichbarkeit**
Die Daten der Bilanz und GuV-Rechnung sind bewertungsabhängig. Im Abschluss nach HGB hat das Vorsichtsprinzip Vorrang. Ein vorsichtig ermitteltes Vermögen bzw. ein auf dieser Basis ermittelter Gewinn sind für Analysezwecke nicht unbedingt tauglich. Darüber hinaus eröffnet das Handelsrecht Wahlrechte und Gestaltungsmöglichkeiten. Ohne Kenntnis der „Bewertungstendenz" kann ein Jahresabschluss häufig nicht richtig interpretiert werden.	Kennzahlen besitzen für sich allein genommen nur einen geringen Aussagewert. Aus diesem Grund wird versucht, die fehlende Vergleichbarkeit durch die Verwendung von Kennzahlensystemen zu mildern. Ein Analyst kann aber allenfalls vermuten, ob Abweichungen oder Veränderungen tatsächlich auf die Tätigkeit im Unternehmen oder aber auf veränderte Rahmenbedingungen zurückzuführen sind.

Stichtagsbezogene Daten
Die der kennzahlenorientierten Jahresabschlussanalyse zugrunde liegenden Daten sind in der Mehrzahl der Fälle stichtagsbezogen, d. h. sie spiegeln nur die Situation am Bilanzstichtag wider. Dies ist insbesondere bei den Angaben zur Liquidität höchst problematisch. Um verlässliche Aussagen über die Sicherung der Liquidität machen zu können, sind beispielsweise Informationen über zukünftige Zahlungsein- und -ausgänge nötig. Durch Verwendung von Kennzahlen, die aus der GuV-Rechnung abgeleitet sind (z. B. Cashflow) und sich nicht auf einen Stichtag, sondern auf die gesamte Rechnungsperiode beziehen, wird versucht, diesen Mangel zu mildern.

Zusammenfassende Übersicht zu Kapitel 6.5: Begrenzte Aussagekraft der Jahresabschlussanalyse

Begrenzte Aussagekraft der Jahresabschlussanalyse				
Daten sind unvollständig	Informationen sind auf die Vergangenheit bezogen	Daten sind von Bewertungswahlrechten abhängig	Daten sind häufig nicht miteinander vergleichbar	Daten sind auf den Bilanzstichtag bezogen

Checken Sie Ihre Kompetenz mit der **Ich-kann-Liste**.

Öffnen Sie hierzu den nebenstehenden **QR-Code**
oder geben Sie folgenden Link ein: https://vel.plus/BHG51

Anhang: Tabellen mit Aufzinsungs-, Abzinsungs- und Annuitätenfaktoren für Zinssätze (p) von 5 % bis 10 % und Laufzeiten (n) von 1 bis 10 Jahren

$i = p/100$ $q = 1 + p/100 = 1 + i$ Zinseszinsformel: $K_n = K_0 \cdot (1 + p/100)^n$

$$K_n = K_0 \cdot (1 + i)^n$$

Aufzinsungsfaktor: q^n

$$K_n = K_0 \cdot q^n$$

Abzinsungsfaktor: $\dfrac{q^n}{1} = q^{-n}$

           Aufzinsungsfaktor

Annuitätenfaktor: $\dfrac{q^n(q-1)}{q^n - 1} = q^{-n}$ Barwertformel: $K_n = \underbrace{K_0 \cdot 1/q^n}$

           Abzinsungsfaktor

5 % / n	q^n	$\dfrac{1}{q^n}$	$\dfrac{q^n(q-1)}{(q^n-1)}$
1	1,050000	0,952381	1,050000
2	1,102500	0,907029	0,537805
3	1,157625	0,863838	0,367209
4	1,215506	0,822702	0,282012
5	1,276282	0,783526	0,230975
6	1,340096	0,746215	0,197017
7	1,407100	0,710681	0,172820
8	1,477455	0,676839	0,154722
9	1,551328	0,644609	0,140690
10	1,628895	0,613913	0,129505

6 % / n	q^n	$\dfrac{1}{q^n}$	$\dfrac{q^n(q-1)}{(q^n-1)}$
1	1,060000	0,943396	1,060000
2	1,123600	0,889996	0,545437
3	1,191016	0,839619	0,374110
4	1,262477	0,792094	0,288591
5	1,338226	0,747258	0,237396
6	1,418519	0,704961	0,203363
7	1,503630	0,665057	0,179135
8	1,593848	0,627412	0,161036
9	1,689479	0,591898	0,147022
10	1,790848	0,558395	0,135868

7 % / n	q^n	$\dfrac{1}{q^n}$	$\dfrac{q^n(q-1)}{(q^n-1)}$
1	1,070000	0,934579	1,070000
2	1,144900	0,873439	0,553092
3	1,225043	0,816298	0,381052
4	1,310796	0,762895	0,295228
5	1,402552	0,712986	0,243891
6	1,500730	0,666342	0,209796
7	1,605781	0,622750	0,185553
8	1,718186	0,582009	0,167468
9	1,838459	0,543934	0,153486
10	1,967151	0,508349	0,142378

8 % / n	q^n	$\dfrac{1}{q^n}$	$\dfrac{q^n(q-1)}{(q^n-1)}$
1	1,080000	0,925926	1,080000
2	1,166400	0,857339	0,560769
3	1,259712	0,793832	0,388034
4	1,360489	0,735030	0,301921
5	1,469328	0,680583	0,250456
6	1,586874	0,630170	0,216315
7	1,713824	0,583490	0,192072
8	1,850930	0,540269	0,174015
9	1,999005	0,500249	0,160080
10	2,158925	0,463193	0,149029

9 % / n	q^n	$\dfrac{1}{q^n}$	$\dfrac{q^n(q-1)}{(q^n-1)}$
1	1,090000	0,917431	1,090000
2	1,188100	0,841680	0,568469
3	1,295029	0,772183	0,395055
4	1,411582	0,708425	0,308669
5	1,538624	0,649931	0,257092
6	1,677100	0,596267	0,222920
7	1,828039	0,547034	0,198691
8	1,992563	0,501866	0,180674
9	2,171893	0,460428	0,166799
10	2,367364	0,422411	0,155820

10 % / n	q^n	$\dfrac{1}{q^n}$	$\dfrac{q^n(q-1)}{(q^n-1)}$
1	1,100000	0,909091	1,100000
2	1,210000	0,826446	0,576190
3	1,331000	0,751315	0,402115
4	1,464100	0,683013	0,315471
5	1,610510	0,620921	0,263797
6	1,771561	0,564474	0,229607
7	1,948717	0,513158	0,205405
8	2,143589	0,466507	0,187444
9	2,357948	0,424098	0,173641
10	2,593742	0,385543	0,162745

Sachwortverzeichnis